Hans Jürgen S

Der W
steht schwarz und schweiget

Neue Notizen aus Deutschland

Diogenes

Umschlagabbildung:
Albrecht Dürer
Flügel der Blaurake 1512
Albertina, Wien

40/84/36/1
ISBN 3 257 01662 X

Inhalt

Frühsommer 1981, kurz vor dem Beginn der PARSIFAL-Produktion

Und so gilt es vielleicht nur, sich zurückzuziehen an die Ufer der letzten Weingärten am Rande der Meere und Wälder unserer Erinnerungen, oder noch einmal Glück zu haben im großen Gestus, vergangene Riten von Kunstaugenblicken zurückzuholen, solange es geht.

1

Schwankend und, wie man so leicht sagt, umstritten ist die Figur Friedrichs II. von Preußen im Gedächtnis der Wissenschaftler und seiner Publizisten. Aber welches Bild der Legende ist das bekannteste, kommt zuerst ins Gedächtnis, wenn wir ihn uns vorstellen in Aktion: Sanssouci, der König Flöte spielend inmitten seiner Leute. Nicht der autoritäre Monarch, der bissige Menschenverachter, der Krieg führende König, der strenge und kluge Preuße als Leitfigur einer Zeit und eines deutschen Stammes auf lange, sondern im Gedächtnis des Volkes haften bleibt der Mythos des Künstler-Monarchen in der Überlieferung eines Künstlers. Ein Bild von Adolph Menzel. Das ist es, was von uns bleibt und was sie und wir wollen. Unsere Demokraten haben – zu kurz erst an der Macht – noch lange nicht verstanden, wozu wir leben; Emporkömmlinge ohne Neugier.

2

Vor 100 Jahren gab es die verachteten Spießer der Professor-Unrat-Zeit; heute haben wir den Jeans-Spießer. Doch die damaligen brachten auch Bühnentechniker hervor, wie den berühmten Karl Brandt, der die Wagnerschen Opern zuerst realisierte in schwarzem Anzug und großen Verwachsungen der Bärte im Gesicht nach der Mode der Zeit. Nur unsere denken, wir seien frei und fortschrittlich, und das ist ihr Hochmut, die Dummheit der größten Unfreiheit als akademische Massenbewegung mit dem neuen Typus des akademischen Spießers. Er glaubt sich immer besser als alle anderen *und* vorigen.

3

Abschied Giscards im Fernsehen. Schlußfahrt in die Totale, das Au revoir nach fünf Sekunden Pause, aufstehen, gehen, Rücken, leerer Tisch im kleinen Raum zur Marseillaise, lange, dann die Fahne bis zum Ende der Strophe.

Mitterrand tritt sein Amt an, alleine vor einem großen Menschenzug auf das Panthéon zugehend. Als der große Menschenblock stehenbleibt, geht er über den leeren Platz in das Panthéon, allein, an den großen Statuen vorbei, einsam in die Kirche, zu den Gräbern, die Rosen legend auf die Gräber der alten Kämpfer seiner Partei, Andacht, und die Kamera immer dabei. Man kann sich vorstellen, das Winken und Andeuten und Proben zuvor und Hinreichen immer neuer Rosen, wenn die Kamera es nicht sieht. Dazu Beethovens ›Freude, schöner Götterfunken‹. Sie haben gelernt bei Leni Riefenstahl, bei HITLER, in jenem Film aus Deutschland.

4

Bei Giscard haben sie gehöhnt oder gelacht, was tun sie nun bei ihrem Mitterrand? Sind die Bilder und Töne andere, wenn Freunde sie benutzen? Pathos der Demokratie, ohne Kitsch und Ironie? Haben sie ihre Repräsentation unserer Zeit gefunden? Vergleichen wir die Bilder und Töne in Leni Riefenstahls Nürnberg, der einsame Hitler, der sich vor der angetretenen Menge löst, über den großen Platz geht, endlos, mit einer Totale auf die Kamera zu, zur Fahne und Flamme der Nation. Ein übersichtlicher Ritus, zur Faszination auffordernd oder abzulehnen. Die Masse, das Volk als dekoratives Element einer großen Demonstration. Mitterrand, sich von der Menge lösend auf die Kamera zu, eine Menge, die zurückbleibt, blockartig hinter ihm die Freunde. Über den leeren Platz auf die Kamera zu in den griechischen Tempel, um viele Säulen herum, um die Ecken, seitwärts in die Gruft, viele Schnitte, in die Nebenräume mit den sozialistischen Ahnen, nun zu Symbolen der Nation gemacht. Vorher vorbei an den großen Figuren und durch die dunkle, überdimensionale Halle. Hinter den Säulen, an den Ecken, die zugereichten Blumen nach geheimer Absprache und Zeichen, Zurufe, Winke, wochenlang geprobt, damit er keinen Schatten macht, damit Andacht sichtbar wird; die Kamera beobachtet nicht einen demonstrativen Nationalritus, sondern ein Präsident-Spiel nach verborgenen, unübersichtlichen Angaben.

Dazu ein großer Chor und Text aus der menschlichen Kulturgeschichte, für das Fernsehbild darübergelegt. Bei Riefenstahl durfte nicht gelacht werden, bei Mitterrand war Ironie als Kontrolle des Pathos nicht eingeplant. Im HITLER-Film aus Deutschland ging der Diener statt Hitler durch die Hallen der Reichskanzlei und sprach die Texte seines Alltags dort. Die göttliche Freude Schillers und Beethovens gab es erst am Ende nach dem Sieg über einen 50-Millionen-Tote-Krieg.

5

Noch einmal Mitterrand im Panthéon. In der *Zeit* steht von dem deutschen Professor, der auf den Stuhl Lessings in Hamburg berufen war: »François Mitterrand im Gewölbe des Panthéon, eine kleine einsame Gestalt zwischen den Quadern der Gruft. Das Licht spärlich, die Musik ein bißchen verwegen... Dann trat der Mann in voller Größe ins Bild, sehr ernst, sehr würdig, sehr human...« Und er wird verglichen mit Willy Brandt, kniend im Warschauer Ghetto. So wird's, wie lange schon, auch zum deutschen Fall. Mitterrand, sicher ein ehrenwerter Mann seiner Wähler, voll guter Absichten; der beratende Kultusminister (sie haben einen) Jack Lang und sein Fernsehmann sind aus der Filmgeschichte gut unterrichtet, und die Rose ist eine mit

Recht viel besungene Blume. Aber wie ist das zu vergleichen mit dem knienden Brandt in Polen nach dieser Geschichte? Diesen Griff in die Kitschkiste des Fortschrittspathos aus dem 19. Jahrhundert plus Massenmedium der modernen Fernsehelektronik ohne Witz. Ergibt sich die Frage: ist Pathos dieser Art als Demonstration demokratischen Machtanspruchs nötig und möglich ohne eingebauten Witz und Ironie? Was ist passiert? Leni Riefenstahls HITLER hat noch einmal versucht, mit pathetischer Geste die NS-Feier des Volkes mit moderner Technik zu erleben und zu organisieren. Wir wissen mit welchem Ende. Hier wird mit Hilfe von Zitaten aus der Geschichte live montiert.

Von meinen Freunden aus Frankreich weiß ich mit welchem Desaster: Das Fernsehbild in Deutschland zeigte nicht, was passierte, als Bild und Ton – am Schneidetisch montiert – nicht mehr zusammenpaßten, nach Plan. Mitterrand, zu früh aus dem Panthéon gekommen, denn er konnte die Musik drinnen nicht hören und war zu schnell, stand draußen im Regen, und über seinem Bild das Ende des Hymnus von Schiller und Beethoven mit den Worten »muß ein lieber Vater wohnen«, ganz ungeplant und wie ein begossener Pudel und hilflos, zum Ärger der Veranstalter und großem Gelächter Lessings bis Heines. Wenn Brandt ernst und selbstverständlich seine größte Geste auf dem Platz von Blut und Geschichte tat, dann war Ironie und Witz selbst bei seinen Gegnern undenkbar. Seine politische Haltung fand ihre Entsprechung in einem alten Ritus, dem des gebeugten Hauptes vor den Toten, und alle Kameras durften zuschauen und sollten es, es mußte nichts geprobt werden.

Als ich mich traute, dies ›Freude, schöner Götterfunken, Tochter aus Elysium, wir betreten feuertrunken, Himmlische, dein Heiligtum‹ noch einmal zu benutzen als Griff in das Bruchsteinlager unserer Geschichte, waren alle ironischen Gänge durch die pathetischen Zeremonien vorbei und wurde das erkauft mit einer Geschichte, die ihresgleichen sucht. Dann erst und künstlich und genau kalkuliert am Schneidetisch, im Studio über eine Szene mit einem Kind gelegt, schien es möglich, als

Vortext zur letzten und folgenden Freudentrompete aus Beethovens *Fidelio* am Ende des siebenstündigen Films deutscher und von Blut triefender Vergangenheit, zur Tragik einer neuen Heiterkeit kommend, leicht und jubelnd vielleicht, wie die Musik und der Text dieses Zitats. Das aber findet man nicht leichtfertig in den Zeremonienschränken irgendwelcher glücklich ausgegangener Wahlen, das wird erkämpft durch lange und blutigste Geschichte und nach schwierigsten Bedenken und Überlegungen beim Machen eines Filmes eben, und nicht live und für Millionen als Massenunterhaltung und Propaganda des Fernsehens. Glückliches Frankreich? Ja, wenn man nicht nachdenkt.

Und doch: Zum erstenmal seit Hitler hat eine Nation wieder versucht, politische Intentionen, ohne Angst vor Pathos, in feierlichen Riten Geschichte werden zu lassen. Frankreichs polit-ästhetischer Versuch, die Welt vom Schock durch Hitler zu erlösen?

6

Endlich Befreiung von der Bildlosigkeit politischer Zeremonien.

Der Trick.

Die wunderbare Rosenvermehrung – mit einer Rose ging er hinein, drei legte er, der Einsame, nieder auf die Gräber der Geschichte – ist von großer symbolischer Gestik: Hoffentlich wird er auch in seiner Politik hinter den Säulen versteckte Mädchen finden, die ihm auf wunderbare Weise helfen, seine Gaben zu mehren.

7

Es heißt, Verbote führten zu Produktion von Ersatzhandlungen. Es gibt nur noch wenige Tabus in unserer Welt, zum Beispiel den Inzest und die Demokratie – führt Verbot zur Produktion auch hier? Und die besonderen Strafen dafür, zum Beispiel in Deutschland... Wer Kunst heute produziert, wehrt der nicht demokratische Regeln der Gesellschaft ab? Die Demokratie hat seit Perikles keine Regelung gefunden, mit Kunst umzugehen. War also alle Kunst Widerstand gegen unsere pluralistischen Systeme der modernen Demokratie; das große Trotzdem oder Lüge, Unterwanderung? Ein elitäres Prinzip gegen die Verallgemeinerungstendenzen des Mittelmaßes, triebhaft, nicht totzukriegen, stärker als der Religionswille?

8

Wenn Pastiche, wie Susan Sontag sagt, das Kunstmittel dieses Jahrhunderts, also die künstlerische Übernahme und Nachahmung des anderen zum Zwecke der Parodie und Nachahmung im neuen System ist, dann ist es durch neue Geschäfte der Juristen unserer Demokratie nun endgültig unmöglich – oder nur mehr unter Vermeidung des Rechtsweges dieser Spießer-Demokratie mit allen Folgen des Diebstahls. Kein Bild, kein Ton, kein Text darf ohne Anfrage und Agenturverhandlungen benutzt werden, ohne Genehmigung, schriftliche Erklärung der Zitierten. Geschäfte. Tod der Polemik, Diskussion und der Ironie in einer derart demokratisierten Kunst.

9

K. lacht, wir lebten nicht mehr im Feudalismus und er gebe es auf, zu kämpfen gegen die Übermacht dieses Systems, da helfe nur noch unterwandern, subversiv werden, was er selbst geschaffen, klauen. Kunst hat in dieser Gesellschaft keine Chance – alles, was entsteht von den wenigen, einer Handvoll, wie in einem Geheimklub und doch immer noch im Auftrag und in Repräsentanz dieser Gesellschaft und Zeit. Das ist das Paradox, mit dem wir leben müssen, wie noch nie. Gegen uns selbst arbeiten zu müssen für uns, wenn Demokratie wir selbst sind und Kunst unsere Sache.

Aus der Schweiz höre ich, daß man überlegt, das Inzest-Tabu fallen zu lassen, weil medizinisch nicht haltbar. Jahrhunderte,

Jahrtausende unserer Kultur, die ganze Wissenschaft der Psychoanalyse, die sich nicht umsonst auf das alte Bild und den Mythos des Oedipus gründete, und alle darauf begründeten Folgen in Abwehr und Kunstüberwindung wären ohne Zukunft. Man überlege die Abschaffung des Tabus Demokratie und die Folgen.

10

Von der Notwendigkeit der Kunst als einzig realisiertem Bruchstück eines Modells und Abglanz einer möglichen Utopie von Leben, Welt und Menschen. Sie brauchen sie mit allen Opfern als Spiel innerer Befreiung wie früher in den religiösen Riten anstelle von Realität im Leben.

Wehe dem Politiker, der die Grenzen überschreitet und für das Volk zu realisieren versucht, was allein der Kunst als beispielhaftes und analoges Modell vorbehalten bleiben muß. Und klug der Politiker, der weiß, diese Paradiese der Kunst, wenigstens teilweise, zu benutzen, um Symbole seiner Absichten und diese Möglichkeiten vorzustellen. Und ärmlich die Nichtachtung der Politik dessen, der die Kunst ins private Leben jenseits seiner Arbeit verbannt.

11

Die alte Deutschland-Theorie der Literaturhistoriker ist hilfenreich. Am Ende des 2. Weltkrieges wurde von vielen Emigranten in Amerika, unter anderem Brecht, eine Formel für Deutschland entwickelt, die mit der Stalins identisch war. Danach gab es zwei Deutschlands und zweierlei Deutsche, die guten und die Nazis. Wir und die anderen, wer zu uns kommt, ist gut. So wurden in Deutschland alle Linksbekunder, besonders die Befleckten, die Anfälligen und Heuchler, die Opportunisten ganz einfach ihre Hitlers los. Und die Brechts und Stalins hatten, besonders unter den Intellektuellen, ihre primitivsten Anhänger auf der Basis einer großen Lüge, des Selbstbetruges. Thomas Mann stand für die andere Linie. Alle Deutschen waren verantwortlich. Es gab nur eine Geschichte, eine Schuld und Strafe dafür, ein Übel und eine Größe. Wie kompliziert und fürchterlich und woher und warum war zu ergründen, und alle machten mit? Alle? Alle. Wer hier Karriere machen will, muß mitspielen ... Interessant, wenn diese Linken in Deutschland plötzlich gegen Israel sind: durch internationalen Modetrend im Auftrag der Väter delegiert?

12

In *Cahiers du Cinéma* werden die deutschen Filmemacher verglichen mit einer Reihe von »Blockhäusern«, wie sie die Bunker aus dem 2. Weltkrieg am Atlantik nennen, eine einheitliche, bedrohliche Kette ähnlicher und separierter Bunker nach individueller Anlage und Zeichnung von Hitlers Hand, manchmal mit eingeigelter Aggressionsfront nach allen Seiten. Wenn sie die deutschen Filmer als eine Linie von Blockhäusern sehen, jeder ein Betonblock nach Hitlerschem Vorbild abgewandelt, unsprengbar, allmählich von der Natur zurückgenommen, seltsame Denkmäler der Geschichte dieses Jahrhunderts, jeder nach seinen Bedingungen aggressiv und einsam, abgekapselt, mit dicken Schalen und schmalem Visier, Fassbinder, Herzog, Wenders, Schroeter, Kluge, Syberberg – anders als Godard und Bertolucci oder Fellini in ihren Ländern –, so wird es darauf ankommen, was jeder damit und darin macht, welches Geheimnis er hütet oder womöglich eben nicht. Ob Paradiese der Erinnerung, ob Worte auf Erlösung warten und was für ein Leben dort stattfinden kann, oder nur Zerstörung und Appellation an ein Mitleid, oder »Spucken« der Lächerlichkeit.

13

HGP, Filmkritiker, schreibt über S.: »Wundgescheuerter Bettnässer.« Behauptete körperliche oder seelische Mängel zum Thema öffentlicher Schmähungen? Der Schreiber ist Berater des Bundesministers des Inneren in Sachen Film und entscheidet somit über Millionen-Beträge zugunsten oder gegen so bezeichnete Leute. Er ist Mitarbeiter großer Zeitungen, des Fernsehens und des Radios als Filmkritiker, Herausgeber von Jahrbüchern des Films. Es fällt schwer, nicht gegen diese »Freiheiten« unserer Demokratie zu sein. Das ist kein Gegner. Wir haben keine Partner mehr. Nehmen wir Abschied vom Film?

Nur vom Film?

14

Eine Generation gegen eigene Anlagen und Interessen, innere, heimliche, unbewußte, Erziehung von Tradition, Autoritätsliebe, Elterngehorsam, gegen Fähigkeiten zu Irrationalismus, dämonischem, gegen Arbeitstreue, zur Revolte gepreßt, zur Opposition gegen sich selbst, weil alles dies von der Hitler-Vorgänger- und -Vätergeneration okkupiert und nun im neuen geistigen Gehorsam gegen sich selbst gerichtet ist. Die Wahrheit ihrer Existenz ist gespalten, ohne Identität, zerrissen, lügend, voll Unlust, ohne Verantwortung und Freude eben.

Ein kollektives Unterbewußtsein großer Selbstunterdrückung und Selbstzensur. Ohne Absprache oder Verordnung, einfach durch Karriere gedrängt, die nur möglich wird durch Wohlverhalten in diesem Sinn und System. In selbstzerstörerischer Qual zwischen eigentlicher Bestimmung und Tabu hin- und hergeworfen, immer in Angst vor der eigenen angeborenen Sehnsucht nach repräsentativer Feier des Lebens, dem Opferwillen des Opfers anstelle des Genusses, des Flüchtigen, im Namen der Irrationalität oder gar Dämonie, und wenn es gut geht, wie gehofft, des Guten, was nun alles verloren ist.

15

Was Hitler und hier ohne Mißverständnis an Wagner interessieren mußte und wo er seinen Lehrmeister erkannte und da zu Recht, war dessen Spiel mit der Dämonie. Hitler hatte die Möglichkeit, dieses Prinzip der Dämonie in die Politik einzuführen. Wie erschreckend war ein Eichmann ohne diese dämonischen Kräfte, die einmal über ihn gestülpt waren, nun vor dem israelischen Gericht, den mächtigen Schleier von ihm gezogen, wie ein einfacher Mensch in seiner ohnmächtigen Banalität.

Hannah Arendt hatte recht, zu verzweifeln am Nichtverstehen-Können dessen, was so nicht zu verstehen war. Und natürlich hat das eine alte und deutsche Tradition. Goethe wußte, was da mit dem Sturm und Drang und der Romantik, der guten, lieben, biedermeierlichen, heraufzog. Und wenn sie dann – freundlich und liebenswürdig jenseits unserer Grenzen, und hier, um lächerlich zu machen – in stupiden Verniedlichungen verfahren, jemanden einen Romantiker nennen, wissen sie nicht, was sie da berühren. Sie täten es nicht. Ihre Unwissenheit ist eine Schuld und die größte Gefahr.

16

Kommen unsere Märchen aus voranthropologischer Situation des Menschen? Ängste, Prüfungen, Lohn? Urängste, Not, Hunger, Sehnsucht, Ziele des Kreativen? Der Mythos als Urgrund und die Abwehr des Computermenschen. Antifaschismus, der ideologisierte Computermensch?

17

Ja, es gibt Treue auch in unserer Zeit, die Linientreue der Stalinschen Sprachregelung. Bei Hitler und Himmler hieß das: Meine Ehre ist die Treue. Das ist der Unterschied. Die Treue bei Stalin ist der Opportunismus, wer auf der Linie geht, kommt vorwärts.

18

Natürlich sind wir gegen Isolationsfolter. Zum Beispiel, daß der über 90jährige Heß nach 40 Jahren Gefängnis auf menschliche Bestimmungen oder menschliche Sieger stößt?

Natürlich sind wir für die Vermummung, d. h. das Verbergen des Gesichtes von Menschen, die politische Aktionen austragen, zum Beispiel der Anhänger des Ku-Klux-Klans, wenn sie sich zu ihren Morden zusammenrotten, und der Neo-Nazis bei ihren Demonstrationen.

19

Wer Karriere machen will, muß mitspielen. Ein harmloser Satz, ein selbstverständlicher Satz, man kann ihn gut gebrauchen, anwenden, jeden Tag und überall und heute und nicht nur vor 40 Jahren. Zu fragen wäre nur, welche Karriere und mit welchem Lohn?

20

Wenn der Mensch im Mutterleib noch einmal seine ganze Entwicklungsgeschichte durchmacht, vom Einzeller bis zum jetzigen Stand, muß er nicht während seines Lebens als Auftrag der Selbstfindung quasi noch einmal seelisch, geistig alles durchmachen, was er war, bis zur Tierexistenz, in Steinen, Bäumen, Wassern, in sich seinen Ursprung finden, den Mythos in der Musik, der Kunst, die Märchen als erste Station der Kinder bis zum Film vielleicht, als Kunst unserer Zeit? Welche Aufgabe! Was für ein Abenteuer der Eremiten damals, der Denker und Könige, Priester! Meditation als Abenteuer unseres Ichs. Du findest es in dir, wir selber sind uns aufgegeben, und wer besteht? Aber auch die Dialektik mit dem Gegenüber, dem Einzelnen oder der Gesellschaft, die Dialektik zwischen den Geschlechtern. Das Finden im Gegenüber, das Produktivwerden im Wechsel zwischen Ich und Gegenüber mit den Chancen neuer Erfahrungen durch den produktiven Kontrast.

21

Lieber rot...? und das heißt in der Praxis des Alltags, sowjetischer Sieg in Deutschland und deutsche Zivilcourage, also Denunziation des Nachbarn, Wegschauen bei Auschwitz, Folter, Ducken, Gehorsam, Kadavergehorsam. Ungarn, Prag, Polen aufgegeben, so einfach, und alle Tradition großer abendländischer Aufklärung in Deutschland, den Mut Lessings bis Schiller, lieber zu sterben als Mordhandlanger zu werden? So schneller und endlicher Sieg der Obrigkeit, soweit sind wir nun? Schaut Euch die Mörder an neben Euch, die das sagen im Namen der Bergpredigt, wie sie lügen oder nicht wissen, wovon sie sprechen.

22

In Amerika haben sie jetzt einen automatischen Umschalter für die zwölf wichtigsten Fernsehprogramme erfunden. Er schaltet ohne Zutun nach 10–15 Sekunden um aufs nächste Programm und wieder zurück, so daß das Fernsehpanorama des Abends oder des ganzen Tages ohne Mühe und garantiert ist. Keiner in der Gesellschaft kann irgend jemanden für seine Wahlfixierung verantwortlich machen. Eingriffe sind möglich durch Tastendruck, etwa wenn man etwas länger oder lauter sehen will. Die perfekte Medienpluralität ist ausgewogen und gleichberechtigt gesichert.

23

Da die Ruhe als Ernte der Extreme, da die Besinnung und der goldene Schnitt das höchste Maß des klassischen Kunstziels war, ist die Ausgewogenheit des heutigen Pluralismus unser größter Feind, da dies auf dem mittelsten Niveau niederster Absprache funktioniert, während jenes höchste geistige Entscheidung voraussetzte.

24

Im Radio: Von 1950 bis 1980 mehr Arten des Lebens auf der Welt zerstört als in der gesamten Existenz der Welt zuvor. Und der Fortschritt schreitet fort.

25

Wir kennen den Spruch der Alten auf der Bank, die sich erinnern. Wenn eine Frau vorbeigeht. Sozial abgesichert, gut gepflegt, sauber, versorgt: da war doch noch was? Das einzige, was sie nicht wiederkriegen im Laufe der Jahre. So sitzen wir als Sozialfälle des Sozialismus und gedenken der verlorenen Sexualität, der Tomaten, Radieschen, Äpfel, träumen von Eiergeschmack, vom Brot der alten, handgemachten Art und dem eigenen Duft der wirklichen Rosen, der Äcker unserer Väter, unwiederbringlich durch uns selbst. Man muß es den Menschen wieder unter die Nase halten vielleicht, mit Gewalt und Macht. Manche Lust ist nur verkümmert durch Gleichgültigkeit, sie ist bequemer – für wen? – das Pflegepersonal; es ist in unseren Diensten, wenn wir wollen.

26

Im Fernsehen der Film von Werner Herzog über den Fernsehprediger in Kalifornien. Ein armer Hund, wie er schreien muß um Geld für seinen TV-Gott, und er weiß, wer nicht zahlt, glaubt nicht. Am liebsten möchte er weg und darf nicht. Er ist der Gefangene einer Werbeagentur, deren oberster Chef ein Gott ist. Eine Stunde später, auch im Fernsehen, ein altes Mütterchen in Bayern, wie sie irgendwo eine alte Kirche auf dem Land betritt und läutet zum Angelus, in Arbeitstracht, für die wenigen, die sie hören auf dem Hofe. Wie lange noch?

27

Besondere Aufmerksamkeit gilt einem Mann (HGP, *Süddeutsche Zeitung)*, dessen Arbeit als Journalist, nach eigener Auskunft, immer ein politischer Akt ist und dessen Taten in den Filmproduktionsgremien ausdrücklich als Fortsetzung seiner politischen Maximen beim Schreiben zu verstehen sind: »... Es gab Zeiten, in denen man sich gefragt hat beim Schreiben einer Filmkritik, will ich, daß dieser Regisseur einen weiteren Film machen kann, will ich, daß dieser Produzent weiterarbeiten kann... Daß das Schreiben von Filmkritiken über deutsche Filme eine filmpolitische Haltung voraussetzt und daß für mich die Arbeit in den Gremien – und ich war in Gremien und bin jetzt noch in einem Gremium, das ist für mich eine Fortsetzung der Filmkritik...« Die praktische, angewandte Politik beim Schreiben einer Kritik ist die Zensur. Nicht nur der Werke? Auch der Regisseure und Produzenten.

28

Demokratisierung wird in der Praxis gerne mit Bürokratisierung verwechselt. Getreu Lenins »Vertrauen ist gut, Kontrolle besser«. Wie soll da Liebe, Phantasie, Freude entstehen. Produktivität. Es sollen die positiven, produktiven Kräfte gestärkt werden und nicht die miesen der Verhinderung, von Angst und Korruption. Bürokratisierung nicht durch Bürokraten, sondern durch zu Funktionären avancierten, freiwillig sich unterdrükkenden akademischen Spießern.

29

Aus früher Feierabend wurde heute Freizeit, Freizeitkonsum statt Glück und Freude. Interessant ist, daß früher der fernsehlose Abend nach der Arbeit als Abend der Feier bezeichnet wird. Man muß es natürlich auch wollen und können im kleinen Raum jeder Arbeiterfamilie, und das kam vom Land. Wer Freizeit sagt, meint die Zeit nach der Qual der Arbeit. Er bezeichnet in der Zeit der sozialistischen Befreiung die Arbeit als etwas, was unfrei macht, Fron ist, Qual.

30

Früher hieß es aufgeklärter Absolutismus, jetzt aufgeklärter Pluralismus, oder besser pluralistische Aufklärung, die pluralistische Konsumdemokratie.

31

Interessant ist, daß unter den Tyrannen in Syrakus die großen Namen der griechischen Demokratie zu finden sind: Plato, Aischylos, Archimedes. Wieso lehrten sie dort, wieso beeilt sich der Text unseres Reiseführers, emsig ohne Beweise, von der Befreiung vom Tyrannen zu sprechen und von der Zeit danach als Blüte der Demokratie. Wo waren dann Plato, Aischylos und Archimedes? Vielleicht waren die Tyrannen wirklich tyrannisch, und die Demokratie blühte wirklich, und alle Zuordnungen der aufgezählten Fakten sind falsch. Warum aber lügt dann unser Führer?

32

Warum interessieren mich Fenster, Türen, Fußböden, Wände, Stoffe so sehr wie Gerüche, Pflanzen; warum Mauern, Reliefs und Verfall so sehr wie Kunstdenkmäler der Hochkulturen, – letzte Instanz der Sinnlichkeit? Das, was blieb in den Ruinen des heutigen Lebens.

33

Warum gibt es keinen ökologischen Reiseführer für individuelles Reisen. In meinem wäre nötig zu beschreiben: Fenster, Türen, Mauern, Fußböden, Decken, Entfernung von der Straße,

Bäume, Gärten, Sonnenlicht, Auffahrt, Anfahrt, Lärm, Essen und Bedienung, Freundlichkeit. Welcher Art und welchen Materials die Tische, Stühle, Ausruhen, Art der Terrassen, Frühstück wo, wann, wie, wie weit Autobahn entfernt und ob Blick auf Autos, Parkplätze, Parken möglich unter schattigen Bäumen auf Gras, werden Koffer abgenommen, Schuhe geputzt, Bad-Installierung, Dusche, Möbel welcher Art, Lampen, welches Licht, Geruch der Reinigungsmittel, Teller, Bestecke, Sonnenschirme, welche Asphaltierung ums Haus oder Gras, Kies, Holz, Bettwäsche usw. Und all die Schalter und Armaturen sind zu beobachten und anzugeben im Vergleich zu jener Krätze der Haut und Augen verwundenden Pest unserer Umwelt. Wer einschüchtert mit Hinweisen auf Preis oder unzumutbare Unterdrückungsmechanismen der Angestellten, ist unredlich.

34

HITLER als Film aus Deutschland endet mit dem Trompetensignal von Beethovens Freiheit und Bloch'scher Hoffnung. *Fidelio* ernstgemeint. Eine Gesellschaft, ein Land und seine Intellektuellen, die das nicht merken, einfach nicht merkten, trotz aller angeblichen Bloch-Verehrung, müssen sie nicht freudlos sein, genannt werden und eigentlich Schlimmeres: der Freiheit und Hoffnung nicht würdig? Dieser HITLER endet mit dem Angebot einer »namenlosen Freude«, was konnte mehr getan werden, weltweit akzeptiert, als die Hoffnung auf die Kunst zu setzen, wenigstens das, die einsame.

35

Es ist ein treuer Witz der Geschichte, daß die einzigen architektonischen Denkmäler Hitlers heute die Betonruinen sind, die dem Bauhaus am ähnlichsten sind. Seiner entarteten Kunst und von seiner Hand. Von demjenigen, der baute, um noch in Ruinen zu überleben. Die Bunker am Atlantik.

36

Ein Gespräch über den Nachbar-Zaun, über die Nähe der Ökologensprache unserer Gärtnerbücher zu der unserer NS-Vergangenheit. Auch das müssen wir und gerade hier nun dulden, was uns inzwischen wichtig und wert ist, notwendig, unterscheiden lernen im Detail, in Herkunft, Ursache und Ziel bei Anwendung gleicher Methoden, das Ausmerzen, Ausrotten und dem stärkeren Trieb den Vorrang geben?

37

Brot und Spiele heute gleich Konsum und Medien. Brot und Spiele wurden benutzt, um das Volk, die Massen, den Plebs, die Römer zu unterhalten, abzulenken, zu betrügen.

38

Wenn wir junge Pflanzen für unser Glashaus brauchen, müssen wir das Auto besteigen, um die Distanz von zehn Minuten Fußweg zur Gärtnerei zu überwinden, die direkt zu erreichen durch zwei dazwischenliegende autobahnähnliche Straßen nicht ratsam ist. Und wo man früher ging mit großen Körben und Taschen an Gärten und Bäckern und Schustern vorbei und der Post auf dem Lande oder hier zwischen Schrebergärten zum nächsten Haus, zum nächsten Laden seine Dinge besorgen, schauend über Vorgärten, klatschend über das Neueste, Kinder im Sand, schmutzig und aufgeschlagen an Knien und zwischen kurvenden Fahrrädern der Eltern, ein Ausflug jedesmal durch Nachbarleben und eigene kleine Geschichten des Tages und der Menschen, ist es jetzt schnelle Erledigung geworden mit der erfüllten Hoffnung, eine freundliche Gärtnerin zu finden, die unsere Pflanzen kennt, die wir brauchen im kleinen Geviert von 5 mal 3 Metern unter Glas als geschützter Rest von Leben und Freiheit der Heimat, die einmal wirklich war und sein könnte. Und ein ganzes System der Beweise, ein Organismus, ein

Mythos der Erinnerung müßte folgen, was wir daraus erkennen und machen könnten. Was ist geworden aus den armen Bäckern und Nachbarn und ihrem Leben, und kein Ende des Betrugs.

39

Das heutige Prinzip, nach dem Kriege mühsam gelernt, ist Nicht-waschen, Nicht-stopfen, Nicht-reparieren, keine Arbeit aufwenden, die viel Liebe hineintäte. Reparaturen, die etwas über die Jahre wert machen, Erinnerungen einflechten, alt werden lassen durch Würde der Zuwendung, Erfahrungen, Irrtümer, Situationen und Menschen und Leben. So auch die Schwierigkeiten unter den Menschen nicht lösen, dieses »just feel happy«, dasselbe Wegwerfen nach dem Gebrauch, mühelos, lieblos, sich etwas Neuem zuwenden. Das dynamische Wirtschaftsprinzip der Partnerschaft statt Pflicht und Sorge und Freuden des gemeinsamen Altwerdens durch die Schwierigkeiten und Arbeit.

40

Traum: Eine Schulbank, Fassbinder, Wenders, Herzog, Kluge. Fragen der Schüler, ob wir das nur so machen nach Intuition, Einübung oder System. Es stellt sich heraus, daß der als Irrationalist unter ihnen Beschimpfte der Systematiker ist von Anfang an und nicht nur durch Schule, Studien und Preußentum ein ganzes ästhetisches System baute, durch Definition der Situation aller und hieraus die Kristallisierung der Sonderposition und die individuelle Arbeit als Basis dessen, was Kunst ist heute, in diesem Jahrhundert, über das Ursprungsland hinaus.

41

Zur Filmsituation in Deutschland nach den PARSIFAL-*Erfahrungen bisher:* Inzwischen ist ein unheimlicher Überwachungs- und Kontrollorganismus des Pluralismus entstanden, der nicht Entstandenes zensiert, sondern Anfänge eliminiert, wogegen Zensurbehörden monarchistischer Zeiten wie harmlose Einmannbetriebe erscheinen und der Effektivität Goebbelscher und östlicher Bewußtseinsglättung und -erziehung durchaus vergleichbar sind, wenn auch in anderer Zielsetzung. Die Falle ist zu. Vom Film in Deutschland kommt keine Revolution mehr, weder ästhetischer noch geistiger Art, vom gesellschaftlichen Vorbild oder Modell für irgendwelche Klassen ist keine Rede mehr, abgesehen von modischen Spielen. Ein HITLER-Film war schon zur Zeit seiner Entstehung nur mit Hilfe der ausländischen Produktionshilfe möglich und wäre heute hier in diesem Land undenkbar. Es war ein gerade noch gelungener Unfall dieses Systems, das inzwischen fest etabliert ist als stolzes Instrument der deutschen Nachkriegsdemokratie. Es ist alles geregelt durch Pluralismus, und die ökonomische Fettsucht sogenannter Macher macht jede schnelle Unterwanderung der Interessen unmöglich, da zu kostspielig vom Material bis zu den Darstellern, und unser aller Leben. Sie haben durch ständiges Heraufschrauben der Lebenserwartungen die Politik der kleinen subversiven Schritte auch dieses Materials und seiner Technik und seiner revolutionären Bedingungen unmöglich gemacht.

42

An der Stadtautobahn, dem Mittleren Ring, so ungefähr in der Höhe des Olympiastadions, ein angefahrener Lichtmast, schwarz umwunden, unten einige Blumensträuße: Muttertag. Das Muttergrab an der Autobahn.

43

Medienkonsum. Am Morgen 3 Zeitungen, Post, stündliche Nachrichten im Radio. 12.30 Uhr Mittagsjournal eine halbe Stunde, 18 Uhr Abendjournal, 19 Uhr ZDF-Nachrichten, 19.30 Uhr ORF-Nachrichten, 20 Uhr ARD-Nachrichten, 21 Uhr ZDF-Nachrichten plus Kommentare, 22.30 Uhr ARD-Tagesthemen, dazwischen 10 vor 10 Uhr im ORF mit Kommentaren. Montag der *Spiegel*, Donnerstag *Die Zeit* und *Stern*, ›Club 2‹ nachts, Dienstag und Donnerstag, Freitag ›Aspekte‹. Augenblicklich Hoch-Zeiten des Medienwelttheaters: ein Präsident angeschossen, ein Papst-Attentat, zwei Politiker heimlich des Nachts erschossen, es ist was los! Nicht gerechnet die Dutzende Polizisten und Soldaten in Spanien, zum Beispiel: Berufsrisiko.

44

Natürlich ist es effektiver, eine Zentralheizung zu haben, sauberer als ein täglich zu versorgender Ofen, angenehmer, schneller, zivilisierter, wärmer, »fortschrittlicher«, der Massengesellschaft angemessener, das Feuer nicht selbst spüren zu müssen auf Händen und Haut. Aber vielleicht ist es schöner, menschlicher, »kreativer«, wie sie sagen, und die Arbeit, das Berühren des Schmutzes, der Ärger zuzusehen, wie die Flammen kommen und gehen, nachzudenken, vielleicht, warum und wieso und seit wann, ist ein Luxus des individuellen Lebens. Gut, aber ist, so verstanden, der Fortschritt der Zentralheizung, dessen, was uns wärmt und Energien kostet in Verbindung mit Kunststoffwänden und -böden nicht eher Verlust? Ein notwendiger vielleicht, aber wie sehr zu bedenken als Verlust. Und wer das weiß, ist schon weit.

45

An jedem Freitag gibt es einen Fragebogen mit den Antworten eines Prominenten dieser Zeit und dieses Landes in der *FAZ*. Eine der Fragen heißt: »Welche geschichtlichen Gestalten verachten Sie am meisten?« Und es ist belustigend, wie sie sich beeilen, pflichteifrig ihren Hitler dort einzusetzen. Ich schriebe wohl gerne: »Die Konjunktur-Demokraten unseres Korruptionsfriedens bis zur emanzipierten Karrierefreiheit ihres geschäftstüchtigen Protests, des Gehorsams ohne den Witz und die Freuden des Genusses. Und das ist die Basis aller Hitlers und nicht einmal dieser mehr, eher dessen, was übrigblieb nach Hitler.«

46

Man hat Hitler vorgeworfen, er habe gemordet, ohne zu wissen, was er tat, wie ein realitätsferner Wahnsinniger in unserer Welt. Aber Stalin, nein, der nicht, der wußte eher, was er tat, als er Deutschland teilte, Polen bis an die Oder schob und Rußland hinterher und die Millionen-Völkerwanderung dieses Jahrhunderts erfand und zuließ. Und wenn er es wußte, weniger wahnsinnig als die Hitlers, ist er nicht zynischer und mehr zur Verantwortung zu ziehen vor einem Gericht der Menschheitsgeschichte, nicht nur als Sieger der Moral, sondern weil er sich die Millionen einzeln nicht vorstellte, ihre Schicksale und Tränen und die Folgen selbst für England und sein Empire.

47

Das alte Problem, dort wo der Wald, der jungfräuliche, seit Jahrhunderten unberührte, und die blühenden Bergwiesen aufgerissen werden vom Bagger, dem Panzer des Friedens zwischen unseren Kriegen, ist das Harz der gefällten Bäume wie das Blut geschändeter Natur besonders intensiv, und es scheint, als ob die Grillen um so idyllischer zirpten am Abgrund dieser Wunden im Fleisch der Welt, wo die Blumen bunter stehen neben dem verschiedenfarbigen Lehm, der plötzlich frei wird, von gelb bis braun und schwarz. Die Fotos des Unheils machen es interessant zuerst, dann aufregend und entwickeln eigene Gesetze, die es zu befolgen gilt. Und schon suchen wir nach neuen Schandtaten, und neue Riten entstehen, die die Qualität dieser Dokumente des Unterganges oder Zerstörung beweisen sollen. War ich nicht herausgekommen, um zu protestieren, zu toben und zu weinen? Sobald wir von der passiven Trauer zur aktiven Anklage kommen, sind wir verloren im neuen Gesetz der Faszination dessen, das gut zu tun, was uns umbringt.

Der Kuckuck scheint besonders nahe, und schon kommen die ersten lachenden Wanderer und Touristen über das wunde Loch des Waldes, direkt nun und ohne die Umwege der gewundenen Waldsteige der Jahrhunderte, wodurch der Gipfel, unter direkter Sonne zwar und schwitzend, mit nacktem Oberkörper und ohne Hemd und Hose womöglich, schneller zu erreichen ist. Neues Leben beginnt, und wir sind geneigt, mit schlechtem Gewissen alles zu entschuldigen, weil es, wie es heißt, auch die Armen auf die Gipfel lockt. Wo eine Wunde entsteht, ist das Leben besonders nahe und intensiv.

48

Deutscher Realismus. Schon als in Paris, im Centre Pompidou, die Ausstellung *Les Réalismes* eröffnet wurde, flüsterten Eingeweihte, in Berlin, wohin die Ausstellung dann kommen sollte, würden die Bilder neu und übersichtlicher geordnet werden, die Guten links, die Schlechten rechts, übersichtlich und didaktischer. Nun von Paris nach Berlin gekommen, lese ich, daß die Beispiele des Faschismus und der NS-Zeit auf ein Minimum reduziert oder überhaupt verschwunden sind. Als die Ausstellung *Paris–Moskau* zensiert in Moskau erschien, bewies unsere Presse sofort große »Freiheit« und »Unabhängigkeit« durch ihre Empörung, da wir eine freie und unabhängige Presse haben, die sofort den Finger auf die Wunden der Meinungsunterdrückung legt. Gerade diese Ausstellung über die Realisten vor dem 2. Weltkrieg hatte die Chance zu Einsichten, was schon in Paris zu einiger Nervosität führte, aber auch zu Neugier. Hier ist Moskau um tausend Kilometer näher.

Das Ziel: Als in der Moskauer Katalogredaktion der Name Trotzkij eliminiert wurde und der französische Autor protestierte, hieß es aus dem Osten: »Den kennt hier niemand«.

49

Stand der PARSIFAL-*Produktion Anfang Juni 1981.* Dissidenten-Beschreibung: 4 Kommissionen haben nun darüber beschlossen, ob sie diesen 100jährigen *PARSIFAL* als Film wollen. 60 Personen, Kollegen, Fernsehkonkurrenten, Zeitungsleute, Parteidelegierte, Demokratisierung der Kunst, konkret wie sie immer sagen. 60 Drehbücher, die sie nicht zurückschicken müssen, liegen nun herum oder werden in den Mülleimer geworfen, bevor der Film gedreht wird. Zur Premiere des Films wäre eine Ausstellung möglich über die verschiedenen Fassungen im Laufe der fortschreitenden Zeit, entsprechend den Adressaten der verschiedenen Institutionen. Drehbuchfassungen oder -entwürfe und -exposés an Bayerische Filmförderung, München, Bundesministerium des Inneren, Bonn, Filmförderungsanstalt, Berlin, Zehnerkommission Film/Fernsehabkommen (dazu an den Bayerischen Rundfunk, den Intendanten, an den ORF, an Coppola, San Francisco, an Gaumont, Paris, an Mercedes und BMW), ca. ein Dutzend Briefe an das Innenministerium, Filmreferat in Sachen Erklärung, dort nie wieder ein Projekt einzureichen oder einen fertigen Film, bis demokratische Verhältnisse wieder eingekehrt sind, Brief an Kluge, Anwaltskorrespondenz in Sachen *Abendzeitung*, Gegendarstellung. (Ein ganzes Kapitel in meinem Buch *[Die Freudlose Gesellschaft*, Hanser Verlag], Leserbrief *Süddeutsche Zeitung* in veröffentlichter und unveröffentlichter Fassung. Alles, um einen Film eines Lebens zu machen. Man vergleiche: zur schnellen Bewilligung von einer Million Mark aus Frankreich diente als Unterlage dasselbe Material, das die Kommission der Fachleute des Innenministeriums der Bundesrepublik Deutschland als unzureichend und nicht beurteilungsfähig ablehnten.)

50

Die Wirtschaftsnachrichten des Radios berichten von der Marktsanierung innerhalb der Landwirtschaft der EG, d. h. von der subventionierten Vernichtungsaktion überschüssiger Produktion, wobei das Wort »Vernichtung« umgangen wird durch die Worte »Denaturierung« oder »aus dem Markt nehmen«. Und wir erinnern uns, wie vor 40 Jahren gewisse Worte ersetzt wurden durch »Sonderbehandlung« und »Befriedung« eines Landstrichs, woraus man schließen kann, daß immer, wenn solche Beschönigungen stattfinden, Verdacht am Platze ist. Aus dem gleichen Radio, vor weniger als einer Woche, kam die Meldung, daß jährlich zwölf Millionen Hungers sterben in der Welt. Hunger?

51

J. D. über den Autor der *Freudlosen Gesellschaft:* »Obwohl er doch bei Rowohlt sein Buch über den HITLER-Film machen *durfte* und inzwischen bei einem weiteren Verlag des linken Establishments, nämlich bei – man kommt aus dem Staunen nicht mehr raus! – Wagenbach, in dessen *Freibeuter* er seine kulturkritischen Tagebucheintragungen publizieren *konnte*, in denen ihm, nebenbei gesagt, *sogar erlaubt* wird...« (Hervorhebung Syberberg) (*Merkur*, Januar 1982).

52

Es ging nach der Devise, Richard Wagner ist schlimm, Syberberg ist noch schlimmer: Richard Wagner plus Syberberg, das ist am schlimmsten. Haben sie geahnt, daß dies der Beitrag ist dieses Filmautors zum Goethe-Jahr? Ist es die Angst vor der beabsichtigten Klassizität in einem identitätslos gewordenen Funktionärswesen? Nie ist dieser Syberberg Richard Wagner so nahe gekommen und Richard Wagner so nahe dem, was wir deutsche Klassik nennen.

Die Entscheidung, diesen PARSIFAL nicht in Deutschland haben zu wollen, ist vor allem eine politische des Funktionärskinos der Kinder des Hitlervolkes. Irgendeiner hat immer etwas zu fürchten, zu verbergen, auf dem Gewissen vor der Wahrheit, und wenn sie nur einen Augenblick dauert von 4 Stunden und 10 Minuten.

Anfangs sagten sie, wir haben ja gar nichts gegen ihn, wenn er nur nicht immer Filme machen wollte, denn das kann er nicht. Inzwischen haben sie lernen müssen durch penetrante Behauptungen der ausländischen Presse und der nicht zu verhindernden Nachrichten durch die Ritzen der Mauern ihrer Grenzen, daß er zwar gefährlich ist, ein Kryptofaschist sein mag, besonders für die Susan Sontags und Hans Mayers, und nicht vergleichbar mit den Filmgenies aus Deutschland, von Fassbinder bis Schlöndorff, und nicht zugänglich den Spielen ihrer Regeln und auszuschließen aus ihren Anthologien und Wörterbüchern, daß er aber doch wohl Filme zu machen imstande ist, wenn er nur nicht immer schreiben würde... Und das gerade ist es. Was wäre dieser Filmautor und seine Person ohne diese beständige Anmeldung seiner Existenz durch das einfache und leicht zugängliche, informierende, begleitende und existenzbegründende Wort und die Dokumentation der Argumente von außen, als Waffe, leichter druckbar, nicht zu verhindern durch die Zensur ihrer gewaltigen, unverschämten Demokratiebehauptung. Und wieder ist kein Buch entstanden ohne ausländische Starthilfe, wie keiner der letzten Filme mehr möglich gewesen wäre ohne jene Freunde jenseits der Mauern unserer Grenzen. Daß der Autor trotzdem noch hier lebt, gehört zu der großen Irrationalität seines Lebens, wofür sie ihn hier verfolgen oder verfluchen und gern als Unperson erklären, vogelfrei, skandalös und als peinliche Erscheinung gerade noch geduldet, und als Alibi ihrer Pluralität.

53

Die Musik macht hörbar, was unsagbar ist, aber es zerrinnt. Das Bild fixiert, hält fest, bewahrt, was nicht sichtbar ist, den tönenden Geist der Welt als schönste Erfindung des inneren Auges im schwermütigen Blick der Liebe.

54

Stand 20. März 1982, ein Vierteljahr nach der Produktion. Zu PARSIFAL in Frankreich erschienen bisher größere Artikel in *Le Monde, Les Nouvelles Littéraires, Le Nouvel Observateur, L'Express, Humanité Dimanche, Le Figaro, Cahiers du Cinéma,* (Titel, 8 Seiten), *Libération* (Titel und drei Seiten), *L'Avant-Scène d'Opera, Connaissance des Arts* etc. Dazu drei Fernsehsendungen, in Frankreich zweimal in den Nachrichten, einmal eine halbe Stunde im Kulturmagazin, und eine Stunde im Schweizer Fernsehen, Diskussion mit Liebermann. In Italien, *L'Espresso, L'Europeo, La Repubblica,* etc. In Deutschland schrieb bisher allein der *Spiegel* mit dem Titel: ›Zwischen Phallus und Hakenkreuz‹.

55

Alles ist wahr, nur in gewissen Konstellationen und Zeiten richtig. Die Weisheit, das zu respektieren und danach zu handeln ist das ganze Leben und seine Tüchtigkeit. Dasselbe zur Unzeit ist falsch, wird zur richtigen Zeit richtig. Es geht nicht um das, was man tut, sagt, denkt, sondern warum, wozu und mit wem. Die Absolutheit liegt in der Zufälligkeit und Relativität des Wechsels von Raum und Zeit, in dem das geschieht. Das Selbstverständliche ist am schwersten zu verstehen.

56

Die erste Syberberg-Schrift entstand 1975 und erschien in Französisch für die Cinémathèque in Paris als Ästhetik (Film als Musik der Zukunft), woraus mit Vergleichen französischer Kritik zu den ersten drei Filmen in Deutschland das erste Filmbuch wurde. Die Notizen zur *Freudlosen Gesellschaft* sind initiiert von den ersten 80 Notizen, wie sie für das Sonderheft von *Cahiers du Cinéma* enstanden sind. Die Notizen zu PARSIFAL wurden begonnen als Auftrag von Gallimard. In Deutschland nie erschienen sind auch die Artikel zu den Überlegungen *Puppen und Film* in der Nachfolge Kleistscher und Goethescher (Faust-)Traditionen bis zur besonderen Verwendung von Kindesnaivität und Unschuld. In Deutschland ohne Interesse und schon im HITLER-Film beantwortet mit großem Gelächter und dem Vorwurf verniedlichender Kinderei.

57

Als der neue Regisseur in die mit allen Computeranlagen ausgestatteten Studioräume geführt wurde, fragten interessiert die Manager und Ingenieure, wie er das nun finde. Er nickte und antwortete sehr beeindruckt, nicht mal die einfachsten Sachen könne man nunmehr machen.

58

M. B. erzählt, wie er vor 15 Jahren mit Michail Romm zusammengearbeitet habe am GEWÖHNLICHEN FASCHISMUS, dem berühmten Dokumentarfilm, für den er fünf Jahre Zeit hatte, zwei Jahre allein für den Kommentar. Als Romm einen Plattenspieler brauchte, gingen sie in ein spezielles Kaufhaus in Moskau, in dessen unterster Etage Funktionäre einkaufen konnten, in der nächsten höhere Offiziere und ganz oben für Minister und Marschälle, von den besten Dingen dieser Welt. Kostenlos alles, die Erfüllung des Kommunismus. Jeder nach seinen Fähigkeiten, jeder nach seinen Bedürfnissen. Voraussetzung der absolute Gehorsam als Lehre derjenigen, die uns von Hitler befreiten?

59

PARSIFAL, ein Hausfilm im Gegensatz zu dem, was man Kinofilm nennt und was allmählich bankrott zu gehen beginnt, trotz aller Investitionen und Selbstbetrug. Ein Hausfilm also, wiederholbar, allein und zu mehreren anzusehen, abzubrechen und wieder in Teilen oder im ganzen anzusehen und zu hören, bequem oder in großen Sälen und Parks wie in Los Angeles, abseits von den Märkten und Autobahnen und Fernstraßen unserer Städte. Oder einsam als Teil des Lebens, im Hause, eben, nachprüfbar in jedem Detail, ein Kunstwerk nach alter Art, mit viel Handwerk und etwas Geheimnis hoffentlich, wie es immer noch nicht totzukriegen ist trotz aller Bemühungen, bis es uns erledigt. Als eine der wenigen Möglichkeiten des Trostes vielleicht vor dem sicheren Ende.

60

Was ist der Unterschied zwischen den Freiheiten des alten Rokoko-Adels und denjenigen unserer demokratischen Gesellschaften nach der Befreiung durch die Revolutionen? Damals wurden wenige beschissen, heute sind es alle. Nur heute ohne Mozart und Versailles. Es sei denn als Mahnmale unseres Hochmuts.

61

Leben wir nicht wie die Sklavenhalter und die Chefs von Leibeigenen von der Unterdrückung anderer Völker, zum Beispiel der Polen etc.? Wir alle wissen das und schweigen und können nichts tun, ohne lächerlich zu werden. Die Zeit muß reifen und dann ist es niemand gewesen. Die Kinder werden es nicht begreifen.

62

Der *Neue Deutsche Film* begann bei Null. Das war seine Chance. Mit neuen Filmen, neuen Regisseuren, neuen Kritikern, neuen Produzenten, ein Generationsumbruch. Sie schrieben auf ihre Fahnen SOZIALISMUS, HOLLYWOOD, PLURALISMUS. Ein Verbundsystem kam an die Macht mit einer neuen Generation auch in Zeitungen, Fernsehen, Radio und Verlagen. Und sie übernahmen die Verteilung der Produktionsgelder in den staatlichen Gremien. So war Geld, Kritik und Autorenschaft in einer Hand, auswechselbar unter gegenseitiger Beeinflussung, ohne Teilung der Gewalt bis zur Abhängigkeit der Meinungskonsumenten im Medienkonformismus. Die armen Filmemacher des Nachwuchses, sie haben keine Kritik mehr ihresgleichen, und sei es nur als pluralistisches Alibi der Mediengeschäfte.

63

Was Napoleon nicht gelungen war, nämlich die Pferde von San Marco zu entfernen, das gelingt dem Fortschritt ohne Probleme durch die Wohlstandsabgase, diesen Furz der Demokratie. Und wie haben sie einmal getobt und diesen Napoleon beschimpft, den harmlosen, armen Eroberer.

64

In der *Zeit* darf Susan Sontag wieder schreiben, eine ganze Seite und die erste dazu, zu Polen. Über das Scheitern des Kommunismus, nicht des Stalinismus, nein, das totale Scheitern. Sie schreibt ihr Selbstbekenntnis und über die Lüge der demokratischen Linken und das Abdrängen der Wahrheiten jener Emigranten, die sie nicht schreiben ließen, nicht reden ließen und lächerlich machten. Und immer die Angst beim Protest gegen die Morde des Ostens, auf die falsche Seite sich gedrängt zu sehen und das Augenschließen und Feigesein und endlich nun einmal das Schuldbekenntnis und das sekundenlange Aufblitzen der Wahrheit, schmerzhaft, aber doch. Und nun ist es auch in Deutschland möglich, das zu drucken, zu sagen, zu zitieren, am nächsten Morgen im *Spiegel*, einen Tag drauf in der *FAZ*. Es muß kommen aus New York, von einer Frau und Jüdin. Die Kinder des Hitlervolks können sich nicht selbst erlösen, sind nicht frei, selbst zu denken, zu sprechen, zu schreiben. Wer hier nicht lautstark die rote Fahne schwenkt, muß Angst haben vor dem Braun der Väter und Mütter. Wie schwer ist es, unter ihnen zu leben und die Wahrheit zu wissen.

65

In einer Fernsehdiskussion erklärt der 68er-Veteran Kunzelmann die ganze 68er-Bewegung unserer jüngsten deutschen Revolution als ein Stück Mediengeschichte.

66

In der *FAZ* schreibt der Feuilletonchef über den Boykott der Theaterleute, weil man in Essen von seiten der Kulturverwaltung die alleinige Verantwortung eines Intendanten im neuen Vertrag einzuschränken gedenkt. Das Unerhörte ist im Film selbstverständlich, von allen hingenommene Praxis, die uns als Demokratisierung diktiert wird. Keine Verantwortung, Freiheit, Gewissen. Die Empfänger selbst, die Begünstigten also, oder die gekauften Richter entscheiden in Deutschland über die Millionenbeträge – ein Clan von befangenen Medien-Lobbyisten, die pluralistische Zensur nach der jeweiligen Mode. Warum boykottiert keiner? Haben alle Angst? Die Betroffenen arrangieren sich. Jeder versucht seinen Mann hineinzulancieren.

Die kritisieren sollten, sind durch Machtzuwachs gekauft oder uninteressiert, solidarisiert mit den Gekauften. Die Regierenden sind abgesichert, weil ohne Kritik, die sie kauften. Und niemand, niemand, der – wie der Feuilleton-Chef einer großen deutschen Zeitung – sich empört. Wie heißt es in der *FAZ* zum Intendanten-Problemchen in Essen, er braucht Freiheit, der Intendant, auch Unbequemes zu wagen und zu verantworten nach bestem Wissen und Gewissen. »Eine der letzten freien Positionen im immer mehr verrotteten Kulturbetrieb.« Weiß Gott, Film ist modern. Da sehen wir zuerst, was kommen wird als sozialer Fortschritt unseres Pluralismus, das Indiz des zukünftigen Horrors auf unterster Ebene der Mediokrität. Film zeigt auch hier den Weg. Das also ist die Zukunft unserer Demokratie, hier könnt Ihr sie studieren, so wollen sie es. Das ist die Demokratie, wie sie sie verstehen nach Hitler. Eine Hand wäscht die andere, und alle machen mit, nicht zuletzt durch ihr Schweigen, das sie sich teuer bezahlen lassen. Schon daß ich hier rede, bedeutet Gefahr für den Ausschluß, Ausschluß aus zukünftiger Produktion, die Mitmachen voraussetzt. Freiheit in Deutschland.

67

Jetzt restaurieren sie die Häuser von Haydn, das Geburtshaus von Beethoven in Bonn, von Mozart in Salzburg, Lessings Domizil, zu viel besuchten Museen. Die Armut unserer Klassiker, des armen Haydn, des Lessing und Mozart können sich heute nur Millionäre leisten. Die strohbedeckten Häuser, die kleinen Höfe, die Ruhe – im Zeitalter des Fortschritts.

68

Medien-Konformist, medienkonform, Medienkonformismus.

69

Dies fürchterliche Muß, das Muß im Kapitel des neuen deutschen Gehorsams der intellektuellen Linientreue unter denen, die die Welt verändern wollen, aufklären und zitternd gefangen vor dem Fatum ihres Gesetzes, nach dem sie angetreten auf unterster Ebene, ohne Eleganz und Mitleid, eng und brutal, voller Neid. Wer schwach ist, hat keine andere Wahl, und sie müssen schwach sein, aus Notwendigkeit; dieses Muß des neuen deutschen Gehorsams.

70

»Lieber rot als tot.« Emilia Galotti hat keine Chance mehr. Sie würden ihre Töchter als Huren verkaufen, und alle Revolutionen bis zur Aufklärung des Geistes sind verraten mit einem Satz, bis zum Sieg der Hitlers. »Stell dir vor, es ist Krieg, und keiner geht hin.« Und ich sehe das Gelächter Hitlers, keine Gefahr mehr für Auschwitz. Wer Jahrzehnte Tugenden wie Tapferkeit, Treue, Mut, Ehre, Würde, Stolz, Ruhm verhöhnte und verlor, wird auch keine Solidarität mehr erkennen. Und nicht nur Polen ist verloren für uns, wir sind seiner nicht wert. Und nun sind Stettin bis Danzig endlich und wirklich nicht mehr unser. Nicht Hitler und unsere Väter haben es verspielt, sondern wir, jeder von uns. Und jeden Tag mit jedem Satz und jedem Atemzug, wofür sie mich hassen werden bis ans Ende ihrer Tage aus Scham vor der erkannten Wahrheit.

71

Sie fragen mich oft außerhalb unserer Grenzen nach Deutschland und seiner seltsamen Position zu mir. Es ist das Land, wo selbst die Gutwilligen und Interessierten Worte wie »heilig« und »ernst« aus Interviews streichen müssen, ein Land, in dem der Ernst zu Bier-Ernst wird und in E-Musik gerade noch erlaubt ist. Und wo das Lächeln des Heiligen zur gefährlichen Lächerlichkeit der Visagen unserer Zeit verkommen ist. Wie können sie in Hölderlin anderes erkennen als den eigenen Irrtum. Mit Filmkritik hat das schon lange nichts mehr zu tun, allenfalls als Symptom des erschreckenden, allgemeinen Muß der Karriere in der Erbschaft unserer Vergangenheit und des Charakters. Für die Freunde aus der Ferne ein interessanter Fall, dem Geschundenen freundlich geistige Heimat gebend. »Heimat«, ein Wort, das sie nicht haben dort außerhalb dieses Landes und das hier verloren oder heruntergekommen ist zum Markenzeichen ihrer Korruptionsgeschäfte, wie Sehnsucht zur Schwulenschnulze des wieder entdeckten Heimatfilms der Medien-Linken.

72

Und immer wieder jetzt im Zusammenhang mit PARSIFAL die Frage nach der Religion, nach Gott, Kirche, der geheimen Kraft, die alles zusammenhält. Und ich verneine ihre Häuser, ihre Regeln, die historischen Riten, auch die religiöse Kraft in der

Natur und überlege eher innere Haltung, in jedem mehr oder weniger, bewußt oder akzeptiert. Und etwas wie beten in der Not, das Innewerden, Sich-Sammeln, etwas in Haltung, in Worten, auf Plätzen, durch Gemeinschaft als große Leistung der Historie, wenn es zusammenkommt zur Religion, zu den Bildern und Worten, den Büchern und Bauten und Zeremonien, Gemeinschaften und Geboten, Hilfe aus sich selbst, Nothilfe zum großen kulturellen Akt sinnlicher Geistigkeit werdend, aus jedem von uns. Immer noch da als religiöse Kraft, wie auch immer benannt, in jedem Menschen solange er lebt und geboren wird und stirbt und diese Erde existiert, so wie sie ist, noch als Verlust erkennbar, verflucht oder herbeigewünscht, betrauert, aber da, wenigstens als Erinnerung einer großen Wehmut verlorener Geschichte mit allen ihren Irrtümern, die das braucht aus Leiden und Askese zu unserem Ruhm.

73

Richard Wagners Bayreuth träumte immer von Hollywood, und das war sein Irrtum von Wilhelm II. bis Hitler. Wieland Wagners Vorstellung von Richard Wagner heute, im 20. Jahrhundert, als Hauskomponist von Walt Disney, begründet noch nachträglich Nietzsches Zorn.

74

Noch einmal zu PARSIFAL. Musik als tönender Geist der Dinge dieser Welt und der Gesang als Seele der Worte, was müssen mir die Bilder ihrer Gesichter wert sein, die als Masken diese Musik enthüllen.

75

Das Buch mit den neuen Bildern von Schroeters *Liebeskonzil* kommt mir auf den Tisch. Immer wieder die Hinneigung der Deutschen, wenn sie Kunst zu machen glauben, zum Freak, zum

Absonderlichen, der Druck des Spießers, des Philistersohns, des Bourgeoisenkels, der glaubt, er müsse schreien, pubertäre Grimassen schneiden, die Hosen herunterlassen, obszön werden, als letzte Verzweiflung in der Pornographie unserer Geschäfte. Ein trauriges Paradox, wenn er glaubt, Kunst so produzieren zu müssen in diesem Deutschland. Was einmal Protest war, ist nun Routine der Kunst geworden.

76

Höre im Radio von Hunderttausenden von Delphinen und Walen, die verenden an den Küsten in rätselhaftem Selbstmord. Ein Drittel der Tannen in Deutschland sterben. In Berlin Smogalarm. In Zürich fällt Regen aus Schmutz von Abfällen spanischer und französischer Industriegebiete. Der Aufruf, kein Kalbfleisch zu kaufen wegen der Gefahr der Aufnahme von Östrogenen durch den Fleischgenuß. Aber durch Auto weniger Tote im letzten Jahr, nur 11 000, weil weniger Benzin.

Wir sind heute in der Lage, in die ganze Welt zu fahren. In Stunden überall hin. Wir »machen« Freunde, engere als unsere Nachbarn zu Hause, intensivere als dort, wo wir arbeiten, und kommen dann wieder zurück, müssen vergessen, wie nach tiefem Schlaf oft Ärger vergeht und sind wieder wie vorher, als wenn nichts gewesen wäre, allein, oder fahren woanders hin und beginnen das gleiche Spiel, bis es Routine wird, wie Alltag im Dorf früherer Jahrhunderte. Auch bei denen, die uns empfangen oder die wir empfangen, das muß Folgen haben, wie der tägliche Zustrom von Nachrichten aus aller Welt, live, direkt oder gefiltert, bis die es nicht mehr ertragen und uns bezahlte Zuhörer kaufen, Psychoanalytiker, Ärzte, Sozialarbeiter nach dem ersten Durchdrehen. Nur der Kranke hält es aus, das Kaputtmachen und Kaputtsein als erste Bedingung der Existenz in heutiger Zeit, vom ersten Atemzug an. Und wir hören, daß die Muttermilch – jahrhundertelang selbst die Nahrung der Armen und ihr Privileg, der Ammen nämlich, – heute – falls verkauft auf dem Markt, verboten würde wegen Vergiftung der Säuglinge. Sie ist Bedingung, um durch dieses Leben zu kommen, die kaputte Existenz, vom ersten Atemzug an bis zum Tropf in den Fabriken des Todes. Wehe dem, der darüber spricht, sie werden ihn ausstoßen, totschlagen, absondern, verfolgen, lächerlich machen, verhindern, schlimmer als Christus durch seine Schächer. Oder sie werden Geschäfte daraus machen, es neutralisieren durch großen Konsum, auch ihren Untergang und ihre kaputten Seelen, das große und letzte Geschäft der allgemeinen Verkümmerung. Aber war denn nun alles Schmutz, was wir angreifen, die abgetrotzten Wahrheiten aus den Augenblicken der Kunst, alles Lüge, wenn sie es berühren, und was sie sagen über den Frieden ihrer Shows, auch die Freunde, weil es Mode wird, was seit mindestens 30 Jahren keinem Denkenden abgenommen wird, in der Euphorie der anderen Moden von Ideologie und Utopie.

77

Also, um es klar zu sagen, wer keine Soldaten will, muß wissen, er ist gegen die Befreiung von Auschwitz. Und wer keine Atombombe will, mordet in heutiger Zeit Millionen von Juden erneut in Deutschland und Zigeuner und Russen oder andere erklärte Untermenschen. Das ist das Paradox, das es auszuhalten gilt. Wer sich nicht mit dem Neuesten bewaffnet und schützt, wird durch das Neueste des Gegners untergehen, notwendigerweise in jeder Zeit, und ich komme mir vor wie 3000 Jahre Geschichte. Als ich mein erstes Geld verdiente, tat ich es zu der Fotografie eines Kriegskrüppels Hitlers, unter der stand: ›Nie wieder Krieg‹. Es waren 100 Mark von der *Berliner Illustrierten* Ulbrichts zu Zeiten Stalins. Ich baute meine Karriere auf den Beifall für das andere »blutige Raubtier« dieses Jahrhunderts mit seinem blutigen Frieden auf. Diesem ersten Bild, dem sehr erfolgreichen, folgten andere Bilder und mehr Erfolg, und das sind die Filme über Brecht usw. Also auch ich. Nur, ich weiß es, weiß es: es!

In der Zeit, als die große Sowjetunion Osteuropa, Polen, die Tschechoslowakei, Ungarn, Bulgarien, Rumänien, Ostdeutschland und versuchsweise Jugoslawien und Griechenland fraß und sich zu verdauen anschickte, lernten wir in der Schule von friedlicher Ko-Existenz und schrieben Aufsätze über die Stars und Slogans auf den roten Fahnen, Freundschaft und Fortschritt, während Korea, Vietnam, Kambodscha usw. sich auf den großen Hunger dieses gefräßigen Tieres vorbereiteten. Und das nicht einmal wie Hitler, der im eigenen Land gewollt und gewählt wurde. Und wir heute leben vom erpresserischen Knopf der Weltzerstörung in der Hand einer ideologischen Bürokratie, wie wir alle von der Gnade dieser Spießer, die man nicht ärgern darf und die keine Revolution mehr beseitigt. Das große Pendant unserer kleinen Weltsysteme von pluralistischer konsumbürokratischer Demokratie im Westen, in der besten ihrer Welten, aus deren selbstmörderischem Untergang nur noch die Stalins und Hitlers hätten retten können.

78

Und haben sie nicht recht, ist er es denn wert, dieser Wohlstand, diese Bequemlichkeiten ohne Regeln und Autoritäten und Sinn, voll häßlicher Kaputtheit, gibt es einen Grund für sie, das zu verteidigen, außer im dumpfen Trieb des Überlebenswillens, eines Lebens ohne Leiden des Schöpferischen?

79

Es gibt die Tränen des Eros, aber auch den Eros der Tränen. Im PARSIFAL von Richard Wagner wieder ein Fall jenes seltenen und erfolgreichen Versuchs, den kleinen Tod in der Liebe zu überwinden in der Suche nach dem ewigen Leben des Grals unter Verteufelung der irdischen Liebe in der Gestalt der Frau und deren diesseitiger Verführungskünste, die vom jenseitigen Ruhm und Erfolg abhalten. Und es ist der Versuch, den großen Tod allen Erdenlebens in eine Heroisierung zu retten durch Sublimierung, Veredelung, Mythologisierung, uns zu überwinden für das ewige Leben des Augenblicks der Kunst. Das Leben opfernd zu gewinnen in der tötenden Lust unseres Schmerzes, dem letzten oder schon verlorenen Glanz, im Eros der Tränen.

80

Es gibt einen Zerstörungsgrad, eine Kaputtheit durch Wohlstand, eine Sättigung aller Sinne, die sich mit Knopfdruck jede Stimulierung in Ohren und Augen, durch Reisen, wohin auch immer, zu verschaffen vermag, so daß nur noch Steigerung gefunden werden kann in der äußersten Selbstzerstörung, bis zur Vernichtung des Trommelfells und der Augen, unter Abtötung aller Gefühlsintensitäten, in dem, was sie früher Liebe nannten, und in dem sie heute verzweifelt ihre Freiheit suchen, um am Ende sich umzubringen, ohne Tod. Terror. Langeweile und Stumpfheit.

Cannes. Die »Nuit blanche« für PARSIFAL *vom 19. auf den 20. Mai 1982*

81

Am Anfang aller Kunst steht die Frage nach ihrer Notwendigkeit und damit nach den Riten und Formen ihrer Präsentation und der Selbst-Interpretation des Individuums in Zeit und Gemeinschaft, in der sie entsteht.

Mit der Einladung des PARSIFAL zu den Filmfestspielen von Cannes entstand gleichzeitig die Verlockung und Erniedrigung, ihn ein- und unterzuordnen in die Hierarchie der Tagesgeschäfte. Und das konnte und durfte nicht geschehen im Geiste Richard Wagners, der, als er die Grand-Opéra die Welt des Tages besetzen sah und seine Abende, sich in die Wälder der Bayreuther Provinz zurückzog, wie Bert Brecht selbst Ulbrichts Stalin-Regime ertragen mußte, um seine Werke zu schützen.

Natürlich wollen die pluralistischen Demokratien von heute alles einreihen, um so der als Minderheit okkupierten und verbauten neuen Ideen habhaft zu werden, sich ihrer zu bemächtigen oder zu entledigen und zu kontrollieren. Und natürlich sind nach Hitler alle Zeremonien bei Festen suspekt, besonders der Nationen, und trotzdem haben alle den Wunsch und das Recht gerade darauf. Denn warum entsteht Kunst, warum hat sie das Recht ihrer Existenz, warum machen wir das unter soviel Opfern, wenn nicht jenseits der Konsumindustrie zur Freude und Dokumentation unserer Existenz, selbst das Gemeine noch erhöhend durch die Schönheit unserer denkenden, mitfühlenden und liebenden Beschäftigung mit ihm. Sofern nicht schon alles abgestumpft ist in uns, durch Zynismus verdrängt, wie vielleicht die Organisatoren solcher Zusammenkünfte in Cannes sicher privat die Oper lieben und Filme dieser Art vielleicht, aber glauben, dies als Privatprivilegien anderen Menschen nicht zutrauen zu dürfen innerhalb des Alltagsgeschäfts in Cannes. Oder sie glauben mitspielen zu müssen, wenn die anderen ihre

Geschäfte machen, was sie ihren Beruf nennen und Alltag und so die Kunstmöglichkeit des Films eigentlich durch Selbsttäuschung und Unterschätzung der anderen unmöglich machen in ihren Programmen.

So ist Cannes das Modell für eine weltweite Situation von Irrtümern, und das führt zu falschen Filmen und falscher Kunst und einer Pseudo-Festlichkeit oder falschen Protesthaltungen. Und so wurde Cannes zur Welt des Klingsor und seiner Verführungen durch Konsum und geile Geschäfte, das Übel der Welt spiegelnd, als Gralssuche der Kastraten.

Und so geschah die Einladung dieses PARSIFAL gleichzeitig mit einem großen Mißtrauen und Angst vielleicht, indem man ihn abschob in die Ecke der ersten Tage und eines Nachmittags und ihm die üblichen Abendvorstellungen verweigerte und ihn damit, das Gleichheitsprinzip mißachtend, innerhalb der üblichen Hierarchie demütigte, indem man zur Vorstellung am Nachmittag überlegte, Busse von sicheren Zuschauern aus der Umgebung voll Jeunesse Musicale herbeizuholen. Da ein Rückzug ohne Schädigung des mitproduzierenden Verleihers in Frankreich nicht mehr möglich war, und diese Situation für den Geist dieses Films von Anfang an ebenfalls undenkbar, blieb nur die Wahl der provozierenden Nacht, unter Einsatz allergrößter Risiken eines Desasters, wie die Organisatoren voraussagten, in diesem tobsüchtigen Cannes solcher Tage, nicht ohne gewisse Gründe. PARSIFAL ab Mitternacht, um niemanden der anderen zu stören und so zu beweisen, daß das geschehen würde und könnte in allen Ehren, aus freier Wahl und mit großen Mühen einer langen Nacht, was die Veranstalter am Tag für unmöglich hielten. Da nun aber die Veranstalter diesen Film aus dem großem Raum entfernten und in die kleinen Nebenstraßen in stickige Räume von üblichen Pornokinos verbannten, geschah etwas Unerwartetes. Die Vox populi ertrotzte für die Stunden zwischen 1 und 6 Uhr früh, was die Organisatoren und Funktionäre des Festivals nicht einmal für den Abend und den Nachmittag zu denken gewagt hatten. Und sie erfüllten das Gesetz der

Kunst, wie es Richard Wagner sich nicht einmal zu träumen gewagt hätte.

Denn Kunst hat immer mit Feier zu tun und Zeremonie, Ritus und Opfer, Begeisterungsfähigkeit, Erhöhung des Lebens, allen erniedrigten Ablegern von Unterhaltung und Show und Belehrung und der bekannten Forderung nach einer gleichbleibenden und stets aktuellen Notwendigkeit der Zeit, aus der das kommt. Und so hat jedes Kunst-Werk seine eigenen Gesetze und Forderungen zur Präsentation, und jeder Ort seine eigenen Möglichkeiten und Gebote.

In Cannes war der Bade-Nachmittag an einem der ersten Tage für einen PARSIFAL unmöglich, so wie diese dann entstandene Situation der »Nuit blanche« in Cannes von 1 Uhr bis 5.30 Uhr bei Sonnenaufgang und Frühstück am Strand nicht wiederholbar ist oder verlegbar woandershin. Es braucht diesen PARSIFAL und diesen Ort zu diesem Anlaß einer Weltpremiere mit seiner Vorgeschichte von Widerstand, Provokation und endlich demokratischer Demonstration des Publikums im besten Sinne ohne Aggression und Lärm, einfach als Druck eines öffentlichen Willens, und es braucht sensible Manager, die zu reagieren verstehen und schließlich nachgeben und mitspielen ohne Wut, damit das gelingt, woran wir solange selbst nicht geglaubt. Später erklärte der Chef von Gaumont in Paris diesen Erfolg von Cannes gegen ihn zu seinem Prinzip der »Stratégie du désir«, indem man die Erwartungen des Publikums so hoch schraube, daß es, wie in Cannes, vor der PARSIFAL-Premiere durch die Straßen renne und nichts mehr wolle, als PARSIFAL sehen.

Denn es ging doch immer um diesen PARSIFAL in seiner Nachfolge des nächtlichen *TRISTAN*, mit seinem Geist der großen Feiern und Initiationsriten mit 80 Musikern und 120 Choristen, die man im Unterbewußtsein eher abdrängen wollte, um das falsche Pathos der Smoking-Galas in Cannes nicht für alle Zeit zum grotesken Mummenschanz zu machen. Wenn überhaupt ein Kunstwerk bis in unsere Zeit seine ihm eigene geistige Würde beansprucht, dann ist es dieser PARSIFAL, der nun erfüllt wurde im Sinne Richard Wagners mit Eintritten ohne Geld für jedermann in Jeans oder im Smoking, den man verlassen konnte zu jeder Minute oder zu dem man eintreten konnte zu jeder Zeit von den Straßen, die leer waren von den Geschäften des Tages, ohne Untertitel für mindestens 90 Prozent der fremdländischen Zuschauer nur wirksam als Bild- und Tonfolge ihrer Schöpfer.

Und so wie die Verweigerung der diesem Werke zukommenden festlichen Zeiten und Aufführungsorte auf dem Markt von Cannes durch dessen Verwalter und Beherrscher nicht eigentlich deren Willen war, so war auch ich als Vertreter der Wagnerischen Ideen nicht stark genug, allein die Uraufführung in seinem Sinne zum geeigneten Zeitpunkt und am geeigneten Platz zu erkämpfen.

*

Wie aber diesen PARSIFAL auf Zelluloid der Alltagsroutine des Kinobetriebs entziehen, so wie Richard Wagner seine Oper dem besonderen Geist von Bayreuth reserviert wissen wollte. Es wäre möglich, dieses Bayreuth von heute in den Geist des Films und Kinos zu übertragen in einer Reihe von Special Events, so wie in Cannes geprobt als Nuit blanche. Nun also die deutsche Premiere zur *Documenta*-Eröffnung in Kassel und einen Monat später in Bayreuth als Matinée zur 100-Jahr-Feier und Beginn des langen *PARSIFAL*-Tages, der auf dem Grünen Hügel endet, und weiter in München, im Herbst, eine deutsche Kino-Premiere spezieller Art mit allen Mitarbeitern des Studios und einer begrenzten Laufzeit des Films und ohne Reklame im Kino und in den Zeitungen, in dem von allen Nebeninteressen gesäuberten Kino. Weiter in Paris, vielleicht eine große Feier aller Mitwirkenden, der Sänger sowohl wie der Schauspieler, nebeneinander, im großen Saal unter der Schirmherrschaft der kulturellen Vertreter des Landes oder der Stadt. Und weiter in New York die Aufführung in der Oper als Projektion, oder in der Radio City Music Hall für 6000 Zuschauer, und in Venedig die Totenfeier zum 13. Februar 1983, dort wo die Totenmaske entstand vor 100 Jahren – und *PARSIFAL* zum erstenmal eben, und aus dem *TRISTAN* entstand. *PARSIFAL*, so zurückgekommen als mobile Feier auf Zelluloid, wie es kein Bayreuth so zu realisieren vermöchte.

*

Es bedurfte erst des beharrlichen Aufstands, jener großen Unruhe, die nach der Vergabe der wenigen Karten entstand, um wirklich den richtigen Platz zur nun richtigen Zeit nach Mitternacht zu ertrotzen.

*

Wie das Drehbuch nichts ist ohne den Film, so ist der Film nichts ohne seine Projektion. Seine ihm innewohnende Tugend diktiert das Gesetz seines Erscheinens, und dies Erscheinen gibt uns und ihm die Würde seiner und unserer Existenz. So ist jeder Film auch die Geschichte seiner Entstehung und Präsentation, wie er sich dem Fließband und der Vermarktung entzieht. Wer einen Film macht, muß ihn auch zeigen, nur wie das geschieht, muß das spezielle Gesetz jedes Films, wenn er eins hat, gestatten und erzwingen.

*

In Cannes war zu beweisen, wie dieser PARSIFAL geeignet ist, seinen Anspruch als Gesamtkunstwerk, auch in der Form seiner Uraufführung, als jenseits von gut und schlecht, zu erfüllen, zwischen Filmen, wie dann in Kassel auf der internationalen *Documenta*-Eröffnung unter der darstellenden Kunst, oder in Bayreuth, jenseits der Oper und der Bühne des Theaters überhaupt. Denn was eine Schauspielerin allein nicht schafft ohne die Musik, und eine Sängerin nicht ohne Schauspielerin, konnte nur die Kamera zu 80 Instrumenten und 120 Stimmen hinzufügen mit jenen Zitaten aus der Geschichte unserer Kultur, wie es Film vermag, eben als neue Kunst des 20. Jahrhunderts. Zwar hat dieser Film nichts mit all den anderen zu tun, ist aber doch ein Film. Er hat nichts mit Opern zu tun und ist doch ohne Richard Wagner undenkbar. Er hat nichts mit Theater zu tun, und wäre doch nicht so ohne Edith Clever, die sicher auch woanders und immer gut war, aber hier mit der besonderen Chance und Aufgabe dieser speziellen Musik zu einem Monument aller darstellenden Künste überhaupt werden konnte. Ein antikes Ideal abendländischer Darstellungssehnsucht erfüllend, der Vereinigung von Musik, gesungener Sprache und Körpergestus, einem großen Thema über den Preis des Untergangs und der Endvision unseres Lebens dienend. Und die Künste, die einsam und separiert in ihren Museen stehen, sind hier noch einmal lebendig geworden, in einem großen Organismus erlöst, dem, was Kamera und Montage des Auges und der stimulierten Seele, wie oben beschrieben, neu erschaffen und werden zu einem neuen Medium. Und man bedenke dieses leicht hingesagte Wort »Medium«, das Wort dieses Jahrhunderts, das zusammenführt als Erfüllung dessen, was Autoren in den Büchern über Jahrhunderte mit der Phantasie des Lesers versuchen – in einer Totalität, wie Kunst sie immer beanspruchen muß, aber auch – im Falle des Films – unter Verlust einer besonderen Aura, mit der Aufgabe, seine ihm eigene und neue immer wieder zu finden oder endlich zu etablieren, trotz aller Widerstände von allen Seiten.

82

Am Ende aller abendländischen Mythen, mit deren Untergang wir diesen PARSIFAL begonnen haben, steht Richard Wagners Musikdrama als Film. Da gibt es keine Story mehr oder Action-Probleme dieser Welt. Durch den Kopf hinab, tief in die Seele tauchend, die Seele, in diesem sublimsten Ausdruck unseres Wesens und Wollens mit »richtender Strenge«, wie Nietzsche sagt, hinab zu den Müttern und endlich das Land der Seele findend »im Grunde der Musik«. Realisiert mit Hilfe aller dieser

Reliquien. Allegorien als Tentakeln des Wesentlichen und der seltsamen Zitate der Kulturgeschichte, wie weit auch erkannt und die Rätsel gelöst oder erlöst, es geschah um den Preis des Wissens vom Ende und Untergang all dieser Dinge und, paradoxerweise, als Wunder einer neuen gelungenen Utopie, in dem Gesamtkunstwerk Musik der Zukunft. In jedem Fall braucht es andere Gesetze zur Verwirklichung, was bis zu diesem PARSIFAL zu versuchen war. Und wie am Ende der griechischen Tragödie das Satyrspiel und die Komödie stand, so steht dieser PARSIFAL am Ende nach langen Reisen bis hierher, ohne Ironie, die eine Fallhöhe bräuchte aus dem Erhabenen, das uns abhanden kam in diesem Jahrhundert. Ein *PARSIFAL* dieses Jahrhunderts mit dem Wunder neuer Größe, wie aus tragischer Erneuerung und im Glück des noch einmal schmerzlich Gefundenen. Ein *PARSIFAL* als Film mit Hilfe der anderen Künste als eine totale Kunst, die nur die Apparate noch garantieren, in die wir uns flüchten, nun als letzte Rettung und Instrumente der Erinnerung.

83

Im Dezember 1973 lud ich in Paris die mir wichtigsten neuen französischen Freunde und Kollegen und Politiker wie Journalisten ein, die den LUDWIG-Film in jenem Jahr entdeckt hatten mit soviel Freude. Es war die Premiere für den damals neuen Nachtragsfilm zu jenem REQUIEM FÜR LUDWIG II., über seinen Hofkoch THEODOR HIERNEIS, mit einem Essen nach Rezepten des Chefkochs der bayerischen Hofküche im Maison d'Allemagne nach der Vorführung des Films, gegenüber dem Hotel George V. Eine Vorführung im Wintergarten, so wie einst die ersten Filme vor hundert Jahren gezeigt wurden. Diejenigen, die daran teilnahmen damals, haben es sicher nicht vergessen.

Zum erstenmal hatte ich Film zum Anlaß genommen für etwas, was für mich dazugehört, wenn man Filme macht und zeigt und an diejenigen denkt, für die man so etwas tut: Kunst nämlich als Anlaß zusammenzukommen und seiner selbst intimer und intensiver gewiß zu werden und sich, wie kurz auch immer, des Lebens zu freuen. Dank denen, die es ermöglichten, indem sie den Anlaß gaben oder zur Entstehung verhalfen, je bewußter und absichtsvoller, desto besser.

84

Fassbinder. Am 10. Juni die Meldung von Fassbinders Tod. Was hier vorher als Notizen zum Tage im produktiven Dialog des Alltags gemeint war zum Thema Fassbinder und Deutschland, darf nun nicht ohne Ergänzung bleiben. So, ohne seine Chance zur Antwort, erhält seine Erscheinung einen erstaunlich und erschreckend abschließenden Dokumentationswert innerhalb der deutschen Nachkriegsgeneration.

Auch hier die Suche nach der deutschen Identität. Die eigene Person als Modell, an der etwas Allgemeines identifiziert werden kann und soll. Wenn ich Deutschlands Kaputtheit darstellen müßte, wäre es so, in diesem Gesicht, dieser Figur, diesen Filmen und ihren Irrtümern, sensibel, verwundet, einsam, zerstört. Man vergleiche Pasolini und sein Ende und sehe den Unterschied. Als man Romy Schneider, unter Hitler geboren, eine Woche zuvor tot fand, konnten sie noch sagen, sie sei gestorben an gebrochenem Herzen. Nun, zu dem ein Jahr nach Hitler in Deutschland geborenen Fassbinder, tot auf der Erde in seiner Schwabinger Wohnung, was sagen sie nun? Zu den letzten Auftritten und nächsten Filmstoffen sollte gehört haben jenes »Ich bin das Glück dieser Erde«. Welch ein Irrtum der Verzweiflung.

Und der Mythos beginnt. Die Kultfigur, das Denkmal eines jeden TV-Dorfes wird errichtet, und man muß unterscheiden zwischen der Medienfigur mit ihrer unheimlichen Allianz, dem selbstmörderischen Pakt, den er schloß mit den Mächtigen, dem Establishment dieser Zeit, und ihm selbst, den er verriet. Denn seine ganze Existenz ist auch die Geschichte eines Verrats, Verrat eines neuen Stils, den er hätte entwickeln können, und des eigenen Lebens. Er, der einmal nach seinen ersten Filmen höhnisch die üblichen Schnitte, Zoomspiele und Kamerafahrten weit von sich wies, nun selbst als Meister dieses verkommenen Gewerbes und seiner Verdummungsästhetik. So konnte er auf sklavische Weise zum »Spiegel«-Bild des deutschen Establishments werden – als ein außenseiterisch gepflegtes Pendant zu einem Deutschland der Korruption und des Untergangs, dessen Schnulzen-Sentimentalität er zu neuem Leben erweckte, ohne Ironie und verstandesmäßige Kontrollen der Distanz. Es war der Pakt des Außenseiters mit der Filmindustrie des ehemaligen Kartells der Schnulzen, der Heimatfilm wurde zur Schwulen-Schnulze, zehn Jahre nachdem er begonnen, am Ende der 70er Jahre.

So geriet er in die Entscheidung zwischen Selbstzerstörung und Verantwortungsbewußtsein und wurde scheiternd zum Heros des deutschen Medienkonformismus.

*

Er war nie mein Freund, er hat mich nie gesucht, und als Medienfigur mußte er mein Gegner sein, der zweifelhafte Held dieser Leute. Er hat es nie verziehen, daß seine Freunde sogar sagten, der schönste Fassbinder-Film sei der LUDWIG von Syberberg. Und er konnte meine Filme wohl auch nie verstehen. Aber er war einer der wenigen Kollegen dieser Generation, die sie sahen; wir waren auf derselben Suche auf verschiedenen Wegen. Ohne seine KATZELMACHER hätte es den LUDWIG vielleicht so nicht gegeben. Aber als ich ihn zitierte, wurde er böse und verstand es nicht, nicht die Ironie, nicht die Verfremdungen, nicht den Dialog, den ich aufnahm. Und als er den HITLER zitierte, versuchte – einmal im letzten Teil seines ihm liebsten Stoffes, dem ALEXANDERPLATZ – den Franz Biberkopf mit einem eigenen Traum zu ergänzen im Stil des HITLER-Films, verstand er davon so wenig, daß er daran scheitern mußte. Als er hörte, daß ich den PARSIFAL machte, den großen Erlösungsmythos, sprach er von seinem Stoff und fühlte sich wieder bestohlen und betrogen. Und er hätte doch diesen PARSIFAL, selbst ohne zu verstehen, lieben müssen am Ende, wenn er noch dazu imstande gewesen wäre.

Die Generation nach Hitler in Deutschland fordert ihre Opfer. Auch uns trennen zehn Jahre und eine Kindheit in östlicher und westlicher Besatzung. So konnte Fassbinder zum Symbol dieses westlichen Deutschland werden und zur modernen Kultfigur dieser »Aufklärungs«-Medien, die ihn nun mythologisieren als »unseren Balzac« *(Frankfurter Rundschau)*, ihn vergleichen mit einem »griechischen Heros« und mit Mozartlegenden, in denen die Götter rufen, wen sie lieben, jung und unschuldig in den frühen Tod. Und er konnte zum Mythos eines Genies werden, das »wie keiner beschimpft wurde je in Deutschland« *(Süddeutsche Zeitung)*, ausgerechnet er, mit Vergleichen zu Freudschen Leonardo-Analysen bis Hanna Schygullas Ausruf: »Ohne ihn hätte es den Neuen Deutschen Film nicht gegeben«, und jenem »Messias«-Vergleich in der *Bild*-Zeitung nach der *New York Times*. So zum konformistischen Narziß des kaputten Deutschland geworden mit deutschem Gemüt, unmäßig wie immer, der Typus vom häßlichen Deutschen, eine Diane-Arbus-Figur in seiner Freak-Familie, als Spekulant der bekannten allgemeinen Schamlosigkeit, ein Gründgens der BRD und Legende seiner Medien, die von ihm leben wie er von ihnen, verfettend, brutal, ausbeuterisch, wie sie nun sogar stolz zugeben, asozial, ein echter Künstler ihrer Rationalität. Und was sie nennen »Wunsch nach Liebe« und eher zu nennen wäre: »Wehleidigkeit, pathologische Egomanie, eitel und manieriert«. Arbeitswütig wie das deutsche Wirtschaftswunder jener 50er Jahre, in deren Kindheit alles nach Zahlen gemessen wurde, penetrant sich wiederholend, manisch, wo alles wahr wird, wenn es nur oft genug behauptet wird, wo jede Stammtisch-Anekdote sofort zu Film vermarktet werden kann, schnell, billig, als Meister der Wegwerfware in fürchterlicher Simplifikation, leicht zu konsumieren, so süchtig nach Anerkennung wie unfähig zu lieben, immer in der Maske des Außenseiters, in jener schamlosesten Selbstdarstellung, die immer mehr zur Selbstverwirklichung, Selbstgefälligkeit und Selbstentblößung und am

Ende Selbstentäußerung wird, deren Ekel nicht mehr ins Gleichgewicht kam mit jener selbstverwirklichenden Weltdarstellung, die am Ende das selbstquälerische Individuum und den mörderischen Allgemeinheitsanspruch des Kunstwerks versöhnt.

*

Die Medienfigur Fassbinder wurde zum Symbol des gegenwärtigen Deutschlands, noch einmal in den letzten Nachrufen deutlich erkennbar. Sie haben ihn zum lächerlichen Gartenzwerg ihres Selbstmitleids heroisiert. Einen Fassbinder, der vor den narzißtischen Ergüssen seiner anekdotischen Filme steht als Sinnbild einer tragischen Selbstzerstörung, ein Genie des Medienkonformismus, berauscht in Selbstbespiegelung endend, blindwütig, wie schon immer nach dem scheußlichen Pakt der Selbstaufgabe besserer Möglichkeiten. Ein Sklave seiner selbst.

Alles, was ich an diesem Deutschland von heute verachte, verfluche, hasse, wovor mir schaudert, hat sich hier buchstäblich verkörpert. Diese Plastikgeneration, die anders tut, schreibt, denkt, fühlt, als sie eigentlich will. Konformistisch ein korruptes Leben durchhastend, selbstgefällig bis zum selbst-zerstörenden Konflikt und einem Ende, das noch das Beste wäre und ist.

Da spricht einer, der einmal zu den großen Verteidigern seiner ersten Filme gehörte, von denen, die ihn heute anbeten und feiern wie kein Eckermann je den toten Goethe selbst in der Heroisierung der 150. Todeswiederkehr, noch wie je ein Oberlehrer in der lächerlichsten Form des 19. Jahrhunderts es gewagt haben dürfte sich zu äußern. Und doch verbeuge ich mich vor der Konsequenz seines unglücklichen und verratenen Lebens-und-Sterbens, denn manchmal ist es schwieriger zu überleben.

Er war ein Meister des Films in Deutschland – als Zeichen unseres Untergangs zur Zeit seines größten Bankrotts. Und wenn Hanna Schygulla, das liebenswerte Gesicht dieser Zeit, von ihm entdeckt und gemacht wurde, so war er auch derjenige, der es zerstörte. Er war Opfer und Täter zugleich, naiv, unkontrolliert, dumpf, eine offene Wunde mit dem offenen

Messer des Selbstmitleids in der waidwunden Seele unserer Existenz. Den wegen Frauenschändung damals falsch Beschuldigten, denn er hatte einen Stil und er machte alles zart, voller Melancholie der Ehrlichkeit, und den wegen mangelnder Aufklärung angespuckten Irrationalisten konnte ich in Liebe verteidigen und in mein neugegründetes Arri-Kino als Heimat und Gründungs-Stelle des *Neuen Deutschen Films* 1970 einladen, seine Filme zu eröffnen (dort, wo sie ihm nun ein Denkmal setzen wollen), denn ich sah seine Leiden, und sie waren im Zustand der Wahrheit. Aber dem mit ihnen nun Verbündeten, der sich arrangierte zu seinem Ruhm, konnte ich nicht mehr folgen in der Distanzlosigkeit seines Fluchs, der nurmehr Dokument wurde aller unserer Fehler, immer mehr Opfer seiner eigenen Tat, wie alles um uns, immer gemessen an seiner großen Chance, der er erlag.

*

Natürlich ist die Welt nicht mehr dieselbe, wenn ein solcher abgeht, zumindest fehlt die Provokation. Es fehlt die Filmschule seiner Mitarbeit für das große Team, das er um sich zu sammeln verstand, die Familie, die er sich schuf als Ersatz für anderes. Ein Produktionsfaktor, im Film fast ohnegleichen in Deutschland. Er wollte immer Hollywood nach Deutschland bringen mit seinen Melodramen, und es kam auch hier immer nur ein Schwabing des Konsums heraus, wenn auch ein spezielles, im Zuhältermilieu seines artifiziellen Innenlebens. Immer wollte er fliehen, emigrieren zur selben Stunde, wie ich meine HITLER-Deutschland-Erklärung machte in Berlin 1978, und er war der andere, der allein hier blieb neben den Herzogs, Wenders und Schroeters, die gingen. Er erklärte, jeder Künstler habe eigentlich nur ein Thema und alles andere seien nur Varianten. Und auch diese Simplifizierung zugunsten des simplen Konsums der heutigen Tage und dieser Mangel an Reflexionsvermögen forderte am Ende seinen Preis, es machte ihn anfällig wie jede Monokultur und schwach wie seine explosionsartigen Energien, die fehlgeleiteten, bis zur Impotenz, die »eine wahrscheinlich infantile, dummdreiste Utopie von so etwas wie Liebe« sein sollte. Und das ist wert, sich damit zu befassen.

Die Simplizität der Vulgär-Psychologie dieser Instant-Regie und -Filme, in der Art der Wegwerfwaren nach dem Muster »Armer Mann muß Frau schlagen, weil er es als Kind so schwer gehabt«, mündet in jene durch Drogen aufgepeitschten, geilen Farben einer weinerlichen Tristesse versiegender Reaktionen und in jene Beziehungslosigkeit der Figuren, die sich dann durch die beliebige Zusammenhanglosigkeit von Schnitten, Einstellungen, Farbkontrasten, Tonmontagen erkennen und beschreiben lassen, als Fundgrube für Zeitkritiker, als die Funktion des Urhebers dieser Lieblosigkeit flüchtiger und gequälter Routine eines Leidensgestus, wie er möglich wird als Zeichen innerer und äußerer Absentia. Welche Geilheit der Impotenz, welches Mißverständnis, Lautheit als Musik zu verstehen und die zerstörten Figuren dieses Tanzes der Sentimentalität als Liebesausdruck oder -fähigkeit oder auch nur Verlangen, einer Liebe, die hier nur belasten und erdrücken würde, weil sie fordert, wie immer, nach einer Kraft, zu der er nicht mehr imstande oder willens war.

Das Phänomen ist bekannt, die Entstehung von Phantasien besonderer Art, quasi artifiziell gegenüber denjenigen aus der Realität geborenen, bis zur Distanzlosigkeit aufgeputscht durch Drogen, statt Widerstandsmodellen der Kunst gegen dies Leben und diese Realität, und sich den notwendigen Schlaf holen durch Gegendrogen bis zum Exitus, wie unsere Zeit. Die Chemie ersetzt, was die zerstörte Natur nicht mehr schafft. Den ganzen Untergang inbegriffen, den man flieht auf diese Weise. Drogen können Realitäten zur höchsten Sensibilität stimulieren, aber auch zuschütten bis zur Kritiklosigkeit der so lebensunfähig Gewordenen. Die selbstgenügsame und selbstgerechte Flucht ins korrumpierte Leiden wurde zum Sinnbild für viele Figuren der Fassbinderschen Selbstdarstellung.

*

So wurde er von der Kultfigur zum sentimentalen Gartenzwerg der Medien-Funktionäre, der Entmythologisierer, der Aufklärer, der Kritik. Man stelle sich vor, Kleist oder Büchner hätten sich solche Blößen gegeben an Selbstmitleid, Sentimentalität, Aggressionen, Brutalität, Schuld der Reflexionslosigkeit und Simplizität der Gefühle, inklusive der ganzen Einfältigkeit der Sprache, die er aufnahm wie ein Schwamm aus dem Alltag dieser Medien auf unterster Ebene. Man stelle sich vor das Gelächter und die Verständnislosigkeit der nachfolgenden Generationen. Und nun diese Heldenlieder zu einem ganz untragischen Tod. So müssen sie bei Goebbels über Tod ihre Hymnen gemacht haben, als ob sie sich bei Springer bis *Penthouse* bewerben. Kein Deutscher seit 1945, kein Adenauer, Brecht oder Thomas Mann und Bloch wurden so beweint, ungeliebt und peinlich lächerlich gemacht. Der lächerliche Spießer-Held, den sie nach einem Hitler brauchten? Diese Medienherren und ihre Sklaven des konformen Meinungskonsums, was sie früher Mitläufer nannten.

Und wieder: Darf ich, darf der Outcast so schreiben über den Incast ohne den Vorwurf der Eitelkeit und des Neids, lange überlegt, aber es unterscheidet uns Tiefes. Der meistgeliebte Freak der Medien und ihr meistgehaßter in Deutschland. Das Meinungsestablishment und die Resistenz. Dort die behauptete Sorge um die allgemeinen Interessen und in Wirklichkeit zynische Selbstdarstellung auf Kosten der anderen und ohne Anspruch auf Verantwortung. Und hier der verfluchte Repräsentationswille mit noch der vorwurfsvollsten Sucht nach Verantwortung auch für den letzten der schweigenden Mehrheit. Es gibt Not und Recht, zu fragen. Selbstfindung durch schamloseste Zurschaustellung dessen, was eigentlich verborgen wird. Hier schamvollste Direktheit, die niemand zu glauben wagt. Eifersucht und die Höllen des Liebesentzugs, aber gegenüber wem und was am Ende? Natürlich sucht Sympathie und Liebe jeder, der sich aussetzt auf diese Weise, will viel, lebenserhaltend oder bedrohend bei ihrem Entzug, wer solches beginnt. Und wer wäre nicht schmerzlichst getroffen, wenn dies ausbleibt oder auf empfindlichste Äußerungen der Gefühlstentakeln und Rufe und Angebote dieser Art nur boshafte, böse Schläge kommen? Und natürlich will, wer so etwas macht, Repräsentation für eine Zeit, für ein Land und Menschen, will dessen und deren Anerkennung und Erkenntnis seiner selbst bescheinigt haben. Aber wer will das noch von diesen, der diese sah, wie der, der das hier schreibt? Wer einen HITLER machte wie diesen, weiß mehr, wer diese Torturen durchstand durch alle Filme, in dem Ort, wo er täglich lebt, ist ein anderer geworden, das gibt Freiheiten, Unabhängigkeiten, unbestechlich und unvergleichlich, das gewährt eine Situation der Erkenntnisse und Einsichten, in der nur noch alle Versuchungen der bisherigen, der billigen Provokationen und Aggression zu überwinden waren und das Elend der Mutlosigkeit nach diesem Panorama ohne Hoffnung und Freude. Eine Situation, um die ich jeden beneiden würde, wenn ich nicht um ihn Angst hätte, und ein Weg dahin, den ich keinem wünsche zu sagen, wie man's erreicht voll Verwundung, jenseits vom heutigen Film und eurer Geschichte und diesem Markt der Meinungen und einer Welt voll Abgründe, nach deren Kenntnis sich jeder wünscht, sie nicht gekannt und dies nicht gelebt zu haben. Nach ihrer Überwindung aber mit anderen Freuden lebend, die sie nicht kennen.

Die nationale Trauerfeier ihres ungeliebten Sohnes mit Extrabeilagen in der *Zeit* und schnellem Kokain-Titel im *Spiegel* und Wochenendaufmacher in der *Süddeutschen Zeitung* und täglichen Rubriken in den Boulevardzeitungen, die erst abgelöst wurden von dem Prinzenbaby in London. Mit dem Streit nun schon, ob nicht doch zuwenig geschrieben und getan wurde nach den täglichen Rubriken und Retrospektiven. Entsetzt bis fassungslos die anderen drumherum. Man vergleiche die bescheidenen bis halbherzigen Nachrufe zur selben Zeit zu Romy Schneider, zu Alexander Mitscherlich, dem Autor jener Symbole geistiger Diskussion der deutschen Nachkriegsgeschichte, von der *Unfähigkeit zu trauern* und dem *Weg zur vaterlosen Gesellschaft* und jener *Unwirtlichkeit der Städte*, ein Mann des öffentlichen Lebens in diesem Nachkriegsdeutschland, wie wir glaubten und sie uns glauben machen wollten. Vielleicht repräsentiert Fassbinder jenes Kleine, Schmutzige, das sie gerade noch fassen können, wie er es spiegelt rundum, die Poetisierung des Spießigen ins Grelle seiner letzten Filme und Auftritte. Das große Welttheater, seine geheime Sehnsucht, hat er nie geschafft, und darum mußte er Filme wie den kleinen LUDWIG – schneller gemacht als alle seine Filme, mit wenig Geld und kleineren Zahlen – in jeder Beziehung hassen, denn der war noch zu messen mit seinem Maßstab, mit teilweise seinen Leuten. Er hat sich auf die Risiken der dritten Dimension, der Tiefe, nie eingelassen und zu schnell gemein gemacht mit den anderen auf unverzeihliche Weise.

*

Noch keine vier Wochen nach dem Tod sind fünf Bücher über Fassbinder geplant, eine eigene Sendereihe im Fernsehen, dazu der tägliche Katzenjammer über noch nicht beigesetzte Urne und dergleichen. Kommentare, Meldungen, der insgesamt vierte *Spiegel*-Titel anläßlich Fassbinder nun. Medientrauer. Dazu die intime Nachricht aus den Fernsehanstalten, daß nur zu Hitler-Themen dergleichen Reaktionen der Wut und Bosheit von denen kamen, die er und die Manager des Films einfach Publikum nennen. Warum, wenn es Leser und Publikum nicht wollen? Welch schlechtes Gewissen äußert sich da und will was beweisen oder wer sich lustig machen? Die schmatzende Trauer am Grabe des geschäftstüchtigen Medien-Konsums. Nach den Chefs der Wüste kommen ihre Hyänen. Die zweite Generation. Angelockt vom großen Markt. Wo eine Kamera aufgebaut ist, wird der Markt schnell voll. Nur wer baut die Kamera auf? Warum gibt ihm keiner die Ehre, Schlüsse zu ziehen: als Opfer von Drogenwirkung (als erstes Verlust der Scham und des Willens, Kritiklosigkeit gegenüber sich selbst, Zusammenbrüche depressiver Art nach künstlich gezeugter Bilderflut und Arbeitsdiarrhö). Warum die Heroisierung des Rausches, warum den Defekt zum Mythos gemacht und von wem? So wäre Personenbeschreibung Beobachtung zur Analyse der Gegenwart geworden und zwangsläufig Zeitkritik ihrer selbst. Die große und traurig peinliche Analyse eines hysterischen Establishments und unserer großen Verluste, Fassbinders Erscheinung hatte die Chance großer Natur und Trauer, sogar als Opfer.

*

Soweit die Medienfigur Fassbinder. Wie gerne würde ich sagen, mit dem allen habe der wirkliche Fassbinder nichts zu tun, ein Cinéaste maudit, verflucht, ausgestiegen, ausgestoßen, abseitig, vieldimensional, eine Kreativität ohne Einschüchterung durch Homosexuellengeschäfte und Freakgebärden gegenüber den anderen. Eine Provokation aus der Tiefe der Existenznot und nicht aus der Interessantheit des augenblicklichen Gags, mit zunehmendem Verlust und Verhöhnung des handwerklichen Könnens, immer auf neuen Wegen ohne Bequemlichkeit der Wiederholung, höhnisch lachend, angeekelt, unbestechliche Treue zur Kunst, ehrenhaft, arbeitsam bis zur letzten möglichen Qualität, die ihm erreichbar war, rücksichtslos für die große Sache seiner Wahrheitssuche, liebesdurstig bis zum Exzeß, ohnmächtig ausgeliefert der Revolutionsabsicht seiner Aufgaben. Weisheit – soweit möglich in diesen Jahren, in seinem Alter, Krisis unvermeidlicher Grenzprüfungen, so würde ich gerne sagen wollen. Statt dessen sehe ich seine Wirklichkeit, am Ende nur mehr zur Puppe der öffentlichen Erwartungen zu werden, um die Forderungen des Establishments zu erfüllen, von *Bild*-Zeitung bis *Spiegel*-Titel; statt geistiger Leidenschaft und schöpferischer Besessenheit jene Rauschabhängigkeit, statt Begeisterung verlogene Drogenphantasie, statt aller Risiken der sogenannten und wirklichen Kreativität Faulheit des Geistes, statt existentieller Meditation dekoratives Design, statt metaphysischer Not modische Attitüden. Damit kein Zweifel aufkommt, hier spricht ein in Liebe zutiefst Enttäuschter, der seinen Respekt darin beweist, daß er diesen Fassbinder, den möglichen, ernst nimmt, einmal gegenüber den respektlosen Hymnikern der modischen und geschäftstüchtigen Anbeter noch im Tode; es ist eine Kritik an seinen sich der Rationalität selbstgerecht rühmenden Anbetern und daran, wie er ihnen verfiel. Der Geniekult dieser aufgeklärten Nach-Hitler-Generation in Deutschland gebiert seinen neuen Irrationalismus ohne Leidenschaft und Lust der Vernunft und Freude und ohne Freude des Sinns und ohne Verantwortung, ja Verantwortung in einer Erkenntnis allgemeiner oder privater Natur, wie das Land dieser Leute verantwortungslos und freudlos ist. Es ist ihr Mann, den sie da auf diese Weise zu feiern glauben, sich selbst. Aber wer eigentlich?

*

Es heißt, als Fassbinder in New York auf der Straße angesprochen worden war, ob er Fassbinder sei, habe er verneint, »der wäre viel zu groß, hier einfach so auf der Straße zu gehen«. Und er hatte recht. Dieser Fassbinder, der da auf der Straße ging, hat zeitlebens den anderen gesucht, wie Deutschland seinen besseren Teil. So wurde er zu einem unserer interessantesten Fälle in diesem Deutschland und zu einem Beweis, wie mörderisch unser Geschäft ist, das wir betreiben. Gewiß, Deutschland ist ein interessantes Land, aber die Götter geben dir, daß du nicht in einem interessanten Land geboren werdest.

*

Gewiß ist der Künstler Seismograph seiner Zeiten. Viele wurden groß darin, sich zu genügen, und sicher gibt dies ein Sonderrecht ohnegleichen für diese Not, Begabung und Pflicht, aber eben diese Pflicht, auch nicht schuldig zu werden, die Leiden, Gewalttaten und Nöte der anderen und seiner selbst mutwillig zu vergrößern. Es ist diese Qual, die ein Gott ihm gab, zu widerstehen und Gegenmodelle aufzurichten, selbst und gerade da, wo alle anderen scheitern oder vernichtet werden von der Last der Zeit und Welten und sich womöglich baden in der Lust des Untergangsgeschäfts der Tage, und sei es durch die führende Pflicht der Erinnerung an unsere anderen Möglichkeiten, sich zu erinnern an diese Pflicht selbst, wenn alles verloren scheint oder ist, und gerade dann wird sich sein letzter und höchster Rang erweisen, jener vielbeschworene aufrechte Gang der Größe, Mensch genannt zu werden nach dem Maße, wie sehr es ihm gelang, hier Dokumente zu schaffen, die unserer würdig sind, und immer wieder und noch für alle, die guten Willens sind, Sinn zu finden, Sinn anderen zu geben, selbst im Ende der Sinnlosigkeit, im Machen des Guten, Schönen als Zeichen unserer größten Freiheit zugunsten einer Weisheit, für die zu leben sich lohnt und das Sterben vielleicht.

*

Gefühlsdefizit. Plötzlich, abends im Fernsehen, spät, eine Gedenksendung für Alexander Mitscherlich, den sie seit Jahren von uns fernhielten in ihren Medien. Sie sagten, zu alt, verbraucht, krank und warben um Mitleid. Seltsames Schweigen, ein Behandlungsfehler nach kleiner Operation habe ihn ruiniert. Und dann, endlich, jetzt er selbst, noch einmal nach seinem Tode, in einem Gespräch aus dem letzten Jahr, langsam, zögernd, manche Sätze wie nicht zu Ende gesprochen, grammatikalisch wie früher Dichter ihre blinden Seher darstellten, und nun die Worte mit intensiven Pausen, wie er beklagt das große Defizit als Bilanz seiner und unserer Zeit und einer Lebenserkenntnis allgemein, das allgemeine Gefühlsdefizit in allem, in allen, hinter allem. Die Gefühlswelt sei defizitär, immer wieder als großes Fazit, alles im Wanken, in Auflösung, Ende. Letzter Versuch, sich klar und aufmerksam zu machen. Gebrechlich und verborgen in neurotisch und hysterisch gewordener Welt, 37 Jahre nun schon nach Hitler, auch ohne diesen. Der Aufklärer aus Deutschland, weise geworden, sagt seine Wahrheit, die nicht erlaubt ist und versteckt wurde.

Einmal, ich erinnere mich, in einer Live-Sendung zur HOLOCAUST-Serie im deutschen Fernsehen, versuchte er, auch zu reden, und wurde von dem Kreis der Disputierer sofort weggeredet als unzurechnungsfähiger Tattergreis, der's nicht mehr bringt. Seine Fragen, warnende, bedenkliche damals, tiefgründende, ohne das Naßforsche ihrer Rationalitätsgeschäfte.

Der deutsche Aufklärer dieser Zeit wagte zu zweifeln bis zur Verzweiflung und wurde auch in dieser Gedenksendung sofort in die allgemeine Friedensdiskussion wegstilisiert und als Funktionär der Antirationalität weggelobt. Was der Schock des Lebens und seines Alterns in Weisheit geläutert, wurde als unbequem verschwiegen, die Vision des Endes versteckt, der seiner Funktionen alltäglicher Aufklärungsgeschäfte enthobene und gütige alte Mann, nicht nützlich mehr, getötet noch im letzten Nachruf.

Deutschland und seine Nach-Hitler-Generation, wie es die Erleuchtung der Auf-Klärung versteht. Ob Rationalität oder Rationalismus, es bleibt sich eigentlich gleich, was sie hier anbieten, man beachte nur, wer da zur Macht gekommen ist und durch welche Tricks. Am Ende aber steht das Bild dieses zaghaft gewordenen Mannes, dessen Weinen in den Worten liegt, die eine Wahrheit sagen, die alle wissen, ohne sie akzeptieren und befolgen zu können. Es kommt nur darauf an, mit welcher Verantwortung. Den meisten ist sie abhanden gekommen. Welch ein Land, welch eine Welt, welche Menachen! Hatte nicht auch Sartre am Ende einiges zu widerrufen, und er durfte. Sie gaben ihm die Ehre zuzuhören und Platz, sich zu erklären, selbst bei anderer Meinung vielleicht und mit Ungeduld. Dies sind diejenigen, die ihre alten Hunde abspritzen, wenn sie nicht mehr gebraucht werden, und den Pferden nicht mehr das Gnadenbrot gönnen nach getaner Arbeit, das noch jeder gute Herr alter Zeiten dem letzten Knecht gewährte, auch ohne Sozialversicherung, wenn er ein Herr war, und die Zeiten, in denen die Dichter einen Tiresias auftreten ließen, solange sie Soziologie nicht brauchten, um Mensch zu sein.

Der Mythos von heute aber ist – im psychologischen Jahrhundert – die Seele des Menschen. Welche Chance – vertan. Und die Freiheit, die die Französische Revolution versprach – was haben wir daraus gemacht?

Oft werde ich gefragt von französischen Freunden und Journalisten, ob ich mir vorstellen könne, in Frankreich zu leben und dort zu arbeiten. Ganz ernsthaft: ja. Vielleicht würde ich meine Filme aus dem Studio verlagern können. Es wäre nicht nötig, sich vor der Gegenwart zu verbergen, dieses schwarze Studio-Gehäuse der Erinnerung, planetengleich durch die Geschichte geschickt. Und dann die Tabus gesucht. Und würde keine Ruhe geben, bis ich sie gefunden, auch in Frankreich. Die Revolution vielleicht und 1945, nach dem Abzug der Deutschen, mehr Tote als durch die Deutschen, höre ich meine französischen Freunde flüstern und sehe sie lächeln und wissen und schweigen, jeder mit seinen geheimen Toten-Listen in der Tasche, immer dabei, und alle sie ziehen vor, den geschätzten Freund im fernen Land der Schuld seine Arbeit tun zu sehen. Vielleicht ist es doch besser für jemanden wie mich, nicht in Frankreich zu leben und zu arbeiten, für beide Teile, und einen Hitler zu haben fest an unserer Brust. An? Einfacher zumindest für beide Teile. Wir dürfen, wir müssen und wollen unsere Arbeit tun, die jetzt nun in eine schwierige Phase kommt, die heilsame des Vergessens, auch das ist eine Kunst – wie wir wissen – und Notwendigkeit aus jedem Studio der Psychoanalytiker. Denn wer nicht vergessen kann, kann nicht weiterleben, aber vergessen können muß gelernt sein und geschieht nicht durch Verschweigen und ohne Not. Das aber ist nur erlaubt dem, der das andere getan, und darum ist es wohl doch besser, in Deutschland zu leben für jemanden wie mich, jetzt, und als Gast zu kommen zu den Freunden im anderen Land wie bisher und nun noch mehr und frei zu sein wie jemand und niemals und nirgendwo nach einem PARSIFAL-Film, der nur so gemacht werden konnte wie hier und jetzt, aus Deutschland, und nur mit Hilfe einer französischen Musikaufnahme dieses deutschen Richard Wagner, und – was allein nicht möglich gewesen wäre – gemacht trotz aller Widerstände und wie. Durch die schreienden Tabus der großen Not zurück in den heilsamen Schlaf der Erinnerungen unserer Geschichte und aller Freude.

85

Einige Wochen später, nach Durchsicht der französischen Übersetzung, um sie meiner Frau zur Überprüfung vorzulegen. Sie ist traurig, und ich füge dies für sie hinzu: sie hat recht, und ich danke ihr dafür. Haß, nein, das nicht: Mit-Leid, ein Toter. Ein Kollege. Aus diesem Land hier, in dieser Zeit, wer gibt mir das Recht, kann ich . . . Der Fassbinder, den sie aufgebaut haben, das war das Thema, und derjenige, der sich aufgegeben, der dieser Versuchung, der Zeit, diesem Land erlegen ist. Ein armer Hund, schwach. Das Image, das sie aus ihm gemacht haben; von ihnen sprach ich, das sind diejenigen, die sich in ihm vereinigten, diese anderen der Mediengeschäfte. Und er war leider nicht abwesend, seltsam diese Einsamkeit, die aus dem entsteht, was niemand um ihn herum versteht, die ihn alle loben aus Angst. Einsamkeit eines Ruhmes ohne Ruhm, ausgebeutet, gefällig, schuldig, aber ausgebeutet. Der Gegensatz zu meiner eigenen Position, manifestiert in dieser einzigen Person, und all das, wofür ich geatmet und wofür ich mich unbeliebt gemacht habe, indem ich die Idee einer bestimmten Qualität verfolgte, die er geopfert hat auf so einfache Weise und mit welchem Erfolg des Elends. Manifestiert in einer Person, die am Ende nicht mehr sie selbst war, die sich zurückzog, als es nicht mehr ging, dieser Widerspruch, getrieben bis zur Zerrissenheit, zwischen dem eigenen Willen eines ursprünglichen Anspruchs und der künstlichen Medienfigur. Und nach seinem Abtreten kann man ihn nun erst recht verkaufen, er ist ihnen ohne sein Wissen ausgeliefert, er sit ihr Buhmann. Habt Mitleid. Aber man kann das auch aus den schlimmsten Szenen herauslesen, aus den mir unangenehmsten, die aber, trotz allem, für ihn die typischsten sind, d. h., daß man das in allen seinen Szenen sehen kann: in allem was es an freiwilliger Verblendung gibt, in seiner Art am üblichen Leben zu zerbrechen, selbst da hindurch spüren wir noch den ehemaligen und heißen Pulsschlag der ursprünglichen Ambition, was ihn vor sich selbst rettet und vor dieser billigen Anbetung.

Dank auch der, die mir dies schließlich noch abgefordert, mit gutem Recht, und es war mir leicht in Bezug auf jemanden, der nicht mein Freund gewesen, so wie ich ihn sah, und obwohl er immer wie die Gegenfigur erscheinen wird, die der anderen Möglichkeit, der anderen Wahl, um mit diesem Deutschland fertigzuwerden. In enger Verbindung und weiter, als man sich denken kann.

Kassel – Documenta

86

Deutsche Premiere des PARSIFAL-Films in Kassel zur Eröffnung der *Documenta* am 19. Juni 1982, also einen Monat nach Cannes. Anläßlich der *Documenta,* wo auch in vier Räumen Stücke des PARSIFAL-Films ausgestellt wurden. Der ursprüngliche Gedanke war anders als dann die Ausführung, die sich ganz nach dem Kellerlicht, von oben nämlich durch schmale Schlitze und nach der Anordnung der Räume zueinander richtete. Ein dumpfer Keller mit spärlichem Licht, rustikalen Steinwänden des Fundaments, das Neonlicht ausgeschaltet, der Betonboden mit feuchtem Laub unsichtbar gemacht.

Den ersten langen Raum betritt man mit Blick auf die große Figur von 3,50 m Länge, die als Skulptur der Delacroixschen »Liberté« nachgebaut wurde, am Ende der langen Schmalseite dieses Raums. Links an der Wand ein liegender Phallus aus derselben Skulptur, abgetrennt, rechts an der Wand von Leonardo das Relief eines Christuskopfes von gleicher Größe, mit Hammer und Sichel, die diesen Kopf, und das heißt den Gott der Christen und die Kunst, zerstören.

An der linken Seite, dem Christusrelief von Leonardo gegenüber, ein Raum, kleiner, mit dem Brunnen aus Van Eycks Genter Altar, in der Mitte die Parsifal-Statue von Zumbusch statt der eigentlich von Van Eyck gemalten und im Film vorgesehenen und realisierten Brunnenaufsätze. An den Wänden Zeichnungen von Kostümen und Baukonstruktionen des großen Richard-Wagner-Kopfes. Und gegenüber dem Eingang dieses kleinen Nebenraums, unter dem Fenster, das große Lebensbuch Richard Wagners von 1 m x 2,50 m mit Noten der Gralsenthüllung aus dem *PARSIFAL* und Dessous-Zeichnungen von Richard Wagners Hand sowie das letzte Portrait der Nacht vor dem Tode. Ein zweiter Raum, gleichfalls links, enthält die sogenannte Bogenmaschine, einen in Holzrahmen eingespannten Bogen, dem Seitenteil einer Geige nachgebildet, von 3,50 m Höhe mit einem großen Pfeil, beides als Symbol der Waffen und des Tötens, den Bogen nämlich, mit dem Parsifal den Schwan getötet und durch den Blut vergossen worden ist. An den Wänden des ersten, langen, schmalen Raumes Ritterschilde nach Eisenstein, schwarz-weiß-rote Fahnen mit dem Zeichen des Kreuzes und der Taube, Betonhelme nach der Art der Bunker am Hitlerschen Atlantikwall. Von der Liberté am Ende des ersten Raums zurückblickend zum Eingang: das sogenannte Geigenmädchen, diese aus der Bogenmaschine des ersten Aktes entwickelte Geige in Mädchengestalt für die Aue des 3. Akts, als Symbol für das Paradies des zur Musik gewordenen Bogens.

Den letzten Raum, den vierten, betrat man im Anschluß an die Bogenmaschine, und dieser große und hellste Raum zeigte an der dem Eingang gegenüberliegenden Wand den Thron des Amfortas nach dem Vorbild des Throns von Karl dem Großen im Dom von Aachen. Daneben in den Fensternischen links und rechts die Köpfe von Nietzsche, Aischylos, Ludwig II. und Karl Marx, davor an der Treppe zum Thron den Gralsbaum mit der großen Kugel von 1 m Höhe und Bayreuths Festspielhaus darin im vereisten Garten des Hieronymus Bosch. Diesem Thron gegenüber an der Eingangswand ein großes Richard-Wagner-Theater mit vereisten Portalen, von Bayreuths Uraufführung des *Parsifal*, und die *Parsifal*-Figuren als Puppen und Richard-Wagner-Karikaturen aus seiner Lebenszeit als Puppen. An der linken Wand aus der Perspektive der Eingangstür, aus dem HITLER-Film, Hitler in Kindesgröße als Bauchrednerpuppe auf dem Stuhl einer umgestürzten Irminsäule der germanischen Götter, wie sie Karl der Große vernichtete. Und rechts gegenüber an der Wand die karolingische Reichskrone mit dem Totenkopf von den Kaisergräbern der Kapuzinergruft in Wien. In der Mitte des Raums, im Achsenkreuz zwischen Kaiser Karls Thron und Richard Wagner-Theater Hitler und Reichskrone auf dem Totenkopf, die Bahre des Amfortas mit der Totenmaske Richard Wagners auf blutigen Lappen. In den Fensternischen weitere Puppen nach Richard-Wagner-Karikaturen. Es wurde berichtet, daß trotz versteckten Ort im Keller und ohne besonderen Hinweis oft nicht alle Interessenten gleichzeitig Zutritt haben konnten wegen Überfüllung. Der hintere Raum und der erste links mußten durch Seile abgetrennt werden. Ich nehme an, daß von 350000 *Documenta*-Besuchern zwei Drittel das sahen, mehr als je den Film. In amerikanischen Kunst-Zeitungen gab es große Besprechungen, in Deutschland etwas in der *Bunten*, eine *Spiegel*-Erwähnung, Erstaunliches im *Bonner General-Anzeiger*, sonst Hohn und Schweigen. Das Ganze ist gedacht, nicht um Einzelstücke des Films in einem Museum zu dokumentieren, sondern in analoger Paraphrase zum Thema des Films Geschichte darzustellen an bestimmten Figuren, in bestimmter Reihenfolge und Situationen mit anderen Mitteln. Die Kunsthistoriker der Gegenwart haben dafür eigene Worte erfunden. Gemeint ist ein Gang durch die Geschichte in großen Tableaus, Richard Wagner, Hitler und das Deutsche Reich im Keller der im 5-Jahres-Rhythmus sich selbst darstellenden internationalen Kunst der Weltgegenwart. Der Phallus aus Delos, wie im PARSIFAL-Film in 3,50 m Größe verwendet, paßte durch keine Tür des Museums, dem ältesten auf deutschem Boden. Welches Symbol für die Kunst der Moderne. Trotz aller Beteuerungen. Der asketische Hölderlin wußte mehr vom Eros der Griechen als unsere Kunst nach der Befreiung von der Tradition. So stand er dann im Hof. Und damit er nicht störte beim Blick aus dem Fenster, die Heutigen nicht störte, eng und verschämt an die Wand in der Ecke gelehnt. Direkt unter der wanddurchstoßenden Rasierklinge von Oldenburg, einem der vielzitierten Heroen dieser *Documenta*.

87

Auf den Feldern die Leute, arbeitend, im Bikini, in Badehosen, am Rande die Autos. Auffällt die Häßlichkeit der Gesichter und Körper im Vergleich zu denen, wie ich sie noch kannte mit Strohhüten, in Arbeitskleidern und mit nackten Armen und Oberkörpern, braun und sehnig. Ist es Einbildung, daß sie mehr lachten?

Seit langer Zeit wieder eine Fahrt mit dem Zug durch Deutschland. Ist es auch Einbildung, daß mehr und mehr Reinigungsanlagen für schmutziges Wasser an der Strecke zu beobachten sind, an jeder Stadt wie an fast jedem kleineren Ort jetzt? Gespräche über Urlaubsreisen nach Portugal, Italien, Frankreich und nach zwei Wochen zurück, Reisekolonialismus. Da hier schon alles rettungslos zerstört, nun auch dort die deutsche Seuche, unruhig und ohne Sensibilität. Im Radio Falkland-Nachrichten wie blutige Unterhaltung zur besseren Attraktion der Werbemeldungen. »The messages become more interesting, you could not pay it.«

88

Gehört oder gelesen, daß der Bock-Schrei vor dem Geiß-Sprung im Griechischen »tragos«(?) genannt worden sei oder werde, wovon sich die Tragödie ableite.

89

Wo die moderne Kunst von Performance redet oder Environment und Konzept-Art und Objekten, das heißt von literarischen Erzählungen im Raum, mit Zitaten und Bezügen von Stücken zueinander, muß das in Beziehung oder Konflikt treten zu dem, was wir machen im Film.

90

Wo Kunst der Menschen zu Objekten wird, werden am Ende auch leicht die Menschen zum Objekt. Ihre Freiheit ist Desinteresse, das sie rettet vor der Erkenntnis.

91

Reise nach Südfrankreich. Der Bauer nebenan war in seinem Leben einmal in Paris, sonst lebt er von Wein, Spargel, Kirschen, Hühnern etc., und von Alkohol, wie wir von Tee. Die Studentin, die hier das Haus von Freunden einhütete, wurde in München mit einer Annonce gefunden – halbtags verdient sie 2000 DM, eine von vielen, die sich bewarben, einmal hier sein zu dürfen, im Land der Früchte und des Weins, aber sie lebte und ernährte sich von Dosengemüse.

92

Zwei Möglichkeiten, Welt zu interpretieren: Richard Wagner, der Wolfram von Eschenbach ausbeutete, vernichtete, oder der seinen PARSIFAL erfand und Wolfram neu fortsetzte. Der PARSIFAL-Film, der Richard Wagner... Goethe sagt, er habe, um zu überleben, seine Lieben als Werther und in Gedichten überwunden, sich gerettet und die anderen in die Ewigkeit geopfert. Es gibt auch diejenigen, die sagen, er habe sie schmählich ausgebeutet, ruiniert und sei ein Schwein gewesen. Von Thomas Mann sagt man, er habe seine Familie mißbraucht, von Frisch sagen seine Frauen, er habe sie benutzt. Es wird wohl darauf ankommen, wie sehr man Gedichte liebt, Musik und Leben, oder in akademischen Regeln schon gestorben ist, und ob das Neue die Opfer des anderen rechtfertigt. Ein zutiefst undemokratisches Gesetz, das Kunst und Leben gewährt.

93

Kunst à la Kassel als Dokument der Zeit ist wichtig, das Todesstammeln der Zeit in Modellen ohne Erlösungswunsch, – Aufgabe und – Möglichkeit. Diese Geräusche des Südens am Mittag im Hof dagegen auf dem Lande, ein Blatt, das fällt, ein Spatz oder Hühnerflattern, eine Wand gegenüber im Schatten, eine Wand mit Wasserbecken, Tropfen, Ruhe. In der Linde die

Bienen, über den Weinfeldern ein Wind, der nur über Felder gegangen so riecht. Rilke wußte noch davon, oder Trakl, was heute zum exklusiven Sonderfall für Vermögende, zum Getto der Sinnenfreude geworden ist.

94

Wie die Zweiteilung des *PARSIFAL* aus der ursprünglichen Idee entstand, anstelle eines unmöglich gewordenen Helden, die beiden großgewordenen Kinder des LUDWIG- und des HITLER-Films zu nehmen, das Mädchen und den Knaben, was aus vielen Gründen nicht gehen konnte, und wie am Tage dieser Einsicht die beiden späteren Darsteller entdeckt wurden. Am Tage des Scheiterns auch gleich die neue Lösung.

95

Zum Hambacher Fest, dem Fest der Demokratie, wie unser republikanischer Präsident sagt, erklärt er, daß Revolution heute im Gegensatz zu damals Unsinn sei, da ja alle an der Macht, wir die Demokratie seien. So sagen die Einheitsgewerkschaften in der DDR auch, wenn sie Streiks untersagen, und so redet der DDR-Schriftsteller Hermann Kant von Leuten, die in der DDR gegen Atomraketen sind, von Unfriedensstiftern. Sie können sich nicht vorstellen, daß jemand sich gegen ein System stemmt, das sich freiheitlich, demokratisch und rechtlich nennt, dabei durch den Mut der Verzweiflung selbst unfrei, undemokratisch und unrechtlich wird und in Ohnmacht untergeht, auf frivolste Weise am spießigen Recht, an ungeistiger Demokratie und zu schwacher Freiheit.

96

Kloster Sénanque. Zisterzienser, früher eines der wichtigsten am einsamen Platz, versteckt am kleinen Fluß und in schönsten Lavendelfeldern, aus dem Unterholz der Eichen freigeschlagen.

Von Bildern bekannt seine Steinwände, Dächer und Kuben ineinandergeschachtelter Räume. Heute nimmt der Parkplatz eine größere Fläche ein als das historische Gebäude. Von Griechenland wissen wir, daß sie an den seltenen Ruheplätzen der großen Schildkröten, wo diese einmal im Jahr ans Land zu gehen pflegten, um ihre Eier in der Stille zu legen, Hotels bauten mit 200 Betten für die Schildkrötentouristen, Schildkröten, die nun ausbleiben, und sich lieber umbringen, als in Ruhelosigkeit sich fortzupflanzen.

97

Man höre vom Sterben der Bäume durch uns, und man stelle sich das vor, realistisch. Bäume werden in Zukunft nur mehr als Paradies unter Glas denkbar werden, wie heute Stille unter Kopfhörern sein und wie die Akropolis unter Glas gestellt werden soll, oder der Marc Aurel vom Römischen Kapitol ins Museum verschwindet.

98

Als HGP, der unabhängige Filmfachmann des Bundesinnenministers, mich mit einem wundgescheuerten Bettnässer verglich, verwies ich vor einiger Zeit auf Julius-Streicher-Methoden, wie jene mit ihren Gegnern umgingen, andere lächerlich machten und mit welchen Folgen, und hatte doch etwas Gewissensbisse wegen eines unziemlich vorschnell hervorgeholten Knüppels nun meinerseits. Es kamen noch andere Belege und Zeugen dazu und sollten eher rechtfertigen, was ich verdächtigte, doch es blieb ein dumpfes Gefühl von modischer Ungerechtigkeit. Nun lese ich in Thomas Bernhards jüngstem Buch, den Kindheitserinnerungen aus seiner NS-Zeit:

»Das Essen war gut. Wir hatten zwei Erzieher, die uns vom ersten Augenblick an, in welchem wir von den NSV-Schwestern übergeben worden waren, erzogen. Es begann mit einem Vortrag über Pünktlichkeit, Sauberkeit und Gehorsam. Wie exakt die Hand zu heben ist beim Hitlergruß und so fort. Mein Pech war, daß ich schon in der ersten Nacht als Bettnässer entlarvt war. Die Methode in Saalfeld war die: mein Leintuch mit dem großen gelben Fleck wurde im Frühstückszimmer aufgespannt, und es wurde gesagt, daß das Leintuch von mir sei. Der Bettnässer wurde aber nicht nur auf diese Weise bestraft, er bekam auch keine sogenannte süße Suppe wie die andern, er bekam überhaupt kein Frühstück...

Ich war eine Schande, und die Kameraden, die ich noch in den ersten Tagen gehabt hatte, waren jetzt keine mehr. Ich war argwöhnisch und nicht ohne Schadenfreude beobachtet worden. Keiner wollte neben dem Bettnässer sitzen, keiner wollte mit dem Bettnässer gehen, keiner wollte naturgemäß mit dem Bettnässer in einem Zimmer schlafen. Ich war auf einmal so isoliert wie noch nie...

Wie tief meine Verzweiflung gewesen war, läßt sich heute gar nicht mehr denken. Mit leerem Magen schrie ich bei der Fahneneinholung Heil Hitler, marschierte ich mit, das Steigerwaldlied auf den Lippen. Ich war in eine neue Hölle geraten. Aber ich hatte einen Leidensgenossen. Sein Name war Quehenberger, und ich werde diesen Namen mein Leben lang nicht vergessen. Der Bub hatte die sogenannte Englische Krankheit und war an den Händen und den Beinen verkrüppelt. Er war völlig abgemagert. Er war die kläglichste Figur, die man sich vorstellen kann, es war der erbarmungswürdigste Eindruck, ihn Heil Hitler sagen und durch den Thüringer Wald marschieren zu sehen. Ihm passierte jede Nacht etwas viel Schlimmeres als mir: er beschmutzte sein Bett mit seinem Kot. Ich erinnere mich an dieses Schreckensbild haargenau: im Waschraum unten, wo nur noch die Keller waren, wurde dem Quehenberger das kotbeschmutzte Leintuch um den Kopf geschlagen, während man mir, neben ihm, die wundgewetzten Oberschenkel an den Hoden mit einem weißen Puder bearbeitete. Ich hatte einen Kameraden gefunden, das noch viel größere Opfer. Erzieher wie Schwestern redeten uns naturgemäß auch oft gut zu, aber die meiste Zeit verloren sie die Beherrschung und mißhandelten uns. Ein deutscher Junge weint nicht! Und ich hatte im Thüringer Wald fast nur geweint. An mir und dem Quehenberger war die Kunst der Erzieher und der Schwestern gescheitert. Anstatt daß wir uns besserten, verschlechterte sich unser Zustand.«

*

Nun kann man leicht lächelnd alles beiseite legen und sagen, »unwichtig«, das Übliche, Medienalltag und Konformität, das alltägliche Muß des Filmjournalismus in Deutschland, vielleicht etwas mieser als üblich, wenn nicht der obengenannte Autor ein Funktionär wäre des Innenministeriums, mit einem Mitspracherecht über Millionen der Steuerzahler, berufen als Fachkraft dieses unseres deutschen demokratisch gewählten Innenministers; und wenn nicht alles damit eine Frage der Demokratie würde, die sich solche Fachleute leistet. Ein Fachmann, der sich gerne auf seine politische Tätigkeit beruft, insbesondere wenn er Gelder verteilt, wie in seinen Kritiken. Es bleibt der Vorwurf der undemokratischen Haltung eines gesamten Gremiums, solange solche Leute dort so schreibend entscheiden, welche Filme in Deutschland produziert werden sollen. Und er ist nur einer von vielen.

Wem Filme lieb sind und Kultur in der Demokratie, muß hier revoltieren; wer's nicht tut, macht sich schuldig der bekannten Mitläuferschaft zu seinen Gunsten oder bequemer Resignation in der Karrieren-Hierarchie der Mittelmäßigen. Ab nun kein Wort mehr über diesen moralisch eigentlich Toten. Alles andere übergebe ich der öffentlichen Meinung. Morden kann man auch Filme, Kunst und Leben in verschiedener Art. Und es gibt sie immer, die, wenn das Morden in der Realität beginnt, von nichts gewußt haben.

*

Dieser PARSIFAL nun endlich und doch gelungen, wird also gezeigt – nach Paris und Cannes – in Kassel zur *Documenta* im

Sommer 82, und in Bayreuth zu den Festspielen des 100-jährigen Jubiläums seiner Entstehung. Und wird in München gezeigt, dem Ort, der ihn ermöglichte in Deutschland, aber nicht dort, wo das Bonner Innenministerium in zwei Kommissionen seine Entstehung fast verhinderte.

Das wird möglich ohne Verleih-Routine; und so ergibt sich die Chance, diesen Film unter den Bedingungen zu zeigen, wofür der Kinobesucher seine Karten teuer bezahlt. Also ohne lästige Reklame, oft bis zu 30 Minuten lang, und ohne lästige Vor- und Nachmusiken und ohne auf den geilen Seiten der Kino-Annonceseiten unserer Zeitungen mitmachen zu müssen. Ohne Pressevorführung vor der Premiere und ohne die Bürokratie von FSK- und FBW-Gremien, das alles ist eine Reinigung des Kinos von den lästigen Schmarotzern an der Gutmütigkeit des erpreßten und kommerzialisierten Publikums. Ganz zu Ehren seines ursprünglichen Auftrags.

*

Das alles nicht, um die Deutschen hintanzusetzen, was sie gleich wieder überall schreiben werden, nicht um jemanden zu strafen, sondern aufzurufen zu Unruhe, Bewegung und Nachfragen und Briefen, zu demokratischen Aktivitäten, vielleicht auch in Form von Anrufen beim Innenministerium und seinem zuständigen Filmreferenten (Telefonnummer: 02 28/66 84-3 06) und dafür zu sorgen, daß in Zukunft solche Filmprojekte in Deutschland nicht weiter abgetötet werden, wie dies jetzt zweimal fast geschehen wäre. Vielleicht ist in Deutschland auch möglich, was in Cannes geprobt wurde – mit Erfolg. Nachdem die Manager und Funktionäre den PARSIFAL ins Abseits des Außenseitertums drängen wollten: der Protest der Betroffenen, des Publikums, so lange, bis die Verantwortlichen, sensibel, nachgaben.

*

Was ist elitär? Wir haben uns angewöhnt, elitär jene Minderheit zu nennen, die von Qualität lebt, ohne sie nicht leben mag. Eingeschüchtert auf diese Weise, waren wir bereit, jene Majorität der 14- bis 24jährigen im heutigen Getto Kino als das zu akzeptieren, was sie nicht sind, nämlich das Volk, oder auch nur ein Teil seines Querschnitts davon, und schon gar nicht das Leben. Dieser PARSIFAL ist nicht für die Massen gemacht, jener ideologisierte Begriff brüllender Machtdemonstration, den man immer einsetzt, um seinen Gegner mit Demokratie zu überwältigen. Dieser Film ist nicht gemacht für Opernfans, und er ist kein Kultfilm für Cinéasten, und schon gar nicht das Getto der Halbwüchsigen und seiner ihm langsam entwachsenden Discogreise. Er ist da für alle, die ihn lieben und ihn betrachten in Ruhe und der Konzentration geistiger Lust, der Freude zu leben, manchmal wenigstens.

*

Der *Spiegel* beklagt, daß ich »nicht in den Gral des PARSIFAL gespuckt habe«. Wie Susan Sontag in ihrer ersten Beobachtung beschreibt, ist der Gral in diesem Fall nicht ein Ding, sondern eine Person, die Unschuld eines jungen Mädchens. Das also ist es, was sie wollen – oder nicht sehen. Da haben wir dann das ganze Spiegel-Bild dieses Landes, wir sollen den anderen ins Gesicht spucken, dann erst haben wir nicht »gekniffen«, wie er so schön sagt. Und sie wollen es als öffentliche Demonstration zum Beklatschen einer und ihrer großen Selbstdemütigung. Man kann es gar nicht genug ernst nehmen als trauriges Dokument unseres Lebens in dieser Zeit und in diesem Land. Das beschädigte Spiegel-Bild Deutschlands, vor dem wir uns schämen müssen, jenseits von Meinungsstreit und Argumentation und jeglicher Kritik. Diese Zeit und unsere Generation sind beschmutzt von Leuten, die privat als normale Bürger erscheinen und öffentlich meinen, nur kaputt und beschädigt, spuckend auftreten zu dürfen, andere zu Gleichem auffordernd, jenseits und gegen alle geistige Auseinandersetzung, noch immer und wie lange noch?

*

Die Goldene Palme von Cannes an MISSING. Dazu Florian Hopf, Jury-Mitglied und Journalist: »Endlich ein Festival, das die Diskussion, den Streit nicht gemieden hat, endlich Kino, das mit unserer Realität befaßt ist. Ich hoffe, daß andere Filmfestspiele von dem Mut der Auseinandersetzung lernen.«

MISSING ist ein Film über schlimme politische Zustände in Chile nach dem Tod Allendes – aus Hollywood. Von der Filmkompanie einer Firma, die in Verdacht steht, am Tod Allendes nicht uninteressiert gewesen zu sein, um es so vorsichtig auszudrücken. Manche flüstern: ein Alibi. Ich meine, sie verdienen zweimal: am Umsturz und der Empörung der Zuschauer daran. Wie hieß es, »endlich ein Festival, das die Diskussion, den Streit nicht gemieden hat...«

100 Jahre PARSIFAL – Bayreuth

99

Böblinger Kreiszeitung, 30.7.1982: *PARSIFAL* in Bayreuth: Das ist eine Kolonne schwarzer Limousinen, die nachmittags zum Grünen Hügel hinaufbraust…

PARSIFAL in Bayreuth: Das ist auch die leere Straße vor einem Kino im vormittäglichen Nieselregen, das ist Schlangestehen und ein keineswegs feierliches Foyer…«

Basler Zeitung, 7.8.1982: Wer wäre wohl von sich auf den Gedanken gekommen, diese viereinhalb Stunden Musik zweimal hintereinander zu hören, mit vergleichsweise kurzen Unterbrechungen! Man mußte, um sich darauf einzulassen, gewiß kein pflichtbewußter Übermensch sein, wie Kollege Joachim Kaiser behauptete, wohl aber ein gar nicht so recht zeitgemäßes Vertrauen in die Strahlkraft dieses hundert Jahre alten Kunstwerks *PARSIFAL* haben, wollte man die »Konkurrenz zweier Medien« (Hans Jürgen Syberberg) ohne Nachlassen der Aufmerksamkeit, ohne Einbuße an Lustgefühlen überstehen. Und Merkwürdiges – ich spreche fortan von meinen Empfindungen – trat ein. Die kritische Sicht auf die Götz-Friedrich-Inszenierung im Festspielhaus erschien geschärft; es war wie nach dem gründlichen Durcharbeiten der Partitur sowie der Vor- und Nachgeschichte des *PARSIFAL*-Geschehens. Größer geworden war indes auch die Skepsis: das wahre Medium dieser ungeheuerlichen Klitterung mit der weithin »statischen« Musik, dachte ich mehr als einmal bei mir, ist der Film. Dem Musikkritiker der ›Frankfurter Rundschau‹ erschien die Festspiel-Aufführung gar als ein »fader Nachschlag«.

25. Juli 1982: Angeboten war Richard Wagners *PARSIFAL* anläßlich der 100jährigen Wiederkehr seiner Uraufführung, zweimal am selben Tag und am selben Ort, auf der Bühne und vorher als Film, in Bayreuth selbst, mit einer angemessenen Pause dazwi-

schen von zwei Stunden und einer Einladung zu Essen und Trinken und Reden oder Schweigen vielleicht.

Die *Süddeutsche Zeitung* und ihr bekannter Musikmann, der sich weigerte, diesen PARSIFAL als Film anzuschauen, spricht in seiner Kritik der Bühnenaufführung eilfertig von »Zumutung« und herausgefordertem »Übermenschentum« und schickt einen Kollegen, dessen Text nicht in derselben Ausgabe gedruckt wurde, in der die Bühnenkritik anläßlich des 100jährigen *PARSIFAL*-Jubiläums steht, so daß der Leser nicht vergleichen konnte. So versagt er sich und den Kulturinteressierten die entscheidende Auseinandersetzung.

Die Leser der *FAZ* erfuhren von ihrem Musikkritiker nichts von der Tatsache, daß hier anläßlich des 100jährigen Jubiläums etwas geschah mit Oper und Film und PARSIFAL vielleicht, was eventuell imstande sein könnte, Revolution anzuzeigen, wenn man bereit gewesen wäre, sich auf einen Vergleich einzulassen.

Im Radio Selbstzensur – wie DDR-Funk, der nur berichtet, was genehm ist –, Informationen, Interviews, lange Pausengespräche vom Grünen Hügel sowie mit den Verwaltern der Stadt und am Rande vermerkte Richard-Wagner-Ulks.

»Aspekte«, das Kulturmagazin des ZDF, aus Bayreuth direkt vom Grünen Hügel – wie aus dem Bundeskanzleramt.

Jahrelang hat der *Stern* davon gelebt, Bayreuth alljährlich lächerlich zu machen, ironisch zu provozieren bis zur Blödelei, und das zu den Glanzzeiten Wieland Wagners bis Chéreau. Und nun zum 100jährigen Jubiläum des *PARSIFAL* ein Hofbericht, obwohl wirkliche Provokation, nämlich geistige, zu beschreiben möglich gewesen wäre durch einen Gegen-*PARSIFAL*. Statt dessen der Bericht über einen Intendanten-Regisseur mit einer Regiebeschreibung von Spermen- und Nutten-Vergleichen unter Rolls-Royce-Fahrern und Bayreuth-Veteranen, interpretiert mit Zitaten, die aus dem Buch zum PARSIFAL-Film entnommen sind, ohne ihre Herkunft zu erwähnen; bis zur lächerlichen Behauptung, der *PARSIFAL* Richard Wagners in dieser Bühneninszenierung sei ein Gang durch die Geschichte des Mythos, was eben die Erfindung dieses PARSIFAL als Film wurde. Eine

Hofberichterstattung also, die jede frühere Bayreuth-Provokation mit angeblicher Ironie als Scharlatanerie erkennen läßt.

Und *Der Spiegel*, unser Nachrichtenmagazin, das einzige, stolze, war wieder dabei und als erstes. Es brachte eine Antisemitismus-Debatte, kritisch, böse und zum Termin. Warum diese Ablenkung, dies Schweigen oder die Alibi-Funktion ihres Alltags?

Und natürlich fehlten Wolfgang Wagner wie der fleißige Festspiel-besuchende Oberbürgermeister und der für Kultur zuständige Referent der Stadt Bayreuth dort, wo die Bayreuther eingeladen waren, wirklich und zu geringen Preisen teilnehmen zu können an einem PARSIFAL ganz anderer Art – und auch er von Richard Wagner von der ersten bis zur letzten Note.

Sicher war das alles keine böse Absicht, wie nicht immer böse Absicht schlechte Arbeit begründen muß. Das Unbewußte ist oft mächtiger als das Bewußtsein.

Zu bemerken ist: Zum erstenmal stand »Gescheites und Wirkungsvolles« zum Film-Autor des PARSIFAL sogar in der *Süddeutschen Zeitung*, eine Woche nach der Premiere. Und der *Stern* schrieb Gutes und referierte anständig zur Uraufführung in Paris und Cannes – als es nicht weh tun konnte bei der 100-Jahr-Feier am Thron. Und in der *Zeit* eineinhalb Seiten zum erstenmal auf der Titelseite der Kultur und wie noch nie. Auch die *FAZ* war in Paris dabei, zehn Wochen zuvor bei der Uraufführung, beherzt wie alle anderen. Und *Theater heute* druckte Bestes für die Spezialisten. Freunde und Feinde klopfen aus verschiedenen Motiven freundlich auf die Schulter und sagen »na endlich« zu dem, was mich beschämt und geniert. Und doch kann es nicht der Sinn sein des jahrelangen Protests und seiner Erkenntnisse, im Namen Richard Wagners nun und eines ehrlichen Vergleichs zu schweigen jetzt zu dem, was jenseits guter und schlechter Noten einer Tageskritik gemeint ist. Und was angeboten wurde und was wirklich passierte und versäumt wurde, vertan, vorbei, was nur einen Tag so geschah.

Musikdarstellung steht zur Diskussion, auf dem größten deutschen Musikfest des Jahres, eines Hauptwerkes der dramatischen Musiktradition, Richard Wagner und 100 Jahre *PARSIFAL* in zwei zu vergleichenden Aufführungen und Medien. Jahrhunderte von Theatertradition und eine neue Darstellungsform einander gegenübergestellt. Aber nicht nur Kunst, Weihe, Fest und Spiele. Natürlich ist das Folgende unklug für die Sache. Fordert es doch wohl Rache heraus an dem Mann, der das schreibt, und trifft dann ein anderes, nämlich Richard Wagner oder seinen PARSIFAL und die vielen Leser. Ist das klug? Wer mit Wahrheiten umgeht, spielt, sie einsetzt, ist immer in Gefahr, aber sie lassen, einmal gedacht, sich nicht mehr verhindern.

*

100 Jahre *PARSIFAL,* das Bühnenweihfestspiel. Sollte das Fest nicht gestört werden? Man bedenke, diese Herausforderung und Zumutung in sich anläßlich eines PARSIFAL, der wie jede andere Kunst hoffentlich uns der Routine und dem Alltag entzieht. So ein Fest sollte wohl gemeint sein, ursprünglich, und nun wollen sie unter sich sein; die Tageszeitungen, dies Publikum, das Radio und das Fernsehen? Ein Bühnenfest? Und nur auf der Bühne, die einmal die Welt bedeutete und nun zum Fest-Spiel eines untergehenden Kulturestablishments geworden? Doch, einer durfte stören, der notorische Störer, der Antisemitismus-Protestierer vom Dienst, immer wenn von Richard Wagner die Rede ist, und alles schien irgendwie in Ordnung, routinemäßig. Er konnte die Schuldigen stören mit alten Vorwürfen in alter Schuld, denn wir sind in Deutschland, und Richard Wagners Erben leben nicht nur in Bayreuth. Der Teufel sitzt ihnen im Nacken. Das wahre und eigentliche Fest konnte nicht sein, sie haben es selbst verhindert.

*

In Kassel, dem einzigen Ort, wo der Film vor Bayreuth und zuerst in Deutschland lief, einmal die Woche, ca. 60 Zuschauer aus ganz Deutschland je Woche mit den Tausenden von *Docu-*

menta-Besuchern. Sonntagvormittags statt der normalen Kino-Abende, oder Samstag spät bis weit über Mitternacht, damit er nicht die Flipperfilme der Rocker- und Punk- und Disco-Filmer stört.

In Bayreuth in der ersten Aufführung mit Mühe 240 Personen, nach vier Wochen Aufwand und mehr. Am Freitag danach abends zur normalen Kino- und Festspielzeit ohne »Zumutung« anderer Art als Richard Wagner selbst, halbvoll, Sonntag vormittags darauf nicht ein Drittel der Plätze. Allein die oben täglich Übrigbleibenden vor den geschlossenen Festspielhaustüren würden genügen, um dieses Kino zu füllen. In den zehn Aufführungen des 240-Platz-Kinos plus Uraufführungstag kamen weniger (1550) Zuschauer, als in eine Vorstellung auf dem Grünen Hügel passen.

Man vergleiche die Bilder der 1700 Pausengäste in Abendkleidern an den reichen Tischen von Bayreuth und jener 8000 aus dem Volk Roms und jener 800, die am zweiten Tag der Aufführung des PARSIFAL im Circo Massimo durchhielten unter Regenschirmen bis zum Ende um drei Uhr morgens im Platz-Regen.

Darf Wolfgang Wagner jubeln? Ich wage die Prophezeiung für Bayreuth, wenn Richard Wagner dies hier nicht schafft, wird er verloren haben in Zukunft in diesem Lande, und sie hätten alle dazu beigetragen. So würde auch Richard Wagner zum Museumsstück der erkalteten Hierarchien.

*

Was ist der Unterschied zwischen einem René Kollo, der in Wien singt, und einem René Kollo in Bayreuth? Oder der Unterschied zwischen einem Peter Hofmann in Salzburg bei Karajan und in Bayreuth? Oder Everding in München und Ponnelle in Köln im Unterschied zu Bayreuth? War es nicht einmal so, noch bis vor kurzem und bis Chéreau, daß in Bayreuth die Dinge von Wieland Wagner erfunden wurden, um dann nachgemacht und variiert zu werden von Kassel bis Leipzig. Wäre es nicht der Ehre Bayreuths und seines Erfinders würdig, die Sänger der Zukunft in Bayreuth, mit großem Risiko zwar, zu entdecken? Warum Gurnemanz immer als deutscher Bierbaß? Wie wollen sie eine Kundry je beurteilen ab jetzt, ohne diese Kombination gesehen zu haben von Yvonne Minton plus Edith Clever? Wer nicht in Frage stellt, sich und Richard Wagner, immer von neuem, hätte kein Recht, in Bayreuth zu singen, zu dirigieren, Regie zu führen, zu leiten und zu kritisieren und das Publikum heranzulocken.

*

Was würden wir sagen zu einem Germanisten, der sich weigerte, Thomas Mann zu lesen, weil seine Bücher zu dick seien und die Sätze zu lang, oder seine Wagner-Anmerkungen, weil nicht opportun? Was zu einem Chef-Kritiker des Theaters und Feuilletons, der nie in Deutschland von Peter Stein etwas gesehen; und man füge hinzu Botho Strauß oder Thomas Bernhard oder Kortner. Wie könnte jemand schreiben über moderne Oper, ohne Wieland Wagner zumindest verlacht zu haben? Was sind sie wert, die Beckett ausschließen und Bert Brecht, was für Historiker, Professoren ohne Neugier und Lust oder Informationsredlichkeit? Wie kann heute jemand vor seine Leser treten und über einen 100jährigen *PARSIFAL* schreiben, ohne diese Informationskenntnis dessen, was seit dem 19. Mai täglich in Paris im Kino zugänglich und selbst in deutschen Zeitungen nicht ohne beträchtlichen Raum nach seiner Premiere bemerkt und eingestuft worden ist? Wie kann jemand über Richard Wagner und Antisemitismus sprechen, ohne diese Antwort zu kennen? Als ich das Projekt PARSIFAL vor einigen Jahren in Bonn vorlegte mit der Präambel, Hitler habe diesen *PARSIFAL* verstanden als seine Bibel und angekündigt, diesen *PARSIFAL*, inszeniert von Wieland Wagner, zum Siege in Berlin aufführen zu wollen, und als ich erklärte, darum sei es nötig, gerade heute diesen PARSIFAL zu machen und von dem, der diesen HITLER gemacht hat, gaben sie zweimal kein Geld in Gremien mit vier *Spiegel*- und *SZ*-Leuten aus deutschen Redaktionen. Und, obwohl diese Erklärung wieder am Anfang meines PARSIFAL-Buches steht, als Grund auch für seine Entstehung und vieler Antworten, ist es wiederum einem deutschen Universitätsprofessor möglich, öffentlich aufzutreten, als ob nichts geschehen wäre mit diesem Werk oder nur das eine ohne das andere. So rächt sich die Nachlässigkeit der Jahre von Unkenntnis und Hochmut in dieser Haltung: Den muß man nicht gesehen und gelesen haben.

Was noch nach LUDWIG mit intellektuellem Achselzucken als Spinner und bis HITLER mit Irrationalismusvorwürfen verdrängt wurde, muß schließlich dazu führen, daß im selben Heft, in dem Zelinsky seine Thesen vortrug, nur ein Franzose (J. P. Faye) auf diesen PARSIFAL verwies neben den vielen deutschen Autoren, und er wußte, warum.

*

Und es gilt, was ich voraussagte: Wer diesen HITLER nicht zur Kenntnis nahm als Film, wie soll er diesen PARSIFAL sehen wollen, akzeptieren, auch nur zur Kenntnis nehmen können. Was ich immer vermutete: Das Hitler-Volk und seine nachfolgende Generation ist unfähig, nicht nur zu trauern, auch sich zu freuen und zu leben wie vorher, der Fluch des fürchterlichen Erbes wirkt auf ganz andere Weise und viel treffender.

Wer noch vor dem HITLER-Film stehengeblieben ist, kann diesen PARSIFAL nicht verstehen und seine Toten auf dem Wege zum Gral, wie immerhin die *Frankfurter Rundschau* erkannte. Und wer diesen PARSIFAL nicht sah, wird nicht die alte deutsche Erdenschwere jenes diesjährigen Bühnen-PARSIFAL, und seinen Sänger, schon aus der Rundfunkübertragung aus dem Festspielhaus erkennbar, beurteilen dürfen auf dem neuesten Stand.

Sind sie nicht inkompetent geworden in Sachen Richard Wagner und seiner Folgen wie Erlösung, Kapitel Trauerarbeit des Alltags, nicht mehr zuständig, so wie es sicher kein Zufall war, daß der für Wagner von alters her zuständige Germanist und

Kenner aus der Generation der Emigranten als erster den Film in Paris sah, mit jenen wenigen aus Deutschland, die danach fragten.

Wie sagte Wolfgang Wagner bei der Pressekonferenz nach seinem *PARSIFAL*: Er habe doch keine Zeit, am Premierentag als »Staffage« bei der Vorstellung eines Films aufzutreten, und das, nachdem ich ihm als Erben und Enkel Richard Wagners nach allen Verhinderungen von seiner Seite nun am Ende doch diesen PARSIFAL zu Füßen legte und ihn einlud, auch Intendant eines *PARSIFAL* zu sein von Richard Wagner, der nun so, neben der Bühne, auch als Film entstand. Ist das nicht jener Anspruch auf absolute Regentschaft, diese Weltmacht, die verlachte und veraltete der bösen Karikaturen um Bayreuth?

*

Ist Bayreuth heute mehr Establishment der Bundesrepublik, als Richard Wagner es je sein konnte für Wilhelm II.? Und eben das wäre der schlimmste aller Verluste. Diese Erkenntnis, Bayreuth verloren zu haben im Jahre des *PARSIFAL*, 100 Jahre nach seiner Entstehung, und Wolfgang Wagner nur eine Intendanz wie alle anderen in der Provinz, enterbt durch sich selbst. Hatte er recht, nicht zu kommen? Er hatte recht, sich nicht dazuzustellen, um niemand zu verwirren, Geistiges zuzumuten. Nur so ist Herrschaft, Macht wirksam, wie wir wissen. Rechtschaffen und bieder wie in Bonn, dem Bonn unserer demokratischen Gremien, über den Bayreuther Festspielsommer bis in die Niederungen unserer Feuilleton-Redaktionen. Nur mit *PARSIFAL* selbst und dieser Musik hätte das nichts zu tun. Sie wären der Antisemitismusgeschäftigkeit durchaus würdig. Wer die Reaktionen anderer Länder auf diesen PARSIFAL kennt, weiß, wozu er gemacht wurde und wozu er fähig ist und warum er nur so seine Existenzberechtigung hat.

*

Angeboten war auch: PARSIFAL für die Bayreuther, zwei Versionen am gleichen Ort. Und unsere eigentliche Opposition der Öffentlichkeit, die Unruhestifterin, die Presse, die aufdeckt, aufklärt, vergleicht, zur Diskussion stellt? Sie ist sehr beschäftigt in den letzten Tagen mit geschäftsträchtigen Antisemitismusfakten des Herrn Zelinsky. Das also ist die große Aufrechnung: längst bekannte Fakten, neu geordnet, verdrängt, umgeschrieben, geschäftig, artig aufgeregt, kunstfern und -fremd und damit zu den eigentlichen Antisemiten werdend, wenn sie Kunst nicht lieben, mit der dämlichen These einer »Rettung ins Ungenaue«. Wer anläßlich der Musik zur Aue im PARSIFAL des 3. Akts an Auschwitz denkt, muß pervers sein, böswillig oder gefährlich, zumindest sehr geschäftig. Alle Kunst rettet aus dem Genauen, das heißt aus jenem Aug um Aug, Zahn um Zahn. Das heißt nämlich auch Begin vor Beirut, der unbarmherzige Krieg eines häßlichen Juden, und warum? Terrorist gegen Terrorist, Rache für angetane Leiden, mitleidlose Welt des Alltags, aus Töten, Blut, Geld, Karrieren und geistiger Korruption.

Welcher Anlaß zu antworten, jenseits der Diskussionen in den Fakten, mit der Kraftanstrengung, der am Ende einzig möglichen und nötigen, der verweigerten in diesem Land, aus dem einzig sie kommen mußte und konnte. Und wer sonst konnte über das andere Thema des *PARSIFAL* nachdenken, das der Utopie und ihres Endes, die Endzeit-Situation deutlicher einbauen, nachdem dieser den HITLER aus dem Grab seines Richard Wagner kommen ließ auf solche Weise und alle Rechnungen der Irrtümer beglichen waren. Denn in der Kunst sind die Höllen am größten wie die Paradiese einzig erlaubt und erreichbar in unserer Welt. Wer einmal begriffen hat, wirklich erkannt und akzeptiert, daß wir gemacht sind, mit diesem *PARSIFAL* oder *TRISTAN* Richard Wagners auf den Lippen, den SS-Mann töten zu sehen, der hat alles hinter sich, was diese Welt zu bieten hat, und selten ist Kraft noch zum anderen, wie Wunder vielleicht.

Hatte niemand das Angebot dieses Mit-Leids aus dem Munde der Synagoge am Ende des ersten Akts, das sie diesem Parsifal zuruft, wenigstens gelesen, diese Kundry-Darstellung ernsthaft analysiert und das Weltende nach endlicher Vereinigung von mittelalterlichem Glauben und Synagoge, altem Rachetestament und neuem Mitleid, am Ende aller Utopien wenigstens gelesen im begleitenden Buch, wenn nicht gesehen und gehört? Ja, auf dem Wege zu diesem Gralstempel liegen die Leichen des Holocaust. Eben: Wer diesen HITLER nicht kennt und durchmachte und diesen PARSIFAL, muß fliehen in intellektuelle Verfettung und die RW-Geschäfte unserer Zeit. So nun erheben sie diesen harmlos erscheinenden *PARSIFAL*, viele hundert Jahre alt, 100 Jahre nach Richard Wagner, zum neuen Politikum, nämlich als Symbol des Establishments, als Fluchtburg des schlechten Gewissens und Prüfstein unserer Reife. 100 Jahre nach Richard Wagner, gerade recht und nach welcher Geschichte, die immer noch anhält? Und es werden noch Dutzende von Zelinskys auftreten, und ihre Arbeit wird nie weitergehen als bis in den Alltag, den statistischen, ohne den Geist, an den ein solcher Wagner appelliert.

Und so ist es nicht verwunderlich, daß es wohl wieder und erst recht Paris sein wird und New York und überall woanders eher, für die dieser PARSIFAL nun möglich wird, und die wenigen in Deutschland jenseits dieser Geschäftigkeit der Angst und Flucht und Ablenkung, wie dieser Film schon längst woanders, auf einem anderen Stern unserer Geschichte.

*

Das erste Kapitel dieses PARSIFAL als Buch heißt: »Das Gericht.« Was als Gericht begann über Richard Wagner, endet logischerweise als Frage an uns und den, der dies gemacht, wie an diejenigen, die darüber zu berichten hätten. Mit dem Urteil, daß sie nicht einmal das Normale gewagt, ihre Arbeit nämlich, ganz selbstverständlich, am selben Tag, in derselben Zeitung, in derselben Länge, wenigstens 50 Prozent der 100-Jahres-Feier-Kritik und üblichen Berichterstattung ihrer Informationen, das demokratische Maß.

Zweimal war *Der Spiegel* in den Bonner Gremien, die diesen PARSIFAL-Film ablehnten, derselbe *Spiegel,* der nun einen Zelinsky offeriert mit Thesen, wie aus der Präambel des Filmprojekts PARSIFAL zum 100jährigen Jubiläum angeboten.

Habe ich nicht immer vorgehalten und prophezeit, ausgelacht dabei und verteufelt, Journalisten, und dazu noch solche aus dem *Spiegel,* seien denkbar ungeeignet, in vertraulichen Gremien der Filmproduktionsförderung zu sitzen. Wenn je Film noch etwas an eigenen Ideen entwirft, wird das Medium Presse sich des Informationsvorsprungs bedienen, zu dem sie hier auf elegante Weise im Medium Film Zugang bekommt, zur rechten Zeit und noch dazu bei einem öffentlichen Anlaß.

*

Die vom *Spiegel* eifrig aufgeputzten Argumente aus der Vita Richard Wagners zu diesem Thema sind möglich, mehr oder weniger. Aber wer so spricht, versteht nichts von dieser Musik und schon gar nichts von Kunst, ihrer besonderen Möglichkeit und ihren Aufgaben, nämlich, wie sie allein imstande ist, als Faktum eine neue Realität, eine Gegenwelt zu der unseres Alltags zu schaffen, dieses Angebot nicht zur Selbstverwirklichung, sondern zur Selbsterlösung, vielleicht auch Richard Wagners. Um wieviel klüger und vornehmer der Spruch Adornos, des Unverdächtigen gerade in dieser Sache, der sagte, daß die größte Tat Richard Wagners vielleicht die gewesen ist, wie er sein Werk sich selber abgetrotzt; und er meinte nicht durch Hunger und äußerliche Kasteiungen des Lebens-Ärgers. Vielleicht war gerade dieser PARSIFAL in letzter Instanz nötig zur Selbsterlösung Richard Wagners aus sich selbst, und wenn wir zu vergleichen haben und zu wählen zwischen dem Menschen Richard Wagner und seinem Werk, so ist uns das Werk wohl lieber und wichtiger. Und wenn uns Richard Wagner als Person interessant wird, dann durch sein Werk und woraus es gefiltert ist und weswegen vielleicht uns immer noch gerade die Opern dieses Mannes im Augenblick näher und wichtiger sind als andere, wegen ihrer

Abgründe. Denn sie dienen vielleicht, ihren Wert erkannt, zu unserer Selbstfindung und Erkenntnis auf eine ungleich edlere und noblere Weise.

*

Aus den in meinen HITLER-Texten von mir zitierten Rauschnigg-Gesprächen, nämlich dem Hitler-Zitat: »Aus dem *PARSIFAL* mache ich mir eine Religion«, wohlgemerkt mache! Dagegen nun Zelinsky, der sich jetzt an der Stelle Hitlers eine Religion gemacht hat daraus. Und alle fallen darauf rein, alle.

*

Und es ist nicht ganz unwichtig, daß das aus der Träne des HITLER-Films entstandene Kind hier nun dient zur Figuration des Glaubens, der an Mitleid appellierenden Synagoge und als Projektionsfläche der Gralsvision.

*

Und wie es, was wir neuerdings wissen, einen sogenannten »positiven Verfassungsschutz« gibt, nach dem Journalisten von den Schützern der demokratischen Grundordnung mit Geld zu freundlichen Diensten angehalten werden, wäre es nicht nach manchen Erfahrungen denkbar, wie oben beschrieben und erlebt, sich einen positiven Richard-Wagner-Schutz in Bayreuth vorzustellen, durch Mißbrauch von Beraterverträgen bei Schallplatten-Produktionen bis TV-Firmen und Buch-Publikationen aus Bayreuths Erbe?

*

Die Rettung Richard Wagners in die Routine des Establishments, wo Richard Burton dann von Bayreuth offiziell und endlich eingelassen und adoptiert wird als leibhaftiger Richard

Wagner aus Hollywood. Bayreuth hat sich mit Richard Burton als lebendem Meister aus Amerika die Hollywoodsehnsucht endlich erfüllt. Vielleicht sollte man in Zukunft die Bayreuther Richard-Wagner-Festspiele in Richard-Burton-Festspiele umtaufen. Da hätte man dann den Frauenhelden, trinkfest, lebensfroh, mit Geld und Luxus und endlich Hollywood in Deutschland, das Bayreuth und die USA, Richard Wagner und die Filmindustrie endlich zusammenbringt, das eigentliche 100-Jahr-Geschenk zu seinem Tode im Jahre 1983.

In Bayreuth sehen wir nun seinen Enkel gegen die übermächtigen und alten Windmühlenflügel der Geschichte mit dem Rükken zur Wand stehen, hinter der weit im Tal immer mehr sichtbar werden, sich immer mehr verheddernd in Mutterverleugnung aus eigener Schuld und dummen Rassismusargumenten.

Vielleicht hat eine Revolution stattgefunden, Film plus Richard Wagner, wie alle Beteiligten über die Aufführung von New York über Paris bis Hamburg sogar und Wien in deutscher Sprache beschreiben. Es könnte sein, Richard Wagner hätte ein neues Medium gefunden, wie die *Zeit* selbst in Deutschland beschrieb. Aber was heißt das denn? Gewinn- und Verlustrechnungen wären aufzumachen, zumindest das.

*

Wenn eine Wagner-Aufführung und speziell dieser *PARSIFAL* und dann noch zur 100. Wiederkehr seiner Entstehung nur zum statistischen Abhaken von Sänger-Leistungen und Regie-Einfällen und musikalischen Soll-Übungen der Stars aus aller Welt führt, wenn er nicht in Frage stellt, eine Zumutung bedeutet, alle Beteiligten herausfordert von Anfang an und alle, die je daran teilnahmen, wenn er nicht imstande ist mitzureißen zu leidenschaftlichen Intensivierungen ihres Lebensgefühls, zu einer Liebe, die die Existenz in Frage stellend erhöht, dann sind dieser *PARSIFAL* und Richard Wagner umsonst. Man lese alle und selbst die besten Äußerungen zu dem, was in diesem Jahr bisher vorliegt, auch zur Premiere des 100jährigen *PARSIFAL* auf dem

Grünen Hügel und vergleiche das bisher Vorliegende zu diesem PARSIFAL als Film unten in den vielen Sprachen, die bisher versucht haben, dieses Angebot anzunehmen. Und man ziehe Bilanz: ob es sich hier handelt um gute oder schlechte Aufführungen oder um die neue Möglichkeit, mit neuen Mitteln diese Musik, diese Sprache, diese Ideen uns nahezubringen, daß wir weiterleben können und anders als zuvor.

Dieser PARSIFAL beschreibt nicht den Untergang nach einem Atomkrieg, sondern den Untergang abendländischer Kultur, der alten Aura und Tradition durch Etablierung einer neuen. Das wäre die Revolution, wenn die Theatertradition durch ein anderes ersetzbar wäre und nicht nur als Ausdruck der neuen Zeit bei der Darstellung ihrer Themen, sondern wenn eines der Hauptwerke dieser Theatertradition selbst zur Diskussion steht am Beispiel einer ihrer Hauptfiguren, in ihrer Darstellung, wie nie. Richard Wagner nicht als Neuerer vor Debussy, Mahler, Richard Strauß oder Schönbergscher Musik, sondern er stand an der Schwelle des Films, nicht als Filmmusiker: Die Musik der Zukunft war der Film.

*

Richard Wagner zur Grand Opéra geworden? In Bayreuth, voll sinnentleerter Riten. Haben wir etwas falsch gemacht, mit diesem PARSIFAL als Film nach Bayreuth gegangen zu sein? Ist Film unverträglich mit Richard Wagner und seiner Musik? Alle, die sich mit der Sache selbst, mit diesem Film beschäftigen, sagen das Gegenteil. Eine Niederlage? Nehmen wir an, die Wahrheit, die Meditation brauche diese Ruhe, die Einsamkeit dessen, wofür dieser *PARSIFAL* steht seit seiner Geburt, das Risiko der Zumutung.

*

Und dann noch diese Erkenntnis anläßlich eines PARSIFAL als Film in Bayreuth. Wenn das Problem nicht gelöst wird, öffentliche Vorführplätze für Film mit Bayreuth vergleichbarer technischer Qualität zu schaffen und Räume in unseren Städten außerhalb des Lärms des Konsums und verteilbar an andere Orte, vergleichbar mit den Special Events dieser Art Filmvorführungen in den USA, wird es keine Chance mehr geben für Filme besonderer Art, jenseits einsamer und geheimer Vorführungen, zufällig und gettogleich von Zeit zu Zeit. Keine Chance mehr für die geistige Idee Kino-Film als repräsentative Verbindlichkeit für alle. Richard Wagner wußte, daß erst mit Bayreuth seine Opern zu leben begannen. Wie die Stücke Brechts durch sein eigenes Theater, offen für viele andere und als Modell modernen Theaters und geistigen Lebens überhaupt.

Die 30er Jahre bauten ihre Kinos. Und wie schaut das Kino von heute aus? Wenn wir nicht zeigen, programmatisch, was Kino heute vermag, wird es untergehen. Dazu braucht es nicht kommerzielle Wabengehäuse in Kellern und Filme allein.

Wie eine Partitur erst lebt, wenn sie gespielt wird oder aufgeführt, so wird es nötig sein zu erkennen, wie eine große Tradition europäischer Kunst, zum Beispiel die Partitur eines *PARSIFAL*, 100 Jahre nach ihrer Entstehung auf Film optisch realisiert werden könnte, in der Folge noch älterer Traditionen. Und wie es zu dessen Realisierung nötig ist, außerhalb der Einsamkeit von wenigen Wissenden und eines Kults des Geheimtips, diese Realisierung zu ergänzen durch neue Vorführformen, und diese filmgewordene Realität entschlossen auch so fortzuführen: auch das ist eine Lehre von Bayreuth.

Das Gesamtkunstwerk Film hat hier zu lernen und zu bestehen, in Cannes zuvor und in einer internationalen Kunstausstellung wie Kassel.

Film kann die wichtigste Kunsterfindung des 20. Jahrhunderts sein. Das war das Angebot auch in Bayreuth

Und natürlich wäre auch ein solcher PARSIFAL denkbar als produktiver Gegensatz zum Verlangen nach Repräsentation, ein *PARSIFAL* der Geheimtips, des Verborgenen, des einsamen Glasperlenspielers, des Nachsommers im abgelegenen, fernen Land unserer Städte, vor wenigen Eingeweihten letzter Klosterruhe innerer Askese. Wenn nicht öffentliche Geldgeber nötig wären und das Herunterdemokratisieren zur Massenveranstaltung und auf den Lärm des Markts. Voll nervöser Erfolgsgier der Statistik-Erfüllung und wie weit von den meditativen Disputationen oder geduldigen Akademien unserer Geschichtsübungen, woher alles kommt und was wir sind und sein werden oder nicht mehr.

Sie werfen diesen Filmen als Musik der Zukunft gern vor, das sei Theater und nicht filmisch. Aber wie könnten ihre Boulevardgeschäfte der modernen Ideologien etwas vermitteln oder erfüllen von dieser Epoche und ihrem Raum- und Zeitgefühl, der Seele des Menschen als Mythos unserer Zeit.

100

Das Filmische des PARSIFAL, *also was die Bühne nicht kann und nicht das Buch des Mittelalters.* Wir haben uns angewöhnt »filmisch« Dinge zu nennen, die hier keine oder eine untergeordnete Rolle spielen, wie vielleicht den schnellen Wechsel des Ortes, der Bilder und Personen durch Schnitte in Nähe und Ferne oder eben durch die Zeit und Länder, immer im Rahmen einer unterhaltsamen oder belehrenden Story oder sonstiger Absichten dieser Art. Hier ist mehr ein geistiges System gemeint, das wissenschaftliche Erkenntnisse dieses Jahrhunderts zusammenfaßt und in Bilder bringt, durch gegebene Handlung und Musik begründet.

So ist es nur im Film möglich, auf diese Weise zwei Personen zu teilen und zu einer Stimme zu montieren, und man überlege, was das heißt, und warum gerade bei einer Figur wie der des Parsifal, der Idee des erwarteten Heilsbringers einer welterlösenden Utopie. Parsifal wird also von zwei Personen dargestellt, zu einer im Playback-Verfahren montierten Stimme des Sängers.

Dem entspricht die Zusammenfügung einer Stimme und Musik mit einem anderen Körper im idealen Sinn höchsten Ausdrucks als Erfüllung darstellender Kunst mit Menschen überhaupt. Das heißt, die Stimme einer Sängerin und die körperliche Erscheinung einer Schauspielerin treten zusammen auf.

Und drittens die sinnvolle Verwendung der Großaufnahmen von Details und Dingen, wie der separaten Wunde als Zeichen und Allegorie des Weltdefekts und des Schmerzes. So wie diese Großaufnahme – jener Kinoerfindung seit seinen Anfängen – des alles verändernden Kusses in der Mitte der Oper, hier von Richard Wagner vorgegeben und als Zeichen größter Weltkatastrophe einer Erkenntnis bis zur Mutation eben dieses Parsifal, aus seiner männlichen Existenz in seine weibliche etwa, oder Anstoß auf dem Weg der paradiesischen Wiederkehr des Heils, das alle Revolutionen vergleichbar weit hinter sich läßt als säkularisierte Ereignisse des Göttlichen; und das vereinigt Filmerfindung und Richard Wagnersche Ideen in aufregender Weise, wie schließlich die Projektion von privaten Stoffen, die hier zu Reliquien seelischer Bedeutung werden, oder etwa des Dirigenten in riesiger Größe an wichtigster Stelle der Musik (in der Aue nach der Taufe) bis ins Überdimensionale möglich wird, genauso wie die Gralszeremonie als Projektion von Erlösungsritus und geschichtlicher Zeremonie auf den Körper der Unschuld. Technische Projektion ist hier durchaus zu verstehen und gleichzusetzen der psychischen, die wir kennen, und ohne Schwierigkeiten auch für den nicht akademischen Zuschauer dieses Jahrhunderts sofort zu verstehen.

Was ist dagegen die dumme Opernphobie des Filmbuffs, also der Haß der Cinéasten aus der engen Verflachung ihres konkurrierenden Melodrams aus Hollywood. Natürlich ist dieser PARSIFAL als Film kein Opernfilm, keine Opernverfilmung, sondern ein zum Film gewordener PARSIFAL dieses Jahrhunderts, wie das mittelalterliche Epos zur Oper des 19. Jahrhunderts wurde. Ein Film mit der Konsequenz seiner Möglichkeiten unter bewußter Zurücknahme seiner Verirrungen aus anekdotischer und boulevardhafter Story-Unterhaltung nach dem Hollywood-Prinzip »Say it in one sentence« (CITIZEN KANE) bis zu jenen Computerfilmen des Disco-Gettos. Eine musikalische dramatische Tradition mit Bildern aus dem Steinbruch unserer Kulturgeschichte erlangt die neuen Dimensionen eines Mythos, den Mythos des 20. Jahrhunderts, und das ist die Seele des Menschen. Wie die

Psycho-Analyse die Wissenschaft dieses Jahrhunderts vom Menschen wurde, mit Hilfe der alten Mythen (Oedipus), so lieferte der Film konsequent und logischerweise die Bilder und Töne, den sinnlichen Teil zu dieser wissenschaftlichen Analyse, einen neuen Mythos wieder zu jener Wissenschaft von der Psyche, den neuen Mythos unseres Inneren. Der äußeren Welt der Geschichte und unserer geschichtlichen Abenteuer in der Erschließung dieser äußeren Welt entspricht dieses innere Abenteuer von heute als künstlerisches Angebot an jeden von uns, uns selbst aktivierend. Der Entmythologisierung durch die Wissenschaft entspricht also eine Re-Mythologisierung, wie sie in dieser Sinnenhaftigkeit der Bilder und Töne nur der Film vermag, in der uns mitgegebenen Sprache eben dieses Jahrhunderts und welcher Vorführtechnik und an welchem Ort auch immer, wenn er nur richtig verstanden wird als Beweis einer uns ehrenden Existenz, die sich selber ernst nimmt, indem sie ihrer gewahr wird in Musik, Drama, den Dingen um uns, eben jener Welt, aus der wir heute sind.

Telluride

101

Flug nach Telluride über New York, Denver, Monterosa, in den Rocky Mountains, September 82. Wie in Frankfurt der erste Ami mit buntem Tuch und Tiroler Hut kommt, bedaure ich, meine Lederjacke und Lederhose mitgenommen zu haben auf Toms Wunsch. Sie kommen in Turnschuhen und Hausjacken und Tantenmänteln wie zum Nachmittagsklatsch um die Ecke und fahren doch nach New York, passieren die Eisfelder von Grönland, Island, von einem Kontinent zum anderen.

102

Im *FAZ*-Magazin ein Tagebuch des Herrn G. – in Paris voller Saal: PARSIFAL, sein Entsetzen über Deutschlands Gigantomanie, er beweist seinen aufrechten Abstand, indem er nach dem ersten Akt geht und sich öffentlich distanziert. Er wird zu den aufrechten Rechten gezählt.

103

In der *Zeit*: R. schick und forsch, naßforsch über Jünger, nicht unter der Fahne der Gesinnung, sondern hier sei ein schlechter Schreiber am Werk, schlechtes Deutsch; Wilflingen als geistige Lebensform, das scheint nicht zu funktionieren, bleibt die Botanisiertrommel als poetisches Prinzip. Oktavheft einer erschrockenen Krankenschwester (Stahlgewitter), tändelnd ratlos zwischen langweiliger Naturschwärmerei und dem Hosenglück eines, der zu kurz gekommen ist. Er werde immer mehr zum kecken Protagonisten seiner Zunft, Herrenreiterprosa, niedliche Notate, sprachlich feige, Wortnarziß, gar kein Oeuvre, nur schön geschrieben, nichts ausprobiert, ein Hauch von Juchten allenthalben, immer nur Gründgens als Mephisto, schlechte Kunst, Son et Lumière. Die Kriegsgewinnler feiern ihr

Stalingrad im Feuilleton, ein Karl Kraus würde jubeln. Überschrift: ›Kälte und Kitsch‹.

104

Natürlich bin ich für die Startbahn West. Sie trägt uns schneller fort von hier, wohin?

105

Im Zeitalter des Fortschritts gibt es Prämien für jeden Abriß der alten Bauernhäuser, die Zerstörung von Bäumen. Krieg oder Frieden ist gleich. Nur der wirkliche Frieden erhielte, zeigte rettende Hände, baute Dämme gegen uns selbst.

106

Über das Fliegen. Es lädt auf, der Kopf brummt, und es überträgt sich, wie im Auto manchmal und Zug, die Geschwindigkeit in die Sinne. Das ist der Unterschied zur Ruhe in einem Hotelzimmer, in Briol zum Beispiel, in dem ich auch hier sitze, ruhig und nichts sehe und vor mich hin lese oder schreibe, sonst nichts. Leichtes Schwindelgefühl wahren Nichtstuns. Und werde weithingeschossen, über Kontinente und Zeit.

Telluride. Wie alle Orte von oben gesehen – Überlandstraßen, die gerade hindurchführen, mit den Hauptgeschäften des Ortes wie Perlen an der Schnur, ohne das Biegen und das Auf und das Ab der Straßen europäischer, gewachsener Orte. Daher nach 45 in Deutschland nach amerikanischem Vorbild die Zerstörung, denn die Amerikaner waren gut, denn sie waren gegen Hitler, und es war einfach, das Vorbild zu übernehmen vom Sieger in die zerstörten Städte der Kolonien. Und in Telluride dann die erste geschlossene Vorstellung des PARSIFAL, 3000 m in den Rocky Mountains hoch über dem Meer. Im alten Theater, wo auch Sarah Bernhardt aufgetreten, um Mitternacht bis morgens nach Cannes' Vorbild – und das war falsch. Halbleer, und das nach

8000 Menschen vor kurzem in Rom, auch Herzog fehlt und all die Freunde, die am Tag zuvor von HITLER und LUDWIG wußten, schrieben und schwärmten, die Spezialisten aus ganz Amerika. Der deutsche Fernsehkorrespondent des WDR aus Kalifornien war schon in der ersten Pause nicht mehr zu sehen. Was an der Küste Südfrankreichs möglich ist bis in den Morgen, das Frühstück am Meer, geht in den Bergen nicht. Dort geht man schlafen vor Mitternacht und steht auf mit Sonnenaufgang. Eine falsche Kalkulation. Und als Herzog Geburtstag hat, am Sonntag zur ersten Aufführung des FITZCARRALDO, bittet mich Tom zu singen, Happy Birthday auf der Bühne, von vorne zum extra gebackenen Kuchen mit einer großen 40 darauf. Trotz meiner großen Abneigung zu singen und auf Bühnen und Happy Birthday schon gar auch nur zu hören, willige ich ein mit der Bitte, für Herzog eine öffentliche Spezialvorführung zu machen am letzten Tage des Festivals und alle anderen einzuladen, da muß er dann kommen. Er kam dann nicht, weil er eine Party organisierte, wohin sie alle gingen, denn Parties sind lustiger als ein PARSIFAL 3000 m über dem Meer in den Rocky Mountains, dem Land Karl Mays, den ich hier schätzen lernte aus dem Flugzeug, die Bilder sehend seiner Romane bei der Herfahrt. Und plötzlich wußte ich, was der erste Fehlgriff war bei der Verfilmung seiner Romane, nämlich nach Jugoslawien zu gehen, denn Jugoslawien ist nicht das gleiche wie die Rocky Mountains. Der Geist der alten Indianer lebt nur hier, und Karl May wußte viel davon. Einen Western zu machen, kam mir in den Sinn, einen wie noch nie gemacht, mit dem alten Häuptling unter einem Baum, sich erinnernd an dieses Land. Und es fiel mir ein, daß es sie alle schon gibt von diesem Mann aus Sachsen, aus Radebeul, ganz exakt beschrieben, unser Hollywood aus dem 19. Jahrhundert. Und Hollywood nur ein Remake eigentlich, wie so vieles in Amerika, aus diesem Europa. Susan Sontag am Telefon auf den Bericht über Tellurides leere Säle bei PARSIFAL, antwortend mit einem Wort: »Barbarians, they are idiots, barbarians all.« Sie sprach über die Cinéasten-Elite Amerikas, die sich dort trifft, einmal im Jahr. Ein Filmdozent aus Huston zu Fassbinder: »German Schmalz!«

107

In der *FAZ.* Bericht zu Soziologentreffen von Habermas bis Dahrendorf über irritierende Frontenvertauschung, nach der die Atomenergie rückschrittlich und die Landarbeit, jahrhundertelang Inbegriff der Plackerei, als fortschrittlich erscheint, den Menschen dienlich durch intensivierende Selbsterfahrung, Übersichtlichkeit des Tuns, Stärkung des Individuums. Nun mag auch das als Erscheinung des Zeitpendels dem Gestus des augenblicklichen Denkens entsprechen, genauso wie die gegenteiligen Moden der letzten Jahre. Aber dem, der vor zwei Jahren noch zuletzt davon, wie von Friedensangst und Wirtschaftserkenntnissen der Politik und Umweltchaos sprach, was heute in aller Munde, drohten sie oft, die gleichen von heute, in einer Totalität und Bösartigkeit, und jenseits aller Diskussionsfähigkeit, finsterste Verdächtigungen an, und waren doch selbst allein durch die Art ihrer Reaktion eher vergleichbar jenen Vätererbschaften, die sie zu überwinden immer vorgaben. Die Radikalität ihres geistigen Boykotts und der Tötungsabsichten widerlegte ihre Thesen, bevor die Zeit sie erledigte. Tötungsabsichten? Als Theaterregisseur – ohne internationale Bühne und Kontakte – wäre derselbe ohne Chance, von Anfang an bis heute.

108

Heute Heizungsmontage im Glashaus. Alles raus, fegen, aufräumen, Anweisungen von Monteuren, »weg, weg, wenns das noch heil wiedersehen wollen!«. Er meint die Pflanzen und sein Schweißgerät. Sein Chef dann faßt mit an, trägt, fegt, hilft, wozu die Arbeiter nicht imstande oder willens sind.

109

Gestern im Fernsehen eine Quiz-Sendung mit Reinhold Messner, dem Bergsteiger, und Nastassja Kinski. Beide erzählen von sich, wie sie Berge nur bestehen, wenn sie selbst zum Berg werden und über Seile nur kommen ohne Double, wenn sie selbst zum Seil werden, dessen Eigenschaften kennen bis zur Identität.

110

Friedensnobelpreis nicht wie erwartet an Walesa. Die polnischen Arbeiter, dieser Tage im Streik, wie noch nie geohrfeigt. Noch der Friedenspreis an Ossietzky war ein politischer Preis großer humanitärer Wirkung und moralischer Stärkung und ist nun keiner mehr. Höre von einem Mexikaner, von einer schwedischen Friedenskämpferin, deren Sohn ihr vorwirft, daß die Mutter ihn verkommen ließ, um sich ihrer Friedenskarriere zu widmen. Sie, die Mutter und Friedenspreisträgerin nun, antwortete mit einem Prozeß gegen ihren Sohn. So habe ich mir Friedenskämpfer à la mode in dieser Friedensschwemme immer gedacht. Friedensgeschäfte auf Kosten des eigenen Hauses. Der Friedensnobelpreis, wie das ganze Friedensgeschäft und seine Karrieren zur Sache der Bürokraten geworden. Im großen wie im kleinen, was für eine Niederlage. Die Hoffnung der Polen, vor die Nobelpreisgremien gezogen, zog ihre Fahnen wieder ein. Und die Ordnungskräfte in Polen verzeichneten ihren ersten Toten im aktuellen Streik.

111

Wenn Computer gefragt worden wären, hätten sie antworten müssen, die Opernleute werden dagegen sein, weil ein Film, die Filmleute dagegen, weil eine Oper, die Wagnerianer, weil Syberberg und Syberberg-Anhänger mißtrauisch, weil zu sehr Richard Wagner. Also keine Chance im Kino. Aber es waren in Barcelona mehr Leute im großen Opernhaus, als ein Kino heute in der Welt zu fassen vermag. Und es waren in Rom auf dem offenen Platz des Circo Massimo viele Tausende noch am Ende um 3 Uhr morgens, und das vor Wagner, das größte Publikum, das er je hatte. Und ohne Untertitel. Was wohl heißt, daß das Kino als geistiges Ereignis der Zeit abgetreten ist, Fließband gegen Handarbeit des Geistes und der Kultur. Wenn wir bereit sind, sie aufzugeben, hat der Computer recht gehabt.

112

Vor einigen Jahren bin ich aus der Arbeitsgemeinschaft Neuer Deutscher Spielfilmproduzenten ausgetreten, weil Listen umgingen, in denen man Namen eintragen konnte oder ankreuzen, die einem genehm waren für Gremien der Geldverteilung zu neuen Filmproduktionen im Bonner Innenministerium. Heute ist das so, daß man vom erhaltenen Geld für neue Produktionen 3 Prozent zahlen muß an die, die dieses verschafften, also an jene Gruppe, die die Namenslisten aufstellten und ankreuzten, damit man um so sicherer Geld bekommt. Das heißt, wer Produktionsmittel bekommt aufgrund des Drehbuches oder Preise für neue Filme aufgrund der letzten Filme, muß einen Prozentsatz an die Arbeitsgemeinschaft zahlen, die ihm mit ihren Vertretern aufgrund der Namenslisten dazu verhalf. Da das eigentlich ungesetzlich ist, muß man beim Eintritt in die Arbeitsgemeinschaft sich verpflichten, diese Summe aus privater Tasche zu zahlen, und sehen, wie man es aus dem Produktionstopf wieder holt. Oder es geht auf Konto Selbstverwirklichungstribut an die Ewigkeit, wie sich jeder erhofft. Das zu ändern, ist mir unter anderem bisher nicht gelungen, sie nennen es Demokratisierung nun schon seit 10 Jahren. Ein neuer Innenminister ganz anderer Denkweise, wie auch immer, wäre imstande einzugreifen. Aber die Dinge sind so, daß man befürchten muß, daß gerade er nun noch verängstigter ist, den gordischen Knoten dieses Schacherns eines miesen ideologisierten Establishments zu durchschlagen aus Angst vor der Rache des Medienterrors, der dann beginnt, da gerade dies der Trick war, mit dem man sich Frieden in der Öffentlichkeit verschaffte, indem man den Medien zur Macht verhalf durch Zuteilen von Geldverteilungsaufgaben an sie und sich dadurch die günstige Meinung der Öffentlichkeitsmedien erkaufte zu den oft zweifelswürdigen Preisentscheidungen. Welcher Sumpf von Pseudodemokratie, auf Kosten von Kunst und Qualität. Die Ergebnisse sind schon abzusehen am Pluralismus der Entscheidungen ohne Kontrolle der Kritik.

113

Sie haben ja recht: Es ist Sprengung der Oper. Wer diesen PARSIFAL sieht, kann ihn auf der Bühne, ernstgenommen, nicht mehr ertragen. Und wie zu befürchten ist, nicht nur den *PARSIFAL*. Und das wissen selbst die, die ihn nicht gesehen. Und wer diesen Film als Film akzeptiert, muß vor der Kompositions- und Konzeptionslosigkeit der anderen verzweifeln. Und wer dieser Welt, die so entstand, erlaubt zu existieren, ist am Ende mit der Realität um uns. Es ist eine Prüfung von Theater-, Kunstanspruch-, Film- und Musik-Establishment unserer Kultur von radikalsten Ausmaßen und bringt die, die es entstehen ließen, in tiefe Not des Nachher, und das alles im Abseits und in der Verweigerung der Regeln des Konsums und seiner Werbeindustrie.

114

Wenn der Film, wie überall beschrieben, sobald verglichen wird, der Bühneninszenierung des *PARSIFAL* überlegen ist, indem er Richard Wagner endlich erfüllte, dann stände Bayreuth zur Disposition oder müßte seinen neuen ästhetischen Ort finden und wieviel mehr! Und logisch, daß es gerade dieser *PARSIFAL* sein würde, der heilig an Bayreuth gebundene und mit ihm identifizierte. Mit *PARSIFAL* mußte Bayreuth stehen oder fallen und tat's im 100. Jahr seiner Existenz.

115

Alles funktioniert bestens. Es werden Filme gemacht, die man sieht; sie geben Geld für den Vertrieb, der vorsätzlich, zumindest voraussehbar, nicht einmal die Vertriebskosten zurückbringt, nur damit etwas geschieht. Es wird behauptet und geschrieben, kritisiert, als ob die Welt aus den Angeln gehoben würde, und alle wissen, wie es wieder gelogen und umsonst sein wird. Davon leben sie, bis in den Tod, der meistens schon zu Lebzeiten ihre hektische Betriebsamkeit überschattet: was sie als Leben und als Wirtschaftlichkeit bezeichnen und was nicht einmal Arbeit im Sinne eines ordentlichen Kaufmanns garantiert, zu der sie sich verpflichtet haben.

116

Wenn ihnen Ernst Jünger der Mann des deutschen Prä-Faschismus ist, dann ist wohl der Autor dieses HITLER-Films und des nachfolgenden PARSIFAL der des Post-Faschismus. Nur mit dem Unterschied, daß nun im Nachher ihre durch Jünger beschriebene und für ihn gebannte Schuld sich auf alltägliche und heutige Weise fortsetzt durch Nichtformulierung und Erkenntnisferne ihrer Verweigerung; dem thematischen Tabu entspricht ein ästhetisches.

117

Die Demokratien beginnen zu funktionieren wie die alten Monarchien. Der Mechanismus der Verfassungsregeln wird zur Bürokratie, wie eiserne Klammern juristischer Erstickung. Sie wählen einen Kanzler, den nicht einmal seine eigenen Leute wollen. Von Bürgern, siehe Probe Hessen noch eine Woche zuvor, ganz zu schweigen. Es ist der Mann, der verlor in der Konkurrenz der letzten Wahl. Er wurde nur eingesetzt als Zwischenlösung, bis man den nächsten Gegner des amtierenden Kanzlers Schmidt bestimmen wollte. Und hat nun gewonnen, rechtmäßig und ohne Legitimierung durch den Volkswillen, wie alle wissen. Und vor der Tür die Anarchisten. Es muß gestattet sein, daß nach demokratischem Prinzip die Anarchisten gewinnen, auch wenn sie zerstören. Recht und Regeln der Demokratie. Hitler – demokratisch gewählt – wäre zu beseitigen, gegen das Volk? Von wem?

118

Kunst als Provokation? Kunst ist Provokation gegen die Realität, das Leben des Alltags. Sonst sollte man sie unterlassen. Sie muß aus sich selbst kommen, den Themen der Zeit und des Ortes. Alles andere, wie ästhetische Probleme, die logische moralische Form daraus, folgt mit nachtwandlerischem Gesetz.

119

PARSIFAL in der Oper von Barcelona. Ernst Fuchs, den ich zufällig in Hotel und Café treffe und einlade, kommt, indem er den Flug nach Ibiza um einen Tag verschiebt. Und man vergleiche jenen deutschen Filmfunktionär in Los Angeles, den das deutsche Fernsehen dort postiert hat, um zu sehen, was in Amerika geschieht, bzw. um einzukaufen und sich auf dem laufenden zu halten. Er versäumt die erste Vorführung des Films in Amerika, in Telluride, und darauf mit Witzen aufmerksam gemacht, von amerikanischen Cinéasten, wie sehr er Deutscher geblieben, kommt er zur Wiederholungsvorstellung, geht aber nach einer Stunde, und das am Ort der Filme, zu dem er gekommen im Auftrag des deutschen Fernsehens. Deutsche Nachkriegsgeneration und jüdische Kultur, genau das ist es, seit nunmehr 37 Jahren. Mangelnde Neugier, die im Bereich des Intellekts fast zur Unredlichkeit wird, zwangsweise.

120

Wie ist Barcelona? Heruntergekommene Würde und billiger Fortschritt. Da sind Dinge, die man nicht mehr für möglich hält und purer Ostblock. Siehe Lissabon bis Palermo. Die Ruinen aus dem europäischen Zeitalter und die Wohlstandsslums herunterdemokratisierter Mittelstandspluralität in seinem architektonischen Spiegel.

121

Das Theater Liceo. Die Oper von Barcelona. Aus dem 19. Jahrhundert, karg aus Eisen und Stein und Holz. Amphitheater mit fünf sich hoch zum Himmel des Horizonts reckenden Rängen. Die ganze Bühnenöffnung nun eine sorgfältig gebaute Leinwand, so daß man zum erstenmal statt jener Dauertotale der dreidimensionalen Bühne mit einer oder mehreren Personen nun Großaufnahmen sieht von Köpfen und diesen Kuß in der Mitte des PARSIFAL, wie im Film. Dazu der Raumeindruck des alles umschließenden Hufeisens mit seiner himmelstreckenden Höhe und einem Ton in Dolby-Stereo, wie bisher in dieser Kombination noch nie gekannt. Der Stummfilm kannte ähnliche Dimensionen, aber eben ohne diesen Ton. Und seit es diesen Ton gibt, sind die Kinos in den Kellern kleingewordene Räume mit Breitwandschlitzen. DON GIOVANNI, verfilmte Oper, ebenfalls in Stereo, wurde meines Wissens so nie gezeigt. Und der Ton kommt außer von den drei Türmen, aus Richtung der Bühne, in über 30 Lautsprechern verstärkt von allen Seiten. Hier ist es geschehen, der Beweis gebracht, was Film dem Theater voraus hat. Was bisher geahnt war, und aus Angst vor der eventuellen Ablenkung des Raums oder der gewohnten Tonkultur und Dreidimensionalität der Raumtiefe vielleicht nicht gewagt, mußte endlich bewiesen werden. So wurde das Theater erledigt, einst, das sich nicht ohne Logik aus der Guckkastenumrahmung befreite, in den rahmenlosen Raum unter die Zuschauer. Also das Kino noch einmal zu seinen alten Möglichkeiten gebracht, auch schon vorbei, zum Höhlengetto des Konsums der Erinnerungen gepreßt, bestenfalls. Und was in Bayreuth nicht erlaubt war, hier, am Ort des Montserrat, wo der *PARSIFAL* des Richard Wagner angesiedelt ist, am Anfang des 1. Akts, wurde es möglich. Zum gewohnten Bild und Ton nicht die Schwärze des Raums, wie im Kino gewohnt, sondern der immer bewußte Raum, jenes Gefühl des Ortes, aus dessen Bewußtsein heraus man fähig wird, diesen Ton und diese Bilder zu sehen wie noch nie.

Einmal nun so organisiert mit über 80 000 DM Vorkosten für einen Abend vor über 3000 Besuchern, einmal und vorbei. Ich war dabei.

122

Rom. Über repräsentative Architektur und Kunst. Was wäre Rom ohne Spanische Treppe, ohne die Piazza Navona und seine Brunnen. Selbst heute, und wenn niemand etwas wüßte von der Geschichte ihrer Entstehung.

123

H. Sch. erzählt, wie sie dreimal wöchentlich beim Arzt jetzt Sauerstoff bekommt, Infusionen durch Schläuche in die Nase und wie es guttut. Wie sie schlafen kann plötzlich, und alle um sie herum werden aufmerksam, sind interessiert, die Leute mit den großen Namen, Schlafenkönnen. Jeder Holzfäller vor 50 Jahren hätte gelacht.

124

In den Zeitungen lese ich, daß Weizengeschenke an Entwicklungsländer gefährliche Wirkungen haben. Sie stoppen den lokalen Eigenbau von Hirse usw., bestenfalls ersetzen sie jahrhundertealte Anbaukulturen durch eigene Weizenfelder, wenn sie überhaupt noch etwas tun.

125

Da gibt es also ein Tabu, das ästhetische Tabu. Als Anhänger von Tabus zur Bereicherung des Lebens, begründet aus dem Innern des Geistes als Notwendigkeit unserer Existenz, müßte mir das gefallen. Und wenn ich selbst eins wäre mit allen Nachteilen der Einsamkeiten, in die die davon betroffenen Werke nun kommen. Es ist gut so, gottlob endlich. Aber das nimmt mir nicht die Freiheit und Pflicht, mit allen Mitteln dagegen zu kämpfen.

126

Revolution ist wie das Lernen und die Schülerschaften der Zeit. Man kann nach einer Erkenntnis nicht mehr zurück ins Stadium davor. Wehe dem, der die Botschaft versäumte, verschlief oder durch Ablehnung verweigerte. Ihn wird die Zeit überrollen. Er bringt sich außerhalb der Entwicklung. Aber arm jeder, der ihr folgt in ihrem Fortschrittsirrtum.

127

Höre, daß der eigentliche Erbe der Wittelsbacher, Prinz Rasso, in die DDR gegangen ist, schon vor langer Zeit, aristokratischer Spleen. Dort fühlt er sich frei, geachtet und wohl. Frei von den Medien. Endlich weg von dem Gezücht, auf einem Schloß mit Apanage, weg aus Bayern und mit jeder Garantie zu kommen und zu gehen, wie er mag. Was für ein Stoff. Die Wittelsbacher machten mit dem bayerischen Staat bei Kündigung der Monarchie 1918 den ungünstigen Vertrag, daß nur derjenige erbberechtigt sein würde, der standesgemäß heiratet, was fast alle heute ausschließt aus verschiedenen Gründen, so daß eigentlich nur mehr einer wirklich aus der großen Familie übrigblieb.

128

Soeben bekam Marquez den Nobelpreis für Literatur. Der linke Autor und Flüchtling der Diktatoren. Großer Erfolg auch bei den oppositionellen Lesern: die belustigende Beschreibung der Diktatoren. Sein größter Erfolg, die aristokratischen Einsamkeiten der verlierenden Klasse. In Deutschland nun ein Film über einen, der über die Mauer von West nach Ost springt, immer wieder, hin und her, das ist der Unterschied. Witz und Menschlichkeit der realistischen Absurdität ist den intellektuellen Schreibern und Filmern hier unmöglich.

129

In Hamburg und Hessen nun geschäftsführende Parteien und Grüne, die von Fall zu Fall in Sachdiskussionen bestimmen, was getan wird. Macht der qualifizierten Minderheit, der moralischen Instanz. Welch explosive Situation und wie angenehm und rettend. Aber wie kaputt die Retter auch, nicht mehr fähig, zu sehen, daß nur mit Raketen und Atomkraft das Leben zu ändern ist, wenn Moskau ist, wie es ist und akzeptiert und immer verkannt. Und wenn das Leben geführt wird, wie sie es leben. Keine Kraft mehr zur Änderung der Basis, zur Realisierung ihrer Ideen. Die Unfähigkeit zum Zurück, ganz allgemein. Jede Änderung müßte beginnen bei sich selbst und der Zumutung an alle andern und im Verzicht. Wer aber verzichtet freiwillig in der Zwangsjacke des immer weitertreibenden Fortschrittsjahrhunderts.

130

Zur Aufführung des HITLER-Films in New York sagte ich einem *New York Times*-Interviewer, wie sehr es mich mit Genugtuung und herzbewegend erfüllt habe, als ich in Jerusalem, in Israels Jad Vashem, dem großen Gedenkplatz für die Ermordung der Juden durch Deutschland, dies Volk in Waffen gesehen, vor jedem Bild die Jungen mit Maschinenpistolen nun. Würde ich das heute noch so sagen können? Mit Freude, ohne Einschränkung? Damals noch glaubte ich, Herr van L., einer unserer Gastgeber, sei ein einzelgängerischer Reaktionär, als er gegenüber Arabern sprach: »Give him a tip so that they know, who's the boss here.« Ein HITLER-Film von heute müßte zum Thema Nachfolge Hitlers, von Kambodscha bis Idi Amin, fortgesetzt werden bis zu Israels Begin. Welche Dialektik des Wahnsinns und Logik der Geschichte. Wie schnell das geht. Begin, darauf können wir uns einigen, ist nicht Israel. Aber Begin wurde gewählt von der Mehrheit. Wieder stoßen wir an die Grenzen der Demokratie. Ab wann müssen wir ihr die Gefolgschaft verweigern?

131

Man sollte Richard Wagner, Jünger und Gründgens zu Prüfsteinen machen für intellektuelles Spießertum. Sie dienen meistens zu Selbstdarstellungen aufrechter demokratischer Gesinnung des Schwätzers. Und es ist so leicht, sich dabei zu entblößen.

132

Im Fernsehen tritt der *Spiegel*-Zelinsky in Sachen PARSIFAL auf, ohne den Film vorher anzuschauen, ebenso ohne das dazu gehörende Buch gelesen zu haben. Dabei aber Film und Autor in das Erbe von Auschwitz als von Richard Wagner verschuldet einbringend. Was soll ich da halten von seiner Redlichkeit gegenüber Wagners Quellen? So wird Auschwitz zur Lüge und Richard Wagners Antisemitismus allmählich sogar lästig.

133

Kriegserbe. Jünger habe ganz einfach kein Erbe hinterlassen, weil es stört. Bayreuth solle man in ein Auschwitzmuseum umwandeln, und Gründgens wird dargestellt von einem Brandauer, der durch einen Oscar zum Jet-Set-Helden des Hollywood-Burgtheaters geworden ist.

134

Dienstag, den 21. September. Gestern abend vielleicht 60–80 Personen im PARSIFAL, Arri-Kino, dem einzigen, das diesen Film zeigt in Deutschland. Kaum ein Viertel voll. In der *FAZ* lese ich heute zum DR.-FAUSTUS-Film, er begänne mit Puppen, dann mit Gesicht des Puppenspielers, Kriegsgeräuschen aus dem Dritten Reich, Rußland-Feldzug, Dürers Melancholia, und weiter Monologe der Zeit über Tod und Teufel zu Bombengeräuschen im Keller. Melancholische Monologe, assoziative Schichten, dem HITLER-Film-Kenner nichts Neues. Was anläßlich des HITLER-Films noch böseste Vorwürfe eintrug, es würde verniedlicht, wenn Puppen benutzt, gilt plötzlich als Entdeckung. Das Zitieren, Klauen, Umwandeln ist interessant, wie das Auftauchen gleicher Stilelemente, selbst im Unbewußten, beweist, daß die Ästhetik fortlebt. Was aber schlimm ist, ist, daß der sich Filmkritiker nennende Journalist nicht weiß, oder nicht imstande ist zu sagen, woher das stammt, und nicht einmal zu begründen vermag, warum es hier nun gut sei, was dort so schlimm war.

135

Zu Herzogs FITZCARRALDO gibt es den Dokumentarfilm mit dem Titel BURDEN OF DREAMS. Zu meinen Filmen müßte der Dokumentarfilm, den es nicht gibt, heißen: »BURDEN OF SUBJECTS«. Herzog spricht von seiner Stellvertreterschaft, für alle anderen imstande zu sein, sich zu realisieren, Modelle zu schaffen, sich selbst als Modell sehend. Hier, im andern Falle, der Versuch, in jedem die Möglichkeit zu sehen und zu verstehen, an möglichst Gleiches und Bestes zu appellieren, wenigstens für die Zeit der Teilnahme, der Projektionszeit des Films in diesem Falle. Ohne auf Gefolgschaft zu drängen von Fan- und Kultgemeinden.

136

Im Fernsehen die zerstörten Klosterstädte der Tibetaner nach dem chinesischen Überfall vor 20 Jahren. Durch jenen Mao, den die Intellektuellen Europas verehrten wie einen Gott. Ein paar Stunden davor im Fernsehen Hitler, seine Stationen in Wien, Verurteilung mit dem Argument von über fünfzigtausend zerstörten Wohnungen am Ende seines Krieges, in den er die Wiener mit hineinzog. Was für heuchlerische Argumente gegen einen Hitler, wenn man zerstörte Wohnungen der Kriege vergleicht. Wie verschieden die Wohnungen, die Menschen und was für Argumente, und das ist erst der Anfang einer langen Serie, und diese Serie ist nur eine von Dutzenden zum 50jährigen Machtantritt Hitlers. Sie haben nichts gelernt und werden es so nie lernen. Das Land des Holocaust bereitet sich vor auf die neuen Erinnerungen mit Holocaustwiederholung als Schlagwort.

137

Die gealterte Buchautorin und Witwe eines bekannten Schauspielers plaudert in einem Interview, sie liebe Fassbinder, mit den Worten: »Ich bin nicht konservativ«, und sie bewundere den Mut der heutigen Frauen, unschön zu sein. Wenn Schönheit, wie Schiller noch sagen konnte, Freiheit ist, dann ist die heutige Mode der selbstverstümmelnden Häßlichkeit tiefste Versklavung und die Fortschrittlichkeit derjenigen, die glauben, überall mitrennen zu müssen, häßlichster Konformismus des fortschrittlichen Sklaventums unseres Untergangs.

138

Die Bavaria hat einen internationalen Werbeprospekt herausgegeben mit zweiseitiger Anzeige, Fassbinder als Entdecker des

Ateliers für den Neuen Deutschen Film. Als die Chefs darauf hingewiesen werden mußten, daß nicht Fassbinder 1974 es war, sondern der LUDWIG-Film von 1972, der zum erstenmal in der Geschichte des Neuen Deutschen Films als überlanger Studiofilm und mit der besonderen Studiotechnik der Aufprojektion gemacht wurde, entschuldigten sich die Herren lächelnd, es sei als Hommage an den großen Meister gemeint. Umgang mit den Fakten. Gibt es nicht in Deutschland genug Erfahrungen mit der Sentimentalität von Datenumgang in der Geschichte und in Gefühlen?

139

Im Kinovorraum des Arri in München, wo an jedem Sonntag nun weiter als Matinee der PARSIFAL läuft, die Plakate, Zeitungsausschnitte, kümmerliche Hymnen aus Deutschland, zeigen Titel an wie DER WESTEN LEUCHTET, oder DER SAUSTALL und ähnliches, lieblos herunterhängend und ohne Leser anzuziehen. Das PARSIFAL-Publikum, sicher nicht weniger und schlechter als in den einzelnen Vorstellungen der zwei Wochen während seiner täglichen Laufzeit, unterschreibt nun keine Petitionen mehr auf den Listen für das Innenministerium an der Wand, kauft keine Bücher mehr, macht die Augen zu und kehrt sich nach innen. Es ist wie unsere Städte, lieblos, laut, ohne Witz, und das heißt ohne Geist in ihnen.

140

In den Heiratsanzeigen unserer Tageszeitungen lesen wir, wenn Menschen von dem ihnen Wichtigsten sprechen, daß sie sich als Liebhaber von Literatur, Musik oder Theater vorstellen, gleich wichtig den Bedingungen ihrer Natur, wie Größe, Alter, Haarfarbe. Immer dann, wenn sie das Wichtigste suchen in ihrem Leben, bleibt Kunst und Kultur nicht aus. Warum sind unsere täglichen Nachrichtensendungen so unwichtig gemacht unter denselben Leuten, die sich so vorstellen und suchen und gesehen werden wollen?

141

Nach 1945 etablierte sich in Deutschland eine neue Autorität, die moralische der Opfer von Auschwitz. Seit Begin begann der Terrorismus. Logischerweise ist dieser anders als in Irland oder im Baskenland, anders als der der Araber, ein moralischer Haß, ein nationaler. Es war Begin, der Erzreaktionär, vor dem selbst Ben Gurion warnte, wie Lenin vor Stalin. Und den die Intellektuellen nicht erkannten oder als Prügelknaben ihrer Alibis benutzten. Und was sind sie hier ohne autoritäre Ordnung unserer Ideologien.

142

Seltsame Geographie in Deutschland. Eine Generation nach Hitler. Drei Teile. Der westliche bekundet in großem Übergriff die Sympathie für den östlichen, indem die Polen nun und Danzig bis Breslau und Stettin ihnen vormachen, wie sie hätten sein müssen unter der Diktatur, auf duldende und aufbegehrende Weise. Und es wird klarer, was hier und damals akzeptiert und gewollt wurde von dem sogenannten Volkswillen, und was dort selbst ohne Auschwitz abgelehnt wird. Und die DDR als der mittlere Teil? Wenn das zusammenkäme, wäre die Welt eine andere. Wollen sie das, wollen wir es? Etwa nicht? Bis dahin werden wir suchen müssen in jedem Wort und in jedem Ton und Bild, wie die alten Juden in 2000 Jahren über die ganze Welt.

143

Zum ästhetischen Tabu. Natürlich wird immer eine Grenze überschritten, wenn etwas gut ist in der Kunst. Im Theater von Thomas Bernhard oder Filmen von Werner Herzog oder Büchern von Günter Grass. Aber hier ist etwas anderes gemeint und von allen sofort mit Folgen von Zensur begriffen. Zensur, das heißt oberlehrerhafte Abwehr mit schlechter Benotung bis Ausscheidung ohne Diskussionen. Was ist: wenn nun nach Hitler das Kleine und Häßliche nicht akzeptiert wird als verbindliches

Modell? Wenn eher Schönheit als Freiheit begriffen wird, wie Häßlichkeit, Versklavung und Mythologie als Modell unseres inneren Widerscheins. Wenn darauf bestanden wird, daß Repräsentation, Ritus und Zeremonie Lebensbestandteile dessen sind, wozu Kunst aus innerster Intensität sich verpflichtet zur gesellschaftlichen Aufgabe. Wo Ambivalenz gefordert wird als Zeichen der Wahrheit, und Allegorien helfen, die Welt vieldeutig darzustellen. Und man bedenke die schlechten Traditionen mit den Verweisen des Allegorischen in Deutschland durch Goethe und Walter Benjamins Ehrenrettung und seine Verfluchung durch den deutschen Universitätsbetrieb noch vor Hitler. Und so gehört auch zu den Tabus, auf sehr unterbewußte Weise, jene Zitate akustischer und optischer Art aus dem Steinbruch der Geschichte im Zusammenhang mit dieser Tragödie der jüngeren deutschen Geschichte verwendet zu sehen. Durch diese Rückbezüge anhand von Dingen, Worten und Tönen, tief in unsere Vergangenheit hinein, wurde Schuld auf ganz andere Weise ausgewiesen als die der schnellen Väter und Alltagsverdrängungen.

144

Warum sind die Negativ-Figuren, die Bösen, die Teufel, immer diejenigen mit der besten Musik. Warum sind die Richard Wagner verhaßten jüdischen Karikaturen von Beckmesser bis Kundry so interessant und oft groß. Oft geboren aus persönlichem Haß, Denunziationsabsicht und Verfolgung, gewinnen sie in der Kunst die volle Ladung der Energie, die im Alltag in Polemik, Intrige und Rache draufgeht, und es geschieht das erhöhende Läuterungs-Wunder des Bösen durch die Qualität. Dem gut dargestellten Bösen wird durch die höhere Gerechtigkeit der Qualität in der Kunst eine Objektivierung zuteil, die die Kunst mit einer Gnade versieht, wie sie sonst nur der Religion und dem Gott zukommt. Das kann gefährlich werden im Falle Hitlers und seiner gerechten Darstellung, die am Ende ihn doch zeigen soll, wie er ist: etwas zutiefst Negatives, Gefährdendes, zu Fliehendes und zu Verabscheuendes, und nicht als Faszinosum des mittelalterlichen Teufels womöglich. Ich rettete mich, indem ich nicht ihn zum eigentlichen Gegenstand wählte, sondern seine Wähler. Und nur da ist es der ganze Hitler und interessant.

145

Die früheren Zeiten entschieden schon in der Wahl der Themenkonstellationen zueinander, ikonographisch, philosophisch, metaphysisch, quasi religiös, ideologisch, geistesgeschichtlich, was zumindest Gut und Böse ist und daß Teufelswelt und göttliche Ebene ausgeglichen war mit leichtem Übergewicht zum Guten, Göttlichen, Utopischen, bis eben zu dem Punkt, wo Sedlmayr einen Verlust der Mitte beobachtete, mit allmählicher Verschiebung des Interesses zugunsten des Grotesken, Manieristischen, Dunklen der Hölle, und heute eben des kleinen Schmutzigen.

146

Wer RW hat, hat Deutschland? Der *Spiegel*-Zelinsky, das jüngste Beispiel traditioneller Kunstfeindlichkeit in Deutschland, spricht gerne von Richard Wagners Vernichtungspauke, indem er Wagner zitiert, und meint damit, ihm die Vorwegnahme von Auschwitz zuschieben zu dürfen. Was RW betrifft, möge man doch einmal diese berühmte Musik zur Taufe der Kundry, die damit eben ihren archaischen, alttestamentarischen, heidnischen Glauben, den alten Adam unserer Mythen besiegt und auslöscht, jenes Oboenthema des 19. Jahrhunderts unserer Musikgeschichte über Bilder des 20. Jahrhunderts, nämlich von Auschwitz, legen und Unbefangene, vielleicht Kinder, fragen, ob sie Haß fühlten, oder ob jemand Gefühle der Aggression aufbrächte und mit Pauken und Trommeln im Tötungsrausch überwältigt Messer zöge, oder ob nicht vielmehr jeder den Tränen nahe wäre, wie von Richard Wagner vorgeschrieben in den Augen jener Kundry, über dieses Ausmaß von Reinigung durch Töne. Die alte und tiefste und neueste Erkenntnis formulierend, nämlich unserer täglichen Not und Schuld, die die Mythen vom Sündenfall und ihrer Erlösung meinten. Und man höre dann wieder, daß nicht einmal eine Pauke vorgekommen in dieser Musik, sondern mit der Hand gezupfte Kontrabässe, was nun herhalten muß bei jenen, die nicht einmal imstande sind, Musik entweder zu hören, noch in ihrer Partitur nachzulesen, wenn sie argumentieren von Besinnungsrausch Wagnerscher Musik, Mythologisierung der Geschichte und Kunst mit solchen Folgen.

Einen ganzen Sommer Diskussion zwischen RW-Establishment, Feuilletonisten und deutschen Professoren, bis einer (Martin Gregor-Dellin) draufkam, was jeder hätte hören, nachsehen, erinnern können. Blindlings, taub, aller Kunst-Sinnlichkeit und wissenschaftlicher Sorgfalt enterbt.

Dieser *Spiegel*-Z. ist ihrer würdig, der Feuilletons, die sich über ihn empören. Wer RW hat, hat Deutschland, sie haben ihn nicht. Lustlose Okkupation Deutschlands, das längst Mythos der Erinnerung geworden. Mit dem Verlust des Reichs gewannen wir den Mythos von ihm, in RW auch.

147

Im Fernsehen ein Film (Dieter Wieland) über Putz an unseren Häusern neulich und jetzt über Farben auf diesem Putz und innen in den Häusern, also um uns, täglich, wenn wir die Augen aufmachen und durch die Straßen unserer Städte und Dörfer gehen. Wie lächerlich das Problem? Was schon immer gedacht, wird nun bewiesen. Das ganze Land sieht aus, wie von bunten Plastikfarben überzogen oder grau ohne Alter, tötend fürs Auge oder geil und auffällig, egoistisch, ohne Solidarität mit der Umgebung. Durch die Augen bis in die Hände zu spüren jene rißlosen, glatten, auffälligen Oberflächen, die nicht altern können. Das alles wird plötzlich klar und erklärt, wie nämlich die Farben früher, gemacht von Handwerkern alter Schule, aufgetragen wurden mit Kunst der Hand, möglichst dünn, bis der

Untergrund zum Scheinen kam, der die Farbe machte – und immer wieder und noch einmal –, was heute im Schnellverfahren, wie Instant-Kaffee, sofort sitzen muß und für immer, was dann schäbig wird und ohne Alter, wie die Menschen in den Krankenhausfabriken, an den Maschinen und die Mütter in den Geburtsfabriken das neue Leben gebären. Erklärt wird, wie die Kalkfarben früher mit großem handwerklichen Können und Tradition gewonnen wurden und wie die Farben beigegeben, Sienna genannt oder Umbra, Schicht für Schicht aufgetragen, und alle Nachbarbauten immer miteinbezogen und das Licht in der verschiedenen Intensität der Jahreszeiten und des Tages. Aber das kostet Zeit, Überlegung und Sorgfalt und ist unerwünscht heute, und doch nur das könnte helfen, nicht nur den Augen und uns, die wir hindurchgehen durch unsere Städte und Dörfer, durch die Straßen und Häuser, riechend und sehend und tastend, sondern auch denen, die damit arbeiten, in einer Arbeit nicht nur zum schnellen Geldgewinn für eine Freizeit, von der man nicht weiß wofür, und egoistisch gegen die anderen ohne Arbeit, sondern mit Gewinn für alle, die darin sich beschäftigen mit Freude und ganz neuem Wert, der so alt ist, wie wir denken können.

148

Zu Tabu. Und wer das erkannt hat, ernsthaft, nicht »aufgezeigt«, »denunziert« diese Gefahr, wie kann man dem verübeln, daß er sich nicht aussetzt und dazu noch diese »Sentimentalität« und »Monomanie« eines, der keine Ruhe gibt, des leicht »Gekränkten« und lästigen Falles. Und wieviel einfacher ist es, sich einfach nicht zu interessieren. Dazu kommt noch, daß man hier keine Scheinwerfer der Diskussion und Auseinandersetzung finden wird, also keine Verdienste und nicht weiterkommt. Der Karriere wäre es nicht nützlich. Hier gibt es keine Aufmerksamkeiten zu gewinnen, nur Mißtrauen oder Nachteile, wer dagegen ist, wird aufgenommen, in den nicht einmal warmen Bauch der sehr ungeistigen Genossenschaft. Das ist die tote Ecke des

Kulturbetriebes, und man kann es sich leisten. Sogar die Routine, – denn gut, daß es das gibt, es beweist unsere Freiheit als Alibi des Pluralismus – darf und durfte er nicht immer machen, tun, Bücher, Filme, überhaupt wurde er gedruckt und darf er reden, irgendwann einmal? Und das ist's, was uns unterscheidet, die freiheitrechtliche Grundordnung, von dem anderen Teil Deutschlands. Und es ist richtig, ohne Ironie, es ist der Grund, warum jener von Ost nach West emigrierte und hier blieb, trotz allem, in dieser Rechtschaffenheit des zumindest doch manchmal schlechten Gewissens des Unterbewußtseins vielleicht, es ausbeutend immer wieder und beharrlich im mühsamen Trotzdem. Kaum, daß sich einer aussetzt, wozu auch, ohne Anerkennung, sich verdächtig macht, wo eher Stillschweigen und private Freundlichkeit auch möglich sind und die Tagesordnung ohnehin kompliziert genug ist. Im übrigen muß man doch zugeben und einsehen, daß auch andere ein Recht haben, und er ist doch nicht Achternbusch, Schlöndorff, Fassbinder, Herzog oder ein Kluge. Und Qualität ist nun mal die Qualität auch des Stillhaltens, der Zuwendung, das Interesse für die Gesellschaft, die Friedenspolitik, unser aufklärerisches Ziel.

149

In Wien große Aufregung. André Heller hat gegen Begin im *Forum*-Magazin geschrieben. Begin = Eichmann gesetzt. Darauf Peter Jungk dagegen. Entzweiung mit dem Vater, weil Friedensbewegung gleich Nazibewegung und Robert Jungk der Vater der Bewegung sei. Groteske Situation, wie viele Linke heute in der Friedensbewegung aufgegangen, Heimat gefunden, Narren gefressen, Ausländer argwöhnen versteckten Chauvinismus, zumindest argumentieren sie so. Wenn man aber vielleicht viele Linke der heutigen Generation, also die Söhne der Nazi-Väter in Deutschland, so zurückkommen sieht auf seltsamen Umwegen zu Erkenntnissen für das Abkoppeln Amerikas, das die Nazis besiegte, über Israel, das nun Begin regiert, ist das nun neue Freiheit oder, im Unterbewußtsein, das Emporbrechen der Rache der Nazi-Väter? Wenn nun die Juden in Israel ihr Auschwitz haben wollten und die Araber zu Juden machten durch ihre Verfolgung, was ist das, wenn man es sagt, sieht, flieht als Deutscher? Die Geschäfte des Friedenskonsums und die Brutalität des Terrorismus in Auge und Ohr, soll ich nicht schreiben, was jeder sieht und hört, hier wie da? Es heißt, wer nicht einmal im Leben Marxist gewesen, war nie jung. Was nun, wenn auch individueller Antisemitismus, ähnlich der aufkommenden Klassenfeindschaft nicht differenzierender Art zumindest im 19. Jahrhundert, zur Richard-Wagner-Zeit, der noch Karl Kraus und anderen vergeben werden durfte, wie eines Hellers Mahnung, trotz aller Vorwürfe und gerade deshalb gehört werden müßte? Wer hier mit Hitler argumentiert, verbietet Wahrheitssuche mit Mitteln des Rassismus.

150

Gestern im Fernsehen Gerhard Polt. Einen Typ darstellend, wie er aus seinem teuren Geländewagen in schicker Lederfreizeitkleidung Abfall des Wohlstands- und Zivilisationsschlamms, also Sperrmüll, ausräumt und in den Teich wirft. Stühle aus Draht plus Plastik, Matratzen, Fernsehgeräte und dabei redet über die guten alten Kulturen der Ägypter aus unseren Museen und Ausstellungen des Tutanchamun. Dieser Text als Monolog, die Kamera kombiniert mit dem Bild der Handlung aus dem Alltag. Diese Alltäglichkeit unserer täglichen Vergehen auf die Spitze getrieben, dieser Mord an Natur, Leben und Kultur, diese Banalität des Bösen im Alltag durch Selbstverständlichkeit ist das Kabinettstück jeder Shakespeare-Nachfolge unserer Zeit. Wenn unsere Filme, nach dieser sorgfältigen Ästhetik strukturiert, solcher Strukturen fähig wären, wären wir gut, besser als die anderen und wirklich auf der Höhe unserer Zeit. Die Komik der Situation macht selbst den Frevler und unsympathischen Verbrecher des Alltags zum Menschen und Spiegelmuster unserer eigenen Sünden.

151

Nun gibt es bald Dutzende von Fernsehprogrammen und Videos als Leben aus der Konserve zu Tausenden auf dem Markt und in jedem Haus. Die Arbeiter, heimkommend, werfen das nicht gelebte Leben ein wie eine Droge, statt wirklichem Essen, statt Liebe, statt Berge und Luft, bis sie wieder zur Arbeit müssen. Sie und wir kommen nicht mehr nach, zuviel und billig alles, Platten, Töne, Bilder, das Essen und Trinken, in alle Öffnungen stopft sich das ungeliebte Kind Süßes als Ersatz. Wer gibt uns noch Löcher und Zeit, die Lebenszeit wird zum teuersten, begehrtesten Gut, das, was sie von uns kaufen wollen, und das, was wir von ihnen wollen. Die Konzentration, die Lust zu trinken, zu essen, unser Angebot zu wählen, unseren Vorschlag von Politik, unsere Programme, unsere Zeitungen, ihre Zeitungen. Das Leben wird kostbarer denn je. Erst wenn wir alles haben, über jedes mit Knopfdruck verfügen können, in kleinen Computern abrufen, wird die Essenz der Entscheidung auf den Punkt gebracht, endlich, um den es geht: Was der Mensch braucht und wozu braucht er es wirklich und wie kostbar oder langweilig, entscheiden wir, wenn wir dann noch können.

152

Helmut Schmidt ist nicht mehr zur Kanzlerkandidatur bereit. Keiner bestreitet seine Überlegenheit vor vielen anderen und nicht nur in Deutschland, ernstlich, zumindest nicht die Mehrheit. Und trotzdem ist er gezwungen, dem Minderen Platz zu machen: Demokratie.

153

Frankreich ist stolz, im Programm seiner neuen sozialistischen Regierung langsam auf 1% der Staatsausgaben für Kultur zu kommen. 1%. In Deutschland ist ein Vergleich nicht möglich, da es gar kein Kultusministerium für den Bund gibt. 1% für die

Ewigkeit, für das was von uns bleiben wird. Es ist die Kultur, die uns heute an Venedig, Rom oder Athen interessiert. Ohne Kultur sind sie und wir tot. 1% für die Demokratisierung der Kultur heißt es im Programm der französischen Regierung. Ludwig ging an den Ausgaben für Richard Wagner, von unseren Kulturdemokraten laut verlacht, zugrunde. Richard Wagner, der ohne diesen Ludwig nicht wäre, so wie er ist. Und Kultur, was ist Kultur?

154

Von dem Putz an unseren Häusern und ihren Farben, deren handwerkliche Sorgfalt wir ersetzen durch Instant- und Wegwerfanstrich für die Augen, bis zu den Bäumen, die wir ernstnehmen oder in unserem Schmutz gleichgültig verkommen lassen. Wie wir dies verstehen, das ist Kultur, das Verständnis von der Welt.

155

Im Fernsehen ROMA, CITTÀ APERTA. Das Bild der Deutschen nach dem Krieg aus Filmen dieser Art für eine Generation geprägt. Die italienische Version. Schwule SS, lesbische Drogenkanaillen als Zulieferer. Und auch im italienischen Neorealismus Musikeinsätze wie in Hollywood-Filmen, immer feste druff, wenn gefühlt werden soll. War es nicht alles etwas komplizierter, einfacher: die Südtiroler auf Rachefeldzug, die ehemaligen italienischen Freunde der Deutschen nun hinter den Hecken schießend, einst Treue und Ehre und Tod und Leben, sehr ambivalent und unentwirrbar auf beiden Seiten.

156

Wenn ich in die Zeitung blicke und unter dem Bild Kohls jetzt »Bundeskanzler« geschrieben sehe, denke ich immer noch, es sei eine Karikatur. Ein Witz der Zeitgeschichte, von K. Staeck, vielleicht ein Aprilscherz. Wenn er dasselbe sagt wie Schmidt oder Strauß, klingt es, wie wenn Lübke gesprochen hätte. Wir haben einen Lübke-Kanzler. Das, was bei dem ersten Mann noch liebenswert erschien, weil ohne Macht, wird nun gefährlich. Der Zwang der Geschichte, wie früher schwache Kaiser plötzlich ohne eigentlichen Willen der Zeit, als Unglück der Zeiten oder als Zwischenstationen eines Fluchs der Geschichte, plötzlich erschienen und gingen, aber mit wieviel Opfern.

157

In der *FAZ*: Borges in Deutschland, der alte Herr, als Großer der südamerikanischen Literatur, besucht hier Heines Haus und Ernst Jünger als einzigen deutschen Kollegen. Den Mann ohne Oeuvre, wie es heißt, und mit dem schlechten Stil unserer Medien.

158

In der *Zeit* wird Wenders' Rückkehr aus Hollywood mit Odysseus verglichen. Nach Dante nun Homer, der melancholische Reisende aus dem Reich der Zauberer, den Demütigungen mühsam entkommen. Vielleicht hat er sie selber verursacht? Der Film DIE WEISSE ROSE wird nun am Ende mit einem Schlußsatz heftig bestritten und widerlegt von den Justizstellen des Landes, als ob heute noch Ulrike Meinhof und Ensslin als moralische Fortschrittsheldinnen gegen Hitler morden, wenn sie sich selber und andere umbringen. Eine halbe Million Zuschauer werden erwartet. Es besteht ein öffentliches Bedürfnis bei der Aufklärungsgeneration nach Heldinnen und Helden in Deutschland. Wiedergutmachung und Terrorismus plus Geschäft, das Kino läuft. Sentimentalitäten der Geschichte gehen gut. Werner Herzog in Hollywoods Amerika auf dem Festival in Telluride, Colorado, im Sommer 82 wundert sich vor den amerikanischen Freunden wieder, wie dieser Syberberg immer noch und wieder imstande sei, Filme in Deutschland trotzdem fertigzubringen.

Oft sagen es sogar anerkennend die Feinde, sich selbst auf die Schulter klopfend, daß sie es zuließen. Habe Hemmungen, den nächsten Film überhaupt zu denken, fünf Jahre Zwischenraum vor dem letzten. Höre noch die Argumente von Demokratie, alle mal ran, anstellen, Herr Stein oder Fassbinder!, und schon wieder derselbe, und das neben Trotta, die zweimal abholte in denselben Gremien, in denen der PARSIFAL in Bonn abgelehnt wurde mit dem öffentlichen Argument von Gremien-Mitgliedern, immer derselbe, und schon genug gekriegt. Zensur der deutschen Demokratie.

159

Antisemitismus. Historisch vor Hitler, vor Auschwitz, wer nicht gegen die Juden war, war nie Jude. In Deutschland nennt man diejenigen, die gegen Deutschland sind, Nestbeschmutzer. Wer? Ist Heine Antisemit und kein guter Deutscher? Gegen Deutschland, welches Deutschland und gegen was in Deutschland? Gegen Deutschland?

Gegen Juden, welche Juden, was in Israel, gegen Israel?

160

Zu den wichtigen Festivalfilmen dieses Jahres gehören vielleicht vier deutsche Filme. Davon wurden drei nicht in deutscher Sprache gedreht. Man bedenke: nicht in deutscher Sprache und mit deutschen Geldern (QUERELLE, FITZCARRALDO, STAND DER DINGE). Der vierte, der mit Frankreich in Coproduktion entstand, wurde vom minoritären Co-Partner Frankreich nur mit großem stirnrunzelnden Großmut in deutscher Sprache freigegeben von der dortigen Filmkommission. Sie suchten ihr Alibi vor sich selbst in Richard Wagner, um dessen *PARSIFAL* es ging, den ersten *PARSIFAL* der Franzosen auch mit dort organisierter Musikaufnahme, was sie als künstlerischen Beitrag in der dortigen Filmkommission nicht anerkannten.

161

Es sind dieselben Leute, die Fassbinder nachrühmen, daß er pro Jahr unermüdlich zwei bis vier Filme gemacht habe, quasi als Qualität des rastlosen Jung-Genies eines neuen Mozart. Dieselben Leute, die sonst in den Gremien und öffentlich bekunden, daß selbst nach fünf Jahren Pause im andern ungeliebten Falle demokratisch zurückzustehen sei, um auch einmal andere heranzulassen.

162

Zu den Legenden des heutigen Alltags gehört diese große Sexualbegierde, die zu befriedigen sei, ein Drang, der seine Freiheit braucht und nicht beschnitten werden dürfe. Der Sexualprofessor B. erklärte aus seiner Praxis *(Club 2, ORF)*, daß das große Problem der meisten Patienten Impotenz und Frigidität sei.

163

Der Stier springt nicht mehr, wie die Bauern sagen. Nachdem die Stiere sich an der mechanischen Kuh mit künstlicher Wärme und Vereinigungsvortäuschungen die Zeugungslust und schließlich den Körper verstümmelten. Die Verkrüppelung der Natur führte zu einer neuen Rasse hochbeiniger, dünngliedriger, selbst unrentabler Kühe. Ein Seelenarzt ist für sie nicht vorgesehen, und die Produzenten des Kuhberges werden in Konkurs gehen und die Regierungen der Länder beschuldigen für schlechte Wirtschaft, deren Landwirtschaftsminister lächelnd wechseln von der Verantwortung in die Ministerpension, oder auch eben nicht.

164

Susan Sontag, so lese ich im *Stern,* sei nun traurig über Fassbinders Tod. Sie habe fast den Verstand verloren bei dem Gedanken, was er noch alles hätte machen können. Ein teurer Preis für spätes Lob nach dem Tode. Vorher sprach sie nur mit wegwerfender Handbewegung über seine letzten Filme.

Darauf, am Telefon befragt, nur die Antwort, wie könne sie je den Verstand verlieren. Und bei QUERELLE sei sie wahrhaft erschrocken, entsetzt gewesen, und ich erinnere mich, wie sie alles umschreiben, ändern. Zu wessen Nutzen?

165

Anläßlich Fassbinder, die Erinnerung an französische Freunde, die in Baader einen neuen Büchner unserer Zeit aus Deutschland suchten. Nach Recherchen für ihre Zeitungen in seinen Akten und Schriften waren sie schnell ganz still.

166

Fassbinders Nachlaß die Dutzend Bücher seiner Freunde. Ein erschreckender Müll von Irrtum ringsum. Die Ausländer werden es besser haben, das werden sie nie erfahren. Nur Gerüchte, die heroisierend zur Legende werden, wie man es will und braucht, auch und gerade in dieser Zeit. Nur welche, das ist die Frage.

167

Wenders in einem Interview: Hollywood, ja, der Apparat von Hollywood, nein. Aber Hollywood ist der Apparat schlechthin. Der Computer der visuellen Unterhaltungsindustrie. Utopie der Nostalgie. Nicht Sehn-Sucht. Ob sie es wird, dieses Sehnen zur Sucht, wird seine Aufgabe sein. Eine schwere, die ihm oft zu leicht gemacht wird von nicht immer guten Freunden, siehe Fassbinder.

168

Wollt Ihr die totale Demokratie? Jaaa!

169

Peter Hofmann als Rolls-Royce- und Spermen-Parsifal, wie von seinem Regisseur G. F. beschrieben, der Traum-Parsifal von Bayreuth und Salzburg, nun in allen Programmen bis Graeter's Klatschspalten, mit fleißigem Werbeaufwand auf den Rockbühnen und in den Talkshows mit den letzten Porno-Witzen, der Parsifal unserer Zeit.

170

Jeder neue Einfall unserer genialen Regisseure heute ummauert eine neue Eindimensionalität ihrer Werke.

171

Wir sprechen gern von der Befreiung der Proletarier, der Juden, der Frau und des Sex. Wenn man genauer hinschaut, werden nur neue Mechanismen der Unterdrückung geschaffen. Der befreite Sklave sucht sich neue Sklaven zur Unterdrückung, gemäß der neuen Zeit. Und vielleicht muß das so sein nach den Versuchungen der Menschenrassen und wozu sie ihre Freiheit dringend brauchen. Am schlimmsten aber sind die, die das gutheißen. Aus Geschäfts- oder Karrieregründen, nicht neue Grenzen der Zeit suchend, die sich verschieben mögen von Zeit zu Zeit. Ohne Leiden keine Qualität und ohne Qualität keine Freiheit. Und die heißt Disziplin der Erkenntnis, Strenge des Handelns danach, nicht verbieten, nicht strafen, sondern zügeln und alle Großzügigkeit für den Außenseiter und die suchende Seele der Grenzüberschreitung.

172

Die neuen Fassbinder-Bücher bestätigen aufs Ungeheuerlichste alle Vermutungen und Beobachtungen bisheriger Notizen. Soviel Schmutz, Unterdrückung von Frauen und abhängigen Männern, Tote und Krüppel auf dem Schlachtfeld des untersten Seelenschlamms. Wieviel ist erlaubt für die Kunst? Wie groß muß sie sein, daß es erlaubt ist. Das alles mag sein, sie sind selbst schuld, Kranke, Schwache, die sich ins Unglück rennen, die es angeblich brauchen, aber eine Generation, die sich die aufklärerische nennt, rational und analytisch, entschuldigen zu sehen, wie sie hypnotisiert diesen Verführungen folgt, die sich spiegeln dann auch in den Filmen. Und wieder die Fragen nachher, habt ihr es nicht gewußt, nichts dagegen getan, soviel Schuld und Mitverstrickung muß zu neuen Legenden der Vertuschung führen. Schön abzulesen, wie das alles funktioniert. Die angepaßte Generation nach Hitler. Der neue Gehorsam. Die Mitläufer des Konformismus dieser Ideologie schreiben Leserbriefe. Wer sich umhört, hört nur Haß insgeheim, vermutet Schlimmes dahinter. Der Mann selber, Fassbinder, in den Orkus der Einsamkeiten seiner endlichen Hymnen, Todeshymnen vom griechischen Heros und Mozart der Freaks getrieben. Deutschlands Nachkriegsgeneration hat ihren Mythos gefunden. Es ist zu teuer, Niederlagen zu verkleinern, und es ist teuer, Kriege zu verlieren, die traurigsten Preise sind der Verlust der Werte von Menschenachtung und Geist und alles ohne Kontrolle kritischer Vernunft.

173

R. H. hat einen Film über die Mauer gemacht. Dieser zwar belächelt und bedauert diese Einrichtung, aber doch habe sie den Frieden bewahren helfen. Das also ist der Frieden, den sie meinen. Den Frieden der Mauern und die Freiheit, damit niemand mehr rauskann. Immer schon gedacht.

174

Ich beobachte, wie Jorge Louis Borges Kriege schlimm findet, die aber dann zur Odyssee führen, vielleicht, oder zum Rolandslied. Das Heine-Zimmer wird er, der Blinde, mit geschlossenen Augen sehen, Magie wird es möglich machen. Und die deutsche Sprache habe er gelernt, damit er die Stimme Schopenhauers höre.

175

Und nach weiterer Durchsicht der Fassbinder-Bücher: Es hat etwas von dem, was man früher Hölle genannt hätte. Wirklich ein Pakt wurde gemacht. Für Ruhm, Geld und Macht nahmen sie ihm die Liebe weg. Was schon in Kindheitsbeschreibungen angelegt, aber harmlos eher, wurde in dem Augenblick des ersten kleinen Filmchens in der Öffentlichkeit aktuell, Abhängigkeiten, Terror der Gefühle, Ausbeutungen, im ersten Bund. Und es gesellten sich immer mehr gleicher Art hinzu, süchtig nach Erniedrigung, und trieben ihn frivol in den Tod der äußersten Lieblosigkeit. Dies alles hätte die Betrachtung seiner äußeren Erscheinung und insbesondere des Gesichts erkennen lassen müssen. Die kritiklose Ausbeutung und Gefolgschaft unserer Zeitgenossen ist fast das Erschreckendste. Hier sehen wir, wie eine Gruppe sich ritualähnlich dem Teufel der Zeit ergab, von den Medien mit gleichen Interessen, Defekten und mit dem gleichen Preis begleitet und bezahlt; das Verworfene unserer Zeit, hier wurde es Modell. Am schlimmsten ist wohl das Lachen über die Schwachen in der Gruppe, diejenigen, die lieben, die er von sich abhängig gemacht und die nun bloßgestellt, erniedrigt waren, vor den anderen im Staub ihrer Demütigung kriechen zu müssen, während jene dem Meister ihre Ergebenheit beweisen, indem sie lachen und gleichzeitig froh sind, daß sie diesmal selbst geschont wurden. Höhnisches Gelächter. Die Western-Situation, das Schwarze des Bösen bis des Ludwigs und Hitlers Dienerinnen- und Sekretärinnen-Bosheiten in letzten Stadien ihrer Bunkerexistenz. Auch das Vergnügen des Chefs, wenn sich die Kleinen zerfleischen. Und wieder die Frage, wie weit ist es erlaubt, möglich, daß Liebe entsteht in der Kunst ohne Liebe, wie weit kann Kunst selbst den Urheber erlösen ohne Leiden. Wo Kunst als Bestrafungs- und Belobigungsaktion mißbraucht wurde, von Film zu Film verschieden, und sie erschöpften sich immer mehr, die Kräfte des Guten; im Detail und im Ganzen. Er erstarrte in seinen Filmen und merkte das. Kein Ausweg. Seine Unfähigkeit, noch durch Qualität sich selbst zu erlösen und statt dessen mehr und mehr jenem Anderen zu verfallen, mußte ihn zutiefst erschrecken im Moment der sensiblen Wachheit seiner Einsamkeiten, die er panisch floh. Und so waren seine letzten Filme nur mehr Anlaß für diese ursprünglich begleitenden Bestrafungs- und Belohnungsaktionen der Mitwirkenden, und das selbst im täglichen Ritus der Details. Hohn und Zynismus einer aufgedunsenen Sentimentalität und Weinerlichkeit, der verfettenden Liebesgeilheit. Mit Hymnen begleitet von der deutschen Kritik, wo aus schmeichelndem Locken Abhängigkeiten wurden, Ausbeutung und Hörigkeit, die Versklavung der Gefühle und des Verstandes. Er wurde zur Kultfigur der Fans einer sich analytisch gebenden sogenannten deutschen Aufklärungsgeneration. Der Feuilleton-Chef der *FAZ* schrieb zu seinem Tode, nun sei das Leben nicht mehr dasselbe, und das deutsche Fernsehen überlegte, wie es heißt, eine Programmänderung. Frankreichs Kultusminister glaubte, Telegramme schicken zu müssen, die Welt hielt den Atem an, flüsterte man unter seinen Freunden, die sich anschickten, ihre Bücher gegeneinander zu schreiben und sich abzulösen im letzten großen Geschäft. Wo die Filmdealer sich stritten um das Erbe des bis dahin unverkäuflichen KAMIKAZE. Das Böse hatte noch einmal seine Stunde, und wir waren noch einmal davongekommen. Und wieder mußten wir es ausgebrütet haben in Deutschland. Die seltsame Paarung der Brutalität und des Häßlichen mit der Sentimentalität zum schaudernden Rätsel unserer verwunderten Nachbarn.

176

Ich lese bei Borges über Cervantes' Vorgänger, wie Don Quichote jemanden wirklich getötet, Erschrecken und verschiedene Arten der Reaktion. Die letzte und von ihm als nicht abendländisch charakterisiert, ist, daß dieser Tote gar nicht wirklich getötet worden sei, wie Tod und Lebenszeugung gar nicht wirklich geschehen, sondern eingewebt seien in Traum, Wahn, Geschichten unserer Übergänge, wie es den Dingen den Schrekken nimmt, wenn die Verantwortung von dem Spiel unserer Taten ins Schattenhafte geht. Gefährlicher Aspekt unserer Phantasie, wenn ein Künstler zum Politiker würde und wird. Es können so ganze Völker geboren werden und verlorengehen, wie im Spiel des Wahns. In der Liebe wohl nicht unbekannte Leiden und Freuden, Trugbilder des wahren Glücks? Und nicht selten verzichten solche Politiker, Künstler auf die Liebe, weil sie für sie übergeht in die Realität dieser Lebensphantastik.

177

Fassbinder. »Welch Alptraum unseres psychischen Untergrundes, aktivierend durch Hohngelächter zur künstlichen Exhibition vor allen.« Wir haben uns angewöhnt, auch dies Kunst zu nennen. Staunend, verwirrt, angeekelt oder ihm verfallen stehen sie dann vor dem Ungeheuer, dem schamlosen aus Deutschland. Vieles ist entstanden und zu erklären aus eigenen Nöten, und vieles bei jedem nur verdeckt, oder besiegt durch die Krusten des Alltags und der Pflicht. Und man fragt besser nicht, bis es dann zu jenen Krisen kommt, die wir alle kennen. Wem aber ist es erlaubt, damit Spaß zu treiben und diese Kindheitsalpträume zu verlängern und zu wecken zum Horror der anderen. Und dagegen: welch schützende und schönste Tugend der Kunst, zu retten, sich und andere, in dies einzige Paradies unserer realisierbaren Utopien, der Musik zum Beispiel, der Worte und Bilder und Töne, wie samtene Figuren des Tastbaren.

178

Kunst als Provokation. Dies schönste Kind der Kunst und ihr übelster Mißbrauch. Die fleißigste Übung der Regisseure, das Eindimensionale bedienend, wie jeder Regieeinfall unseres Alltags.

Kunst ist Provokation gegen das Leben, die Realität des Alltags, sonst sollte man sie unterlassen, ist Ambivalenz und riskant. Es muß aus sich selbst kommen, aus dem Thema, der Zeit und dem Ort, und wenn das nicht gelingt, rate ich, was anderes zu nehmen. Und alles andere, die Ästhetik, die Logik der moralischen Form, folgt notwendig daraus. Und wie anders ist das als die Launen der Mode und jene Weißwürste der schicken Unbequemlichkeit. Wenn die Provokation nicht kommt aus der Not der Existenz, haben ihre Leiden kein Recht zur Freude an dem, was wir tun.

179

Ins Haus kommt von Schott's Söhne – Ars-Viva-Musikverlag – die Forderung über 2500 DM für die Verwendung des Musiktitels »Brüder zur Sonne, zur Freiheit...« aus *FIDELIO* (37 Sekunden) auf sieben Jahre, wovon vier schon vergangen sind, und nur für nicht-kommerzielle Auswertung. So verstehen sie Ars Viva, die Kunst lebt als Geschäft. Und ich höre am selben Abend von Forderungen der GEMA für Aufführungen von Volksmusik. Was in Jahrhunderten gewachsen, reißen jetzt die Bürokraten, die Funktionäre an sich. So stirbt ein Volk und seine Kultur, seine Musik wird vermarktet durch Versicherungsagenten, und alles erinnert mich an das Beispiel Karl-May-Verlag: Plötzlich taucht einer auf beim alten K. M., betreut die Witwe, greift durch kleine Änderungen ein in die originalen Texte, verbessert, wird er sagen, macht konsumierbarer oder fälscht und bringt vor allem die Rechte an sich. Und es erinnert mich an den Fall meines POCCI-Films bei Internationes, der gekürzt wurde, umgestellt; Texte wurden verbessert, wie sie sagten, gegen den Vertrag, und ich lebe noch. Noch nie hat Internationes so viel Kopien in Umlauf gebracht; 80 in vier Sprachen, für alle Goethe-Institute. Der Anwalt verschaffte mir die Rechte zurück. Die Rache war 10 Jahre kein Vertrag mehr mit Internationes und damit aus allen Goethe-Instituten verbannt. Briefwechsel in Aktenausmaßen mit dem Auswärtigen Amt, umsonst. Querulant. Und wenn das alle täten. Aus der deutschen Tradition geworfen bis zum HITLER-Film und bis zu einem Wechsel an der Spitze von Internationes. Heute alle Unterlagen verschwunden. Und ich sehe, wie sie in 150 Jahren diese meine Filme kürzen werden, umstellen, verbessern, verdienen und leben von unserem Herzblut eines wirklich nicht einfachen Lebens. 30 Sekunden für 2500 Mark, sieben Jahre ohne kommerzielle Auswertung. Nur ein paar Noten geändert am Original eines Beethoven. Man bedenke sein Leben, das er dafür gegeben. Und ich verfluche schon heute die, die sich einmal an diese Filme machen werden, um sie zu verbessern und sich unter den Nagel zu reißen.

180

Zu Fassbinder: Hier wird das Böse zum Prinzip der Phantasie. Im »authentischen Sinne Zeitgenosse«? Eben.

181

Auf die Frage, deutlich, vernehmlich, in die Pause des Raums auf einer Gesellschaft, wenige Meter gegenüber dem Autor, an den Großkritiker der *Süddeutschen Zeitung* in Sachen Musik, ob er denn den PARSIFAL-Film gesehen habe, laut und frech die Antwort: »Den haben viele nicht gesehen.« Die Programmzeitung des Fernsehens kündigt diesen Mann, Feuilletonchef der *Süddeutschen Zeitung* und zuständig für Musik, Oper und Literatur und Theater speziell und des weiteren für Film, an: in der kommenden Woche wird er an Beispielen aus Theater, Literatur, Oper und Film »Zeit-übergreifende Probleme einst und jetzt in bedeutenden Kunstwerken...« vorstellen. Diesem Manne ist getrost nicht zu trauen. Er ist nicht auf dem Stand der Zeit. Was für Sachverständige, Gutachter, Mehrheit als Qualitätsmaßstab: Oder nur die intellektuelle Unlauterkeit des Establishments? Wenn dieser Mann Pilot bei der Lufthansa wäre, würde ich mich nicht in sein Flugzeug setzen wegen Ignorierung der allgemeinen internationalen Regeln, und er würde wohl bald aus dem Verkehr gezogen, disqualifiziert wegen Gefährdung des Ansehens seines Berufsstandes und des internationalen Luftraums. Der Chef-Pilot des deutschen Musik-Feuilletons beruft sich auf die vielen, die in Bonn als Fachleute der Filmgremien für die zukünftigen Filmproduktionen in Deutschland entscheiden. Die ausländischen Gäste um ihn an diesem Abend, zu dieser Frage, Nicht-Fachleute, politische Journalisten und Leute der Finanz, Ausländer und Emigranten, kamen aus dem Staunen über deutschen Journalismus und einen Musik-Professor, der in Sachen Richard Wagner und PARSIFAL sonst viel und gerne zu schreiben pflegt, nicht mehr heraus.

182

Die Absurdität rundum, die Gefahr der Raketen bewahrt uns vor der Gefahr des Krieges. Das schmutzige Atom ist die sauberste Energie. Die Freizeit der Arbeitslosigkeit belehrt uns, den Wert der Arbeit zu erkennen. Alles immer, solange nichts passiert. Wenn es passiert, bricht alles zusammen in Dimensionen von Hunderttausenden von Jahren, und wir appellieren mit diesem Artefact unseres Geistes an die Dimensionen von Weltgeschichte in kosmischen Dimensionen, wo alles sich dreht und bewegt nach dem Prinzip, daß nichts passiert und passieren darf, damit nicht alles in sich zusammenfällt.

183

Der Fluch der Alten bei Handke über diese Welt wird von Brechts Gretchen aus dem Jahre 1953 gespielt. Fluch über die Dörfer der Welt im Jahre 1982, keine 30 Jahre danach.

184

In der *FAZ* B. J. Zu Hollywood, O'Selzick. Wie in Hollywood mit Projektionen gearbeitet wurde, guter Anlaß, Fassbinder zu erwähnen, wie immer, Goethe im 19. Jahrhundert. Projektionen in Hollywood: »... wie sie auch Fassbinder so sehr liebte.« Sonst niemand?

185

Nach dem Verlust der moralischen Orientierung an Israel, bleibt für die Hitler nachfolgende Generation in Deutschland nur mehr der Osten. Verzweifelt klammerten sie sich an dessen gute Noten. Es ist ihnen unmöglich, in den Siegern des Ostens Gefahr zu sehen, da jene die Linken Deutschlands von den Nazis befreiten. Die anderen Befreier aus dem Westen sehen sie nun belegt mit dem gleichen Kapitalismus-Fluch, der auch Hitler schon an die Macht brachte und daher eher unzugänglich für *ihre* Suche nach moralischem Gehorsam. Dieses Spiel des Ostens mit seiner moralischen Macht ist die größte Gefahr für das geistige Leben in Deutschland. Es treibt die Karrieristen an die Seite Amerikas und Moskaus, jeden nach seinem Bedürfnis und seiner Schuld.

186

Soeben ein sehr freundlicher, sich entschuldigender Polizeihauptmeister des zuständigen Reviers, der an der Tür klingelt. Die Blätter der von unseren Bäumen über die Mauer hängenden Zweige auf der Straße müssen weg. Auch das Gras, das sich selbst zwischen dem Asphalt mühsam durchgezwängt. Er bedauert, auch so etwas gehöre zu seinen Pflichten. Ich erinnere mich an die früheren Bilder unserer Städte und Straßen, die wir so lieben und die wir inzwischen als die noch bewohnbaren charakterisieren. Eine Betonwelt muß als Anschlag empfinden, was früher Leben hieß. Deshalb haben die Nachbarn in den gesetzlich vorgeschriebenen Vorgärten von 5 m zur Straße alle Bäume entfernt, weil Bäume Laub machen und Arbeit. Dagegen nun die jüngsten Baumverordnungen zum Schutz der Bäume usw.

187

Wenn das Kino nicht mehr die uns wichtigen Dinge interessant macht, dann muß das Kino geändert werden. Denn der Film war vor dem Kino, wie er nach ihm sein wird. Nur, wenn die Kinoleute in den produktionsbewilligenden Ausschüssen unseres Staates diese Untergangssituation des Kinos in den Film weiter verlängern und übertragen, verhindern sie die nötige Analyse und jede Änderung. Und so werden weiter Filme gemacht werden für dies Kino, das die Leute nicht mehr sehen wollen, oder nur mehr eine Minderheit, die, altersbedingt, modisch wechselt.

188

PARSIFAL in B., Frankreich. Trotz größter Kritik im Lande und am Ort, 34 Personen am Abend eines Feiertags im Kino. Ich höre, zu leise und sonstige technische Fehler.

Das Herausbringen der Filme, auch der neu angelaufenen Filme in Frankreich auf Video, vom Staat verboten. Raubkopien werden rollenweise in vorgefahrenen Lastwagen noch am Abend der Premiere am Stadtrand und in den Vororten hergestellt. Ein guter Markt. Wie viel intelligenter wäre eine große Premiere in großen Sälen, mit Sorgfalt für die Menschen verschiedensten Interesses, allerdings wohl mit anderen Filmen auch als üblich, mit der Unterstützung von Zeitungen, Radio, Fernsehen, als Treffen der Leute und Möglichkeit der Feier ihres Lebens, dort wo man zusammenkommt eben, und gleichzeitig private Videokopien zum Mitnehmen, wie Bücher oder Schallplatten am Ende des Theaters und Konzerts. Bei uns sitzen in den Gremien die zukunftsfeindlichen Kinobesitzer, am Besitzstand der Reaktion, wie Reaktionäre nun neben den akademisch gleichgesinnten, sogenannten Fachleuten des Establishments aus den Zeitungen und den sogenannten unbefangenen Kollegen in den Filmausschüssen, die über die nächsten Filmproduktionen entscheiden sollen und verlängern, was den Untergang des Kinos endlich wohl rasant befördern wird.

189

Im Fernsehen: der Gewerkschaftsboß der DAG prophezeit 2 Millionen Arbeitslose allein auf seinem Gebiet. Und man sieht sie sitzen, die Sekretärinnen der Zukunft, an den elektronischen Videoschirmen mit Augenschmerzen, Kopfweh, Ruinen des menschlichen Fortschritts, und gierig festhaltend, sich krallend an die Inseln des Arbeitsplatzes gegenüber den nachdrängenden, herumirrenden Arbeitslosen überall. Und in den gleichen Nachrichten hörte man, wie die Japaner die Firma Grundig zwingen zu verkaufen, weil sie immer billigere Ware liefern. So einfach ist das alles. Und so lange sie nicht einen neuen Begriff der Arbeit schaffen, das Recht auf Arbeit definieren, nicht nur als Recht auf Gelderwerb, werden wir noch lange im 19. Jahrhundert bleiben, noch wenn das 21. längst begonnen hat, sofern wir es dann noch erleben.

190

Die Aufklärungsgeneration in Deutschland. Fassbinder: Man lese Kurt Raab, Ursula Strätz, Peter Chatel, Harry Baer und viele andere aus dem Kreise seiner Familie. Das ist nun ihr Mann. Und man nehme Z., ihren großen »Aufklärungsarbeiter« in

Sachen RW. Seine Beschuldigung öffentlich nun dreimal als Schwindel entlarvt, und alle konnten teilnehmen als Zuschauer der großen Fernsehdiskussion zu RW von 3 Stunden, lächerlich erledigt. Und wieder in der Zeitung, deklariert als messerscharf formulierend und Aufklärungsarbeit leistend (*AZ*, München, *Profil*, Wien). Ein Mann, der nichts sieht, nichts hört, nichts liest, bevor er denunziert. Eine Generation armer Mitläufer, eingeschüchtert, den Faschismusfluch hinter sich herziehend, verraten, reingelegt, welche Lust, ihr Gegner zu sein. Fast schon nicht mehr.

191

HOLOCAUST erneut auf dem Fernsehschirm. Bericht der Tochter aus der Schule unter den 15jährigen: »Toll!« Wie DALLAS eine Woche zuvor und die nächste Woche danach wieder. Auschwitz ist eingeebnet in den Alltag des Medien-Konsums. Nur noch die Väter benehmen sich seltsam hysterisch.

192

Wien. Im Hotel die Zimmermädchen aus der Tschechoslowakei. Der Boy kommt aus Ungarn. Bei Freunden arbeitet in der Küche die Polin. Befreiung vom Joch der österreichischen Monarchie erweist sich darin, daß die Befreiten nun nichts mehr ersehnen, als ihren Befreiern zu entkommen und unterste Dienste bei den Unterdrückern annehmen zu dürfen, um sich von den Funktionären der Befreier zu befreien.

193

Früher hieß es »am Pranger stehen«, wenn man jemanden für seine erwiesene oder vielleicht nicht einmal erwiesene Untat öffentlich auf dem Marktplatz den Blicken der Stadtbewohner und Nachbarn aussetzte. Es waren die Bewohner der Stadt, und es war uns wohl derjenige am sympathischsten, der es nicht geduldig über sich ergehen ließ, sondern wie Prometheus versuchte, seinen Widerstand durch Wut, offen gezeigte, zu sublimieren, anstatt, angepaßt, die Schmach über sich ergehen zu lassen. Wir haben gelernt, daß es Mittelalter war, finsteres Mittelalter. Heute, wer nicht genehm ist, liest sich denunziert und diffamiert in den Zeitungen des Landes, öffentlich bloßgestellt vor jedermann, und nicht nur den Bewohnern des Marktes, vor Hunderttausenden und Millionen angespuckt. Und wehe dem, der sich wehrt. Und wir nennen es Demokratie, die aufgeklärte, helle, wo analysiert wird, aufgezeigt und diskutiert.

194

Es gibt Herzensbücher, die nicht gelesen werden, auf dem Nachttisch, und immer mit sich herumgetragen, geliebteste Musik in unseren Regalen und überall angeboten, die nicht gehört wird. Und es gibt wohl heilige Filme, die nicht angeschaut werden, und Liebe, die man sich nicht getraut oder gestattet, um weiterleben zu können.

Wer Angst hat, darf sich nicht erlauben, was er eigentlich will. Muß Gefahren meiden, die vom Erwünschten, sorgsam oder unbewußt Vermiedenen, schon lange Verratenen und brüsk Abgelehnten ausgehen. Verdrängt, gepanzert und verloren. Es entsteht Aggression wohl zuweilen, gerade gegen das besonders Nahe, oder Langeweile, was noch gar nicht Desinteresse heißt, in komplizierten Riten der Abwehr entwickelt. Und wenn gerade Freunde, die alten und lieben, plötzlich ausbleiben, ist es vielleicht zu ihrem besonderen Schutz, der sie lieber zu den schicken Dingen und schnellen des Lebens treibt. Und da ist der authentische Zeittypus, der nicht identisch ist mit sich als Voraussetzung seines Lebens. Authentisch mit der Zeit, die nicht identische Menschen braucht, Menschen ohne ihr wahres Wollen, Leben und Lieben.

Noch nie war eine Zeit so allgemein voller Lügen, wie die demokratische nach der Befreiung von Glauben, Gott, Kirchenzeremonien und der Aufgabe der selbstgegebenen Könige, befreit von inneren Gesetzen und Forderungen der Kunst. Eine Zeit, die das Miese fördert und es nicht gewollt hat, und nun das Bequeme sucht, das leicht Zugängliche, das Zerrbild der eigentlichen Wünsche in der Unterdrückung der selbstgeschaffenen Zwänge. Ein Höllensystem der Durchschnittstypen, mit nivellierenden Einheitsformen bis zur Freiheit der Selbstzerstörung durch gnadenlose Einsamkeit in der Brutalität gegen sich und alles.

195

In Luxemburg wird jetzt eine deutsche Filmwoche gemacht. Mit TAXI ZUM KLO und TAG DER IDIOTEN wird auch der PARSIFAL laufen. TAXI ZUM KLO ist einer der erfolgreichsten Filme Deutschlands in Amerika. Das Schwulen-Epos aus Berlin. Und in Cannes lief TAG DER IDIOTEN als deutscher Beitrag im Wettbewerb. Das Schroetersche Irrenhaus.

196

Die Musik hat die Eigenschaft, ambivalent, doppel- und vieldeutig zu sein. Schon die Komponisten verwendeten dieselben Töne oft in der Kirche, im Theater und bei Hof gleichermaßen. Das gibt dem fremden Benutzer Verantwortung auf. Wer in Eindeutigkeiten einengt, vergeht sich in seinem oder irgendeines anderen Interesse an ihr. Ihren Deutungswert bekommt sie aus dem Kontext. Selbst das Große kann neben dem Kleinen und in der Hand der Miesen beschädigt werden. Und Ambivalenz heißt hier die höhere Gerechtigkeit gegenüber der Welt oder einem Universum, wo eine These gleich von ihrer Antithese im Gleichgewicht gehalten wird. Wenn man nun Richard Wagners irrationale Ambivalenz der Töne durch Bilder ergänzt, wird man ihm am adäquatesten, wenn auch die Bilder eine nicht einengende Ambivalenz haben, und nur beim Film, im Gegensatz zur Bühne, wo inszeniert wird, spricht man von Ton und Bild. Diese sich ergänzende Ambivalenz der Bilder und Töne lebt im günstigen Fall in getreuer und aufregender Symbiose oder in Haßliebe der Kontrastierung zu einem höheren Endzweck, oder sie stirbt in einem blödelnden Chaos der kabarettistischen Anarchie eines aktuellen, eitlen und schicken Zeitgeschmacks. Ergänzen sie sich geschickt aus dem Grunde der geforderten Seele, jener Strenge, die Logik unserer Sinne zu aktivieren, daß Geist und Gefühl zu seltener Einheit geführt werden, wenigstens für eine Weile, die wir dieser Existenz unserer Erfüllung zuzumessen getrauen, entsteht Transzendenz, das Hinübergehen über die Grenze. Die Transzendenz lebt von diesem Geheimnis, die immer auch nur Annäherung sein kann, selbst das Überschreiten der Grenze unserer Existenz für kurze Momente an das eigentlich Gewollte und wofür wir leben. Darum sind Kunst und Religion sich so verwandt, sie dienen demselben Gott auf verschiedene Weise.

197

Nun treten auch schon heftig agitierende Z.-Schüler auf. Mit viel Papier und Büchern spielen sie die Karikatur des Anti-Wagnerianers und statistischen Anti-Faschisten in der Figur eines beckmesserischen Selbstbewältigers. Kundry, erklärte dieser Schüler eines *Spiegel*-Z.s. vereinfachend, sei doch ganz einfach das Flintenweib aus der Phantasie der reaktionären Freicorps à la Theweleit. Da sieht man, welche Früchte da herauskommen. Das Erbe Hitlers ohne Scham und Nutzen. Es gäbe keine jüdischen Z.s. Denn immer wieder gefragt, ob denn dieser Z. eigentlich Jude sei, weil gegen Wagner auf diese Weise, da kann nur gesagt werden: im Gegenteil. Man kann getrost sagen, ganz im Gegenteil. So sicher, wie er im *Spiegel* dieses Nachkriegs-Deutschlands geboren wurde.

198

Nun hören wir von immer mehr Arbeitslosen, aber nicht, daß es den Arbeitenden schlechter geht. Sie fahren weiter ihre Autos, kaufen ein für Weihnachten, wie immer planen sie für den teurer werdenden Urlaub, und man sieht ihre lachenden Gesichter auf allen Reklamen. Seltsamer Sozialismus und seltsames Christentum aller Gewerkschaftler und Politiker zusammen, die uns den Verlust alter Gemeinschaften ersetzen wollen, die Gemeinschaften von Familie, Haus und Hof, die Werkstätten und Küchen der Nation und ganzer Länder. Wenn einem ein Pech zustößt, unverschuldet meist, so haben wir gelernt und so lehren sie uns wohl noch immer, würde es da nicht beste Solidarität in ihrem Sinne bedeuten, wie in alter Christlichkeit, daß alle helfen, alle etwas abgeben, zusammen weniger haben oder bekommen. Selbst in gut funktionierenden kriminellen Vereinigungen würde man so handeln und dem etwas abgeben, dem Unglück zustieß.

199

Sie werden sagen: Arbeitslosenunterstützung, und es klingt wie Hohn, wenn sie nun nach dem anonymen Almosen greifen, das früher noch gegeben wurde, vor der Kirche wenigstens mit warmer Hand. Wie wäre es, wenn jeder, der entlassen würde, in seiner Gruppe der Familie der Arbeitenden in den Fabriken und Werkstätten gleiche Rechte behielte wie die anderen, die dann weniger verdienten, alle zusammen, solange, bis wieder Ordnung geschaffen ist auf dem alten Niveau, oder eben einem neuen. Und das muß bei weniger Geld in dieser Reaktion nicht einmal einen Verlust bedeuten. Aber weniger Geld für alle, sagen sie, wäre weniger Kaufkraft, die uns aus der Misere hilft. Also wenige, die viel konsumieren...? Nicht schon mal gehabt?

200

Warum sind die Kinder der Jahre um 45 geboren so wenig als Geschädigte von Kälte, Hunger, Angst, Bomben, Flucht, Morden, Vergewaltigung, Erniedrigung zu erkennen? Es heißt, die mütterliche Wärme hätte das wieder gutgemacht. Also immer noch mehr wert als Wohlstand bei gleichzeitiger Kälte der

Herzen um sie heute, mit Partnerwechsel, der Freiheit unseres Egoismus bis in die bösen Wände der bequemen Nachkriegshäuser unseres Fortschritts? Und die Küchen der Jahre vor 100 oder 200 Jahren? Die warmen Stuben der großen Herzen einer Familie, von Herrschaft bis Knecht unter einem Dach? Man sagt uns heute gern, es wären alle Unterdrückte, Geschlagene gewesen und vielleicht nur, um es uns erträglich zu machen, unseren Fortschritt heute, dem wir nicht entkommen. Nur manchmal schaut die Lüge durch, und wie eine Kinderfrage naiv klingt es von den Aussteigern und Alternativen, verzweifelt die Erkenntnis, ungeordnet, aber wie Trieb. Was wäre, wenn alles nur Selbstmord wäre heute. Finsterstes Babylon eines langen Zuges in den Abgrund.

201

Lese von DDT, das, nachdem es hier verboten, in die Entwicklungsländer exportiert wird und wieder zurückkommt als Futtermittel im Fleisch der Tiere zu uns, bis in den Fötus vor der Geburt sind wir schon zum Gifttod verurteilt. Die Rache der Natur ist sublim. Die feinnervigen Tiere unserer Zoos, wo sie die Wildheit unserer Erde gefangen halten, verweigern die Nahrung unserer Wochenmärkte schon lange.

202

Nach Agfa und Rollei und AEG, jüngst die alte, stolze Stahlindustrie, nun auch Grundig am Ende. Grundig nun auch schon, die Nachkriegsgründung. Und Krupp ist schon lange her. Dafür haben wir neue Gründungen nach dem Kriege, wie *Spiegel*, *Süddeutsche Zeitung*, *Zeit*, *Bild*, *Bunte* ...

203

Der Spiegel, Nachrichtenblatt und Monopolist, ist die einzige Zeitung, die die Nachricht ablehnt, von PARSIFAL auf Video und in den Opernhäusern nun der Welt und Deutschlands zu berichten. Was die anderen, die persönlich informierten, in persönlicher Initiative, berichten werden – so die *FAZ*, so *Die Zeit*, *Stern*, *Abendzeitung* und vielleicht sogar die *SZ* –, das kann der *Spiegel*, selbst nach anfänglichem Interesse des Einzelredakteurs, nach gemeinsamer Beratung nicht akzeptieren, und es wird zum typischen Fall durch Verstrickung des Hauses in Verleihgeschäfte ihres Inhabers und somit Konkurrenten (Filmverlag) und durch die Teilnahme zweier Chefs aus der Kulturabteilung in den Bonner Gremien, die diesen Film schon als Kinoprodukt ablehnten und die nun sehen müssen, wie er trotzdem entstand und mit welchem Gewinn. Natürlich müssen sie die Information verweigern. Freiheit der Presse?

204

Alles Unglück kommt von der vereinheitlichenden Front der statistischen Mittelmäßigkeit ihrer eigenen Welt. Das Mittelalter sind entweder die Kathedralen oder Hexenverbrennungen. Die Kunst Richard Wagners ist entweder sein privates Leben oder Parsifal-Heroisierung. Das Dritte Reich entweder SS oder die Ufa-Operette mit Hans Moser und Zarah Leander. Daß der Mensch voller, gewaltiger und unheimlicher ist, geht über die Uniformität ihrer Durchschnittslehren. Viele Seelen wohnen in der Brust des Menschen. In den meisten keine mehr. Wie sollen sie in denen der anderen noch eine erkennen, geschweige denn mehrere.

Eine Bilanz der PARSIFAL-*Aufführungen*

205

Nach den ersten Aufführungen des PARSIFAL-Films in Deutschland und einigen Plätzen anderer Länder (Frankreich, Italien, Spanien, Amerika) ergeben sich ein paar interessante Erkenntnisse zur Kino-Situation und Kultur, zum heutigen Publikum sowie zur Autorenschaft von Film überhaupt. Angeboten waren meistens verschiedene Grenzsituationen der Präsentation eines *Parsifal* in unserer Zeit und auf Film. Die Prüfung, die dieser PARSIFAL bei seiner öffentlichen Welturaufführung in Cannes im Mai zu bestehen hatte, hieß, ob es gelingen würde, seine Unschuld und Verrücktheit auch in dieser Zeit im Widerstand und seinen Entzug von der fließbandähnlichen Konsumation fast aller Dinge heute, die uns lieb sind oder wichtig, zu erhalten. Es war mit einigen Mühen möglich, diesen PARSIFAL dem geöffneten und unwillig knurrenden Rachen seines mitproduzierenden Großverleihs in Frankreich erfolgreich zu entreißen und damit die erste Bedingung und die damit verbundenen Regeln für seinen Erfolg als Special Event anzubieten. Immer da, wo der Film in der Folge in einem normalen Kino um die Ecke oder im Fließbandsystem der Warenkinos auftauchte (Frankreich: Paris und Provinz), war er ökonomisch zumindest und auch in seiner öffentlichen Erscheinung beschädigt oder erfolglos. Wie schon zuvor bei den vorigen Filmen, mußte beobachtet werden, daß das Kino nach seinen letzten Entwicklungen ungeeignet ist, ein Publikum besonderer Interessen und verschiedenster Herkunft in das Getto der minderjährigen Minderheit zu locken. Wenn das so ist, wäre die logische Frage der Verantwortlichen, warum das so ist, und wie man das ändert, was Filme wie diese im Kino verhindert. In Deutschland wurde der Film in Kassel zur *Documenta* uraufgeführt in Verbindung mit vier PARSIFAL-Räumen innerhalb der parallel-laufenden Kunstausstellung, die den Film und seine Ideen paraphrasierten. Die Einladungen zur Vorstellung am Vorabend zur Eröffnung der internationalen

Ausstellung erfolgten durch persönliche Briefe nach der Liste des *Documenta*-Büros und weltweit. Die Rezeption der Tagespresse am Ort war freundlich und darüber hinaus eher provinziell, um es im Vergleich zu den deutschen Premieren anderer Filme milde auszudrücken. Eine Diskussion zu der in der *Documenta* gezeigten Ausstellung gab es in Deutschland nicht, nur eine Konfrontation im amerikanischen *Art Forum* (September-Nummer und Dezember 1982), mit wütenden Angriffen der deutschen Journalisten, wie üblich, ohne Argumente – gegenüber einer langen Beschreibung und sehr positiven Bewertungen innerhalb des Marktes der Kunst von amerikanischer Seite. Die großen Ausstellungsstücke des Films wurden nach Ende der *Documenta* eingeladen ins *Institute of Modern Art* in Boston und als Dauerleihgabe nach Paris, ins Museum der *Cinémathèque*.

Der Film wurde weiter in Kassel gezeigt, während der 100 Tage der Ausstellung, jedes Wochenende einmal zur Mitternacht, Einnahmen brutto = netto: 11 000 DM für den Produzenten und Verleiher. Auf Werbung wurde, wie in allen anderen Fällen, verzichtet.

Der zweite Aufführungsort in Deutschland war Bayreuth, beginnend mit dem 100-Jahr-Jubiläum des *PARSIFAL*, am selben Tage, vormittags, zur Jubiläumsaufführung im Festspielhaus. Die deutsche Tagespresse reagierte nach den Regeln des Establishments im Sinne des Weihebonus der Bühne, indem man sich dem Vergleich der beiden Medien nicht aussetzte. Dort, wo an versteckten Stellen dieser Vergleich gemacht wurde (NDR/Radio, *Theater heute*/Oktober-Nummer, *Böblinger Tagesblatt* und *Frankfurter Rundschau*) führte das zu dem Urteil der *Basler Zeitung:* »Dem Musikkritiker der *Frankfurter Rundschau* erschien die Festspielaufführung gar als ein fader Nachschlag.«

Die Einladungen zur ersten Aufführung wurden nach mühsam festgestellten Adressen wichtiger Festspielgäste und Journalisten persönlich an über 500 Adressen gesandt, in Deutschland und im Ausland. In Bayreuth lief der Film an zehn Tagen mit ca. 12 000 DM brutto = netto für den Verleih und Produzenten, während der gesamten Festspielzeit an den spielfreien Tagen innerhalb von fünf Wochen.

Die erste Aufführung des Films in vergleichbarer normaler Kinosituation geschah in München nach dem Sommer (17. September, im Neuen Arri). Wie immer ohne Werbung, aber auch ohne eine einzige Filmkritik zum Premierentag und ohne Erwähnung in den zweimal wöchentlich erscheinenden Filmtips der *Süddeutschen Zeitung* während seiner Laufzeit (verantwortlich für diese Filmtips: HGP aus dem Bonner Filmausschuß, der den Film ablehnte). Aber mit einer einzigen Musik-Notiz am Premierentag in der *Münchner Abendzeitung*, jener bösesten und einzigen Abwertung der Musikaufnahme dieses Films, die bisher weltweit entdeckt wurde als das Beste, was es augenblicklich zu vergleichen auf dem Markt gibt. *AZ*-Überschrift: »Sybergs PARSIFAL lieber nicht«, »Stern der Woche« in der *Abendzeitung*: DIE WEISSE ROSE, QUERELLE, am selben Tag gestartet, 40 Grad. Im Kulturmagazin des Bayerischen Rundfunks am Wochenende des Filmstarts ein Gespräch mit dem Musikmann der *Süddeutschen Zeitung* zu DR. FAUSTUS, der gar nicht anlief.

Zur Kino-Premiere des Films nun auch in Deutschland kein Kino-Ratschlag im Fernsehen und ohne üblichen Filmhinweis in der *Zeit* oder dergleichen.

Zur auf drei Tage limitierten Berlinaufführung des PARSIFAL (Hommage für Edith Clever) gab es in der Presse des Ortes große Freude zum ELEKTRA-Film von Götz Friedrich (Stuckenschmidt, *FAZ*), wo die *Elektra* unter Anwesenheit des Oberbürgermeisters und anderer Offizieller als neue Erfindung für das Medium Film und Oper gepriesen wurde (Produzent wiederum Beta/Iduna), von einem Kritiker, der diesen PARSIFAL weder in Berlin noch in Bayreuth gesehen hat. Der im *Tagesspiegel* erscheinende Text zum PARSIFAL, läppisch und banal, machte Berlin zur tiefsten Provinz, verglichen mit Rom und Barcelona, am Rande seines Ursprungslandes. Der im *Tagesspiegel* für Film zuständige Journalist war im Bonner Ausschuß, der den Film ablehnte. Alle Berliner Aufführungen waren nicht nur ausverkauft, schon zwei Stunden vor Saalöffnung, nach stundenlangen Schlangen, es wurden nächtliche Spätvorstellungen von Mitternacht bis Sonnenaufgang nötig. Trotz mangelnder Tagespresse und ohne Werbung. In Berlin für den Produzenten/Verleih 5000 DM brutto = netto.

In München nach zögerndem Anfang mit dreiviertel, halb und ein Drittel leerem Haus, nahmen die Zuschauer zu, bis zu vollem Haus am Ende, insgesamt etwa 21 000 DM in limitierter Aufführungszeit von zwei Wochen. Der Film wird anschließend bis auf weiteres jeden Sonntag in der Matinee gezeigt, vor erfreulich interessiertem Publikum.

Es fehlten bis 8. November unter den vielen von Richard Wagner lebenden Buchautoren, Wissenschaftlern und Hauptkritikern Joachim Kaiser (Professor, *Süddeutsche Zeitung*), Peter Wapnewski (Professor, *Der traurige Gott*, C. H. Beck), Dahlhaus (Professor, Herausgeber des Wagnerischen Gesamtwerks), Wolfgang Wagner, Götz Friedrich (der Regisseur der Jahrhundertinszenierung in Bayreuth).

Und Dr. Hartmut Zelinsky; wobei Zelinsky noch zum besonderen Fall werden konnte, da er den Autor des PARSIFAL in die Nachfolgeschaft des gerade mit Auschwitz belasteten Richard Wagner brachte, ohne den Film gesehen zu haben und das dazu gehörige Buch zu lesen (im *Spiegel*, aus dessen Redaktion im Bonner Filmausschuß zwei Kulturredakteure diesen PARSIFAL abgelehnt hatten). Die wissenschaftliche Sorgfalt auch dieses Universitätsmannes aus der jüngeren Generation läßt durchaus schließen auf die Unzuständigkeit und Inkompetenz auch in Sachen Wagner.

Als Fazit im Vergleich mit den Aufführungen im Circo Massimo in Rom am 27. und 28. August vor 8000 Personen und in Barcelona am 10. Oktober in einer einmaligen Aufführung des dortigen Opernhauses vor 2–3000 ausverkauften Plätzen mit Schwarzmarktpreisen von 100 DM und jenen Erfahrungen in Frankreich. Nach Abrechnung des französischen Ausschnittdienstes 800 PARSIFAL-Artikel und -Kritiken seit Produktionsbeginn bis heute, 50 Artikel zu den zwei Aufführungstagen in

Rom aus der italienischen Presse und an die zwei Dutzend Artikel an einem Aufführungstag in Barcelona, läßt sich sagen, je größer das Haus und die Tradition des Ortes, um so größer das Interesse und auch das ökonomische Resultat. Denn diejenigen, die nicht ins Kino gehen, sind die Mehrheit, und das heutige Kino ist eine todesanfällige Mono-Struktur schnell wachsender und vergehender Moden. Mehr Filme dieser Art an Plätzen vorgeführt, an die man sich gewöhnt, würden hier helfen. Mit Vorsicht und großem Einsatz ist es sogar möglich, unter Beobachtung ökonomischer Erfolge, hier Ergebnisse zu erreichen, die anderen Kollegen mit vergleichbaren Filmen kaum möglich sein dürften, immer im Vergleich Ausgaben-Einnahmen des Vertriebsunternehmens. Es gibt im Augenblick für Filme dieser Art keine ökonomische und geistig wirkungsvollere Methode, ehrlich zu arbeiten. Nirgendwo geht der Film schlechter als in Kinos üblicher Art.

Nirgends wurden Pressevorführungen gemacht, und die Eintrittskarten betrugen an jedem Ort das Dreifache des ortsüblichen Kinopreises wegen Überlänge des Films. So läßt sich zusammenfassend auch in Zahlen sagen: Die Einnahmen aus Deutschland betrugen aus Kassel, Bayreuth, München und Berlin, in den jeweils limitierten und speziellen Aufführungen, ohne Werbeetat, insgesamt ca. 50 000 DM für den Verleiher und Produzenten. Die Einnahmen aus Barcelona an einem Abend ca. 15 000 DM für den Verleih/Produzenten Gaumont und aus der römischen Aufführung 8000 x 5000 Lire = 60 000 DM. Die viermonatige Aufführung des Films in Paris brachte eine Eintrittsziffer von ca. 20 000 Besuchern, im Vergleich zum gleichen Zeitraum DON GIOVANNI 270 000, wobei zu bemerken ist, daß nach Bekenntnissen des Verleihs Gaumont für DON GIOVANNI das gleiche Geld für die Werbung aufgewendet wie eingenommen wurde.

Ich habe eine besondere Auswertung des PARSIFAL-Films in eigener Initiative existenzbedingend nicht nur für diesen Film gehalten. Meine letzten Erfahrungen mit einem normalen Verleih gingen auf das Jahr 1974 bei der Columbia zurück, wo der

KARL MAY für die Kinos ausgewertet wurde. Das Ergebnis waren hohe Ausgaben für Kopien, Werbung und Verleihspesen. Die von der FFA erteilte Subvention konnte diese Kosten nicht abdecken, an die Produktion fiel nichts. Das führte zur Übernahme der Vertriebsinteressen in die eigene Initiative bei den nächsten Filmen WINIFRED WAGNER und HITLER, die beide zum erstenmal seit meiner Arbeit mit Filmen zu Rückflüssen führte (HITLER, eine Kopie, ein Jahr, 100 000 DM). Das geschah ohne Werbung und teilweise mit Garantiezahlungen (1000 DM je Einsatztag im voraus). Die Firma Gaumont in Paris klagt nun über Verluste vom PARSIFAL-Filmeinsatz in Paris (vier Monate, und in der Provinz), weil wieder nach altem Fließbandschema der routinierten Industrie verfahren wird, das – für Filme dieser Art – ökonomisch nur zum Desaster führen muß. Alle haben daran verdient, nur nicht der Produzent, und die Werbung dieser Art beschädigt ein zartes, lärmfeindliches Produkt bis zur Zerstörung seines Images.

Und noch ein Fazit läßt sich ziehen – im Vergleich der großen erfolgreichen Special Events zu den unrentablen kleinen und lang sich hinziehenden und unökonomischen Kinobedingungen –: Nämlich, daß das kleine Arsenal in Berlin mit 140 Plätzen die größte Ausbeute inklusive Einfügung der Mitternachtsvorstellung bis frühmorgens brachte, durch eine spezielle über Jahre hin sich auswirkende Kinokultur mit einem großen Stamm von monatlich informierten Anhängern dieses Kinos und der hinzukommenden Aufmerksamkeit und Treue gegenüber der Zuverlässigkeit dieses Programms. Wenn diese Treue und Zuverlässigkeit im Bezug zur Qualität und Avantgarde des Films kombiniert werden könnte mit großen Häusern, wäre es das Zukunftsmodell für ein Kino und einen Film der Zukunft, in Verbindung mit Video und ähnlichem.

Die übliche Methode einer ökonomischen Bilanz ist trügerisch, wenn von Eintrittsziffern gesprochen wird, indem es ablenkt von den unverantwortlich großen Werbeetats auf Kosten der Rückflüsse in die Produktionskasse und das oft sogar mit Hilfe öffentlicher Gelder, was oft wenigstens moralisch dem

Subventionsbetrug nahekommt, im Sinne einer öffentlich subventionierten Selbstdarstellung. Es sollte daher in ökonomischen Bilanzen wie bei der Produktion danach gefragt werden, wie hoch die Leistungen der Phantasie waren, um großen Aufwand zu verhindern, um ein Maximum an Wirkung zu erreichen.

Die Organisation zur Vorführung eines solchen Films braucht Phantasien und Energien wie das Herstellen der Produktion. Es füllt die Zeit zwischen den Filmproduktionen und hilft, das notwendige Budget für die Zwischenphasen der Filmproduktionen, für Sekretärin und Verwaltung zur Vorbereitung neuer Projekte und des Archivs, für die Retrospektiven zu erhalten, und verschafft Übersicht und Kenntnis für die Situation des Films und der Kultur, Geschichte überhaupt in dieser Gesellschaft – durch jene eben grenzüberschreitenden Versuche, in denen Filme dieser Art eventuell zu einem Kino der Zukunft führen können oder zu anderen Verwertungstechniken dessen, was bisher im Kino und Fernsehen allein sich vollzog. Die von uns in den Kinos in Kassel, Bayreuth und München ausgelegten Proskriptionszettel für eine Video-Auflage des PARSIFAL führten zu so vielen Bestellungen, daß uns nun die Produktion einer Video-Ausgabe des PARSIFAL zum 100-Jahres-Jubiläum 1983 des Richard-Wagner-Todes in allen drei Systemen des Marktes möglich wird.

Die bisherigen Videobestellungen im Subskriptionsverfahren wurden, wie das Kino, ohne Werbung organisiert, in der Weise, daß an den jeweiligen Kinokassen in Kassel, Bayreuth, München und Berlin die Bestellzettel auslagen. Das heißt, fast ausschließlich wurden alle Bestellungen aufgegeben nach Besuch des Films in einer öffentlichen Kinoprojektion, was beweist, daß die Projektion des Films dem Erwerb einer Kopie des Films nicht hinderlich ist und umgekehrt.

Aus Gründen des ökonomischen Vergleichs wurden kaum Einladungen und Ehrenkarten vergeben, keine Pressevorführungen organisiert, nicht durch Werbung und deren geringere oder größere Macht und dadurch Wettbewerbsverzerrung ein falsches Bild erzeugt. Die Karten aber wurden mit 20 DM und 12 DM für Studenten, wenn nicht ausverkauft, so hoch angesetzt, daß hier nicht der Eindruck entstand, es werde durch private oder öffentliche Subventionen Selbstverwirklichung öffentlich oder privat finanziert; aus dem gleichen Grunde wurde auch abgesehen von einem Antrag auf öffentliche Vertriebsförderung wie sonst üblich.

Trotz größerem und überdimensionalem Interesse der Medien auch in Deutschland war auffällig, daß die lokale Tagespresse selbst überregionaler Zeitungen am jeweiligen Aufführungsabend, bedingt durch hinderliche Kommissions- und Gremienverfilzung oder sonstige Probleme, eine öffentliche Diskussion zum Zeitpunkt der Aufführung unterließ. Was als Diskussionsanlaß in Tageszeitungen aktuell nicht berührt wird, hat kaum eine öffentliche Chance.

Der Film lief wie als Geheimtip in Deutschland vor dem mir interessantesten und wichtigsten Publikum, das sich den Weg suchen mußte, um ihn zu finden. Diese Dissidenten-Situation konnte dem Geist dieses Sujets nur nützlich sein. Und das anhaltende und eher zunehmende Interesse am Ende der Laufzeit in München, bei dann vollem Haus, zeugt für die gute Wirkung des Films. Trotzdem wurde die angekündigte Limitierung (also keine Verlängerung) beibehalten und auf die hoffentlich langzeitig anhaltenden Matinee-Vorstellungen verwiesen. Durch die Beschränkung des Films zunächst auf ein Kino des Landes Bayern, das diesen Film allein in Deutschland unterstützte, konnte eine Sammlung von Unterschriften geschehen durch Aushang in München und Berlin auf ca. einem Dutzend DIN-A-4-Blättern zu ca. 50 bis 100 Unterschriften auf einem Blatt und zahlreichen Briefen und ca. 150 Zeitungsausschnitten, alle mit dem Zweck, den Bonner Filmverantwortlichen im Innenministerium endlich dazu zu bewegen, die bisherige Gremien-Zusammensetzung aufzulösen zugunsten einer demokratischen Form, die in Zukunft Filme dieser Art und solcher Autoren nicht zwangsläufig ausschließt.

Die Verfilzung der Mitglieder dieser Gremien in der Tagespresse unserer Aufführungsorte hat gezeigt, wie nachteilig sich das auch nachher auf die Filme und deren Besuch auswirken muß (siehe Münchner *SZ*, Hamburger *Spiegel*, Berliner *Tagesspiegel*) und wie infolgedessen Diskussionen zum Tage in den öffentlichen Medien des Ortes nicht mehr stattfinden und damit öffentliches Leben abgetötet und in den Untergrund gedrängt wird.

Noch einmal muß gesagt werden, daß eine Filmkritik von einem der bekannten Filmkritiker bisher zu diesem Film fehlt. Die großen Kritiker der Feuilletons, zuständig für Musik, Theater, Literatur, haben bis heute geschwiegen (Ausnahme Herbort, *Zeit*, Kesting, *Stern*, W. Schreiber, *SZ*, statt J. K.).

Das den Film begleitende *Parsifal*-Buch wurde von keiner Kritik ernstgenommen als Dokument eigener Notwendigkeit, weit über diesen Film hinaus.

206

1. Die etablierten Verleihe sind unfähig, mit den üblichen Methoden Filme dieser besonderen Struktur und Qualität zu organisieren.
2. Jeder Ort ist besser geeignet, ein interessiertes Publikum zu finden als das Kino der heutigen Struktur.
3. Rezeptionsverweigerung in Tageszeitungen durch Gremienmitgliederverfilzung, und in diesem Fall Boykott der Wagnerianer aus Universität und Feuilleton (s. Filmkritik seit Jahren, Kapitel Establishment).
4. Große Plätze, große Säle mit vielen Plätzen sind günstiger als kleinere. Groß und einmal, statt kleine und lange Laufzeiten. Individualität gegen Fließbandmethode.
5. Video-Ausgabe zur gleichen Zeit schadet Kinobesuch oder Projektion in großen Räumen und öffentlichen Vorführungen nicht. Im Gegenteil, wer die Vorstellung besucht, bestellt auch, wenn es gefällt, das gleiche für zu Hause.
6. Hohe Eintrittspreise, sorgfältig gemachte und rare Vorführungen, Situation des Suchens und Findens ohne Reklame schaden nicht – nützen auf Dauer, wenn der Film es trägt.

7. Das handwerklich, individuell Gemachte, Angebotene und Durchgesetzte muß der Qualität des Hergestellten entsprechen. Die geistigen Ressourcen, das Rezeptionsinteresse kann auch aus dem Alltag eines jeden aktiviert werden.

Alles das braucht Zeit. Der Wert muß dem Aufwand entsprechen.

8. Das Vorführen des Films braucht soviel Energie und Phantasie wie das Machen.

9. Jeder Platz dieser Special Events braucht seine eigene Idee.

10. Die Special Events werden durch ihr Gegenteil, das individuelle Video-Angebot, ergänzt.

207

Zehn Thesen und Fragen zu Richard Wagner und Bayreuth in Deutschland anläßlich seines hundertjährigen Todestages. Von jemandem, der vor fünf Jahren in seinem HITLER-Film gesagt: »Die Musik ist mit Blut geschrieben. Und Blut zieht den Teufel an.« Wenn es nicht Herzblut ist und von jemandem, in dessen Gralskugel, am Ende seines PARSIFAL, aus dem Baum des Labyrinths langsam das Bayreuther Festspielhaus wächst, inmitten einer vereisten Bosch-Landschaft, also nicht eines Gegners, im Gegenteil, und auch nicht von einem, der passiv teilnimmt als Zuschauer oder aktiv als Mittäter, sondern eher konkurrierend am gleichen Ort zum Jubiläum des hundertsten *PARSIFAL*, alle Abgründe sehend und akzeptierend und eine Lösung anbot, die wie Erlösung aussehen könnte. Wenn nicht die *Spiegel*-Zelinskys an der Macht wären, sie spucken in den Gral, und das ist der Mensch.

1. Es stellt sich die Frage, ob nicht der heutige Ruf Bayreuths ein ungerechtfertigtes Ausruhen auf dem Erbe Richard Wagners ist, bis Wieland, seinen Enkel, und das bis Chéreau reicht, und ob nicht auch dieser eher von Boulez empfohlen und der wieder noch von Wielands Aktivitäten stammte. Es stellt sich also die Frage nach dem Zustand Bayreuths heute, nach Chéreau. Ganz ohne Zweifel hat das Festspielhaus Richard Wagners auf legitime

Weise nach 100jährigem Bestehen einen Weihebonus und dadurch einen Vorteil gegenüber allen anderen, ähnlich dem etablierten Kanzler mit seinem Kanzlerbonus gegenüber den neu sich Bewerbenden der Opposition aus der Reihe der Emporkömmlinge. Und dieser Weihebonus bezieht sich nicht nur auf gesellschaftliche und technische Vorteile, sondern auch natürlich in diesem besonderen Fall auf die historische Situation, indem eben der Grüne Hügel von Richard Wagner selbst geschaffen wurde, auf dem noch »die Augen des Meisters geruht«.

2. Und trotzdem konnte es geschehen, daß der *PARSIFAL* nun, wie vor 100 Jahren zum Musikdrama, jetzt zum Film geworden ist, und wie Richard Wagner das Epos benützte und veränderte für seine Zwecke, so benützt der Film hier Richard Wagner und nicht nur die Musik, sondern auch die Person, und entspricht unserem anderen Ich und Möglichkeiten, mit dem Ziel, ihn fortzusetzen, so wie er das Mittelalter. *Parsifal* als Film, das heißt auch eine Welturaufführung am Mittelmeer, also jenseits des heiligen Ortes dieser Traditionen, wie es scheint, von Mitternacht bis morgens am Meer, und das heißt 8000 Besucher in Rom unter freiem Himmel in den Ruinen der Antike an der Stätte der Christenverfolgungen, wie noch nie ein Richard Wagner aufgeführt wurde, und das heißt in den Opernhäusern der Welt mit Großaufnahmen des Kusses und der Sänger und Details dieser Reliquienrequisiten in der Größe der Bühnenöffnung, und das heißt zum 100jährigen Todestag am Todesort selbst, in Venedig im Teatro Fenice-Malibran, eben dieser *PARSIFAL* dort, wo er begann und das Leben dieses Wagner endete. Und das heißt auch *PARSIFAL* endlich in Israel. Befreit vom Ballast der Schuld Bayreuths konnte es vielleicht gelingen nun auf Film. Gerade wegen dieses Status des Emporkömmlings, dem möglich ist, was den Etablierten verwehrt sein mußte aus gutem Grunde, wie auch immer. Und das heißt auch Richard Wagner und PARSIFAL nun auf Video für jedes Haus und jedermann, so wie noch nie.

3. Wenn aber die Musik der Zukunft der Film ist mit allen Konsequenzen, die das bedeutet,

4. und wenn der Mythos des 20. Jahrhunderts die Seele des Menschen ist, und hier die Bilder dazu vereinigt mit ihrer Musik,

5. und wenn das Musikdrama, die alte Sehnsucht von der Antike bis Richard Wagner und Nietzsche endlich vereinigt und versöhnt wurden, wirklich wie nur im Film bisher möglich – dann muß Bayreuth als Idee sich neu definieren im Sinne Richard Wagners.

6. Aber wer sollte das tun hier in Deutschland, im Lande, wo das alles entstand, wenn sie sich verweigern, die sich in Deutschland berufsmäßig mit Richard Wagner befassen?

7. So wie dieser Film als geistige Provokation oder Erfüllung bisher nicht gesehen wurde. Und das ist nur die Spitze des Eisbergs einer geistigen Verweigerung, die enden muß in Inkompetenz bis Unredlichkeit und Deutschland ausweist wieder als totes Land auch in Sachen Richard Wagner.

8. Und die Attacke mußte kommen, jenseits des Establishments dieser Wissenschaft, dieser Feuilletonisten und Grals-Spucker, der Berufs-Entnazifizierer vom Dienst oder modischer Entmythologisierer oder billiger Gesellschaftskritik. Sie mußte kommen, ästhetisch, moralisch, politisch und geistig. Jenseits dieser Inzucht der Musik-Theater-Vergleiche, wo sich die Wagner-Interpreten immer noch messen an Bayreuth, als ob von dort die Erlösung von dem auf ihm lastenden Fluch zu erwarten sei.

9. Und damit Bayreuth, so traurig und bedauerlich auch immer, zur Provinz machend, sein Publikum, seine Kritiker und seine Organisatoren, zum Gleichnis jenes Bonn, das diesen Film in seiner Provokation zweimal zu verhindern suchte.

10. Und Bayreuth ist enterbt auf provokative Weise durch einen geistigen Handstreich, auch durch eine neue Musikkonzeption, wie sie speziell für diesen Fall eines Gegen-*PARSIFAL* entstand. Und es mußte am *PARSIFAL* geschehen, diesem letzten Testament Richard Wagners, und es mußte ein Film sein, ein Emporkömmling unter den Künsten, das Medium Film gleich nach seinem Tode geboren, und von einem, der einen HITLER gemacht und aus Deutschland. Und es ging nicht um neue Lichtspiele oder Entrümpelungsorgien, sondern es war eine Geburt aus dem

Kopfe, dem Geist, der einen Mythos gefunden des 20. Jahrhunderts, aber nach Freud, aus der ungeistigen Provinz Richard Wagner hinüberrettend dorthin, wohin er gehört, in das geistige Zentrum, gerettet aus Rausch und Konvention, aus Machtelite und Massenanbiederung, aus modischer Ideologie hinüber, dorthin, wo Richard Wagner fortgeführt werden konnte, aus dem Museum, durch seine Abgründe hindurch, als Basis unseres Selbstverständnisses. Womit er gewonnen wäre als einer der wenigen, die unser sind, indem wir ihn selbst erfüllen, uns aus eigener Kraft selbst zu akzeptieren, mit dem ganzen Risiko seiner und unserer Existenz.

208

Im Fernsehen das HOFKONZERT von Sirk, Ufa-Produktion, von der Film-Operette zum Boulevard-Film in Hollywood – man vergleiche.

209

Immer wieder das Gefühl, daß es unmöglich ist, was hier von HITLER bis PARSIFAL geschieht, unerlaubt. Aber wenn das Gemachte gut wird, erledigt die Form die ungeheuren Probleme des Entstehens. Und das ist wieder eigentlich ungerecht und das notwendige Paradox der schöpferischen Erscheinung und ihres Prozesses.

210

Rudolf Bahro neulich und die Grünen mit seiner Forderung nach Umkehr, radikaler Umkehr vom bisherigen Industriestaat und Gewinnmaximierung und Wachstumsethik. Eigentlich genau das, was nötig ist – *Club of Rome* fällt mir ein und *Global 2000* –, aber plötzlich der Schrecken, was wäre, wenn Deutschland zurückfiele, in der Mitte Europas in vorindustrielle Stadien, alleine. Auch B.s Freunde wählten nicht seine Vision und ihn nicht für den Vorstand. Hatte nicht auch Hitler zuletzt Deutschland sich vorgestellt, wie es sich ausklammert aus dem Produktionsprozeß der unterdrückten Sklaven und assimilierten Freundesstaaten, zurückkehrend zur Heiterkeit alter Normen als Trophäe des Sieges für sein ländlich gewordenes Volk?

211

Beim Betrachten des Endprodukts eines Werks ist der Weg von den Produktionskosten zum Ergebnis bei der Beurteilung seines Wertes nicht nur von ökonomischer Relevanz. Zutiefst überzeugt, daß man es zum Beispiel einem Film anmerkt, ob Eitelkeit und Herrschaftsanspruch der Selbstverwirklichung als Triebe größer waren als das Kunstinteresse und alles bestimmen bis in die Details und die Interessen des Ganzen, und wie weit es möglich war, vielleicht auch diese Dinge umwandeln in etwas anderes. Unser Tapezierer hat immer beim Preis die Arbeit im Verhältnis zum Gesamtwert des Gegenstandes im Auge. Wenn dieser aber von vornherein zu mies ist, verweigert er die Arbeit, macht er es nicht. In diesem Alltag und unserer Zunft erstaunlich. Er ist billig, und das kommt wieder von der Minderwertigkeit der meisten Gegenstände von heute, die als Gebrauchsstücke unseres Alltags ihm schäbig in die Hände gelangen.

212

Als bekannt wurde, wie verseucht die gezüchteten Tiere unserer Fleischfabriken sind, wählte ich immer mehr Gerichte von den frei herumlaufenden der Jagd. Nun hören wir, wie gerade diese noch unkontrollierter vergiftet, bis weit über die sonst erlaubten Werte, eigentlich ungenießbar sind, besonders aus Autobahnnähe die Hasen, Fasanen und Rebhühner. Wer weiß, woher die Tiere kommen. Die Seen und Flüsse sind schon lange gestrichen, und die nächste Meldung lautet pauschal und kurz: der deutsche Wald – stirbt. Parsifal aus dem Walde kommend, Diskussionen über Laubwald des französischen *Perceval* von Chrétien de

Troyes und über den deutschen *Parsifal* aus den dunklen Wäldern der Tannen und Fichten des Wolfram erscheinen wie Farce der Erinnerung. Und auf den Straßen die demonstrierenden Massen zur Erhaltung des Friedens, in Freiheit sagen die anderen. Eine Farce?

213

Der Fernsehbericht, der über die Vergiftung des Wildfleisches unterrichtete, zeigte im Nebengebäude eines österreichischen Schlosses weißbemäntelte Wissenschaftler an Video-Kurven in einer Mischung von ernsten und gelangweilten Mienen. Vor 200 Jahren so ein Bild als Vision der fortschreitenden Befreiung des Menschen hätte den Urheber als gefährliche Person der Hölle an den Hexenpfahl gebracht. Das wäre gewesen drei Jahre nach der Französischen Revolution.

214

Als sie HOLOCAUST zum zweitenmal im deutschen Fernsehen zeigten, kamen sie auf die genialische Idee, diese Serie anstelle von DALLAS zu plazieren. Nun ist es klar, zum Vergleich, auch wir haben unser Texas. Es liegt in Auschwitz, und J. R. Ewing ist der Himmler und soviel großmächtiger und absoluter – es ist toll, spannend und ganz nah, mit richtigen Taten und Blut dahinter. Wenn nur nicht diese Oberlehrer wären am Ende, und überhaupt alles unwahrscheinlich. Aber eines ist leicht, man weiß gleich, wer die Guten und wer die Bösen sind, die einen heißen Weiß und die anderen tragen immer schwarze Uniformen mit Totenköpfen. Sie haben miese Frauen, und die anderen sind immer so lieb. Aber eigentlich ist es auch wieder langweilig, und es ist wohl darum, daß es nur 24% Sehbeteiligung gibt. Dafür wird es nun an den Schulen weiter nachgeholt, wie in der Stalin-Zeit der Betriebsgang zum Sov-Export-Kino mit dem Heldenepos von Stalingrad. Endlich ist DALLAS nun auch in der Schule zu sehen.

215

Angenommen, IG-Farben präsentiert in Deutschland HOLOCAUST im Fernsehen und für die Schule und zur Nacherziehung, und warum eigentlich nicht, nach dem Prinzip von Hollywood und unseren Medien, oder sind wir nicht frei?

216

Nachtrag zu Bundeskanzler Kohl im Fernsehen von Klaus Staeck. Damit auch hier kein Irrtum aufkommt: so langweilig war Staeck noch nie.

217

Das *Kapital* unserer Zeit müßte überschrieben und geschrieben werden: »Über die Arbeit.« Wozu? Geld, Fron, Arbeits-Teilung, Mitbestimmung, Ausbeutung. Mitbestimmung, Ausbeuten, Dienen, ein großes Kapitel, Leiten, Systematik, Computertendenzen, Ratio, Rationalisierung, Frei-Zeit, Wissenschaft, Kunst, Selbstverwirklichung, Zeit, Qualität, Lohn, Zuwachs, Volk, Gesellschaft, Gemeinschaft, Individuum, Fabrik, Erotik, Freude, Streß, vom Leben bis in den Tod, von Geburt bis Altersheim. Es wäre ein philosophisches, soziales, politisches, künstlerisches, literarisches, metaphorisches Kompendium, das einzige, das uns heute Welt und Zukunft erklären könnte, uns retten aus tiefen Irrtümern der Vergangenheit.

218

Wieder. Ein neues Wort: Laßt uns wieder frei und fröhlich sein, wieder um eine Erinnerung betrogen, planen wir wieder im Gelände, investieren wir wieder mehr Geld in mehr Zeit, mehr Gefühl, mehr Phantasie. Aber kommen wir nicht aus der friedlichsten Zeit unserer Geschichte? Noch nie waren wir so reich. Und es beginnt gerade eine ärmere Phase, in der wir wieder …

219

Die Unterhaltungsmusiken der Neuen Deutschen Welle werden immer mehr zur Dudel- und Trottelgestik und waren noch nie so deutsch und komisch, ganz ernst und selbstverständlich. Und wieder dieser Schlager, dem die ganze Nation und um sie die Nachbarn nachsagen: »Da da da« – kriegt auf der Jahreshitparade die wenigsten Punkte. Punkte aus allen Verkäufen und Umfragen und Einschaltquoten zusammen. Wenn schon die Hits und ihr wahrer Erfolg nicht zusammenpassen, ist noch Trost für die Qualität.

220

Recht auf Arbeit, arbeitslos, Schularbeit, Kinderarbeit, Arbeitermythos, Trauerarbeit, Seelenarbeit, Erinnerungsarbeit, Arbeit macht frei, Frauenarbeit, Arbeiterklasse, Hausarbeit, Arbeitsethik, Streik, Gewerkschaft, Boß, Funktionär, Computer, Mikro-Prozessor.

221

Interessant, daß die nach ökonomischem Gewinn eines Films befragten Euphemisten des Geschäfts sofort von Eintrittszahlen sprechen, den Demokratisierungssprung benutzen zur Einschüchterung, um abzulenken von den Verlusten, die durch hohe Werbung entstehen, denn was nützen 200 000 Eintritte gleich 600 000,– DM, wenn 700 000,– DM Werbekosten ausgegeben werden. Wenn von Geld gesprochen wird, bitte von Geld reden, und nicht unter Verwendung öffentlicher Gelder bis hin zum Subventionsbetrug das zum Geschäft machen, was in Wirklichkeit ein Verlust ist. Vom wirklichen Gewinn in den Herzen und Köpfen der Menschen nicht zu sprechen.

222

Als die Gastgeberin sagte, beruhigend, alle diese Kollegen in den Gremien seien gar nicht gegen Syberberg, nur für Frauen, denn drei von vier waren Frauen, entsprechend dem Bevölkerungsanteil, den sie einnehmen, frage ich: Auch nicht gegen Mozart? Und sie antwortet, auch nicht gegen Mozart. Hatte man nicht auch die jüdischen Ärzte eliminiert, weil zu viel jüdische Ärzte oder Anwälte oder Dichter, Musiksolisten, gemessen am Bevölkerungsanteil? Demokratie à la Hitler.

223

Kadavergehorsam. Im Fernsehen schlechte Filmversion *Minna von Barnhelm* (Schweikart, 1940). Wohltuend ein Diener, der weint, als sein Herr ihn entläßt, weil er ihn nicht mehr bezahlen kann, und der bleiben will aus Anhänglichkeit. Der Wachtmeister, der seinem Hauptmann aushilft mit seinem Ersparten in großer Lebensnot, und eine Frau, die glaubt und eingreift, als alles sehr schlimm zu werden droht, schlimm aus Gewissensnot, gekommen aus einer beherzten Tat im räuberischen, preußischen Krieg gegen die Sachsen. Und wie derselbe beherzte Offizier und Herr aber einen Soldaten hängen läßt, weil der dem Feinde eine Uhr geklaut, ein Preuße einem Sachsen. Im siegreichen Jahr des Hitlerkrieges gedreht. Wie muß dies das Publikum aufgeladen haben mit Verachtung gegenüber den russischen Siegern dann, so erzogen, am Ende ihrer Zeit, und welche Katastrophe, im Untergang ihrer Welt zu sehen und zu erleben, wie Menschen erschlagen wurden, gehorsam umgebracht wie Ratten von denselben Preußen dieser Uhr-Affaire und dann noch gedrängt, genötigt, gezwungen, selbst das zu akzeptieren, als sie sahen, wer nun ihre Richter wurden und mit welchen Worten, und am schlimmsten, welcher Hohn in den Karrieren der Moral ihrer nachwachsenden Kinder.

Öffentlichkeitsarbeit. Arbeitskampf, Arbeitsfreude, Arbeitsplätze, soziale Arbeiter- und Bauernmacht, Arbeitsflucht (Paradies), Sozialstaat anstelle von Nationalstaat.

225

Dienstag, den 30. November. *PARSIFAL*-Premiere in Frankfurt, Ruth Berghaus: Totenhaus, Siechengesellschaft, Endzeit, verlorene Geschichte, Stummfilm-Ära, Foliant, Wandschrägen, See-Stück (Klingsor), Kinderspiele (Blumenmädchen), soweit die *Süddeutsche Zeitung* – J. W.: »Das war nicht Syberbergs filmische Exploration deutsch-nationalistischer, mystisch-düsterer Gedankenwelten. Es waberte nichts, es explodierte nichts.« Das kommt dabei heraus, wenn man es nicht gesehen hat, wenn man verlernt hat zu lesen und zur Erkenntnis unwillig oder unfähig ist. Dieser Mann kann den PARSIFAL-Film nicht gesehen haben oder verschweigt die Herkunft der oben genannten Bilder und Motive willentlich seinen Lesern. Inkompetenz, Ignoranz, Unredlichkeit? Man kann es sich aussuchen. Und kein leitender Chefredakteur der Musikabteilung dieser Zeitung ist imstande, zu kontrollieren, zur Rede zu stellen, weil auch gefehlt. Ist es denn alte Tradition der *PARSIFAL*-Inszenierungen: diese neuen Erfindungen der Blumenmädchen als naive Kinder? Wie viele Wochen, Monate, Jahre an Überlegungen gehen dem voraus. Und ist es selbstverständlich, daß Klingsor endet wie ein gefallener Engel, herabfallend, statt wie bei Wagner vorgeschrieben sterbend durch den von Parsifal aufgefangenen Speer? Und was geht dem voraus, wenn man die Utopien dieses Stückes umkehrt in Hoffnungslosigkeit am Ende. Diese Endzeitgesellschaft der Toten, diese Wände als Stücke einer (Kopf-)Landschaft, das Lebensbuch. Wie kann man urteilen, werten, ohne Vergleiche. Was ist es wert, dieses: Frankfurt sei nun nach Wielands Bayreuth der Modellfall, der »triumphierende Abschluß des Jubiläumsjahres«. Was ist es wert unter Toten in einem toten Land? Das alles war erlaubt und machbar, solange es um Film allein ging, unter den Filmfritzen dieses Landes, hat uns niemand geglaubt, waren wir unter uns, jetzt wird gemessen am Maßstab unserer Traditionen, unser Alltag und ihrer – Summe gezogen.

Wir leben in einem toten Land, eine Generation nach Hitler, und auch dieser PARSIFAL der diesjährigen Jubiläumsfeiern beweist es, jeder auf seine Weise, nach dem, was er sich zumutet, die tauben und blinden und geschwätzigen *Spiegel*-Zelinskys nun in allen Redaktionen, sich vermehrend wie die Kaninchen, überwachen unseren Alltag.

Aber trotz aller Demokratie ist eben ein Unterschied zwischen einem, der einen TRISTAN geschrieben hat, und einem, der ihn nicht geschrieben hat. Und es ist Menschenrecht zur Rettung der Menschheit in ihrer Selbstachtung. Es kam größerer Jubel auf und Beifall plötzlich, Gerechtigkeit sich selbst gegenüber, wie in höherem Instinkt. Und unter allem der breite Mahlstrom stets zunehmender Plastikstinke dieser Scheindemokratie.

226

Der zunehmende Gebrauch der Video-Technik zeigt erste überraschende Möglichkeiten. In Zukunft wird es nicht nur unsere bisherigen Filme für den Hausgebrauch geben und damit neue wirtschaftliche Faktoren, wir können sie auch herstellen dafür und für diejenigen, die nicht mehr ins Kino gehen, also jene Mehrheit über 25. Wie man seine Plattenstars in der Öffentlichkeit dann sehen will, der Film gleichzeitig und danach in Großveranstaltungen ein- oder zweimal am Ort vorgeführt, Video zuerst und dann die große Projektion des schon Bekannten wie Platte und Konzert. Dafür ließe sich konzipieren, arbeiten, produzieren, nur, wer ist vorbereitet von den Kollegen, wer bereit, diese Produkte herzustellen, die anders sein werden in Länge, und in Form und im individuellen Anspruch für jeden einzelnen, dem alten Buch und Theater und der Musik entsprechend. Wer ist imstande, Erfahrungen mitzubringen über diese Großveranstaltungen der Special Events, jenseits vom jetzigen Fließbandsystem der Filmindustrie. Und kaum vorbereitet sind die repressiv, reaktionär entscheidenden Geldverteiler in den produktionsinvestierenden Filmgremien der öffentlichen Hand, die sogar mit Mitteln des Staates in eine schon untergegangene Industrie der Kinonostalgie investieren, wo die sogenannten Innovationen in die Ecke der Minderheit manipuliert werden, die schon längst Avant-Garde sind eines neuen Denkens und ihrer zukünftig technischen Entwicklungen.

227

Beobachte im Fall der Beschreibungen des Berghaus-Lobs ihrer *PARSIFAL*-Inszenierung in Frankfurt nun in allen Kritiken die Erwähnung immer der gleichen Verdienste und da besonders das Zeigen von roten Flecken auf dem Klingsor-Kostüm als Zeichen seiner Kastration. Nun habe ich das auch nicht nur gewußt aus neuester Forschung, wie es wohl jedem bewußt ist, der sich damit befaßte, aber immer vermieden, als zu oberflächlichen und billigen Effekt. Eine Frucht anekdotischer Regieeinfälle in der Kantine, mit dem Gefühl: und dann? Wenn der Witz vorbei ist? Die neben Amfortas getragene Wunde im Film dagegen ist da von ganz anderer Funktion, voller Deutungsmöglichkeiten und demonstrativer Spiel- und Denkfiguren. Auch sie wurde eigentlich schnell gefunden, beim Gang in den Schminkraum, kurz vor dem Studio. Als Muster für Applikationen an den Körper des Amfortas, auf einem Tablett getragen, entschied ich sofort, es so zu verwenden, wie mittelalterliche Andachtsbildchen in christlichen Wallfahrtskirchen nach der Heilung angebracht werden. Und welche Assoziationen bis hin zum Verlust des Paradieses und der Zweiteilung der Geschlechtsproblematik und allem, was daraus wurde. So wurde die Wunde des Amfortas zu einer Herzenswunde und zur Wunde der Welt und diese als Wunde des Geschlechts, mit Sehnsucht nach dem Paradies, nach der paradiesischen Heilung, gefunden und entschieden im schnellen Gang durchs Studio und zurück und mit einigem Zögern und Erschrockenheit und Fragen und Prüfungen der anderen um mich. Wieviel Jahre gingen dem voraus an Recherchen, Vertiefungen bis zum intuitiven Stand dieser Entscheidungssicherheit am Ende. Und dann von den gleichen Leuten hier ungesehen oder charakterisiert mit Hohngelächter.

228

Und da haben wir wieder die Kategorie der Tiefe. Zu dem Phänomen dieser Wunde gehört auch die Trinität des *Parsifal*-Stoffes und seine Mystik von Mit-Leid, *la Queste*, die alte und ewige Frage der Sehnsucht und die Liebe. Diese Wunde, Symbol und Allegorie, ist die Spiegelung von Gral plus Speer. Der Speer, der sie schlug und heilt. Das ist diese verlorene und verlachte Tiefe der Bilder, die Nietzsche wohl meinte, wenn er einen Dante forderte, um der Musik im Grunde der Seele auch optisch gerecht zu werden in der Strenge des Gerichts.

229

Mythos der Erinnerungen. Im Fernsehen (Café Central, ORF) Diskussion: Götz Friedrich, Dohnanyi usw., über Regie-Theater. Aida als Putzfrau, Neuenfels, Berghaus, das sind so Namen, die hier fallen. Die heutige Zeit mit abnehmender originaler Leistung, nicht nur auf der Opernbühne vielleicht, ist dadurch charakterisiert, daß ihre schöpferischen Talente sich in praktischen Erinnerungen finden. Die ehemaligen Dramatiker und Poeten werden zu Regisseuren, Komponisten, zu Dirigenten und Solisten, die die Werke benutzen wie Zitate der Erinnerung aus unserer Geschichte und dann verändern als Varianten der eigenen Leistung unserer Zeit? Das einzige, was neu antrat, ist der Film und auch schon mit Eigenzitaten beschäftigt. Der Film als Kompendium der Erinnerung, aber wie ein Traum in neuen Dimensionen, verbraucht mit Schnitten der Montage und vielen Schichten die poetischen, dramatischen, musikalischen und malerischen Kräfte zur eigenen Tat in Kunstwerken sui generis dieses Jahrhunderts? Es könnte so sein, müßte, sollte. Für einen HITLER-Film, für den Mann der Demokratie dieses Jahrhundert traf das ohne Zweifel zu. Beim Machen eines PARSIFAL-Films nach der Vorlage eines Richard Wagner Gewissensbisse, die Demut des Dienstes an Richard Wagner war gefordert und zu vereinen mit unserer Aufgabe, diese Technik und Kunst zu sich selbst zu führen, jenseits von Selbstverwirklichung, Eitelkeit, Macht- und Lustgefühlen, Protestlerei, jenen heiligen Ernst zu finden, der so unzeitgemäß ist.

230

Die Ästhetik meiner Filme lebt erklärtermaßen vom Kontrast zwischen Bild und Ton. Nun sehe ich dasselbe auf den Opernbühnen und frage mich immer wieder nach der Legitimität. Vielleicht auch dort ein legitimes Mittel der Zeit? Darüber muß lange nachgedacht werden. Für die Bühne neige ich eher zu mehr Dienst am vorgesehenen Werk, auf höchster Erkenntnisebene der Zeit, nach eigenem Temperament der Beteiligten, inklusive Publikum. Aber ich will nicht voreilig sein. All das muß analysiert werden, an Erfolgen auch, man sollte nicht leichtfertig sein. Hamlet im Frack war eine lächerliche Erfindung, so daß Kortner und Brecht es nicht dulden konnten. Wie wäre es, wenn der Film die Forschungen und Möglichkeiten unserer Zeit übernähme und auf der Bühne die alte strenge Tradition der Riten gepflegt würde, immer auf der höchsten Ebene der Erkenntnis?

231

Schlimm ist nicht, daß sie nicht wollen und nicht können, im Gegenteil. Sie sehen es alle und dürfen nicht. Sie nennen es Systemzwang, Sachzwang, ob Demokratie, ihr Essen, die Kleidung, die Arbeitsweise, das Reden und Gutfinden der Dinge, die sie tun. A. Heller sagt, so werde die Angst geboren, der tägliche Angstschweiß tritt über die Ufer ihrer noch erträglichen Existenz. Depressionen, Drogen, Alkohol, Aussteigen ohne Wahl sind die logischen Folgen, oder Terror jeder Art.

232

Was in uns so unsagbar fürchterlich ist bis zur Blindheit und Erblindung, sind die Dinge des jämmerlichen Alltags, die Häuser, Straßen, Gesichter, die Gerüche, Sprache, Fenster, der Putz, die Farben, das Essen, die Kleider, alle Plätze, und die Gedanken, die sie äußern. Sie sprechen selbst höhnisch von der Abwendung der Sensiblen nach innen, wohin denn sonst; und da fängt es erst richtig an. Doch bis sie das merken und warum, ist es schon zu spät. Es ist zu spät.

233

Deutschland nach 45 wurde nicht nur wieder aufgebaut, modern, sondern das Stehengebliebene modernisiert, abgebrochen, angepaßt. Wer wollte im Konkurrenzkampf reaktionär, veraltet, abseits bleiben. Ganze Städte, Dörfer, die Häuser, Menschen, Landschaften, Felder, Fenster, Wände wurden abgerissen und neue Räume geschaffen. Die Sprache, ganz Deutschland wurden modernisiert, fortschrittlich gemacht. Die Heimatlosen, ein Viertel des Landes, bekamen eine neue Heimat, das neue Deutschland-West begann die Welt zu modernisieren. Entwicklungshilfe, EWG, Tourismus, und die Touristen brachten es überall hin und jetzt in die arabischen Ölstaaten.

234

Kitsch. Ich benutze ihn. Sch. ist Kitsch.

235

»...Die kühne R.B. hatte sich damit abfinden müssen, daß Richard Wagners Textpassagen und ihre Bühnenrealität so herzlich wenig miteinander zu tun hatten, die sich bis zur Erheiterung des Publikums widersprachen.« Und etwas weiter zum selben Fall »den wichtigsten und kritischsten und unerschrokkensten PARSIFAL gemacht«? Und Richard Wagner? (J. H. *Die Zeit.*)

236

Arbeitslosigkeit. Man dachte, sie würden nachdenken, sich beschränken, alle etwas weniger, weniger und alle. Aber die, die haben, Arbeit nämlich, verlangen mehr Geld auf Kosten der anderen. Und sie sagen ganz einfach mit ungeheuerlichstem Trick, es müsse konsumiert werden, und darum müßten einige wenige viel haben. Nur, das kennen wir, und das war das Prinzip des Kapitalismus, nun frech übernommen in die Gewerkschaftsargumentationen. Und der Plan der Regierung ist, mehr Bauen, mehr Autobahn, was machen sie in 50 oder 100 Jahren, wenn alles zugebaut ist, Autobahnen durch jedes Haus? Welche Regierung würde dann noch überleben? Und wir?

237

Wie schön und unvorstellbar, daß einmal jemand käme und einfach sagte, er freute sich, wenn ich das und das für ihn machte. Selbst im Zweifel, und alles schwer genug. Aber: einfach so, wie ich, wenn ich zu einem Zulieferer gehe, zu einem Schuster oder Gärtner, und bitte, daß er für mich etwas arbeite. Und welche Lüge, wenn sie nachher sagen, es war gut und wie unvergleichlich und daß sie es nicht missen möchten. Und sagen sie das wirklich? Ist es getan, peitschen sie den, den sie vorher betteln lassen, für die Almosen, von denen sie leben.

238

The lost film of Fritz Lang, Karl May im Wilden Westen, vielleicht eine Übung zur Gemeinschaftsarbeit für unsere Filmhochschulen.

239

Manche Leute wollen nicht, daß man ihr Bild von Jeanne d'Arc zerstört durch Wissenschaft. Und die historischen Wissenschaftler wollen den Mythos weghaben. Warum nicht beides nebeneinander. Beides geht, wenn es gut ist, bis an die Grenzen des jeweils Erreichbaren. So braucht der Mensch Mythen, deren Zerstörung neue schafft und oft nicht bessere, in einer mythenarmen und -unfähigen Zeit. Wer mutwillig am Schatz der Mythen rührt, wird ärmer. So wie er neugierig sein wird in heutiger Zeit, die Erkenntnis des Wissens soweit wie möglich zu treiben. Das Nebeneinander ist unsere Aufgabe, schwer, aber unmöglich?

240

Richard Wagners Mythos lebte von der Erinnerung an die Romantiker seiner spätnapoleonischen Jugend, die sich von Napoleon und gegen ihn absetzte durch Aktivierung der deutschen Geschichte des Mittelalters. Die Wiedergewinnung der deutschen Identität in der napoleonischen Zeit Deutschlands traf sich mit der internationalen Erinnerung der europäischen Völker an ihren griechischen Ursprung im internationalen Stilgestus der klassizistischen Romantik und ihrer Ruinenheroisierung als Ergänzung zur Wiederentdeckung des Mittelalters. Deutschland einigte sich geistig, lange bevor das in der Späte des 19. Jahrhunderts politisch eingeholt wurde, von ganz anderem. Heute, nach 1945, nach Verlust dieses Reiches und dieser Geschichte, sind Erinnerungen gleich Aktivierungen aller verlorenen Traditionen europäischer Kultur gegen den Willen geistiger und politischer Interessen. Darum auch Widerstand der Deutschen gegen dies, und Interesse bis Wärme der Erkenntnis und Freude plus Lob jenseits der Mauern unserer Grenzen, besonders der Emigranten und ihrer Kinder, die darin imstande sind, die in der Realität verlorene Heimat wenigstens dort wiederzuerkennen, im Geiste der Kunst dieses Jahrhunderts.

241

Vor sieben Jahren schrieb ich vom Film, der in die Höhlen unserer Keller in unseren Städten sich zurückzöge, als Schatten des Lebens, Erinnerungen der Verluste. Inzwischen ersetzt der Computer die Bilder und Töne dieses Schatten-Lebens auf den Wänden. Zeichen von Schatten, daß die Sonne einmal war. Die Maschine als Ersatz des Lebens, was einmal projiziert war noch vom Leben, nun Signale von Mikroprozessoren. Die Vögel und verschwundenen Tiger, die ausgestorbenen Bäume und verschmutzten Flüsse und die nicht mehr atembare Luft und die ausgerotteten Pflanzen, wir brauchen sie nicht mehr, sie sind lästig, wir machen uns die Welt selbst, neu, von Untergang keine Spur, eine neue Welt, die Zukunft ist da, die neue Rasse Mensch wird kommen. Mensch? Vom anderen Stern, das ist ein Rest noch der phantastischen Utopie unserer Zeit, wir brauchen sie nicht mehr. Auch dieser Kosmos ist in uns, aus dem Computer.

242

Das Glashaus wird jetzt von unserer Heizung aus dem Hause mitgeheizt. Wenn das Wasser in den Heizungsrohren warm wird im Haus, ist es auch draußen im Glashaus warm. Das Haus ist durch den Schutz des Glashauses viel weniger kälteempfindlich geworden, denn das Glashaus ist so angebaut, angelehnt, wie man sagt, wie ein Wärmepanzer drumherum gelegt, daß der Thermostat kaum noch die Heizung in Aktion setzt. Da nun aber das Haus weniger Heizung braucht und die Rohre weniger warm werden, wird auch das Glashaus weniger geheizt und der Wärmepuffer ist wieder weg. Es muß wieder geheizt werden, weil das Glashaus kalt wird und nicht mehr wärmt, bis auch das Glashaus wieder warm wird und innen wieder weniger geheizt werden muß. Was nun?

243

Es ist alles Betrug. Die Arbeitslosen sind eigentlich auf Freizeit Geschickte mit weniger Gehalt, deren Arbeit immer mehr von Computern und den Rationalisierern übernommen wird. Was von einigen wenigen bedient und organisiert werden kann, die sich wie die aristokratische Elite des Glücks des Proletariats benehmen. Die Computer und Apparate machen die Arbeit, und unter jetzigen Systemen empfinden das die Nachhausegeschickten als tiefe Depression, was sie eigentlich feiern sollten als endliche Entlastung und Erfüllung eines jahrhundertealten Traums. Nur wird sie nicht zum Segen, solange wir denken wie jetzt. Der Marx des Computer-Zeitalters ist noch nicht gefunden oder wird versteckt oder unterdrückt. Und unsere Intellektuellen arbeiten wie Komplizen dieses Systems, indem sie den alten Marx noch heroisieren wie einen Mythos.

244

Die Arbeit an der Video-Edition des PARSIFAL ist folgende: die schwarzen Schuber für die zwei Kassetten plus Buch falten, Kartons, in denen die Schuber versendet werden, falten zu Schachteln, die Titelseite mit Sänger- und Darstellerangaben signieren, numerieren, Aktbezeichnungen eintragen, in die Etuis hinter Zellophan hineinfummeln, Stück für Stück, beide Kassetten stempeln mit PARSIFAL-Stempel, Länge der Akte eintragen, Kassette in Etui, die beiden Etuis in Schuber mit Buch, Schuber in Versandkasten, diesen adressieren, Rechnungen stellen, Nachnahme ausschreiben, aufpassen, daß die Nummer auf den Kassetten mit den Listen übereinstimmt und mit Bestelldatum und System des Video-Gerätes im Hause des Bestellers. Das alles müssen wir vorher organisieren, kalkulieren, herausfinden, zur Post bringen, Werbung ja oder nein, Mitarbeit von Sekretärin, Frau, Tochter, mir selbst; neben Verleih in Kinos, Opernhäusern, mehr und mehr, Produktions-Schlußkostenabrechnungen, Rechtsanwaltsproblemen mit Ausland wegen Nichtbezahlung der letzten Hunderttausende von Gaumont. Reisen nach Cannes, Paris, Rom, Kassel, Bayreuth, New York, Berlin, Barcelona, Hamburg, Frankfurt, Düsseldorf als Special Events stehen bevor. Jeder Ort hat seine eigenen Gesetze und braucht besondere Verträge, Briefe beantworten, Reklamationen, Rechtsanwalt. Und dann die Anschuldigungen, nicht als »ordentlicher Kaufmann« gehandelt, sondern öffentliche Gelder mißbraucht zu haben, im Gegensatz zu den anderen Instant-Filmern, Fließbandverleihen, 90-Minuten-Kollegen. Und verweigert die Einordnung in die üblichen Schleck-Anzeigen unserer Kinoseiten und verweigert, zu glauben, daß auch nur je ein Meter Autobahn mit unseren Filmen gebaut wurde und werde und welche Konsequenzen das hat und welche Rachemaßnahmen auch. Und immer wieder die berechtigten Fragen von allerorts, was wird nun der nächste Film sein und warum nicht schon längst gemacht? Und andere machten vier in einem Jahr, und ich hab immer noch im Ohr die Vorwürfe der Gremien-Journalisten, jetzt käme er schon wieder, er habe doch erst beim letzten Film öffentliche Gelder beantragt. Alltag eines Filmmachers in Deutschland 1982/83 wie bisher, und ohne andere Zukunft. Von den Freunden jenseits der Mauern unserer Grenzen verstanden als Repräsentant dieses Landes und Lebens, was er wohl auch ist.

245

Alles Unheil komme von der Bevölkerungsexplosion, sagen unsere aufgeklärten Medienkonformisten und schauen mitleidig auf die Dritte Welt, die noch immer glaubt, Kinderreichtum garantiere nach alten Gesetzen Überleben fürs nächste Jahr, indem sie, die Abtreiber aus Mitteleuropa, stolz sind auf ihre soziale Gesetzgebung, die es den Armen erlaube, mit Kindergeld, auch ohne Arbeit notfalls, zu existieren, als kinderreiche Familie, was den sozialen Fortschritt der Alten sichere.

246

Nun sind sie also da, die ersten beiden Kritiken von Fachleuten, wie sie das Innenministerium gerne einlädt und inzwischen auch alle anderen in ihre Gremien, Kritiken zu PARSIFAL nach einem halben Jahr in dem kleinen Korrespondenzblatt des Evangelischen Pressedienstes. W.O.R: »Sieht man zwangsläufig auch in Syberbergs PARSIFAL das Pappmaché schärfer und distanzierter, tue ich mich immer wieder recht schwer mit Filmen, die so konsequent auf eine künstliche Welt setzen, Méliès-Fassbinder (QUERELLE), Kosinzews HAMLET... weil da eine reale Landschaft so bewußt mit einbezogen wird. Vielleicht würde das selbst bei PARSIFAL gelingen, wenn es von einem Werner Herzog versucht würde, doch Wagners Musik... aber der durch und durch künstliche, und das ist hier nicht wertend gemeint, und somit eigentlich nicht vom ursprünglichen Medium dieses Werks abgenabelte Film... eher unordentliche Weise statt systematisch analysierend, also durchaus feuilletonistisch, Fragwürdigkeiten, tatsächliche Konzeption vortäuscht, irritiert, verwirrend, Totenmaske eine Annäherung an Wagners letztes Werk fördert? ...denn nur eine Kopfgeburt? Fast ins Beliebige ausufernde Sucht nach Zitaten, Anspielungen und Querverweisen, Zettelkasten... daß der Filmentwurf auch so aussah, verursachte damals den Unmut des sich enthaltenden Förderungsgremiums (bisher hat es immer geheißen: abgelehnt wegen unzureichender Vorarbeiten). Blick und der Zugang auf das, was PARSIFAL... verstellt. Filmtechnisch beliebig, Bildungswust, Kulturgommée von heute, Personenkult, Hautgoût, von der Rücknahme des Machtdenkens und Durchsetzungswillens zugunsten des Mit-Leidens mit Mensch und Natur... weit entfernt, landet Syberbergs Film mit bitterer Ironie unversehens zwischen Kitsch und Kintopp.«

W. R.: »Im ersten Akt eine halbe Stunde rausgegangen. Gurnemanz... einer der größten Langweiler der Operngeschichte, kongeniale Verfilmung der Oper, sie läßt Wagners Werk so unerträglich, wie es... ist. Nichts wird abgemildert.

Rückgriff auf Darstellungsstil und Bühnenarrangements des 19. Jahrhunderts, auf Kostüme und Dekorationspartikel aus der Entstehungszeit des Werkes, nicht gereinigt oder gerettet, Syberberg nähert sich Wagner mit Demut. Nur eine konventionelle Opernverfilmung. Kopf ... eher unerheblich. Daß diese Szene auf Wagners Nase spielt, jene auf seinem Hirnkasten, man merkt es kaum, vor allem wenn die Kamera näher geht und wenn man es mitbekommt, ist es meistens nicht mehr als eine Spielerei. Die vielleicht wesentlichste Qualität des Filmmachers Syberberg, sich konzentrieren zu können. *PARSIFAL II* hat die Unbedingtheit und den Fanatismus eines BDM-Mädchens, mich schüttelt es, wenn ich sie sehe, mein Unbehagen an der Oper *PARSIFAL*, in dieser Darstellerin vollendet es sich. Meine Abwehr gegen den Film ... Abwehr gegen die Oper. Konservative Oper, die die Ordnung wiederherstellt, sie feiert, modische Bedürfnisse mitbefriedigt, nicht in Frage gestellt.«

Und im selben Evangelischen Pressedienst *Kirche und Film*, Nr. 12 vom Dezember 1982, eine PARSIFAL-Kritik aus der DDR: »Stülpt Schaumgebackenes, kunstversessener Konditor, ein surrealistisches Omelette-Surprise, spekuliert, Nostalgie, Abfallprodukte, geschmacksverwirrte Epoche, intellektuelle Attitude, die vorgibt, zu kritisieren, was sie genüßlich ausbreitet, nicht der einfache Kitsch, spekulativ, Schmarrn mit Zuckerguß intellektueller Ambition, irgendwo gelesen, Einfälle, Fleiß, Geld, in nicht endenwollende Filmrollen verwandelt (»einer der besten Wagner-Kenner der DDR« – Länge der Filmrollen gleich Länge Richard Wagners!), kinetische Gebrauchsgraphik, verirrter Plakatgraphiker, imitiert geschwollenen Bierernst, ein Wagnerianer von der ärgerlichsten Sorte: »Friedrich Dickmann, einer der besten Wagner-Kenner der DDR.« So hat nun wohl doch die DDR noch vor sich, was West-Deutschlands Filmkritik schon eine ganze Generation hinter sich hat. Hinter sich?

247

AZ München. Montag, den 20. Dezember 1982. Zu Walsers *Goethe*-Premiere in Wien: »Wenn Walser in mehreren Zeitabschnitten beschreibt, wie der gute Eckermann sein auserwähltes Genie umkreist, um selber ein wenig daran zu wachsen, und dabei immer kleiner wird, will er uns offensichtlich ein Lehrstück verpassen über Autoritätshörigkeit. Ein fataler deutscher Drang, der dem historisch angezeigten Weg zu demokratischer Selbstbestimmung – das Stück endet nach der 48er Revolution – dumpf entgegensteht. Der kleine Mann braucht seinen Führer. Für Eckermann heißt er Goethe, Schlimmeres wird bei Walser nicht gesagt.« In einem autoritätshörigen Volk, eine schlimme Parole, in einem Volk, das schon Hölderlin bis Kleist beklagten als voll von zynisch-gelangweilter Kunstfeindlichkeit. Dieser Aufruf zum neuen Gehorsam im Protest schafft wahrlich Katastrophen der geistigen Wüste.

248

Und nun endlich der übliche Vergleich Ruth Berghaus – Syberberg. Zweimal *PARSIFAL* zum 100jährigen Jubiläum auf der Bühne und im Film in Deutschland. Berghaus: »säkularisiert, interpretiert Geschichte mit, inszeniert Erlösung nicht in Sicht« (Berghaus! Als ob die Schreiber den Film nicht gesehen und das Buch dazu nicht gelesen hätten). Aber: »Gralsritter obszön, erinnern an SS-Leute, komödienhafte Züge, psychologische Durchdringung.« Das gehe uns mehr an, als Syberbergs mehr archaische Vision und tragische Dimension, konservativer Grundzug. Da haben wir's. Wenn konservativ der Gegenbegriff ist zu Fortschrittlichkeit, jener schnellen, aktuellen, anekdotenhaften Zugriffe der Kneipen- und Kantinenwitze, in deren Regie die Welt zum Gruppengelächter dieser Kreativität wird, wenn diese Fortschrittlichkeit heißt Augen zu und vorwärts, in der Konformität des Vorurteils endend, dann bin ich gerne dagegen, wie man immer es heißt, konservativ oder reaktionär, reagierend auf dieses mit allem Widerstand.

249

Widerstand – ein Diskurs von Böll im Gespräch mit Siegfried Lenz zum 65. Geburtstag. Alle sind dafür. Widerstand gegen Hitler, bravo, gegen *Bild*-Zeitung, bravo. Es kostet nichts und bringt Sympathien bei der Gruppe. Widerstand gegen den *Spiegel*, das kostet, das tut weh. Na? Unbequem? Karriere? Widerstand gegen den Konsum? Wirklich nicht mehr so viel Bilder, Töne reinlaufen lassen? Bekämpfen, schweigen, Stille, ablehnen, was uns umgibt, was Karrieren macht, den neuen Gehorsam, hier werden die Lektionen über die Väter glaubhaft oder lächerlich. Widerstand beginnt im Alltag, immer bei den Verlockungen der Karriere. Mitläuferschaften gibt es heute wie damals. Hier kann jeder seinen Kindern zeigen, wie die Väter versagt haben, anschaulich an sich selbst, ihnen folgend. Und immer wieder der neue Mut der Jungen und immer wieder die traurigen Niederlagen. Im Alltag beginnt's. Auch heute.

250

Prometheus, *Empedokles*, Goethe, Hölderlin, wie wollen wir sie verstehen ohne Kenntnisse von ihrer Existenz, der der Autoren und ihrer selbst. Wie Richard Wagner sich nähern ohne Kenntnisse oder wenigstens Neugier für sich selbst. Das Nicht-zur-Kenntnis-Nehmen der neuesten *Parsifal*-Version aus Verdrängung, Selbstverdunkelung?

251

Spiegel – 20. Dezember. »Die Schaubühne spielt *Hamlet* ... mit gleichmäßiger Aufmerksamkeit, Ausführlichkeit und Geduld ... als würde sich bei solcher Demut die Dichtung selbst, der reine Geist durch das Gefäß der Interpreten offenbaren ...

gerade genug, um den Anschein von großem Theater zu schaffen, gerade genug für das elende Mißverständnis, auch Grüber und die Schaubühne seien nun auf dem Heilsweg, die reine Partitur zu spielen.« (U.J.) Angenommen, derselbe U.J. bekäme nun Gelegenheit, in einer Kommission über nächste Grüber-Produktionen mitentscheiden zu dürfen. Der Kritiker mit dem Scheckbuch als *Spiegel*-Bild der deutschen Demokratie. Erst in der Kultur und im Film offenbaren sie sich ganz wie sie sind. Die Gralsspucker sind an der Macht.

252

Noch mal anläßlich Martin Walsers Goethe-Eckermann-Stück. Und schon kommen die ersten Klagen, nicht genug Entmythologisierung, zu wenig vom Denkmal geholt, aber gegen das Dienen, gegen die Autorität, Gehorsam und Tugenden, was die Zeiten aufgehäuft an Schutt der gefährlichen Anbetung. Bravo. Runter mit dem Sozialismus, weg mit der Aufklärung, vorbei die Solidarität, Fassbinder-Mythos ade. Goethe kostet nichts. Aber hier geht es um Zivilcourage des heutigen Widerstandes. Wo sind die großen Aufklärer unserer Zeit in Deutschland, die die schnellen Demokraten und Karriererationalisten in Frage stellen, die Mythen unserer Zeit enthüllen, diese Bequemlichkeit der Ideologien etwas unbequemer machen. Und wo sind die, die noch etwas Enthusiasmus übrig haben, Freude und Begeisterung am Leben.

253

Die menschliche Wärme als Kategorie. Je mehr die Kirchen leer wurden, um so mehr wurden Autobahnen gebaut. Je weniger Kaffeehäuser, um so mehr öffentlich bezahlte Wärmestuben waren nötig. Und als die Weihnachtsbäume mit elektrischen Kerzen geschmückt wurden, reisten sie ins Ausland, im warmen Süden das zu suchen, was zu Hause verloren gegangen. Es gab immer Menschen, die herzlicher waren als andere, und Herzlichkeit war keine Garantie für Genies. Und je größer das Defizit an Wärme im alltäglichen Leben, um so größer die Sehnsucht – und paradoxerweise Möglichkeiten sogar, es öffentlich darzustellen, aus welchen Gründen und mit welchen Kräften auch immer, in Büchern, Bildern, Kunst überhaupt und auf der Bühne. Der große Menschendarsteller ist und war zu Hause oft klein, und fad zu seinen Kindern. Nun aber, seitdem die Städte kälter und die Betonräume wärmer und die Ersatzenergien der Apparate knapper wurden, sehen sie den Mangel. Was früher aus der Nachbarschaft geborgt werden konnte von Freunden, hier und da geklaut und nie zurückgegeben, selbst von den Dingen, wenn die Menschen es nicht hergaben, in Straßen, Häusern mit Heimeligkeit und Gemütskraft und Familie. Verlacht oft, immerhin Hilfe in persönlichen Notzuständen, wenn man selbst versagte. Aber es war doch immer da und nötig im Gesamtkosmos der Menschen, wird nun so sehr zur Mangelware und zur eigenen Leistung und Kunst selbst, daß das Selbstverständliche, früher Verschwendete und arg Mißhandelte des Bürgerlichen und der spießigen Gartenlaube nun zur Tat eines Genies schon wird, wenn es nur einer noch schafft, ohne Bezahlung und gegen alles und alle, einfach als eigenständige Größe, gesucht und gebraucht wie nichts sonst in dieser Welt heute, in den Menschen, Dingen, Gesten, Arbeit, Leistungen jeder Art, fähig zu sein, jemanden zu lieben, und zu finden, zu halten, wird zur seltenen Leistung eines sicher konservativen Typus. Alle anderen entbehren es schon gar nicht mehr und wieviel Chance endlich und noch einmal für die höhnische Verlachung der unorganisierten, abseitigen, einfach naiv gebliebenen armen Leute dieser Welt, die man schnellstens bekehren muß und wird.

254

Die Deutschen wurden von den Russen Fritzen genannt, der Alte Fritz in Stalingrad besiegt von seinen russischen Stallknechten? Die Ironie der französischen Aufklärung in monarchistischer Autorität von dem Diktator des Proletariats niedergemacht. Welche Phantasie der Realität. Da kommen wir gar nicht nach.

254

Was vielleicht so leichtfertig Befreiung genannt wurde, erwies sich oft und auf lange Zeit dann als tragischer Verlust.

255

Es gibt keine Produktionsleiter, Kritiker oder Filmarbeiter mehr, die reif würden, erfahren und in ihrer Sparte blieben, weil die Verlockungen, selbst sich anzustellen, um die Hunderttausende und Millionen abzuholen, jeden dieser Art einlädt, ein Drehbuch einzureichen und das Produzieren zu beginnen. Der Gesetzgeber erlaubt und fordert geradezu auf, jeden, ohne Vorbedingungen eines Berufs, im Gegenteil, gerade unter Ausnutzung der sogenannten Sparte Nachwuchs oder Frauen auf ganz demokratische Weise, pluralistisch, sich am Kuchen zu beteiligen, der prozentual aufgeteilt wird, weniger nach Qualität als nach Herkunft. Und sie wären ganz schön dumm, wenn sie nicht kämen und weiter ihre Tausende als Wochengage einstrichen. Und die das forderten, lautstark und in allen Lobby-Vereinigungen, sind sie selbst. Es gab noch nie so einen Coup, legal an Geld zu kommen, wie in dieser Generation, mit Gewinnchancen, wie es scheint, gleich Banküberfällen, die unsere Terroristen noch unter Einsatz ihres Lebens riskierten. Und die Sache ist ganz einfach. Nach der Ausschaltung der Publikumskompetenz und -kontrolle braucht man irgendeinen Kameramann, eine Cutterin, die meist nun selbst die Preise verteilen an sich und von anderen zurückerhalten, wenn sie selbst nicht in den geldverteilenden Gremien sitzen, alles auf Gegenseitigkeit, seitdem auch noch die Presse mitverteilt und am Ende an sich selbst. Der Untergangsprozeß der Natur durch die menschliche Geschichte ist gar nicht eindringlicher darstellbar, wo dies konsequent ausgeführte demokratische Auswahlprinzip durch qualitätslose

Massenexplosion das Schlechte neben das Gute in rechtlichen Stand versetzt als gleichrangig und so zum Spiegelbild der gesellschaftlichen Realität wird, als authentischen Zeugen der Zeit gleich Kunst, die Kunst des Jahrhunderts, und das ist der Film, der nun zu Ende geht.

256

Die Kino-Zeit, die Zeit der Projektion, der Projektionisten im Kinosaal, die psychologische Komponente in der Kunst, Geschichte des 20. Jahrhunderts geht nun bald vorbei. Dafür gibt es elektronische Aufnahmen und Wiedergaben, es funktioniert dem Computer und so auch der Natur des Hirns entsprechend durch Strömungen und das ist eine ganz neue Systematik des Denkens, Verstehens, Weltinterpretierens und eine ganz andere Nachahmung von Welt, die zu überlisten wäre. Was noch einmal von LUDWIG bis PARSIFAL in den siebziger Jahren bis zum Anfang der achtziger Jahre mit der Idee der Projektion erfüllt wurde, schon im Studio von der Aufnahme her, bedarf nun neuer Überlegungen, Ästhetiken und Technik.

257

Die Sphinx von Giseh, so hören wir, sei kurz vor ihrem Zerfall. Das Lächeln der Geheimnisse, seit 1926 vom Sand befreit, der sie über Jahrhunderte erhielt, und nun unseren Blicken preisgegeben, stirbt unter der Erosion der Umweltbeschädigung. Der Preis der Erkenntnis ist der Tod des Lächelns der Geheimnisse. Der Preis der Entdeckung ist die Zerstörung.

258

Die Geschichte der drei Heiligen Könige als Reliquien, von Mailand nach Köln gebracht durch Raub, Trick, Triumph geistlicher Macht, Politik. Deutschland, Italien, Frankreich, das sich die Krone Christi schnappte und darum die Sainte Chapelle baute als französische Königskirche und Muster der Gotik, wie die Kölner den goldenen Schrein für die Könige, von den Magiern der biblischen Erzählung zu den Königen geworden. Welche Geschichte, welche Kräfte wuchsen aus der Phantasie.

259

Da gibt es jetzt ein Fernsehprojekt über die Bibel – Altes Testament. Welcher Stoff für ein Buch, welcher Stoff für den Film aber zu zeigen, wie und warum und durch welche Kämpfe und Interessen das wurde, was wir Heiliges Buch nennen. Als Kraft durchaus und vielem vergleichbar von heute, aber mit welcher Imaginations-Würde.

260

Das Heilige Land. Heilig geworden durch seinen Abtrünnigen, wovon die Israelis bis heute leben, leidend und als Auserwählte – die Ambivalenz der Geschichte des Fatums, wie wir es uns machen, aber nicht nur als Geschehen, sondern auch im Wollen, es so zu sehen, in der Kunst als Produkt des Fatums oder als Faktum in den Computern der Wissenschaft, an dem wir gerade daran sind zu scheitern.

261

Tageslauf eines – früher hätte man gesagt – Bohemiens, Aussteigers, Abseitigen heute, Alternativen, Hausbesetzers im eigenen Haus, Dissidenten in demokratischer Gesellschaft wider Willen: Aufstehen zwischen 8 Uhr 30 und 9 Uhr, Frühstück, Baden, dazwischen erster Postärger, Zeitungsamokläufe, in ersten Notizen dieses und die Nacht verarbeitend (Tagebuch). Ernte des Zorns. Im Winter einheizen im separaten Schuppen, etwas Holz hacken, Kohlen, Zeitungen, mühsames Geschäft, aber spüren, wie es warm wird. Gutes Gefühl, niemandem verantwortlich zu sein, niemand, der anschafft, niemand, der auf die

Uhr schaut. Erste Telefonate werden aufgeschoben für Sekretärin nach 11 Uhr, nur nicht über Geld und Termine von Filmkopien oder Reisen oder ähnliches selbst zu reden anfangen. Dann Briefe, Telefonate, Texte, wenn sie da ist. Mittags Nachrichten, zweite Zornesausbrüche, Notizen. Mittagessen mit Tochter, aus der Schule kommend, und Frau und Kaffee plus Sekretärin. Nachmittags, siehe oben, und dann der Fernsehabend, eröffnet um 7 Uhr etwa mit den ersten Nachrichten bis spät um Mitternacht – anderes nicht, kein Buch und dergleichen, keine Leute, zuviel Nachdenken, neue Pläne, alte auswertend, wer angerufen, wer und warum nicht, Geld –, Produktionsprobleme, Schuldentilgungen, schlechtes Gewissen, daß nichts anderes getan als das, Brüten warum nicht, so täglich ein Jahr durch und alle Jahre, durch gelegentliche Reisen unterbrochen, wenn kein Film. Paris meistens, oder New York und Amerika, ab und zu Wien, Rom, Portugal etc. Alle Jahre lassen sie einen Film zu, zwischen HITLER und PARSIFAL waren es fünf Jahre. Ab und zu kommen nun Interviewer, Texte werden gefordert, aus dem Ausland, Fotos, Unterschriften. Überhaupt Texte statt produktiver Aktivität im eigentlichen Film. Briefe, immer wieder Briefe, Geldprobleme, Rechtfertigungen, Abwehr, Reflexionen. Was könnte entstehen, wenn im Team gearbeitet würde, beauftragt öffentlich, wie leben, wenn Verantwortung eines Gründgens gefordert wäre, gerufen wie Kortner oder beschäftigt in Regelmäßigkeit eines Fritz Lang, mit vernünftiger und rationeller Arbeitseinteilung. So eher das Leben eines mittelalterlichen Frühpensionärs, der sich zu schaffen macht, der lästig wird, immer wieder sich aufdrängt, nicht einmal sich andient, eher umtreibt, da keiner es oder ihn will. Und was dann rauskommt, ist ja authentisch das Zeugnis zumindest dieser Existenz in dieser Situation und wohl bestenfalls nicht ganz untypisch oder zumindest von anderen so gewertet, von jenseits der Mauern unserer Grenzen. Und was daraus wurde als Film, als Buch, als Foto, jedesmal wie abgetrotzt diesem Leben, raffiniert alle hintergehend, so die Gratulationen, es wieder geschafft zu haben, diesmal und noch einmal wieder. Das Gefühl, einmal ehrlich, was ist es wert, dieses, das keiner will, abgehakt von der berufsmäßigen Öffentlichkeit, aber gegen die Masse, gegen die Menge, gegen die Mehrheit, die unser Land regiert und den Volkswillen allgemein und in dem Bewußtsein, daß früher die Elite der Öffentlichkeit, die Kritik und Kollegen wußten, in Schutz nahmen, was da war, von Joyce bis Kafka oder Arno Schmidt – hier Gegner auch diese, trotz allem.

262

Der Chef der Gaumont Paris, Toscan du Plantier, er spricht jetzt gerne von »Stratégie du désir« als seinem Arbeitsprinzip und meint damit den PARSIFAL-Erfolg in Cannes, den gegen ihn durchgestandenen – schickt den PARSIFAL gerne in das marginale Abseits, im Zentrum stehen dann wohl die Louis-de-Funès-Filme bis Grand-Opéra à la »Giacomo« Meyerbeer alias Fellini, bis wann, für wen, wozu. Die alten Fragen nach marginal und essentiell. Die Ideologen wie die Box-Office-Demokraten brauchen den Außenseiter als Alibi von Fassbinder bis Achternbusch und Arno Schmidt. Die ideologischen Einschüchterungs-Kampagnen ihrer terroristischen Unsicherheit öffentlicher Meinung in Sachen Mode bis Qualität. In Frankreich ist Aragon, der kommunistische Nationalautor, auch bei den Rechten akzeptabel und immer ein großer Franzose. England hat nur gerechte Siege zu feiern, und in Italien ist selbst Mussolini ein ehrbarer Diskussionsgegenstand des Landes. Aber der größte Imperialist, in Europa nach Hitler eingebrochen, ließ sich von den Okkupierten dankbar in den Schulen Deutschlands feiern, als das Land, das noch nie ein anderes erobert und Voraussetzung war, daß ideologische Siege gewünscht und legal sogar als Befreiungstaten von den Unterdrückten gefeiert wurden. Im Land der Umwertung aller Werte wohl nicht erstaunlich und weltweit Schule machend. Aber nicht Karl Marx war sein Ahnherr, sondern der geschmähte Nietzsche, und wie höhnisch hat es die Weltgeschichte ausgelegt; daß er verrückt wurde, war nur eine Vorwegnahme seiner ernstgenommenen Ahnungen unserer heutigen Gegenwart.

263

Ludwig II. in Bayern. Ein Phantast macht Geschichte durch Kunst. Welch ein Witz des preußischen Untergangs.

264

Wer die Geheimnishaftigkeit des Menschen leugnet, ist gefährlich. Wer damit spielt, sich geheimnisvoll machend, ist unehrlich. Nur wer im Laufe seines Lebens darauf kommt, daß es so ist, weiß alles, was diese Welt gewähren kann.

Sie haben jetzt den Mann des Jahres gewählt, einen Computer. Der große Bruder, wie jeder von uns. Die Könige waren handgemacht, individuell, der Trick der gottbezogenen Epochen, daß sie nicht wie jeder von uns sein mußten. Man konnte seine Ideen, Hoffnungen, Utopien und Träume mit ihnen verbinden, vielleicht die größte aller verlorenen Leistungen der Völker und der Menschheit. (Als Ludwig XV., von dem man sonst nicht viel weiß in den Geschichtsbüchern unserer Schulen, zum erstenmal ein kleines Mädchen sah, das ihm gefiel, schenkte er ihr das kleine Dorf Pompadour, und sie dankte ihm mit den Worten: »Ganz Ihre Dienerin«, Dienerin, ganz.)

266

1. Januar 1983, im Glashaus – die Kamelie blüht. Draußen Schneeregen, durchs Fenster aus dem Haus MOZART in der laufenden Fernsehserie, routiniert im besten Sinne, angenehmer als geschmäcklerische, neudeutsche Filmerei, erfährt das Publikum etwas über die Probleme der Kunstexistenz. Immer gleich, durch Länder und Jahrhunderte und Sparten.

267

Regie-Theater. Die Oper spielt Film oder die verhinderten Filmer. Nur haben sie einen fremden Text und eine fremde

Musik und wollen doch ein Drehbuch machen, mit den Mitteln des Theaters und seines großen Budgets ihren Film realisieren. Das Prinzip ist alt, da gibt es Hitler-Revuen, SPRINGTIME FOR HITLER, WHAT A LOVELY WAR, Panzer plus Verdi und Krüppel statt Gesellschaft, Gesellschaftsszenen zu Händel. Das ist bekannt aus den Filmen, das Montageprinzip seit Eisenstein, nun übertragen in aller Assoziationskraft auf die Divergenz von Ton und Bild. Und dann umgekehrt der Film, der immer gerne Oper wurde, über Melodram, Macht der Leidenschaften und nun bis zur Identität? Aber wer weiß, was er da tut, was das erfordert und wann es gelingt?

268

Wir, jeder von uns ist reicher als Ludwig XIV., mit Fernsehen heute, der Gleichzeitigkeit der Informationen auf Knopfdruck, zu wählen ganze Welten, Kaviar zu haben und Südfrüchte, wann immer wir wollen, und wir existieren schlimmer als der letzte seiner Kutscher, ärmer, wenn wir in die Räume kommen der Seele. Die Armut des Gemüts ist der Preis für den Sieg der Revolution über die Idee von Versailles.

269

Computer-Orchester. Warum nicht einer, den sie vervielfältigen per Maschine, den Chor aus der elektronischen Tube, den Dirigenten als Showmaster für die Fernsehübertragung. Und sei es das beste und exakteste Orchester der Welt aus dem Computer, wozu wären wir dann Menschen, nicht spielen zu dürfen oder zu hören das Nichtexakte, woraus die Kunst kommt, die Fehler überhöhend zur Musik, die wir lieben und mit der wir sterben, wenn sie stirbt. Aus dem Produkt unserer Leiden, die die Irrtümer uns machen.

270

Probleme für Susan Sontag. Auch die große Susan Sontag? Nach Amerika bringt sie, was sie weiß, aus Paris. Und aus New York kommt es dann zurück nach Europa, in die Kultur-Kolonien der besiegten Länder, Deutschland und Italien vor allem. Nur in Paris will man sie nicht wiederhaben, sie hätten es selbst. Abgelehnt, was sie schreibt über Syberberg, Roland Barthes, Benjamin-Diskussionen, Godard, internationale Avant-Garde-Strömungen.

So wie Deutschland nichts aus Frankreich, dem besiegten Land, annehmen kann, und das Französische nun aus Amerika nehmen muß, kann die Übersetzerin des aus Deutschland Kommenden, über Paris nach New York, in Paris selbst nicht leben davon.

271

Als ich Susan Sontag in der Glyptothek vor der griechischen Stele frage – jener Urne mit dem Abschied des Mannes von der Frau –, ob der Ort ihres Grabes sie beschäftige, kommt heraus, von der sonst aus Interviews als stolze und höhnische Heimatlose bekannt, daß das nur ginge mit einem Platz, wo es einen Sinn ergäbe, einen Ort wie Heimat. Und plötzlich fällt so ein Wort wie Neid gegenüber jenen mit dem Reichtum von Haus und Garten, die sich Gräber leisten können dort. Und ich denke an Richard Wagner und Wahnfried, und Susan Sontag wird mir näher als je.

272

Der Landarzt aus dem Bekanntenkreis erhält jedes Weihnachten Geschenke zum Dank für die Hilfe des Jahres. Es ist eine Ansammlung von Dingen, die die schlimmsten Augenschmerzen verursachen, kaum vorstellbar, höre ich. Man vergleiche einmal mit solchen Gesten vor 30, 50 oder 100 Jahren, Jahren der

Armut, wie man zu sagen pflegt, denn wir wissen von unseren politischen Festrednern zu dieser Zeit, es sei der Mensch noch nie so frei und reich und gesund gewesen, wie in unserer. Wozu?

273

In Frankfurt gibt es in einiger Zeit ein Filmmuseum für 16 Millionen DM, Demonstrationsstücke aus der Werkstatt »zum Anfassen«. Das erste Filmstudio von Edison usw. Die in Kassel, anläßlich der alle 4–5 Jahre stattfindenden *Documenta*, in diesem Sommer vorgezeigten vier Räume aus dem PARSIFAL-Film gingen anschließend nach Paris ins dortige Filmmuseum der Cinémathèque. Die *Black Mary*, das von uns nachgebaute erste Filmstudio von Edison, wurde nach dem HITLER-Film zerstört, als der Leiter des Münchner Filmmuseums dafür keinen Platz wußte.

274

Gottesdienste, Religionen, Liebe, alles geht nur so lange, wie man ihnen die Ehre gibt, sie mit eigenen Wünschen, Hoffnungen und Utopien zu belehnen. Projektionen sind Leistungen der Gemeinschaft und des einzelnen. Wer es verliert, wird ärmer. Wer die Kunst verliert, stirbt schon vor dem Tode. Man denke an die Taten und Leistungen des Christentums und der Antike, wie aus der Leistung der Renaissance und aller Klassizismen am Ende Klassik wurde und wie der Glaube einen messianischen Übermenschen manchmal human und große Kunst werden läßt.

275

Wem Land und Leute verloren gingen, das Reich der Realität, wird es in der Phantasie suchen, hat die Chance, ist reif, auserwählt, künstlich zu errichten, was verloren ging in der Realität. Deutschland aus der Geschichte zum Mythos werdend,

Preußen, Berlin, Pommern, Schlesien, Ostpreußen. Das ewige Jerusalem der mittelalterlichen Kirchen...

276

Mythos ist auch Geschichte aus der Phantasie, Erinnerung aus der Tugend der Naivität. Wer gegen Mythos ist, bringt Kunst in Gefahr und Erinnerung der phantastischen Art.

277

Über die Macht von Bayreuth. So viel wurde darüber geredet. Hier ist sie. Man müßte sprechen über Banken, die, wenn sie Ausstellungen zu machen im Begriffe sind zu Richard Wagner, ihre Leihgaben an den Grünen Hügel zurückzugeben gezwungen sind, wenn sie Dinge zeigen, die dem Grünen Hügel nicht gefallen. Von Zeitungen... von Buchhandlungen... Oberbürgermeistern, die nicht kommen dürfen, Schallplattenindustrie, großen Filmkompagnien im Fernsehgeschäft, im Verbund mit den Zeitungsschreibern und Professoren, Dirigenten – plus Sängerprobleme (Boulez, Knappertsbusch, Karajan, Solti, Kollo), und alle Briefe umsonst. Vernunft und Einsicht gegen Macht. Macht im Kunstbetrieb, die so wohl nie, wie ich hoffe, gemeint war.

278

In einer Zeit, wo sie uns alles versaut haben und die Provokation der Kunst zu Geschäften der Bürgerverschreckung verkam und die Aufklärung zur Routine wurde, wie jedes Engagement und jede Leidenschaftlichkeit für die richtige Sache zur Ideologie, und Begeisterungsfähigkeit überhaupt des Passionierten verteufelt wurde und Solidarität zum neuen Gehorsam, zum modischen linken Gestus eines neuen Kults des Konformismus, und wo die Freiheit zur Perversion wurde und Demokratie zum Dogma. Wenn Demokratisierung Befreiung zum Untergang bedeutet, des Menschen Befreiung von den Regeln der Natur und unendlicher Verlust alles bisher Gewordenen und Gedachten und Errungenen, wie als Ziel, das uns aufgegeben ist, uns zu Ende zu bringen durch uns selbst, da jede Beschäftigung, Arbeit also, zur Selbstentfremdung wurde mit dem Gelächter oder abschüttelnder Gleichgültigkeit gegenüber jedem Hinweis auf den alten Weg als Ziel, da muß jede Arbeitsfreude als Privileg erscheinen und die Kunstleistung wie eine Idylle des fernen Himmels vergangener Erinnerungen, diejenigen aller Schrecken im Gedächtnis einschließend, und da muß der errettende Mythos der Frau, deren Angstdämonisierung zu Klozeichnungen des Fortschrittzeitalters wurde, uns wie unerreichbare Schönheit erscheinen, wenn wir noch einmal die Kraft haben, uns zu besinnen für den kurzen Augenblick des Kunstmoments.

279

Als die Berliner Presse nach Toscaninis *EROICA* mit den Berliner Philharmonikern jubelte, so habe man das noch nie gehört, heißt es, sei Furtwängler erschüttert gewesen, nicht sauer oder traurig, neidig entstellt, sondern erschüttert, sagte einer seiner Philharmoniker, »denn er wußte soviel mehr über Beethoven«.

280

Und in derselben Radiosendung erzählt Frau Elisabeth Furtwängler, wie er sich für Hindemith verwandt, und welcher Ärger mit Goebbels. Und als Hitler und seine Leute dann Versöhnung zeigten, indem sie vorne in die erste Reihe kamen, seines Konzerts, und Furtwängler wütend und ohnmächtig, statt des Hitlergrußes, sich verbeugte und am Ende Hitler, um dieser absichtsvollen Geste, etwa noch einmal wiederholt, zu entgehen, wie Hitler schnell vorging und die Hand gab mit viel Beifall. Da demonstrierten die Berliner nachher in großer Entschiedenheit, was sie wollten und dachten darüber, dieselben Berliner, die sonst an den Hitler-Straßen flaggten. Auch das ist zu ertragen und zu verstehen. Und wie sie ihn dann nach 45 straften mit Verboten, weil er blieb, wie er war, und gestraft, von wem wohl...

281

Letzte Worte. Kurz vor seinem Tod, Furtwänglers Worte über den gewaltigen Schatz des guten Publikums und was für ein Verlust, wenn er durch Vorurteile irregemacht wird und alles kaputtgeht. Er sagte es besser.

282

In der *AZ* eine Silvesterumfrage, am Ende: mit welchem Kritiker ich gerne ein näheres Verhältnis einginge. Den Witz aufnehmend, machte ich einfach Gebrauch vom Platz für PARSIFAL und hätte eigentlich schreiben müssen: Wenn ein kleiner, vor drei Jahren noch unbekannter Arbeiter und ein Papst ohne Armeen eine Weltmacht voller Atomraketen hindern können, so zu handeln, wie wir es aus Prag, Ost-Berlin und Budapest kennen, ist noch Hoffnung, Hoffnung, daß der Geist der Erkenntnis noch etwas vermag zu guter Letzt, um die Welt der untergehenden Pflanzen und Tiere vor unserer Unterdrückung und Ausbeutung und dem Imperialismus des Fortschrittswachstums unserer »Bedürfnisse« zu retten.) Man hat es nicht gedruckt, das eine nicht wie das andere. Erstaunlich, und wie alles Negative auch sein Positives hat, daß allein die Macht der Meinung der Denkenden, Fühlenden der Mediensysteme, die diese Meinung verwalten, daß diese Macht so viel vermag.

Schönes Bild in der Zeitung *(AZ)* zum Beweis, daß Düsenjäger über das Grab von Rudel flogen. Nicht Grab plus Flugzeuge, sondern Trauergäste, die nach oben starren. Schwer zu verstehen, daß ein guter Mann, Handwerker, Sportler seines Fachs auf der falschen Seite stand. In Deutschland nicht gerne akzeptierte Realität. Die unproduktive Irrealitätssucht, die sie ihre Geschichte und ihr Leben nie zusammenbringen läßt.

283

30 Kopien liegen im Haus, bis 1 Zentner schwer pro Stück. Wöchentlich rein- und rauszuschleppen, bis ich 60, 70, 80 Jahre alt werde, und wie viele Filme noch? Leben?

284

Christus als Modellfall, durch den sich die göttlichen Gebote unserer Hoffnungen realisierten, immer wieder von neuem, und soviel der besten Wünsche und Energien in den Kirchen und Religionen, das sich niederschlug, bis es schal wurde und nicht mehr trug, half und taugte als Reflex dieser Welt-Träume. Aber was für eine Welt, die aufhörte, zu träumen.

285

Warum zeit meines Lebens dies Betteln, diese Vorwürfe, daß ich noch da sei und schon wieder, warum in eine Reihe gestellt werden mit gerade von der Schule entlassenen Oberprimanern, die ihr erstes Liebesgedicht in ein Drehbuch preßten und die oft nur auszeichnet, weil sie der Mode entsprechen, weil sie sich einfallen lassen, schwul zu sein oder eine Frau zu sein betonen, oder überhaupt ohne Erfahrung und Konkurrenz sind und so als pluralistisches Faktum Nachwuchs dienen. Wäre es denkbar, daß ein Solti oder Rubinstein jedesmal sich einreihen müssen, Prüfungen ablegen unter 60 Journalistenkollegen-Gremien, Konzerthaus- und Theaterbesitzern oder Musikfeuilletonisten, bevor sie anfangen dürfen, überhaupt aufzutreten. Was glaubt man, würde da geweckt an Neid, Haß, Revanche, Akademismus, Ideologien selbst gegenüber den Bewunderten und Verdienten. Das heißt den Menschen überfordern, hier noch mehr als Zufallsurteile zu erwarten, und man bedenke, sie müßten vorher modische Erklärungen abgeben mit Regieanweisungen über den Stil ihrer Arbeit, Kalkulationen über die Kosten, ohne Garantie, ob es jemals auch zum Auftritt käme, eingebrockt von denen, die per Mehrheit nur auf diese Weise überhaupt eine Chance hatten, einmal ranzukommen, sich die Taschen vollzustecken, oder sich selbst zu verwirklichen. Als ich Susan Sontag frage, ob sie sich vorstellen könne, daß 60 ihrer Kollegen, Kritiker, konkurrierende Verleger, die sie abgelehnt oder die von ihr abgelehnt, in vier verschiedenen Gruppierungen über sie zu urteilen hätten, bevor sie anfangen dürfe zu arbeiten, blieb sie stehen, konnte es kaum verstehen und sagte nur *»the hell«*. Und auf Film bezogen *»but we get nothing«*. Das ist das Problem, das ist der Trick, mit dem sie uns hier unterdrücken. Dies oder gar nichts. Das System selbst schaffen, um es zu unterlaufen. Aber was geschieht mit dem, der gewillt und gewohnt ist, zu arbeiten, ohne durch Korruption erpreßbar gemacht zu werden?

286

In einem Interview bezeichnet Georg Solti das *RHEINGOLD* mit Peter Stein als das größte Desaster seines Lebens. Auch andere urteilten nicht sehr milde. Peter Stein, der sonst so trainierte, vielleicht hier ohne die Hilfe des Teams von zu Hause, mußte vielleicht gerade und sicher nicht ohne Zufall an Richard Wagner scheitern. Die Deutschen dieser Generation haben immer ein schlechtes Gewissen, wenn Wagner ins Spiel kommt.

287

Vor ein paar Jahren versuchte ich in einem erwünschten Antrag beim Innenministerium jene Gelder freizubekommen, zu aktivieren, die bis dahin blockiert festlagen, welche Willy Brandt einer deutschen Nationalstiftung zukommen lassen wollte. Ich beabsichtigte, mich der Mühe zu unterziehen, ein Jahrzehnt lang Filme über wichtige Alte – die inzwischen fast alle gestorben sind –, von Scholem bis Kahnweiler, herstellen zu lassen und notfalls selbst zu machen. Von den Besten über die Besten (siehe *Cahiers du Cinéma, Special Issue* 1980) und womöglich ergänzt durch die 10 EWG-Staaten, jedes Land 10 pro Jahr, ist gleich 100 in einem Jahr, und das ist 1000 in 10 Jahren. Europa, wie es stirbt oder eben nicht oder nun gestorben ist. Das Geld – 32 Millionen der Nationalstiftung damals –, es wäre nur 1 Million pro Jahr nötig gewesen und 10 Millionen also in 10 Jahren, ist zu einem Drittel verbraucht, wie ich höre, in irgendwelche bürokratischen Einrichtungen, soziale Alibi-Aktionen geflossen, einfach weg. Wofür? Wofür leben, sterben, Politik, Regierung, Selbstachtung, Ehre, Lüge, Betrug, Demokratie und alles, was einem so in den Sinn kommt. Und es bleibt Wut, unsägliche Wut, nicht nur über die, die es verhinderten oder gewähren ließen, sondern auch über die Öffentlichkeit, die ihre Pflicht nicht wahrnahm, darüber zu berichten, zu mahnen, was man dann öffentliche Meinung und Presse als Faktor dieser Demokratie nennt.

288

Freiheit der Kunst. Und noch mal und gerne Mozart. Der Schulbuchkünstler der Armut mit guter Gelegenheit, aristokratische Verhältnisse zur Revolutionsnotwendigkeit zu führen. Ob er 20 Prozent Eigenkapital einsetzen mußte, um aufgeführt zu werden? Seine Gage zurückstellen, um komponieren zu dürfen? Zwei Drittel der Mittel von woanders herbeibringen mußte, um das eine Drittel zur Realisierung seiner Kunst vom damaligen Staat zu bekommen? So sieht das Ende der Freiheit des Künstlers nach der Revolution aus. Sein Publikum habe gesprochen während seiner Konzerte; aber doch wohl Menschen allen Alters, in Kleidern, die zur Selbstachtung erzogen, und in Häusern, die Häuser waren mit Wänden aus Stein und Holz. Er habe gehungert, wofür – glaubt man heute wirklich – hat er seine Musik geschrieben? Welche Revolution befreit uns von unserem Stolz der Sattheit? Die Räume sind gewärmt, und es frieren die Herzen wie nie in der Geschichte der Menschheit nach der Befreiung von der Welt, die Mozart hervorbrachte. Es gibt keinen mehr, der das versteht, und das ist der böseste aller Racheerfolge der Natur.

289

Ludwig XIV. im Fernsehen (Sacha Guitry). Mit Frankreich vermählt, Schau-Essen vor den Hungernden, die vorher standesgemäß angezogen mit Degen, ohne Angst, daß sie ihn umbrächten, die Hungernden den Essenden. Er tat es für sie. Neid war jenseits dieser Welt, die davon lebte, daß einer das hat, was sie alle wollen. Und dessen Mehr und Luxus und Genuß die anderen nicht satt machte in der Realität, wohl aber in der Phantasie, und die Phantasie war ihnen lieber, wenigstens das. Versailles als Modell ihrer Existenz, das unerreichbare Märchen, aus dem sie lebten. Was früher *Ilias*, *Odyssee*, *Göttliche Komödie*, Shakespeare, St. Peter, Chartres, *Faust*, Mozart und *RING*, nun alles zusammen zu Film geworden. Im Mythos des Abendlandes? Aber mit welchen Opfern. Vorbei?

290

Trotz aller finanziellen Enge mit und nach diesen Filmen, es wurde streng darauf geachtet, daß die Eintrittspreise angemessen, eher ungewöhnlich hoch waren, wegen der vierfachen oder sonstigen Überlänge, daß die Presse gleichrangig zahlte, wie ich auch nie ohne Gehalt gearbeitet habe, wenn auch im Vergleich zu anderen zu Mindestpreisen, verteilt auf die Jahre davor und Nachbereitungen; keine Werbung, um nicht die falschen anzulocken und ungewohntes Risiko einzuleiten und das wahre Interesse zu ermitteln, ohne Konkurrenzversuch mit den Mächtigen, nicht um Aufführungssubventionierung angesucht, auch noch diese Werbungsverzerrung, und erst dann mitgemacht, wenn wirklich Interesse da war, und trotzdem alles getan, um Hochmut zu vermeiden, bis zur Selbstüberwindung, mit eigenen Gegnern gesprochen bei Zeitungen, um mir nicht nachsagen zu lassen, nicht alles versucht zu haben, was nötig und legitim ist, alle Leser und Hörer, Zuschauer, die möglichen, zu informieren. Prinzip war, finden lassen, nicht Köpfe zählen, aber zugänglich machen. Und das ist nicht so einfach. Es hat seinen

Preis – rar machen, aber mit Wert und offen sein, gegen Fließbandprinzip für altem Handwerk vergleichbare Arbeitssysteme von Herstellung bis Anbieten, Repräsentation und gleichzeitige Qualität im kleinen Detail. Das Ganze zählt am Ende, nicht die Teile, die Teile aber erst machen das Ganze. Auf dem Gut des Vaters gelernt, was in den Theaterwerkstätten des Filmstudios wiedergefunden. Zusammenarbeit, jeder für sich und alle zusammen. Der Jahreszeiten Risiko bedenkend und mit allen Hoffnungen und das Gute des allgemeinen und einzelnen fördernd, Freude bei der Arbeit. Nur wer sie verschafft, kommt durch, und am Ende ist die Lust wichtiger als die Statistik des Erfolgs, und da bin ich nicht so sicher, ob nicht der alte Vater in seiner Aktivität überlegen war, eine souveräne Aktivität des Alltags, die er sich noch leisten konnte.

291

Diese Toscans sind der Grund, weshalb die Französische Revolution gemacht wurde. Die Launen der alles opfernden Brillanz und Bequemlichkeit. Koketterie ohne Leidensfähigkeit mit Anmaßung der Omnipotenz vulgär-aristokratischen Hochmuts. Gaumont rettete durch seine Musikaufnahme zumindest den PARSIFAL-Film. Ich fühle mich wie vom Fluch der Undankbarkeit verfolgt gegenüber dem bequemen und launenhaften Vater, der seine Laune geändert, da ihm der Sohn unbequem geworden.

292

Und in Deutschland wie immer die alte Angst vor dem Genuß, das schlechte Gewissen vor den Freuden, die alte deutsche Kunstfeindlichkeit der Nach-Hölderlinschen und -Kleistschen Zeit nun endlich mit moralischem Alibi durch den Vorwurf, auch Hitler habe Kunst berührt, Schönheit, Begeisterungsfähigkeit, Repräsentationslust und Pflicht zu seiner Sache gemacht, wo dann allenfalls noch die Erziehung zu ihrer Abschaffung geduldet wird. Und dann noch mit dem Stolz einer Rechtschaffenheit, nichts von alldem zu verstehen.

293

Im Suk, höre ich im Fernsehen, von Kaisuan werden die kostbaren Teppiche Tunesiens verkauft, 10 Prozent erhalten die eigentlich knüpfenden Frauen, nicht mehr für sie. Wieviel erhalten bei uns diejenigen in den Theatern oder sonstwo, die die eigentliche Kunst machen, von den Produktionssummen, den Millionen, wie wir in den Zeitungen lesen? Wieviel schmarotzen die Verwalter? Und es ist nicht nur eine andere Form der Ausbeutung. Das wenigste Geld in den Filmen sieht man, das andere fressen die Gewerkschaft, Kopierwerk, usw. Darum gehen alle offiziell zugestandenen Handlungsunkosten, jene dürftigen 7 Prozent aller meiner Filme in eben das, was man sieht, als Beitrag an diejenigen, die das nicht sehen wollen. Es ist das Geld, von dem wir eigentlich leben sollen. Es ist das, was die Filme berühmt macht, auf Kosten des Ausgebeuteten und das bin ich durch mich selbst. Wie lange noch ist das möglich. Die anderen verstehen nicht, sie leben von den über die Handlungsunkosten hinaus abgezwackten Geldern, wovon das ganze System lebt, damit auch die offiziellen Erpresser der offiziellen Geldgeber davon leben, daß es die anderen nehmen. Kunst lebt von Ich-Realisierung, aber immer durch, mit, in anderen.

294

Von keinem der Filme aus unserem Haus war es möglich, auch nur die üblichen Handlungsunkosten freizuhalten für Büroarbeiten zwischen den Filmen. Nur die früheren Dokumentarfilme mit spezieller Technik machten dies Überleben möglich. Und zwischen HITLER und PARSIFAL der Preis aus Bayern. Was, wenn kein Preis wie der, keine Dokumentar-Filme und alle W. W.s tot?

295

Die Romantiker pflegten große Ruinenbilder zu malen (›Eldena‹ von Caspar David Friedrich z.B.). Mich nennen sie einen Romantiker. Was die Romantiker damit wollten, war wohl weniger Besinnlichkeit oder Culture morte, es war die sinnlich bewegte Assoziierungskraft; man schließt die verschiedensten Schichten und Linien von Gedanken und Gefühlen zusammen, Tod plus Geschichte plus eigener Zustand, Kunst und Leben. So wohl bin ich zuständiger als andere, und es ist eine alte Tradition von Barock und Mittelalter und Antike.

296

Peter Stein heute in einem langen Interview *(AZ)* über Film: Gelegenheit für Schauspieler, Gesichter und Kamera, und er, dessen Edith Clever überall als die größte Lebende ihrer Art beschrieben, schwärmt von amerikanischen Larven, linsensprengendem Face-work (welche Möglichkeiten in Schauspielern stecken, Ausdruckskraft und Exzessivität) aus Casavetes-Filmen, dieser bestenfalls abfotografierten Natur ohne Kunst.

297

Die 10 besten Filme in *Sight and Sound* wieder angeführt von CITIZEN KANE. Welch ironische Verkürzung psycho-analytischer Erkenntnisse in dem Kitsch der Filmindustrie Hollywoods. Die ganze Vulgär-Ästhetik Hollywoods vereint sich hier in dieser Story nach dem Prinzip »say it in one word« – das Leben eines Menschen. Also muß es bekämpft werden, so leid es tut. Und in der Liste dieser 10 besten von 400 Personen aus aller Welt kein Méliès, kein Griffith, kein Hitchcock, kein Stroheim, kein Chaplin und hört 1960 auf. Welche Vereinfachung einer Weltidee des 20. Jahrhunderts, diese Suche nach dem letzten Kern dessen, was uns treibt. Diese »rosebud« nur als eine Linie eines Menschen, und wo bleibt die Geschichte, die Länder, die Welt.

Nur eine Anreihung von ein paar Interviews und Fragen. Mit diesem Bild von Film haben wir schon lange nichts mehr, das heißt meine Figuren und Filme und Ideen, zu tun. Logischerweise gibt es da unter den 10 besten Filmen SINGING IN THE RAIN und nicht ALEXANDR NEWSKI oder IWAN.

298

Gestern noch spät im Fernsehen ein Film zum Tode Rubinsteins. R. kauft einen Bechstein-Flügel – guter Grund für einen Film, läßt alle Dummheiten der Kamera vergessen –, sonst nichts, reden, Zufälle. Ein Mensch in der Musik, und was für einer. Das Wort Hobby weist er zurück, das ihm irgend jemand hinschiebt – etwas für alte Schuhe und Schlüpfer (Fetischisten), er zieht Passion vor für das, was er außerhalb der Musik tut und seinen Geschäften. Alte Zeit und Menschen. Vorher auf den anderen Programmen zwei Experten aus Amerika über Raketenfehlalarm, zuletzt an die 80 im Jahr und jedesmal nur Sekunden, zu überlegen, ob es losgeht und wenn, dann fliegt die ganze Welt in die Luft. Fehlerquote, Computer, Menschen, verschiedene Launen, Zufälle. Es ist Wahnsinn und nicht einmal das. Es geht über die Dimensionen der Verantwortung, für die der Mensch gemacht ist, weit hinaus.

299

Peter Paul Zahl, der Heros der Terrorsympathisanten unserer Medien, nun frei. Und was sagt er? Amnestie für alle, noch nie hätte das Absitzen der Zeit einen gebessert. Auch für Heß? Auch für Heß. Und überhaupt: die autoritäre Personalentscheidung eines FJS in der Liberalitas bavariae ziehe er vor, der sturen Gerechtigkeitsmaschinerie der sozialdemokratischen Juristen in Nordrhein-Westfalen. Es kommt immer anders als man denkt. Menschen. Auf sie ist kein Verlaß. Der Heros hat sie reingelegt, manchmal sogar menschlich, und darauf setzt er, gegen alle Geschäfte der Sympathisanten mit ihm.

Gesetze sind die vereinfachte Richtschnur des Gemeinsamen, des Ganzen, und oft in der Hand der Bürokratie bis zur mechanischen Ausführung eingeengt, und darum stehen sie immer zur Disposition für den Kampf des Individuums, sowohl im Richter als auch im Opfer oder des neutralen Dritten, deren Verantwortung aus diesem Grunde alles Gemeinsame noch einmal bedenkend, auf besondere Weise gefordert wäre.

300

Immer wieder wurde ich gefragt, wie schon nach dem HITLER-Film, nun also nach dem PARSIFAL, was nun, wie es weitergehen soll. Und sie wissen alle, es kann nicht die Rede davon sein, irgendeine Geschichte zu erzählen, irgend etwas wie sonst. Und sie wissen, daß es die Spannung der Reihung ist, dieser Filme, wobei das nächste Kapitel schon durch sein Thema, seinen Titel die Interessenten mehr erregt, als die Durchführung und die Kenntnisnahme, fürchte ich. Aber ohne diese Neugier als schicke Ablenkung vom Wesentlichen mißdeuten zu wollen, es ist genau das, worum es geht. Was kann nach diesem HITLER und der List, danach diesen PARSIFAL gesetzt zu haben, das Weltabschlußwerk Richard Wagners, und fortgesetzt in unsere Zeit in diesen Untergang, legitimerweise 20, 30 Jahre nach Beckett-Endspielen, nun kommen. Und es geht um dieses Jenseits, von dem alle diese Filme bisher lebten in ihren Fragen, der Art, wie sie aufgeworfen wurden und immer weiter, wie, wer, was spielen in dieser Maskierung jenes immer wesentlichen Jenseits der üblichen Dinge.

301

Abschied vom Kino-Film. Als Filmhersteller eine gescheiterte Existenz, wie alle rundum. Ohne Publikum und alles andere eine eitle und raffinierte Farce des einschüchternden Kaisers ohne Kleider, sich demokratisch, ideologisch anbiedernd, für Kunst ausgebend zum Überleben, zur Rettung. Nur hier wird es zugegeben. Ich weiß es. Es ist beabsichtigt, dem allgemeinen Bankrott keinen neuen hinzufügen zu wollen. Nur jenseits dessen, was diesen Markt der Einschüchterungen betrifft, ist noch zu verantworten, was ich tue und wofür ich Anhörung und Unterstützung verlangen darf. Und das ist eine Existenz aus Regie-Interessen, und das heißt hier, Bild, Bewegungseinfälle, Montage der Zitate und was aus dem Abfall der Jahrhunderte zufällt als Ausstattung, wie es die anderen nennen, zu organisieren, von geschichtlichen zu neuen Einheiten einer Heiligkeit reliquienkräftiger Assoziationen, Strömungen und Leitlinien der geistigen Essenz unseres Lebens. Nach dieser Art von Regie oder in ihren Interessen gewisse Autorenschaften und Texte, Produktionsaufgaben und Verleihübernahme, und das heißt, Versuche, das alles überhaupt zu ermöglichen, in der Qualität, mit den Geldern, die dafür gegeben wurden, maximal und in Relation zu einem interessierten Kreis, der zu finden und zu aktivieren ist, immer neu und an anderer Stelle. Dazu alle Interpretationspflichten, alles was sonst die Universitäten täten, später, ästhetisch-logische Gesetze zu einer politischen Erkenntnis zu vermitteln, die Theorie liefert zu dem, was getan werden sollte, vor der Öffentlichkeit unserer Medien, und getan ist, jenseits dieser Grenzen, und das nun selbst getan und mit aller Polemik, wenn nötig, den Überlebenskampf der neugeborenen Kinder dieser Erkenntnisphantasie und Monstren dämonisierter Einfalt zu garantieren, das was eigentlich die Kritik täte. Nun auch gegen sie, mit der schwierigen Last, zu erkennen, warum das alles, warum dieser Widerstand, ein Warum, das es aufzuklären gilt, schmerzlich, mit dem traurigen Ziel, den Zustand dieses Deutschland zu ergründen. Es ist ein Weg vom Existenzkampf des Ego zur Einsicht in die Gesetzmäßigkeit, was ich den Bankrott oder Untergang nenne, auch nach den Formeln des Tragischen und Lächerlichen alter Art, aber auch wie aus dem Verlust ein Gewinn werden kann, persönlich und im Ganzen, wie der Verlust des Reichs erst uns den Mythos der Erinnerung brachte eines Deutschland, das so nie gewesen. Und was als Filmexistenz gescheitert, ist in der asketischen Eremitage unserer Ruinengesellschaft möglich, wie Montaignes Botschaften an die Freunde, weit jenseits eben dessen, was Film sonst vermag und immer noch glaubt, tun zu können und zu müssen.

302

Hat je einer einmal überlegt, wovon er lebte zwischen den Filmen und wofür?

303

Demokratische Zensur. (Wie oft schon?) So wie die Dinge jetzt stehen, wäre es möglich, einen Film zu machen über einen Minister in der BRD wie z. B. über einen Ludwig XIV.? Es wären alle Politiker der Gremien dagegen. Oder einen Film über einen etwaigen Flick-Fall der Mediengeschichte, an dem schon der *Spiegel* scheiterte, also selbst der, der Regierungen und Minister fällte. Es wären alle Fernsehleute der Gremien dagegen. Und man stelle sich vor: ein Stoff à la 1984, als Filmidee geboren und entwickelt. Er würde von allen dabeisitzenden Journalisten der geldverteilenden Gremien geklaut. Das ist der Pluralismus, er verhindert, aber eitel und selbstgerecht, wie keine andere Epoche der Kulturgeschichte, jede Veränderung gegen sich selbst. Noch nie hat es eine Gesellschaftsform gegeben, die moralisch und gesetzlich abgesichert, sich so ihrer selbst sicher war, wie die der Demokratie. Sie haben die Gegner geköpft früher, aber gerade dadurch den ethischen und geistigen Widerstand gefördert. Die scheinhafte Liberalität und ihre Rechtlichkeit betrügt den Sinn unserer sich selbst immer verändernden und dialektischen Existenz.

304

Wenn nicht in diesem Beruf gefangen, so würde ich vorschlagen, eine Werkstatt in Fabrikgröße mit allen Handwerken als Leistungsbetrieb zu gründen. Schreiner, Maurer (Putz), Anstreicher mit alten Farben, Schmiede, Schuster, Stukkateure, Bäcker, alles und mit alten Materialien und Gebräuchen. Die Alten, die das noch wissen, müßte man holen und die Jungen sammeln und die mittlere Generation vergessen. Und wer keine Lust hat mehr an seinem Gebiet, lernt beim Nachbarn, wie in alten Theaterbetrieben oder Dörfern oder alten Gütern und Dombauwerkstätten. Zellen alten Wissens, aus der Hand kommend mit Phantasie aus der Realität und Materie, die auszuleihen wären, fortzupflanzen an andere Orte, und die Alten arbeiten, bis sie keine Lust mehr haben oder solange sie können, ein wenig zuschauen, wie Erfahrung nicht in Schnellkursen oder am Computer zu lernen ist, sondern aus den Fehlern, aus denen eine liebevoll wachsende, wachende Klugheit des Alters hilft. So auch können die anderen an den Computern erträglicher werden als Nachbarn und nicht als Okkupationszwänge der Zeit. Arbeit? Arbeit als Spaß und die Preise nur, wie zu errechnen plus zu rechtfertigendem Gewinn, ohne übertölpelnde Elitegebärden, und Arbeitslosigkeit wäre eine Unbekannte wie in gesunden Organismen der Gesellschaft.

305

Gestern abend Fernsehen – Protest in Israel. Berichte der Journalisten und Offiziere trotz Zensur von Folterungen, Erschießungen, Protesten, Ausschlüssen aus der Armee. Einer sagte, wie er gelernt von der Zeit in Deutschland, daß die Leute nichts getan, weil es doch nichts ändere, und so stände er nun auf der Straße, Flugblätter verteilend, ohne etwas zu ändern, nur für sich, nur für sich? Hitler in uns? Auch in Israel, aber nicht Nazi-Deutschland. Man protestiert, schämt sich, weigert sich, noch während die Dinge passieren, zu hunderttausenden, nichts ändernd, nichts ändernd? Ob legitimierte Diktatur oder moralisch illegitime Demokratie der Mehrheiten unseres Jahrhunderts. Aber doch, wie stolz auf die einen und welche tragisch-traurige, kümmerliche Scham im anderen Fall. Wie man scheitert ist wichtiger, als daß man zum Scheitern gezwungen wird.

306

Durchbruch. Na endlich, höre ich am Silvesterabend von der alten Sympathisantin in Deutschland und sehe mich lächeln, um ihre Laune nicht zu stören. Etwa nicht? Eine Liste der Wünsche, noch mehr? Eigentlich nur die sympathisierende Neugier von jenseits unserer Grenzen, nur das, etwas Gleichheit und Brüderlichkeit ihrer vielgenannten Freiheit vielleicht. Zuviel, schon selbstverständlich?

307

Angenommen, wir hätten Geld, Lotto, großer Erfolg in irgendeiner Sache, Erbe, – aus, Beruf aufgeben. Nur als arme Bittsteller dürfen an Oper und Theater meine Kollegen Regie machen? Der deutsche Film ist etwas für Bedürftige mit Verpfändungen der großmütterlichen Strumpfsäcke.

308

Der Verlust des Paradieses ist die Voraussetzung für den Gewinn seines Mythos in der Erinnerung. Wo bin ich gewesen und was nie und was wir nie gehabt und woraus alles kommt, das uns treibt. Erst der Verlust des Reichs gewann uns Deutschland? So die Monarchie in Österreich? Die Liebe? Und die Geschichte der Kriege in Epen, und das ewige Jerusalem hatte seine Chance durch die Jahrhunderte alte Kultur des Europa nur in dieser Erinnerung, an was?

309

Zur Bankrottsituation Film. – Jeden Abend spielt Edith Clever, die Kundry des PARSIFAL, vor vielhundertköpfigem Publikum im Theater der Berliner Schaubühne das komplizierte Stück *Kalldewey Farce* mit viel Applaus. Und noch die mieseste Routine-Oper ist mit mehr als 1 000 Plätzen ausverkauft in jeder Aufführrung in München. Und Richard Wagner, selbst als Puppenaufführung in München im Münchner Marionettentheater bei vollem Haus bekommt Applaus, wie wir noch nie. Der PARSIFAL-Film aber, jede Woche nur einmal, vielgerühmt von allen Wichtigen rundum, hat Mühe mit derselben Edith Clever, wie noch nie gesehen, mit demselben Richard Wagner in hochgepriesener Musik-Interpretation und in demselben Film, der in Rom bis zu 8 000 Zuschauer fand an 2 Tagen und in Barcelona über 2 000 in einer Nacht, in Opernhäusern und auf offenem Platz, und der in Cannes – selbst zwischen Mitternacht und Sonnenaufgang – noch am Ende Hunderte festhielt. Er hat Mühe, auch nur ein Drittel des Kinos, dem einzigen in Deutschland, in dem er gezeigt wird, zu füllen, ganze 60–80 Zuschauer zu finden, in einer Stadt wie München. Was ist da los?

310

Interview mit Festspielzeitung *Berliner Festspiele 1983:* Warum Video, die Befreiung von der Bevormundung der großen Systeme: Fernsehen (der LUDWIG-Film bisher nur mitternachts gezeigt, der WINIFRED-WAGNER-Film auf 4 Wochen verteilt, der HITLER-Film in Bayern überhaupt nicht und der HIERNEIS-Film 30 Minuten gekürzt), und unabhängig vom Verleih und Kinodiktat, wieviel Leute kommen, wo und wann. Wir können Freiheit gewinnen durch Eigeninitiative wie bisher noch nie, seitdem es Film gab. Wir, die das machen, und die, die das sehen wollen. Es werden mehr sein als die, die bisher ins Kino gingen. Und vor allen Dingen die Wichtigen, die, die gewohnt sind, sonst Bücher zu lesen, ins Konzert zu gehen oder Bilder in Museen anzuschauen, konzentriert und nachdenklich.

311

Kunsterhöhung ist ein Ziel, aber die Realitätsnähe die damit verbundene Aufgabe.

312

Zu den Grünen folgender Fall: Nach hohen Gewinnen bei der letzten Landtagswahl in Bayern stehen ihnen, wie allen Parteien, 3,50 DM pro Wähler zu, das sind 1,7 Millionen DM, aber nur nach dem Nachweis der Ausgaben dieser Gelder, die sie vermieden zu investieren, damit sie nicht abhängig würden oder weil sie nicht wußten, wieviel Erfolg sie haben würden und im Sinne einer sparsamen Wirtschaftsführung, die sie von den regierenden Parteien unterscheiden soll. Der Entzug dieser Gelder für den kommenden Bundestagswahlkampf ist nicht nur Rache für deren bisherige Vorwürfe gegen die teuren Gebaren der etablierten Parteien und bedeutet Benachteiligung der Sparsamen oder Armen und Neulinge, es ist Aufruf zur gleichen Abhängigkeit von der Finanzwelt, d. h. den Lobbies, die gerade zu bekämpfen waren. Diese Abhängigkeit vom System kostet Freiheit und Unabhängigkeit. Wer aber weniger Geld zur Propaganda oder Werbung hat, wie sie sagen heute, wird weniger Stimmen haben, was beabsichtigt ist. Die Demokratie schützt sich vor sich selbst.

313

Die Kunst-Leistung zielt auf eine Erhöhung des Lebens bei gleichzeitiger Verpflichtung zur Realitätsnähe. Die Qualität wird darin bestehen, wie weit es der Kunst gelingt, beides zu kombinieren und abzuwägen. Sie wird nach Stil und ästhetischen Absichten bemessen werden dürfen, wie weit sie diesen beiden Ansprüchen gerecht zu werden versteht. Der Mythos der Erinnerung ist eine Leistung der Phantasie des Volkes oder der individuellen Künstlererscheinung, vorneweg oder zusammenfassend. Wer die Geschichte oder sonstige Wissenschaften dazu benutzt, zu entmythologisieren, aus welchen Interessen auch immer, der diffamiert den Reichtum der Volksphantasien, verarmt das Leben, beutet aus, zumindest seine Zeit.

314

So, wie das technische Prinzip Kino und Film definiert war durch Projektion des Lichts auf das Filmmaterial des Zelluloids und ruckweise Fortbewegungen des Bildes, dessen Mechanik unter Ausnutzung der Augenträgheit ein lebendes Bild vortäuschte, und wie diese Technik einem ästhetischen Gesetz von Montage und besonders des Schnitts entsprach mit schnell aufeinanderfolgenden Bildsequenzen oder Bild- und Tonverschiebungen, und wie diese Ästhetik einem geistigen Stand der Zeit vergleichbar war, wo zum Beispiel der Begriff der Projektion in der Psychoanalyse einen bedeutenden Platz einnimmt zur Welt- und Menschendarstellung, so ist das neue technische Verfahren des elektronischen Films in Aufnahme und Wiedergabe Sinnbild auch neuer oder anderer Erklärungen anthropologischer und sonstiger Vorgänge unserer Welt. Die Ströme der elektronischen Apparaturen wären dem Funktionieren des Gehirns vergleichbar, das assoziative Verfahren langer Einstellungen im Kontrast von Bild und Ton entspräche neuen Auffassungen von Weltverständnis und -interpretation in Wissenschaft und Philosophie. Der Verlust ist durch einen gleichrangigen Gewinn ausgeglichen. Nichts ist zu bedauern darin. Damit zeigt sich die Zeitgemäßheit des Films noch immer als Erfindung unserer Epoche. Wo sonst kann man sagen, daß durch technische Gewinne nicht nur nichts verloren wurde, sondern auch in anthropologischen und sonstigen Systemen der Welterklärung Fortschritte deutlich zu erkennen sind, zumindest in dem Sinne, daß sie die Neugier unserer geistigen Welteroberung aufs reichste belohnen.

315

Zum Jahreswechsel vermißt der Leitartikler J. K. aus der *Süddeutschen Zeitung* nach Gruppe 47 und Aufbrüchen der Nachkriegsgeneration die neuen Positionen, Forderungen in Kunst, Literatur, Theater und Film. Und er schaut mit erwartungsvollem Vorwurf auf die Grünen und Alternativen. Was er natürlich nicht sieht und hört, das ist jenes produktive Endzeitbewußtsein und eine lang nicht mehr gekannte Ideologiebefreiung zumindest, und Situationen in der Gesellschaft wie Arbeitslosigkeit mit jenem Aspekt der Arbeit als Arbeitsprivileg im Geiste einer neuen Definition der Arbeit, unseres Tuns und Lebens und mit neuen Techniken und Ästhetiken, zumindestens im Film. Von 68 kommend, aber frei davon, was damals fesselte. Und diese Blindheit entspricht einem erschreckenden neuen Establishment, einem intellektuellen Establishment der Nachkriegsgeneration, die schon alt wurde vor dem Alter, innerhalb der Allmacht der heutigen Mediensysteme. Nachdem die Zeit des Wiederaufbaus vergangen und die Neue Heimat pleite ist als Refugium von 45, entdecken wir wieder das Entwicklungsland der Seele.

316

Der Bayerische Filmpreis an Franz Seitz als Produzent für Literaturverfilmungen (DR. FAUSTUS, ZAUBERBERG), Percy Adlon für Regie (Geschwister Scholl-Film), Nachwuchsproduzent Michael Wiedemann (THEO GEGEN DEN REST DER WELT, HEARTBREAKERS) und Edith Clever (PARSIFAL). Jury: Dr. Kurt Hentschel, Kultusministerium; Dr. Max Obermaier, Staatskanzlei; Maximilian von Andrenyi, Wirtschaftsministerium; Ruth Leuwerik; Eckart Schmidt; Jost Vacano; Herbert Asmodi; Thomas Engel und Margarethe von Schwarzkopf. Die Festrede des Kultusministers begann mit dem Zitat, daß nämlich heute das Zeigen der Filme oft genauso viel Energien verbrauche wie deren Herstellung und daß, um dies zu ermöglichen, auch diese Preise gegeben würden. Diese Empfehlung trifft nur auf einen einzigen zu, der diesen Preis nicht bekam.

317

Im Radio: Handke, schöne Worte über die Gerechtigkeit der Dinge, den Dingen gegenüber und gegen Suggestionskunst *(Ulysses)*, Erlebnisse nicht zerstören, sondern weitergeben, gegen die Geschichteln des Günter Grass und vorgetragen von Peter Hamm, alles so ohne Aufsehen, als ob es selbstverständlich wäre, wie ein Ding angeschaut wird eine Stunde, die Phantasie erwärmt wird von diesem ›*stream of consciousness*‹, »einleuchtend« wie gegenüber den kritisierten Kunstgegenständen und alles umsonst, wie nicht gesagt und nicht gelesen, siehe oben.

318

Und so ist wohl auch hier die größte Leistung, daß es gelungen ist, die Werke dann endlich aus der Aggression der alltäglichen blutigen Polemik des Überlebens herausgehalten zu haben.

319

Die Geschichte vom Hasen und Igel erzählt, wie der Hase sich totläuft, während der Igel durch einen Trick, nämlich den seiner putzigen Ähnlichkeit mit allen seinen Familienmitgliedern, vorgibt, am Ziel des Wettlaufs immer schon früher dagewesen zu sein, was in Wirklichkeit dadurch funktioniert, daß an jedem Ziel einer aus seiner Familie oder Gruppe den Hasen schon erwartet. Üblicherweise freuen sich die Kinder über diesen tödlichen Ausgang der Geschichte auf seiten des Hasen, weil er eitel und großmäulig dargestellt wird. Was aber, wenn diese Geschichte eine Erzählung der Igel ist, die maffiaähnlich den Hasen rennen lassen, und selber faul und unansehnlich, grinsend von seinen Mühen leben, da sie sonst, ohne diese Geschichte von seinem Tode, eingingen in die Langeweile des unerzählten Nichts.

320

Wer Einstein befragt nach seiner Arbeit und seinem Leben und speziell nach der Energieformel, was wird er antworten, als zu sprechen über das Endresultat aller seiner Forschungen. Der Film ist das Resultat aller meiner anderen erreichbaren Dinge, ob über Hitler oder über Karl May oder Ludwig II. oder Parsifal nachgedacht wurde. Wie also kann ich anders antworten zu Karl May oder Ludwig, Parsifal und Hitler, dem größten Fluch des Jahrhunderts und der Suche nach dem Gral, als dieses Resultat meines Nachdenkens und meiner Arbeit immer wieder zu beschreiben. Der unser wüstes Jahrhundert umtreibende Marxismus baut auf der Lehre der sich fortentwickelnden Klassen und deren Regimes auf. Das geht vom Sklaventum bis zur Bourgeoisie, mit der Aussicht eben auf die kommunistische Gesellschaft einer Sozialutopie. In der Realität aber sieht es wohl nun so aus, als ob das Bürgertum ersetzt würde in der Endstufe immer dessen, was wir uns vorstellen können, von einer mehr oder weniger ideologisierten und sozialistischen Plastik- und Konsumgesellschaft der Massendemokratie. Das also wäre das Ziel des Fortschritts und Ende der Menschheitsgeschichte? Das Resultat also der Französischen Revolution und aller Philosophien des 19. Jahrhunderts, die Nachfolge der Bourgeoisien wäre also gefunden, noch einmal die soziale Plastik- und Konsumgesellschaft der Massendemokratie – voilà, da habt Ihr sie! Der Krebs und der Psychiater sollen Euch holen.

321

Filmdiskussion in Düsseldorf anläßlich des PARSIFAL, eine Diskussion mit Mitgliedern der Gremien, die diesen Film ablehnten. »Sie haben doch alle Ihre Filme verwirklichen können, Herr Syberberg« (SPD-Medien-Expertin Martiny-Glotz, MdB). Dem glücklich vom Ertrinken Geretteten wird am Ende vorgeworfen: Na und? Vorgeworfen von dem, der am Ufer zusah und ihn ins Wasser zurückstieß.

Das Dorf ist zu klein, um nicht befangen zu sein. Natürlich wäre ich imstande, wie ein Großbauer, meine Kraft statt in den Widerstand gegen dieses System in die Erringung besonderer Privilegien zu stecken. Und wohl würde ich mir zumuten, bei gleicher Kraftaufwendung, mir besondere Vorteile zu verschaffen, aber sprachen wir nicht immer aus anderem Anlaß gerne von Konformismus und Mitläufertum, die wir vermeiden wollten, und sprechen so gerne von Zivilcourage, der nötigen.

Als ich am Ende ein Hearing in Bonn forderte, zur neuen Definition der Situation, wurde auch das für möglich gehalten mit der witzigen Anmerkung, daß dahin natürlich ein Syberberg nicht geladen würde. In den Hearings, und das haben sie von der Demokratie der Schweinezucht gelernt, gibt es allein die Lobbys der Interessenverbände, also die 3%-Mafia des Neuen Deutschen Spielfilm- und Produzentenverbandes und ihrer Delegierten, die selbst dann Syberberg, falls er ihnen beiträte, nicht als Vertreter ihrer Interessen delegieren würde, gegen die Camorra der Altproduzenten. Sie teilen sich den Kuchen feinsäuberlich nach pluralistischer Schulbuchdemokratie ihres Jahrhunderts der Massen, und jede Forderung nach Qualität ist ohnehin ein Relikt aristokratischer Anmaßung.

Was würde Luc Bondy denken, wenn er als Regisseur nicht gerufen würde, weil man ihn liebt und weil er gut ist, sondern weil das Produktionsprogramm des Jahres unserer Theater noch den Sohn eines jüdischen Emigranten braucht, nach Homosexuellen und Frauen und Nachwuchskandidaten. Nein, auch Juden haben bei uns ihre Chance. Wieviel Prozent der Bevölkerung, das ist ihre Chance. Und ich sehe ihn auswandern aus dieser Demokratie der Filmdemokraten nach Hitler. Und ich sehe Kortner recht behalten mit seinen Ängsten und seinem Verdacht. Ihr Rassismus ist der gegen Qualität. Demokratie-Dogmatiker.

322

Und als dann die Diskussion nach zwei Stunden beendet war, gingen die Zuschauer den Film anschauen, der da diskutiert wurde, und das Gremium nach Hause, nicht ohne vorher die Kontonummern für die Diskussion abgegeben zu haben. Wer den Film abgelehnt hat, muß ihn auch nachher nicht anschauen, es wäre eine Zumutung auch für ein Mitglied des Filmgremiums des Bundesinnenministeriums, in das man berufen wurde als Fachkraft und als Unbefangener.

323

Neueste Worte unseres Lübke-Kanzlers über die deutschen Frauen: »Und das gehört auch zum natürlichen Reichtum unseres Landes«, »ich finde, daß es in der Bundesrepublik außerordentlich viele attraktive und schöne Frauen gibt.« Und sein Verhältnis zu ihnen sei »ganz natürlich und völlig entkrampft«. Und so spricht er dann weiter über den »Schatz der Natur«. Und weiter auf der nächsten Seite sehen wir ein Bild, wie er aussieht, der Wald der sterbenden Bäume und die dampfenden Schornsteine gleich daneben.

324

Was uns unterscheidet von Hitler und roter Diktatur ist nicht, daß wir bessere Menschen sind oder daß wir im Sinne unserer Karrieregehorsamkeiten demokratischer zur Freiheit und Zivilcourage auch nur erzogen wären. Es ist die institutionelle Möglichkeit, wenn an einer Stelle gescheitert, es an anderer versuchen zu können bei entsprechendem Willensdrang. Nicht nur das Böse, Kriminelle und Dumme hat seine Chance, auch das Gute kann durchkommen, immer wieder, kann entdeckt werden, mehr ist nicht drin, aber darin ist alles, was uns unterscheidet von Unfreiheit und Ungerechtigkeit und Ungleichheit der Unmenschlichkeit obiger Art und ihrer Nachfolge.

325

Die Unfreiheit in Deutschland ist unvergleichlich. Es kann alles gesagt werden, das ist es nicht, aber die innere Zensur, dieser Konsensus der Gleichschaltung in Angst und Denken unterscheidet dies Land durch die Tabus seiner Geschichte von allen anderen, selbst von den etwas geschickteren, mit gleicher Geschichte, wie Italien und Österreich. Tabubereiche, Irrationalität bis Dämonie, Berührungsängste, Traditionen des Repräsentativen und Großen, sogar Ambivalenz und Ironie.

325

Für Richard Wagner. Nach Auschwitz kein Gedicht mehr? Das könnte den Hitlers so passen. Die Kunst ist das Gewissen der Geschichte, der brutal fortschreitenden, Verwundete und Tote zusammensammelnd und immer vorneweg im Zug der Zeiten. Wie anstrengend, zu erfreuen noch und unversöhnlich, die zynischen und moralisierenden Ideologen der Geschäftemacher. Wehe dem Volk, das verdammt ist, wieder und wieder darauf hereinzufallen. Zuerst auf die mordende Geschichte und dann auf die Geschäfte der Ideologen, um seine Unschuld abzuwaschen in immer neuen Morden – an der Kunst.

326

Umfrage: 99 % der Befragten erklärten, sie würden ihr Leben aufgeben, ihre Karriere und Familie, wenn sie, wie Eichmann, vor die Situation gestellt wären ... 100 % aller Franzosen wären im Widerstand, wenn Hitler heute noch ... Natürlich sind wir schwach. Natürlich verändern die Umstände den Menschen und natürlich sind die, die diese Umstände schaffen, die eigentlichen Verbrecher. Aber wer schafft die Verbrecher, die die Umstände schaffen, und wer hat das Recht von diesen, die ich kenne, heute von jenen so zu reden?

327

Erklärungen der amerikanischen Frauenverbände: Ihr Deutschen seid glücklich, denn ihr tut, was ihr tut, gezwungen unter Hitler, wofür wir Verantwortung tragen müssen, weil wir frei sind in einer Demokratie. Und wo alles, was geschieht, durch uns geschieht.

328

Jede Mutter gibt mehr als sie bekommt, und nur so gibt sie, die Tochter, es weiter an die eigenen Kinder, was sie von der Mutter bekam, mehr als sie zurückgab an die Mutter. Wenn aber dieser Kreis unterbrochen wird und keine eigenen Kinder da sind, dieser Kreislauf von Geben und Dank, entstehen Konflikte im Haushalt der Gefühlswaage, Konflikte der Emanzipierten, die stolz sind auf ihre Freiheit, ohne Kinder auskommen zu können.

329

Man pflegt Friedrich II. aus Preußen einen Menschenfeind zu nennen. Wer kennt die Menschen, die ihm feindlich waren, und er war geschützt durch das Privileg seines Königtums.

330

Eine Kriegsfibel wäre denkbar von der alltäglichen Friedensfront, ähnlich derjenigen von Bert Brecht. Die alltäglichen Kriegsmeldungen aus den Zeitungen geschnitten, die Fotos mit entsprechenden Texten. Und die sähe heute aus wie eine Vernichtungsschlacht der Natur durch uns selbst. Die Foltern, die Toten, ganze Reihen von standrechtlichen Erschießungen, und man schaue in die Gesichter der Opfer und Täter unseres Alltags in ihren Uniformen der alltäglichen Politik.

331

Ich hätte mich auch damals auf jede ihrer Judenbänke gesetzt.

332

Müde geworden, schleicht unsere Generation an den großen Pforten unserer Möglichkeiten vorbei, sich von hinten anpirschend aus reversiblem Snobismus.

333

Tom L. in N. Y.: ob mir nie aufgefallen sei, daß es im Neuen Deutschen Film keine großen Frauen gäbe, oder daß sie schlecht behandelt würden (F.), oder als Projektion vergangener Epochen benutzt, in Schwulenfilmen à la Schroeter bis van Ackeren, und bei Herzog, Wenders, Kluge, Schlöndorff: große Frauen?

334

Tom L. erzählt, daß Coppola einen Film vorbereitet über Mihima, den japanischen Schriftsteller, der sich 1970 öffentlich umbrachte in Japan, vor der Universität, unter dem Gelächter der Leute, mit dem Ausspruch, wenn Japan jetzt nicht zurückginge und vom Westen sich ablöse, die Chance nicht nutze, noch einmal zurückzukehren zu den alten Gesetzen, wäre es vorbei. Und als sie lachten, nahm er das Messer und schnitt sich den Bauch auf nach altem Ritus. »Und dann?« fragte ich, und T. sagte: »Dann war das Gelächter noch größer.«

335

In der *Zeit*: die Rede von Grass in der Paulskirche zum 30. Januar 1933: Immer feste druff auf den CDU-Gegner, Aufruf zum totalen Widerstand, mit Generalstreik, wenn die anderen drankämen, Raketen- und Computerstaat. Am Anfang gibt er sein Alter beim Hitlerantritt mit fünf Jahren an. Damit ist er außer Verdacht, wie es scheint. Der Widerständler Grass, eine Idealfigur aus dem Establishment dieser Demokratie, als Parteiredner in der Paulskirche in der Stadt Goethes. Der Künstler mit dem schlechten Gewissen, der sich reinwäscht durch Politik dafür, daß er Kunst gemacht.

Wenn ich im fiktiven Bericht über Hitler nach 50 Jahren Grass das Bekenntnis sagen lasse: »Mein Kampf für die EN-ES-DE-A-PE«, dann ist das ein Spiel.

336

Und dann kommt in den deutschen Zeitungen auf dieses Spiel hin mit Günter Grass und anderen der Vorwurf, ich hätte mich feige und fein rausgehalten aus dem Spiel. Nein, ich befleckte mich schuldbewußt mit dem Fluch meines Erbes, wohl unter anderen Umständen Sohn und Nachfolger meines Vaters geworden zu sein auf dem Gut in Pommern, und dann das inzwischen hier wie in der DDR schlimmste Rassenmerkmal der preußischen Junkerklasse auf mich nehmend. Lieber Nazi-Klasse der Kleinbürger wie sie als der elitäre Hochmut des Qualitätsanspruchs eines anderen Lebens. Und das ist es, was mich verwirrt, ihre Nähe von Geburt zur Vergangenheit. Ich wäre schon aus Qualitätsansprüchen nie in Gefahr gekommen, wie heute. Man sehe die ästhetische Struktur vieler Ufa-Filme im Vergleich zu den heutigen im Neuen Deutschen Film, man sehe die Ähnlichkeiten, da hat sich nichts geändert, außer den Inhalten ihrer Ideologie. Aber liegt denn nicht die Moral in der Form, und warum ist wohl der Widerstand so vehement gegen diese Ästhetik und Form meiner Filme?

337

Wir leben in einer 0,5 %-Demokratie, diese 0,5 % derjenigen an der Macht der Medien und ihrer Konformisten. Es ist nämlich da, wo die Meinungen der pluralistischen Demokratie und ihre Propaganda zum Untergang der Natur gemacht werden und wo die Werbung für die Konsumgesellschaft verkauft wird – wer da verdient, sich andient, ist in. Da gibt es sogar Widerstandsfreudige, nämlich gegen die anderen 99,5 %, und das, denken sie dann, sei mutig. Es wäre mutig, wenn es nicht in der Gesellschaft der Mächtigen geschähe. Und diese Mächtigen der 5 %-Mehrheit werden immer für die Fassbinder, für die Terroristen, für Proletarier sein, als Attitude des intellektuellen Snobismus, so daß Arbeiter nichts mehr verständen, wenn sie zuhörten. Und dort wird man immer gegen den Faschismus sein, so ganz schnell, wenn man die anderen meint. Wir leben in einer 0,5 %-Mehrheits-Republik mit dem Stolz der Meinungsfreiheit, die im Sekundärbereich zur großen Unterdrückung des eigenen Denkens führt, indem keiner wagt, auch nur anders zu denken als diese Mächtigen der 0,5 %-Mehrheit, denn sie verspricht Karriere und Macht über die anderen, die sich nichts mehr trauen, oder nichts mehr verstehen.

338

Seit einigen Jahren habe ich beschlossen, mich nicht mehr anzustellen, nicht mitzumachen und trotzdem nicht unter den Freaks der Aussteiger neue Genugtuung zu suchen. Welches Unterfangen, welcher Wahnsinn, wie lange hält man das durch? Ist nicht doch zuviel?

339

Nur das Verhalten muß den Erkenntnissen entsprechen. Und manchmal kommen meine Handlungen diesen Erkenntnissen gar nicht mehr nach.

340

Subventionsabonnent Mozart. Und wieder, heute ganz deutlich, dieses Herunterdemokratisieren. Konnte das das Ziel Mozarts gewesen sein in seinem gern zitierten Revolutionsstück FIGARO? Daß er mit jedem Wurm sich anstellen müßte, um nächste Noten veröffentlichen zu dürfen? Soweit sind wir also gekommen, und es ist nur logisch in diesem Land. Warum sollen die Nachkommen der Kutscher und Friseure besser sein, als die ihrer Herren. Herr Brecht, auch Sie haben kein Subventionsabonnement, sagten der Hausmeister und sein Sohn.

341

Was wäre, wenn Deutschland ohne Blöcke, wenn Ost und West wieder vereint wären und die ehemaligen Teile in Polen dazu, mit Frankreich verbunden in ganz neuer Konstellation. Moskau müßte etwas herausgeben, aber bekäme die Entfernung der Amerikaner aus ihren sichersten Basen. Bewegung fände statt und aus der Veränderung Europas die Veränderung der Welt, denn wenn sich nichts bewegt, ist alles tot. Dieser oft beschworene Friede des Bestehenden ist der des Friedhofs. Wer will heute leben in Prag, Warschau, Königsberg, Berlin, freiwillig? Ein

Deutschland mit anderer, neuer Identität, neuer Tugend ohne Wachstumsideologie und Konsumgesellschaft. Ein unaggressives Deutschland auch ökonomisch, aber Modell statt Vakuum in der Mitte Europas. Wo bleiben die systematischen Konzepte, die Angebote, der Plan auch nur zur Wahl einer Splittergruppe.

342

Made in Germany. In Frankfurt nun der PARSIFAL zum erstenmal in einem großen Haus und Rahmen, wie das immer geplant war, auch in Deutschland, wofür er gemacht wurde, aber ohne Einladung der Veranstalter, wie wir es sonst von Cannes bis New York, von Barcelona bis Genuas Oper und London, Hamburger Staatsoper und Rom gewöhnt waren. Und wie sich die Lieblosigkeit zeigt in solchen eigentlich selbstverständlichen Gesten, und wie sich das überträgt bis in das Publikum, wie anzunehmen ist. So kann man zum Beispiel vergleichen die Technik in New York und in Frankfurt. In New York im Lincoln Center, Alice-Tully-Hall, dauerte der Umbau von Konzertsaal in Kino eine Stunde für die 20 Lautsprecher und eine Stunde für die perfekte Leinwand nach sorgfältig ausgeklügeltem Architekturkonzept, ein Umbau mit Hilfe von sechs Arbeitern. In Frankfurt immer erneut Anrufe, Meldungen über Schwierigkeiten bei der Leinwand, bei der Tonapparatur, und wieviel Millionen frißt das Haus jährlich und für wieviel Millionen wurde es für modernste Zwecke gerade erst errichtet. Wer nicht liebt, was er tut, ist schlecht in allem, was er tut. Das haben sie gründlich gelernt seit Stalingrad, nichts mehr gut zu tun, nicht mehr zu lieben. Der Deutsche als Tölpel, auch das ist sein Bild, das andere. Er wäre vielleicht liebenswert armselig, wenn nicht diese Rechtschaffenheit wäre.

343

Als ich in der Filmdiskussion zum PARSIFAL an der Musikhochschule München sprach, merkte ich plötzlich nervöses Echo, als man fragte, ob ich mir neue Musik zu heutigen Filmen vorstellen könnte und die übliche Methode der akustischen Illustration mit Geigenmißbrauch zu Liebesszenen ihrer Rationalitätsfreaks ablehnte. Die Zitate aus den Steinbrüchen der Musikgeschichte sind nichts anderes – neben ihren vielschichtigen Assoziationen und Erinnerungswerten – als Erfüllungen der akustischen Komponenten zum Gesamtkunstwerk, das sensuelle Element des Bildes plus Ton in der Montage.

Aber entscheidend wäre die neue Komposition, von früh auf gelernt in konbinierten Film- und Musikschulen und Akademien zu neuen Konzepten. Es wäre endlich auch die Erweiterung der zu Geräusch verkommenen Moderne in der Musik, der logische Umzug aus den Konzertsälen früheren Gebrauchs zu neuem Gebrauch. Nun also heißt es komponieren mit Bildern und Geräuschen des Tages und der Nacht, der Träume und der Geschichte, des Inneren und Äußeren, mit Alltagsrelikten und künstlichen Apparaten, wie schon lange, oft unbemerkt. Diese Filme sind Partituren mit Geräuschen und Tönen und Musikzitaten aller Möglichkeiten der Vergangenheit und Gegenwart.

344

Alle fünf Jahre ein Film. Nicht mehr Einfälle? Oder Ökonomie des Unterbewußtseins, nicht mehr zu denken und sich vorzustellen und zu probieren, als durchzubringen ist. Ein Scheitern wäre nicht zu ertragen. Was aber wäre, wenn mehr Geld da wäre, mehr Aufträge ohne Betteln, gleich weiterzumachen, wenn es möglich wäre, zu wissen für wen. So wird also Arbeit geschaffen, nachher, nach der Produktion der Filme, durch Vertriebsformen wie Vorarbeiten vor der Entstehung der Filme, als Ablenkung, Ausfüllung der Zeiten, also doch eine Repräsentanz dieser kaputten Gesellschaft. Und eine Repräsentanz im Widerstand, und was für eine. Das eine gehört zum anderen, aber das andere auch zum einen?

Venedig – 13. Februar 1983 – 100 Jahre Richard Wagner

345

Einer, der sich zu schaffen macht, umtreibt. Was sagte die SPD-Bundestagsabgeordnete für Medienfragen, M. G.: »Was wollen Sie denn, Herr Syberberg, Sie haben doch noch jeden Film realisieren dürfen«, oder sagte sie »können«? Ja, am Ende muß es aussehen wie gewollt, und keinem Film darf man die Mühen und Umstände seiner Entstehung ansehen. Soweit ist alles in Ordnung, aber es kostet das Leben. Da bleibt nichts übrig, Mozart würde nicht tauschen wollen.

346

In der Zeitung steht über eine 44jährige Jüdin in Frankreich, die den Gestapo-Chef B. von Lyon mit einem Gewehr auf dem Flugplatz empfangen wollte, als er von Südamerika ausgeliefert wurde: sie muß vor 40 Jahren also vier gewesen sein und gibt an, beide Eltern verloren zu haben. 40 Jahre Erziehung zum Haß. Wer hat das verbrochen? Vor einer Woche feierten alle Zeitungen Hitlers Machtantritt mit großem Schaudern, mit dem Gestapo-Chef B. haben sie nun was zu beißen, nur der Knochen ist zu klein für den großen Hunger nach Rache. Daß er im selben Gefängnis sitzt wie einst seine Opfer, ist eine seltene Genugtuung durch die Gerechtigkeit der Geschichte zu Lebzeiten und läßt noch hoffen.

347

In den Abendnachrichten spät über B., den Schlächter von Lyon, den Gefangenen, wie viele Tote unter persönlicher Folter. Auf dem anderen Programm über Neugeborene nach den Versuchen mit Atombomben auf den Bikini-Inseln, ohne Kopf, ein Klumpen Fleisch mit pochendem Herzen. Überlebenschance ohne Nabelschnur: 2 Stunden. Mütter, die sich umbringen vor Scham, und Männer, die auf die totgeweihten Inseln gehen, um nicht mehr leben zu müssen. Waren dies nicht einmal die Inseln, auf die unsere vom Jahre 1945 geschädigten Eltern fliehen wollten, als Zeichen des letzten Paradieses und der Flucht aus der Hölle des letzten Krieges? Und das ist die ganze Tragödie unseres Fortschritts, daß wir uns inzwischen sehnen müssen nach den menschlichen Foltern, dem Ungeheuerlichen mit menschlichem Gesicht als Flucht vor den anonymen Vernichtungen ohne Partner und gesichtslos, wie als Fluch der Natur der Namen- und Gestaltlosen am Ende.

348

Nach der Frankfurter Großpremiere in der Alten Oper also wirklich Schweigen der Feuilletons *(FAZ, Frankfurter Rundschau)*, abgeschoben in die Lokalteilposse und *Frankfurter Neue Presse* der Provinz. Zum Vergleich: 7mal *Corriere della Sera*, 5mal *Unita* und *Repubblica* etc. – 50 Berichte in Rom zur dortigen Premiere und das gleiche in Barcelona, 4mal *New York Times* zur gleichen Zeit. Deutschland auf der Landkarte der geistigen Diskussion ausgelöscht. Der Manager der Presseabteilung weiß nicht, wieviel Leute da waren, wie die Stimmung war, die Technik, einfach nicht dabei, gefehlt.

349

Das katholische Informationsblatt *Filmdienst* ruft auf: Für diesen Syberberg kein Geld mehr. Er will Geld immer und überall und nur für elitäre Produkte. Man frage einmal die vielgeschätzte Statistik, wieviel die erwünschten 90-Minuten-Produktionen der Fließbandroutine wirklich gesehen werden, wieviel Plätze in ihren Kinos täglich leer sind. Wieviel Energie und Hoffnung zugunsten der Selbstdarstellungsinvestitionen vertan werden und wieviel Ruinen an Kinos und Verleihen hinterlassen werden. Und man prüfe die Erinnerung, den Erinnerungswert dieser Produktionen in der Rezeptionsgeschichte beim Publikum.

350

Situation Frankfurt – Alte Oper. Trotz minimaler oder gar keiner Werbung, verglichen mit New York etc., und keiner Presse, volles Haus. Die Leute finden ihren Weg und die, die dabei waren, erkennen den Unterschied zwischen den dunklen Löchern und ihrer Ware und diesem PARSIFAL als Film noch einmal im großen Raum. Die Zeremonien der Gefühle und des Verstandes dieser Größenordnung brauchen einen großen Raum. Februar 1983 in Deutschland. Und in der gleichen Woche danach in der *FAZ* der Bericht aus New York mit dem großen Lob über Chéreau's *RING* von deutschen Korrespondenten, der Igel ist schon da.

351

Heute *Nouvel Observateur:* Werner Schroeter über Richard Wagner. Und nun haben wir sie. Er liebe *Lohengrin* und *Tristan,* aber nicht dessen Struktur, wenn es überhaupt eine gäbe, sondern das Gefühlsresultat, so wie der *Ring,* wie *Parsifal* für ihn fad, platt, banal, ein Kremkuchen seien und so weiter. Das ist nun ihr Mann, der Mann der deutschen Medien und der linken Avantgarde-Attitude aus Deutschland, der würdige Nachfolger eines F. Was Schroeter an Richard Wagner liebt, ist das Rauschhafte, der Hitler in ihm, das Gefühlige, nicht Rationale seines Mißbrauchs, das Gegenteil dessen, was Wagner selber mit Deutlichkeit von seinen Mitarbeitern forderte. Abgesehen vom bedauerlichen Verfall eines genialischen Talents vor dem Alter, ist es interessant, wie sie nicht nur darauf hereinfielen, hier aus modischer Angst wegen Schwulenboykott oder Abstinenz, sondern wie unsere Rationalisten wieder einmal den Rattenfängern des Zeitgeschmacks nach 1968 und einer dumpfen Pseudorevolution unreflektiert aufsaßen und wie üblich fett und frech aufsitzen. Sie haben nichts gelernt und sind immer dieselben.

352

Im *FAZ*-Magazin der deutsche Professor zu Richard Wagners 100. Todestag. Er entdeckt Adolf Appia, den aus Bayreuth zu seinen Lebzeiten in den ersten zwei Jahrzehnten des Jahrhunderts verkannten Versöhner von R.W. und N. in revolutionären Bühnenbildern als Vorläufer von Wieland und Wolfgang Wagner. So wird man zwar zum Festredner auf dem Grünen Hügel zur Totenfeier, aber man macht auch Bayreuth zur Provinz der Erkenntnisschwäche. Wieland war der Mann H.'s und der Schule Albert Speers, der den Untergang brauchte, um zu sich zu kommen. In derselben Woche schreibt in New York einer der wichtigsten Leute dort und europäischer Herkunft von Appias Realisierung in einem Film zu Wagners *PARSIFAL*. Fern von den Archiven Europas und Bayreuths und aus der Kenntnis dieses Films, den die deutschen Wagner-Professoren versäumen zu dürfen glauben. Daß dieser Film trotzdem hier in diesem Europa entstand, in seiner Mitte, die immer noch Deutschland heißt, ist das Wunder, das sich offenbar jeder geistigen Auseinandersetzung entzieht wie damals Adolf Appia seiner Realisierung in Bayreuth aus der Tradition Wilhelms II. und des beginnenden Hitler.

353

Anruf Los Angeles, Columbia/Triumph Distribution. Good luck für den Beginn des PARSIFAL-Starts in New York. Mitgefühl und Zittern – Los Angeles ist näher als Düsseldorf, von wo bis heute – zehn Tage nach der Premiere – keine Nachricht vom Veranstalter kam.

354

Der Fall B.: Der Schlächter von Lyon sagt, die jüdischen Kinder kämen nicht auf sein Konto, und das sei wichtig. Und er sagt auch, der Chef der französischen Résistance, Moulin, sei nicht von ihm umgebracht worden, und überhaupt spricht er wie einer, der ein finsteres Geschäft tat, aber ohne daß er festzulegen wäre, für einen der Toten verantwortlich zu sein. Und wäre also freizusprechen nach 40 Jahren, zumindest um sich vor der Befleckung durch seinen Anblick und dessen Nähe zu befreien, als Akt der Selbstreinigung der Opfer. Aber sein Satz, er »bedaure« jeden Juden, den er nicht umgelegt habe, verdient ihm die Hölle aller Zeiten ohne Schutz des Alters und der Verjährung gnädigen Abwendens voller Scham – und dieser Satz ist neu. Aber dafür gibt es keine Gesetze, und unsere Gerichte sind unzuständig bis auf die einzige Gerechtigkeit, die der Geschichte.

355

Im gleichen *Stern* etwas über die Geschäfte mit den Peep-Shows. Man kann sagen, was für eine Zeit, wo das freiwillige Zurschaustellen der Schamlosigkeit im Käfig des Geldes brutaler wird als jeder Verkauf des Körpers, durch die Kontaktlosigkeit. Und man kann sagen, es sei besser so, dieses Ablassen von sexuellen Aggressionsenergien und -träumen. Ambivalenzen? Entscheidungen sind nötig, im Alltagsleben ist die Entscheidung zur Tat die Verantwortung der Realität.

356

Und spät abends im Fernsehen plötzlich am Ende der Nachrichten Charlie Chaplin in einer Probenszene, ein nachgelassenes Stück Film, von englischen Filmhistorikern entdeckt: 340mal dieselbe kleine Szene, das blinde Blumenmädchen und der Tramp. Das blinde Blumenmädchen, das das Wechselgeld zurückbehalten darf, weil es glaubt, einen reichen Mann vor sich zu haben, und wie er wiederkommt jeden Tag, der arme Charlie, sich die Blume anstecken läßt und das wenige Geld ihr überläßt. Aber woher weiß sie von seinem Reichtum? Wiederholungen, wochenlang, monatelang, das Warten aller, das Krankwerden Chaplins, weil er nicht die Lösung findet, wie die Geschichte weitergehen soll, und wie er endlich merkt, woran es liegt, woher sie nämlich weiß oder glaubt, einen reichen Verehrer vor sich zu haben. Und schon kommt die Lösung – während Charlie Chaplin vor ihr steht und sie nach dem Wechselgeld greift, um es zurückzugeben, schwenkt die Kamera nach links, und in einen großen Wagen steigt ein Passant und schlägt die Tür zu. Das Mädchen hört den schweren Wagen davonfahren und glaubt, er sei es gewesen, und wie er sie dabei beläßt, um ihren Traum nicht zu zerstören. Wochen des Wartens, Wochen des Krankwerdens, die Qualen des Werdens, oder ein Spinner? Die Qualen der Welt in der Suche nach Lösungen, sie darzustellen und damit zu überwinden, daß es weitergeht, denn ohne diese kleine Begründung mit dem Loch in der Logik der Gefühle kann die Geschichte nicht weitergehen, und alle müssen warten, und der Erfinder wird krank, von den Bösartigen verlacht, weil sie gewohnt sind, in der Realität die Schuld der Qualität zu überspielen mit Fortschreiten, was sie Geschichte nennen, ihrer Realität, der diese Geschichten entgegenstehen als ausgleichende Gerechtigkeit unserer utopischen Welten.

357

Nachtrag zur Notiz Schroeter: Es war der gefühlige Lohengrin, der Hitler entflammte und bannte zu dem, was er wurde, nach eigenem Bekenntnis. Und es war die Strenge der *Ring*-Geschichte vom Untergang der Götter, die den seinen begleitete, und es war die Größe und Erhabenheit dieses *PARSIFAL* von Richard Wagner, der ernst genommen, alle Hitlers plus Nachgeburten überwindet.

358

In der *Zeit* das Zitat: »Das Dritte Reich als Gesamtkunstwerk des pervertierten Abendlandes« als Erfindung von Jean Clair zur Ausstellung *Gesamtkunstwerk* (in Zürich), obwohl dieser Jean Clair selbst korrekt das Buch angibt, woher es entnommen wurde, nämlich der *Freudlosen Gesellschaft.*

359

Sonntag, 13. Februar 1983: Palazzo Vendramin – die letzten Aufenthaltsräume Richard Wagners auf dieser Welt nun auch ruiniert durch Restauration, wie zur Dépendance von Neu-Wahnfried geworden. Die originalen Wände verklebt mit modernistischen Stoffen und überall die Glastische mit den kümmerlichen Dokumenten des Lebens. Wir haben es noch vor der Restauration gesehen mit den Büromöbeln aus Plastik und in originalen Tapeten –, die Aura ist weg und es ist, als ob die Deutschen mitgeholfen hätten. Und das dem Manne der Stoffe, und dem Manne, der Venedig brauchte gegen das Deutschland vor 100 Jahren!

Höre, daß die deutsche Delegation aus Hamburg und Lübeck zwölf Karten zurückgibt zum PARSIFAL-Film am Abend des 100jährigen Todestages von Richard Wagner. Und es fehlte der Musikmann der *Süddeutschen Zeitung* bei der Filmvorführung am Morgen von PARSIFAL als Stummfilm von 1904, Bayreuth nachgestellt. Und er fehlte bei dem *Parsifal*-Puppen-Spiel nach Judith Gautier, zum erstenmal wieder aufgeführt seit über 80 Jahren. Und ich sehe sie alle im Teatro Fenice am Nachmittag zur drittklassigen Aufführung des »Siegfried-Idylls« etc., und ich fürchte für sie am Abend, eingeladen alle zum festlichen PARSIFAL als Film zur Ehrung ihres Meisters.

Markusplatz am Abend, Regen. Auf dem großen Podium Lautsprecheranlagen, der Platz voller Masken, ohne Musiker, in ungeheurem Getöse die Tausende stampfend im größten Saal Europas, stampfen sich nieder in die allmählich steigenden

Wasser des Meeres, wie die ›Titanic‹ in den Abgrund versinkend. Und der ungeheuerliche Anspruch, ein Experiment zu wagen, ohne in den Untergrund zu gehen. Der Anspruch der Repräsentation bei gleichzeitigem Bewußtsein elitärer Minderheit. Gesamtkunstwerk als Kompromiß unter den Teilen. Wir bieten das Bild und fordern als Opfer von der Qualität des Tones. Welch neue Erfahrung in Venedig anläßlich des 100jährigen Wagnertodes. Die leeren Feiern der Museumskunst in den großen historischen Theatern und die Kunst des Jahrhunderts, worin Richard Wagner seine ästhetische Erlösung gefunden, im heruntergekommenen, deklassierten Gebäude eines zum Kino der 50er Jahre herunterrestaurierten alten Theaters. Die Avantgarde als Repräsentant des Widerstandes gegen den allgemeinen Untergang der Plastik- und Konsumgesellschaft. »Kultur in der Krise« heißt das Thema einer großen Weltkonferenz in Paris am selben Tage. Aber hier in Venedig ist der Platz der aktiven und produktiven Anschauung.

Wenn sie die Musik auf dem Platz abschalten und in den Zimmern und Diskotheken, würden sie alle verrückt. Und hier auf dem Platz in Venedig am Karnevalssonntag sehen wir die Flucht in die Masken der Jahrhunderte und um sie die Plastiktypen in den Ski-Anoraks von den winterlichen Bergen rundum. In den zukünftigen Kriegen werden sie nicht mehr einmarschieren ins andere Land und morden, sondern in heimlichen Patrouillen den anderen die Tonschnüre abschneiden, damit sie sich dann selber umbringen untereinander. Und überall noch die kleinen Bars mit den selbstgemachten Broten und den selbstgemixten Getränken, die Kolonialisierung Europas geschieht durch Mc Donald's, in den bequemen Läden, wo man nicht mehr bekannt wird. Und Deutschland ist schon viel weiter, wie immer.

360

DPA-Meldung: 13. Febuar. Mord in Venedig. Am Abend des 100. Todestages von Richard Wagner, als die Stadt Venedig einlud zum Film von PARSIFAL im vollen Haus des Theaters Malibran, feiern die 40 Deutschen, Journalisten, Dramaturgen, Politiker, wie sie sich nennen und Wagnerianer, bei Sole-mio-Geschrei und großem Gelage nach dem Konzert im Teatro Fenice Richard Wagners Tod, und trotz der Zeugen der Italiener, der herbeigereisten Franzosen und Engländer und jenen, die diesen PARSIFAL schon zum fünftenmal gesehen, schreiben sie in den nächsten Tagen in den deutschen Zeitungen, in der *FAZ*, der *AZ* und der *SZ*, hören wir im Fernsehen natürlich nichts von dieser Todesfeier ohne sie, sondern viel von drittklassigen Veranstaltungen als Höhepunkten, wie sie selber schreiben. Die *Unità* aber, das kommunistische Blatt Italiens, schreibt zum vierten- oder sechstenmal über diesen PARSIFAL als Film und alle anderen. Und der Musikjournalist von Venedig bekennt, daß ihm die Worte fehlten, zu beschreiben, was er gesehen. Da fühlen sich die deutschen Kollegen sicher überlegen, weil sie aus dem Lande des Meisters kommen, den sie nicht erst seit heute verraten. Und das geschieht an demselben Wochenende, an dem in der *New York Times* zum vierten Mal dieser PARSIFAL als Film beschrieben wird als geeignet, Richard Wagner zu ehren auf seine Weise – in demselben New York, aus dem der Korrespondent der *FAZ* nur zu berichten weiß »von kaum erträglichem Glück«, als er nun Richard Wagner dort entdeckt, den von Chéreau.

Wien, Hamburg, Kritikerpreis, Paris, Zürich: Ausstellung ›Gesamtkunstwerk‹

361

PARSIFAL: Wenn das, was wöchentlich wirklich überall mit diesem Film geschieht, getreulich referiert würde, wären die Zeitungen voll. Es ist fast skandalös, vielleicht früheren Sänger-Karrieren vergleichbar, wie zum Beispiel die des herumreisenden Caruso, und doch wie anders. Ohne den Glamour und unter teilweise recht proletarischen Zuständen. Sie müßten schreiben über New York, Venedig, wie über Cannes, über Barcelona und Rom, Frankfurt und Berlin und über die besonderen Häuser und Plätze und Umstände.

362

Im Fernsehen Bericht über Ausstellung *Gesamtkunstwerk* in Zürich. Bayreuth wird vorgeführt in Modellen und Zeichnungen, viele Texte und Beispiele, immer wieder Bilder und Modelle. Darüber, wo alles zusammenkam, wo das Bayreuthmodell zur Kugel wurde als Krone des Baums, aus dem Labyrinth wachsend der vereisten Bosch-Landschaft, schweigt das Programm. Es müßte auch berichten über den Film, der alles zusammenfaßt, was in diesen Einzelräumen mühsam über die Jahrhunderte angestrebt, über den ersten Film in dieser Reihe, täglich laufend von morgens um 10 Uhr bis abends um 8 Uhr, LUDWIG nämlich, das Requiem. Schweigen.

363

Mit den Turnschuhen begann es, dann kamen die Anoraks aus Plastik. Das Opern-Café, wie es sich nennt, in Hamburg, im Zentrum gegenüber der Oper, ohne Hoffnung und Chance der Vergangenheit, Tische in alten Kutschen, dazu die Pizza und Kuchen aus der Fabrik, mit Bedienung, die nichts weiß und auf

Fragen nach der Karte zeigt. Das Fließband der Konsumation. Und so sehen sie auch aus, die hier sitzen – lustlos. Neben mir die alte Dame im Pelz und die kleine mopsige Schwarze mit Louis-Vuitton-Tasche und Stadtplan. Und im 1½-Stunden-Schnitt des Flugs nach Paris, Deux Magots, wie das Florian in Venedig oder der Demel und das Hawelka in Wien, ein Café, aber wer da sitzt, hat den Trost der Gegenstände für Augen und Sinne, Trost gegen die Katastrophe des Schmutzes rundum, und so sehen auch gleich die Menschen anders aus, außen wie innen. Selbst die Plastikmenschen bekommen etwas Güte, einen Abglanz von Qualität der Alltäglichkeit. Und die größte Leistung, daß es wie selbstverständlich wirkt, was zur größten Ausnahme wurde. Gegenüber sitzt ein Alter und hat seine Sandwiches mitgebracht, im teuersten Café von Paris, in Butterbrotpapier, und bestellt etwas Rotwein und bekommt ihn auch. Gegenüber Leute, die noch lesen in einem Café, alleine am Tisch, ruhig Seite für Seite, und andere, die schreiben, Leute, die kommen, sich treffen, gehen und lachen.

364

Die Vernichtung der Juden durch Hitler. Dies Werkzeug, der Katalysator, die Marionette der durch Jahrhunderte hochgekommenen und durch die Zeitmöglichkeiten begünstigten Tendenzen. Suche auch nach Verantwortung und Schuld für das, was geahnt wird an Unheil des Unabwendbaren, Kommunikativen, das sie ja dann auch übernehmen und erfinden in Zeitungen, Film, Radio, den Medien, an den Universitäten. Aber hat nicht die Französische Revolution und haben nicht die Sowjets zuerst gemordet, einfach aus Privilegien der Geburt, Rache des Messias und seiner Gläubigen und Königsmord der Utopie? Nie hat etwas Vergleichbares stattgefunden. Die Flucht des Schuldigen, ein ganzes Volk in Fluch und Unterdrückung zurücklassend.

365

Und am Ende des Monologs aller unserer Weltdarstellungen das Verhüllen des Gesichts und Schweigen, tonlos wie aus der Ferne, – »der Wald steht schwarz und schweiget, und aus den Wiesen steiget der weiße Nebel wunderbar«. – Bilder dazu vom sterbenden Wald, Musik? Verhüllen des Gesichts, Weinen, tonlos. Ende. Das Ende aller Mythen, aller Märchen, des Lebens, so wie wir es kannten. Die Zukunft beginnt.

366

Das ideale Theater. Oft fragen sie mich, ob das noch Kino sei und Film oder Theater. Stanley Kaufman sagt, im Gegensatz zu Bergmans ZAUBERFLÖTE als Film gewordenes Theater, daß hier der Film Theater geworden, das heißt, daß der Zuschauer dazu geführt werde, auf ideale Weise zu sehen, zu hören mit Motivwechseln, nahe und ferne, zumindest eine Intensivierung, wie Erfüllungen absoluter und radikaler Vorstellungen alter Theaterutopisten. Und ich erinnere mich, was am Anfang all meiner Interessen stand: das in meine Kinderhand gedrückte *Faust*-Exemplar, Annäherungen an alles, was Kunst bedeutete, durch die Oper, dann Bert Brecht und Kortner. Wenn das alles so ist, wäre auch vom Zuschauer zu sprechen, von einem utopischen Publikum aller Altersklassen, aller Klassen überhaupt und Interessen, zu sprechen auch von Zeitgeschichte mit allen Repräsentationsabsichten, über Abtragungen von Schuld und Geschichte, und die Personen der Geschichte als Leitfiguren der Ideen und der Moral und der persönlichen Entwicklung.

367

Wien, 25. Feburar 1983: Ausstellungseröffnung zum PARSIFAL-Film. 6 Räume, 3. Stock Demel. Und eine Etage tiefer auf 8 Monitoren in 3 Räumen PARSIFAL mit versetztem Bild und Ton, man kann herumgehen, der Ton ist leise, immer so, daß man vor einem

Gerät stehend die beiden Nachbargeräte noch sieht und hört, ohne daß es stört. – Wie eine Fuge mit versetzten Ton- und Bildlinien, und in verschiedenen Nischen einer Kathedrale verschiedene Vorgänge zum selben Thema zu finden – etwas zum Entdecken: die leicht bewegten Bilder und man selbst davor im Raum, die Bilder mit der Kamera auf und ab und vor- und zurückgehend, so wie die Töne, die nicht abreißen, immer in leichter schwebender Bewegung, wohin man auch geht, vor und zurück.

368

Nein, das ist kein Jahrhundert-PARSIFAL, kein Opernfilm oder verfilmte Oper, und das sind nicht die *Dallas*-Figuren, zu denen die Sänger auf der Bühne seit Wagners Zeiten zugerichtet werden. Und wenn man so will, ist dieser Film natürlich die Werkstatt, das Experimentieren, das Entdecken von Stimmen und neuen Methoden, also das, was Bayreuth immer sein wollte und vielleicht einmal kurz war. Es geht um den Untergang der Welt und die Erinnerung an die Zeit davor, aber solange wir das sehen und darüber nachdenken, leben wir noch. Früher zeigten die Tragödien den Untergang von Personen, Familien und Geschlechtern oder Ländern. Heute geht es um den Untergang der Welt – welche Intensivierung der Schmerzen und welches Angebot auch der Freuden.

Udo P.: Er ist ein Idealist, er verfolgt nur seine eigenen Ideen. Sozialismus ist kein Privileg für Faulheit, kein Privileg für schlechten Geschmack, kein Privileg für Ideenlosigkeit.

369

Im Schaufenster des Demel nun also die Kundry in Zuckerguß plus Richard-Wagner-Kopf als Totenmaske mit den kleinen Figuren seines *PARSIFAL* in ihm, aus Marzipan die weiße Brust und aus Schokolade die langen Haare, so könnte es das mittelalterliche Epos beschrieben haben. Venus und Eva, wie die Mütter den Kindern vor dem Schaufenster stehend auf der Straße erklären. Straßentheater, viele Menschen, die stehenbleiben, ganze Schulklassen, Touristen, die darauf zeigen, lächeln, ohne Voyeurismus oder Aggression, aber die Aufregung ist immer noch groß vor der nackten weiblichen Brust, obwohl so harmlos – selbst in Zuckerguß und Märchengestalt. Dahinter sitzend am Tisch im warmen Kaffeehaus, beobachten wir, wie die Leute auf der Straße die Figuren betrachten.

370

Die Opernfreaks, meistens von der Galerie früh erzogen und oft von sehr seltsamem Aussehen und gar nicht von exzentrischem Beruf, eher bürgerlich, warten immer auf den einen großen Moment einer Stimme, die aus einem Körper von äußerst simpler Alltäglichkeit und einer eher spießigen Höhle des Alltags kommt. Der Film arbeitet anders, aber wie die Partitur des Komponisten oder der Text des Dramatikers, wie Lyrik oder Epik oder die Bilder der Maler. Es ist alles festgeschrieben für immer. Allerdings die Situation seiner Aufnahme und die Projektion oder Vorführung der Fließbandroutine zu entreißen, wäre dem Aufwand der Theateraufführungen vergleichbar, und da ist es nicht die Gunst der Stimme und der Stunde, die zählt, sondern der technische und der repräsentative Moment, die zusammenkommen müßten in verschiedenen Formen. Und von wem wird das noch gewollt überhaupt? PARSIFAL in Delphi, das kann nur der Film. Das ideale Bayreuth erlaubt nur die Technik unserer Zeit. Der große Bogen am Ende unserer Geschichte schließt sich. Wenn dieser PARSIFAL z. B. nach China käme als Botschafter aus einer fernen Kultur, oder nach Israel als ein Schließen der Wunde der Geschichte. Alles das ist mehr als Selbstgenuß der schönen Stimme, auch und eher geistige Erlösung im großen Rahmen.

371

Ich höre vom Berliner York-Kino, das in einem Innenhof liegt und aus Gründen besonderer Denkmalspflege von einem Glaskubus umgeben sein soll und stelle mir einen Kinobau unserer Zeit vor, schwarz wie die *Black Mary*, in einem Glashaus, wie die ersten Film-Studios waren. Dazwischen Möglichkeiten zum Sitzen, Pflanzen, besondere Luft, Zeitungen, Kaffee trinken, Auf- und Abgehen, 2 Häuser in einem, eines ganz licht und hell, das andere dunkel und geschlossen für die Projektionen von innen.

372

Kampf nicht gegen, sondern nur für etwas, das ist das Schwierige, was schwerfällt und was den öffentlichen Streit produktiv macht. Die Energie nutzen – statt nur einzusetzen, um sich zu behaupten – für Erkenntnisse in und aus diesem Land zu leben. Das Gute in ihnen wecken, es ist in ihnen, in uns, in allen. Wie das Böse. Und wie schwer das ist.

373

Nachts in Venedig: Als ich vor dem Publikum von der Wichtigkeit des Gehens auf die Berge spreche, im Gegensatz zu den Gondelbequemlichkeiten, gibt es heftiges Nicken und Beifall sogar von den Zuhörern, auch von denen in Plastikanoraks, die durch Venedig laufen wie Stereotypen von heute, als Typen der Zeit gegenüber den historischen Kleidern der letzten Jahrhunderte. Die Bequemlichkeit macht Mode.

374

Als ich zum erstenmal hörte vom letzten Zusammentreffen Ludwigs II. und Richard Wagners, habe ich geglaubt, lachen zu müssen, da Wagner sich weigerte, verärgert nach dem zweitenmal PARSIFAL-Vorspiel, nun noch einmal auch das LOHENGRIN-Vorspiel zu spielen. Der alte königliche Freund wollte gedankenlos den Vergleich, wollte Erinnerungen, und wie muß das Wagner geschmerzt haben, der sein Neuestes gerade gab und gebar unter Schmerzen. Sie sahen sich nie wieder.

375

Warum wird die klare Bergquelle am Ende ihres Weges zur stinkenden Kloake voll blutiger Leichen? Neueste Meldung, daß alle Wälder über 600 m wohl abgeschrieben werden müssen. Hilfe durch Einschränkung der Großfeuerungsanlagen ohne Sinn, es sei denn, wir alle änderten unser Leben, was freiwillig wohl undenkbar ist. Und so wird es wohl kommen, was kommen muß und was früher den einzelnen Ländern und Reichen und Imperien und Kulturen geschah, geschieht nun dem Ganzen, der Untergang ist programmiert durch Freiheit und soziales Glück und unseren Fortschritt, auf den wir so stolz sind.

376

T. L., Los Angeles, rief gestern abend an aus Berlin vom Filmfestival. Sie glauben nicht in Deutschland, daß der PARSIFAL so viel Erfolg habe in New York, weil es nicht in ihren Zeitungen steht. Es wird allmählich gespenstisch. Tom sagt: »fascist Germany.« Die *FAZ* groß über die *Gesamtkunstwerk*-Ausstellung in Zürich. 3 Lebende aus Deutschland von heute in dem historischen Konzept. Wie in den anderen Zeitungen nichts über den Raum Syberberg. Und als dann doch der Name dieses Syberberg erwähnt wird, dann beiläufig und mit dem Zusatz des Mythomanen.

377

Im *Stern* über Neuenfels. Nach Kleist und Genet und ein Kleist noch einmal, mache er nur noch Filme: »Arbeit mit leichtem Gepäck.«

378

Diejenigen, die das Neugeborene noch nicht gesehen und für das Zukünftige nie aufkommen werden, fragen immer am geilsten nach dem nächsten Beischlafzeugnis der Phantasiehöllen. Welche von denen, die nach dem nächsten Film fragen, haben den letzten schon gesehen? Und das sind noch die nettesten, die fragen und Interesse zeigen.

379

Ich will nicht ein Schloß, ich will in jedem Land eines und in den Städten dazu. Und gab es nicht einmal die Idee der Kaiserpfalzen, die immer wartenden Räume in den Klöstern, später übergegangen in die großen repräsentativen Feste der Höfe? Luxus, Prunk? Wer so denkt, ist in Neidkategorien erzogen. Es war eine Pflicht, schwer und kaum zu wünschen, vom Gottesgnadentum belastet zu werden. Und die, die ihm dienten, taten es für sich selber, denn sie wollten und brauchten das Vorbild. Die, die dies nicht mehr wollen, sind so unfrei, sich keine Regeln mehr erlauben zu dürfen. Was früher einer für die anderen tat und der Hofstaat vervielfältigte, übernehmen heute die Medien – wenn sie funktionieren in Freiheit.

380

Nächster Plan: Burgtheater, *Penthesilea* mit Live-Übertragung, von oben mit der Kamera aus der Luft sich nähernd, am nächsten Abend der eigene Monolog – Akademietheater Wien, die Bühne wird benutzt als Modell für den Film der Live-Übertragung in die deutschsprachigen Länder. Und der dritte Schritt TRISTAN UND ISOLDE in der Oper in Wien. Live und mit dem geographischen Blick von oben sich nähernd und in den Pausen einstündige lange Ausschnitte zuerst aus *Penthesilea* und dann der Monolog der Edith Clever, weltweit übertragen. Alle 3 Übertragungen als Struktur einer Theaterstadt, Theater als Modell für Welttheater plus Film in jedes Haus. Auf dem Theater konzipiert gleich für den Film, der elektronisch später auf Kassette verwertbar, zu wiederholen im Haus oder in großen Räumen auf den Festivals oder in den Städten oder verschiedenen Plätzen der Welt zu besonderen Anlässen.

381

Der *Spiegel* wie die *AZ* und ganze Radio-Sendungen entdecken den *Bruder Eichmann* von Kipphardt, als ob es nie den Monolog eines Hitler gegeben hätte, aus dem Grab von Richard Wagner kommend, sich von ihnen verabschiedend als ihr »Bruder Hitler«. Sie erfinden alles neu, weil sie ihre Arbeit versäumten bisher.

382

In der *Zeit* Böses zu Abel Gances *Napoleon* – gescheitert. Dagegen Fassbinder: ein Mann, ebenso kinobesessen wie Abel Gance, nur »wußte er mehr von Menschen und ihren Sehnsüchten und Finsternissen«.

383

Gestern abend im Fernsehen Filmfestspiele Berlin 1983. Die häufigsten Worte sind Markt, Kritik, Innovation, Bedürfnisse, jedes Jahr 30 neue Namen von sogenannten Regisseuren. Dieser Inflation entspricht die Baisse des deutschen Films. Die wichtigsten Leute des deutschen Films: dreimal genannt Fassbinder, Herzog, Kluge, Schroeter. Fassbinder ist der geheime Sieger des Festivals, schon bei der Eröffnung mit seinem Schlager aus QUERELLE, gesungen von der Jury-Präsidentin. Und am Ende überreicht diese Darstellerin Fassbinders und Jury-Präsidentin den Silbernen Bären an den Kameramann Fassbinders, der seinen Film Fassbinder gewidmet. F., der Karrierengarantist, wer sich an F. hält, kommt durch.

384

Eine Handvoll Erde enthält so viele Lebewesen, wie wir Menschen auf der Erde zählen. Das Gleichgewicht, seit 50 Millionen Jahren gewachsen und garantiert, ist nun in Gefahr. Der Wald steht schwarz und schweiget, und aus den Wiesen steiget...

385

AZ-Gespräch mit P. K. von den Grünen: »In Ihrem Buch *Um Hoffnung kämpfen* heißt es: Sie wollen Liebe und einen konfliktfreien Ort des Paradieses erreichen. Wie sieht Liebe für Sie aus?« P. K.: »Ehe man nationale Beziehungen ändern kann, müssen sich erst die menschlichen Beziehungen ändern. Für mich ist es wichtig, daß eine Gesellschaft, die so auf Streß, Leistung, Konkurrenz und Kampf abgestimmt ist, erst das friedliche Zusammenleben lernen muß, dazu gehört eine Sexualität, die erotisch gestaltet ist.« *AZ:* »Das Bundesinnenministerium erklärt heute, die Grünen seien ein Sammelbecken für Extremisten.« P. K.: »Die Grünen sind ein Sammelbecken für Idealisten.«

386

Bin für die Hierarchie der Qualität, das heißt der Freuden und des Glücks, dazu gehören Tiefe der Schichten, Dimension des Anspruchs, Solidarität der Teile zueinander. Die Sicherheit und Leidenschaft gibt dem Eingeladenen, und das ist durch Kunst jeder, Weisheit und ist zutiefst allgemein menschlich, das heißt, wenn man so will, demokratisch.

387

Morgens Anruf aus Salzburg, zu den Osterfestspielen wäre ein Kino gefunden, das einzige mit Stereo, ein sogenanntes Kino-Center, wegen der Länge des Films komme der Abend dort nicht in Frage, mit Matinee seien sie einverstanden. Ich sage aus Erfahrung mit Zürich nein. Zürich, das übliche Supermarkt-Kino nach dem Fließbandsystem, Presse-Konferenz im Nacht-Club. Hätte Karajan einmal nur in seinem Leben sich in so eine Höhle der Plastikkonsumenten verirrt, würde er sich auf der Erde wälzen und betteln, nie wieder diesen Beruf ausüben zu müssen, wenn dies zur Bedingung gemacht würde als Ort seiner

Aufführungen. Abends Schaubühne *Kalldewey.* Schaubühne einst ein Kino, das nun zum Theater wurde. Ein historischer Kino-Palast jetzt als Theater-Center mit mehreren Räumen? Erlesene Gold-Messing-Beschläge an den weißen Wänden und Türen und Treppengeländern, gold auf weiß, das einzige Theater der letzten Jahrzehnte, ein 80-Millionen-Bau, Saal A, B, C. Die Leute mischen sich in der Pause, Lautsprecheranlagen regeln den Verkehr. Aufrufe zur Beendigung der Pause, um den Platz wieder einzunehmen.

388

Lese in der Zeitung von Arthur Koestler, wie er und seine Frau in seiner 3-Millionen-Wohnung in London still nebeneinander sich gesetzt und gestorben. Wein, das Gift, Briefe, das Ende ohne Schrecken, ruhig und würdig, was sonst noch die Zeit war, ist um. Draußen Sonne, Fenster auf den Ku-Damm, Ecke Fasanenstraße.

389

Fassbinder, als Versager. Das Symbol der selbstgemordeten Stammheim-Generation. Im Flugzeug nach Berlin, diesem Alptraum der Realität.

390

Berlin – Bahnhof Zoo – 5. März 1983. Das Bild der kaputten und verkommenen Welt, die Drogenszene, die bekannten Neonlampen und Kofferkästen, ein Transistorradio auf der Erde und diese Typen drumherum. Reichsbahnschilder beweisen, daß Züge fahren nach Paris, Hoek van Holland. Im Glaskasten an der Kontrolle die Frau mit der Ostkappe, die sie ausweist als Angestellte der Deutschen Reichsbahn aus der ungeliebten DDR, was noch schlimmer ist. Und wegen diesem allem habe ich vor 30 Jahren das Land gewechselt, wohin und woher und wozu?

6. März. Heute also Kohl gewählt. Er wird uns lange bleiben, eigentlich die Erfüllung des Typus der linken Demokraten: ohne Persönlichkeit, keine Dämonie à la Strauß oder Adenauer, keine Führernatur, das aufrechte Mittelmaß, auswechselbar, demokratische Realität.

In Deutschland ist jetzt Wahl. Der Vorführer des PARSIFAL erzählt, daß jetzt 120000 Türken in Berlin wohnen. Zweitgrößte Stadt der Türken.

Bei der Preisverleihung der diesjährigen Kritikerpreise antwortet W. anläßlich seines Fernsehpreises mit Brecht: Angesichts von Hindernissen mag die kürzeste Linie zwischen zwei Punkten die krumme sein. Man kann nur lernen, mit Dank, schrieb er immer auf die kleinen Billets, so tu's jetzt ich.

Kritikerpreis in Berlin. Ein Preis der deutschen Filmkritik. Der gutgemeinte Hohn, die Alibi-Farce. Im Saal, wo die Journalisten sich vereinigten, um den Preis zu verteilen, mehr Menschen als im Projektionssaal des gleichen Hauses, wo der Film PARSIFAL des geehrten Autors läuft, zu dem dieselben Journalisten vergaßen, in ihren Kultur- und Filmnotizen zum Wochenende, das Publikum einzuladen. Vergaßen? Teilweise sich weigerten. Am Publikum liegt es sicher nicht, denn vor Wochen im ›Arsenal‹ stauten sich die Menschen auf der Straße bis in die späten Mitternachtsvorstellungen, die bis in die frühen Morgenstunden liefen mit vielen Anfragen, wann wieder und wo in Berlin. Im ›Arsenal‹ ging es noch einmal gut, die Hausmitteilungen umgingen den Boykott der Medien, wie überall in Deutschland, wo es gut ging. In Hamburg die Staatsoper, in Frankfurt usw.

Höre aus Hamburg aus dem Kino, das der Oper nachspielt, PARSIFAL gehe schlecht, 30 Besucher pro Tag, in Wien volles Haus. Mieseres Publikum, dümmere Deutsche? Oder eher Struktur der Öffentlichkeit? Nach der Aufführung in der Hamburger Staatsoper, die mit Hilfe von hauseigenen Mitteilungen die öffentlichen Medien umgehen konnte, keine öffentlichen Reaktionen in den Zeitungen, Radio, Fernsehen. Dagegen Wien mit vollem Einsatz der Instrumente öffentlicher Diskussion. Das ist der Unterschied zwischen Deutschland und Nicht-Deutschland, zwei Städte, zwei Kinos, Freiheit nach 1945, Demokratie radikal der Radikaldemokraten.

391

Die Mauer in uns. Mitten durch Deutschland geht diese Mauer, von Ulbricht gebaut, und Hitlers Erbe, die Ost-West-Spaltung sichtbar machend in einem Land. Sie trennt, isoliert einen Teil vom anderen Deutschland, die Bedingung für den Frieden sagen sie sogar. Die eigentlich schlimme Mauer aber läuft um ganz Deutschland, sie trennt, isoliert uns von der Welt. Das heißt, wir unterscheiden uns von den anderen, trotz aller Anstrengungen, ja gerade diese Anstrengungen machen uns noch abseitiger. Es ist ein dem Nationalsozialismus entgegengesetztes Gesetz, diese freiwillige Abtrennung der nationalen Vereinsamung, die Einsamkeit der Verweigerung, Aggressivität erzeugend, sensibel selbstverschuldet und selbstgerecht, denn was unter Hitler unter äußerem Zwang geschah, ist heute freiwillig zu nennen. Es ist eine Mauer, die mitten durch uns hindurchgeht, eine Mauer in uns, Erbe des Krieges, denn hier wird anders gedacht, anders entschieden, anders regiert. Wir sind wie gebannt durch eine unsichtbare Grenze um uns, zwanghaft, ohne Mitleid, und sehen kann sie nur, wer will, und das wäre schon ein erster Schritt zur Befreiung. Aber da sind auch überall persönliche Gründe, sich zu verhalten wie alle anderen. Und man muß ja nicht, denn niemand hier zwingt und kontrolliert und ertappt etwa den anderen. Und die draußen sind froh, daß da Ruhe ist, aber insgesamt ergibt das ein anderes Bild als das von außen und als es früher war, wenn es auch aus alten Quellen gespeist ist, ein zutiefst verwundetes Land, amputiert und voll unerlöster Menschen, die eine verstörte Ordnung machen mit immer schlechtem Gewissen der Verdrängung. Sicher gibt es viel Übliches als Alltagsmotive des Verhaltens, wie Bequemlichkeit oder Bestechlichkeit, und es wird sicher alles eines Tages vergessen, Geschichte geworden sein, wie man so sagt. Man wird die einen in die Hölle stellen und die anderen eben nicht. Und man wird auf die einen zeigen als die mit Zivilcourage und auf die anderen als die Feigen, aber gelten wird nur, wer verstand, das wenigstens produktiv gemacht zu haben, wie auch immer.

Und das Gute setzt sich schon durch und wer's zynisch sagt, schlägt noch mal kräftig zu, gar nicht annehmend, daß dies etwa der Gesprächspartner sei.

392

Die neue Aura ist gefunden. Filme in Opernhäusern und auf offenen Plätzen, an historischen Stätten, den historischen Daten verbunden, in großen Häusern und zu Hause. Nicht Film von, sondern Film für. Wenn der Film zurückgekommen sein wird in das Kino – warum nicht, warum nicht auch Kino –, bringt er die Aura der anderen Möglichkeiten mit, andere Längen, andere Ausstellungen, die Museen der Welt und Konzerthäuser und die historischen Plätze und Daten, den heiteren Himmel der südlichen Nächte, das ideale Publikum allen Alters und aller Schichten – wenn das Kino bereit ist, zu folgen, technisch und gesellschaftlich. Die Abtrennung ist die Bedingung für die neue Gemeinsamkeit.

393

Deutschland ist für die Erotik verloren. Genet anläßlich eines Berlin-Aufenthalts 1983: 1934 habe ich dort einige schöne Männer geliebt.

394

Sicher gibt es viel Recht, sich zu wehren, sicher immer mehr, je weniger sie reagieren, bis zur Tollwütigkeit, um überhaupt wahrgenommen zu werden. Und sicher ist es falsch, zu glauben, diese mangelnde Reaktion hieße, daß sie es nicht alle wüßten durch die Ritzen der Zeit sowie durch die der Mauern. Das andere kommt von außen und ist überall da und wird dadurch gehört, man weiß auch nicht wieso.

395

Im Fernsehen H. C., vor 25 Jahren waren wir in Rom zusammen, Kunstgeschichte, Sedlmayr-Erinnerungen, jetzt Oberkonservator in Rheinland-Pfalz, Trier, wo er herkam aus bekannter Familie der Bierbrauer. Damals gemeinsame Autofahrten mit zwei Freundinnen aus dem Seminar und Belgien in Rom, wo sind sie nun? Er ist jetzt beauftragt, 800 Objekte des Landes zum besonderen Schutz vor dem nächsten Krieg zu bestimmen.

396

Das Dach eines imaginären Theaters. Nach Cannes, der Uraufführung des PARSIFAL auf diesem Filmmarkt der Welt, von Mitternacht bis Sonnenaufgang am Meer, habe ich angekündigt, daß dieser PARSIFAL nun auch zur *Documenta*-Eröffnung, jener Ausstellung, die alle 4–5 Jahre stattfindet, zum Stand der Kunstproduktion der Welt, aufgeführt würde und in Bayreuth am Tag der 100jährigen Feier dieses PARSIFAL am Entstehungsort und diesem Platz der Oper. Das war der Anspruch, PARSIFAL als Film zu messen an Film überhaupt und zu vergleichen mit der Produktion der Kunst aus aller Welt und in Konkurrenz zu stellen zum Theater und speziell an diesem Ort, dem Musiktheater und Zentrum dieser Welt. Ein Anspruch wie nie zuvor. Inzwischen ist dieser PARSIFAL als Film in die großen Opernhäuser von Hamburg bis Barcelona und von Venedig bis in die Konzerthäuser von New York gekommen, und es sind neue Pläne entworfen für China und Delphi, und für Israel zur Abtragung alter Schuld. Für jemanden, der seine Filme auf die Assoziationswirkung der visuellen und akustischen Zitate aufbaut, mußte die Konfrontation und Gewinnung dieser Plätze mehr bedeuten als zufällige Aufführungserfolge. Es bedeutet den Versuch einer Eroberung eines historischen und geographischen Anspruchs, die Apotheose kultureller Erinnerungen unserer Geschichte. Aber alle diese einzelnen Leistungen und Taten müßten irgendwo zusammenkommen, sonst wären es nur lokale und aktuelle Phänomene, wie nicht gewesen, flüchtig und ohne eigentlichen Sinn. Und das sollte natürlich im Entstehungsland sein, und die Medien könnten möglich machen, was früher ein Haus war, zu bilden die Basis dessen, was hier als Dach gebaut ist, imaginär aus den Orten und Anlässen der Geschichte...

397

Butter. Noch zur Zeit meiner Kindheit fraß die Kuh frei herumlaufend auf frei wachsenden Wiesen ohne Chemie, wurde die Milch mit der Hand gemolken und nach Absetzen der Sahne an der Oberseite der stehenden Milch die Butter von Hand gestoßen, jedenfalls so für den privaten Gebrauch. Wenn man nicht aufpaßte, wurden Milch und Butter ranzig. Das alles schmeckte man, die Butter war anders als die der Fabrik und die heutige, bequemere und sichere. Da wird nichts ranzig und geht alles schnell und ist vielleicht billiger, und wenn wir es auf die Zunge nehmen, schmecken wir den Unterschied, wenn wir ihn noch kennen. So wurde auch die Milch noch damals in privaten Behältern geholt oder zugestellt, von Haus zu Haus, auf dem Land über lange Wege der Kinder, mit Erinnerungen, die sie ein Leben nicht vergaßen, wütend oder voll Andacht, träumerisch, wie immer alles zusammengehört, über die Wiesen gehend bei jedem Wetter zum Bauern, der tägliche Ritus. Wenn einer eine ständige, kleine, aber sichere Einnahme meinte, sprach er vom Milchladen, den er haben wollte, als Garantie für unstetes Leben den Ausgleich. Vorbei. Die Butter aus unpasteurisierter Milch ist heute verboten in Deutschland, und damit wissen die Leute nicht mehr, was Milch und Butter wirklich sein kann. Warum würden sie auch sonst die andere kaufen. Und was begann als Fortschritt von Bakterienbekämpfung und Vereinfachung von Lagerung und Transport, wurde nun Zwang und Gesetz und Verstümmelungen von Lebensqualität, Terrorisierung des Menschen, die sie Fortschritt nennen, von Menschen, die es gar nicht mehr erkennen können. Wie sollen da unsere Filme außerhalb des Fließbands entstehen, gezeigt und verstanden werden dürfen. In Frankreich ist normale Butter vom Bauern noch immer eine gerne und teuer erkaufte Besonderheit zur Freiheit des Konsumenten, der, ungehorsam, sich nicht alles gefallen läßt. Und doch sind ihre Geschäfte inzwischen durch internationale Kontakte derart verbunden, daß die Unarten des einen schon auf den anderen übergreifen. Sie leben davon.

398

Und auch jetzt fragen sie immer wieder, was anders gemacht worden wäre, wenn mehr Geld zur Verfügung gewesen. Im PARSIFAL. Trotz aller logischen Begründungen für die Richtigkeit der jetzigen Lösung – die Gralsszene im 1. Akt, anstelle der großen Riten und Ritter und Mönchsumzüge nun die Projektion der Wagner-/Joukowsky-Zeichnungen aus Uraufführungszeiten von 1882 auf dem reflektierenden Kleid der Gralsträgerin – wäre wohl bei mehr Geld und Zeit anders geworden. Diese Lösung hat ihre Logik, wie auch das mangelnde Geld gerade hier sich so entscheidend niederschlug. Aber es wäre sicher auch eine nicht realisierte Lösung denkbar in großer Würde, die dann aber alles bisherige auf der Bühne Geschehene ersetzen müßte. Nicht wie diese durch cineastische Tugenden der Verweigerung, sondern als realisiertes Gegenmodell zu dem, was sonst auf der Bühne geschieht. Das fehlende Geld führte zu weniger Sinnlichkeit bei gleichzeitiger geistiger Logik und Askese.

399

Was trotz allem hohen Rang an Geschmacksroutine im neuesten Antonioni-Film IDENTIFIKATION EINER FRAU wieder am meisten auffiel, ist die übliche Orgasmus-Musik. Orgasmus-Musik nannte schon L. B. Mayer die Begleitmusik in VOM WINDE VERWEHT. Kaum sinken sie ins Bett, orgeln die verjazzten Klassiker los. Ob sie das auch zu Hause tun? Gar nicht anders können, Angst vor Stille, Verstehen, Gefühlen? Vor der Mehrschichtigkeit des Lebens, der Liebe, vor der Tiefe dessen, was da gefordert wurde seit Jahrhunderten, und würde, wenn sie es riskierten.

400

Zur Mauer in uns. Von Venedig höre ich, über 40 Zeitungen zur Aufführung des PARSIFAL-Films anläßlich des 100jährigen Richard-Wagner-Todes am 13. Februar. Deutschland ist abgetreten aus der Welt der Diskussion von Avantgarde und kein Ende.

401

Warum nicht weggehen, emigrieren, verschwinden. Immer wieder die Frage der anderen. Sie können es sich leisten. Sie brauchen doch nicht. Schon 1945 der Vater, als die Russen kamen, als einziger geblieben im Umkreis, hat die Koffer gepackt aus eigenem Leder, Wagen vor der Tür, Angst, Pflicht, Treue, so viele unterwegs, die Leute, die zurückblieben, die Mitarbeiter, die Arbeiter und Tagelöhner, das Dorf, Meldungen über drohende Erschießungen, Vergewaltigungen, Trägheit, Vertrauen in das Leben, die Welt, unerklärlich wohl, der Wechsel des Ortes wäre ihm wie Fahnenflucht erschienen vor dem Gelächter der Leute, die jetzt ihre Fahnen verbrennen. Was soll's. Eine gewisse Unfähigkeit ist es wohl auch, Unfähigkeit zur Flucht. Und einmal wurde schon gegangen und einmal schon vertraut, und wer weiß, was kommt, jeder Platz hat seine Not.

402

Werbespruch der amerikanischen Reisefirma »Visit Europe« – »Besucht Europa, solange es das noch gibt.«

403

Im Fernsehen JENSEITS VON EDEN, James Dean, vom Vater verachtet, der Böse genannt, auf seiner Suche nach Liebe immer das Falsche machend, und immer den Bruder vor Augen, den bevorzugten, und alles, um die verlorene Mutter zu suchen, vom Ende wollen wir schweigen. Aber die ganze Tragik lebt, von seinem Bemühen und den Irrtümern bis zu den kriminellen Geschichten, sich beliebt zu machen, und daß alles immer fehlschlägt, je mehr er versucht, es dem Vater rechtzumachen, bis zu dessen Ende, als es zu spät ist, zu spät die Erkenntnis, daß der Falsche gelobt wurde und warum der Richtige sich so verrannt. Und wie einfach für den Zuschauer – wie vor dem Kasperlspiel der ewigen Bauerntheater –, wie einfach von außen zu lösen, was den Spielenden wie Fluch des Zwangs im Nacken sitzt. Die einfachen Regeln und Riten uralter Gesetze innerer Unlösbarkeit.

404

China, Israel, Delphi – so viel wäre heute möglich, technisch. Und heute so viel Impotenz der Kulturchefs der Länder unserer Zeit. Was hätten die früheren getan, die Ludwigs aus Frankreich und Bayern, die Päpste und die Erbauer der Kathedralen. Und wenn es nicht realisiert würde als durchaus mögliches Konzept, wäre es festzuhalten als utopischer Überbau der bisher erreichten Basis. PARSIFAL in China von Mitterrand, wie einmal geplant, auf seiner Chinareise, als Geschenk aus Europa. PARSIFAL in Delphi zum Zirkelschluß unserer Geschichte von 2500 Jahren Abendland, und was von dort ausging, nun so zurückgebracht über das Mittelalter aus ganz Europa und mit der Musik des 19. Jahrhunderts und seiner Philosophie bis Nietzsche, erfüllt in der Technik der Zeit am Platz des Ursprungs, und nur einmal.

Und dieser PARSIFAL für Israel als politische Manifestation einer moralischen Schuldabtragung, einer in Jahrhunderten angesammelten Schuld. Als Film möglich, was der Bühne und dem Konzertsaal verwehrt wäre. Alles gehört zusammen und ist möglich und schon als Konzept, wie Christos Bauten ohne Realisierung im Entwurf wert sind, daß sie existieren, scheitern können sie am mangelnden Willen der Menschen, nicht als Idee. Ich selbst darf nicht zu viel tun, alles wäre möglich, aber es muß von sich aus geschehen, gewollt werden. Offen sein und warten. Das ist alles, was ich noch darf und tun kann.

405

Die Aristokratie verfiel mit der Französischen Revolution bis hin zur Revolution von 1917 in Rußland. Es entstand mit dem Erlöschen der alten Kultur die Weltinterpretation aus Hollywood. Und Hitler dagegen ist nur denkbar als radikale Auflösung seiner Zerstörungsintuition.

406

Der Zerfall unserer Welt in Europa ist logisch. Alles was vergeht, ist wert, daß es untergeht, die von Göttern und Königen unbewohnten Häuser wurden von der nachfolgenden Zeit und ihren Mächten zerfressen. Das Symbol der Konsum- und Plastikgesellschaft unserer Massendemokratie ist das Auto, die Chemie und ihre Waffen gegen die Natur der Alten Welt. Das ist schlimmer als Kriege der Türken gegen die Akropolis, und ihr gepriesener ewiger Friede ist totale Zerstörung, die Untergangserklärung, erfolgreich wie kein Krieg zuvor. Alles ist logisch in ihrer sogenannten Vernunft, die ihnen die Computer der Atomenergie ermöglichen. Die Französische Revolution war nur der erste Schritt, die Russische Revolution der zweite und Hitler der logische und endgültig letzte. Danach gab es nur mehr Atomraketen, Computer und die freie Anwendung aus moralischen Gründen. Ja, der das sagt, ist ein gefährlicher Mann, sie haben es nur noch nicht erkannt, überall. Er will ihnen die Reichtümer wegnehmen und die Zukunft sagen, die Schuld zuweisen und Zwangsläufigkeit ihres Endes und die Erinnerungsmythen anbieten, die sie kaum mehr ertragen dürften.

407

Was hilft alles Sprechen über Aura, imaginäres Dach des idealen Theaters als Film, Mauer in uns, PARSIFAL ernstgenommen, und man würde ein anderer Mensch. Nur Selbstschutz hilft, um weiterzuleben, Schutz der Nichtachtung, der Nichtbeachtung, des Vergessens im Schlaf, Worte wie China, Israel, Delphi, was sollen wir damit anfangen hier im Alltag, und trotzdem wissen wir, daß es existiert, mächtig und für alle. Noch einmal zurück auf die Ursprungsidee von Bayreuth. Am Anfang stand die Übernahme aus Griechenland der Feier für das Volk, das tagelange Fest, die spezielle Architektur in der Landschaft, jenseits der großen Städte oft, und an den bevorzugten heiligen und magischen Stellen des Panoramas, unter freiem Himmel, an den Quellen und Bergen, mit Publikum und Technik, ein ganz realer und realisierter Traum.

408

Zur Basis gehören das Wissen, das Publikum, die speziellen Orte, die verbindenden Medien, die wie ein Gewebe durch Bewußtsein die Wände zu den Stützen auf unsichtbare Weise schaffen. Darum der Kampf, nicht um Namen, um gedruckt zu werden, zur Geldbeschaffung oder aus Eitelkeit. So entstand ein Verbundsystem um Deutschland von Frankreich, Italien, Griechenland, Belgien, Holland, Spanien, Portugal, England, Skandinavien, Österreich, Schweiz und den USA, mit Tradition jetzt schon in Deutschland, das es schwer haben dürfte mitzukommen, und das betrifft nicht die sogenannte schweigende Mehrheit, sondern die Meinungsbilder, und zwar wegen Mangel an Diskussion und deren Geschichte schon und mangelnden Umgang mit dem, was bisher war. Das schafft Nachteile eines Generationsabstandes inzwischen schon. Abgesehen vom langsam erwachenden Gewissen und Instinkt im Unterbewußtsein der unterdrückten Mehrheit und der Spezialisten unter ihnen, und besonders der Jungen.

409

Buñuel. Was er für einen Dollar nicht täte, würde er auch nicht für eine Million tun. Und das kleine Budget verschaffe ihm Freiheit, die Freiheit seines Werks, wie wir es kennen. Jan-

Philipp Reemtsma stand plötzlich zu Arno Schmidt und gab ihm eine persönliche Summe in Höhe eines Nobelpreises für ein neues Werk. Und Arno Schmidt bezeichnete ihn als den besten seiner Leser.

410

Der Unterschied Fassbinder und wir. Wir suchen und bekommen im besten Fall Erlösung durch das, was wir unsere Kunst nennen, aus unserem Leben. Fassbinder benutzte seine Kunst im Interesse seines Lebens, dessen, was uns zutiefst erwischt, quält und wo wir anderen zur Last fallen und was übergeht in eine abgelöste Destillation bis zur Heiterkeit jener Erlösungen. Dies ist vielleicht noch zu achten oder groß, selbst wenn er scheiterte. Aber dort beginnt das, was ich die Lüge Fassbinders nenne, nach allen meinen sorgsamen Beobachtungen immer wieder, und als Symbol der Lüge unserer Zeit sehe, daß er sein Werk benutzte, um sein Leben zu gewinnen, das er am Ende verlor und nicht im Kampf für dieses Werk eben. Ein Werk, das zu verachten ist, selbst wenn es gelungen ist, da es gemacht wurde, um dem kümmerlichen Leben einen Vorteil zu verschaffen.

411

Eine französische Zeitschrift ist stolz auf ihre Sprachpflege. Eines ihrer Gesetze heißt, in einem Absatz dürfe nie dasselbe Wort wiederholt werden, also kein Cicero mehr, kein Shakespeare, Karthago wird nie mehr leben in unserer Erinnerung und Caesars Tod nie mehr gerächt. Was einmal von dort kam als große Sprachfigur der Rede und der Texte, geht in sklavischer Nachahmung der widerspruchsvollen Regeln ohne Sinn zugrunde. Die alternative Wildheit sprachlicher Unbedenklichkeit wäre nicht nur typischer und zeitgemäßer, also echter zumindest, sondern auch geistvoller, da wenigstens mit Sinn der Zeit erfüllt. So geht die antike Kultur, aus der wir stammen, erst zugrunde durch die Dummheit der Mächtigen.

412

Was heute am meisten auffällt, ist der Hang zur pluralistischen Kunst. Der deutsche Film fällt nicht etwa auf durch große Einzeltaten, als Zeichen großer Pläne, Ideen, Entwürfe, Realisierung, sondern das Programm ersetzt das Vakuum durch Schwulenfilm und Frauenthemen und Nachwuchsarbeiten und so weiter, was die Mode gerade vorschreibt.

413

Das Tagebuch als Produktions- und Lebensersatz. Unterhaltung mit nicht existierenden Figuren. Realisierung von utopischen Projekten auf dem Papier, ob sie realisiert werden, ist egal. Allein die Idee China, Israel, Delphi genügt, das imaginäre Dach auf den Fundamenten von nicht wirklich faßbaren Wänden und Basistheorien des idealen Theaters der neuen Aura-Ideen abzugeben. Die Realität der Welt wird gebildet von Fernsehen, Radio, Zeitungsmeldungen, mehr und mehr von weit her, Telefongespräche von Los Angeles bis Lissabon, von Amsterdam und Paris täglich, Reisefreundschaften über lange Distanzen und Intervalle als Ersatz von hiesigen Menschen und daraus Einsichten, die die Aktivität des praktischen Alltags lähmen. Wenn plötzlich mehr Filme garantiert würden durch Geldausschüttungen woher auch immer, und aus deren Mangel an Realisierung wohl vieles von dem oben beschriebenen gekommen, würde das noch gehen, würde ich das noch wollen, würde ich andere Stoffe wollen, als diese der Erinnerung, des Abschiedes und des Widerstandes. Würde ich noch mitmachen können, gut sein, oder bin ich repräsentativ nur im Abseitigen der verlorenen Normalität? Die Normalität aber als das Abseitige selbst und der Widerstand als Leistung ohne Chance auf Nachfolge. Das Gegenmodell – die Schaubühne von Peter Stein: eine Familie der Arbeit, Leute gleichen Rangs durch eine Generation voll Kontinuität, mit eigenem Haus und Gesicht und sicherem Budget für Programme über Jahre, ein Publikum, das angestammt ist, erzogen, Einfluß auf eine Kultur hat, in Deutschland und anderswo. Leute die machen, Leute, die denken, die lesen, die malen, die spielen und bauen und rechnen, für jede Abteilung gibt es einen Menschen oder mehrere und alle zusammen sind ein Organismus, der sich abstützt.

414

Die Theaterregisseure wollen Filme machen (Chéreau, Neuenfels, Stein), und die Filmer verlieren mehr und mehr die Story. Godard, Wenders, Antonioni, Fassbinder am Ende.

415

Deutschland, das heißt von der Humboldt-Universität zur Berufsschule für Computer-Techniker und zu den provinziellen Ministerien der Kultur als Schulminister mit Kulturanhang.

416

Tagesnotiz zum 17. März, Donnerstag, PARZIVAL – eingeladen zum diesjährigen Bundesfilmpreisgremium (gemeint ist PARSIFAL).

417

In der *Zeit* 2 Seiten über Godard, seine neuen Filme, viel über Krise – Überschrift ›*Warten auf Godard*‹ – und das Susan Sontag-Zitat: »Der größte Regisseur, der heute im Kino arbeitet.« Das Jahr, in dem sie das sagte, ist wohlweislich verborgen geblieben. Deutscher Filmjournalismus und seine Genauigkeit. Godard ist am Ende, 2 Seiten in der *Zeit*, er weiß warum, aber er ist nicht mit dem Erfolg und der Macht der Phantasie abgetreten. Ich verstehe ihn: er will keine Leute mehr sehen, ist die verkommenen Tricks dieser Branche leid. Aber er ist immer ein Mann des Movie-Buffs, der Fans, eine Kultfigur geblieben der ideologischen

Vernebelung, des witzigen Waberns und des intellektuellen Rauschzustandes, das war ihr Mann vor Fassbinder, bevor sie Fassbinder machten, zu dem, was er dann wurde, ihr Mann. Von A. Sch. lese ich, was er gelitten beim Abfassen seines Manuskripts von *Zettels Traum,* drei Jahre lang, er hatte geglaubt, er stände es nicht durch und schon gar nicht noch einmal. Wenn einer von allen denen je wüßte, was es heißt und hieß, auch nur einen dieser Filme zu machen. Und wenn die Filme entstanden sind, fängt der eigentliche Ärger erst an. Immer mehr wird klar, daß, wer Kunst benutzt, um damit andere Lösungen zu erreichen außer Er-Lösung, nicht wert ist, dazuzugehören. Worte mit dem Praefix er- und deren Erhöhung: ertrinken, erfahren, erbrechen, ergreifen usw.

418

Die, die Fassbinder folgen, trotz allem, was sie von ihm wissen, ohne Widerspruch, wie einem Führer, den sie suchten, ihrer Generation, gierig nach einer Fassbinder-Karriere, trotz Wissen seines Endes, des notwendigen, entschuldigen ihn und seine Unterdrückungsmechanismen der Armen, Kleinen, Abhängigen damit, als hätten es die anderen eben gebraucht, und seien selbst schuld. Die so sprechen, sind die einen, die sonst groß wurden in ihren Bekenntnissen gegen Feudalismus und für die Befreiung der Arbeiter und als Antifaschisten.

419

Wenn ich mir die Liste der diesjährigen Mitglieder des Bundesinnenministeriumsgremiums anschaue, warum soll eine Gruppe von Leuten, die selbst bei Bezahlung der Anreise nicht bereit waren, einen Film anzuschauen, nun in besserer Stimmung sein und eine bessere Jury, weil sie dafür amtlich bestellt wurden. Warum soll eine Gruppe von Leuten, die schon einmal nein sagte bei Gewährung der Produktionsmittel, nun nach dem trotzigen Gelingen plötzlich über sich hinauswachsen und zustimmen. Da ist die Überlegung nahe, ob es nicht besser ist, überhaupt abzutreten, nicht mehr in dieselbe Situation sich zu bringen wie vor dem PARSIFAL und mit allen Folgen bis heute, vom Prozeß mit Gaumont und dem Kampf gegen jede dieser fehlerhaften Aufführungen und deren Bedingungen in der Welt mit persönlichem Einsatz. Keinen Film mehr machen, das wäre vielen recht. Das müssen sie wissen, diese Leute in den Gruppen, die darüber zu entscheiden haben, ob dieser noch wieder einen Film machen darf und der letzte Film gut genug ist als Pfand. Sie haben die Macht, nein zu sagen, auszutreten aus diesen Gremien, denn jeder kann etwas tun, wenigstens für sich, sonst wäre diese Demokratie ohne Sinn, kann Beispiel geben für das Nicht-Mitmachen, wenn etwas als falsch erkannt wurde.

420

Alle unsere Medien des Tages leben von der Tugend oder dem Auftrag, zum Tage zu berichten. Wer also den Leser, der in der Erwartung ist, Nachrichten und Meinungen zum Tage zu erhalten, damit vertröstet, daß er schon mehrfach darüber berichtet habe, muß wissen, was er tut, um sich nicht auf alibihafte Weise eines Boykotts schuldig zu machen. Als der PARSIFAL in Cannes seine Uraufführung haben sollte, war ich sofort dagegen, weil ich wußte, was in Deutschland passieren würde. Es würde Gelegenheit gegeben werden, in Sammelberichten mit Halbsätzen diesen Film überall zu erwähnen, in jeder größeren Zeitung durch ihre Korrespondenten und in den kleineren durch übernommene Berichte, so daß zukünftige Auseinandersetzungen auf vorher beschriebene elegante Weise vermieden werden konnten. So hat sich die deutsche Filmkritik aus der Verantwortung geschlichen. Die deutsche Musikkritik ging raffinierter vor. Und so lief der Film in Deutschland vor Zuschauern ohne öffentliche Diskussion, in Frankfurt, in Hamburg, in den größten Häusern des Ortes, wie in München seit Monaten ohne Diskussion. Überall dieses Abblocken und Abpanzern hinter der Mauer der vorgezeigten Liberalität.

421

Einer, als er ins Krankenhaus kam und hörte, er habe Krebs und nur mehr wenige Wochen zu leben, begann er zu lachen und lachte so lange, bis er wieder als gesund entlassen werden mußte.

422

Nicht interessieren mich aber Mythen und deren Geschichten und Figuren, eher umgekehrt, ich versuche in den Ereignissen und Menschen die archetypischen Urgründe zu finden und darzustellen und der Gerechtigkeit ihrer Hintergründe zu dienen, Widersprüche und Geheimnisse in großen Organismen mit Ruhe zu ordnen. Meine Dissertation hatte etwas mit Dürrenmatt zu tun im Titel, war aber eigentlich eine Abhandlung zum Thema Sysiphos. Daß ich mir Menschen und Ereignisse suche, die dazu geeignet sind, ist der einzige Grund für deren Darstellung.

423

Sie lieben den Expressionismus, aber dessen Realisierung durch Hitler in der Politik, ihrer Politik, wollen sie nicht wahrhaben.

424

Meta-Film statt Film als Gesamtkunstwerk: Was interessiert, sind alle Dinge, die jenseits liegen, oder dazwischen, das, was die Worte meta, trans, imaginär, Vision und Erinnerung, Irrationalismus und Aura ausdrücken, der Zwischenraum bis zur Identifikation, die Grenzüberschreitung zwischen Risiko und Anstrengung und Aufgabe. Es ist das, was zwischen Anfang und Ende liegt und mit der ruhelosen Suche nach den ruhigen Ordnungsgesetzen der Mitte nicht endet. Die Annäherungen im Unendlichen, die Unsterblichkeit des Unmöglichen, die Ewigkeiten des Todeszweifels, diese Wahrheit in der Teilungsganzheit. Nicht die Zweiteilung der Figur des Parsifal ist das Überraschende und Richtige, und nicht die Teilung in männliche und weibliche Formen unserer Existenz. Es ist die gleichbleibende Stimme zu zwei verschiedenen Personen und Geschlechtern, woraus bis zur Aggression führende Empörung der irregeleiteten Sinne geschieht. Es ist das Montageprinzip, was hier konsequent angewandt ist. Bild und Ton synchron übereinandergelegt, zur Lippensynchronität mit verschiedenen Personen-Varianten, im Interesse neuer Erkenntnisse weitreichender Art. Die Erfahrung im Umgang mit den Puppen hat dazu geführt, daß Stimme und Körper getrennt werden, wie im Fall Kundry hier auf ganz andere Weise. So ist die Montage ein Prinzip, durch zwei Teile ein Ganzes zu ersetzen und zu versuchen, oder ein Prinzip, das in der Erkenntnis der Unerreichbarkeit eine Annäherung versucht, durch kontrastierende oder identifizierende Nähe mehrerer Teile zu einem einheitlichen Ganzen. So ist das Bauprinzip der Zweiteilung der Figur des Parsifal in die beiden Geschlechter und der Kundry in Stimme und Körpergestus, oder die Separierung von Wunde und Person ein Rudiment des Montage-Prinzips aus Ludwig bis Hitler, wo Töne und Bilder gegeneinander oder zueinander geführt wurden auf dem Weg möglichst großer Identität, und im PARSIFAL wie nie zuvor. Das Prinzip, das noch einmal versucht wurde aus dem Wissen um seine Unmöglichkeit, eine bessere und eigene Tugend zu gewinnen, die in direkter Annäherung eben nicht möglich war, wie die Praxis zumindest dieser letzten 100 Jahre Theater beweist. Es gibt dort, aus der Praxis wissen wir das, keinen idealen Parsifal, keine ideale Kundry, und die Idee der Wunde ist einfacher und griffiger, und so gar nicht darstellbar auf der Bühne des Theaters. Die Montage von Einzelteilen, fertigen Zitaten, ohne die Gefahren des Interessanten und Schockierenden und der bloßen Ästhetisierung zu übersehen, ermöglicht eine neue Mitte und mit neuer Aura, gemäß einem neuen Kunstwillen auf der Basis unseres Bewußtseins vieler Unmöglichkeiten. Es ist ein Kunstwille, der so alt ist, wie die Menschheit Sehn-Sucht hat, und so ungewollt heute und von je her, wie alles, was uns fordert und riskiert.

425

Das Gesamtkunstwerk ist in der Geschichte der Weltkunst und ihrer Wissenschaft und den technischen Möglichkeiten als Begriff nun da und jedem bewußt, seit langem ein Ziel oder verabscheut, mit Flucht in die Teillösungen selbst innerhalb der alten Gebiete Architektur, Bildhauerei, Malerei, Theater, Musik, Tanz und aller ihrer neuen Erfindungen. Die Realisierung einer Verschmelzung aber aller dieser alten Sparten und Musen gelang erst im Film. Der Preis ist dessen Verweisung in die Keller unserer Städte. Was früher nebeneinander auf Festen und Zeremonien sich zusammenfand und dann gespalten wurde für viele Generationen, kam nun zusammen in eins, aber ohne Haus und für Menschen ohne Haltung und Aufnahmefähigkeit im Alltag dieses Lebens unserer Welt. Dem entgegenzuarbeiten ist meine augenblickliche Lust in fast unmöglich zu überwindender Situation unserer Realität eines sich abwendenden Landes und in anders sich gebärdenden Zeitinteressen, einem alten Wunsch vieler und eigentlich aller entgegenkommend, dem Verdrängten aus verschiedenen Gründen, der Angst, Zumutungen und Bequemlichkeit usw. Und sei es ein Ziel als Utopie praktisch unrealisierter Einheit, als Idee mit teilweise versuchten Ansätzen. Sedlmayr zitiert Hegel über Kunst: sie drücke nicht mehr die höchsten Interessen des Geistes aus, und das war in der ersten Hälfte des 19. Jahrhunderts. Und doch wurde gerade das versucht bei Wagner, bei Brecht, und es ist doch gerade das, worum es geht. Diese Rückeroberung eines »Sitzes im Leben«. Wenn früher »ein bestimmter Auftrag für bestimmte Orte, wohl definierte Orte im Leben der Schaffung von Kunst vorausging und sie bedingte, so werde sie heute nur mehr geschaffen für den Kunstmarkt oder direkt fürs Museum der Modernen Kunst« und dagegen geht der Kampf und der grausame Widerstand, hier heftiger als überall woanders sonst in den Ländern der Freiheit.

Und Basis ist und muß sein die Montage der alten Künste, die verfügbar sind nun in ihren Kunstgattungen unter der Voraussetzung ihres Untergangs und ihres Bankrotts, wie Sedlmayr das im *Verlust der Mitte* seit der Französischen Revolution nach den alten Gesetzen urteilend datiert. Sie haben ja recht, wenn sie die 4 Räume im Keller der *Documenta* als Provokation gegen die Kunst der Zeit mit den Mitteln dieser Zeit, aber aus anderem Geist, verstanden und mieden in Deutschland, sowie den dazugehörigen Film, im Gegensatz zu den Amerikanern, die das als Geheimtip entdeckten. Und sie haben ja recht, wenn sie in Zürich in der Ausstellung *Gesamtkunstwerk* über alles sprechen dürfen, nur nicht über den Raum zu diesen Filmen und nicht über die Filme, die das alles erfüllen, aber auf andere Weise.

426

8000 Dollar pro Titelbild kriegt der Star eines solchen Bildes, eine halbe Million DM pro Fernsehauftritt bringt 2 Millionen an der Kasse, zweimal sein früheres Monatsgehalt kriegt der Altbundeskanzler, wenn er vor Geschäftsleuten in Amerika auftritt, in Dollar, 20 000 DM pro Monat = 240 000 DM jährlich erhält der Intendant unseres linken Renommiertheaters mit den größten Schlagzeilen der Terrorismussympathie. Schweigegelder? Bestechung? Gerecht? Ruhm, wer macht wen, der Titel den Star, der Star den Titel, Agentengeschäfte, die das Gesicht unserer Zeit bestimmen bis in die Besetzung der Regiepositionen in Bayreuth. Manchmal kommen Anfragen von Publicity-Agenturen, sie würden alle Probleme lösen in Deutschland und sie stellen Wetten an – vielleicht wäre alles zu lösen mit Geld, vielleicht, wenn er nur mitmachte.

427

Zweimal sei Karthago zerstört worden und erst nach dem drittenmal am Ende gewesen, so warnend Brecht nach dem letzten Krieg. Aber nach dem dritten Krieg gab es noch Rom, und das Abendland entstand und Amerika und Rußlands Imperien und zwei Weltkriege. Es sterben die Wälder und die Tiere, und die Menschen werden immer größer und fetter, so gut geht es ihnen, mit roten Flecken der Freude wohl in den weißlichen Gesichtern ihrer Bunkerstädte. Und alle Probleme löst die Angst, die verdrängte, auch ungestillten Durst nach wahren Freuden, die sie sich nicht gestatten dürfen aus Angst, daß die Angst aus dem Gleichgewicht käme.

428

PARSIFAL in München nun zu Ende. Seit einem halben Jahr jeden Sonntagvormittag, nie voll, keine *Süddeutsche Zeitung*, keine *Abend-Zeitung*-Kritik seit der Münchner Laufzeit, außer bis ans Kriminelle gehende Kritik an der Musik, der einzigen dieser Art in der Welt unter hunderten vergleichbaren. Selbst als in den letzten Wochen in demselben Kino Antonioni und Godard ein großes Publikum abends anzogen, kam daher kein neuer Zuschauer. Die Rache ist der neueste Antonioni und Godard selbst, die sie verderben wie aufgeschreckte Hühner eines schlafenden Volks. Und weiter geht's mit PARSIFAL von New York nach Los Angeles, San Francisco, London, Brüssel, Lissabon, Athen.

429

Heute ein Anruf eines Zuschauers aus St. Gallen, das dem Rechtsgebiet des Weltvertriebs von Gaumont untersteht: in der Pause Werbung wie am Anfang und Schlagereinlagen. Während des ganzen Films, speziell in den leisen, wichtigen Teilen, ein leiser Piepston. Die Zeitungsausschnitte aus Frankreich, zum Beispiel Colmar, berichten, daß erst nach der dritten Kopie eine mögliche gefunden wurde mit immer noch großen Fehlern. Wer spielte die anderen, abgelehnten Kopien ohne diese Sorgfalt? In Rom fehlten 3 Minuten, in Venedig wurde für die Mono-Vorführung im großen Theater eine Stereo-Kopie angeboten, und in Genua mußte erst durch Einsatz des Goethe-Instituts und persönliche Fahrt des Chefs nach Nizza die Kopie vervollständigt werden. Endlos die Klagen, eigentlich müßte der Film konsequenterweise verboten werden. Diese Hochzeit mit Gaumont entstand durch die zweimalige Verweigerung in Deutschland, wo ich innerhalb meines Rechtsgebiets versuche, dergleichen zu verhindern und wenigstens an den Stellen der Welt, wo ich mit diesen Reisen persönlich aufzupassen versuche.

430

Im *Spiegel* großes Hurra für den letzten Godard, den meine ausländischen Freunde sehr *syberberghien* nennen – großes Lob für das Zitieren aus der Kulturgeschichte und Nachstellen von Bildern, für das deren Erfinder hier so fleißig gescholten?

431

St. M. über Fritz Kortners *TRISTAN*-Pläne in Bayreuth: eingeladen von Wieland Wagner, Sänger an Pfähle angebunden, auf die Bühne geschoben und Schauspieler, die davor spielen, später abgelehnt, keine Sänger gefunden, Wolfgang-Wagner-Problematik? Nach erstem Erstaunen und Zustimmung doch wohl unmöglich und trotzdem, noch nie war Kortner Brecht so nahe. Und ich frage mich, wieviel ich wohl von dieser Geschichte noch im Unterbewußtsein gespeichert hatte vor diesem PARSIFAL-Film, der nun in wichtigen Teilen von Schauspielern gespielt wird nach der montierten Stimme, gespeichert, seitdem ich diese Geschichte zum erstenmal gehört vor 12 Jahren, wie ich mich jetzt erinnere. Denn ernstgenommen, wie wäre das möglich, Schauspieler als Pantomimen mit geschlossenem Mund oder mit Mundbewegungen dazu, am Ende würde es eine witzige Provokation unpraktischer Art. Kluge, höre ich, habe das Angebot von der Frankfurter Oper gehabt, statt Ruth Berghaus den *PARSIFAL* zu machen, was er dann doch lieber nicht realisierte. Es blieb am Ende bei seinem Film zur Oper mit dem Titel MACHT

DER GEFÜHLE, denn er wußte von diesem PARSIFAL-Film sehr wohl aus persönlichen Gesprächen, wie schwer es die Bühne von nun an haben werde.

432

Hans Sedlmayr spricht von neuem Forschungsgebiet der Kunstgeschichte, der Geschichte der künstlerischen Einbildung. Wer das löst, stände mit einem Bein im Paradies. Und es wäre viel gelöst. Fast alles.

433

So ist das eigentlich Neue und dem PARSIFAL-Film Eigentümliche die Grenzüberschreitung, das Interdisziplinäre der Medien, daß es kein Opernfilm ist und kein eigentlicher Film, sowie sein Einzug in die großen Opern und Kunsthäuser der Welt, also logischerweise seine Repräsentation in den großen Theatern und in der Nacht von Cannes, wie an dem Sterbeplatz Richard Wagners und allen anderen historischen Orten und Daten unserer Kultur. Wer da nicht vergleicht zwischen diesem PARSIFAL und Film und Bühne und Kunst und Literatur und Menscheninteressen heute und überhaupt, muß immer Wesentliches oder alles versäumen von dem hier gestellten Anspruch, der nie geringer sein kann, anläßlich dieses Sujets.

434

Gestern Godard – PASSION. Erste Reaktion – Beliebigkeit der Musik, warum hier Chöre wie Requiem – dort Klavier, Mozart, Beethoven, warum zu diesen Bildern, warum fängt es hier an, hört da auf, geht über ineinander, nur aus Effekt großer Verfügbarkeit, weil es schön ist? Wie wir uns alles erlauben dürfen zu nehmen,was auf der Straße, in den Kaufhäusern, Boutiquen und Flugzeughallen der Welt herumliegt? Von der Orgasmusmusik Hollywoods zum pornographischen Potpourri des schönen

Tonzitats? Vom Filmbuff zum Filmbluff. In der *Süddeutschen Zeitung* lese ich, im Kino ausgehängt, etwas über den wichtigsten und den größten Regisseur der Zeit. Und dann wieder diese alten Sprüche – Liebe gleich Arbeit und Liebesbewegungen gleich Arbeitsbewegungen, früher hieß das: Film gleich 24mal in der Sekunde Wahrheit, oder USA plus Coca-Cola, oder nicht politische Filme sondern Filme politisch, dazu das eitle Sichberauschen an den Kranbewegungen der Lederjacken-Typen und ich höre, wie sie sich betrügen mit der Allmacht des Regisseurs, – wo sonst sei das noch möglich, diese Unterdrückung der Abhängigen. Was auffällt, ist die internationale Frühsenilität der ehemals als Jungfilmer Aufgebrochenen. Das schlimme ist – fast schäme ich mich –, daß ich die gleiche Musik, die ich nun zu diesen Bildern höre, in meinem HITLER-Film fünfmal verwendet habe. Und überhaupt Musik, wie muß ich mich erschrecken, wenn ich höre, daß Beethovens letzte Streichquartette nun wohl so im nächsten Film vermarktet werden. Wer hat noch die Kraft oder das Wissen, den Unterschied zwischen Potpourri und Organismus zu erkennen, zu unterscheiden die geistige Atemlosigkeit von analysierbaren Systemen und Leitmotiven. Neben unserer äußerlich so pflegeleicht gelackten Computerwelt der statistischen Ordnungen gibt es jene Anarchie, die sich als Widerstand ausgibt, die Anarchie eines klebrigen und stinkenden Kloakenuntergrunds. Es kann nicht die Aufgabe der Kunst sein, nur Spiegel oder selbst Teil davon zu werden in schuldhafter Kollaboration alten Mitläufertums. Ihr Rang wird auch heute daran gemessen werden, wie sehr sie die Kraft aufbrachte bei Kenntnis und ehrlicher Abwägung, sich diesem Untergang oder kaputten Abgang entgegengesetzt zu haben. Vielleicht ist das zu hart und wäre die Reaktion auf deutsches Medienverhalten der kritiklosen Anbetung eines ideologischen Altmeisters von seinen ehemaligen Adepten. Das ist bestenfalls die Verkrustung des cinéastischen Akademismus.

435

München – *Abendzeitung:* Früher waren Anzeigen für das moderne Nuttengewerbe hinten, wo die Kino-Industrie ihre Porno-Geschäfte betreibt und wo ich deshalb auch meine Anzeigen für den HITLER und PARSIFAL herausnahm. Jetzt sind sie ganz logisch auf die Kulturseite umgezogen. Früher hießen die Bordelle auch Freudenhaus und die dazugehörigen Mädchen Freudenmädchen. Freude, Haus, Mädchen? Heute nennen sie sich Modelle, Modelle der Kultur.

436

Nach außen Jugendlichkeit verkaufend, Fleisch, wer zahlt, schafft an. Und gezahlt wird nicht nur mit Geld.

437

Über dem Hauptwerk von Hans Sedlmayr *Entstehung der Kathedrale* steht ein Spruch Rodins: Gern würde er alles verstehen und weiß, daß er sich vorher ändern müsse.

438

Neuer Landwirtschaftsminister. Im Fernsehen sein 300jähriger Bauernhof, wie es heißt, im Allgäu. Panoramascheiben, Plastik innen und außen, rund um die Wiesen und die Zufahrten geteert. Er vertrete den Mittelstand. Land und Vieh verpachtet. Wie Flüchtlings-Neusiedler. Da ist keine Türklinke älter als 1945. Ein guter Mann. Er steht für alles.

439

In Frankreich jetzt die Regierung um die Hälfte der Ministerien verkleinert. Was taten die vorher, wenn das möglich ist?

Genua – London

440

Im Auto zum Flug nach Genua. Aus Frankreich eine Einladung, beigelegt Zeitungen, zum Beispiel mit Artikel des russischen Dissidenten Sinowjew über Deutschland, wie dies Land sich aus der Geschichte entlassen habe, aufgehört, seine Geschichte zu bestimmen, den »Königsweg der Geschichte« verlassend, ohne Identität es sich bequem macht, die Schuld der Welt auf sich zu nehmen und erkennend, wie selbst da Geschäfte zu machen sind und vielleicht sogar bessere. Das haben schon einmal andere vorgemacht. Und wie so oft kehren sich in der Geschichte der Verhältnisse die Positionen einfach um. So wie Deutschland heute ohne Identität, so gibt es wohl kaum ein Land und Volk mit mehr Pathos der Identität wie Israel nach seiner Gründung jetzt.

441

Im Flugzeug entnehme ich aus der *Zeit* dem Interview Marlene Dietrichs mit Maximilian Schell, daß sie nie ihre Filme gesehen, auch früher nicht und nicht die guten. Sich selber angucken, nein danke. So ist diese bewunderte Schauspielerin, ganz so, sie sah nie etwas, außer sich selbst, und auch das noch ist Koketterie, wie mir später, in Genua dann, vom dortigen Leiter des Goethe-Instituts, W., bestätigt wird. Er selber habe teilgenommen an einer Vorführung des BLAUEN ENGEL mit Marlene Dietrich, Fotos können es beweisen.

442

Der authentische Text. Genet: nach (*Zeit*/Schödel) Berlin, eine amerikanisierte Stadt, 1935 sei er hier und in deutsche Männer verliebt gewesen, heute regten sie ihn überhaupt nicht mehr auf: auch er: für die Erotik sei Deutschland verloren.

443

Werkstatt-Notizen von einem, der Filme macht und der kein Regisseur ist und schon gar nicht von Filmen. Fragen an sich selber und die anderen. Und selbst dieser PARSIFAL, der kein Film ist und schon gar kein Opernfilm, ist ein Testfall, auch das Identitätsfragen. Und so viel Konformismus wieder, Kollaboration, Karriere, Mitläufertum von Leuten, die davon leben, den Hitler ihrer Väter zu beschimpfen. Nicht deprimiert sein, weitergehen, sich nicht kümmern. Werk? Doch wohl. Nehmen wir das Haus, die Räume, die Bäume, Sträucher, Vögel, wo das zusammenkommt, geschrieben und notiert wurde, einfach wie es kommt, Tag für Tag. Und es gibt keine Ruhe, noch immer nicht. Verlorene Identität, d.h. auch Häßlichkeit, Zerstörung des Landes, der Menschen, Mangel an Erfindungen, Stolz und Freude. Und soviel Feigheit, Mangel an Zivilcourage, an Solidarität, Enttäuschung und Entsetzen, wie wenig Überraschungen zum Guten. Wie sich retten aus dem Fluch?

444

Einmal, vor langer Zeit, wollte ich einen Film machen über Alte, die Rache nehmen, die eigentlichen Draufzahler der heutigen Realität, Revolution von hinten. Dann wollte ich einen Film machen über Leute, die alles anzünden, zerschlagen und an die Wand stellen, die diese Welt zerstören, Haus für Haus, Fall für Fall, Bürgerinitiative, Krieg gegen Friedensverbrecher, Ku-Klux-Klan. Die Räuber von heute, Haberfeldtreiben, demokratische Basis-Diktatur, dann machte ich den LUDWIG, ging 100 Jahre zurück, und nun bin ich wieder hier angekommen? Die deutschen Terroristen haben mich eingeholt und überholt. In meinem ersten Filmbuch 1974 schrieb ich, daß das politisch-moralische Gebot unserer Stunde heute Rettung unserer Umwelt heißt, Berichte von den Schlachten des Konsumterrors und selbstaufgeblasenen Glücksbedürfnissen und der Hybris der Massen. Brecht konnte noch sagen, er lebe in finsteren Zeiten, da von Bäumen zu reden ein Verbrechen sei. Heute ist von Bäumen nicht zu reden, tödlich für alle, wogegen alles andere wie eitle und charmante Konversationslyrik erscheint. Es geht um die unsagbare Schuld an Verbrechen der reich und hybrid gewordenen Massen, die darin besteht, daß sie die ererbte Welt ihren Kindern weitergeben werden, ausgebeutet, geschändet: freiwillige Untaten, neben denen die des letzten Krieges wie Spielzeugprobleme aussehen. Untergang ohne Atombombe, Untergang der abendländischen Seele. Wir leben im Übergang des Klassenkampfzeitalters und der Zeiten der Rettung des Lebens oder dessen, was die Alten noch Seele nannten und wovor sich uns die Worte verweigern. Es geht um ein Tabu, um weniger Arbeiternostalgie unserer Intellektuellen mit ihren ideologischen Opportunisten und um mehr Umweltrealität für alle, auch für jene Arbeiter, die heute ganz andere Interessen haben, als ihnen nachgesagt oder ihnen geschäftstüchtig einzureden versucht wird, und die anders aussehen wie zur Zeit der russischen Oktoberrevolution und davor. In den Schlußwehen des Maoismus und von 1968 war es nahezu Selbstmord, was ich da schrieb, mit immerhin der Absicht, weiter Filme zu machen und unabhängig von denen, die dort anstanden bei den Kriegsverbrechen unseres glücklichsten aller Zeitalter in Deutschland.

445

Identität ohne Schuld oder Schuld ohne Identität, aber beides zusammen ist die Aufgabe jener Zerreißprobe, in der man nicht leben kann, es sei denn, man baue sich ein Gebäude als Leistung der Religion, der Philosophie, der Kunst oder was auch immer dieser Art. Aber das eben wäre Arbeit, jene, von der die Bequemen des Konsums nicht gerne reden.

446

Genua, die Stadt des Meeres, von dem sie nun abgeschnitten ist durch eine Autobahn, klagend, daß es abwärts ginge mit ihr. Die

Autobahn direkt der Küste entlang trennt den Genueser Hafen von den Menschen. Genua, die Stadt des Kolumbus, der auswandern mußte, um Amerika zu entdecken, und die Stadt, in der Nietzsche den *Zarathustra* schrieb, an die fernen Berge denkend des Sommers, und wo Nietzsche vor hundert Jahren am 14. Februar 1883 vom Tod Richard Wagners erfuhr, in Venedig auf der anderen Seite der italienischen Halbinsel, und die Stadt, in der Nietzsche Brief um Brief schrieb an Lou Salomé, ohne je eine Antwort zu erhalten. Langsam und im Regen gehen wir durch die Straßen mit den düsteren Palästen, Rudimente der Macht, der Dorias und der Fiescos. Einer der Nachfolger dieser Dorias, inzwischen kommunistischer Vize-Bürgermeister geworden und Professor der Geschichte, geht, wie ich höre, immer noch nicht in die Kirchen und Stadtviertel der Fiesco, wie seine Familie seit Hunderten von Jahren. Es sind die Paläste, zu denen Peter Paul Rubens die genauen Beschreibungen mit Zeichnungen in seinem Buch niederlegte, und heute noch sehen wir die Gärten über den hinteren Etagen und können uns die Frauen vorstellen, wie sie zu den Winterappartements der Aristokraten gehörten, die dort ihre Pläne zur nächsten Vendetta entwarfen.

447

Ein kleiner Mauerbogen und Säulenhof mit Garten, Zitrusbäume vor barocken Palästen des 19. Jahrhunderts und heutige Hochhäuser umgeben das Haus des Christoph Kolumbus, vor dem immer wieder viele Menschen stehen. Und die Straßen der naheliegenden Altstadt sind von hohen und eng in die Gassen hineinragenden Häusern gesäumt, eng und unansehnlich, wie die Häuser unserer heutigen Neubauviertel. Und wer von hierher kam, wird sich Licht gewünscht haben und sanitäre Anlagen und die Sauberkeit und das Bequeme und Billige unserer Plastikwelt. Was er damit einhandelte, den Preis, den der Teufel dieses Jahrhunderts dafür forderte, wird er erst später erkennen oder schon jetzt, da es zu spät ist.

448

Wer die engen Gassen der Altstadt von Genua, noch heimelig und warm, selbst nach Jahrhunderten ihres Ruinendaseins, vergleicht mit den Palästen der alten Herren, dem müssen die Künstler, die diesen Herren dienten, vorkommen wie Kollaborateure ihrer Zeit. Sie halfen jene Macht verschönern, befestigen und glorifizieren, auch so kann man es sehen, aber wehe dem, der das tut. Es wird ihm nichts bleiben als kümmerlicher Neid und selbstverzehrender Haß, und die Einsicht wird erst kommen, wenn er das zerstörte, was er so mißverstand. Das Haus der preußischen Könige in Berlin, als Ruinen wieder aufbaufähig, wie alle anderen in Europa, und diejenigen in Warschau bis heute, sind nun ausradiert durch die Ulbrichts in Ost und West für alle Zeiten. Zahlen tun die Kinder und Enkel schon heute. Und nicht nur mit Geld.

449

Der Star-Regisseur des Regie-Theaters der deutschen Medien: Eingeladen hatte das Goethe-Institut in Genua zu einem Rencontre mit dem Titel »Möglichkeiten zeitgenössischer Interpretationen von Klassikern«. Vorgeführt wurde der neue Film von Neuenfels zu seiner Bühnen-*Penthesilea* und der PARSIFAL-Film wie schon vor Wochen in der Oper vor über 1 000 Personen, diesmal vor den oberen Klassen der Gymnasien. Und als dieser erste Tag der PARSIFAL-Vorführung nun vorüber war und die dazugehörigen Empfänge und Gespräche mit den Leuten der Stadt, kam unser Mann der deutschen Medien. Er kam mit dem Korrespondenten der *Süddeutschen Zeitung* und gleichzeitig mit dem der *Frankfurter Rundschau.* Und jenem Rencontre führte er, auf Video mitgeschnitten von ihm privat, die Fernsehberichte vor zu seinen Opern aus ›Titel, Thesen, Temperamente‹ und ›Aspekte‹, direkt zurück in die Federn der *Süddeutschen Zeitung* und der *Frankfurter Rundschau*, die nun Gelegenheit hatten, aus Genua zu berichten von diesem Ereignis, wie es das deutsche Fernsehen seit langem vorbereitete, Feedback nennt man so etwas in der Mediensprache. Er bat die Übersetzer, wörtlich wiederzugeben die Kommentar-Hymnen, und seinen nun dort neu übersetzten Medien-Interviews lauschte der im Raum Anwesende wie einem fernen Medienkünstler.

Als abgestimmt wurde im Saal zur Orientierung über den Wissensstand der Teilnehmer, wer denn nun den PARSIFAL gesehen, hoben sich alle italienischen Hände und die Hände der vier Deutschen blieben unten, die der *Süddeutschen Zeitung*, die der *Frankfurter Rundschau*, die des Diskussionsteilnehmers Neuenfels und seiner Frau Elisabeth Trissenar. Seine Worte waren vorwiegend: Minderheit, Frieden, Zeitkritik, Gesellschaft, Emanzipation, so wie er gerne über die Homosexualität Kleists sprach und über den Terrorismus seiner Sprache. An Verdi interessierte ihn, wie er für die Armut gewesen, gegen die Kirche und die Militärs, was sicher viel Beifall fand.

450

Als er über Richard Wagner sprach – und er bat, das wörtlich zu übersetzen, so wie er es schreiend zelebrierte –, sprach er von Pottsau und von jemandem, dem man in die Eier treten, sie polieren müsse. Und logischerweise ist das der Mann des *Spiegels*, der *FAZ*, der *Süddeutschen Zeitung* und der *Frankfurter Rundschau* und das »Genie« der *Abendzeitung* in München und der deutschen Fernsehanstalten, der Mann, der in den Gral spuckt und den sie brauchen. Und er ist der Mann, der die Skandale liefert in den Staatstheatern ihres Establishments, das Alibi für die Nerzvoyeure.

451

Wie er plötzlich rachelüstern verlangte, die Taschen auszuleeren und zu sagen, was ich denn nun verdiene, mußte ich bekennen, daß die Regie-Gage für einen PARSIFAL-Film eingerechnet die fünf Jahre Vorbereitungszeit seit dem letzten Film und voraussichtlicher Einkommensmankos bis zum nächsten Film, daß diese Einkünfte wohl kaum genügen dürften, um auch noch seinem letzten Assistenten ein soziales Auskommen zu gestatten. Die solidarische Gegenleistung eines Bekenntnisses über sein Einkommen blieb er schuldig, und so muß ich wohl ergänzen: Stand nicht in den Zeitungen 50 000 DM pro Regie und nicht mehr als zweimal davon in einem Jahr und seine Frau E. T. mit leicht über DM 8 000 pro Monat – also stolzen DM 200 000 Einnahmen und dazu die Sondereinkommen aus Film und Fernsehen, jährlich 200 000 bis 300 000 DM also, gegenüber 80 000 DM, verteilt auf 2 bis 6 Jahre seit dem letzten Film, den sie gerade noch erlauben, nicht »verbieten«.

452

Als er dann aber aufsprang und statt seiner Einkünfte den »armen Fassbinder«, und da speziell dessen Armut in die Waagschale warf, konnte es nicht dabei bleiben, Rechenschaft zu fordern, ob solcher Lügen, die Wahrheit nämlich, daß hier wohl wegen Geld und dessen Korrumpierungen einer der begabtesten unserer Kollegen zugrunde gegangen und er schlimm gezahlt, eben jenem Establishment der Medien, für die nun dieser Mann des Bühnen-Alibis steht.

453

Natürlich wollte er am Schluß schreiend den Saal des demokratischen Auftritts verlassen, und wie zur Entschuldigung mußten die Erklärungen herhalten von der Frau des Veranstalters, das sei ganz gesund so, das sei auch in der Gruppentherapie nicht anders, wie die Erklärung der Trissenar, für sie sei das nichts Neues, denn sie käme aus einem Theater der Mitbestimmungspraxis. So kann auch ich am Ende nichts anderes tun als danken, daß er mir einen Auftritt verschafft in der *SZ*, wie ich ihm den seinen in Genua vielleicht, einen in der *Süddeutschen Zeitung* in gleicher Größe und in gleicher Länge verschafft habe unter dem

Titel ›Furor Teutonicus‹, den ich nun solidarisch mit ihm zu teilen hatte, oder etwa auf mich zu nehmen. So war denn auch die Vertreterin der *Frankfurter Rundschau*, extra für seinen Auftritt angekommen, schon fort, als ich wagte, zu schweigen.

Das Medien-Genie: Ja, er habe den HITLER-Film gesehen und er interessiere ihn sehr, aber er müßte verboten werden, wenn es nicht den Pluralismus gäbe. Ausgewogenheit? Verbieten? Von wem? Ich hätte doch alle meine Filme realisiert, was ich denn wolle. Glauben sie denn wirklich nicht, daß nicht auch ich zu Einfällen fähig wäre, um öfter als alle fünf Jahre etwas zu machen? Und ich sage ihnen, gefährlicher als die Filme, die zu machen sie mir auf diese Art und Weise abjagen, sind die Schriften, die Theorien und Ästhetiken und Notizen, die sie nun ertragen müssen. Recht auf Freiheit noch immer, ja, auf die reduzierte Freiheit, nach der Einschränkung der Produktionsmittel. Und haben sie denn wirklich vergessen, als ob es nie gedruckt, auch nicht nachgedruckt worden wäre, jenes Angebot der zehn Dokumentationen, à la WINIFRED WAGNER, in jedem Jahr, ein Angebot auf zehn Jahre, die Alten und Großen ihres Landes festzuhalten im Film, die alle schon gestorben sind, wie es Euer Verlust ist, diese nun verloren zu haben aus Euren Film- und Video-Theken. Und habt Ihr vergessen dieses Angebot, für dessen Qualität und Durchführung und Organisation ich garantierte, und Ihr habt es nicht getan, etwa alleine, ohne mich. Ihr habt nicht nur mich gestraft und boykottiert, sondern Euch selbst, immer am Ende Euch selbst, und das ist es ja, der Trick, wie Zyniker sich selbst erledigen.

*

Genua. Was bleibt? Bruscoli. Am Abend vor der Diskussion am Hafen. Noch miteinander etwas trinken. Dazu Bruscoli. Toastbrot, italienisches Olivenöl, Knoblauch und Salz, darüber Tomatenscheiben, in der Reihenfolge, alles in kleine Stücke geschnitten. Toskanische Hirtenspeise.

454

Ich höre aus New York, daß Nike Wagner diesen PARSIFAL haßt, »she hates it«, und immer wieder dieses Wort »hates it« im langen Streit mit dem Musikkritiker der *New York Times*. Und immer das gleiche, Bayreuth bleibt Bayreuth, es geht mit der Zeit, wie auch immer diese Zeit ist, und das ist seine Tragik. Richard Wagner hatte das Genie, mehr zu sein, überwand die Grenzen der geistigen Provinz und ihrer Karrieren und machte die Provinz zum geistigen Zentrum gegen das Provinzielle der Weltkultur seiner Zeit.

455

Das diesem Buch vorausgehende heißt: *Die freudlose Gesellschaft*, und viele haben hier bedauert, daß es gedruckt werden durfte, und einer, Wolf Wondratschek, verbat sich, darin zitiert zu werden mit Anwaltshilfe und Schadensersatzforderungen, und er äußerte im ersten Anlauf, seine Absicht sei nicht nur Schwärzung der von ihm freundschaftlich erbetenen Worte, wie dann geschehen, sondern Vernichtung und Rückzug des Ganzen. Und als der *Spiegel* kritisierte, halb gut und halb böse, wurde schon die zweite Auflage in Auftrag gegeben, doch als die *Zeit* dann folgte mit einer Seite glühendem Haß, kamen die Bücher zurück aus den Buchhandlungen in den Verlag, und die zweite Auflage wurde gestoppt. Und es hat in Frankreich nun den Untertitel *De l'Allemagne après Hitler*, in Erinnerung an das Deutschland der Madame de Staël zur Zeit von Goethes Weimar. Zur Genealogie wäre zu sagen, daß die ersten Nummern dieser Notizen erschienen in der Sondernummer der *Cahiers du Cinéma* und dann in Deutschland zuerst fortlaufend in der *TAZ*, jener Tageszeitung, in der man es eigentlich nicht für möglich halten sollte, auch das gehört dazu, aber auch jenes nahezu Totschweigen im Vergleich zu Frankreich wieder, sowie es interessant ist zu wissen, daß die Notizen zum PARSIFAL-Film, jenen Alltagsnotizen folgend, in Deutschland ohne Besprechung blieben im Vergleich zu den vielen Dutzenden wieder jenseits der Mauern unserer Grenzen.

456

Sie haben nun, lese ich in der Zeitung, ein Chip erfunden, das imstande sein soll, auf einem Quadratzentimeter Größe soviel Daten zu speichern, wie das Alte und Neue Testament zusammen.

457

Und dann London, die Stadt, in der der HITLER-Film mit soviel Aufmerksamkeit und Fairneß vor sechs Jahren zum ersten Mal gezeigt wurde, auf dem jährlich stattfindenden Filmfestival im Herbst. Mit Bedacht vor Frankreich, das damals Unentschlossene im Kampf um den deutschen Terrorismus und mit oft leichtfertigen Parallelen zu deutschem Wesen und Hitlers Nachfolge. London, die Stadt auch, die nach Paris und vor Amerika alle meine Filme zeigte, die Stadt, aus der die Sendungen der BBC kamen während des Krieges, mit denen ich aufwuchs, von Anfang an trainiert in Heimlichkeiten und Widerstand gegen das, was offiziell gesagt wurde und getan. Und es ist die Stadt, wo mein Vater lernte, wie ein Gentleman Verträge schließt, mit Handschlag und Vertrauen. Und es ist die Stadt, von der ich hörte, daß sie nun nach Deutschland und Österreich vielleicht die musikfreudigste sei, mit dem besten Publikum der Welt für Konzerte, der Heimathafen auch von Robert Lloyd, unserem Gurnemanz, und von Yvonne Minton, der Stimme von Edith Clever. Dann kamen die ersten Kritiken – eine Katastrophe, die großen Namen der Zeitungen stachen wie Messer in mein Bewußtsein – von unfaßbarer Heftigkeit und Kleinheit, böse der Musikkritiker des *Guardian*, der *Sunday-Times*, der *Times*. Selbst die alten Freunde der Filmszene versagten, indem sie vorgaben, keine Zeit zu haben, oder indem sie den PARSIFAL einordneten unter Bilder von brasilianischer Pornoart-Produktion des Marktes und Filmen mit Namen LOVESICK usw. Nebenbei notierte ich immerhin eine halbe Stunde im Fernsehen und im Radio des *BBC World-* und *Home-Service.* London lokal große Interviews, Diskussionen und gar nicht so Schlechtes. Am Ende dann, nach einigen Tagen der Verwirrung und des Schmerzes über verlorene Freunde, die Überraschung: Langsam kam das Gegengewicht, Gutes vom Filmkritiker der *Financial Times,* vom *Observer,* vom *Sunday Telegraph* und *Telegraph* und der *Sunday Times,* quer durch alle Zeitungen, und ohne »Ausgewogenheit« die Diskussion. Das Gegeneinander, das Reagieren auf Argumente. Opernleute dafür und dagegen, Filmleute dagegen und dafür. Keine großen Erkenntnisse, mit N. Y. unvergleichbar. Es waren keine großen Wagnerkenner am Werk: keine Erkenntnisse für Musik-Theorie oder Vergleiche von großem Gewicht zwischen Oper und Film, oder Neues zum Film überhaupt, aber Leben. Ob es dem Kino half in den nächsten Tagen, ist zu bezweifeln. Mit Sorgsamkeit vorbereitet, blieb das Kino mit guter Technik leer wie in München von Anfang an, in München ohne den Hintergrund solcher Diskussionen. Aber Musikstadt London? London als Zentrum der Filmproduktion einst, ein seltsames Bild. Nachtrag (2. Woche): *Observer:* »sound marvellous, picture like nothing on earth, must not be missed.« Nur noch in Paris *(Cahiers)* Vergleichbares: »l'une des choses les plus splendides qui aient jamais été vues sur un écran...« Besucher verdoppelt. Das alles, was begonnen hatte mit »... too much yet too little, boring and silly, just Syberberg's decadence instead of Wagner's, and Syberberg's is distinctly less interesting. It is that kind of film« *(Sunday Times)* ... »nobody should see this film on musical or operatic grounds. But chastity is a moral choice, not a kind of disability« *(The Guardian)* ... *Daily Express* geht nach dem 2. Akt, aber sagt's. Umstritten? Entsetzlich.

*

Beim Kauf eines seidenen Pyjamas ein ängstlicher Blick, aus deutschen Geschäften geschult, nach den sich unten verengenden Beinen und die Empörung des Verkäufers, es sei natürlich die alte Form, wie immer – there is no need to change – this is what every English gentleman expects since generations. So hatte ich England kennengelernt vor 28 Jahren, gleich nach meinen ersten Reisen aus der DDR nach Italien und Paris, die Nach-Beatles-Generation würde es nicht wiedererkennen. Europa wie es war. Und im Fernsehen: Die Europäer brachten das Christentum in die Kolonien und die Amerikaner den Konsum nach Europa. Und der *Holocaust* aus Hollywood bescherte uns Richard Burton als Richard Wagner nach Bayreuth.

*

Tea-time im Ritz. Zwischen Gold und rosa Stühlchen sitzen sie da, wie auf erhobener Bühne, der man sich von unten nähert und sich anstellt am Fuße der Stufen vor dem gnädigen Frack-Kellner, der notiert und prüft, wer sich angemeldet, und der die Hoffnungslosen aussondert, die nur einmal vorbeikommen, für 6 Pfund 50 Tee zu trinken mit Sandwich. Und dann nur kurz um die Ecke das Brown's Hotel, die englischen Kamine in braunen holzgetäfelten Räumen, mit tiefen Sesseln, mit kleineren Preisen, das bequeme Kommen und Gehen. Das Verwunderliche, immer wieder, wie beides nicht nur im selben London, sondern nur wenige Schritte voneinander entfernt, zu finden ist. Der teure Glamour und das Unbequeme sogar und dagegen das, was den Menschen eigentlich so viel mehr freuen müßte, leichter zugänglich und zu entdecken, kaum zu verstehen, daß beides überhaupt konkurrieren kann, zugunsten des ersteren, was den Andrang betrifft. Den Wert des Tees bestimmt nicht der Tee und schon gar nicht der Raum und die Freundlichkeit des Kellners oder etwa der Preis.

*

Das berühmte British Museum – wie das große Monument eines Kolonial-Museums, alles Grandiose der großen Kulturepochen aus aller Welt im Großformat zusammengeschleppt. Von Ägypten die Mumien, von Mesopotamien, den Assyrern und König Nerud die großen Tierplastiken, Tier-Mensch-Plastiken, und aus Griechenland den Fries und die Giebel des Parthenon. Erinnerung an die Frühzeit der Universität, an den großen Ernst Buschor, alte Bekannte aus Renaissance- und römischen Abgüssen, die klassische Zeit Weimars bis in die Musik der Wiener Klassik, Napoleon und David bis Richard Wagner und seiner Sehnsucht nach Aischylos. Und ich sehe, was ich bei früheren Besuchen ausgelassen, nun zum erstenmal, die Geschichte des Ostgiebels, wie aus dem Kopf des Zeus, zerspalten von Hephaistos, die Athene geboren wird. Und ich sehe auf der Seite des Westgiebels, in der Mitte den Baum der Athene als Siegestrophäe ihres Wettstreits mit Neptun, der einen Quell erfand und sie dagegen den Olivenbaum. Und zwischen den Giebeln die schreitenden Züge der langgewandeten Mädchen und der nackten Pferdeknaben und die Melancholie ihrer Blicke und Gruppen und die Götter auf den Stühlen und Hockern und wie das Gewand der Athene in langer Reihung gebracht wird, die Wichtigkeit des Gewandes als Symbol der jährlichen Zeremonien, wie man der hölzernen Athene vor ihrem steinernen Abbild freundlich das Gewand brachte. Und ich denke an die Wichtigkeit der Stoffe bei Richard Wagner und deren Projektion als Hintergrund für die Stimmen aus höchster Höhe zur Messe des Heiligen Grals und vergleiche den gespaltenen Kopf Richard Wagners mit der Geburt der Athene, mit der Gorgo auf dem Schild, die unserer Kundry so gleicht. Und ich erkenne die Wichtigkeit des Baumes, gewachsen aus dem Labyrinth, wie er den Gral, die Gralskugel trägt im Film, in der aus dem Inneren Baum am Ende Bayreuth wird, vereist unter den Blicken der pythischen Seherin, einer klassisch gewordenen Kundry.

*

Und auf den Metopen, ehemals in den kleinen quadratischen Feldern über den Säulen, der Kampf der Zentauren und der

Amazonen, wie die Silenen und Mänaden gegen die Menschen der Kultur, Tiermenschen gegen die Zivilisation, der Triumph der Griechen, der historische und tägliche Kampf gegen die Barbaren. Die griechische Kultur zur Zeit der Perikleischen Demokratie in Stein gemeißelt und in Volksfeiern ihrer großen Tragödien, auch als Kundgebungen von Abwehr der ungeistigen Barbarei und von Verfall bis zur Zerstörung des Geistigen und ihrer in der Kunst veranschaulichten Werte. Der kurze Höhepunkt klassischer Balance, viel benutzt, abgenutzt und gefährdet: die ermüdende Langeweile durch zu einfach gewordene Heiterkeit und gleichsam wie erbarmungslose Weltferne dieser so untergehenden Welt. Und hier auch wird klar, wie unbarmherzig ein Nietzsche sein mußte, der die Barbarei dieses Untermenschen kommen sah mit seinen barbarischen Interessen, wie sie die Griechen darstellten in der Pseudo-Freiheit des Geilen, der berauschten und tötenden Emanzipation und der Vergewaltigung, des Raubs und der Schändungen der Frau. Es fragt sich nur, welche Barbarei die schlimmere war, jene aus den Wäldern des Unwissens oder jene des Überdrusses einer Freiheit, die das Geistige zerstört.

*

Dem Museum gegenüber das Pub, von der Art wie die Kneipen in Berlin einmal waren, englisches Bier und schlechtes Essen à la Bouletten. In meinem Burberry fühle ich mich als einziger und letzter Engländer von der Art, wie ich sie vor 28 Jahren sah, jetzt bin ich unter Plastiktypen wie überall, aber noch existiert das englische Pub, wie auch einige Kirchen in Moskau. Vor dem Pub am Shepherd Market steht die Entschuldigung, daß Leute mit muddy boots und overalls nicht eingelassen werden können. Gleichzeitig kommt aus der Tür ein so beißender Gestank von chemischen Putzmitteln, daß ich mich frage, ob diese Menschen, die das benutzen, herstellen und darin leben, je noch eine Blume wahrnehmen können.

*

Am nächsten Morgen zum Hyde Park Corner. Reden werden wohl, Zeichen der Englischbuch-Freiheit, nicht mehr gehalten. Reiterszenen, Pferde mit ihren Reitern wie aus dem Bilderbuch, Dickens, Hogarth, Gesichter und Kleidung, die Stiefel, Züge von Polizeipferden, das Abrichten und die Uniformen unter den Plastiktypen wie von einem anderen Stern. Das Haus Wellingtons und das für ihn errichtete Monument liegt nun an sich kreuzenden Highways, nur durch Tunnel für Fußgänger erreichbar. Was einst an schönster Stelle zwischen Königshaus und Parks der Leute errichtet war zu Ehren des Mannes, der einmal Europa vom Tyrannen gerettet hat. So ehrt man seinen Sieger, der Verlierer Napoleon ist da ganz anders dran in Paris. Who did win the war? Das ist das Leben 2500 Jahre nach Perikles. Demokratie?

*

Das schönste aller Geschäfte aber ist das Hutgeschäft in der St. James's Street, gleich um die Ecke vom Buckingham Palace. Wer dieses Geschäft nicht gesehen hat, weiß nicht, wie das Leben war vor hundert Jahren, vor zweihundert Jahren, der einfache Holztisch, der einfache Fußboden, Handwerk auf den Regalen und an den Wänden, einfach und unvergleichlich. Noch ist es da. Die Könige kauften hier, steht im Führer. Und immer noch.

*

Wir, der Film, als die logische Entsprechung der Plastikzeit und Menschen der Plastik. Plastikkunst ohnegleichen. Alles, was auf Filmen sichtbar wird, wird auf Plastik festgehalten und durch Projektion festgehaltener Bewegungen wieder zum Leben erweckt. So kann auch Plastik seine Größe haben in den täglichen Dingen, und wie verkommen es ist, merken wir erst, wenn es alt wird oder billig, das heißt, ohne Sorgfalt benutzt. Welche Eleganz aber und Nutzen und Ästhetik, wenn von guten

Designern und Erfindern eingesetzt. Das ist auch wieder eine Frage der Menschen, die damit umgehen, und da wird es traurig.

*

Als ich im National Film Theatre, dort, wo alle meine Filme den Londonern zuerst gezeigt wurden, vor vollem und großem und beifallsfreudigem Haus und Publikum meine *Lecture* halte, 100 Minuten über Film und Oper und Kunst und Regie, oder besser, Autorenschaft, wage ich zu sagen, die Parthenon-Friese und Figuren gehörten nun an ihren Ort zurück, wie immer auch die Verdienste seien derjenigen, die sie gerettet, einmal vor Türken oder Verkommenheit der damaligen Besitzer, nun seien sie verwirkt in einem Lande, einer Stadt Europas solch geistiger Unkultur. Es gab Beifall dort voller Verständnis und Witz mit einiger Trauer über das, was England wohl verloren, seitdem es ohne Kolonien ist, und ich sage es mit einigen Reflexionen, wie Kultur und Geist offensichtlich beherbergt werden und stimuliert durch die Mächtigen und verlorengehen mit deren Ende. Es gäbe kein Recht für diese Erinnerungen, anderswo zu sein heute, als dort, woher sie stammen und wo wir sie zu sehen wünschen, wie die Bilder der Dresdner Galerie in Dresden und nicht bei den Siegermächten in Moskau. Die von üblichen Konventionen etwas freieren Freunde der Filmkultur wußten sofort, was hier gemeint war in ihrem Beifall und freundlichen Lachen, was wohl den anderen in ihrem ungeistigen Erbe des Besitzdenkens kolonialistischer Kulturepochen verwehrt ist. Das ist der Unterschied und endlich einmal ein Stolz und Fortschritt meiner Generation und derjenigen meiner Profession und seiner Anhänger.

*

Nachtrag Parthenon. Sofort die Erinnerungen an Buschor, wie gesagt, und Artur Kutscher, den Mann des deutschen expressionistischen Theaters, und Hans Sedlmayr natürlich. Und es wird klar, warum Peter Stein mir am nächsten sein mußte von allen meiner Generation und näher als die des Films. Der Einzige von denen in Deutschland auch auf dem Theater aus dieser Generation. Denn auch er ist zu dieser Zeit in den Münchner Hörsälen herumgelaufen, auch er hat bei Kortner gelernt wie Edith Clever. Und das steht im Gegensatz zu denen, die aus der Schule Adornos und Frankfurts kommen, der Schule unserer Kritik und deren Mißverständnissen. Nur, und hier spalten sich die Dinge, und es wird interessant. Stein war von Anfang an akzeptiert und wohl nicht nur wegen seiner Vietnam-Aktionen. Und wenn man sagen würde, er sei eben nicht auf die Kritik des Films mit Hollywoodhörigkeit plus Godard gestoßen, sondern auf die Kulturtradition des Theaters, so wäre zu beobachten, daß nicht nur die Filme mit jenem historischen Background der Münchner Universität abgelehnt wurden von der Kritik des Films. Ein weites Feld, von Anfang an ohne Ende.

458

Robert Lloyd erzählt, wie sehr eine einmal studierte und gesungene Partie zum Eigentum und Teil des eigenen Körpers wird, jeder Ton ein Stück des eigenen Bluts, daß es schwer wird und schmerzt, andere in dieser selben Rolle mit den selben Tönen zu hören,weil es falsch und alles ganz unmöglich werde. Das zum eigenen Leben Gewordene als Eigentum der anderen plötzlich. Und wie erst, wenn nicht Interpretation, sondern Erfüllung auch der eigenen Möglichkeiten und Ziele und nicht nur einer Rolle, sondern des Ganzen beabsichtigt wird, eines solchen archetypischen Organismus von Gesamtkunst in Ur-Motiven, wenn es nämlich nicht Oper und nicht Film ist und schon gar nicht bloße Regie und ohne Nachfolge und Vorgängerschaft in diesem Sinne und etwas, das, ernstgenommen, so gar nicht existieren dürfte. Wir haben einfach Glück gehabt.

459

So wie hier nicht Geschichten erzählt werden, sondern Welten gebaut, so geht es auch hier nicht um den Klang, sondern um die Struktur (Glenn Gould über Bach).

460

Und ernstgenommen müßte ich ihnen auch zurufen: »Wo ist denn Eure Ästhetik, die neuen Werke, wo die neuen Namen, die, die durchhielten über die letzten zehn Jahre, die Leute der kritischen Analyse, der junge Nachwuchs, ganz konkret, Euer Lieblingswort, der Aufklärung des aufrechten Menschen, den Ihr okkupiertet.« Wo ist das Werk, das für sie alle steht?

461

Auf die oft gestellte Frage, ob ich nicht einmal etwas machen wolle, was in dieser Gegenwart spiele und für diese Welt, kann ich nur sagen, daß ich nicht auch noch in dem Haß und dem Widerstand freiwillig zu arbeiten wünsche, wenn ich schon da leben muß. Die Gegenwelt der Kunst wird hier verstanden als Muster jener Energieleistung, als Modell eines Angebots, wenn hier schon nichts zu retten ist, mit Reflexionen und Erinnerungen, und so die Vergangenheit aktiv und mit Folgen für das Innere zu ändern.

462

Delphi. Durch Jahrhunderte hat die Kunst, besonders die darstellende der Bühne, alte paradiesische Unschuld eines arkadischen Griechenland gesucht. Und was kein Schauspieler kann ohne Gesang und keine Oper ohne das Theater zu verlassen, ist dem Film möglich. Er könnte ohne Lächerlichkeit unter freiem Himmel in offener Landschaft der Ruinen selbst gezeigt werden, in der Nacht, der Preis ist der Verlust des griechischen Sonnenlichts.

463

Die neue Aura schaffen, welch ein Wahnsinn, im Gebiet dessen, was sich gründet auf dessen Verlust, eben jener Aura im Bereich der Reproduzierbarkeit seiner Kunst, also für einen Film, den sie sehen wie ein Medium unter anderen Medien, Medien, die eben diese Aura schaffen sollen, die die Situationen schaffen, ohne die jene Ausstrahlung, die verlangt ist, nicht funktionieren kann, heute, und nun auch noch gegen sie.

So stehen sich denn unversöhnlich und abgründig gegenüber: jenes Bedürfnis, die Forderung nach dem Sau-raus-lassen und von Arbeiten wie Gruppentherapie und Ergebnis von Mitbestimmungsblödelei wie alter »Furor Teutonicus« mit einer Zerstörung aller schon erworbenen Erkenntnisse und Dinge zur Selbstprofilierung, und jene Perspektive der Welt von unten und von hinten, das Kleine und Schmutzige aus der Wiedergeburt der Barbarei. Es ist das, was die Alten früher als das Zottelige, Glatzköpfige, als spießig, als das Vergewaltigende, Vulgär-Weibliche, trivial-tierisch-Blutreißerische, ungebändigt-Gröhlende, Rauschhafte abwerten in sich, aus der Erkenntnis auch von innerer Barbarei im Kampf gegen den kalten Norden und die Horden aus jenen Wäldern, die nun selbst absterben. Es steht gegen die Kultur, Kultivierungsleistung, die Vernunfttat als Anstrengung gegen das Bequeme, für die Disziplinierung einer Arbeit täglicher Bemühung als klassische, geistige Freiheit der Sinn- und Vernunftverschmelzung in seelisch-sittlicher und Hoheit gereinigter Leidenschaft eines heiteren und unverrückbaren Bekenntnisses in immer neuer Prüfung und Veränderung als einziges Sinnbild der Menschlichkeit gegenüber immer wieder versuchender Naturinstinkte zu alten Bequemlichkeiten und einer Natur, die nun selbst schon in Gefahr ist und Untergang.

464

Seit Jahren Fotos gemacht von allen Hotelzimmern, wo ich gewesen bin, die Zimmer selbst, das Bett, das Bad und den Blick aus dem Fenster. Welch deprimierender Vergleich. Taxis, nicht etwa, daß die Fahrer rauchen, stinken oder reden, es ist die akustische Berieselung sofort und immer mit Musik, außer in London mit der Trennscheibe und dem großzügigen Platz für die Beine. Die Musik des Fahrers, den ich bezahle. Soll ich also betteln, bitten, diskutieren gegen seine Musik, die er mir aufdrängt? Was geht mich seine Musik an. Es wäre wohl unvorstellbar gewesen für jeden Menschen vor hundert oder vor fünfzig Jahren. Die Un-ver-schämtheit der Zeit.

465

Ostersonntag. Das letztemal PARSIFAL im Münchner Kino. Bis jetzt ohne die Feuilletonchefs also, zuständig für Musik, von der *Abendzeitung* und *Süddeutschen Zeitung* und ohne den Generalintendanten der Münchner Musiktheater, der für Besetzungen zuständig ist. Warum nicht ein Kino in München haben, wo sie unsere Filme spielen, ständig, Sonntag vormittags oder spät abends, und ein Programm von uns gemacht, wechselnd einmal die Woche, im Monat, Retrospektiven regelmäßig, mit Treffen. Zu wissen, dort, wenn einer nach München kommt, findet er Herzog, Wenders, Kluge, als Zeichen, daß wir noch leben, was uns unterscheidet von den Toten. Einladungen an die anderen, Bücher, Video-Programme zum Mitnehmen, eigenes Programm und Verleih eventuell.

466

Wer ist ärmer, freier. In den südlichen Familien gibt es eine Hierarchie, in der sich selbst die großgewordenen Kinder (großgeworden durch Universität und Ruhm vielleicht) der alt gewordenen und geistig vielleicht unterlegenen Mutter oder dem Vater unterordnen, unterwerfen ganz selbstverständlich, mit Andacht und Wollust fast. Wer ist freier, ärmer, die davon Emanzipierten oder jene Unterdrückten unter der Freiheit ihres Zwangs?

467

Die öffentliche Selbstdenunziation, in Deutschland als Underdog sich analysieren und etikettieren zu müssen, war wohl die schwierigste und härteste und notwendigste Taktik. Und das so langsam und immerfort zu definieren und zu erklären gegen meine Natur als Rettung aus der Situation, sonst dächten sie heute wirklich, dieser wäre so mies, wie es überall stände.

468

Die Werkstatt-Situation des PARSIFAL aus bankrotter Filmszene und einem Opernbetrieb zwischen Klamotte mit Dallasfiguren und skandaltüchtigen Selbstverwirklichern. Nach der Provinzialisierung Bayreuths und konsumfreudiger Tourismusfestivität in Salzburg. Und die notwendige Erfahrung des HITLER-Films als Voraussetzung natürlich.

469

In der *Zeit* eine Seite über Chantal Akermann: »Die Musik produziert einen physischen Effekt, und das interessiert mich am Kino. Danach hatte ich Lust, auf der Straße in die Luft zu springen.« Diese Sätze sagte Chantal Akermann in einem von *Le Monde* veröffentlichten Dialog mit Wim Wenders über Godards PASSION. So beschreibt sie auch ihren eigenen Film, FILM-SZENE '83.

470

Lese bei Sedlmayr seinen Hinweis im *Verlust der Mitte* über Richard Wagner und das Gesamtkunstwerk im Kapitel »Theater«, wo speziell die Theatralisierung aller Künste und die Benutzung der Diaramen von ihm als kritisches Moment wohl des Untergangs der alten Künste beschrieben wird. Das alles ist für ihn natürlich Anzeichen höchsten Verfalls der alten Künste. Dieser große Verfallsanalytiker des Abendlandes unserer europäischen Kultur und ihrer Internationalisierung sieht nicht, wie hier Kunst noch einmal ihre ethische Aufgabe und Rechtfertigung beansprucht und wie durch ein neues Programm, eine neue Ikonographie und neue Ästhetiken unter Verwendung der alten, mit der Suche nach einer neuen Aura, Kunst entsteht und alte Dimensionen wieder hergestellt werden. Wenn Kunst solcher Forderung und eines solchen Formwillens und solcher Ansprüche im Gegensatz zu bloßen Spiegeleffekten und Nachahmung der Realität oder Aufschrei-Funktionen dazu imstande ist, dieser Welt zu begegnen, so wäre es die Aufgabe der Analytiker, diese neue Kunst-Realität zu untersuchen, sonst hätten sie als Historiker versagt. Daß dieser große alte Mann der Kunstgeschichte diesen Versuch und Sprung nicht mehr wagte, gehört zu den Dingen, die noch zu erklären sind, auch als seine Tragik.

*

Kunst als Destillat, die geistige Leistung aus Eitelkeit, Anmaßung, Anmaßung auch der Leistung und des alltäglichen Kampfes und der Tränen, um die Welt zu erhalten in anderer Güte. Und natürlich sind große Politiker, religiöse Menschen, Gandhi wie Christus, auch große Fanatiker des Selbst. Fragt sich nur, ob zum Heil oder Unheil der anderen.

471

Bach, sagt Glenn Gould, sei mit seinen Fugen hundert Jahre zurück gewesen. Er habe sich nie der modernen, avantgardistischen Form des Menuetts bedient, ein Reaktionär also, würden seine Zeitgenossen aus diesem Lande heute gesagt und ihn bekämpft haben mit der Avant-Garde der Menuette für die

Schickeria der fürstlichen Zeit. So war es denn wohl auch logisch, daß ihn seine Zeit mit Vergessenheit strafte, und es waren nicht die Intellektuellen, die Musikwissenschaftler, seine Landsleute, die ihn entdeckten, sondern Beethoven, wie Beethovens 9. Symphonie nicht zu seiner Zeit, die ihn feierte, und nicht von den Deutschen des 19. Jahrhunderts entdeckt wurde, sondern von Richard Wagner, dem Richard Wagner Bayreuths.

472

PARSIFAL ist nun Film geworden und Retour à la source. Die Rückkehr zu den Quellen, nämlich PARSIFAL nach Delphi, und die Rückkehr des Parthenonfrieses nach Athen. Der Preis aber ist die Nacht, denn Film kann man nur im offenen Theater der Landschaft sehen, wenn die Sonne untergegangen ist. Und die Menschen kommen von weither, angeflogen aus entfernten Kontinenten, selbst in die Ruinen unseres Endes ist die Rückkehr möglich, wenn die Schatten sichtbar werden. Weg aus unseren mechanischen Paradiesen an den Platz unseres Ursprungs, wie die wieder ausgegrabenen und über die Jahrhunderte geretteten 2500 Jahre alten Torsi zurückkommen könnten; ins Museum. Die Puppen aber des Films aus dem Kleistschen Paradies-Modell sind mechanisch bewegt und können leben, noch immer. Sind aber nur Puppen – der Nacht.

473

Beim Zuhören der FS-Ereignisse aus dem Nebenraum. Das allen Hollywoodfilmen für die Konsumgesetze ihres Absatzes Gemeinsame ist die Bedingung dieses Tonrasters von aufgeregtester Mischung durch Stimmen plus Musiksauce mit eventuellen Motorengeräuschen von Autos, Motorrädern und Flugzeugen, so wie die Boulevard-Dialoge der Theaterinszenierungen immer gekennzeichnet werden durch Schreien und durch die auf die Pointe am Ende der Phrase hinzielende, mögliche Reaktion in den Lachern der Zuschauer oder ihrem Schrecken. Kein Durchbrechen dieses Rasters ist möglich, von Pausen etwa oder Ruhe, oder einem längeren Bogen von Spannung, oder Änderung des Rhythmus überhaupt. Es ist die Angst, nicht mehr in die Norm zu passen. Alle erlaubten und geschäftlich bemühten Normenänderungen bleiben innerhalb dieses Rasters, die aus der Ferne in jeder Sprache gleich klingen und die ganze Welt des Absatzes umspannen. Früher, vor 15 Jahren, als sie noch klein war und oben schlief, die Tochter, die jetzt vor diesen Filmen im Nebenraum sitzt, hatten wir immer Bedenken, ob sie wohl diese nächtliche Fernsehwelt nach ihrem Abgang aus den von uns wohlbehüteten Tagen im Schlaf hören könne, ob es sie insgeheim infiltriere, ihr Unterbewußtsein bestimmte mit Angst und Grauen vor dieser Welt der Großen, mit Geschrei, Schüssen und Motorenlärm. Blut immer wieder, Blut und politische Hilflosigkeit, wenn man es mal aus der Distanz des Kindes sieht. Das betörende Lügen ihrer Wirklichkeit, diese Töne der Aufgeregten ohne Ruhe und Meditation, was sie wohl denken möge von uns, die wir am Tag uns anstrengen, so etwas fernzuhalten oder zu erklären, soweit möglich, und was nun sie selber konsumiert, freiwillig, mit Vergnügen. Jetzt ist sie es, die uns versorgt, mit beängstigender, suchtgleicher Lust, und die versucht, uns nicht hören zu lassen, was sie amüsiert und unterhält.

474

Und nicht nur die Familie, die unwissende, oder Freunde, die es gut meinen, sondern selbst die Mitarbeiter raten, einmal etwas anderes zu machen, eine Serie vielleicht, was erfolgreich ist im Fernsehen, und sie meinen es gut. Es ist letzten Endes nichts anderes als das, was die Gegner wollen und verlangen mit ihrem Raster von Bedürfnisprüfung und Pluralitätserwägungen der Ausgewogenheit, was *in* ist und ginge. Ob aus den Gesetzen des Absolutismus, aufgeklärt oder nicht, in jedem Fall ist es doch wohl so, daß nach der heutigen Praxis unserer Demokratie Filme entstehen, auf eine Weise, als ob die Vulpius, also die Serienproduzenten der Abenteuerstories, zu befinden hätten, ob die

Kleists oder Hölderlins und Novalis oder Schiller oder Goethe noch Papier zugeteilt bekämen und ihnen erlaubt wäre, Bücher zu schreiben und zu publizieren, oder nicht. Und verglichen mit der Situation der Schaubühnen unseres Landes ist es so, daß hier aus eigener Kraft und allein vorbereitet werden muß, was dort ein Peter Stein zusammen mit seinem Dramaturgen Dieter Sturm, und Hausautor Botho Strauß vielleicht, und Bühnenbildner Karl Ernst Herrmann zusammen entwickeln, von langer Hand und mit gut ausgestattetem und wohlbestelltem Haus.

475

Warum also Kunst, warum machen und für wen. Die allgemeine Säkularisierung der Ikonographie wäre zu beschreiben, die Auswahl der früheren Auftraggeber und Motivierungen, Auftraggeber aus Aristokratie und Kirche oder später Geschäftsleute und Städte und städtische Gemeinden zum Zweck der Repräsentation, der Selbstvertiefung, des Herrschaftsanspruchs und der emblematischen Zusammenfassung des Lebens, der bildhaften Formulierung des Lebenssinns in Richtung Vergangenheit und Zukunft. Was heute bleibt, sind die Museen und der Markt und die Gesellschaft als Auftraggeber oder eben nicht. Anstelle all dessen ist, immer noch und ganz besonders, das Problem der Schuld und Identität getreten und Gefühle von Katastrophen und Untergängen heute von ganzen Ländern, Kulturen und Welten, nachdem wir diese zu erobern dachten. Und es bleibt ein archetypisches Muster des Alltags und seiner Begründung und der Bewegungen in ihrem Ursprung darzustellen. Nach Ablösung also der alten Mythenmodelle aus großen Familien und den Göttergeschichten für die Religionen und der Höfe und ihren Riten in den Gesetzen der Geschichten von Homer, Vergil, Shakespeare, Dante bis Richard Wagner und in den Bauten und Räumen um uns herum, was für ein seltsames Gefühl, in einer Kunst zu arbeiten, die dieses Jahrhundert sich geschaffen hat in neuer Technik, ohne Auftrag und Interesse, außer dem einen,

Geld zu verdienen und zu konsumieren; und falls der Staat anstelle der alten Auftraggeber Mittel bereit hält, wird es als Zumutung verstanden, wenn die alten Urbedürfnisse von Repräsentation und Lebensüberhöhung nicht nur nicht verlangt werden, sondern vermieden werden sollen und als einziger Sinn und Aufgabe gestellt wird, zu beweisen, daß das, was man herstellt, als Kunst gefragt ist, in ist, konsumierbar ist, als Beweis seiner Qualität.

476

Und wenn ich die Wahrheit wüßte, endlich, ich würde eine Maske nehmen, sie verstecken, wie sollten wir leben, anders.

477

»Bildl ohne Gnad« ist ein österreichisches Wort aus der Bauernsprache für die Schönheit eines Mädchens ohne das gewisse Etwas. Was aber, wenn Gnade außer acht gerät und Schönheit zur Mode wird oder lächerlich?

478

Im Glashaus blühen die Rosen jetzt – 3 verschiedene Sorten – Ende März, Anfang April. Seit dem Januar haben sich die Knospen endlich durchgekämpft an geschützter Stelle des Hauses zwischen dem Schneideraum und Archiv der Kopien aus den letzten 17 Jahren im Keller und dem Büro für die Produktion und den Vertrieb unter dem Dach und gegenüber dem kleinen Häuschen, in dem ich sitze, an der anderen Seite des Gartens und die Rosen jetzt sehe durch die Scheiben. Und die »Datura« hat zehn Knospen für ihre handtellergroßen Blüten. Der Jasmin beginnt zu riechen. Die Kamelien aber haben ihre großen Blüten seit Weihnachten bis heute. Alles im kleinsten Raum des Hauses.

479

Der wissenschaftliche Patriarch als Künstler. Es gibt heute, mit dem Verlust der alten Künste, und man sollte es getrost auch Untergang des Abendlandes nennen, jenes Weltmittelpunkts der europäischen Systeme von Weltreflexion und -verarbeitung, aus eigener Ratio eine historische Wissenschaft und deren praktische Anwendung in den Museen und Bibliotheken und Archiven, und wie es plötzlich Künstler gibt unter interpretierenden Dirigenten und Regisseuren, die die Werke anderer verwalten oder ihnen dienen sollten, Künstler mit eigenen Interessen, so hat sich eine neue Museumskunst entwickelt, Historiker der Kunst mit allen Eigenschaften der Künstlerschaft, ihrem Größenanspruch und ihren Unarten, die nur die Größe verzeihen darf. Sie benehmen sich wie ein subjektiv beleidigter Künstler, der sein Terrain verteidigt mit Angst vor Weltverlust, Kunstbeschädigung. Auch das ist ein Ersatz für den Verlust der alten Künste. Man kann diese sensiblen Gewebe der Strukturen, die sie errichten, in Gefahr bringen, wie deren Erfinder selbst gerade in dieser Reaktion künstlerischer Unwissenschaftlichkeit seine eigene Wissenschaft ad absurdum führt, so daß diesen nur noch rettet, wie jeden Künstler, seine eigene Größe, die Größe der eigenen Tat. Und da, wo die Lösung wäre, liegt auch hier, wie immer, die größte Gefahr. Gefahr für das eigene System, von dem er lebt, ein System, das den Untergang mit einschließt.

480

Der Mensch existiert auf mehreren Ebenen. So ist es oft unvorstellbar, daß derselbe, der das machte, schrieb und Großes sagte, auch der ist, der dann zu Hause die Kinder quält, die Frau schlägt, daß der, der diese Musik liebt, in der nächsten Stunde mordet. Der Sittlichkeitsverbrecher kommt gerne aus dem spießigsten Ehealltag und ist ein guter Nachbar. Dann ist da noch der, so haben wir gelernt, der ganze Länder überfällt, und es braucht keine große Familie dazu und langen Stammbaum.

Gerade die Kleinsten und Ärmsten haben viel nachzuholen. Die größten Asketen sind die größten Ausschweifenden. Und der böse Beamte ist bekannt als liebevoller Kleingärtner. Wie eitel und klein ist, wer so etwas denken und schaffen konnte, und wie falsch ist es, nun die Welt zynisch nur mehr als den Abfall der Gefühle unserer Existenz erklären und sehen zu wollen. Wie raffiniert oder verzweifelt, aus Karrieredrang, uns und alle nur mehr aus der Perspektive unserer Souffleusenebene zu erklären. Wir leben auf verschiedenen Ebenen, und es gehört Mut dazu, nicht nur beides zu sein oder alles, sondern es auch zu sehen und zu akzeptieren und zu ertragen. Diese Lüge ist zu vereinfachen in der Tat und in der Beobachtung, das eine ergänzt und bedingt geradezu das andere.

481

Über das Unfilmische meiner Filme, z. B. auch des PARSIFAL. Das hab ich bei Brecht gelernt, das Verfremden der Tricks, die Entzauberung der abgenutzten Theatermagie und deren lächerlich gewordener Realität. Das Mechanische also der Magie wäre zu zeigen, zu demonstrieren,was sonst mit Rauschwerkzeugen sorgsam vorgemacht und verborgen wird, es wäre zu spielen mit dem Trick, mit der List aus dem Trügerischen, Realitäten umzuwandeln in neue geistige Funktionen. Es ist die listige Ironisierung der naiven Phantasie und nicht nur Ersatz durch neue Requisiten von Geschichtszitaten als Modellfunktionen von Teilen der Welt in neuer Montage. Die so gewonnene Distanzierung wird aufgeladen am Ende zur Surrealität neuer Welten aus eigener Kraft.

482

Kafka saß im Büro, Stifter verwaltete, wie Lessing eigentlich tagsüber etwas ganz anderes tat, als wofür er berühmt wurde und überlebte. Das wurden sie in den abgezwackten Stunden der Freizeit auf Kosten der Familien, des Familienglücks. Und wenn ich es so recht überlege, so geht dieser Tag hier in unserem Haus drauf mit Telefonieren, Briefe schreiben und empfangen, Aktionen der Verwaltung von Dingen, die zu anderen Zeiten und für andere Orte getan wurden. Das Schreiben, Beobachten, Erfinden, wie ausgespart aus dieser hauptsächlichen Arbeit ohne Portefeuille, und das heißt wirklich unentgeltlich.

483

Schwabing, das als Stadtteil mit eigentlichem Kulturleben schon längst ausgestorben ist durch Identitätsverlust und Kommerzialisierung, gibt es nun wieder in Filmen der Vorprogrammserien im *FS* mit der eigenen Kraft eines heutigen Witzes.

484

Die Machtstrukturen der heutigen Welt beruhen eigentlich auf jenen Bereichen, die man früher das Jenseitige, Imaginäre, Irrationale und so weiter nannte, darum auch der Kampf der Heutigen gegen die alten Mächte, das was früher von den Alten besetzt war von Religion, Aberglauben, einschließlich Kunst und alter Politik. Die Macht wird ausgeübt von unsichtbaren, unhörbaren Strömungen, Zahlen, magischen Zeichen, die Formeln und Verbindungen zwischen den Werkzeugen und Orten, Personen und Dingen herstellen. Wenn ich hier auf den Knopf drücke, geht dort jemand kaputt.Unsere Orte sind mit anderen Orten der Welt verbunden, durch Flugzeuge und ihre Computerwege mit feinen Linien über die ganze Welt; Radiotöne, Fernsehbilder spannen unsichtbare Wege, wie Raketen, von einem Kontinent zum anderen. Noch die Kugel fliegt von einem Punkt zum anderen, wenn sie tötet, in Zukunft werden es Strahlentode sein, per Knopfdruck und über große Entfernungen hinweg, wo heute noch Raketen nötig sind, und die Explosionen geschehen aus kleinsten unsichtbaren Elementen, Explosionen, die über unsere Welt entscheiden. Das was gedacht wird, ist wichtiger, als das Getane, die Mönche vom Berg Athos müssen der Welt abschwören, ein neues Leben der Askese führen, entsagen im Äußeren und Inneren, das heißt, sie dürfen auch nicht in Gedanken an ihrem alten Leben hängen. So siegte schon Luther, der vor allem darauf bestand in protestierender Radikalität, die Gedankensünde der realen gleichzusetzen, mit allen Folgen der Schuldbelastung oder Unabwendbarkeit.

485

Das aggressive Karthago und seine Kriege wählt Brecht als Vergleich mit Deutschland und als Warnung vor neuen Kriegen, aber war Karthago so viel böser als Rom, Rom ein friedliebendes Imperium? Und was blieb von Karthago und seinen Menschen nach der Zerstörung, ohne Kunst? Waren die Römer so viel gründlicher als alle anderen im Zerstören, oder Karthago eine Kultur ohne Kultur, von der nichts zu berichten wäre, und schlimmer als alle zu verlierenden Kriege zählt die Schuld an der Menschheit im Fehlen der Kultur.

486

Fernsehen als Schnuller, Droge, Abhängigkeit, Sucht oder Marktplatzersatz, so wie man früher auf den Markt ging, nun schaltend von Programm zu Programm, von Geschichte zu Geschichte und Detail zu Detail, von Klatsch und Leben und Tod und Spiel und Ärger bis Genußersatz?

487

Sie, die Unerwünschte, Abgetriebene, eigentlich, und nur durch Zufall am Leben Gebliebene, verflucht wohl auch von Anfang an im Mutterleib, jedenfalls fühlte sie sich so, suchte ihren Platz, erkämpfte ihr Dasein, die Existenz in dem, was sie tat, und das war diesmal diese rettende Kunst. Diesen Zufall, dieses Unglück, auf der Welt zu sein, galt es, in Positives zu wenden, und sie verband es höchst riskant und albern oder größenwahnsinnig wirklich mit der Identifizierung mit anderen Personen oder Landesschicksalen und ganzen Geschichten, darin sich selber zu beweisen, ihre Notwendigkeit, die Erfüllung und Lösung ihrer Probleme. Und wenn sie es recht bedachte, waren es denn eigentlich wirklich Geschichten, Figuren, nicht eher Zeichen, Signale, Strukturen? Und dies wieder als Maske der eigentlichen Absichten und abgründig tiefen Lebensinteressen, denn sie war in Tabubereiche gekommen, wo sie nur mehr mit Abwehrmaskierungen von Ironie, Bosheit auch und Witz, Stillschweigen manchmal, sich helfen und andere irreführen konnte, wo sie doch hätte schreien können und mögen oder helfen und umarmen wollen, ganz direkt und süchtig. So schützte sie sich aber vor dem, was ein Instinkt ihr riet als nicht Erreichbares, als in der Umwandlung ihrer Sinne in die allgemeinen Interessen eines großen Kunstwillens im Dienst an einem anderen, so daß ihre Kunstwerke auch immer nur verstanden werden konnten als augenblicklich nächster Schritt und Wichtigstes auf dem Weg ihres Existenzwillens. Der konnte nur so gefunden werden, von Schritt zu Schritt und sehr mühsam im Dunkeln, nicht wissend woher und wohin und wozu und doch von erheblicher Wirkung, zumindest ihren Weg zeichnend, eine ganze Straße, Bahnen der Richtungen zeigend für eine ganze Generation und nicht nur für ihr Land – jenseits aller Länder nun, durch ein Reich nicht von dieser Welt, versöhnt mit sich und aus dem verlorenen Leben eine Welt-Harmonie findend, wie es die Alten sagten und fanden für sich, ein musikalisches Arkadien der Einsamkeit unserer Phantasierealitäten. Und dann begann sie ihre Spiele der Maskierung mit großem Aufwand, lächelnd und mit Neugier ins Dunkle gehend, das Schwere der Tiefe bis ans Ende der Nacht.

488

Im Fernsehen Karajan zur Geburtstagsfeier, 3. Symphonie von Beethoven, Berliner Philharmoniker, teilweise wie die ernste Karikatur seiner Greisenhaftigkeit. Mit nach innen verkrampften Händen und schmerzverzerrtem Gesicht, in das er von Zeit zu Zeit die Hände in rascher Bewegung zum Munde führt, als ob er Gebisse zurechtdrückt, Pillen einwirft oder auch nur zukkende Schweißtropfen abwischt. Ein nach innen gekehrter, gebeugter Musiker großer Gesten, der seiner eigenen Wirkung zuhört und lebt von dem Leben, das er täglich neu erweckt von Gnaden der anderen. Von den Leiden vergangener Jahrhunderte ohne Zoll. Ohne Musik würde er sofort sterben, hat er gesagt. Was zahlt er dafür: das Lächeln, als er am Ende zurückkommt in diese Welt, die Augen öffnet, mit flüchtigem Handkuß an das Orchester, der Beifallssturm wie nie. Mit Bundeskanzler, Bundespräsident, Regierendem Oberbürgermeister und den dazugehörigen Frauen muß er vorlieb nehmen.

489

In Salzburg zu seinen Osterfestspielen zum hundertsten Todestag von Richard Wagner, der PARSIFAL im Kino. Es heißt, er oder seine Leute hätten die von den Behörden genehmigte Sonderbewilligung für Karfreitag gestoppt. Es kamen in 7 Vorstellungen 395 Personen (bei 7mal 350 Plätzen). Ein ungezogenes Publikum wie in Bayreuth. Nur fähig zum Fankult. Das macht die Kunstinteressen des Meisters und seine dienenden Absichten verdächtig. Brecht hatte den unbekannten Schüler aus der Provinz beiseite genommen und empfahl ihn dem Kollegen Felsenstein an der Komischen Oper, mit persönlicher Anweisung an die Billettfrauen zum freien Eintritt dort. Kein Maestro und ein freier Mann, der den Tyrannen diente, aber mit Absichten für die Kunst, zur Erziehung der anderen und zu deren Nutzen. Ein abtrünniger Schüler nun, der dies schreibt. Durch Widerspruch, in dem was er gewollt hätte im Prinzip, und doch nicht wissen konnte, wie. Es muß wohl aus den schmerzlichsten Zentren kommen. Und doch hatte Brecht ein Publikum geschaffen, erzogen, zumindest zu freien Entscheidungen und Taten, sich zur Ehre.

Als ich nach dem Kortner-Film zu *Kabale und Liebe* das Denkmal, durch das er nun überlebt auch für Nicht-Deutsche und ein Nicht-Theaterpublikum, – das gleiche Karajan anbot, kam die Ablehnung, er mache sich das selbst. Jene verunglückten Playback-Unternehmungen des Probenvorspielens für die Medienmärkte. Hätte er nicht eine andere Konfrontation verdient mit sich, die suchende Erweiterung statt Selbstzerstörung, ähnlich wie Romy Schneider, die den schon über sie gedrehten Dokumentarfilm verbieten ließ. Kunst kann auch verderben. Alles liegt nahe beieinander.

490

Nicolas Born: Irgendwann werden wir
von hinten erschossen,
und vor uns liegt unberührt
unser Leben...

Peter Paul Zahl: Neulich ist irgend so ein Arschloch
abgekratzt,
Kanzler, Präsident, Minister,
Diplomat oder so...

Das ist der Unterschied. Dieselbe Zeit, dasselbe Land. Welches ist wohl der von den Medien geliebtere Autor? Von dem anderen stammt auch das, »mit uns macht die Geschichte Schluß«. Der eine weiß es, und der andere tut es. Die Deutschen lieben ihre Aktivisten.

491

Drei Perioden bisher. Von 1963–1965 Fernsehen und von 1965 bis 1970 Kortner bis SAN DOMINGO. 1972–1982 LUDWIG bis PARSIFAL. Und wie das ineinander übergeht. Kortner aus dem Fernsehen. Das Fernsehen übrigens eine Experimentalzeit der 80 Filme immer mit dem Auftrag täglicher Verwendung, also kein Experiment für die Schublade, sondern im Gegenteil im höchsten Grade realitätsbezogen, und gerade das war auszuprobieren im Zusammenhang mit den Schnitt- und Montageversuchen, insgeheim. Der äußerste Pragmatismus des Kunstinteresses. Und dann der LUDWIG, hervorgehend aus dem Vorigen, ohne SAN DOMINGO nicht möglich, sowie ohne Videoversuche; Dokumentation und Fiktion immer aus derselben Autorenschaft, wie Zeichnungen nach Natur, Fiktion als Ölgemälde.

492

Nun erklärt auch M. E., der Autor der jetzt verfilmten *Momo*-Geschichte, sein großes Entsetzen, was mit seinem Buch geschehen. Zur Vereinfachung für den Massenkonsum werden die eigentlichen Motive des Autors geopfert. So war auch Buchheim, nach der Besichtigung seiner BOOT-Verfilmung empört. Warum konnten noch ein Golo Mann und sein Vater Thomas so gerührt reagieren – wie die Juden nach Auschwitz, als sie HOLOCAUST aus Hollywood sahen –, gerührt, daß man sich so sehr ihrer annahm? Sie können es nur, wenn sie die Möglichkeiten des Films nicht ernstnehmen, ihn verachten als Klamotte für die Massen. Der Tribut eben an die heutige Zeit, billig wie ihr Geschmack, gut, schön, aber, na ja, das Lächeln. Warum versagt, wie hier, unsere Prominenz. Auch die Kritik, die nicht vergleicht, was das heißt Punkt für Punkt, zum Beispiel der Buchheim-Vorwurf: mangelnde Sorgfalt und Qualität in Kriegsentlarvung. Kritik mit Vergleichen zwischen der Absicht des Autors und den Realität gewordenen Filmszenen. Liegt es an der Umwandlung der Idee in Materie der Realität, an böswilliger, kommerzieller Absicht oder an dem Umschlag von elitärem Denken in Massenwirkung, ist das Mythos, Legende, Märchenwirkung unserer Zeit, wie schon immer, die in Geschichten konsumierbar gemacht wird? Das ließe Schlüsse ziehen auch auf vergangene Epochen.

493

Seit sie auf den schon teilweise realisierten Tötungslisten stehen, die aktivsten Friedenskämpfer, muß man spätestens für sie sein. All die Araber, Juden, Kreisky und der Papst und Sadat, wie die Solidaritätsführer. Sie retten das Bild der Millionen Mitläufer zumindest in mir. Man verzeihe mir den früheren Irrtum.

494

Oft wird mir vorgeworfen, die Bilder des PARSIFAL seien zu statisch. Als ob nur Bewegungsaktionismus den Geist einer Sache am besten verkörpere, und als ob nicht die Kraft großer Strenge sich gerade in jenem anderen besser zeigt. Diese Zweifler mögen sich sagen lassen, daß es auch eine Gesichtsregie gibt – bei dem durch Krankheit fest ans Siechbett gebundenen Amfortas erlauben sie es sogar, weil andere Bewegungen für ihn nicht möglich erscheinen. Aber gemeint ist hier vor allem das, was die beiden Parsifals und speziell der weibliche, im Kontrast zur bewegten Kundry, leisten. Es ist eine Regie, die die Grundhaltungen des Kopfes, seine Bewegungen, Blicke, Augen, Form des Mundes für einzelne Vokale, wie E und I zum Beispiel, beobachtet, mit entscheidenden Folgen, selbst wenn die Stimme schon festliegt wie hier. Es ist ein großes Abenteuer gewesen, solche Unterscheidungen erforscht zu haben, die auch die Stimme beeinflussen werden – beim nächstenmal.

495

Reise San Francisco – Los Angeles: PARSIFAL-Filmex-Filmfestival. Unterschied erster Klasse: unter anderem einfach Abstand zu haben, etwas freundlicher angeschaut zu werden. Im gerade sehr beliebten GANDHI-Film wird gezeigt, wie Gandhi sich bewußt in die 3. Klasse setzt. Und ich erinnere mich, wie der Vater stolz war früher, in der 3. Klasse gefahren zu sein, wie auch schon sein Vater auf Holzsitzen statt Plüsch. So kam er unter die Leute, außerhalb der Fabrik und hörte, was sie redeten, fühlte sich wie einer von ihnen, bevor er wieder in seine Villa zurückkam und erzählen konnte. Wo die Villa einmal stand am Rheinufer, Köln-Mühlheim, neben der Fabrik, stehen heute, nach den Bomben des Krieges, Reihenhäuser für einige hundert Leute, die nicht wissen, daß noch in diesem Jahrhundert dort einer wohnte, der mit ihnen dritter Klasse fuhr. Nur die Bäckerei an der Straße auf dem Schulweg meines Vaters ist noch da, und es gibt Fotos, die wissen das alles noch ganz genau.

496

In der *Frankfurter Rundschau* aus Moskau ein Bericht, was dort im Kino geht. Zwei, die sich lieben in Sibirien mit Wachtürmen und Stacheldraht, Gefangenenkleidung, Bahnhofssituation. Ein Geheimtip. Der Film mit Namen ABSCHIED, das Ende eines Dorfes vor der Überschwemmung durch die Wasser des zukünftigen Stausees. Das kleine Leben zuvor und dessen Ende. Viele wollen nicht mehr, die Alten wissen, was sie verlieren. Der Film war zwei Jahre lang verboten, dort geht das einfacher, aber nicht für immer, und doch ist es zu spät. Es ergibt sich die Frage, was alles dort noch geschieht, künstlerisch und künstlich ferngehalten von uns.

497

Die Russen machen alles nach, sagt der Westen. Klauen die Technologie, schimpfen und simplifizieren bis zur Unkenntlichkeit oder Unbrauchbarkeit, was des Westens Hoffnung ist, aber es wirkt. Die östliche Concorde nennen sie in Paris Concordski. Oft kann man eine Schraube aus einem Instrument in das andere übernehmen. Die Syberbergskis sind schon überall, ich meine nicht die rechtmäßige Übernahme des Zitats auf kollegialer Basis und dessen Weiterentwicklung, im *Spiegel:* ›Bruder Hitler‹, in der *FAZ:* ›Unser Hitler‹.

498

Wie die Leute der Politik ihre Macht erweitern, versuchen, andere zu okkupieren, früher über die Grenzen, heute über Psychologie und Ideologie, versuchen, sich und ihr Terrain zu vergrößern, so der Künstler, indem er seine Welt den anderen aufdrängt. Sie nennen es Erziehung oder Unterhaltung; und ist es nicht Vergewaltigung, schmeichelnde Selbstbehauptung und Erweiterung auf Kosten der anderen? Darum sind sie oft verwandt und erbitterte Gegner, die Religionsleute immer dazwischen. Was machen die alles seit Generationen mit dem Glauben, um sich zu profilieren, und errichten wüsteste Theorien immer auf Kosten der anderen. Norman Mailer, lese ich in der *Times*, wird alt, weil er nicht mehr so viel Kraft hat, andere wegzustoßen, wie er sagt. Meine Version der Geschichte, ihre Töne und Bilder. Ist es nicht mehr als eine Landesgrenze, die ich überschreite, wenn ich anderen etwas aufdränge, wegnehme, und werde ich nicht immerfort okkupiert, bedrängt bis zur Auslöschung durch andere. Die großen Leute wie die bösen und kleinen, jeder hat seine Taktik. Gandhi oder Hitler, Christus oder der Teufel, die Taktik ist verschieden, wie die Zwecke und Absichten ihrer Ziele. Aber die Seele wollen sie alle, die Seele der Welt. Man muß es einmal gesehen haben, wie sie die Stätten des Apollo und der Athene, die von Wotan und Isis plünderten, zerstörten, benutzten, die christlichen Jünger Christi, und vergleiche.

499

Warum erinnern sich Menschen so unterschiedlich gerne an schlechte Situationen. U-Boot im Krieg war sicher der Horror, und doch treffen sie sich, hört man, erzählen lange Geschichten mit begeistertem Schaudern. Wenn ich an meine grauenhafteste Zeit denke, dann war es wohl die in Westfalen nach dem Wechsel aus dem Osten, und ich treffe weder gerne Leute von damals, noch erzähle ich je davon, weiß auch nichts mehr. Das eine ist wohl, trotz allen Grauens, Steigerung der Existenz, und das andere, erzwungene Langeweile phantasietötender Fron am unerwünschten Platz. Übertragbar auf gute Erinnerungen?

Sie fragen mich *(Stern)*, ob und was ich zu dieser Statistik der Volksbefragung sagen wolle. Als ich mich wundere und auf die Phantasielosigkeit der Statistiker rechne und vergleiche mit meinen berufsmäßigen Auskünften als einer, der gewohnt ist, gefragt zu werden nach ganz anderen Dingen, wollen sie das wohl kaum hören. Und so werde ich dann auch nicht gedruckt als einer der wenigen oder vielleicht als der einzige, der nichts dagegen hatte. Das konnten sie nicht brauchen in ihrem Rausch der Neinsager-Moden.

500

So lebe ich im Wechsel zwischen Filmen und Schreiben, Ausstellung organisieren und an Aufführungs-Vorträgen arbeiten, um an den augenblicklich zu machenden oder gemachten Filmen die Welt messend, zu erfahren; so wird die Welt an jeweiligen Filmen geprüft, wie die eigentliche Welt-Erkenntnis daraus entsteht. Reflexionen über die Welt anläßlich PARSIFAL. Was ist besser als Prüfung geeignet für uns alle. Vom letzten Anlaß während der Reisen mit dem HITLER-Film mußten die Prüfungen solche nach unserer Schuld sein und den Fragen nach der Demokratie. Jetzt werden es Fragen sein nach der Kunst, und das heißt, nach dem Sinn, wofür zu leben ist.

501

Die Hostessen des Festivals in großer Naivität über die Heroisierung Fassbinders in Amerika: Kult sei noch zu wenig. Wenn sie das je wirklich ernstgemeint hätten hier, was sie immer vorgeben, nämlich Aufklärung, Analyse, Hinterfragen, hier wäre es zu exemplifizieren. Statt dessen Anbetung, Mystifizierung, wohl nur, weil es das Häßliche, das Kriminelle war. Er wußte es, hat es nicht ausgehalten. An Fassbinder entscheidet sich ihre Aufrichtigkeit. Und sie haben, wie er, versagt, das gute Beispiel.

502

Viel Lob zum HITLER-Film. Erinnerungen schaffend, die aufgehen. Nicht Leben ändern, sondern das Bessere im Menschen wecken, halten wie ein kleines Geheimnis, schüchtern, wach mit

Lächeln, dem melancholischen. Es ist nur keine Zeit, das nächste drängt schon.

503

Zur Eröffnung der San-Francisco-Festspiele in der Oper also LA TRAVIATA von Zeffirelli. Der Mann, der die Oscars mitverteilte. Dort, wo Caruso und Sarah Bernhardt auftraten, nun also die verfilmte Oper. 20 Millionen für normale Kinolänge, 3 Millionen für 4 Stunden 15 Minuten PARSIFAL.

Auch da wieder die Anstrengung, es bequem zu machen, an Originalschauplätzen gedreht und mit großem Beifall des dortigen Opernchefs. Die Zeffirelli-Kritik nachdenklich, eher schlecht, mit Vorsicht, Konsumierung. Was ist passiert? Eine verfilmte Oper in der Oper. Und nun wird deutlich, was fehlt, Hektik und Realität und Großaufnahme, ohne Umsetzung des Geistigen, ohne dritte Dimension aus dem Geist dessen, was der übliche Film verlieren muß, den Live-Charakter, die alte Aura. Nur Verluste werden deutlich, Kintopp, Massenkonsum, die Oper nun in die Löcher unserer Kinos, ins letzte Loch der Städte gebracht. Nur wenn dieses, was in der Oper notwendig ist und vom Film nicht geliefert werden kann, zum Vorteil gewendet wird, kann das neue Medium Film gewinnen.

504

M. E. könne nicht so lange PARSIFAL aushalten, nicht ertragen. Nach dem ersten Akt raus. Es bedränge ihre Dinge, ihre Welt durch fremde Bilder und Töne. Das ist gut beobachtet, es ist ein Kampf. Ein Kampf um die Töne und Bilder des anderen, und wenn es nicht gelingt, zu überzeugen, eindringlich zu machen ohne Überrumpelung, daß diese Version durch lange Zeit überlegt und besser ist als die eigenen, dann muß man ablehnen, hassen oder verrückt werden. Es hängt letztlich alles von der Qualität dessen ab, der es macht, wie von der Qualität des Zuschauers.

505

Wenn ich aus dem 16. Stockwerk des Hotels Bedford in San Francisco über die Stein gewordene Landschaft schaue, über das, was einmal Hügel waren bis an das Meer, hoch hinauf steile Wolkenkratzer und lange Bänder von Asphalt und Zementplätzen, mit Straßen bis zum Horizont, vom Ozean bis zur Bay, dann höre ich im Blau des morgendlichen Himmels eine Lerche ganz deutlich, wie von der Stadt gestiftet und ein letztes Zeichen der indianischen Vorväter. Aber woher kommt sie, wo ist sie zu Hause, wo ist ihr Nest? Noch hat sie den Mut zu singen, noch.

506

»What is hell?« fragt Tom. »The worst of Russia and the worst of Germany together.«

507

Was werde ich meinem Publikum in Los Angeles in jener Academy of Motion Picture, Arts and Science erzählen in den kurzen Sätzen, bei der Aufführung des PARSIFAL in Hollywood also, mit den 2–3 Meter hohen Goldstatuen jenes Oscar des Showbusiness, das notwendigerweise das Gegenteil sein muß in seiner lauten, aufgeregten Konsumfreude zu jener »joyful meditation«, um die es hier geht. Hier die freie Entscheidung, etwas schlecht zu finden wie PARSIFAL aus Dummheit, Hemmung, Unaufmerksamkeit, was auch immer. Dort, in Deutschland, aus Zwang zu meiden, nicht wissen zu wollen, nicht zu sprechen oder um Agressivität zu beweisen, Agressivität des Banalen.

508

Die Oper versammelt um sich »the most reactionary people« und das Kino »the stupid ones«. In welche Melange bin ich gekommen. Das Schlimme ist nur, denn dumme und reaktionäre

Menschen gab es schon immer, daß sie heute das Recht bekommen, in dieser Gesellschaft stolz darauf zu sein. So penetrant frech, wie noch nie, bis zu ihrem Untergang. Und das noch in einem Lande lebend, das verflucht ist wohl bis ans Ende unserer Zeiten. Was man auch tut, sie werden immer das Kleinliche, das Miese, Dreckige darin suchen oder es von dort aus sehen. Und wenn es anders geschieht, so wird es Lüge sein. Angst, die fürchterliche Angst, und aus Angst geschieht nichts Gutes.

509

Die dritte Dimension schaffen mit Filmtechnik, was auf der Bühne und live möglich ist und verlorengeht durch die flache Leinwand mechanisierter Bewegungen und Töne, ersetzen durch Geist aus dem Ganzen und Bilder schaffen, die die Musik ergänzen und damit zum erstenmal der Oper geben, was sie zur Oper macht. Eine Solidarität zwischen Bildern und Tönen, nicht dokumentieren, was besser auf der Bühne geschieht (Kapitel: Aura).

510

Nein, nicht die Schauspieler zu den Sängern besetzen, weil sie besser spielen, sondern zu den Schauspielern die Stimmen suchen, wie zum Beispiel zu Edith Clever Yvonne Minton gefunden wurde. Und zu den beiden Parsifal dieser Reiner Goldberg.

511

Natürlich immer wieder die Konfrontation und besonders in Kalifornien mit der Vergangenheit. Wenn die Heutigen in Deutschland ihre Eltern mit Nazizeichen ärgern, heißt das nicht, daß sie Neonazis sind. Aber daß sie diese Eltern damit ärgern können, ist verdächtig. Und nur sie.

512

Das Tragische an der Figur dieser Kundry ist, daß sie es auf sich nehmen muß, erlöst zu werden, obwohl sie doch die Erlöserin ist. Hinter der Maske der Versuchung ist sie es, die liebt und erlöst im Tod. Das Paradox von Liebe und Tragik.

513

Perioden der Entwicklungen für Fassbinder, Kluge, Herzog, Wenders. Es gibt schon Biographien der Werke, Werkgeschichten: welche Entwicklungen, Stillstand, Intensivierung, Rückgriffe, Erkenntnisse, ästhetisch, inhaltlich, politisch, moralisch, ethisch? Fassbinder hat den Vorteil, abgeschlossen zu haben, aber er ist zur Korrektur nicht mehr fähig. Weise? Zufall? Was unterscheidet den Neuen Deutschen Film von der Nouvelle Vague, von den Amerikanern? Ausstattung nicht, Licht nicht, wie im deutschen Filmexpressionismus – Individuelles in welchem Gemeinsamen? Gibt es in der Kunst des Films Alterswerke, ist nicht alles eingeebnet in Jugendkult?

514

Im amerikanischen *Art forum*, höre ich, soll mein Antwort-Brief nun doch gedruckt sein, gegen jenen deutschen Typen, der als Reaktion zum PARSIFAL in Kassel nach der *Documenta* zum McDonald-Stand schritt und verkündete, wie wonnevoll er gegen so etwas seine Plastikmahlzeit verzehrt als Geste der Ablehnung mit seinem frechen »Nein, danke« auf den Lippen. Der modische Gestus von Plastikworten und -wurst als Antwort, und diese möglichst öffentlich, wenn sie es nicht mehr ertragen können, was sie vielleicht berührt oder wozu sie unfähig geworden sind. Sie sind naßforsch wie aus Preußens Simplizissimus, machen Karriere mit der Barbarei der Neuzeit. Nachdem die Befreier dieses Hitlervolks angesichts der Toten von Auschwitz den Kopf schüttelten und zynische Strafe forderten für das

Kulturvolk der Deutschen von Beethoven bis Richard Wagner, dies gehorsam aufnehmend, reihten die Befreiten sich gerne ein in den allgemeinen internationalen nachhitlerischen ›Barbarismus, der ja wohl eigentlich zu Auschwitz gehört von Anfang bis an alle Enden.

515

Christa Wolf, *Kassandra,* ein schönes, sensibles und kluges Buch. Aber auch hier Gründe für den Krieg genannt als Kampf um Schönheit, Ehre und eigentlich um nichts. Auch hier der Wahnsinn ihrer Vision immer erklärt als irgendwelche kleinen Defekte, was am Ende zu der Verachtung von Visionen, Schönheit und Ehre führt. Nun stelle man sich die Welt vor ohne diese, und wir haben unsere Kleinbürger-Langeweile überall an der Macht. Und gerade von denen, die ihre Bücher nicht mehr drucken. Sie sollte aus Kennerschaft sich vorsehen, sie hat wohl recht, aber Vorsicht, die anderen benutzen gerade diese Argumente für ihre Tricks, uns zu vernichten, so ganz ohne Schönheit, und das heißt ohne Freiheit.

516

Und das ist die Geschichte. Wenn wir sie aufgeben, die Ehre und die Schönheit, und unsere Phantasien, Visionen denen überlassen, die sie sich unrechtmäßig angeeignet haben für ihre Kriege, dann haben sie endlich freie Hand für ihre Renovierung der Welt. Die alten Türen werden herausgebrochen, durch glatte Pseudomaterialien ersetzt, Fenster werden bequem sein, ohne Luft durchzulassen, und Fußböden wie Wände atmen nicht mehr, sondern machen uns schwitzen vor Angst vor dem, was noch kommen wird. Und alle Tische und Stühle werden sein aus Ersatz. Wir haben es ihnen leicht gemacht zu siegen. Who did win the war? Wir wissen es alle, und schweigend partizipieren wir an unserem Untergang mit frecher Rechtmäßigkeit. Sie tauschten alles aus, die Luft, das Wasser, die Erde und das Feuer.

517

Und immer wieder die Frage, ob es nun anders sei in Deutschland. Das Syberberg-Syndrom, Stand April 83, Los Angeles. Wenn ich es zusammenfasse: Keiner kommt in Verdacht, der Syberberg ausläßt, im Gegenteil, wer Syberberg schlägt, schlägt Hitler und macht Karriere. Nicht alle sind im Falle PARSIFAL dagegen, aber aus vielerlei persönlichen Gründen und Vorteilen können sie sich erlauben, so damit umzugehen, daß er entgegen üblichen Regeln einfach unbeachtet bleiben darf, ausgelacht, oder falsch und benachteiligt plaziert wird, oder mit oft pluralistischem Alibicharakter, lustlos, gerade nur erwähnt. Denn Syberberg hat keinen Wert in Deutschland, offiziell, weder moralisch noch ästhetisch. Ist vogelfrei. Was öffentlich wird, ist real. Insgeheim aber, wenn Zeit und Nachdenken es erlauben, gibt es doch Zusicherungen von Interesse und insbesondere jenseits des Establishments und von seiten der nicht Mächtigen der Medien. Verglichen mit anderen Ländern, sind Abhandlungen zu Richard Wagner und Syberberg in der Werkgeschichte wie von Appia, Wieland Wagner, Chéreau, Bergman in Deutschland also bis heute nicht möglich. Geistig ein totes Land in Sachen Richard Wagners neuester Wirkungsgeschichte. Alles andere ist nur leeres Geschwätz oder historische Repetition, noch einmal umgewälzt. Noch immer in Deutschland keine Filmkritik zum PARSIFAL-Film, kein Filmtip in einer der großen Zeitungen. Soll ich es bedauern? Für den Film sicher Peinliches vermieden. Für Deutschland? Nein, das ist nicht mehr blindwütige Aggression oder Boykott, alles hat sich reguliert zwischen Reaktion wie »Schon wieder der« und etwas neugierig schlechtem Gewissen, abgedrängt in die pluralistische Ecke, geeignet für jedermann. Gleichgültigkeit siegte.

518

Academy of Motion Picture, dort, wo der Oscar verliehen wird. Ein Platz für Vorführung mit bester technischer Installation, ein

Archiv, Räume zum Treffen, Organisation der amerikanischen Filmwirtschaft. In England das National Film Institute mit eigener Produktion und Vorführräumen und wissenschaftlichen Vorträgen. In Frankreich das CNC, also das Centre National du Cinéma, von Deutschland im Kriege übrigens gegründet, – die *DEFA* in Ost-Berlin und in Italien das Istituto Luce, als Studio und Laboratorium zumindest. Wäre es nicht denkbar, daß nach ähnlichen Vorbildern auch in Deutschland die verschiedenen Filmförderungsträger sich zusammenschlössen, pluralistische Interessen und Souveränitäten einmal positiv nähmen, Kulturdinge und die der Wirtschaft und Technik und Wissenschaft und des Archivs in einer gemeinsamen Institution, der amerikanischen Academy auf demokratische Weise ähnlich, koordinierten, mit eigenen Schulen und zumindest Ausstrahlungen auf diese? Die Filme sind nun da, zumindest in ungewöhnlich wilder Produktivität, aber es besteht die Gefahr, daß alles wieder zerrinnt, weil nicht zusammengefaßt, nicht beobachtet, nicht nach jeweils neuestem Stand geordnet und nicht nutzbringend zugänglich gemacht wird.

519

Man kann nicht wertvollen Wein dort verkaufen, wo die Leute es sonst gewohnt sind, Coca-Cola und Hamburger am McDonald-Stand zu kriegen. Das Problem ist, wie kann man Individualisten, die eher die Einsamkeit suchen, zusammenbringen, versammeln an einem Ort, um dort etwas gemeinsam anzuschauen. Die Oper ist dieser Ort sicher nicht und das Kino schon gar nicht mehr, und doch haben sie alle die große Sehnsucht, zusammenzukommen – und gerade die Individualisten. Und das gilt es zu wissen und zu wecken, zumindest als Freude an guter Erinnerung.

520

Mit Lachen verkündete der Reklame gewohnte News-Sprecher der NBC den Untergang der Welt in den nächsten zehn Minuten. Zwischen Vanderbiltcraine und neuesten Versöhnungsdetails zwischen Ost und West.

521

Hotel Ambassador, Los Angeles. Da wo das Coconut's Grove noch heute steht. Eine Stelle, wo Joan Crawford und all die anderen ihre großen Auftritte hatten, in den Filmen und privat. Der Frühstückskellner erkennt mich erfreut, alle Filme gesehen, was ich lese? Christa Wolf, *Kassandra,* er hat gerade *Kein Ort. Nirgends* gelesen und was Susan Sontag darüber in der *New York Review of Books* geschrieben. Ich gebe ihm eine Karte für den PARSIFAL am Abend in der Academy. Er kommt aus Italien, aus Florenz, seit vier Jahren hier, vorher in London, wo er den HITLER gesehen hat und seinen Autor bei einer Diskussion im NFT (National Film Theatre). Lauernd frage ich, was er denn studiere, und bin eigentlich beschämt, als da nichts kommt. Nein, er sei einfach Kellner, und das wäre sein Job. Amerika. Einfach ein Frühstücksober im Hotel Ambassador in Hollywood. Am Schluß war ich eingeladen, als sein Gast, zu einem großen Frühstück mit frischen Erdbeeren und Omelette mit Pilzen, der Spezialität des Hauses.

522

Am Abend nach dem PARSIFAL, eine der Angestellten der Filmex, dieses Filmfestivals in Los Angeles, sie hatte keine Zeit vor dem dritten Akt zu kommen, jetzt ihre freudige Aufregung, woher denn dieser Parsifal käme, dieser schöne Knabe. Aber im dritten Akt, ich zögere und ahne und freue mich über die Täuschung, im dritten Akt ist der Parsifal ein Mädchen, im Männerhabitus. Dies plus Stimme des ausgewachsenen Reiner

Goldberg in offensichtlich gelungener Symbiose ist eine Kombination, wie sie die Realität nicht kennt. Was für eine Erfahrung für den naiven Zuschauer. Woher ich den habe? Aus der Phantasie einer Shakespeare-Komödie vielleicht, wo Männer als Frauen auftreten und umgekehrt, wo die Welt, Dimensionen unseres Alltags korrigiert werden durch den Traum der Bühne, wie diese Welt sie sonst nur dort garantiert. Und wenn dann noch Musik dazu kommt, diese Musik, sind wir von der Schwere unseres Alltags für eine kurze Weile erlöst, wie es nur mehr wenige ertragen dürften.

523

Zurück aus San Francisco und Los Angeles. Erinnerungen an ein Gespräch mit Fassbinder-Freund D. Sch. über F. Welch tragische Figur. Der einzige, der ihm vielleicht gerecht wurde, ist der, der es laut sagt. Diese tierische Angst vor Einsamkeit, nicht geliebt zu werden, als häßlich erkannt zu werden und für zu dumm gehalten zu werden, der große Mutterkomplex und dessen Schuldabtragung. Und der große Aufwand des Pakts mit den falschen Freunden, die er knechtet und dafür berühmt machen darf. Immer wieder das beste Spiegelbild dieser Zeit, aber um welchen Preis. »Listlessly I switch off, Hans Jürgen«, und er starb. Dann mein Kuß auf den auf der Erde liegenden Fassbinder mit der bärtigen Ludwig-Maske. Er wußte, warum er sich diesen aussuchte als Gegner. Er hat schon immer gut besetzt, selbst in den Träumen. Das Wort »listless« hatte ich garantiert noch nie gehört. Im Wörterbuch fand ich »altmodische Version für lustlos«.

524

Noch ein Nachtrag zu Los Angeles. Beverly Hills Hotel-Bungalows. Bianca Jagger lädt ein, anläßlich eines Films aus Nicaragua. Draußen die Rolls Royce der Journalisten, und zwischen den beiden Pausen des ersten und dritten Akts von

PARSIFAL schnell die Fahrt in den Dschungel dieser exotischen Welt. Einige Freunde vor dem Ölkamin mit der Holzattrappe. Ich warte zehn Minuten, zwanzig Minuten, nach dreißig muß ich gehen und habe sie nie gesehen. Sie kam aus dem Schlafzimmer nicht heraus. Bianca Jagger, die Medienheilige der Armen, aller Revolutionäre der Dritten Welt, gab sich die Ehre.

Wir leben in einem großen Dorf. Etwa so viele Menschen wie die Einwohner New Yorks täglich in die Luft geschossen, rasen mit unseren Düsenmaschinen von Ort zu Ort, von Kontinent zu Kontinent, zu verschiedenen Freunden und Geschäften wie früher zum Markt des nächsten Dorfes, während sie zuhause von den Nachbarn nicht vermißt werden, wenn sie einmal tot umfallen. Eine Errungenschaft der letzten 30 oder 50 Jahre und wie selbstverständlich schon, und sie fahren in heutigen Freizeithüten, Kind und Baby wie zum Sonntagsausflug ins Grüne des nächsten Biergartens, und man sehe die Gesichter und vergleiche die der Arbeiter und Bauern vor 100 Jahren, wie aufgeschwemmte Wasserköpfe als Karikaturen zu den täglichen Reklamebildern.

Noch im Flugzeug zwischen Los Angeles und San Francisco, *L'Express* aus Paris mit der Überschrift: »Richard Wagner ist nicht schuldig.« Und im *Spiegel* der gleichen Woche: »Richard Wagner als J. R. des 19. Jahrhunderts.« Und das mit einem falschen Schlußzitat zu Richard Wagners Bayreuth aus dem HITLER-Film. Natürlich ohne Kennzeichnung als Zitat oder etwa der Möglichkeit, was daraus und damit zu machen ist und uns aufgegeben. Kritik, Journalismus in Deutschland und Frankreich. Der kritische Bayreuth-Text in *L'Express* zum hundertsten Todestag von Richard Wagner kommt aus Deutschland. Vom Autor des HITLER- und PARSIFAL-Films. Und abends im Fernsehen die Nachricht, daß die giftigen Dioxine auch in allen Kelleranlagen unserer Hochhäuser sind, in Bonn mehrere Hundert; weniger als 1 Gramm ist tödlich. Ein neues Material. In New York, nach einem Brand in einem Hochhaus wurde einfach zugemauert; ein ganzes Haus kann nie mehr betreten werden. Der Giftzahn in der Stadt. Wir leben auf

Zeitbomben. Jeder in seinem Haus. Zeitbomben unseres Fortschritts.

525

Wer Richard Wagner hat, hat Deutschland. Deutschland ist da, wo Himmel und Hölle zusammenfallen. Wo nur derjenige besteht, der im großen Kampf gegen kunstfeindlichste Mittelmäßigkeit seinen Widerstand stilisiert zur Totalität eines eigenen Systems, rettend, Macht schaffend, der Raum zu überleben schafft, ob in den Zeiten der Monarchien, des Kapitalismus des 19. Jahrhunderts, oder der mediokren Republiken unserer Tage.

Und Deutschland heißt Richard Wagner im Jahre 1982, einen Sommer lang im Jahre des hundertjährigen *PARSIFAL* zu diskutieren, ob Richard Wagner ihre Auschwitz-Schuld anzulasten sei und das von den wichtigsten Musikwissenschaftlern und Wagnerkennern, indem sie dem Schwindel eines akademischen Scharlatans aufsaßen und die Richard Wagner vorgeworfene Vernichtungspauke nach der Taufe Kundrys – der ewigen Jüdin, wie Wagner sagte – abnahmen, ohne zu bemerken, daß diese Pauke weder in der Partitur noch in der Musik vorkommt. Zwölf Wochen lang. Und Deutschland ist das Land, in dem man einen Film namens PARSIFAL in diese Nachfolge eines Richard Wagners, soeben mit Auschwitz belastet, bringen kann, ohne ihn vorher gesehen zu haben.

Und Deutschland ist da, wo über eine Musik von Richard Wagner und einen Film mit dem Titel HITLER gesagt werden kann und muß, sie seien »mit Blut geschrieben und Blut zieht den Teufel an, wenn es nicht Herzblut ist«. Und es ist das Land, wo sofort und gerne dies mißverstanden wird als freudige Aufforderung, in den Gral zu spucken, und der ist der Mensch.

Und Deutschland ist, wo sofort die alte Spießerfrage des popig heruntergekommenen Bürgertums immer noch lebendig ist, ob, wer Geld nimmt für die Kunst, und wer klein ist, sich in Seide und Parfüm kleidet und umhüllt und für den sich Ludwig II. bis Wilhelm II. und Hitler interessieren, ob der überhaupt imstande ist, Kunst gemacht zu haben, und ob es erlaubt ist, so einen Künstler zu nennen. Und das, um sich aller Forderungen der Kunst zu entziehen, Bayreuth zu schließen und ein Auschwitz-Museum daraus zu machen.

Und es entspricht, so muß gefürchtet werden, durchaus ihrem Ruf, ist dem statistischen Charakter des Computer-Zeitalters gemäß, von barbarischer Herkunft zu nennen.

526

Richard Wagner ist in Deutschland bis heute – und »heute« heißt, in Bayreuth nach Wieland Wagner und Chéreau – immer noch Anlaß für Kunstfeindlichkeit und Mißverständnis, in jedem Fall ein Testfall für die Qualität des Urteilenden, oft für viele ohne Kenntnisse und Kompetenz ein Tabu, Synonym für Hitlers Verehrung und gleichgesetzt mit rauschhaftem Mythos der unreflektierten Sinne und ungeistiger Rezeption und gerade in der sich aufklärerisch und rational nennenden Nach-Hitler-Generation gerne Anlaß für eilfertige Bekenntnisse solcher Art für eine intellektuelle Mode-Karriere und belohnt mit lautem Schulterschlag der eingeschüchterten Medienkonsumenten. Das alles ist sehr seltsam, denn in der oberen Etage des intellektuellen Lebens in Deutschland ist Richard Wagner nach 1945 wie noch nie zum geistigen Musiker überhaupt geworden durch Adorno, Bloch und Hans Mayer, nach vielfältigen Prüfungen und Überlegungen, eben jener zurückgekehrten Emigranten vor Hitler. Und trotzdem wurde Bayreuth zum Symbol des Neubeginns auch des Establishments, sowohl der Wirtschaft und Politik, wenn auch zögernd, und der Intellektuellen durch den akzeptierten Wieland Wagner und später Wolfgang Wagner mit Boulez bis Chéreau, wobei zu fragen ist, ob nicht Chéreau eher eine Erbschaft Wielands ist über Boulez, den noch Wieland nach Bayreuth holte.

So ist Richard Wagner überhaupt die Schlüsselfigur, gerade durch seine Abgründe in Werk und Person und Hitlers Verehrung, die eher eine persönliche war als die seiner Parteigenossen, indem man sagen kann, daß alles, was an Hitlers Reich Hitlers war, im besonderen durch Richard Wagner abgedeckt wurde. Und es ist gerade diese Verflechtung mit der deutschen Geschichte, eines persönlichen Hingezogenseins dieses heute verfluchten Mannes, durch die wir dem Grunde unserer Seele uns zu nähern gezwungen sind, und zwar, uns an Richard Wagner messend, ihn zurückzugewinnen, denn Hitler überwindet man nicht mit Statistiken und Mozart, sondern mit Richard Wagner selbst. Die Wunde heilt nur die Waffe, die sie schlug (PARSIFAL-Ende). So ist Richard Wagner ein Glücksfall dieser Kulturgeschichte, politisch, moralisch, ästhetisch und gesellschaftlich, wo sich Schuld und ihre leidenschaftliche Überwindung treffen können und müssen. Bert Brecht schrieb noch in sein Tagebuch während des Krieges vom »alten Mythenschmied«, und es war hier, wo angesetzt werden mußte. Und es war klar, daß trotz aller großen Analysen der Emigrantengeneration – denn Hitler war nicht Anhänger der Schriften Richard Wagners, sondern seiner Musik gewesen –, erst die interpretierende Tat diesen Handwerker der Musik hinüberführen konnte aus einer Rettung des Fluchs jener Vergangenheit in eine neue, geistvolle Heiterkeit, wie sie auch diesem großen Tragiker letzten Endes zukommt.

Nur zu schnell war klar, daß Wieland nicht imstande sein konnte, in seiner Mischung aus historisch bedingtem Zeitstil der Abstraktion von Nierentisch bis 50er Jahre, und Albert Speer, wegen seiner engen persönlichen Nähe zu Hitler, diese notwendige Tat zu leisten. Sein ästhetischer Schritt war wichtig, aber ohne die große moralische Überzeugungskraft und Tiefe, die außer äußeren Ballast abzuwerfen, innere Befreiung garantieren konnte. Die Kombination Boulez-Chéreau war der nächste und entscheidende Schritt zur geistig-theatralischen Internationalisierung des Wagnerschen Theaters. Noch nie war plötzlich Richard Wagner so selbstverständlich ein Gegenstand international geistigen Lebens geworden, auch außerhalb der Opernbühne, wie nach Wieland durch Chéreau-Boulez.

Aber letztlich konnte Richard Wagner nur aus Deutschland erlöst werden und von einem, der den Hitler hinter sich hatte, aus der Nach-Hitler-Generation, und erstaunlicherweise ist es nun der Film, der Dinge möglich macht, die Richard Wagner in einen auch ästhetisch neuen Zusammenhang bringen.

527

Dieser PARSIFAL konnte nun zwar zur Hundertjahrfeier auf Film entstehen mit Hilfe des Auslandes und einer Musikaufnahme aus Frankreich, gegen Bayreuth konkurrierend, sowie auf seine besondere Weise deutsch, aus dem Mittelmeerraum kommend und so auch aus dem der europäischen Tradition dieses Mittelalters, aber in Deutschland eben undiskutiert, unverglichen mit dem Bühnengeschehen im Festspielhaus, mit Bayreuth. Aber das heißt, daß Richard Wagner ausgewandert ist und Bayreuth enterbt, und dann heißt das, daß es möglich ist, daß diese Leichen auf dem Weg zum Gral dieses Films, die Leichen des Holocausts, undiskutiert sind wie die wehende Fahne Hitlers unter denen der Jahrhunderte unserer Geschichte, neben Napoleon und dem amerikanischen Bürgerkrieg und der Französischen Revolution. Sie sind undiskutiert und ungesehen in jener ungeistigen Ignoranz unserer Intellektuellen, wie jene hier zur Synagoge gewordene Stimme, die am Ende des ersten Aktes das berühmte »Mitleid« ruft, die Synagoge unserer mittelalterlichen Kathedralen mit dem gebrochenen Speer als Zeichen der untergehenden Gralsgesellschaft nicht mehr möglicher utopischer Männergesellschaften, und ungesehen wie undiskutiert am Ende die Vereinigung doch einmal dieser Synagoge mit der ihr zugeordneten allegorischen Figur des Glaubens, vereint am Ende dieses PARSIFAL mit Kreuz und gebrochenem Speer, was das Ende der Welt anzeigt. Undiskutiert und ungesehen in der Ignoranz dieses Volkes, aus dem dies kam, und angeboten in ihm auch, Richard Wagner zu entschuldigen von seinem Hitler-Fluch.

Das alles findet statt in Deutschland wie in Dissidenten-Veranstaltungen, und es ist wohl auch gut so, es entspricht der allgemeinen Situation. Und wenn Richard Wagner etwas mit

Hitler zu tun hatte, dann wäre er mit diesem PARSIFAL entsühnt, ohne Bayreuth und sein Establishment. Ein PARSIFAL wie Ahasver über die Bühnen der geistigen Welt der anderen Länder wandernd, in neuer Strenge und Heiterkeit, und das ist das Paradox und Wunder: eben als Frucht dieses Deutschland von heute, ein Parsifal in einer neuen heroischen Leidenschaft alter Traditionen, der Öffnung der Sinne als Erhöhung des Verstandes, einer Ekstase der Seele beim Anschauen der Schönheit, den Mythos des 20. Jahrhunderts suchend und findend, die Seele des Menschen, ergänzt und fortgeführt durch jene Musik des 20. Jahrhunderts, die der Film verspricht, denn als Richard Wagner starb, wurde der Film gerade geboren. Richard Wagner wußte, warum er Deutlichkeit als erstes Gebot verlangte, denn nur sie garantierte die Vermeidung ungeistiger Rauschklänge und erlaubte jene Leidenschaft aus dem Geiste der Musik, die ihn allein rechtfertigt, und das ist in höchstem Maße erlaubt und erreicht wohl in der Konzeption und Technik dieses Films. Diese Verweigerung aber, indem man diesen Richard Wagner weiter zum Tabu der Diskussion macht und gerade noch zum Alibi des neuen, ideologisch brav gewordenen Establishments, macht nicht nur Deutschland sondern auch Bayreuth zur ungeistigen Provinz der Routine-Reaktion, ohne intellektuelle Neugier und Analyse. So verkamen die Debatten über den Antisemitismus Richard Wagners zu Alibi-Veranstaltungen, wie Ablaßzeremonien der Gesellschaftskritik eines vergangenen Fortschrittsirrtums und alter Rechenschaftsgebärden der Ignoranz.

Noch immer gilt in unserer tief im 19. Jahrhundert verstrickten und gegründeten Zeit hundert Jahre danach: Wer Richard Wagner hat, hat Deutschland. Es fragt sich nur welches. Es ist ein Kampf derjenigen, die Wagner benutzen – wie er Deutschland gebrauchte –, um sich dieser Welt zu nähern, Wagner in ihren Köpfen und Herzen anzusiedeln und um an ihm das Deutschlandbild zu entwickeln, das ihnen gemäße, meistens auf Kosten sowohl Richard Wagners wie dieses Deutschlands selbst, und es ist ein Kampf gegen diejenigen, die diesen Richard

Wagner fortführen, damit er unser wird durch ihn hindurch und ihn selbst endlich erfüllend.

Statistisch ist das alles einfach: In die romantische Tradition der Napoleon-Zeit und Napoleon-Gegnerschaft geboren, übernahm er als Kindheitsutopie die Suche nach der deutschen Identität in ihrer früheren Geschichte, und die fanden die Romantiker oft bis in seine Zeit hinein in den deutschen Märchen und Legenden und Mythen eben dieser Vergangenheit und auch in der neu gewonnenen Tradition großer klassischer Kultur. Es war für ihn nicht nur Mode oder politische Position der Selbstgewinnung, sondern eben im späteren Leben auch gleichgesetzt mit Kindheitserinnerung, Heimat in den Zeiten und der Welt und der neue Platz, den er sich selber schuf in unruhiger Zeit, wenigstens in seiner Kunst.

Diese Sehnsucht traf sich mit derjenigen Ludwigs, auf dessen Unterstützung Wagner nun seine eigene Welt gründen konnte. Auf den Wänden der Kindheitsschlösser Ludwigs in den bayerischen Bergen lebten Gralskönige und heilige Schwäne und ideale Frauen. Diese individuelle Sehnsucht nach einem Platz in der Welt fand ihre Entsprechung in der historischen Entwicklung der deutschen Reichsgründung, durch die Deutschland mit anderen europäischen Nationen gleicherweise sich einigte und breit machte, nach alten und allgemeinen Ideen auch der deutschen Philosophie, und den industriellen Massenstaat verwirklichte.

Und schon begann Wagners Haß eigentlich gegen alles, was gegen ihn und die Geburt seines Werkes war und konkurrierte. Und so war er gegen den Besitzstand des geistigen wie realen Lebens, gegen die Juden, gegen Frankreich, gegen Ludwig sogar und Deutschland auch. Wer heute antisemitische Äußerungen Richard Wagners sammelt, könnte sicher in gleicher Anzahl antideutsche finden, doch wer je hat es versucht, da er sofort in Besitz genommen wurde von den Deutsch-Nationalen, von Anfang an, und die gerade auf diese Zitate wenig Wert legten. Das Erstaunliche ist nur, wie er zum Symbol des Establishments werden konnte, des Geldes, der Nationalisten und Bayreuths, in ihrem Mekka. Er wurde zur Kultfigur aller Mächtigen, R.W., der es verstand, wie sie dachten, Macht zu demonstrieren, die er doch nur gebrauchte, um seine Kunstkinder aufzubringen und ihnen Leben zu garantieren, wenn auch oft in ungutem Pakt. Er ist okkupiert worden bis heute, sogar von der Kritik.

*

So fand auch Hitler hier vor, was er suchte, den Antisemitismus seines von ihm so verstandenen europäischen Erbes aus dem industriellen Massenstaat. Es war ihm, der Politik als Kunstersatz benutzte, möglich, in Richard Wagner den künstlerischen Erzphilosophen seines Systems zu kreieren. Und wie Wagner setzte dieser Schüler auf jene kunstimperialistischen Hoffnungen, und koste es den tragischen Untergang, noch in der Zerstörung der Welt, dieser realen, sich zu verwirklichen. Immer mehr im Widerstand zu einem fixierten Feind eines deutschen paradoxen Wahnsinns, den wir dann gewohnt sind, als Hang zur Irrealität zu bezeichnen mit jener Raserei nach Totalität und Absolutheit des Terrors von Verrückten in aller Reinheit und Brutalität zugleich. Die Berührungsangst vieler Deutscher von heute, wenn sie nicht herrührt aus der Ignoranz geistiger Fettleibigkeit, ist die zu großer Nähe...

So versuchte man nach 1945, Richard Wagner zu retten, indem man in ihm auch jene Teile entdeckte, die ihn als Revolutionär der Straßenkämpfe aus der Mitte des 19. Jahrhunderts ausweisen, einen bis dahin verfluchten Richard Wagner, und man hat geglaubt, ihn so neu gründen und begründen zu können. Aber immer noch und gerne wird Richard Wagner als Alibi der Abwehr benutzt, als Fixpunkt jener Identität, die Richard Wagner ausweist als Nationalisten und deutschen »Mythenschmied« (Bert Brecht), und das oft benutzt als Maßstab der eigenen Unbeflecktheit, die der Karrierist zur Karriere ausweisen muß. Und man kann wohl sagen, je heftiger die Abwehr gegen Richard Wagner, um so verdächtiger die geistigen und seelischen Hinter- und Untergründe des Urteilenden.

Das heutige Interesse an Richard Wagner kann sein, daß er hilft, eine im eigenen Land ungeliebte und nötige Identität wiederzufinden.

*

Wer aber auf deutsche Geschichte und Kultur und eigene Herkunft und Selbstbestimmung aus den letzten Jahrhunderten bis in die Gegenwart sich gründet, der war und mußte in die Konflikte dieser Tabus geraten, der Verweigerungen als nationale Hysterie des intellektuellen Lebens, sofern er die Traditionen der eigenen Geschichte als Tugenden der Produktion von Kunstphantasien heranzog. Und es ist gerade hier, wo eines Menschen Kunstprodukt sich vermischt mit der Situation und Vergangenheit eines Landes und der zum Mythos gewordenen Personengeschichte in unvergleichlich repräsentativer Anschauung und wo Lösungen gesucht und gefunden werden können. So konnte es geschehen, daß für ihn und uns, für seine und unsere Nachbarn die Geschichte seiner Rezeption oft wichtiger wurde als das Werk selbst. Das ehrlich und ernsthaft zu scheiden, wird immer die erste Aufgabe sein, sich diesem geistigen Koloß eines zunächst einmal gar nicht so großen Menschen zu nähern, um dann aber um so mehr überrascht zu werden von einem ziemlichen Wunder an Sensibilität und detailstrenger Größe, die in der Konsequenz seiner aus den Leiden gewonnenen Taten zu finden ist.

528

Wenn der Film, der PARSIFAL von Richard Wagner heißt, nun in Israel gezeigt werden kann, ist damit nicht nur für Deutschland und Israel und die europäische Kultur überhaupt etwas geschehen. Durch die Verweigerung Bayreuths, befreit von einem Ballast der Schuld, wird vieles einfacher und möglich und dem Film wird eine Möglichkeit zugewiesen, die Theater und Konzert bisher nicht schafften. Der Film als Medium bekommt damit eine Funktion in der Öffentlichkeit, die Emporkömmlingen leichter und immer wieder möglich ist in der Geschichte, das zu tun, zu dem Kunst letztlich werden muß, nämlich nicht nur in die Politik einzugreifen, sondern sie zu erfüllen. Und Politik heißt hier öffentliches Leben in repräsentativer Form, zutiefst das betreffend, was die Völker bewegt.

529

Da durch die Verweigerung Bayreuths sich der hundertjährige *PARSIFAL* in den Kopf Richard Wagners zurückbegeben hat, ist er frei nun, geistig und mit Hilfe unserer Technik weltweit imstande, seine Freunde aufzusuchen, wo immer sie Wert auf seine Fortsetzung legen.

530

Der Hestia-Verlag weigert sich, den Richard-Wagner-Text abzudrucken. Es ist der in *L'Express* zuletzt erschienene, mit der irreführenden Überschrift »Richard Wagner ist nicht schuld«. Eine Verteidigung der Kunst und ein Angriff auf die Verwalter von Bayreuth. Richard-Wagner-Frage für Schüler: Wer wird wohl dagegen sein? Der Hestia-Verlag hat seinen Sitz in Bayreuth.

531

Die gebrochene Generation, wie aus den Gefühlen, der Macht der Gefühle, der verdrängten Macht, die Austauschbarkeit der Motivierungen werden konnte, von Stalingrad aus dem Mythos von Kaiser Rotbarts Ostlandzug zu den auswechselbaren Motivierungen des Wiederaufbaus und in Wahrheit zur wirklichen Zerstörung mit gutem Gewissen. K. errichtete ein System dieser Welt mit eigener Ästhetik im sozial-liberalen Establishment, das ihm nicht nur selbst zur Falle der Ablehnung wurde, sondern als Maske des besseren Wissens diente, so lange es gut ging. F.

versagte in der Zerreißprobe zwischen falschen Geschäften mit dieser etablierten Welt und intuitivem Unterbewußtsein vom Eigentlichen. A., der Tycoon der Medien, verkümmert in der Einsamkeit des Verkaufs seines eigentlichen Wissens und der Ahnung davon, der einsamste Mann dieses Landes.

532

Nach dem Gespräch mit P. wird klar, warum der BR keine Stereo-Kopie zu PARSIFAL im Fernsehen sendet. Bayreuth will es nicht. Ich glaubte kaum, richtig zu hören. Aber die Rundfunkabteilung erklärte, ein *Parsifal,* der aus Bayreuth komme, sei genug. Man könne ja sonst vergleichen.

533

Und dann ist es passiert. Bundesfilmpreis für weibliche Hauptrolle. Darstellerin der Sophie Scholl, gleich zweimal, in zwei Filmen, und irgendeine andere, Nastassja Kinski, im Jahr, als Edith Clever die Kundry spielte. Der größte deutsche Darstellerpreis: Die deutschen Filmfritzen zeigen, was sie gut finden. Deutschlands Antwort auf »die größte lebende Schauspielerin«, wie sie in Amerika, in London, Italien, Paris nun genannt wird. Und dann die Filme dieses Jahres. HEARTBREAKERS mit den meisten Stimmen. Zweimal Sophie Scholl und Wenders als Kultur-Alibi, so die erste Meldung aus dem Ausschuß. Als erste Reaktion schlage ich eine Projektion vor in Cannes oder anderswo zum Gelächter des internationalen Publikums und die dafür Verantwortlichen vor der Presse. Erste Meldungen aus dem Klatsch rundherum während der Ausschüsse zu PARSIFAL und seinem Autor, er solle doch da hingehen, wo man ihn will, am Publikum vorbei, kein Film. Die Saat der mangelnden Kritik in Deutschland ist aufgegangen, sie können machen, was sie wollen, von Kaiser Wilhelm über Hitler bis Ulbricht. Der Kluge-Film wurde abgebrochen, gar nicht zu Ende angeschaut. Der PARSIFAL ist nur mit Tricks über den zweiten Akt hinweg bis zu Ende durchgekommen. Fassbinders letzter Film QUERELLE und von Trottas Film nicht vorgeführt. Trotta im letzten Jahr goldener Höchstpreis. Als ob der Broadway entscheidet, ob Beckett noch ein Stück machen darf oder Joyce noch einen Roman hätte schreiben dürfen. Die Erben der Thomas-Mann-Verfolger verkriechen sich hinter wohlfeilen Wiedergutmachungsidyllen und -pathos.

Als der PARSIFAL vorgeschlagen wurde, zum Regiepreis ohne Geld wenigstens, großes Gelächter. Erinnerungen an die Fragen zuletzt in San Francisco und Los Angeles in der Academy, dort wo die Oscars gewählt werden, im Zentrum der Filmindustrie der Welt, nach dem fast größten Beifall für diesen PARSIFAL gerade dort, was sich denn und ob sich denn was geändert habe in Deutschland. Erinnerungen an die fast beängstigende, traurige und furchtsame Antwort und mein Verweisen auf das nun in den nächsten Tagen zu erwartende Ergebnis aus den Bonner Ausschüssen.

Deutschland ist ein totes Land, verflucht, sie können machen, was sie wollen. Volksnah, publikumsnah, sozialer Realismus. Nun also das drittemal nein nach HITLER und vor PARSIFAL und einem Richard-Wagner-Projekt, eigentlich das viertemal. Zum PARSIFAL half noch Gaumont, war es nur Zufall? »Fachleute« des öffentlichen Lebens haben gesprochen, »unbefangen« und von allen Schichten des Volkes nach der Statistik der Bundesinnenministeriumslobby.

534

Nun an die Mitarbeiter des PARSIFAL-Films. Ich schäme mich für Euch: An Werner Achmann, den Erbauer des Richard-Wagner-Kopfes in Zusammenarbeit mit Vincent Rotter, dem Bildhauer. Was für Arbeit und handwerkliche Sorgfalt. Und für die treuen Hans Stummer und Barbara Buchwald, für die Verachtung Eurer Puppen-Kunstwerke, die von aller Welt bewundert werden. Aus Deutschland. Und für Igor Luther mit seiner unspekulativen Kamera und das ganze Team bis zum letzten sensiblen Dolly-

Fahrer. Und ich schäme mich für alle Mitarbeiter der Bavaria, von den Richard-Wagner-Kopf-Erbauern bis zu den Studiohandwerkern. Jeder Arbeiter, was sich so leicht sagt, Arbeiter, ein Mitarbeiter in dieser Werkstatt. Und ich schäme mich für die beiden Parsifals und ihre Sorgfalt und Einfühlung, nicht mehr zu tun, als was verlangt war in ihrer unvergleichlichen Konzentration und Liebe zu diesem ihnen ungewohnten Alltag, wie für Armin Jordan und alle Sänger, die sich zurückstellten hinter das Werk und etwas fertigbrachten, was es bisher nicht gab auf Film und in der Kombination mit dem Bild, die eine Musikaufnahme geschaffen haben, die diente auf höchstem vergleichbaren Niveau. Und man denke an Bruce Cohen, der es fertigbrachte, eine Synchronität und Verständlichkeit von Laien und Schauspielern und Sängern herzustellen, wofür ein Spezial-Oscar fällig wäre in anderen Ländern. Ihr alle habt etwas geschaffen in einem Team, fast anstrengungslos in kürzester Zeit mit fast unfaßbarem Budget, was bisher ohnegleichen ist und nicht nur im dümmlichen Mittelmaß stumpfsinniger Filmidioten in Deutschland und ihrer öffentlich geförderten Artreinheit. Es ist der marktgerechte, sozial-liberale Realismus in Kombination mit der finstersten Reaktion unserer Demokratie.

535

Und wie immer, in alle diese Verfolgungen mischt sich beides, Ideologisches und Privates. Um so schlimmer, je mehr man den privaten Rachegelüsten Chancen gibt, wirksam zu werden. »Was wollen Sie erwarten, ein Volk das zur Ausrottung tendiert.« Die anderen kämpfen auch, hassen, sind eitel, aber sie lassen leben.

536

Wenn nicht nur immer alles gleich zur Mode würde. Holocaust, Aerobic, Hulahoop, Jogging, Frieden, Frauenbewegung. Sofort die Kategorien des Marktes, Inflation plus Medien.

537

Jetzt haben sie nach vierzig Jahren angeblich Hitler-Tagebücher gefunden. Sechzig Bände und vorher unbekannt, allen, selbst den nächsten Leuten. Dabei kommt heraus, daß es ein Stundenbuch gibt, mit stündlichen Eintragungen über den Tagesablauf zumindest der letzten 12 Jahre seines Amtes. Was für eine Geschichte. Da sitzt einer und schreibt sechzig Bände vierzig Jahre lang, umgeben von Leuten, die ihm Papier bringen und Tinte, die allen Prüfungen der Computer standhalten werden, und, abgesichert durch genaue Recherchen, schreibt er, Tag für Tag, diese zwölf Jahre nach. Wer kann es gewesen sein? Das wäre die Geschichte eines Journalisten. In der DDR, so kommt raus, in Potsdam, sitzen schon lange Leute und fälschen Hitlers Streiche für den Devisenmarkt. Der Text im *Stern* aber klingt so, wie ich die Argumente der Alt-Nazis kenne, Hitler nichts gewußt, wartet auf Lösung der Wannseekonferenz, daß nur den Juden nichts geschieht. Keine Ausschreitungen in Polen bitte, Glasverbrauch bei Kristallnacht, zu dumm. Man hatte nur einen zu finden, der es in die Medien bringt – den richtigen Mann finden und ihn im Kreise führen, damit er die Spur verliert. Es mußte direkt aus eigenem Willen geschehen. *Stern* und *Sunday Times* und ausländische Gutachter mußten her. Und keiner, der in der Lage wäre aus genauer Kenntnis, aus dem Stil und Inhalt zu folgern, was sie jetzt den Computern überlassen? Er, Hitler, habe es nicht gewollt, nicht gewußt, sei es nicht gewesen, endlich ist es raus, Gelächter, von wem, schöner Job, schöne Story.

Ob nun richtig oder falsch, die Legende ist etabliert mit der Veröffentlichung, und wenn falsch, vielfach als falsch widerlegt, so werden es die Wissenschaftler der Gegner sein. Was auch immer sie sagen werden, es wird Ihnen als Fälschung und Gegenpropaganda ausgelegt werden. Die Legende ist nicht mehr zurückzurufen und das Geschäft gemacht. Die letzte Hoffnung, daß Hitler es nicht gewollt, nicht gewußt, nicht selbst getan habe und sie alle, die Anhänger, gerechtfertigt seien.

538

Friedenstreffen der deutschen Schriftsteller Ost-West in Berlin. Mut ist nicht in, hören wir, und Wissen, Heldentum wie die Treue nur von unten; Anstand wäre ein altmodisches Wort mit viel Gelächter. Hitlers Flieger und U-Bootfahrer haben es möglich gemacht. Wie aber sollen Partisanen ohne Mut der Folter widerstehen? Wie ihre Freunde der Sache dienen, ohne Heldentum. Wer nur überleben will, brauchte nicht Hitler zu fliehen oder zu bekämpfen. Hitler als Preis für den Frieden? So sieht er nun aus. Ein Frieden ohne Menschlichkeit, ohne menschliches Antlitz – und wir hören sein Gelächter.

539

Ablehnung dieser Notizen vom Hanser-Verlag. Daß die Fortsetzung der *Freudlosen Gesellschaft* eigentlich logischerweise zuerst in demselben Hause diskutiert werden sollte, wo diese Notizen zuerst vor zwei Jahren gedruckt wurden, schien mir kein Widerspruch. Das Nein kam nach einem Vierteljahr und nach der Lektüre durch drei dafür eingesetzte Lektoren. Es war bekannt, daß diese Notizen sich in Widerspruch stellen würden zu dem üblichen wie bisher und dies fortgesetzt vertiefend, hier heftig bekämpft, im Ausland als Texte dem Wichtigsten seit 1945 aus Deutschland gleichgestellt. Aber schon begann das Böse banal zu werden. Hatte nicht damals beim Erscheinen der *Freudlosen Gesellschaft* sofort Wolfram Schütte von der *FR* zum Telefon gegriffen und sich beschwert, hatte nicht Jörg Drews im *Merkur* den damaligen Lektor persönlich verantwortlich gemacht, und hatte nicht Peter Hamm, der Mitautor und Freund des Hauses Hanser, sich hinreißen lassen zu bösestem Geschrei in banalster Form, über eine Seite in der *Zeit*, und hatte nicht Wolf Wondratschek versucht, das ganze Buch zu verhindern, ohne es zu lesen, und durch Schwärzungen und Finanzforderungen sein Zitat auslöschen lassen. Man habe extra diese neuen Notizen nicht den altgedienten Lektoren des Hauses gegeben, sondern jungen. Aber wollen die nicht Karriere machen? Den Alten sich andienen, haben sie nicht Angst? Können sie es sich leisten, öffentlich bloßgestellt zu werden? Sie können. Es braucht nur Mut und Zivilcourage, wie man so sagt, wenn man über die Väter zu Zeiten Hitlers spricht. Aber niemand würde erschossen heute oder käme ins KZ. Freiheit in der Praxis. Und war es wirklich nur Zufall, damals vor zwei Jahren, ein Lapsus, der nicht wieder vorkommen soll, jedenfalls nicht intern, im eigenen Haus vielleicht des Establishments? Ein Verlag, wo eine Susan Sontag in Deutschland publiziert. Banalität des Bösen? Nein, das Böse hat sich verwandelt, das Banale ist geblieben. Das Böse hat sich verwandelt in Aggressivität. Von der Banalität des Bösen zur Aggressivität des Banalen, das ist die Generationen-Geschichte nach Hitler.

540

Kino? Ja. Natürlich sind wir dafür, wie für das Boxen, Fußball, Peep-Show als soziologische Phänomene des geistigen Untergrunds. Wie Disco-Schuppen, Volksliedgruppen der Altersheime und ähnliche Randgruppen, zurückgezogen in das letzte Loch unserer Großstädte. Auch für die täglichen Zeitungen und Medien der Klatsch, der uns so lieb geworden ist, dafür ist Kino noch immer gut.

541

Und wenn sich herausstellen sollte, daß die Nazis den Reichstag gar nicht angezündet hätten, dann dürften wir es um Gottes willen niemand sagen. Golo Mann soll das gesagt haben. Sogar Golo Mann, der Sohn des aus Wahrheitsgründen unserer Geschichte emigrierten Vaters?

542

Gestern abend im Fernsehen spät über K., den Erfinder und Fabrikanten von neunzig Prozent aller Filterzigaretten, weltweit usw. Viele Millionen Gewinne, Spinner, Individuum, Phantast, den Computern überlegen, Mäzen. »Da haben die Gewerkschaften keinen Fuß gefaßt, er ist immer besser und ihnen voraus.« (Helmut Schmidt) Gibt die Ideen für diese Polizei der Arbeiter an Plätzen, wo es stinkt. Nur, wo sie Gewerkschaften brauchen, geht es schon schlimm zu. Das Recht durch Funktionäre gesichert, ihre Statistiken, am Schluß wird es Selbstzweck. Abgesehen davon, daß die Phantasielosigkeit der Unternehmer selbst Ursache ist. Ich bin damit aufgewachsen zu hören, die höchste Tugend des Chefs und Besitzers und alleinigen Verantwortlichen eines Unternehmungsteams sei, daß alle bleiben, gerne und freiwillig. Daß Alte und Junge, Kranke wie Gesunde glauben, nicht besser gewählt haben zu können. Mein jetziger Zustand von Weltkorrespondenz und das Bekenntnis, mit keinem andern tauschen zu wollen, ist so ziemlich genau das Gegenteil dessen, wofür es sich lohnt zu arbeiten und auch privat zu leben, mit jener Ferne statt Nähe und Aggressionen statt Sympathie, wie wir es alle kennen. Wenn das andere wohl auch nicht das Paradies ist, dann ist dies wohl die Hölle auf Erden. Als Alltag.

543

Als ich heute an dem Maschinenhaus des Nymphenburger Schlosses vorbeikam, erinnerte ich mich, wie immer wieder ich versuchte, so etwas schon in LUDWIG bis PARSIFAL zu benutzen, und wie ich es immer wieder verwarf als zu schön und schick und letztlich eben unmöglich. Und fand es dann wieder in Bayreuth, in der *RING*-Inszenierung von 1976, und es hatte großen Erfolg. Das läßt sich gut gebrauchen, optisch und sinnlich, geistig aber ist das Motiv schnell verbraucht und letztlich, wie alles Schicke, ohne geistige Tiefe, eindimensional und bald vorbei.

544

Strahlend sagte er, es sei ganz ohne Aggressionen geschrieben, was er nun gegen seine Hauptgegner formuliert. »Aber das können Sie doch gar nicht«, antwortete einer. Wie weit müssen sie es mit dem getrieben haben, dachte sein Freund, den es nicht gab.

545

Mich täuschen sie nicht mehr. Er könne keine Kritik vertragen, sagen sie, und meinen Verachtung. Er wollte doch immer nur geliebt werden, dieses Grundbedürfnis, seit dem ersten Atemzug, als Schuldzuweisung gebrauchend nach so viel offen gelegten und verletzbarsten Angeboten. Es gibt keine grausamere als diese aufgeklärte Zeit hinkender Duckmäuser.

546

Über das heiterkeitslose Lächeln der allmählichen Entfernung. Der unerlaubte Privatier. Vom bourgeoisen Anzug-Spießer zum akademischen Jeans-Spießer. Ein Jahrhundert-Wechsel.

547

Also weg mit diesem Homer und Aischylos, diese Verherrlicher von Krieg und Mythos-Lügen. Die Historiker sagen uns, worum es eigentlich ging, um Wirtschaftsvorteile, Herrschaftskunst, die sie vernebelten, wabernd und höchst ästhetisierend in Heldenverehrung und irrational. Wir brauchen keinen Homer, keinen Aischylos, Dante, Shakespeare und Cervantes, jeder ist ein Künstler, wir, von denen niemand wüßte ohne sie.

548

Die beneidenswerte Existenz. Der Autor machte nur, was ihn freute, was er liebte, wollte, was er verantworten konnte, und er konnte machen, was er dafür selber auswählte. Er nahm sich die Freiheit, den Mut, zu sagen, was er für richtig hielt, machte sein Leben autark, alles was er brauchte, kam in und aus seinem Haus. Er organisierte seine Lebensarbeit an seinem Oeuvre als Leben. Er verstand es, die verlorene Realität des Lebens in das Leben einer Phantasierealität umzubauen. Als es im Lande schwierig wurde für ihn, gelang es ihm durch diplomatische Exerzitien, die Peitsche des Auslands zu nützen, damit sie ihm den Rücken freihalte. Eigentlich eine lachende Existenz der selbstgewinnenden Erlösung. Wenn er dafür noch Kraft und Zeit gehabt hätte. Er verstand es immer einzurichten, unter Vergleichbaren, die er nur unter den Höchsten suchte, der erste zu sein, zumindest den Platz zu finden, wo es keinen besseren geben konnte, und das war immer der oberste, erste und nächste aller Orte. Die anderen wollte er nicht, so wie die anderen Existenzen zu armen Kreaturen wurden, mit denen er nicht tauschen wollte. Trotzdem sagten sie gerne, er sei voll Selbstmitleid, weil er traurig war, daß nur er allein sah, wie er ihnen allen über war, am höchsten Anspruch und dessen Erfüllung gemessen. Und noch einmal, wie die Welt im Frühling des neuen Jahres sich mit frischem Grün überzog, trotz aller Drohungen des letzten Winters und protzigster Häßlichkeit der Menschen rundum, sah er, wie die Vögel noch einmal wiederkamen und die Luft voller Blüten war, wie nie gewesen, süß und schwer und feucht. Und wie die Sonne durchkam, Sonne, die wärmte wie zum erstenmal die so viel geschundene Welt, und vielleicht nie mehr.

549

Zur Schriftsteller-Tagung aus Ost und West. Immer dieses Ihr – Wir. Glauben zu machen, daß jeder seine Partei vertrete, sein

Land, sein Gebiet. Aber die Tragik, daß es hier auf der einen Seite wohl um ein Gesellschaftssystem geht, um ein Gebiet, ein Leben, sehr problematisch, gehaßt oft und verurteilt, aber gewählt, das andere, die Hölle auf Erden, für die, die dort leben, und die fliehen würden, wenn sie frei zu entscheiden hätten. Eine Farce zwischen Ungleichen. Dort Mißwirtschaft und Zerstörung, wie hier vielleicht, aber selbst ohne eigenen Willen, und selbst als Diktatur nicht akzeptiert, allenfalls von den Ausbeutern und die nur als Bürokraten erkennbar. Das also steht sich gegenüber und diskutiert über das Ende der Welt.

550

Der Film ist die einzige Kunst, an der sich der offizielle Kunstwille dieser Demokratie direkt ablesen läßt. Was gewollt wird und wie nicht. Der kollektive Wille ist nicht in Malerei, Theater, Musik oder Literatur gleicherweise direkt zu erkennen, weil entstanden aus individuellen Entscheidungen. Wenn überhaupt, dann liegt hier seine entscheidende gesellschaftliche Tugend. Das macht ihn zur Kunst dieser Zeit, und einige sind seine Repräsentanten und andere noch mehr durch Ablehnung. Die Utopie nämlich der untergründigen Möglichkeiten.

551

Bundesfilmpreis 1983. Zwei Briefe von Kommissionsmitgliedern liegen nun vor. Zwei Austritte, Proteste gegen den Schaden, der dem deutschen Film zugefügt wurde. Neben dem ursprünglichen und grundsätzlich zu beobachtenden Anfechtungsgrund der Befangenheit (acht von zwölf Gremiumsmitgliedern sind Journalisten, Produzenten, Regiekollegen kleinster Funktionärskategorie oder schon einmal aufs Übelste mit der Sache befaßt) kommen aus den Briefen immer deutlicher neue justiziable Fakten hervor. Es wurde nicht diskutiert, nicht argumentiert, nicht beraten, sondern offensichtlich nach vorgefaßter Meinung durch offensichtliche Absprache blockiert, boykottiert, so daß der Beratungsauftrag und die Urteilsfindung nicht erfüllt werden konnten. Der Sinn der Förderung, nämlich Qualitätssuche und sogenannte Spitzenleistungen auszuzeichnen, und zwar durch unabhängige Fachleute, ist nicht mehr garantiert, und die Teilnehmer benachteiligt, da mit der Auszeichnung neue Produktionen verbunden sind. Filme, die diesen subjektiven Statistikmeinungen nicht entsprachen, wurden abgebrochen, ihre Vorführung verweigert oder ihre Ergebnisse als indiskutabel abgelehnt. Wenn geschwiegen wurde, kann es sein aus intellektueller Unfähigkeit oder eben nach Absprache eines Boykotts der Befangenheit. Das alles geschah nicht mit dem Alibi mangelnder Mittel, da die zur Verfügung stehenden Bundesmittel nicht ausgeschöpft wurden. Die Entscheidung bedeutet nicht, Auswahl einiger gegen andere, sondern bewußte Negierung der noch preiswürdigen Filme. Der deutsche Filmpreis ist aufgrund seiner Zielsetzung der Staatspreis, der als höchste Auszeichnung des Jahres für die Produktionen dieses laufenden Jahres die Ausgezeichneten mit Produktionsmitteln instand setzt, einen neuen Film zu machen. Das ist ein cineastisches Barometer für Produktion und Qualität der Urteilenden und dessen, was gewollt wird, auch in Zukunft. Eine Funktion der Demokratie eines Landes, denn wie nirgend sonst ist hier auch immer ein Vergleich mit den Urteilen aller anderen Länder möglich, da diese Filme oft im Ausland mehr beachtet wurden als in Deutschland. Diese Prüfung entscheidet auch über das Klima eines Landes, im Augenblick des Urteils, da die Gremienmitglieder zusammengesucht werden als Vertreter eines Querschnitts durch den augenblicklichen Kunstwillen, entsprechend der Entscheidung, wen man wieder beauftragt, Filme machen zu lassen und welche Art Filme eine Chance haben für zukünftige Antragsteller. Diese Förderung ist ausdrücklich die einzige kulturelle Förderung von vergleichbarer Größenordnung in Deutschland.

Jeder wußte, was kommen mußte, und doch ist immer die Eitelkeit stärker, die glaubt, Menschen wenigstens mit fertigen Filmen zu bewegen, wenn sie schon vor den unfertigen Projekten versagten, menschlich zu reagieren mit Verstand, analytisch, mutig, und den andern in andern Ländern ebenbürtig, vorurteilsfrei und mit Herzenswärme, noch einmal. Sicher ist es schon lange keine Ehre mehr, einen Bundesfilmpreis zu erhalten, er ist zu lächerlich geworden durch vergangene Praxis als Indiz für den allmählichen Bankrott auch des Neuen Deutschen Films. Und als Anzeichen für Mißbrauch demokratischer Gepflogenheiten von Diskussion und Argumentation kommt ihm mehr Bedeutung zu, als nur die einer Kulturförderung.

Die Zensur der Demokratie fängt an zu funktionieren durch die zu vermutende andienernde Assimilation ehemaliger sozialliberaler und sogenannter Emanzipierter gegenüber dem vermuteten Willen des als konservativ-reaktionär charakterisierten Ministers. Die Ernte des Jahres 1982/83 ist nun ablesbar in den beiden deutschen prominentesten Filmpreisen, dem bayerischen und dem der Bundesrepublik Deutschland. Das Ergebnis heißt DR. FAUSTUS von Franz Seitz und HEARTBREAKERS von einem Mann namens Brinkmann. Sie werden so berühmt werden, wie die Kunstpreise des Jahres 1900 oder welches Jahr auch immer, der deutschen Akademien unter Kaiser Wilhelm und seines Historien-Malers Knackfuß zur deutschen China-Aktualität mit dem Titel: »Völker Europas, schützt eure heiligen Güter.«

Verantwortlich sind: Dr. Elke Bauer, Baden-Baden, Filmproduzentin; Wilhelm Bettecken, Wuppertal, Medienberater des Ruhrbischofs; Dr. Hans Borgelt, Berlin, Journalist; Adrian Kutter, Biberach, Filmtheaterbesitzer; Prof. Wolfgang Längsfeld, München, Hochschule für Film und Fernsehen, München; Maximiliane Mainka, München, Regisseurin; Rudolf Opitz, Münster; Gabriele Röthemeyer, Hamburg, Filmschaffende; Barbara Stanek, Berlin, Schauspielerin und Filmschaffende; Manfred Goldermann, Filmtheaterbesitzer; Alf Mayer, Journalist, und Stephan Meuschel, DGB, beide ausgetreten unter Protest.

*

Und da sind sie nun, diese Krüppel des Fortschritts, die, im Vergleich zu den ursprünglichen Analphabeten ihrer Vorfahren tief benachteiligt, selbst die einmal kostbare Naivität verloren und Geist vom neuen Geist nie gewonnen haben.

So wurde die aggressive Banalität ihr geringster gemeinsamer Nenner, und sie hängen ihr sklavisch an, wie freiwillig Unterworfene, was für eine Leistung. Nicht daß hier Faschisten am Werke waren, Neonazis, aber so wie die Nazis vorher nicht einfach aus dem Nichts kamen, so gingen ihre Motive nicht einfach verloren: ihre Kunstauffassungspolitik, das Arteigene, der Gehorsam gegenüber dem Erwarteten, das Anti-avantgardistische, das Spießige, das Spießerpathos und die Schulfunkartigkeit gegenüber dem Erwünschten, das Schweigen gegenüber Argumenten, das trotzige Uninformiertsein, das blamable sich Eins- und Wohlfühlen mit sich und den Erfordernissen der karrieretreibenden Kollegen-Genossen, diese mangelnde Neugier. Es ist dasselbe arme verfluchte Volk, das sich zuviel Mündigkeit zugetraut und immer lächerlich und falsch entscheidet, wenn es glaubt, gerade etwas gelernt zu haben vom demokratischen Legitimitätsalibi. Es ist dieselbe normalitäts- und ordnungssüchtige Gehorsamsduselei der Kleinbürger mit Gewerkschaftsschutz und Altersversorgung, das haben sie gelernt, und das sind sie, eisern entschlossen, durchzuführen in anonymer Verantwortungslosigkeit, einer wie der andere. Die Freunde im Ausschuß mögen mir verzeihen, ihre Namen sind bekannt. Zum erstenmal haben sie sich distanziert und mutig nicht mehr mitgemacht, in eigener Verantwortung.

552

Die Kulturfeindlichkeit hat eine alte Tradition in Deutschland, siehe Hölderlin-Worte, Kleists späte Entdeckung. Nur einmal sind sie auf einen Künstler reingefallen, und das war gerade der falsche. Kitschige Volkskunst, begünstigt durch die Zeit und allgemeine Erniedrigung und Konfusion künstlerischer Normen. Nun halten sie sich gern fern von allem, was sich Kunst nennt, Kunst zu sein beansprucht, nur Abnormales oder Normalität, oft zur Pflicht geworden, hat eine Chance und ist das Gefährliche.

553

So ist der Wilhelminismus und die hitlerische Kunstdiktatur bis zu Ulbrichts sozialisitischem Realismus gerne volkstümlich, von Jugendtümelei bis zu den Literaturverfilmungen im alten deutschen Heimatfilmstil, keiner der großen Mediengurus hat teilgenommen, kein Innenminister hat Anweisung geben müssen, trotzdem dies Ergebnis rebellierender Bravheit von Mediokrität und Risikoverhinderung? Hitler habe nie eine Anweisung zur Vernichtung der Juden geben müssen, heißt es, trotzdem wußten alle, was sie zu tun hatten, um zu gefallen, denn Gefallen ist dienlich. Das ist die teuflische Wirksamkeit des assimilierenden Andienens, wodurch Befehle unnötig werden und Macht wirksam wird durch stillschweigende Macht. Und es ist anzunehmen, daß an der Geschichte mehr durch dieses Wohlgefallen, diese Gehorsamkeit des assimilierenden Andienens, verändert wurde als durch große Befehle. Es ist das, was wir dann Schicksal nennen, von unsichtbarer Hand geschehen.

554

Schon jetzt ist zu erkennen, daß Schaden für die Idee Kino gemehrt wurde. Wenn schon jetzt die Mehrheit nur mit größtem Mißtrauen beobachtet, oder schon nicht einmal das, was im Kino geschieht und sich verweigert, so wird durch solche Entscheidungen mit dieser lächerlichen Proklamation höchster Qualität neues Mißtrauen geweckt, bei den Gutwilligen wie auch bei denen, die es schon immer gewußt haben.

555

Auch andere wollen die Größten sein, und auch in andern Ländern kämpft jeder um seinen Platz und ist nicht zimperlich, aber die Totalitätsneigung der Deutschen, gepaart mit den Legitimierungen des kleinbürgerlichen Normenapparats, macht in der heutigen Demokratie diese Deutschen mit oder ohne Hitler so effektiv und gefährlich für alles qualitativ Avantgardistische, dem Normalen Entgegengesetzte, macht sie zu Todfeinden mit notfalls demokratischen Ausrottungstendenzen im neuen Gewand des normativen Pluralismus ohne öffentliches Interesse.

Richard Wagner konnte nicht Auschwitz erfinden oder gewollt haben, es fehlte ihm die Normalität eines qualitativ minderbesetzten Hitler, der mit seinen künstlerischen Dämonen geschickt zu spielen wußte und mit dem, was die andern ihm anboten und zuspielten, so sehr, daß sie ihn heute für sich verantwortlich machen können, denn Hitler ging, und die andern blieben in ihrer Normalität einer furchtbar und erschreckenden Macht angemaßter Demokratie.

556

Auschwitz war nicht nur Antisemitismus des Richard Wagner bis Hitler, die fixe Idee eines Künstlergenies oder der paranoide Alpdruck eines zum Politiker gewordenen Kunstfanatikers. Auschwitz brauchte die ordentliche Durchführung funktionierender Zugpläne und juristischer Verordnungen und den militärischen Apparat des Gehorsams.

557

Es heißt, oder wir wissen, zwei von zwölf haben für diesen PARSIFAL gestimmt, und als der eine nach eindreiviertel Stunden Rede versucht hat, zur Rede zu stellen, wurde ihm Antwort verweigert. Es blieb, selbst nach dritter und vierter Abstimmung, bei jenem Verhältnis zwei (Alf Mayer und Stephan Meuschel) gegen alle andern. Und was nun? Dreimal, viermal nein, und die wollen geeignet sein für das nächste Risiko eines neuen Films, noch im Entwurf, diese, ausgerechnet diese, mit ihnen zusammen und wieder gegen sie? Wer hilft? Einmal ist es noch gutgegangen. Der LUDWIG-Film eigentlich entstand schon als Ausweg nur mit dem Fernsehen, sonst kein Geld, 250000 Mark für zehn Tage Studio, fast der Ruin. Der HITLER nur mit Hilfe der englischen BBC plus französischer INA. Und als nach dem HITLER das erste Nein kam für einen neuen Film von diesem Autor, habe ich PARSIFAL, den hundertjährigen Bewährten, gewählt, statt einen Richard-Wagner-Film aus eigenem Buch. Ein empfindliches Buch auf den Tischen der Feinde? Also PARSIFAL statt Richard Wagner, und wie wir alle wissen, war das ein Irrtum, denn es kam wieder das Nein. Und nun der fertige PARSIFAL mit größtem Echo, entstanden gegen einen internationalen Clan von Musikproduzenten bei Plattenfirmen und Opernhäusern und Fernsehverwertern, die Musikaufnahmen entstanden zwischen DDR und Frankreich, gerade noch mit einem Dirigenten, der mir vorher unbekannt war, mit einem Orchester, das vorher nicht durch besondere Wagnerinterpretationen aufgefallen war, und einem Chor aus Prag, uns nicht vertraut, alles in Frankreich, an Monacos Ferienstränden, mit Sängern, die zum Teil nur Eingeweihten eine Garantie waren und wichtig nun, wichtig auch unter Musikkennern, neben den größten und besten aus Deutschland aus vielen Jahrzehnten bestehen zu können. Die Musik Richard Wagners zum erstenmal nicht Untermalung, nicht Filmmusik, sondern in treuer Symbiose mit dem Bild, eine Einheit. Und dann die Bankrotteure des Films in ihren tiefsten Niederungen Rache nehmend, unterstützt von den sogenannten Musikkennern dieses Landes. Aber der Film ist noch einmal durchgekommen, welch ein einfacher Satz und welch ein Hohn, angesichts der Realität.

558

Und was nun? Nach dem Ausfall Bonns, also wieder die Bayern. Sie geben nur ein Drittel der Gesamtproduktion. Was mach ich mit einer Million, wenn ich zwei Millionen bringen muß, von wem? Das Fernsehen und wer noch? Gaumont fällt aus. Von Gaumont nichtbezahlte Rechnungen über 150000 DM, Prozesse, und das mir, ich gegen einen Giganten, einen Multi. Gaumont, die uns die Weltrechte nahmen für gekürzte Kopien und schlechte Bedienung, den Ruf schädigten des Produkts und seines Autors. Was nun? Wir haben alles gewußt. Es ist ein unzeitgemäßer Film, und was das heißt, sehen wir nun. Kein Mandat mehr, das Vertrauen entzogen. Und wir haben es doch getan. Was täten jene, wenn sie zu urteilen hätten über Beuys, Grass, Böll, Handke, Botho Strauß, die volkstümelnden Kunstdiktatoren aus alt- und großdeutscher Tradition? Freiwillig, demokratisch mit dem Boykott ihrer schweigenden Mehrheit. Was täten sie mit Thomas Mann? Wehe wenn wir noch einmal das Jahr 1933 hätten. Nein, uns geht es gut, wir dürfen noch arbeiten, sie sagen es oft genug in allen ihren Medien. Und die Frauen seien die schlimmsten gewesen, eine sozial-liberale Guerilla, das haben sie gelernt, wohl von den Männern. Was hätte eine Ida Ehre aus großer Kenntnis vom Theater und von der Emigrationskultur aus ehemaligen Ausschüssen wohl gemacht. Ich stelle mir vor, daß sie aufstände und schrie: »Hier, Schluß jetzt, seht ihr denn nicht die böse Tradition?« Einfach schweigen, niedermachen, verbrennen, Gelächter. Und sage keiner, er habe es nicht gewußt, er habe es nicht gelesen, er habe nicht davon gehört. Sie sollen uns nicht auskommen, man merke ihre Namen, damit ihre Kinder und Enkel einmal wissen, wer sie waren. So schaut sie an, diese Huren der Kunstschänder, diese modischen Speichellecker, die Folterknechte des Geistes. Euch soll keine Gnade werden, mit allen Strafen der Epoche, diese Verhinderer, Boykottierer und Mörder haben keinen Anspruch mehr auf Gnade. Verrecken sollen sie, wie schon immer, und in Höllen der Flüche aller Zeiten. Um einen François Villon bittend des heiligen Zorns, gegen die Schänder der Kunst, Kritik und Diskussion.

559

Und wieder handelt es sich nicht einfach um ein harmloses Fehlurteil von zufällig zusammengerufenen Kunstidioten oder um Ablehnung eines Films oder einer Person, oder etwa um ein neues Projekt von diesem. Dahinter steht ein unbewußter Auftrag, das Mandat eines ablesbaren Willens, nur möglich durch das Schweigen der Elite eines Landes und einer Gesellschaft, wie beschrieben. Und natürlich steht dahinter jene alte Richard-Wagner-Phobie, die Richard Wagner gleich Hitler setzt und Hitler gleich Syberberg. Und solange dieser Syberberg nicht zum Beispiel von dieser Elite und auch von den Richard-Wagner-Kennern anerkannt wird, akzeptiert wird, und sie ihre Trauerarbeit tun, wird auch ihr Wagner nie befreit sein von ihnen.

560

Und es ist ein Kampf um eine andere Welt, dargestellt in ästhetischen Analysen, Begründungen und deren Materialisierung im Modell einer durch die Phantasie entstandenen Gegenwelt und deren Vorführung auf andere als übliche Weise des Konsums und der ideologischen Umerziehung, diese Verkümmerung der Seelen. Und es geht um Widerstände, Vernichtung des Andersartigen, zumindest mit stillschweigender Duldung der Passiven, um Verbrennungen auf subtile Weise, Mord und Emigration, Vogelfreiheit, vorsätzliche Ignoranz aus der Aggressionswut des Unbewußten. Und da kann es keine Nachsicht geben.

Lüften wir die feige Anonymität des pseudo-demokratischen Dogmas, wo hinter spärlich vorgehaltener Hand geäußert wird, man habe schwerwiegende, niederschmetternde Argumente, die dann untergehen in schweigende Konspiration und wo ein

Filmprofessor Längsfeld der Filmhochschule München, im besten Professor-Unrat-Stil als einziges Kriterium seiner fachlichen Kennerschaft und Pädagogik angesichts dieses PARSIFAL nichts anderes zu sagen weiß, als »geschmacklos«. Und wenn eine schon einmal mit der Ablehnung des PARSIFAL vor seiner Produktion belastete sogenannte Fachkraft nun abermals auffällt mit ihrer Verweigerung, den Film auch gegen Geld (siehe Düsseldorf) freiwillig anzuschauen, da hätte auch Dreyer oder die Falconetti kaum eine Chance, oder wer auch immer, Renoir bis Stroheim oder Eisenstein. Das ist organisierte Banalität in aggressivster Form. Und dem, dem gerade in Los Angeles die *Times Literary Supplement* zugesteckt wurde und gleich zweimal das berühmteste Literaturblatt der Welt, mit dem Schlußsatz: »Susan Sontag is right, Syberberg is the greatest Wagnerian since Thomas Mann«, muß dem nicht in den Sinn kommen, wie es jenem Thomas Mann erging mit seiner Richard-Wagner-Liebe in Deutschland? Was unterscheidet eigentlich das Schulfunkpathos der heutigen Wiedergutmachungs-Bemühungen von Schlageter-Ehrbarkeit und Quax-Ästhetik, abgesehen von der gewechselten Farbe der Fahne und was von Prof. Knackfuß' Historienschinken. Und Wenders wäre kein gutes Alibi für Kunst aus Deutschland des letzten Jahres. Ein Film, nicht in Deutschland gedreht, nicht in deutscher Sprache, ohne deutsche Thematik, mit ausländischen Schauspielern und einem Produzenten und Autor, der dieses Land vor Jahren verließ.

561

Wenn absehbar auf so folgenschwere Weise die reaktionärsten Heimatfilm-Reaktionäre und die ganze sozial-liberale Schickeria sich zusammenschließt in einen Verbund von Mediensklaverei und Fortschrittskrüppel, warum also überhaupt dann teilnehmen? Mit Mühe verzeihe ich mir die Demütigung, erneut im Auftrag meiner Aufgabe, noch einmal alle Schwüre vergessend, nie wieder vor dieses Banausenkabinett zu gehen, solange nicht demokratische Verhältnisse eingekehrt sind. Und nur ungenü-

gend mag die Entschuldigung gelten, dem in Treue arbeitenden Team eine eventuelle Anerkennung nicht verweigern zu wollen durch eventuelle Preise. Und sie müssen wissen, daß sie, wie hier, so in Zukunft, für einen arbeiten, durch den sie zu keinem Ruhm kommen werden in diesem Staat. Und beschämt über meine erneute Dummheit, wieder eine Einsicht gesucht zu haben, kehre ich zurück und muß bekennen, daß ich doch wußte, wie abgrundtief die Entfernung solcher Leute von dem hier Getanen und Gemeinten und Gewollten sein mußte, wie ich kaum erwarten konnte, daß sie auch nur Zeit fänden, sich darauf einzulassen oder gar ohne Haß und mit Verständnis. Sie sind schlimmer, weil ohne Zwang nur aus sich selbst und mit der Rechtschaffenheit der Hitler-Erfahrung argumentierend. Und schwer verzeihe ich mir meine erneute Eitelkeit, sie immer wieder ernstzunehmen, die eigentlich abzuschreiben sind, ohne Hoffnung, sie ernstzunehmen wie die Hitlers ernstzunehmen waren, was auch ihre Chance war, wofür sie mich nun verfolgen.
Aber wozu überhaupt, wenn nicht dafür, werden diese Dinge gemacht, in immer neuen Versuchungen gegen die Mörder selbst. Und wieder gescheitert. Alle meine Kollegen, die das übliche machen, können zu diesen und zu jenen gehen, und werden in die Schubladen passen, die überall aufgestellten, wenn nicht in die eine, dann in die andere, für Geld und Unterwerfung und Lob des Üblichen. Mein Fehler ist, nicht wenigstens auszusteigen, wofür ich mich schäme, und es geschieht mir wohl recht, und in dem Bewußtsein noch einmal durchgekommen zu sein, jedesmal dieses Nocheinmal. Aber weiter, weiter, wohin, wer will, wer gibt den Auftrag, Mut und wofür? Immer aufdringlich zu sein, sich aufzudrängen, ein Leben lang, ist schwer, aber anders ist es nicht möglich. Ohne Willen letztlich der anderen, nur aus eigenem Antrieb, selbst bei größtem Vermögen, wäre keine Lösung. Es muß öffentlich gewollt sein, sonst wird es kein Film und hat kein Recht darauf, zu sein.

562

Das Kunsthaus Zürich kündigt eine Fortsetzung der Ausstellung *Gesamtkunstwerk* an. Weiter in Düsseldorf und Wien, wie geplant, nun noch Brüssel, Los Angeles, Stockholm, London, Berlin und München. Ich sehe schon die HEARTBREAKERS oder den Seitz-Film und die WEISSE-ROSE-Schnulzen ausgestellt als Kunstförderung in Deutschland, BRD 1983, Abteilung Kitsch der FRGDO (der freiheitlich, rechtlichen Grundordnung). Was um diesen Film PARSIFAL herum nun geschieht, erreicht wahrscheinlich mehr Menschen als der Film selber. Und so soll es auch sein. Was von den verschiedenen Künsten ihm zuwuchs, gibt er nun zurück.

In der *Documenta* waren 350 000 Besucher, mindestens zwei Drittel haben wohl – und das Echo ist groß – die vier Räume PARSIFAL im Keller gesehen. Die Ausstellung *Gesamtkunstwerk* wäre zuzurechnen zu über 12 000 verkauften Büchern zum Film bisher, über 10 000 Platten und die Video-Edition numeriert und signiert für jeden ins Haus. In einem Jahr dann die Fernsehausstrahlungen und die Special Events um die Welt für die besonderen Veranstaltungen. So erst erweist sich die Tragfähigkeit des Anspruchs *Gesamtkunstwerk,* wenn dieser Film auch anders wirkt als auf Celluloid. Unerbittlich sein, sich nicht gemein machen mit dem Konsum, dem schnellen und bequemen, allen zugänglich sein, die großen Plätze suchen und füllen können mit unseren Techniken, aber nicht Köpfe zählen, immer wieder.

563

Ich höre im Fernsehen wie Brahms' Violinkonzert damals feindlich aufgenommen wurde von der Kritik und höre dann Gidon Kremer diese Musik spielen, daß mir, sprachlos im besten Sinne, die Worte fehlen. Und lese anläßlich der Manet-Ausstellung in Paris, wie schwer er es gehabt, wie sie ihn nicht eingelassen haben, und wie er es doch wollte und brauchte und mußte. Sehe sie heute mit der Selbstverständlichkeit von Oberlehrern klugtun nach hundert Jahren nur. Es ist wohl so, nur das Mittelmäßige hat eine Chance, geht, ich weiß es und kann es doch nicht verstehen. Das Schänden der Großen nach hundert Jahren durch das falsche Lob aus dem heutigen Lebensmißbrauch. Sie haben umsonst gelebt.

564

Wie Völker schlafen können, so können sie auch krank sein, paranoid handeln, dabei hochstehen in ihrer Leistungsenergie bis nach Stalingrad. So soll man auch mit ihnen, wie mit Menschen, behutsam sein durch Verständnis, ohne Aggression, – wie schwer.

565

Jetzt sind also zwei Mitglieder des demokratisch fungierenden Gremiums in der Abteilung Film des Innenministerums ausgetreten aus Protest. Ein seltener Fall. Und keine Meldung irgendwo. Sie konnten nicht angeben, daß Zimmermann, der neue Innenminister, erzkonservativ sei. Kinder derjenigen, die auf ihre Naziväter zeigten. Die, die nun nicht mitmachten. Das sollte eine Meldung sein? Von den Mitläufern in den Medien. Überschrift: »Die neuen Bonzen und ihre Medien und ihr naiver Kritiker.« Da halten sie sich lieber an Achternbusch-Verdrängungen. Die neue Meldung zur selben Zeit.

566

Achternbusch, der Spinner vom Dienst, hat mal wieder auf den Tisch geschissen. Und einer sagt, es stinkt. Und da dies der ungeliebte Minister ist, was für ein Fall, um demokratische Freiheiten zu demonstrieren. *AZ, FAZ, SZ, Spiegel, Zeit, Stern.* Mehr Zeitungen lese ich nicht. Dabei hat dieser Minister beileibe nicht von seinen Möglichkeiten Gebrauch gemacht, einzuschreiten, entsprechend seinen persönlichen Empfindungen. Er hat nur einen Film angeschaut, der ihm ein Problem zu sein schien. Seit über zehn Jahren der erste Minister in Bonn, der einen Film ansah, mit dem sein Amt zu tun hat.

567

Trash-Mode. In der Auslage Modepuppen mit Unterkleidern, Fetzen, schicker Verbandmull an den Armen und Beinen mit Talmi-Glitzer plus Sonnenbrillen auf Mülltonnen. Und in der Zeitung überall das neue Werk des Popkünstlers Oldenburg aus New York; für 400 000 DM hat er in Freiburg einen großen Gartenschlauch gebaut aus Eisen. Gigantisch, wie alles, was diese Zeit machen muß aus schlechtem Gewissen. An der Stelle, wo früher die Kleingärtner lebten, Laubenpieper wie man in Berlin sagt, hier piept jetzt nichts mehr. Und Lauben? Lauben waren das Kitsch-Synonym für Biedermeiers Gartenlaube. Die haben wir nun überwunden. Sagte der zuständige Drogen-Professor von Bahnhof-Zoo in Berlin.

568

»Herunterdemokratisieren.« Was für ein Wort. Tödlich für jeden denkenden Menschen und unsere Zeit. (Gelesen bei Botho Strauß.)

569

Richard-Wagner-Karrieren. Die Richard-Wagner-Prüfung von *Welt* und *Zeit.* Jene Bilanz derjenigen, die sich beweisen an ihm oder an dem Versagen, ganze Listen von Versagern und Versäumnissen, wie man an ihm bestehen oder durchfallen kann. Diejenigen, die dafür sind, für die Kultfigur, für das *In*-sein der Machtschickeria der billigen Nerzgesellschaft, Gesellschaft von Korruptionsgeschäften und internationalen Bayreuthkarrieren, und diejenigen, die dagegen sind als Profilierungsneurose primitiver Anti-Faschismus-Beweise und modischer Intellektualität, sie kommen in Versuchung und sitzen der internationalen Kitsch-Ideologie auf, statt still zu werden und die Größe der Leidenschaft auszuhalten. Sie fallen herein auf das laute Pathos politischer Ideologien. Und wie sie anstehen für die narzistischen Protzereien von Sängern bis Interpreten und falschen Liebhabern aller Art, wie Karrierefeindschaften vom Dienst.

Wer nicht mißbrauchen will, muß stark sein, auch unsere Zeit hat ihre Dantes und Shakespeares, aber es wird ihnen nichts geschenkt. Wagners Geist entzieht sich billiger Provokation und provinziellem Familienbesitz, auch geschmäcklerischer Urenkelinnen-Karrieren. Und so wie Richard Wagner ein praktikables Beispiel ist des heutigen Versagens, der Stein der Prüfung für ganze Länder und Generationen, so kann nie bewiesen werden, was Kunst ist, trotz und wegen aller Abgründe. Es heißt Ambivalenzen zu ertragen, die des Lebens, und ganze Rezeptionsgeschichten der Geschichte von Mensch und Menschheit. Und das heißt, sich selbst erkennen, prüfen und bestehen im Hindurchgehen durch das Innere der Mythen, die neu identifiziert werden müssen. Die Wunde der Welt ist eine Liebeswunde, er hat es nicht gewußt, aber dargestellt mit Musik. Eine Einladung an uns, die Aufforderung, Bilder dafür zu finden und so die Musik nicht nur zu ergänzen, sondern zu erfüllen durch Aktivität des Partners oder mit passiver Erinnerung des Teilnehmers. Wer sich einläßt, geht bis ans Ende der Zeit, ein Reich, das man nicht ohne Gefahr betritt. Es ist das einzige, um das es geht, das zu gewinnen oder zu verlieren ist, immer wieder, am andern für sich selbst.

570

Ohne Auftrag der Öffentlichkeit geht es nicht. Nein. Wenn niemand dafür aufkommen müßte, niemand bluten müßte mit dem Geld aus dieser Zeit, wäre es das Beste und Liebste, nur für mich und die gutwilligen Freunde dieser Dinge, wie geheime Botschaften, das zu tun, was zu tun ist in der Art von Montaigne, Botschaften zu hinterlassen als Ergänzung und Vollendung der

Erkenntnisse dieses Lebens und weiter nichts. Wer sie empfängt, ist dabei, und die anderen, ausgeschlossen für sich selbst, haben ihren Weg zu versäumen auf ihre Weise. So aber sind wir durch die Umstände zusammengeschlossen, und es muß weitergehen, wie bisher. Die Karawane zieht weiter – wohin?

571

Wenn Kunst nicht dazu dient, sich selbst oder Welt zu erkennen, ist sie nichts wert. Wenn Kunst nicht fortgesetzt werden kann, aktiv in dem, der sie benutzt und passiv wenigstens für den Moment der Teilhabe, wozu? Was ist dann noch Kunst?

572

»Kein Film«, sagten die Mitglieder des Ausschusses unseres Staates, der darüber zu befinden hat, wer weiter Filme machen darf, als sie den PARSIFAL sahen, und senkten die demokratischen Daumen. Natürlich waren für die Kunstanhänger des Malers von Werner, des Historienschinkens der Krönung in Versailles, Hervorbringungen von Franz Marc und Kandinsky keine Kunst. Kunst eines »jüdischen Intellektualismus«. Die Kunstfreiheit der Demokratie des 20. Jahrhunderts nach Mehrheit der unbefangenen Fachleute unseres Innenministeriums. Auch Richard Wagners *PARSIFAL* ist keine Oper, sagten sie, die Freunde der Musik, und griffen sich seinen Förderer. Kunst ist ein mörderisches Geschäft, es geht um Weltentstehung und Weltenvernichtung oder -verhinderung.

573

Nun also die Bestätigung der Computer-Kriminalisten. Die Anstalt für Materialprüfung des Bundesamts in Koblenz hat gesprochen. Die sogenannten Hitlertagebücher eine plumpe Fälschung. Und keiner unserer fortgeschrittenen Wissenschaftler hatte das Wissen, den Mut und genug Intuition, diese

Verantwortung auf sich zu nehmen, was vom ersten Wort an klar war. Computerwissenschaft. Was sie brauchen, ist Materialprüfung von Papier, Tinte und Faktenvergleiche, Provenienzen der Kriminalistik. Wenn wir die Hitlerschuld nicht anders erkennen, haben wir doch verloren, wieder einmal. Wenn Hitler nicht mehr weiß als ich, kann es nicht stimmen. Das Böse ist uns immer voraus.

574

Als die deutschen Fallschirmspringer bei Kreta absprangen, zeigte die Deutsche Wochenschau sie mit Richard-Wagner-Musik. Ein berühmtes Beispiel von Hitler plus Film plus Richard Wagner. Sie wählten damals den Walkürenritt, Richard Wagner war nach Griechenland gekommen mit Film, und Kreta gilt als die Wiege der europäischen Kultur. Die minoische Kunst war ein Matriarchat, von Gaia, der Urmutter, zu den Walküren unserer Musik. Die Hitlers wußten, was sie taten, sollen wir es ihnen überlassen?

575

Wondratschek nach der Beschreibung des Hurenmilieus im neuen Bockmayer-Film: »Kietz bleibt Kietz, und dorthin ging ich nach der Premiere zurück. Wie erfrischend, der kleine, miese Fick für siebzig Mark, der mich wieder zur Erde zurückbrachte.« Soweit Wondratschek, der Verehrer Fassbinders, zu Bockmayer, der Fassbinders Liebling war, er selbst der Lyriker der Epoche aus München-Schwabing, wo ich lebe.

576

Zwischen den Büchern der *Freudlosen Gesellschaft* und diesem deutschen Alltag. Vier Tote in engster Nachbarschaft, drei Ehen kaputt, ein Haus abgebrannt, das vielbeschriebene in den Bergen. Und eine Straße gebaut dort, nun auch von unten und von oben einkreisend, selbst diesen letzten Flecken, den verborgenen, so nicht geduldeten »in dürftiger Zeit«. Der PARSIFAL-Film wurde gemacht und beschrieben als Buch. Die Welt hat sich verändert. Alle sprechen nun offen von dem, was vor zwei Jahren wie Paranoia erschien und Dissidentenschaft und Geheimnis. Gegenbewegungen sind entstanden, und oft sprechen es die Politiker selbst aus, und es wird weitergemacht, natürlich. Wie andere die Welt sehen unter dem Raster von Frieden und Frau (Christa Wolf, *Kassandra*). Und wie früher alles beobachtet wurde und geprüft durch diesen zum Film gewordenen Hitler unter dem Aspekt der Demokratie und Schuld, so wird nun die Welt geprüft an diesem PARSIFAL, der Kunst als Prinzip durch Freiheit aus der Schönheit und dem Lebenssinn. Und so wird die Welt geprüft am Urmythos der menschlichen Existenz und seiner Suche nach dem Warum und Wie.

Toulouse

577

Kino gleich Höhle des Plato, das letzte Loch in den Katakomben der Großstadtruinen, Le Bunker. In Cannes nennen jetzt die französischen Journalisten den Neubau des Festivalpalais aus Beton, anstelle des ehemaligen Casinos, Le Bunker nach dem Modell der deutschen Blockhäuser, wie sie die Bunker Hitlers am Atlantikwall nannten. Darüber ließe sich viel philosophieren.

578

E. C. erzählt von Caracas. Aischylos' *Orestie* in drei Teilen vor 3000 Leuten bis 4 Uhr früh, zuletzt im Regen unter Schirmen, Zuschauer mit dem übersetzten Text in der Hand. Wenn von der Schuld der Welt die Rede, dann unter den Sternen der Nacht. So oder ähnlich kann es in Griechenland gewesen sein. In Südamerika nun, weit von Griechenland, die erste Erprobung des großen Anfangs in unbekannter Situation des offenen Theaters nach griechischem Vorbild. Der Monolog im schmalen Lichtschacht und engem Kostüm. Die Angst, wie wird es gehen, selbst nach langen Aufführungserfahrungen, und es ging. Das Risiko, das Neue, die Prüfung, wie früher jeder Schauspieler am Anfang, von Gasthaus zu Gasthaus. Und was selbst der genormte Celluloid-PARSIFAL noch lernen mußte. Verschiedene Technik vor verschiedenem Publikum in verschiedenen Situationen, das Abenteuer kann nicht erlassen werden.

579

Man verweise ja nicht auf das Theater, die Konzerte, die Bildergalerie, wenn wir von der Funktion und dem Auftrag an die Kultur heute zu sprechen haben. Das alles folgt einer Tradition ohne Grundsatzentscheidung außerhalb der Öffentlichkeit ohne Richterfunktion der demokratisch-rechtlichen Konstruktion. Im Film wird wirklich entschieden. Kafka oder SCHWARZWALDMÄDEL. Bei Hitler war es noch SCHWARZWALDMÄDEL plus *PARSIFAL*. Seine Parteigenossen waren gar nicht einverstanden. Hitler ist nun weg, die Parteigenossen und SCHWARZWALDMÄDEL sind geblieben. Und *PARSIFAL* in Bayreuth ist wie SCHWARZWALDMÄDEL im Repertoire des juristisch-parlamentarisch abgesicherten Kulturhaushalts.

580

Vor zwei Tagen in München nahm ich einen anderen Weg als üblich durch die Innenstadt bei Abendsonne. Beim Autofahren war es unmöglich, die Augen zuzumachen. Es ist schmerzhaft, wie zum Erblinden. Die Häuser, Schilder, Fenster, Lampen. Nur ein anderer Weg, und ich kam aus der Routine des Gewohnten. Das war kaum zu ertragen. Das Sterben der Bäume, die einzige Ehre, die sich noch findet.

581

Läuft denn keiner raus, einfach auf die Straße und schreit. Doch, sie werden ihn dann ins Irrenhaus stecken und für krank erklären, andere wählen den Krebs, die Normalen erscheinen entweder hart oder traurig, wie abwesend. Wer es trotzdem schaffte, ist ein Held in der besten aller Welten. Vielleicht sollte der Titel des neuen Buches sein »Der Wald steht schwarz und schweiget«. (Auf dem Flugplatz Charles de Gaulle auf der Reise nach Toulouse – Einladung Goethe-Institut und Buchhandlung Ombres Blanches für vier Tage, vom 7. bis 11. Mai.)

582

Selbsterkenntnis? Die praktisch intuitive Welterkenntnis an sich selbst. Ein Selbst, das verborgen bleibt, siehe Richard Wagner, *PARSIFAL*. Erkenne, der du bist.

583

»Kein Film«: Und sie meinen den HITLER-Film und diesen PARSIFAL-Autor, wohl auch WINIFRED WAGNER und so weiter. Welch eine Ehre, wenn man bedenkt, daß auch Richard Wagner keine Opern schrieb. Was wäre der Film PARSIFAL, wie sie ihn meinen? Eine Mischung von Disney-Trick plus Leni Riefenstahl-Oberflächenglanz. Das kann man machen bei sportiven Aufmärschen. Kann sogar den mangelnden Geist eingeben durch äußeren Formenglanz. Täuschend etwas vormachen, was vielleicht gar nicht da ist. Filmkunst als Ritus der schmückenden Herrschaftsgesten. Aber das ist gerade der Richard Wagner, der nicht zu seinem besten Inneren geführt wird. Die Brechtsche List wäre genau das Gegenteil, das Geistige sinnlich zu machen, indem man die Mechanik der inneren Bewegungen langsam und unerbittlich getreu hervorlockt und offenlegt, einfach einsehbar, ohne Trickablenkung, ohne bequemen Glanz und die Tobsucht des Herrschaftsanspruchs von Bildern und Tönen und falscher Lautstärke, der Farben, Bewegungen, Schnitte und Ubiquitätsgeilheit und ohne Rechenschaftsprotzereien in Gralsgesellschaftsbetrug. Das einzige, was diese bedrohlichen und falschen Gefolgsleute des nicht besten Richard Wagner auch bereit sind dann, in ihrer Ohnmacht, zuzugeben, ist, daß es eben doch nicht gehe, Richard Wagner auf Film.

584

Toulouse, die ehemalige Stadt der Troubadoure. Von LUDWIG über HITLER bis PARSIFAL, Zyklus DER GRAL und WINIFRED WAGNER. Nach erstem Rundgang. Wie anders ist die Realität als alle Phantasie nach der Lektüre des Reiseführers über die mittelalterliche Stadt und unveränderte Gassen. Und ich hatte wohl Vorstellungen von Häusern wie in Brügge, von etwas Kleinem, wirklich Engem und Niederem, und dann wie anders als alle Ahnung. Es regnet und ist warm. Seinen Reichtum erhielt Toulouse früher durch seine Pflanzenfarben, bis die Reisen nach

Indien diesem Reichtumserwerb ein Ende machten. Das Lokalgericht ist Cassoulet. Das erste, was auffällt, sind gar nicht kleine Häuser und enge Gassen. Eher mächtige, verschachtelte, lange Straßen in sanften Bögen, fachwerkähnliche Häuser, die man langsam wieder herausklopft, bis die roten Ziegelwände dunkel sichtbar werden.

585

Ich vergleiche die Stiche, vue, view, und Drucke nach alten Gemälden. Das lange, kleinteilige Nebeneinander in unregelmäßigen und sehr individuellen Teilen. Ensembles von Straßen und Plätzen unverändert. Die Holzläden mit später zugefügten großen Fenstern und Türen mit Sprossen-Koordinaten, Fensterläden gegen die Sonne. Höfe, immer wieder andere Höfe. Zwei Kirchen, die der Dominikanerkirche mit dem Herz von Thomas von Aquin und einem Picasso-Theatervorhang im neu hervorgehauenen Refektoriumssaal. Der Weg dahin führt am schönen Kreuzgang vorbei. Die Kirche selbst ist ein selten gewordenes Beispiel von Mittelsäulen und kleinen Nischen unter den Fenstern. Schöne Wände in alten Farben und Fenster spitzbögig hoch über den schweren Grundmauern, festungsähnlich. So sahen die Bilder aus der Menschen in den Kirchen auf Holland- und Genre-Bildern. Die andere Kirche wie Cluny vierschiffig, aber von intimer Größe mit hoher Galerie, dem lokalen Märtyrer Sernin geweiht, mit großer Orgel und Turmvierung und Seitenschiffen, mit Chorgestühl im besten Zustand bis zu den Lampen von damals. Die Überraschung sind große Kaffeehäuser, und nicht nur eines, mit hohen Decken und ungebrochenem Stuck und Messing und der Bar und höflicher Bedienung. Dort werden wir sitzen in den nächsten Tagen, wie in einer Wohnstube, alle paar Stunden, um uns zu treffen, und wieder gehen und trinken und reden.

586

Und ich komme nicht los, selbst hier, vom Herunterdemokratisieren. Die armen Hölderlin und Nietzsche und Kafka und van Gogh. Da sehe ich die höhnisch sich senkenden Daumen unserer Funktionäre von Konsum- und Plastik-Gesellschaft der Massendemokratie in den Arenen, ohne Zensur, und sehe Verbrennungen von Büchern einer entarteten Kunstideologie. Es geschieht alles ganz demokratisch und pluralistisch, die repressive Demokratie ist zum Dogma geworden, und ihre Märtyrer brauchen keine Arena für das Medienspektakel ihrer Konsumspiele, die Fortschrittsspirale treibt sie immer fort.

587

Am nächsten Morgen ab 9 Uhr Lautsprecher, in einer Lautstärke, daß Fensterschließen keine Hilfe ist, die Lautsprecher des 8. Mai zur Siegesfeier über Deutschland. Vorm großen Platz, auf dem das Hotel liegt. Lautsprecher wie vom großen Bruder legen eine Stadt in Terror. Gestern noch im Flugzeug und in allen Aufzügen und den Wartesälen, direkt über den Sitzplätzen: Musik, die ich nicht bestellt habe, die Musik der anderen; sie verhindert zu denken, zu lesen, Eigenes zu tun. Wenn einer falsch parkt, sein Auto auf einen Platz stellt, der für andere Zwecke vorbehalten, muß er Strafe zahlen. Wenn sie ihre Stimmen in unsere Häuser und Straßen und Plätze oder in unsere Köpfe plazieren, sind wir ohnmächtig. Und ich erinnere mich an den Anfang der 50er Jahre zur Stalinzeit in Rostock, wie auf allen Plätzen und Straßen, an allen Haltestellen auf dem Weg zur Schule oder zu den Geschäften die Lautsprecher uns begleiteten mit Marschmusik und den Reden und Übertragung von großen Schauprozessen. Deutschland wurde okkupiert nach 1945 auf ganz besondere Weise.

588

Die verschiedenen Modelle der PARSIFAL-Aufführung: in den Opernhäusern Barcelona, Hamburg, Frankfurt, Hannover, New York (Lincoln Center, Alice Tully-Hall), und auf offenen Plätzen in Rom und Delphi? Video-Edition im Pegnitz-Hotel und Theater Esslingen, in den Kinos: Arsenal, Berlin, Arri, München, Gaumont, Frankreich, London und so weiter. Goethe-Häuser, Paris, Toulouse, die Analysen über den Zusammenhang mit dem Gralszyklus von LUDWIG bis PARSIFAL (plus KARL MAY und HITLER, WINIFRED WAGNER und HIERNEIS) im Fernsehen, und die nicht realisierten Projekte Israel, Delphi, Montségur.

589

PARSIFAL aus Israel eingeladen, in Verbindung mit dem Goethe-Institut, Jerusalem, abgelehnt vom deutschen Botschafter.

Aber es hieße die Israelis unterschätzen, zu glauben, sie ließen sich durch so etwas betrügen. Man muß sie beim HITLER-Film gesehen haben, und PARSIFAL steht ihnen noch bevor. Es ist ihre Prüfung, und es geht schon lange nicht mehr um Richard Wagner.

P. S.: Ein Jahr später: Bundeskanzler Kohl nimmt die Doktorwürde der Universität Jerusalem entgegen, nach einer Spende in Höhe von ½ Million DM von der BRD, Erfolg der deutschen Diplomatie? Um Deutschland verdient gemacht?

590

In der *Libération* steht etwas über die verlorene Ehre des *Stern*. Aber man kann nur etwas verlieren, was man hat. Man wird dort gar nicht verstehen, worum es geht.

591

Die Veranstaltung in Toulouse stand unter dem Motto: *Syberberg, Le Cinéaste et L'Ecrivain.* Man stelle sich vor: S. in Deutschland als Schriftsteller. Und doch die Ähnlichkeiten, Sätze, wie Schnitte, Perspektiven der Betrachtung, Ordnung der Gedanken. Wie lenke ich den Leser, wie Zuschauer, Worte und Bilder als magische Zeichen eines dahinter verborgenen Umfelds. Worte als Waffe, als Lockmittel, um zu überzeugen, Pointen zu setzen zum Weiterdenken danach. Die unerwartete Wendung, wie die Materie beim Schreiben sich verwandelt, so wie beim Arbeiten im Studio und beim Sprechen die Gedanken. Welten bauen, Zitate, Fragmente ergänzen, einkreisen, wieder aufnehmen, Abbrüche, Widerstände, Polemiken, Zuneigungen, Maskierungen und Rollenspiel. Ein Handwerk, das Ruhe verlangt und Sinn für Rhythmus und mehr Freiheit gewährt bei der Produktion durch Unabhängigkeit vom Geld und größere Auswahl des Distributionsapparates und weniger Leser nötig hat als Zuschauer. 2–3000 Besucher für einen Film wären zu wenig, womit ein Buch heute auskäme. Was als Ablenkung wie eine Rettung zwischen den Filmen begann, Beobachtungen und Analysen im privaten Rhythmus des häuslichen Denkens, ohne Teambelastung und zur Darlegung und Verteidigung der Gedanken und Aktionen, wird nun durch Gegenreaktionen zur Behinderung der Arbeit im Team mit den Filmen.

592

Vier Tage mit Veranstaltungen im Goethe-Institut und Buchhandlungen, für Vorträge und Diskussionen und Interviews ca. 12 Stunden reden in 6 Veranstaltungen, 500 DM. Davor ein paar Tage Vorbereitung und danach mindestens 2 Tage erschöpft und unfähig zu neuen Dingen, 500 Mark für eine Woche Arbeit, eine Reise nach der anderen und oft nicht einmal das. Ein Jahr, oder zwei nach dem Film muß man wohl rechnen. Und die Unzahl von Gesichtern mit ihren Geschichten und Geschicken und die neuen Orte mit ihren neuen Geschichten. Filmvertreter in Sachen Deutschland und soviel mehr, an den Türen der Zeit. Und doch, wer wollte tauschen.

593

Aus den Zeitungen im Café entnehme ich, daß zwei Chefredakteure des *Stern* nicht mehr da sind. Den einen, Felix Schmidt, kenne ich als Chefredakteur von *Welt am Sonntag*, siehe *Filmbuch* 1976, und die Verstümmelungen des von ihm verlangten Textes. So sind sie also, ob beim *Stern* oder bei der *Welt am Sonntag* oder vorher *Spiegel* und Fernsehen. Sie sind alle gleich, und das Ergebnis ist nicht unerwartet, Hitlerfälschungen, wie sonst Fälschen durch falsche oder böse verdrehende Zitate.

594

Natürlich braucht Dante nicht gelesen zu werden wie Vergil und Homer, um Dante, Vergil und Homer zu sein. Fast ist es Voraussetzung, nicht gelesen, nicht gehört, nicht bekannt zu werden, um Dante, Homer und Vergil zu werden, heute. Ich treffe in der Buchhandlung Gérard Grand den Ordinarius für Philosophie in Toulouse und Lehrer von Lacoue-Labarthe, sehe, wie er Verbindungen herstellt zu Nietzsche und Heidegger, Querverbindungen und Zitate, die mir bis dahin fremd waren, und erschrecke ihn doch mit meinem Satz, »nur ein Hitler oder Stalin hätte die Welt noch retten können«.

Er murmelte etwas von: »Kauft die Demokratie und verkauft die Welt!« Wer? Und als ich von den Ruinen spreche, meiner rationalen Verbindung zu ihnen und ihren Assoziationswerten, nickt er und sagt, »es ist der Widerstand, Ihr Symbol für den Widerstand«. Aber als ich dann während der Diskussion von den Vorführungen des PARSIFAL an bestimmten Orten spreche und an bestimmten Daten, Venedig zum 100jährigen Todestag oder in Rom an den Stätten der Christenverfolgung und mir vorstelle PARSIFAL in Montségur, wird er nervös und spricht von Autokinos und vom freien Reingehen und Rausgehen als demokratischer Gestus, und da kommt der 68er Veteran heraus, diese falsche Vorstellung von Freiheit ohne Konzentration und ohne Verpflichtung als Reaktion auf die Anleitung eines Andy Warhol-Dauerschlafs und die Unverwechselbarkeit von Andy Warhol und Wagner, oder eben Syberberg. Wer hier hinausgeht, muß nicht wiederkommen, denn er wird nichts mehr verstehen. Und ich vergleiche mit ungezogenen oder kranken Kindern, nicht mehr fähig zur Konzentration. Und wie Freiheit zur Unfreiheit wird, der andern zumindest, nicht nur dessen, der es macht und erleidet, zur Freiheitsberaubung der anderen nämlich, die gestört werden, so wie Unruhe eigentlich Konzentration überhaupt unmöglich macht für alle anderen, ohne Aggression und Beschädigung des Ganzen. Er liebt Nietzsche und Heidegger und findet schöne Worte zu Syberberg. Aber es ist leichter, einen Toten zu ehren, er kann nicht stören.

595

Heiligkeit der Orte, Ausflüge über die Welt. Verlust der Konzentration und Gewinn der Aufladung des Films mit historischen Assoziationen, immer andere und nicht wiederholbar, Einmaligkeit, Individualität, Erinnerung schaffen, Selbst- und Welterlebnis, meditative Intuiton der Durchdringung von Geschichte und eigener Leistung. Jeder Film wird andere Orte brauchen, so WINIFRED und der HITLER, PARSIFAL. So wie der nächste Film in den Bunkern und Höhlen unserer Städte vielleicht wieder richtig sein wird. Aber ohne Publikum, da der Buff der Cinéasten verkommen ist, ohne Interesse und Sensibilität. In ihrer Ruine des Lebens die weißen Schatten der Erinnerung. In den Ruinen als Stätten des Widerstandes gegen die lebendige Realität des Untergangs. Und immer wechselnde Schatten der Geschichte, so in Rom die Christenverfolgung, in Venedig der Tod Richard Wagners und so viel mehr. Und in Barcelona, der Norden des Spaniens von Montsalvat, und Delphi und Israel, wie New York, immer wird man etwas verlieren von diesem

PARSIFAL an Konzentrationsintensität und gewinnen etwas von Geschichte in neuer Symbiose und Korrespondenz.

596

Fragen nach dem Romy-Film, der aus meinen Listen gestrichene Film, wegen ihres beschönigenden Eingriffs. Alle tot nun, von Harry Meyen bis zum damals gerade geborenen Sohn und am Ende sie selbst. Das Porträt, das durch sie selbst manipulierte, bis zu den Fernsehverantwortlichen und dem damaligen Produzenten, alle weg vom Fenster. Siegt die Wahrheit so schnell und so handfest, sollte ich es glauben? Was für eine Lüge, das nachgedrehte Bild mit Romy Schneider und ihrem Sohn im Arm als Säugling am Ende des dreitägigen Porträts, als der Sohn noch gar nicht gezeugt war, und welcher Preis vom Leben bezahlt.

597

Die Restaurierung der Häuser befreit die Mauern vom Putz der Jahrhunderte. Es ist wie das letzte Aufgebot der Geschichte, danach ist nichts mehr. Die Steine sind abgekratzt und die Fugen tief erschöpft. Es wirkt sehr angestrengt und noch einmal wie neu. Durch die Straßen gehend und in den Höfen stehend: Bin ich nicht ein Filmemacher, der keine Filme macht, ein Bücherschreiber, der keine Bücher schreibt? Einer, dessen Arbeiten, wenn sie ausgestellt werden, nicht genannt werden. Ein Heutiger, der nicht heute lebt, was also bin ich nun? Und doch derjenige, der dieser Zeit ihre geheime und eigentliche Bedeutung gibt. Das authentische Zeugnis wider Willen?

598

Rue de la Dalbade. Alle Mauern und Höfe in rot, Straßen mit Steinen unter den Füßen. In der Nähe Albi (Toulouse-Lautrec) und in der Nähe Montauban (Ingres), Moissac (das große mittelalterliche Tympanon), Bordeaux (Montaigne). Es ist das

Land der Häretiker, Roussillon mit der katharischen Tradition. Widerstand gegen die Kirche, Widerstand gegen die Zentralgewalt Paris, mit Montségur als geistigem Zentrum.

599

Nach Montségur gingen wir in Regen und Kühle hinauf. Die Mauern waren wie vorgestellt, ruinös und mächtig. Ursprünglich wollte ich Montségur aus dem Schlußmonolog zum verlorenen Gral des HITLER-Films fortsetzen im PARSIFAL. Wenigstens Teile der Mauern in Diaprojektionen oder nachgebaut benutzen für die Gralszeremonie oder als Kundry-Ort. Der Mangel an Geld erlaubte nicht einmal Motive einer Mauer mit Treppe aus Steinen nachzubauen, Studiowelten sind teuer. So ging diese Idee in die des Kopfes von Richard Wagner über, der immer mächtiger wurde. Dieser vielverwendbare Kopf mit seiner zentralen Bedeutung und teurer werdenden Herstellung. Jetzt nun legt sich Kundry vor der Gralszeremonie im ersten Akt in die Augenhöhle schlafen und die Gralszeremonie geschieht vor den Außenwänden des Richard-Wagner-Kopfes. Der zentral gewordene zweite Akt mit dem Dialog Kundry und Parsifal II aber spielt im Innenhof des Kopfes vor asketisch kargen Wänden, Mauern von unregelmäßigen Karrees, dem nach Stern-Legenden realisierten Ruinenhof von Montségur vergleichbar. Jetzt, vor den Ruinenmauern dieses Montségur auf dem Berge des Roussillon stehend, dort wo der Gral so lange gesucht wurde in vielen Legenden, fragte ich mich, ob nicht vielleicht doch eine unterbewußte Übernahme und das intuitive Weiterwirken einmal gedachter Recherchen sich so realisierten in transponierter Form? Das Nichtfixieren des Systems erlaubt die Freiheit zur Strenge des Zufalls nach den Gesetzen der Materialisierung des Geistes.

Und auch Montségur wäre als Projektionsort des PARSIFAL möglich, wie Delphi. Nur wenn in Delphi die Sonne geopfert werden muß, um die Rückkehr des Aischylos durch Richard Wagner mit der Technik des Films zu ermöglichen, ist eine Aufführung dieses PARSIFAL nach untergegangener Sonne, bei Beginn der Nacht, in Montségur eine geistige Entsprechung an einem Ort, der sich den Sternen zuordnete von Anfang an durch seinen Bau der Wände und Türen und Lichtöffnungen. Es ist die Nacht des Abendlandes, die den Gral aus den Legenden der Hesperiden und dem Goldenen Vlies hier garantierte. Hier würden Tag und Nacht noch einmal eins, die Kunst der Nacht verläßt für einen Augenblick die Höhlen ihrer Bunker und verbindet sich mit der verlorenen Sonne der Kunst-Vergangenheit zu einer neuen imaginären Realität der Erinnerung.

600

Im Flugzeug zurück, im *L'Express* Leserbrief zu ›Richard Wagner nicht schuldig‹, dem Artikel vor einigen Wochen. Sylvie de Noussac, die Redakteurin und Mitübersetzerin antwortet an meiner Stelle, daß ich mich nicht berufen hätte auf die Schriften des Antisemiten Richard Wagner, sondern auf die Musik. Hier muß der Beweis geliefert werden für Schuld und Kunst, und hier werde gesucht und gefunden und argumentiert und muß am Ende geglaubt werden, uns zuliebe. Diskutiert zumindest wird so in Amerika wie in Frankreich oder überall, verhandelt, öffentlich und in den Zeitungen. Leben.

601

In *Dépêches du Midi* nach einem Interview, die Darstellung einer Utopie Bayreuths, was wäre, wenn ich dort eine Oper zu machen hätte, und meine Antwort, was heißt Oper, warum nicht Chef des Ganzen. Also Nachfolge aus dem Geiste im demokratisch-republikanischen Sinne, statt aus der Hierarchie des Blutes. Bayreuth nach dieser Idee wäre ein Zentrum übers ganze Jahr, für die anderen Medien geöffnet. Die Bühne nur zu einer Zeit des Jahres, die Sommerspiele. In einer großen Werkstatt Übungen zum Richard-Wagner-Leben, Sängerdokumentationen und Experimente durch Film und Video. Film nicht verstanden als bloßes Abklatschen der Bühnenaufführungen durch ehrgeizige Fernsehregisseure, sondern Bayreuth als Zentrum fortgesetzter Aktivitäten aus dem Richard Wagnerschen Erbe geboren in die neuen Ebenen unserer Kultur. So weit wie möglich weg vom Museum und soviel wie möglich Fortsetzung in die neue Zeit. Und die Bühne im strengen Kontrast zu den neuen Möglichkeiten unserer Zeit. Das ist nicht immer neue Technisierung der Bühnen, sondern Ergänzung und Belebung durch andere Medien. Aber daß es nicht so ist und kommen wird, ist gut für die eigenen Pläne. Bayreuth der Zukunft. Von Münchner und Berliner Intendanten organisiert (siehe Stiftungsklausel für Nachfolge!). Ein cleverer Medienpool, von Beta gekauft, bezahlt und vermarktet und von den musikalischen Feuilleton-Professoren abgestützt.

602

Bei der Frage nach dem nächsten Film sollte man überlegen, was hätten Sie denn gerne? Was ist Ihnen wert, wichtig, notwendig, gemacht zu werden, ohne Zögern, logisch aus dem bisherigen Zyklus der Zeit, der Welt und Filmentwicklung. Das Machen wäre das einfachste, ästhetisch das zu finden, aber was und warum. So gibt's nur eine Entscheidung, in uns selbst hinabzusteigen, Wahrheit suchend dort, wo größtes Risiko ohne Hilfe des Außen und Verantwortung des Scheiterns nicht mehr aus der historischen Pflicht abgesichert werden kann. Danach vielleicht sehen wir uns wieder zum leichteren Spiel, wenn es noch eins gibt.

Es gibt nur eins, die Rettung der Welt, das Undarstellbare außer in uns. Das Undarstellbare, das einzige, was sein muß heute, sein darf nach einem PARSIFAL wie diesem, am Ende der Welt.

603

Und ich lese noch im Flugzeug die von Granel aus Toulouse, dem alten 68er Veteranen, mitgegebene Heidegger-Rede von 1933 in Freiburg und lese, was er bewunderte, mit lautem Schaudern, den ganzen Wahnsinn dieser Zeit. Es sollte in jedem historischen Schulbuch stehen, so erst ist die Zeit zu verstehen, über die Tragik der Utopien, Hoffnungen aus dem Widerstand gegen das Bestehende. Wie schnell hat Heidegger seine Grenzen erkannt.

604

Die Hitler-Fälschung im *Stern* wird immer mehr zur Hysterie. Als ob das etwas Neues gewesen wäre. Was teuer ist und besorgte Gutachter als echt garantierten, muß wahr sein. Und ändern, mundgerecht machen nach eigenem Willen, tun sie sowieso. Nur hier war die Aufmerksamkeit der Öffentlichkeit zu groß. Es hat nicht funktioniert. Der Alltag ihres Jobs wurde offenbar. Sie sind in die eigene Falle gegangen. Wo sonst Ideologie oder Geschichte Wirklichkeit schaffen, ist hier niemand daraufgekommen, mindestens zu stoppen, als es darum ging, authentisch zu drucken, daß die Juden in den Osten geschickt wurden, um Gemüse zu pflanzen. Spätestens hier hätte jemand Verantwortung spüren müssen, selbst zu stoppen. Und spätestens hier wäre persönliches Eingreifen der Verantwortlichen verlangt gewesen, selbst gegen den äußeren Anschein Ehre und Pflicht walten zu lassen.

605

Wenn ich die täglichen Syberberg-Fälschungen der Zeitungen lese, würde auch ich mir kein Geld mehr geben. Man lese die *Zeit* (Peter Hamm), *Frankfurter Rundschau* (Wolfram Schütte) oder *Konkret* (Wolf Donner), oder Jörg Drews und alle anderen. Geschrieben am 50. Jahrestag der Bücherverbrennung mit den großen, lauten Sedansfeiern ihres Zeigefingerpathos.

606

Zurück aus Toulouse. Von E. Th. Brief mit Text zu Toscan-du-Plantier-Portrait wegen Kürzungen, Abschnitt Syberberg, PARSIFAL gestrichen in *Welt am Sonntag*. Nun ist Gaumont (Toscan du Plantier) nur mehr zuständig für den DON-GIOVANNI-Losey und Schlöndorffs noch nicht gedrehte Proust-Verfilmung.

607

»Nie wäre ich von selbst auf die Idee gekommen, einen PARSIFAL-Film zu machen – Wagners schwierigste Oper über vier Stunden lang. Aber als Syberberg mit seinem Konzept in mein Büro kam, konnte ich ihn nicht ziehen lassen. Man muß immer Neues wagen. Dafür nehme ich mir auch stets Zeit.« Als es Lizenzschwierigkeiten über bestehende Musikaufnahmen gab, setzte Toscan kurzerhand seine gerade erworbene Klassik-Plattenfirma Erato, an der er 75 Prozent und die amerikanische Multi-RCA 25 Prozent hat, für eine neue Einspielung ein. »Für mich ist es die schönste *PARSIFAL*-Aufnahme, latinisiert und entgermanisiert. Inzwischen sind über zehntausend Kassetten verkauft. In New York lief der Film acht Wochen vor ausverkauften Häusern. In Roms Circo Massimo wurde er auf einer überdimensionalen Leinwand an zwei Abenden von 10–3 Uhr nachts vor sechstausend Menschen gezeigt. Es war eher wie ein Rockkonzert, inklusive Marihuana. Syberbergs Malaise in Deutschland ist es, daß man Wagner mit Hitler identifiziert. In seiner Rede bei der Eröffnungsfeier der Bayreuther Festspiele 1976 hat der damalige Bundespräsident Walter Scheel den Nagel auf den Kopf getroffen: ›Hitler liebte Wagner, die Berge und Schäferhunde. Man nimmt es den Bergen und Schäferhunden heute nicht übel.‹ Syberberg sagt genau das. Das muß man auch sagen. Syberberg selbst ist faszinierend, aber sehr schwierig. Ich habe mittlerweile meterweise Telexe von ihm, die ich später im Syberberg-Museum veröffentlichen werde!«

Syberberg dagegen ist todunglücklich und enttäuscht über den

»miserablen Vertrieb« seines Filmes, und daß Gaumont ihn ohne seine Zustimmung kürzt. »Toscan ist ein Killer. Er hat das Baby mit zur Welt gebracht und ist jetzt im Begriff, es zu töten. Wenn ich es nicht wie eine Amme an meine Brust drücken würde, wäre es schon längst erstickt. Dieser Multi ist offensichtlich unfähig, mit einem so individuellen Produkt umzugehen. Bei aller anfänglichen Begeisterung für Toscan, muß ich ihm die Schuld geben. Ich bin ihm jetzt lästig und bekomme nie Antwort auf meine Telexe. Seit einem Jahr habe ich nicht mehr mit ihm gesprochen.« Wegen unbezahlter Kopierwerksrechnungen von 150000 DM meint Syberberg, vor Gericht gehen zu müssen.

P. S.: Gewonnen Ende 1983. Der David gegen den Multi. Ein neuer Film mit Gaumont wohl nie wieder. Und mit Frankreich.

608

Ich denke mir eine Karikatur, verbrannte Erde, Hitlers Untergang mit Plastik-Baum des Wirtschaftswunder-Fortschrittlers, damit es nicht immer so negativ ist, mal was Lustiges.

609

Überall gibt es jetzt Bücherverbrennungs-Gewinner, pathetische Feiertagsreden mit dem demokratisch gesenkten Daumen der Pluralität. Auch diese Sedansfeiern des Fortschrittssieges warten auf ihren Heinrich Mann, noch immer.

610

Der Maler im Haus. Sein noch vom letzten Jahr bekannter Mitarbeiter ist nun bei der Bundeswehr. Er arbeitet jetzt allein. Schwierigkeiten bei neuen Arbeitskräften im Malergewerbe. Jugendarbeitslosigkeit? Lachen. Ja, im Computerbereich, oder Automechanik, aber Maler wie Bäcker? Wollen sie nicht? Früh aufstehen, sich bewegen, Farben, Schmutz. Jetzt haben sie die Lehrlingsarbeit der Bäcker vor 7 Uhr verboten. Sie, die lernen sollen, kommen also, wenn alles fertig ist, und die andern gehen, nurmehr die Maschinen laufen.

611

In den USA haben sie jetzt die Computer-Anlagen der Frühwarnsysteme für einen atomaren Raketenangriff abgestellt, als in letzter Zeit zuviel Fehlmeldungen vorkamen, nach denen der Angriff schon längst erfolgt wäre. Wenn nicht der gesunde Menschenverstand ihnen gesagt hätte, daß es noch nicht sein kann, wäre die Welt schon erledigt gewesen. Wie wäre es, wenn wir öfter gegen alle Berechnungen handelten, einfach etwas mehr nach Menschenverstand? Und wenn erst das Denken beginnt? »Das Denken beginnt erst dann, wenn wir erfahren haben, daß die seit Jahrhunderten verherrlichte Vernunft die hartnäckigste Widersacherin des Denkens ist.« Soweit Heidegger am Ende seines Aufsatzes zu Nietzsches Wort »Gott ist tot«. Die Atomzeit ist die äußerste Konsequenz ihrer Ratio.

612

Heute den Vogel aus dem Käfig gelassen, dem engen Futterhaus, nach langer Zeit. Nun im geschlossenen System des größeren Glashauses, dachte ich, würde er seine Freiheit nutzen. Nun würde er im Grünen sitzen zwischen Rosen und Zimtpflanzen, auf den Rabatten unter dem sonnigen Glasdach oder in der exotischen Datura und ihren orangefarbenen Blüten, der Exot unter den Vögeln.

Aber dieser Vogel flog ins dunkle Fenster, das zum Zimmer im Haus führt, oder er hält sich ängstlich an die Außenwände des Käfigs. Zu spät. Die Freiheit lernt er nicht mehr, und das Klammern an den Käfig und die Suche nach der Geborgenheit des dunklen Loches bewahrt ihn instinktmäßig vor gefährlichen Ausflügen, denen nicht zu trauen ist. Denn am Abend wird er wieder im Käfig sein.

*

Alltags-Notizen: Es wird sich viel wiederholen, wie im Leben. Viel wird zu intim sein, wie Notizen eben sind. Böses ist nicht zu vermeiden, wie im Alltag. Und der Wald schreit? Und der Wald steht schwarz und schweiget. Untergang? Nicht so lange wir dies tun, schreibend, druckend, lesend, leben wollend, »im Sturme stehen«. Monologe des Ich, die Welt tief in sich aufnehmen und aus sich heraufholen. Durch Heidegger hat das deutsche Wesen noch einmal tief Atem geholt, angestrengt und in tragischer Größe, bis es verfiel, einschlief? Verendete? Oder die Fackel weitergab? Eine Mahnung, mit mir macht ihr keine Karriere in eurer Welt und nicht alle darf ich nennen, die es doch versuchten und was geschah. Aber sie werden alle einmal danach bemessen werden, wie sie sich hier verhielten an diesem Fall. Was zu nennen wäre: Atget, die Stillebenfotos der verlassenen Welt und die Stille des Heidegger-Hauses im Schwarzwald. Wenn es nicht weitergeht, verfällt und in eine Welt führt, deren Realitätsabklatsch nicht meine Aufgabe sein kann, was anderes war möglich als zurückzutauchen in die Zukunft der Erinnerungsmythen auf produktive Weise, für eine Welt der Phantasie des Häretikers, der sich diesen entgegensetzt auf unerbittliche Weise. Da sind die Opfer dieser Realität von Fassbinder bis Schroeter, in negativ gewordener Verzweiflung, ruiniert. Und da sind einige, die wissen es nur aus dem verdrängten Dunkel ihres Unbewußten und des schlechten Gewissens, mit Aggression reagierend. Und da sind Junge, die entdecken schon wieder neu, wie Fremde im Ausland hier und warten auf das, wo wir gut sind, und sie fragen sich, warum eigentlich das alles geschieht in der Langweile schlechter Geschichtsschreibung und dieser Freudlosigkeit, wie Vögel, denen man das Nest zerstört.

613

Das Hitler-Tagebuch des *Stern*, nun kommt es heraus, wurde von einem Keller-Typen in der Dachkammer eines Reihenhauses, von einem Schwarzmarkthändler der Geschichte, geschrieben, ohne Geschichte, ohne Altnazis und DDR, ein Spitzwegtyp dieser Zeit, Zulieferant der Medien-Köpenickiade. Sind die Nazis zu phantasielos geworden? Das macht man nicht. Aber wohl im Auftrag des Unterbewußten der Geschichte. Wie wäre sonst diese Gut- und Wohlgläubigkeit und Abnahme einer vielköpfigen Redaktion zu verstehen. Was so viel gekostet, muß wahr sein, und unsere provenienzsüchtigen Fachleute warteten erst auf Computeraussagen, bevor sie sich auf ihre eigene Meinung und Verantwortung und persönlichen Bekenntnismut verließen, daß ein Hitler wohl kaum ein Ergebnis der Wannseekonferenz abwartete, um die Juden zum Gartenbau in den Osten zu schicken. Wie konnte das ungeprüft und durch eigene Courage nicht bezweifelt werden, nach Kenntnis seiner Reden, seiner Gespräche und sonstiger Zeugnisse.

614

Der Vogel singt nur, wenn er im Käfig ist. Deprimierende Beobachtung.

615

In Turin veranstaltet das Goethe-Institut zum 100jährigen Todestag Richard Wagners ein Incontro »Richard Wagner e il Cinema«: Der deutsche Musikwissenschaftler weiß viel von Hitler bis Hollywood, Adorno, R.-Wagner-Uraufführungen in New York, Coppolas APOCALYPSE und Charlie Chaplin, sonst nichts. Wenn nicht der verdienstvolle Veranstalter W. des Goethe-Instituts in Turin im Vorwort des Büchleins, das vor mir auf dem Tisch liegt, in einem Absatz auf Filme wie die von LUDWIG bis PARSIFAL, inklusive HITLER und KARL MAY hingewiesen hätte, kämen sie wohl gar nicht vor in der Geschichte Richard Wagners. Aber W. lebte lange Jahre im Ausland, und man muß nicht immer nur Bücher verbrennen in der Nähe Hitlers. Auch Filme eignen sich bestens und warum immer verbrennen. Wir machen das schon. Auf uns ist Verlaß. Made in Germany 1983.

616

Auch in Tibet, als die Chinesen dort 1951 einbrachen, die übliche Kolonialisierung im Schutze der Befreiung. Im amerikanischen Mexico, in Indien, in anderen Staaten wurde alles zerstört, aber Neues gebaut. Seit dem Ende des Zweiten Weltkrieges überall die gleiche Wüste, ob ich nun die Bilder anschaue in Pommern, nach der Übernahme der Macht durch das Volk, oder in Tibet, Beton und Asphalt, schnellgebaute Baracken. Und überall das gleiche Phänomen. Who did win the war?

617

Tom L. aus Cannes, zum Bundesfilmpreis: »I give to this committee the Beckmesser award.« Nur ist fraglich, ob die Beteiligten in Deutschland überhaupt verstehen, was er ihnen vorwirft. Zu Beckmesser gehört es, daß er nicht versteht. Sehr komisch?

618

Peter Stein zu Film. Er gehe selten ins Kino, aber wenn, dann immer, wenn Robert de Niro spiele oder Dustin Hoffman, und so weiter, Movie. Und er gehörte zu den privilegierten Personen ohne Freizeit. Alles fürs Theater, ob Reisen über Land und See, oder Menschen. Die Tragödie: immer nur dirigieren, die Partituren schreiben andere. Die keine Komponisten sind, zumindest im Kino. Das Problem des Films und nicht nur des Filmregisseurs. Filme mache er, weil er da mehr Autor sein könne. Ganz Autor zu sein ist das Gebot, und da fängt der Ärger an. Wie einfach sagen es die Juristen, sie unterscheiden zwischen künstlerischer Leistung etwa bis zum Dirigenten mit gewerkschaftlichem Schutz und einem Kunstwerk und dessen Integrität.

Die Freizeit hat er schon weggegeben auf privilegierte Weise, wie er sagt, mit der Produktion wird die Angst kommen und mit der eigenen Distribution der ganze Horror dieser Welt. Gnade ihm

Gott. Aber ohne dies wird er keinen eigenen Film machen für andere oder für sich selbst, es sei denn, es wären Filme wie alle anderen sonst.

619

Einen Abraham a Sancta Clara wünschend: sprechen wir nicht vom Geist der Zeit, sondern von der Selbstzufriedenheit der Wissensverweigerung und der des Herzens im Augenblick des Risikos. »Und da ich Deutscher bin« – um mit Karl Jaspers zu sprechen –, »erinnere ich mich an die alte abendländische Idee der politischen Freiheit gegen die ständig grausamer, unsinniger und niederträchtiger werdende Reaktion.« Sie sind Huren, aber nicht von der Art, daß sie beglücken in Momenten der Bedürftigkeit, sondern von der anderen Seite, schnell zu Geld zu kommen im stinkenden Gewerbe voll krimineller Ursprünge, sich verleugnend und das Beste, was wir haben, verratend. Endprodukte einer neuen Entwicklung und doch nicht freizusprechen von eigener Verantwortung. Ein übles Geschmeiß, etwas, was man wegwirft, schnell und auf unbeachtete Plätze, etwas für den Abfall der Zeiten, Wegwerfware, billig, wie das, was sie zu lieben vorgeben. Man merke sich ihre Namen. Einmal haben wir sie, einmal sind sie namentlich erfaßt, und einmal kennen wir die Prozeduren ihres Neins, etwas aus den Zeugnissen der Anonymität ihrer Fluchtbewegungen.

620

Der Fall Heß. Herzogs Plan, Spandau als Film mit Speer, wenn Spandau einmal frei würde. Wieviel mehr inzwischen Heß zum Thema geworden ist. Das ganze Gefängnis für einen Mann mit wechselnden Wachkompanien und Nationen, etwas über Größe und Kosten, die ganze Absurdität unserer Zeit. Welche mittelalterliche Rache, welche Angst in einem Atomzeitalter voll Wasserstoffbomben und Neutronenschatten. Der Mann, der, um Frieden zu versuchen, seinen Freund verließ, zu den Feinden überlief, die ihn auslieferten, und seine Treue zu dem ihn verstoßenden Freund, und das Schweigen bis ans Ende für einen Freund namens Hitler, der ihn verließ. Allein nun seit 40 Jahren in Deutschland, einsam gegen die ganze Welt, die sich human nennt, gegen den besiegten Gegner, diese Welt, am Schluß noch siegend, im Kerker, durch sein Schicksal, das sie ihm zugeteilt.

621

Zu den unrealisierten Utopien. Delphi ist nun offen, ob sie es annehmen, verstehen, die Rückkunft des Abendlandes zu seinen Quellen? Technik wäre da, die Geschichte hat es möglich gemacht, und die Idee ist angeboten. Es ist an ihnen, es zu realisieren. Und Israel, auch das Angebot steht, trotz aller Ablehnung der Deutschen und ihres Botschafters, auf Mithilfe in einem souveränen Land, nach der Bitte in Israel selbst um Unterstützung. Es liegt nun an Israel, ob sie diesen Richard Wagner Hitler überlassen und die eigene Kultur den Politikern. Von hier aus ist alles getan. Man lese, sehe, höre, mehr zu tun war nicht möglich und wird nie möglich sein. Es geht um das geistige Erbe der Kultur, wer sich ausschließt, auch in diesem Fall, ist auch der anderen nicht würdig. Und es war nicht Richard Wagner, der im KZ gespielt wurde.

622

Der Kloakenhymniker. Laut »klingt das Geheul des Erdwolfes an, der gierig durch die Kloaken jagt, mit feuchtem, klebrigem Fell und dem unersättlichen Fleischhunger, der endlich Blut säuft und die Abfälle des Lebens frißt. Jeder Trunk aus den roten Bechern ist wie Meerwasser, das den Durst immer rasender macht« (E. Jünger).

623

Der Wald. Ursprünglich haben sie gesagt, es sei der saure Regen vom Schmutz unseres Reichtums aus der Unterwerfung der Natur. Aber seien wir nicht sentimental. Und sind nicht auch Italien und Spanien und der Balkan ohne Wald? Zuerst dachten wir, es beträfe alle, und jetzt wissen wir, sie verstehen uns nicht, denn England ist weit, und von Frankreich kommen die Winde und Amerika hat alles erst vor sich. Man stelle sich vor: Deutschland ohne Wald. Das Rauschen in uns, ohne die Mythen, die Märchen von Wölfen und die Lieder der Kindheit zur Erinnerung, eine Kunst, die schon lange Geschichte wurde der Museen. Nein, er ist schon lange tot, trotz aller Entsetzen von Politikern bis Umweltschützern. Die Wälder wurden zu Wirtschaftsgebilden und der Tannenbaum aus Plastik den Reisen in den Süden geopfert. Und war es nicht Hitler, der Bäume liebte und im Schutz der deutschen Wälder den Aufmarsch plante gegen den Osten und seine Panzer- und Munitionsfabriken gerade dort verbarg. War und ist nicht der Wald schon lange als romantisches Relikt verdächtig und sein Fehlen erst das realistische Bild unserer wahren Situation in Ost und West, ganz Mitteleuropa inbegriffen, das Symbol der Rache der Natur. Während wir zynisch witzeln, schreiben einige, weinen vielleicht, und »der Wald steht schwarz und schweiget, und aus den Wiesen steiget der weiße Nebel wunderbar«. Und: »Kalt ist der Abendhauch, verschon uns Gott mit Strafen und laß uns ruhig schlafen und unsern kranken Nachbarn auch.«

Es ist ein symbolischer Akt des Sterbens. Europa hat aufgehört zu sein, wenn der Wald stirbt in seiner Mitte. Dies Land und dies Europa hat schon viele Feinde überstanden, jetzt ist das Sterben der mitteleuropäischen Wälder das sinnvollste Zeichen einer Natur, die ihre Konsequenzen zieht, die die Menschen nicht imstande waren, ihr gleichzutun.

624

Die Redakteure des *Stern* wollen Peter Scholl-Latour nicht als Chef-Redakteur, er sei nicht ihr Mann. Selbst der Oppositionsführer der SPD mischt sich ein, sieht eines seiner Blätter wegschwimmen. Hatte Scholl-Latour nicht gerade geschrieben auf die Frage, wen er am meisten verachte: »Niemand«. Ein Journalist nach der Art der Priester und Ärzte, danebenstehend, darüber, als Beobachter informierend, das verstehen sie nicht, diese Verächter von berufswegen bis zur Alltagsfälschung der Geschichte. Scholl-Latour war zu lange außerhalb des Landes.

625

Das Leben zwischen Werkstatt und Flugplatz, und einmal in der Woche geht der Cowboy in den Saloon. Wenn Samstagmittag um halb Zwölf die Schule zu Ende ist, gehen wir ins Venezia auf der Leopoldstraße in Schwabing in die Espresso-Bar aus Plastik und Neon. Und da sind sie dann, und wir sehen, was sie anhaben, wie sie sprechen und ob wir noch leben. Und auf der Straße, wenn die Sonne scheint, im Gestank des Auspuffs, sitzen die Wondratscheks und Lemkes und Charly der Gute von Schumanns Bar und die Architekten Herr und Frau T. aus Ottobrunn mit ihrem Motorrad und E. Sch. Einmal in der Woche und wie als Ritus gehen auch wir auf den Markt.

626

Man spricht immer von der Entwicklung der Filme, vielleicht von LUDWIG bis PARSIFAL oder auch von Kortner bis WINIFRED WAGNER, von andern ganz zu schweigen. Aber auch die Bücher, sie haben ihre Geschichte. Was zwischen dem ersten Filmbuch vor 7 Jahren bis zum jetzigen geschehen mußte, um solche Entwicklungen zu ermöglichen, ist kaum je zu beschreiben.

627

»Dürftig bleibt die Zeit nicht nur, weil Gott tot ist, sondern auch, weil die Sterblichen sogar ihr eigenes Sterbliches kaum kennen und vermögen. Noch sind die Sterblichen nicht im Eigentum ihres Wesens, der Tod entzieht sich in das Rätselhafte, das Geheimnis, der Schmerz bleibt verhüllt, die Liebe ist nicht gelernt. Aber die

Sterblichen sind, sie sind, sofern Sprache ist, noch Waldgesang über ihrem dürftigen Land. Das Wort des Sängers hält noch die Spur des Heiligen.« (Martin Heidegger, kurz nach dem Kriege, über Rilke, 20 Jahre zuvor.)

628

Hitler und die Kunst. Immer die Aufregungen, wenn es dahin kommt, und es zeigt die Nähe des Problems. Die wollen sie sauber wissen, soviel beschmutzt von ihnen, die Kunst. Sie bringen Hitler mit Richard Wagner in untrennbaren Zusammenhang und weigern sich vor der Konsequenz der Anwendung jener Idee, Hitlers Drittes Reich als Gesamtkunstwerk des pervertierten Abendlandes zu erwägen. Sie sprechen von Caligari bis Hitler und sind erstaunt, wenn man sagt, daß Hitlers Deutschland vielleicht in konsequenter Realisierung die expressionistische Phase der deutschen Politik war. Sie hatten ihre Lektion zu gut gelernt. Bücher verbrennend erfüllten sie den Brand, den die Bücher beschreibend heraufbeschworen. Es wird immer ein grundlegender Unterschied sein, ob Hitler der Dr. Caligari war, der das somnambule Volk zum Morden schickte, oder ob man die Geschichte so deutet, daß Hitler vielleicht der Somnambule war, und wer war dann Dr. Caligari, das heißt, wer hat ihn getrieben? Caligari entstand mit Kleinstbudget eigentlich als Nebenprodukt der mächtigen Filmgeschichte und wurde zur Filmgeschichte.

629

Gaumont hat den PARSIFAL gerettet. Ohne Gaumont wäre keine neue Tonaufnahme des PARSIFAL entstanden. Dank Bayreuth, das alle bestehenden Aufnahmen verweigerte. Und ohne deren Geldzulage, mit Möglichkeiten, den deutschen Geldgebern zu sagen, es sei nun alles sicher, hätten wir das Geld auch aus Deutschland nicht bekommen. Aber Gaumont bekam aus Deutschland – das war die Bedingung für wenig Eigenkapital, und es war weniger als das offizielle Drittel – dafür die Weltrechte und

Platten und Film zugleich, unbeschränkt und für immer in Ewigkeit. Deutschland hat Gaumont einen Film geschenkt, finanziell und ohne eigene geistige Leistung. Er ist weg, enteignet, und nach meinem Verschwinden, wer wird sich kümmern, er wird tot sein oder in welchem Zustand. Das sind die Folgen, wenn wir gezwungen werden, so zu handeln und uns zu verkaufen nach filmwirtschaftlichen Regeln.

630

»Sie werden nie mehr sein als der Fassbinder ihrer Zeit«, und er erblaßte.

631

Der Kater mußte sein Revier markieren, sichern, da half alles nichts. Er war alt, zahnlos, einäugig, von krächzender Stimme und humpelte, von vielen Kämpfen gezeichnet. Da waren alle Reden und Hilfen umsonst. Natürlich hätte man ihn früher kastrieren können und dadurch viele Wunden erspart. Aber wie auch immer das sogenannte bessere Leben ausgesehen, es wäre ein Kater gewesen, der kastriert wurde.

632

Ernst Jünger: »Diese Zeit ist der Kunst nicht würdig.« Aber ohne Zeit ist diese Kunst nicht mehr. Sie, die Zeit, hat sich zum rachsüchtigen Diktator der Kunst gemacht, gegen den List nicht mehr hilft und nur mehr Blut als Opfergabe einzig Wahrheit garantiert. Ist nicht Ernst Jünger zu bewundern in seiner stillschweigenden Duldung aller Infamien ohne Abwehrpolemik. Als er noch bei jungen Kräften war, trieb es ihn in die Nähe Hitlers. Nicht lange zwar, und es war noch nicht die Zeit, in der Brecht ihn schützte mit seinem »laßt mir den Jünger in Ruh«, wie man sagt. Aber so weit kann es kommen, und wer ist es, der jetzt klatscht oder sich empört? Und der Wald, wenn je, dann schweigt er hier.

633

Die Kunst ist tot. Die Schnellbegattung, das schnelle Befriedigen der Triebe, die Neophilie, immer mehr und immer anders und immer etwas Neues, bequem und ohne Antriebsleidenschaft und ohne es eigentlich zu wollen und ohne Konzentration ist das Ende, zumindest der Kunst. »Wir leben in dürftiger Zeit«, »diese Zeit ist der Kunst nicht mehr würdig«, alles Vorboten nur der augenblicklichen Situation, in der nun nicht nur der Gott, sondern auch die Kunst tot genannt werden kann. Kunst braucht Schwierigkeiten, Opfer, Risiko, so unangemessene Riten wie das Warten auf Reife und Leben. Ohne Zeremonien des vorsichtigen Annäherns, der Lust pflegend und aller Kulturen der Sehnsucht, ohne Pflichten und Regeln, Vorspiele des nie Erreichbaren, geht es nicht. Wenn der Gral enthüllt wird, ist das Spiel schon aus. Die Leidensfähigkeit aber und das Geheimnis allein rechtfertigt und bestimmt das Maß der Reife, des Endes. Heute gibt es mehr Ende ohne Leiden. Als Gott starb, gab es noch die Kunst und nun? Was wird bleiben in 100 Jahren? Und ich sehe sie höhnen: nichts! an den Freßtischen des Establishments ihrer Medien. Was aber ist Kunst ohne Willen zur Ewigkeit? Jede wahre Kunst will Ewigkeit.

634

Heute bekomme ich auf den Tisch aus Amerika 20 Seiten zum HITLER-Film: ›Wagnerism and Alienation‹ – W. und Verfremdung. Und der erste Satz: »Not since Thomas Mann's *Dr. Faustus* (1947) and Günter Grass' *The tin drum* (1959) have we been made to look back at the German catastrophy of Nazism in a more provocative and more imaginative manner ...« Und von der *New York Times* einen Artikel über Oper und Musik. Vergleiche mit Chéreau und der TV-Version, Zeffirelli, Bergmans ZAUBERFLÖTE bis Herzogs FITZCARRALDO. Was, wenn Herzog statt Caruso-Schnulzen auf schicken frühen Schallplatten Richard Wagner genommen, die Konfrontation Richard Wagner plus Urwald wäre etwas gewesen, wie für einen neuen Herzog, auf den wir lange warten. Was, wenn er statt dem »athletischen Film« etwas fände, was ihm und seiner Begabung gerechter würde. Wieder.

635

Richard Wagner ist für Witze immer geeignet. Zu hoch gegriffene Utopien von zwergenhafter Erscheinung unserer Alltagsexistenz. Es zeugt nicht für Großmut eines intelligenten Kritikers hier hereinzufallen. R. Wagners Stichwort Bühnenweihfestspiel gehört dazu. Gemeint war neben vielem Persönlichen, Intimsten, wie er sagt, ein Vergleich und Herkommen von Kirchweihjahrmärkten. Und da ist es interessant zu wissen, wie einmal im Jahr zum Jahresfest des Ortsheiligen der Kirchen, und speziell in südlichen Ländern, auch heute in Sardinien zum Beispiel, die Familien der Orte rundum auf die einstmals heiligen Berge dieser Kirchen ziehen für 3–9 Tage und Nächte, in kleinen Häuschen lebend und diese Jahresfeste mit Essen, Trinken, Singen, Reden, Tanzen verbringen. Das Blut der Tiere fließt, von Opfertieren, von weit her kommender Brauch (siehe SCARABEA, Wieviel Erde braucht der Mensch). Das führt zurück zu den Anfängen der europäischen und heidnischen Kultur der Griechen: die griechischen und nördlichen Heiligtümer liegen gerne an den großen Plätzen des Naturuniversums. So kann man es auch sehen, wenn wir diesen PARSIFAL zeigen an den großen und heiligen Orten unserer Kulturen, weniger, um sich selbst zu feiern, als den Menschen eine Gelegenheit für ein Zusammenkommen zu geben, sich zu treffen zur guten Erinnerung, die sie wecken und mitnehmen können aus diesen vorübergehenden Anlässen. Leben noch einmal aus den Ruinen schlagend der Erinnerung, wie Wasser aus totem Fels.

636

Spießerkunst. Das bekannte gesicherte Risikolose, das, was Geld macht, Provokation aus Selbstgenügsamkeit, das Schick-Avantgardistische, Stinkende à la Mode, das Laute und Blendende, das leicht-bequeme, vorzeigbare Einschichtige, die Internationale der Spießer mit ihren nationalen Varianten wären einmal zu untersuchen.

637

Ob es nicht schmerzt, Deutschland so zu sehen, kann sie das überhaupt noch rühren? Natürlich hört man gerne »like nothing on earth«, denn das ist genau, was gemeint ist, eine eigene neue Welt, die dieser entgegenzusetzen ist, und was die Politiker und materialistischen Philosophen nicht zu erreichen imstande sind, sie ist hier für die augenblickliche Realisation der Kunst durch die Sinne zu realisieren. Natürlich hört man es gerne, wenn es heißt, »wie nie zuvor auf der Leinwand gesehen«. Natürlich schmerzt es, Deutschland als Reservat der Spießer zu sehen, dort wo man lebt, dies aggressive Spießertum am Werke zu sehen, von Tag zu Tag, stumpf, niedermachend, verdummend, mächtig, selbstgerecht und sich immer fortpflanzend aus finsteren Schößen, und selbst in Gefahr zu kommen, wenn man sich nicht wehrt.

638

Abgesang: Zu Heideggers Antrittsrede 1933 in der Freiburger Universität. Damit war das Ende eingeleitet. Diese äußerste Strenge der Analyse bis zur Anstrengung in den Irrtum des Untergangs: »Die vielbesungene akademische Freiheit wird aus der deutschen Universität verstoßen. Denn diese Freiheit war unecht, weil nur verneinend. Sie bedeutete vorwiegend Unbekümmertkeit, Beliebigkeit der Absichten und Neigungen, Ungebundenheit im Tun und Lassen.« Und: »Denn Geist ist weder leerer Scharfsinn noch das unverbindliche Spiel des Witzes, noch das uferlose Treiben verstandesmäßiger Zergliederung, noch gar die Weltvernunft, sondern Geist ist ursprünglich gestimmte, wissende Entschlossenheit zum Wesen des Seins. Und die geistige Welt eines Volkes ist nicht der Überbau einer Kultur, so wenig wie das Zeughaus für verwendbare Kenntnisse und Werte, sondern sie ist die Macht der tiefsten Bewahrung seiner erdbluthaften und bluthaften Kräfte als Macht der innersten Erregung und weitesten Erschütterung seines Daseins. Die geistige Welt allein verbürgt dem Volk die Größe.« Wer da nicht erschrickt, wer da nicht erkennt, die ganze Größe und Tragik der Zeit, und wem da nicht die Tränen kommen, der hat kein Herz mehr und wird wohl nicht imstande sein, Geschichte jemals zu fassen. Vor 50 Jahren wurde diese Entscheidung getroffen, wohin sind wir seitdem gekommen, und indem die Heideggers besiegt wurden, was hat uns dieser Sieg gekostet?

639

Wieviel bekamen die gefeierten, abgetretenen Versager des *Stern*, die Chefredakteure, damit sie schwiegen? Früher erschoß sich der Schuldige aus Scham, heute kassiert er, damit er schweigt. Wer aber zahlt und wovon die Zeche, und wo sitzen sie demnächst? Und wer bekam unter den großen Versagern die größten Abfindungen unter den Heutigen, den ewigen Spitzwegfiguren, Spießern unter den Dächern des Biedermeiers wechselnder Moden, heute in Leder und Jeans plus Krawatte oder Schweißhemd, je nach Bedarf oder Bedürfnissen, wie es so schön heißt? Jedem nach seinem Bedürfnis.

640

Cannes-Entsetzen selbst im *Spiegel* jetzt, und in allen gleichgeschalteten Organen wie immer alle Jahre, ohne Konsequenz. Nur was es heißt, das »Altmodische« sei da dann doch besser, darüber Schweigen.

In der *New York Times* der Artikel über Oper und Film. Über die Anstrengungen bis zum letzten Falle Zeffirelli und TRAVIATA, die Sänger nicht singend zu zeigen, möglichst im Dunkeln, von hinten und weit entfernt in der Totalen. Die Scham, teils aus Unvermögen, teils ohne Zutrauen zu dem, was man tut. Und dann der erlösende Satz in der *New York Times* zu diesem Fall: »Aber ein Opernsänger singt.« Es ist die Tugend des Heiligen, Gott nahe zu sein, und des Essenden, den Mund aufzumachen. Am Anfang unserer Entscheidungen vor dem Studio, nach langen Recherchen, stand der Entschluß, die Sänger dieser Oper singend, also bei der Arbeit, zu zeigen und auch und gerade die Nicht-Sänger, groß und wie auf den Paradies-Bildern des Mittelalters, denn Singen ist etwas von der Utopie des Grals auf dieser Erde. Diese Arbeit aber zu zeigen und in dieser Weise und in dieser Form und nicht etwa die Arbeitenden bei der Arbeit selbst zu dokumentieren, sondern zu erhöhen, die Musik gegenwärtig zu machen durch Präzision bis ins Gegenteil dessen, was der normale Opernfilm schamvoll verschweigt. Den Sänger nicht zu zeigen, ohne ihn zu dokumentieren, ist die erste Sünde aller Opernfilme. Das Bild des singenden Menschen aber zu zeigen, ohne Lächerlichkeit, und ihn zu dokumentieren für einen unbefangenen, noch von Vorurteilen freien Zuschauer, heißt etwas hörbar machen, was er nicht sieht, den Geist dieser Musik nämlich.

641

Nachtrag zum Fall *Stern:* In der nun jedem bekannten und durch soviel Rummel einer Falschmeldung berühmten Maschine, die am 21. April 1945 in Thüringen auf dem Flug von Berlin nach dem Obersalzberg abstürzte, waren also nicht die Tagebücher Hitlers, aber wohl mit ziemlicher Wahrscheinlichkeit andere wichtige Sachen, bei deren Verlustmeldung Hitler blaß wurde. Dinge, die Hitler nicht zu verbrennen gedachte, wie persönliche Dinge danach in Berlin. Gregor-Dellin vermutet, daß das die Noten Richard Wagners sein könnten, die aus dem Ludwig-Erbe von den Wittelsbachern zum 50. Geburtstag Hitlers, also 1939, nach Berlin gekommen waren, wo sie Wieland noch kurz zuvor, nach Ankunft von Winifred Wagner, gesehen. Soviel Lärm um nichts und sowenig Sorge um die wahren Erbschaften, die wirklich verbrannten. Und so nahe auch hier wieder das eine dem andern in den Themen unserer Arbeiten. Winifred, Hitler, Richard Wagner. Und die Sünden dieser Presse.

642

Ein anderes Bayreuth wäre Repräsentation plus Innovation, in dem Sinne, daß man das Beste zusammenzuführen hätte, zu garantierten Festen und Feiern, das Beste aus allen Ländern, und Neues zu experimentieren hätte, anzubieten zur Diskussion, und beides nicht nur im Theater.

643

Pina Bausch, Theaterfestival Sommer 1983, *Nelken.* Auch Monolog mit verschiedenen Figuren, alle Frauen wie Pina Bausch. Gewiß Narzißmus, monomanisch, manieriert, gefährdet. Aber was für ein Wagnis, Wechsel von Bewegungen und Sprechen, Musik: Wiederholungen und Längen machen die Leute aggressiv, frech, Glaubenskriege – und doch, alles, was zählt, ist da, Beifall, Jahrmarkt à la Bosch des monologischen Ich. Das letzte Mal in München vor dem PARSIFAL wollte ich sie einladen, mit mir zusammen die Blumenmädchen zu machen, mit Frauen und Männern aus ihrer Schule. Es ist selten, daß man mit neidloser Freude nach Hause geht.

644

Und immer wieder die Frage, sonst nichts? Filme: »Welche Filme lieben Sie?« Was für eine Frage. Videos ja. Die anonymen, absichtsvollen Werbespots der Musikgruppen mit Phantasie und Witz, toll. Und das wär's.

645

Bonn, Pressekonferenz. Zum erstenmal LUDWIG bis PARSIFAL als Gralszyklus nun auch in Deutschland. Bonn, wo das aus jedem Richard-Wagner-Buch bekannte Bild der Mathilde Wesendonck hängt, wo sie auf dem Friedhof liegt, als einziger historischer Bezugspunkt für Wagner? Dort nun Ankündigung des Prozesses gegen das Innenministerium, was für ein Unterfangen. Mit A. Kluge, sie konnten es mir nicht glauben. Vertreten durch den berühmten Verfassungsrechtler, aus Karlsruhe bekannt. Nun wird sich zeigen, was diese Demokratie noch hergibt. Kluge, auch Kluge: »Die pluralistische Demokratie in Sachen Kunst an ihren Grenzen.« Auch Kluge nun soweit. Verfassung, Artikel 5/3, steht auf dem Spiel. Endlich Kollegen-Solidarität, hoffentlich nicht zu spät.

646

Was wären unsere Filme im Ausland ohne die Goethe-Institute und die Goethe-Institute ohne uns. Ein alter Begriff wie Repräsentation kommt in den Sinn. Repräsentation Deutschlands in Form von Opposition. Selbst Mercedes verkauft sich besser auf diese Weise. Überhaupt nur gute Worte aus Diskussionen mit Ausländern, die fast schützend sich vor dieses Land stellen, das sie gerade beginnen zu mögen, aus Form des Widerstandes aus seinem Innern. Eine raffinierte Erziehung, wenn man so will, zur Sympathie oder Liebe. Das Bild Deutschlands auf diese Weise interessanter als jedes der anderen Länder aus diesem Widerspruch heraus. Was für ein seltsames Land, wo so etwas herkommt. Wenn je die Steuergelder für unsere Filmproduktionen legitimiert sind, so ist es hier. Hier liegt die Rechtfertigung für unsere Arbeit und nicht nur für diese Generation.

647

Auf dem Tisch: aus Bremen, Kino Schauburg, die PARSIFAL-Ankündigung im monatlichen Programmheft. Das einzige Zitat, das sie wissen, ist aus dem *Spiegel,* »optischer Nippes«, mit eigenem Text »das Handicap des Films, daß hier Schauspieler spielen und Sänger ihnen die Stimme leihen. Da quält sich Amfortas damit ab, seinen Mund synchron zur Stimme von W. Sch. auf- und zuzumachen. Oberammergau, Orchestervorspiel weihevoller Viervierteltakt... Viel hat der großspurige Filmemacher zu seinem PARSIFAL schon gesagt. Was ansonsten daraus geworden ist, muß das Publikum für sich selbst entscheiden«. Soweit die Einladung eines Kinos aus Deutschland für einen seiner Filme. PARSIFAL ist in ein deutsches Kino gekommen. Ein Kino, das als Off-Kino von 1968 entstand und das sich Kulturzentrum e.V. nennt. Dieser Seite gegenüber, im gleichen Programmheft, die Kopulation zweier Tauben als Zeichnung und die Beschreibung, »weibliche Genitale über die volle Leinwand, läßt seine Darsteller, allesamt Laien, u. a. Sekretärinnen, Krankenschwestern, Bademeister, es in Korridoren und Schränken, in den antiken Alkoven und unter Daunendecken treiben...« Aus Stuttgart, dem Kommunalen Kino, wo PARISFAL dreimal mit je extra hundert verkauften Plätzen lief, Gegenmeldung an die Presseagentur von seiten des Kinos wegen des Preises. 20 Mark, wohl der billigste PARSIFAL, den es je gab, 4 Stunden 15 Minuten für den dreifachen Preis der normalen Kinokarte (90 Minuten), unsere Erklärung, daß es den Film nicht gäbe ohne diese Arbeit, daß diese Arbeit plus Telefon und Papier und Büro nicht bezahlt werden könnte ohne die Eintrittsgebühr derer, die daran teilnehmen, wird nicht publiziert. Der Leiter des Stuttgarter Kommunalen Kinos, ein langjähriger Studienfreund, zum Kino verkommen, Alltag. Stuttgart, die Stadt großer Wieland Wagner-Inszenierungen – und wieviel Millionen an die Staatstheater pro Platz? Und Bremen, die Stadt, wo Edith Clever anfing vor 15 Jahren und wo sie schrien, als man ihr Theater schließen wollte – wozu? wer? 20% ist vom normalen Budget der Theater nur mehr für die Kunst, so gerechnet, müßten unsere Karten 100 Mark kosten. 20 für die Kunst und 80 für die Verwaltung, die wir erlassen können.

648

Heute vor einem Jahr die Weltpremiere in Cannes, mit der Ankündigung, daß sich die Narrenhaftigkeit und Unschuld eines heutigen Parsifal wohl nur darin zeigen könne, wie er sich der Kommerzialisierung auf seine Weise zu entziehen imstande wäre. Und vor einem Jahr der Anspruch, ein neues Bayreuth zu schaffen, eines auf Wanderung um die Welt und unter dem Dach der Medien. Und der Anspruch auf Gesamtkunstwerk in Konkurrenz und Vergleich zu den anderen Künsten, aus ihnen entstanden, und nun aus dem Film die Teile zurückgebend an die Ausstellungen zur Kunst der Welt und zum Gesamtkunstwerk selbst. Und wichtig war, erneut das Risiko einzugehen der Einmaligkeit, Geschichte zu sammeln, zu schaffen, mit Geschichte aufzuladen und fortzunehmen an die anderen Orte, eingebrannt in dies Celluloid. Ubiquität als Forderung, mit neuer Technik und neuen Erkenntnissen von der Geschichte und unserer Situation. Und trotzdem die Reinheit des Einmaligen unerbittlich erhalten, dessen, was der Live-Charakter auf dem Theater so selbstverständlich verbraucht. Orte waren zu finden und historische Daten und das Ereignishafte.

Live-Vorführung in der Oper und auf dem Theater mußte ersetzt werden, was aus dem Geist des Werkes gewonnen werden mußte, erkannt und umgesetzt und weitertransponiert. Das Kino, heute verkommen zu Plastiklöchern der Fließbandunterhaltung, hat nie erkannt, was man mit ihm machen kann, garantierte Qualität in immer neu zu erwerbenden Risiken der Projektionsereignisse, von Ort zu Ort verschieden zu organisieren.

649

Mnouchkine, Shakespeare, *Was ihr wollt.* Und plötzlich findet sich die Schwabinger Schickeria in einer Fabrik. Die bekannten Gesichter in leeren Hallen aus Backstein und Eisen. Und die ersten springen über die Barrieren für ein paar Fotos vor den Müllhalden, an denen wir vorbeigehen. Das Fernsehen findet neue Motive. Einmal, wird im Lebensbericht all dieser Teilnehmer stehen – es ist ein volles Haus, von mehr als 1000 – einmal waren sie auch in einer Fabrik. Um Shakespeare zu sehen in kunstvollen farbigen Kostümen, aus Frankreich, Shakespeare auf indisch, im Stile Molières, der eigentlich zur Comedia Dell'Arte wird. Und ich stelle mir ausgestopfte Arbeiter vor, wie als Denkmal am Rande der Bühne. Und ich vergleiche als einer, der Orte sucht für Aufführungen, PARSIFAL in Rom vor 8000 Zuschauern, es war mehr Volk. Und ich vergleiche Brechts Interesse an Fabriken und seine Bemühungen, vor Arbeitern zu spielen. Im Schiffbauer-Damm-Theater und vorher in den Kammerspielen am Deutschen Theater sah ich die Intellektuellen aus dem Westen. Und ich erinnere mich an Chéreaus Neigung, Fabriken auf die Bühne Bayreuths zu bringen, das Design des Proletkults. Und ich suche und suche und sehe keinen, der einem Arbeiter ähnlich wäre im Gesicht, an den Händen, in der Kleidung schon eher, denn das ist Mode. Und ich sehe, wie schön es ist, Eisen aus dem 19. Jahrhundert und Seide aus Indien und das Graurot der nostalgischen Backsteine. Und man stelle sich vor, das alles erzählte man einem in 100, 200 und 300 Jahren aus einem Europa voller Theater und Traditionen mit großen Plätzen und Häusern, daß sie in die Fabriken gingen, die leer und verlassen und nicht mehr produktiv sind, um dort Theater zu sehen, Shakespeare, der 300 Jahre alt ist, in indisch, wie eine Reise auf eine Watteausche Liebesinsel. Wenn nur nicht diese Frage wäre, wie immer bei Kunst, die Frage nach Lüge und Wahrheit. Und man könnte auch sagen, welch ein Handwerk, diese Masken, diese Kostüme, diese umpsychologisierten Bewegungen, die Team-Arbeit, wie neue Schichten von barockem

Theater und indischem Interesse gegeneinander und miteinander wirken, wie diese Musik begleitet, zum Stück die Musik von Anfang bis Ende, eine Partitur, und wie ein neuer Ort gefunden wurde, Shakespeare-ähnlich, ohne Kulissen mit langen Auftritten, auf langen Gängen, und wie Comedia Dell'Arte daraus wurde, für jeden verständlich, auch für Kinder, die nichts von der Sprache verstehen. Und vielleicht hätte ein Brecht seine Freude daran, oder bestimmt, und selbst Shakespeare und die Arbeiter, wenn sie kämen. Denn es siegt schon sehr schnell die Qualität. Und das Menschliche in jedem der Schicken unter den Intellektuellen wird geweckt, durch diese Kunst. Es macht die Menschen menschlicher und heiter und liebend, und der Beifall ist gerecht. Und trotzdem bleibt die Frage, Shakespeare statt im Volkstheater, statt auf den Märkten, statt in unseren Theatern, in einer verlassenen Fabrik nun? Was heißt das, wenn es funktioniert? Ohne den Aufwand der großen Staatstheater, ohne Kulissen, einfach die Bretter und Menschen davor und eine Musik, die live gespielt wird, ohne Lautsprecher unserer Technik. Und es wäre lange zu überlegen, warum eine alte Antiquität auf einem verlassenen Fließband so wirkungsvoll ist, und wie schwer es ist, die zum Heute gewordene Partitur lebendig zu machen in den Ruinen unserer Erinnerungsmythen.

650

Das Shakespearesche Königs- und Volkstheater, das in die Fabrikruinen geht, und das Steinsche Theater unserer Zeit in das Kino der 20er Jahre, und der Film, über die Geschichte der Welt ziehend, und ich höre schon die üblichen Schreier mit Forderung nach dem kleinen Schmutzigen, was sie dann alternativ nennen werden und Selbstverwirklichung, und was eigentlich heißt: gegen das Große, Berühmte, und gegen das Große und ehemals Heilige zu sein, und gegen das, was wirklich das Einfache ist, das Alternative, Avantgardistische, gegen Qualität nämlich werden sie sein, und sie sind gegen das Gute, das in der Minderheit ist, und das heißt: eine Demokratie der schlechten Mehrheit?

651

Welche Frechheit eigentlich und wie ungeheuer die Verantwortung aus dem, was auf dem Theater vorgeht, aus der Totale der Gesamtwelt jene Ausschnitte zu wählen, die wir im Film dann sehen, dem andern die Bilder zu bestimmen, wegzunehmen oder zuzuteilen, zu diktieren, wie er die Welt und die Aktion von Personen zu verstehen hat. Welche Betrugsmöglichkeiten, welche Einflußnahme, welche Interpretation von Welt zum Guten und zum Bösen, zum Bequemen, zum Überanstrengen, zum sanften Gleiten in die Gedankenlosigkeit oder in die höhere Existenz, die Kunst meint.

652

Und dann die Frage, warum nicht auch du Theater machst, Oper oder was auch immer. Das wäre die Falle. Was wäre ich ohne New York, ohne Paris mit meinen Zuschauern, mit meinen Kritikern in diesem Lande. Längst gestorben, nach der zweiten Aufführung abgetreten, zugrunde gerichtet, verbrannt, nie mehr, nicht einmal Nachruf auf ein verkanntes Genie. Und wie einfach, Kopien zu schicken nach Los Angeles und Rom und Barcelona und Lissabon und Brüssel und London und Venedig und Paris und New York und nach Denver, und um München sich nicht zu kümmern, außer in Notizen aus dem Alltag der Provinz. Daß es lächelnd nicht ging, aus Charakter und Temperament nicht ohne gründelnde Suche nach Analyse, möge man mir verzeihen. Es wird mein größter Fehler gewesen sein. Mit welchem Ergebnis aber. Es wird keinen geben, der mehr weiß von euch und uns.

653

Neues aus dem Bunker von Cannes. Im Radio Interview mit Bauernfilmer R. aus Niederbayern über seinen neuen Film eines armen Mädchens, das sich vom repressiven Landleben befreit, indem es zur Hure der Stadt wird. Man muß eben durch. Hanna Schygulla beste Darstellerin von Cannes für Ferreris Sex-Bolzereien. Sehnsucht nach altem Festspielhaus, das schlimm genug war und erst vor einem Jahr verlassen. Amerikaner drohen, nicht mehr wiederzukommen, und dieser Bunker ist nur ein Beispiel für vieles andere.

654

Über Ablösung der *Stern*-Chefredakteure: daß jeder 3 Millionen bekam, Heidemann eine Jahresgage von 200 000 DM, jetzt kommt es raus. Wenn wir fragen, wer an unserer Zeit kassiert für die Sünden der Menschheit, hier muß man ansetzen. Schweige- und Aktionsgelder, wer redet den Leuten ein, daß sie still sind, sich empören je nach Korruptionslaune. Hier sitzen die wahren Mächtigen, hier sind die Schaltstellen, hier ist das, was früher dem Kapitalismus an Ausbeutung aufgeladen wurde, die Ausbeutung unserer Zeit wird hier gerechtfertigt.

655

Warum ich das alles schreibe: Epitaph der Unvorstellbarkeiten in 10, in 50 Jahren, schon heute außerhalb Deutschlands kaum vorstellbar. Die Sprache ist natürlich anders als in den Fiktionsfilmen, Sprache dieser Notizen verglichen mit LUDWIG oder PARSIFAL zum Beispiel. Eine Sprache, die notiert, wie in Dokumentationen. Abbrechend, wiederaufnehmend. Fragmente.

656

Nachts. Die Ansagerin kündigt den neuen Beckett an. Nacht und Träume wie Franz Schuberts Lied mit Kelch und Schweißtuch auf dem Tisch in schwarzer Mitternacht um 24 Uhr. Nach der Aufblende sitzt einer und schaut auf seine vor sich gekreuzten Hände, wie in sich hinein. Der langsame Ton des noch wortlosen Gesangs. Und als die Lichter ausgehen, beginnt der Gesang der Worte – holde Träume kehret wieder –, und langsam senkt sich die Stirn auf die Hände, und in der gegenüberliegenden Ecke erscheint die Vision von einem, der sitzt und auf seine Hände schaut, im stummen Bild nun beide. Und eine Hand kommt von oben, der Vision übers Haar streichend, und er hebt den Kopf, und eine Hand kommt mit einem Becher von vorn, die ihm zu trinken gibt und eine Hand mit dem Tuch, dem weißen, das seine Stirn abwischt, bis er die Hand ausstreckt für eine Hand aus dem Dunkel der Nacht. Hand in Hand nun mit seiner und seine zweite Hand dazu, die er herunterzieht vor sich auf den Tisch und auf die er seine Stirn senkt. Und noch einmal die Hand von oben, ihm übers Haar streichend, Stille bis zum Verlöschen der Vision. Und wie das Licht wieder angeht über dem Träumer, beginnt erneut der Ritus, Kopf hoch, gesummter Ton, Licht aus, holde Träume kehret wieder, Kopf senken, die Vision, nahe nun und allein und groß, stumm die Hand von oben übers Haar und zurückgezogen. Die Hand mit dem Kelch und die mit dem weißen Tuch, die Stirne trocknend und seine Hand in die ausgestreckte und die aus dem Dunkeln in seine und seine andere darüber und alle drei Hände vor ihm mit seinem Kopf, tief gebeugt auf sie und die Hand noch mal von oben über die Haare streichend und Fahrt zurück und Ende der Vision. Abblende. 10 Minuten Nacht und Träume von Beckett. Wir schalten um zu den letzten Meldungen für die Besucher in den Bunkern unserer Höhlenstädte.

657

Zu Gesichtsregie – PARSIFAL. Was aus Wald und Morgenröte, See und Gebirge Ton geworden bei RW, wurde wieder Natur im Gesicht des Menschen, in der zur Welt gewordenen Totenmaske RW's und im Gesicht der Edith Clever, einer Frau, der heiligen Sünderin, der erlösenden, welterlösenden Kundry, in hellsichtiger Umnachtung. Und die nun wieder Musik werden zu lassen, wäre das nächste Kapitel. Die Geburt der Nacht aus dem Schoße der Musik.

658

Prinz L. erzählt von einem aus der Familie, der zurückging nach Prag, jetzt im alten Schloß als Hausmeister lebt. Hat sich die Reste der Möbel geben lassen, ging weg aus Paris und ist Hausmeister der Geschichte nun. Im enteigneten Osten.

659

Eine Köpenickiade hat man genannt, was im *Stern* in diesem Jahr geschah, zum 50. Jahrestag Hitlers. Eine Köpenickiade zeigt die Schwachstellen einer Zeit auf groteske Weise. Das Groteske aber nimmt zu. Was einmal vor 100 Jahren unter Kaiser Wilhelm Gehorsam war und naßforsches Auftreten und Uniformenkult, ist nun Geld, Medienmacht und Hitler geworden, als Schwachstellen unserer Zeit. Früher: keine Arbeit kein Paß, kein Paß keine Arbeit. Heute mit Hitler keine Identität, keine Identität ohne Hitler, Hitler nicht loswerden. Da sitzt einer und schreibt am Unterbewußtsein der Geschichte, die kriminelle Fälschungsgeschichte im Auftrag der Identitätsfindung, die ohne Identität nicht zu finden ist. Eine riesige Zeitkomödie, alle Tragik inbegriffen. Aber was für eine Fallhöhe.

660

Durch Hinweis auf der politischen Seite der *FAZ* in den sonst nie gelesenen Wirtschaftsteil der Zeitung gelangt. Ein interessantes Gebiet, die wahren Geschichten? Anläßlich einiger Auskünfte über die wirtschaftlichen Hintergründe und Verflechtungen des *Stern*-Skandals, etwas über Aufstieg und Größe der Melitta-Gruppe in Minden, 10 000 Angestellte, 1,7 Milliarden Jahresumsatz, die sächsische Urgroßmutter, die aus dem Heft des Sohnes das Löschblatt nahm und in eine durchlöcherte Dose plazierte als Gründerin dieses Kaffee-Imperiums. Und ich erfahre, daß Underberg nun wieder konsolidiert ist, Emil setzte sich durch, teilweise mit »Brachialgewalt«, hat Ordnung geschaffen in der Familie, das berühmte Underberg-Rezept kennt nur noch der Beichtvater. Von den Kulturseiten herkommend in den Wirtschaftsteil der Zeitung gelangt wie vom Boulevard-Klatsch in die wahren Boulevardgeschichten unseres Lebens. Sollte es nicht umgekehrt sein?

661

Bei Markl, dem Spezialisten für Lederschneidern in Salzburg, etwas über das Prinzip Lederhose gelernt. Zwei alte Lederhosen, 40 und 80 Jahre alt, also bis in die Bilder der Hofmannsthal-Zeit zurückgehend, abgestoßen, löcherig, geflickt, sitzen am Körper wie seit Generationen mein Eigentum. Neu nachgebaut würde die eine 5000 Schilling kosten, die alt 10 000 Schilling wert ist, und die alte Kniehose 20 000 Schilling, also 3000 DM: »Alter kann man nicht machen.«

662

In der *Wiener Zeitung* steht, daß man 8 bis 9 Tausend Tote gefunden unter der Kirche von St. Florian an der Donau. Neue

Forschungen hätten ergeben, daß dort vermutlich wirklich Nibelungenkämpfe stattgefunden haben und wirklich Tote liegen, aber eben unter St. Florian, dem berühmten Kloster und der Heimatstätte Bruckners, und daß die aus dem Norden vermuteten Nibelungen, die nach alter Überlieferung auf die barbarischen Hunnen des Balkans stießen, eventuell alte Vorstellungen und grundlegende moralische und mythische Geschichtsbildung verändern werden. Nach diesen neuesten Forschungsergebnissen kamen 8 bis 9 Tausend Nibelungen aus dem bulgarischen Balkan und wurden hier an der Donau von den Merowingern heimtückisch abgeschlachtet. Danach entstanden die vielen Legenden in 600 Jahren bis hoch ins Mittelalter zum Nibelungenlied um 1200. Die Frage ist nun: Waren die Bulgaren schon eher Christen als die barbarischen Merowinger und hat man da später einfach aus Gründen praktischer Heroisierung umgedreht, das heißt, nach späterer Christianisierung im hohen Mittelalter die Bösen zu den barbarischen Fremden gemacht aus Schuldgefühl vor der eigenen Barbarei? Was Mythen vermögen und sollen. In jedem Fall ist Blut geflossen, und ein episches Lied entstand und eine Kirche bis heute, gerade ist noch die Wirkung zu ahnen. Die Wissenschaft als Gegnerin der Kunst also? Eine andere Kunst, eine andere Wahrheit? Aber auch die Notwendigkeit der Kunst, der Musik. Die Bruckner-Orgel als Wiedergutmachung, die einzige Gerechtigkeit nach langer Blutrealität, seit Generationen und Jahrhunderten der einzige Ablaß und Gerechtigkeit der Geschichte und entscheidende Wirklichkeit jenseits der Wissenschaften.

663

Auf dem wöchentlichen Flohmarkt in Wien. Durch lange Reihen von Hitlerrequisiten und Zeitschriften wie *Die Wehrmacht*, *Kunst und Volk*, Orden und Uniformen. Der Traum eines Militariahändlers auf dem Fetzen- und Trödelmarkt der Geschichte, so mag die *Stern*-Story von den selbstgeschriebenen Hitler-Memoiren entstanden sein. Zwischen *Mein Kampf* auf der großen Rumpelkammer der Nation und deutscher Vergangenheit und Mutterkreuzen und den kleinen Heften, die man bekam aus Anlaß des Ritterkreuzes, die Macht und das Geld des Scheckbuch-Journalismus als lockende Siegesprämie vor Augen. Und die Köpenickiade unserer Zeit und unseres Landes war geboren. Und man habe Mitleid mit dem Gelächter über die in die eigene Falle gegangenen Opfer der biederen Nachhitlerzeit.

664

Beim Hinausfahren zum Wiener Wald, zwischen Beton, die vielfach sich kreuzenden Süd-Autobahnstraßen, heiß und stikkig. Vergleich zu langwierigen, aber einsamen Fahrten während der Studienzeit durch die Vororte. Ob die Atombombe nicht doch das adäquate Tötungs- und Vernichtungsmittel der Zeit ist? Schnell, umfassend und ohne Diskussion. Wiener Wald, man bedenke: der Wiener Wald.

665

Sie haben nun endlich das *PSE*-Schwein erfunden (pale, soft and enlarged), 2 Koteletts mehr pro Rippe, und das Östrogen-Rind ist auch keine Alternative. Sie sagen, der Bauer sei gezwungen dazu, sonst könne er nicht überleben. Die Mehrproduktion wird vernichtet und die EG zahlt. Deutschland als mächtigster Zahler und mächtigster Produzent, das ist ihre Logik. Und dazu werden sie auf ihren Schulen erzogen. Aber davon verstehe ich nichts, zu konkret, man muß einmal realistisch denken, rational werden sie sagen. Der Wiener Wald war die Landschaft, in der Beethoven seine Musik schrieb und Schubert, und wo Waldmüller malte und wo die Türken einst Wien belagerten, und wo sie geschlagen wurden jetzt vor 300 Jahren, wofür.

666

Die Kormorane sind Vögel in Japan, die nachts Fische fangen, die ihnen nachher abgenommen werden aus dem Kropf. Gefüttert werden sie mit Plastikfutter.

667

Der neueste Türken-Witz aus Hamburg. Warum Ratten vier Beine haben? Damit sie schneller an den Mülltonnen sind als die Türken. Und den bequemen und praktischen Plastiksack unserer Hausfrauen nennen sie nun Türkenkoffer.

668

In Heiligenkreuz, dem heiligen Platz der Wiener, jetzt so viel Menschen, daß nur noch zu meiden möglich. Was suchen sie wohl? Oder sind das nur die Folgen des Geschäftstriebs von Veranstaltern des Touristengettos? Daß sie in Deutschland nun dem Wald nachtrauern mit erstaunlich viel Herz, vom Minister bis zum Alternativen, ist wie das letzte Aufbäumen des Gewissens vor dem Sterbensbild ihrer Existenz. Sie wissen, da ist noch etwas, was wahr ist und die letzte Hoffnung, Tat und Erinnerung.

669

Zwei Angebote für Opernregie aus ausländischen Häusern. Konzeption mit auswechselbaren Figuren. Bei Akzeptierung und auf Basis des Starsystems, numerierte Stellplätze, an denen sie stehen, fest eingeplantes System, wie in Puppen, in die sie hineingestellt werden. So wie sie es wollen, nach ihrem System. Ein System schaffen, wo die Regie darin besteht, dies zu garantieren, und darüber hinaus ein Regiekonzept zu entwickeln, das funktioniert mit Ironie und überzeugender Leidenschaft des Pathos zugleich, so wie es die Oper verlangt.

670

In einem dieser Wiener Häuser kommt mir *SANG UND KLANG* von Humperdinck, dem Schüler Richard Wagners, in die Hand mit Bildern aus unseren Fibeln.

Ein Kinderbild der Welt, bunt und naiv, mit Regen und kleinen Häuschen, die Wiesen und Wälder. Menschen und Tiere, für Kinder mit ersten Gedichten, Noten und Buchstaben, eine Welt, aus der auch der Computer entwickelt wurde?

671

Johann Peter Hebel in memoriam. Maria am Gestade in Wien ist eine berühmte Kirche, besonders wegen ihrer Lage, ihrer großen Stiege tief hinunter zu den Donauufern. Nach dem Kriege bauten sie ein Haus im Stil der 50er Jahre, direkt davor an die Treppe. In Christiane F.'s Memoiren lese ich, wie sie ihr Einkommen aus dem Kinderstrich vergleicht mit dem eines kleineren Direktors und stolz ist, nicht die gleiche Prostitution dafür geliefert zu haben. Die Prostitution des Alltags. Wir wissen.

672

Die Türken, heißt es, waren sehr tolerant gegen andere Religionen. Was, wenn sie gesiegt hätten vor 300 Jahren in Wien über Europa? Keine Atombomben, mehr Kaffeehäuser statt Banken heute? Pfingsten, Ende 1983, Wien. Kalendergeschichten.

673

Türkenausstellung: vor 300 Jahren die Türken vor Wien. Was man alles lernen kann über Zeltkunst, Waffenhandwerk, Buchschreibekunst, nur die Eitelkeit der Sieger rettete die Kultur vor der Gleichgültigkeit des eigenen Verfalls. Die Sieger von Wien, die Polen, Bayern, Sachsen und Lothringer und die Habsburger nahmen sich die Dinge, das Land bis tief in den Balkan, und die Menschen stellten ihre Geschäftsinteressen um. Die Wissenschaftler orientierten sich neu, und die Musiker komponierten türkische Sachen. Die Mode wird türkisch und der Kaffee zu einer europäischen Sache. Nur der nächste Schock der Geschichte, Napoleon und die Revolution, brachte neue Interessen nach Europa. Die Reste und Zeugnisse unserer Kultur immer aus dem Trophäenkult der Sieger? Verlieren, um zu gewinnen, Verlieren der Realität und Gewinnen der Geschichte? In der Kunst. Der Trick mit der Ewigkeit und dem Mythos.

674

Das große Warum. Ein Volk, das lernen mußte, wie seine Väter Verbrecher waren, Kriminelle der Geschichte wurden, direkt oder durch Duldung, und seine Abwehr, erinnert zu werden, daß es vielleicht wirklich anders sein könnte als sie gelernt haben, sich ihre neue Realität einzurichten und womit gar nicht schlecht zu leben ist, und wovor die Kinder und selbst die Enkel erschrecken, ein schlafendes Volk, nicht nur der Sehnsucht, aber eingebettet in alte, abgelegte Traditionen der Bequemlichkeit.

675

Als Kara Mustafa, der Kriegsherr und Oberbefehlshaber der Türken, vom Sultan eine seidene Schnur geschickt bekam nach dem Verlust der Schlacht von Wien, soll er sich aufgehängt haben in Budapest. Natürlich war es anders, und er wurde hingerichtet, aber so lernen es die Kinder in den Wiener Schulen, und so wollen sie es wissen. Natürlich wurde das Kaffeehaus nicht von den Türken nach Wien gebracht, sondern das gab es schon vor den Türken, vor Wien, in London und Hamburg, wie die Historiker sagen. Wer aber will die Phantasie der Völker korrigieren, in ihrer Weisheit sich vorzustellen, daß auch Verlierer eine hohe Kultur besitzen, zumindest nämlich die des Lebens. Und daß sie zu sterben wissen, wie man sich wünschte, daß

Gegner sterben, wenn sie gescheitert sind, versagt haben oder eine Sache schlecht gemacht. Nach allem, was diese Realität unserer Welt an Ungerechtigkeiten zumutet, hat es manchmal den Anschein, als ob die Verbrecher der Realität, die Schelme unserer Geschichte, zusammenarbeiteten mit den Wissenschaftlern, um ihr Bild zu retten gegen den Willen der Völker. Sie nennen es dann Welt der Vernunft und Ratio und konkret oder realistisch sein. Nur wer ist klüger und wollte die Völker strafen, wenn sie sich immer wieder ihre Geschichte und Gerechtigkeit selber machen?

676

Lang ist der Weg von dem Teppich des Kara Mustafa und dem Skizzenbuch des Mönchs aus Melk, von den türkischen Zelten und von dem Import des Flieders aus osmanischem Reich und der Kunst der Papierherstellung bis zu den Plastikkoffern in unseren Gastarbeiterwitzen. Das Auf und Ab der Geschichte, und woran man sie erkennt. Am Pfingstsonntag auf dem Heldenplatz von Hitlers Aufmarsch Bilder 1938, jetzt das Vertriebenentreffen der Sudetendeutschen. Wer ihre Gesichter sieht und ihre Kleider von heute und die notdürftig wiederhergestellten Trachten, weiß, wie hier ein Krieg verloren wurde und Europa gleich mit.

677

Was machen die Deutschen, wenn einmal die jüdische Generation des Krieges ausgestorben ist, durch die Deutschland in der Welt heute entweder gefürchtet oder in rührender Erinnerung gehalten wird, wie es war und nicht mehr ist als großes Land. Die, die es fürchten, wollen es gerne fett und als grölende Touristen. Die, die es liebten, sind tot, den Toten gleich, entsetzlich traurig und ohne Hoffnung für eigene Träume. Europa ohne Deutschland, das seine Nachbarn nicht gewollt haben. Wer das so will, kann sein Freund nicht sein, von

Deutschland, Europa und sich selbst. Und als die Juden zu den eigentlichen und wirklichen Repräsentanten der von den Deutschen selbst verratenen Kultur wurden, haben sie den Juden das übelgenommen und Deutschland aufgegeben.

678

Vergleiche Zeffirelli, Götz Friedrich, Syberberg, Gespräch mit einer Sängerin. Vielleicht fehlt hier in diesem Film die Leichtigkeit und andererseits die Schwere, die übergehen muß in Kraft. Das Schwere im HITLER-Film, und dann PARSIFAL, die Aufgabe, zuerst die Schwere der Utopielosigkeit zu begründen und doch noch am Ende Heiterkeit zu finden. Und das ist es, wofür ich gescholten und verfolgt werde. Sicher vielmehr als wegen der zeitweiligen Polemik. Es ist die Kraft aus dem, was nicht sein darf und was allen allein die Berechtigung gibt, das zu tun, was zu tun ist. »Kraft ist das moralische Gesetz der Menschen, welche auserwählt sind, und das ist meines.«

679

In R. Als die Katze des Freundes B. vom Land in die Stadt umgesiedelt wurde, benahm sie sich wie wahnsinnig. Immer rund im Kreis, Tag und Nacht, alles anbeißend, verrückt. Kastration half nichts, und so kam sie ins Schloß R., wo sie nun sanft von einem Tag auf den anderen lebt, das Bild einer mäusefangenden und interessierten Katze mit Charakter.

680

Das Schloß. Am Nachmittag Regen, Garten, durchs Glashaus, Bibliothek. Fotoalbum, Tagebücher, soweit noch da. Reisebilder von England bis Zarskoje – »Sjêlo. Bei Ceylon«, steht unter einer schönen Dame im Reisekostüm mit Schleierhut, Hafen von Colombo oder, gegenüber, unter dem Bild des eleganten Herrn, Berg von Lavinia. So ist es mit den Familienalben. Die Familie schaut sie nicht an, und die anderen wissen nicht, wer es war. Die berühmten und mächtigen Herren ihrer Zeit wurden eingeklebt, natürlich ohne Namen.

Ein Party-Tagebuch mit Namen der Teilnehmer. Notizen über das Essen und die Bedienung von 1937 bis 1943 der berühmten E. v. T. mit Namen des österreichischen Hochadels. Anfang mit Rothschild, Bruno Walter zwischen den Esterhazy und Fürstenberg und Palffy und Trauttmansdorff und Colloredo und Spee, »finis Austriae« im Frühjahr 1938 und auf der nächsten Seite das: »man lebt weiter«, es folgen die Tees und Empfänge und kleinen Abende und am Ende, im Grandhotel: »die ganze Nazi-Hautevolée« plus Richard Strauss.

E. v. T. erzählt, wie die T. T. ihren Namen gekauft und daß sie die Geschichte natürlich anders erzählen würden. Er sagt nicht, daß das falsch sei, nur daß sie ihre Geschichte anders erzählen würden. So ist Geschichte diejenige der erzählten Version mit den bestimmten Interessen und Umständen des Erzählers, nicht die Wahrheit oder Unwahrheit, nur eben seine Geschichte, die ein anderer zu seiner macht, eben anders erzählt. Arm ist der, dessen Geschichte von einem anderen erzählt werden muß, und welche Aufgabe für den anderen, sie zu seiner zu machen, ohne den anderen zu verlieren oder zu mißbrauchen. Die Franzosen sagen ›vu par‹, gesehen von.

*

Beispiel Kühe. Als sie die Wiese nicht mehr mit den üblichen Chemikalien düngten, mußten die Kühe auch nicht mehr durch den Zaun sich das kleine Gras vom Rand am Graben suchen, und mehr und mehr und mehr mit dem guten Gras ernährt, brauchten sie kaum noch einen Tierarzt, und die Kühe kalbten viel und ohne Komplikationen. Als dann die Kuhhaltung abzuschaffen beschlossen wurde, wollten alle Bauern der Nachbarschaft diese Kühe vom Schloß R. Bei den Bauern der Nachbarschaft müssen sie nun wieder das hohe Gras der chemisch gedüngten Plastikwiesen fressen, und der Veterinär muß wieder oft kommen, denn was würden die Nachbarn denken bei so niedrigem Gras. Nur der Graf kann sich leisten, auf Nachbarn nicht zu achten.

681

Die Geschichte vom Grab des Großvaters Fr. v. T. Er wollte begraben sein mit Blick auf R., die Burg von 1205, heute noch ganzjährig bewohnt, als einzige in Österreich, die Familie erwarb sie erst vor 100 Jahren, aus Kärnten kommend und Norditalien. Als Fr. v. Th. dann starb, sorgte sein Sohn dafür, diesen Wunsch zu erfüllen. Und er legte sich an verschiedenen Stellen auf die Wiese, um aus dem Liegen die Aussicht zu prüfen, und noch jetzt, wenn man an das Grab des Fr. v. Th. ginge, könne man die Türme und das Schloß auf dem Berg sehen, wie gewünscht. Die Geschichte von einem, der sagen konnte, »hier möchte ich begraben sein«.

682

Öfter höre ich jetzt Stimmen aus dem Ausland über die Sentimentalität der Deutschen mit ihrem Wald. Wer habe eigentlich gesagt, daß im Rhein Fische leben müßten, warum nicht auch Plastikbäume, warum also Kunst und Leben. Wenn diese »Sentimentalität« faschistisch ist und Hitler-Gefahr, dann werde ich für Hitler sein müssen bis zum letzten Atemzug in seinen Folterkammern gegen alle Freunde dieser Welt. Es wären die falschen.

683

Rückfahrt durch die Weinberge der Wachau. Noch die Kulturanlagen und Terrassen wie vor 25 Jahren, die individuelle Behandlung jeder Pflanze mit Aufbinden und Schneiden ist sichtbar. Und ich vergleiche mit den Betonterrassen bei Stuttgart. Ein Bunkerwein für Maschinenmenschen, siehe Flurbereinigung. Saubere Städte wie Dörfer und

Menschen. Ein gesäubertes und befriedetes Land. In Stuttgart.

684

Zurück in München, Meldung aus Bremen, zweimal PARISFAL, am ersten Tag 156, am zweiten Tag 50 Personen. In Zagreb zweimal ausverkauft, je 1200 Personen, Balkan. Und das Kulturvolk der Deutschen. In der *AZ* die Meldung, daß der Spender des Samens von der Samenbank nun zu zahlen hätte, da die Frau, die sich künstlich befruchten ließ, von ihrem Mann, der das Kind nicht mehr wolle, verlassen wurde, sonst sei die Spermenbank haftbar.

Abends im Fernsehen Ausschnitte von H. Sch., der Preisträgerin von Cannes. Alles, was sie Freiheit nennen, ist zur zynischen Verkommenheit alter Ideale geworden. Höre von E. R., er habe nach der *Spiegel*-Kritik zu seinem letzten Film vor 5 Jahren sich eingesperrt und sei nicht mehr herausgekommen. Wie auch immer der Film war, welch sympathische Reaktion. Einen Abraham a Sancta Clara bittend als öffentlichen Ankläger, aber wo, wenn die Kirchen leer sind, vor wem?

685

Lese in der *Zeit* zu Tarkowskij und Bresson: über die großen Genies der Einsamkeit, unerbittlich gegen alle Umwege und Eitelkeiten, zornig, nur alle 10 Jahre einmal, sonst müßte der Kopf bersten. Alle anderen seien Betrüger, sagt Bresson, die Kollegen und Regisseure, überhaupt »der Filmreggiseur, der am meisten überschätzte Künstlerberuf« (Bresson).

Bresson macht Filme gegen das Kino, nennt sich nicht mehr Regisseur, angesichts der Verachtung für die anderen, und die Welt sieht er am Ende. Es sei denn, es geschähe in Wunder. Wir hätten uns vorzubereiten auf den Tag des Krieges oder der Sklaverei. Man stelle sich diesen Künstler vor in Deutschland. In Frankreich bekam er 13 Millionen Francs für seinen letzten Film, aus der Spezialschatulle des Kulturministers, als die anderen versagten.

686

Zeitsituation. Zadek, der frühere Provokateur vom Dienst, einen klassischen Ibsen machend, Grüber, der Avantgardist, einen klassischen *Hamlet* und die Mnouchkine, die durch Revolutionsstücke bekannte, einen ästhetisch schönen Shakespeare – Erfolg wie nie. Haben die Menschen doch gelernt? Wenn ich dies Theater sehe aus Frankreich, verstehe ich den damaligen Erfolg des LUDWIG vor 10 Jahren in Frankreich. Der strenge Barock auf der Watteau'schen Liebesinsel. Das schafft Analogien, aus denen gerechte Urteile möglich sind.

687

München, die Richard-Wagner-Stadt und die Stadt der Bewegung und die Stadt, von der Thomas Mann sagte, sie leuchte, bevor er von ihr ausgeschlossen wurde, und dies nur, weil die Zeit es opportun machte, anders über Richard Wagner zu denken als er. Immerhin ein aufregender Fall, daß man einen Künstler weghaben wollte für das, was er für einen anderen getan. Und immerhin bemerkenswert, daß es geschah, nachdem man ihn gründlich kannte. Das war zum 50. Todestag von Richard Wagner. Zum 100. Todestag lädt die Stadt nun ein zu zweiwöchigen Diskussionen unter Journalisten, Regisseuren, Universitätsprofessoren und Theaterleuten. Es mag vielleicht falsch sein, wenn die berühmte amerikanische Essayistin sagt, hier, in dieser Richard-Wagner-Stadt lebe der nach Thomas Mann Wichtigste in Sachen Richard Wagner. Oder es mag vielleicht überhaupt nicht mehr verstanden werden, wenn im letzten Resümee der *New York Times* in Sachen Oper und Film zu dem PARSIFAL-Film steht: ›PARSIFAL is a masterly rethinking of Wagner's masterpiece, a vision created by using techniques that could only be possible with film‹, als Überschrift, und zu begreifen: »only be possible with film«, was das heißt nämlich, und es mag ihnen wie ein Dorn im Fleische sitzen, wenn der Musikkritiker der *Libération* in Paris ganz einvernehmlich mit der Londoner *Times Literary Supplement* und amerikanischen Musikkritik zu diesem PARSIFAL-Film meint, hier sei das wohl Wichtigste geschehen im Jahr der 100-Jahr-Feiern 1982/83 und vielleicht darüber hinaus. Und es mag ja sein, daß die eigentlichen Experten von Neuenfels bis Everding die einzigen Wagner-Repräsentanten dieses Deutschland sind; aber daß von über 20 Eingeladenen 18 den *PARSIFAL* Richard Wagners als Film nun überhaupt nicht zur Kenntnis genommen haben, ist wohl neu und nur als Erbschaft dieser letzten fünfzig Jahre zu verstehen, wenn es sich einzig auf dieses Land beschränkt.

688

Nicht, daß man gerne dazugehörte, aber es schmerzt, dazugerechnet zu werden, allein wegen der Geburt. Fußnoten-Berühmtheiten mit kleingeschriebenen Erläuterungen unter ihrem Namen im ausgezählten Register, wer das wohl einmal war. Und ich bedauere das Gericht der Geschichte, das einmal herausfinden muß, welche Gründe es waren, mit ihren Begründungen so verfahren zu sein. Die Erben feiern Richard Wagner in dessen Stadt, die auch einmal die Stadt des Thomas Mann war, nach Venedig nun München. Sie haben es geschafft, daß man über München sagen kann, es leuchtet nicht mehr seit 50 Jahren, es ist alles so geblieben, nur etwas fortgeschrittener, sie lassen leben, wo man will, und lassen reden. Werke dürfen gemacht werden, welch Gelächter. Die Richard-Wagner-Freunde dieser Stadt und Kenner und Regisseure bleiben unter sich mit ihren Fußnoten, jeder selbst verantwortlich für seinen Namen in 100 Jahren. Ist es nicht dieser Schatten der Vergangenheit, den wir immer fliehen, verbannen wollen und bewegen mit stets neuen Gesten durch uns selbst, durch jene Ignoranz und unseren Willen, denn ohne Willen wäre die Ignoranz machtlos und jene Zeit nicht gewesen, was sie ist, in ihrer bösartigen Verachtung der Kunst. Darf das der Untersuchung von Kunst dienen, diese Kombination, Kunst in Geschichte und Gegenwart, dienlich sein außer ihnen selbst? Und ist das erlaubt in diesem Zusammenhang und nicht alles Lüge und schlimmer; sie haben teilgenommen an dieser Ignoranz der Zeiten nicht ohne Grund, teils bewußt bösartig und teils kläglich, aber ist das nicht nur noch übler? Wer Kunst produziert, kritisiert, diskutiert oder in sich aufnimmt unterhalb der besten seiner Möglichkeiten, ist keiner Gnade wert. Anläßlich des Festspielsommers in München gab es dann auch eine Opernfilmreihe in Zusammenarbeit mit der Operndirektion. Als ein amerikanischer Journalist wissen wollte, warum denn ausgerechnet hier und in diesem Jahr der PARSIFAL nicht dabei sein dürfe, konnte er lange nicht verstehen. Und wie ihm erklären, Beta-Film und Münchner Oper und *Süddeutsche Zeitung* und Deutschland und Syberberg. Ich fürchte, dem Mann konnte nicht geholfen werden.

689

Der Ausfall Deutschlands als Kulturnation der Avantgarde ohne eigene Identität. Was wären Godard, Bresson, Jean-Marie Straub ohne Deutschland und viele andere? Was täten die Opern und viele Sänger der Welt, die Dirigenten, ohne die deutsche Subventionskultur? Was die internationalen Verlage ohne die Lizenzeinkäufe aus Deutschland? Was die EG ohne Schuldenablösung aus Bonn? Was wären die ausländischen Deutschlandkenner ohne diese Basis hier? Deutschland in seiner biederen Avantgardismussucht und dem Nachholbedarf nach dem Kriege, hat amerikanische Kunst nach Europa geholt und Bekkett entdeckt. Nur leben tut der Autor wohlweislich woanders. Aus Kunstpflicht und Angst vor Hinterbänklerschaft, Hitlererbschaft ihrer Vergangenheit, geben sie Geld für alle. Man stelle sich vor, was es bedeutet, nicht nur finanziell, wenn dieses Land ausfiele, nicht nur in der Geschichte, aus dem Zentrum des schlechten Gewissens für einen von ihnen, wenn es tot wäre für die Zukunft. Und man stelle sich vor, dies Deutschland wäre wieder, was es war, führend und nicht nur aus Klage von Schuld und Not, sondern kraftvoll sich seiner Identität bewußt, Kulturmäzen wie zur Zeit Beethovens, Richard Wagners und Dürers in einer Symbiose andere stimulierend, und voll mitreißender Leidenschaft.

690

Gestern im Fernsehen erklärte der Inhaber von Bertelsmann, R. M., und damit der eigentliche Chef des *Stern* in letzter Instanz, zu den Hitler-Tagebüchern, es sei alles nicht eine Fälschergeschichte, die aufgrund eines Personaldefekts geschehen oder zu erklären ist, sondern es ginge weit in die Struktur. Ein Strukturdefekt aber dieses *Stern* kann getrost übertragen werden. Der Mitinhaber des *Stern* ist auch der Besitzer der *Zeit*, wie der Bertelsmann-Konzern zu einem Viertel am *Spiegel* beteiligt ist.

691

Zur Strategie einer Bar. Samstag. Venezia, dort Charly lange am Tisch. Hinten, in den hinteren Räumen die Jungen, Kenner, wie in der Wohnstube, die die Ruhe wollen, noch nachdrängen. Vorne die reservierten Plätze der Prominenz, an der Bar selbst die, die anmachen oder angemacht werden wollen, die der harten Getränke. Und in der Mitte die, von denen wir leben, stehend, die kommen und gehen, schauend. Wenn die Bar geschlossen ist, Ferien sind, wie man so sagt, ist er in New York.

692

Wenn etwas fehlt, schlecht ist, nicht stimmt, sofort sagen. Wer nichts sagt, ist ein schlechter Freund. Nicht zu sagen, was fehlt oder schlecht ist, sei ein Zeichen von mangelndem Interesse, mangelnder Freundschaft und zu wenig Liebe. Noch nie habe ich keinen Platz bei ihm erhalten, so voll es auch immer ist – und immer sofort.

693

Für das vorliegende Buch sofortige Zusage, blind, ohne Lesen vom französischen Verleger, Christian Bourgois, als ich ihm in Toulouse die Fortsetzung der bei ihm erschienenen *Freudlosen Gesellschaft* ankündigte. Zu Hause, als ich zurückkam, schon der Brief: »Great pleasure«, und wann und wer übersetzt, das Technische. In Deutschland nach Absage des Hanser-Verlages *(Freudlose Gesellschaft)* nach fünf Wochen noch immer keine Antwort vom Rowohlt-Verlag, und Piper-Verlag schweigt.

694

Ewigkeit der Kunst? Es ist der Geist, der ins Zentrum will der Dinge und Ereignisse und Seitenerscheinungen, jenseits der zeitlichen und räumlichen Umstände, in dem unsterblichen Kleinen der Sinnlichkeit verborgen.

695

Ein Gegner? Nein, da müßte er mich kennen. Ein betrogener Dummkopf der Zeiten, der nicht mal weiß, warum er nichts wissen darf, und das ist eigentlich das Unverzeihliche. Kleinliche Korruption der üblichen Art, im Dienste neuer Umstände wäre eine Begründung, daß die allgemein übliche Situation ihn begünstigte, wäre seine Tragik.

696

»Warum ist überhaupt Seiendes und nicht vielmehr Nichts.« So beginnt Heideggers Grundfrage der Metaphysik. Hannah Arendt über Heidegger am Ende der 60er Jahre: »Ein König im Reich des Denkens«, der letzte. Es gibt viele letzte Könige. Jedes

Reich hat einen. Ein König im Reich des Films? Der Kunst? Wer möchte es gerne sein, und danach wird kommen – was? Keine Zeit für Könige. Letzter König im Reich der Kunst in einer Zeit, die für Kunst nicht günstig war und ihre Könige abgeschoben hat, abgeschossen, abgeschlachtet, oder wie auch immer. So etwa müßte es heißen auf dem Grabstein. Und wenn ich sage, ich werde dieser König sein mit allen Nöten und Pflichten und Freuden, so sage ich dies ohne Anmaßung, denn wer will schon gerne geköpft werden, verlacht, wie König Ubu, und an Martersäulen stehen als erste Stufe der folgenden Dinge in Zeiten ohne Glauben, wo die Sklaven herrschen, die nicht Mut und Kraft und Wissen hatten, sich zu befreien. Und dies obwohl Könige alles andere sein wollen als Diener, in jubelnder Lust fortgeschrittener Freiheit, ein König nur kann dienen, weil er weiß, was das heißt, und weil er es will, denn nur im Dienst, dem demütigsten Dienen, entsteht Kunst, sonst nicht. Geschlecht und Gesetz dieser Könige aber ist ein anderes als das durch Geburt den Menschen zufallende oder was sie aufhäufen in Generationen von Reichtümern und Erbschaften und im Verschenken an Gnade. Denn diese Welt ist ohne Grenzen, von der handwerklichen als der barfüßigsten Weisheit bis zur unbedingten Bettlerschaft. Es ist ein Rang für ein Leben ohne Land aus dem Augenblick der Zeitchronik, mit einem Versprechen ohne Ende. Die Fotografie Heideggers zeigt ihn mit seiner jungen Frau auf einem Hochzeitsbild, vor dem Ersten Weltkrieg und noch ein schöneres nach dem Zweiten, beide zusammen vor ihrer Hütte mit dem Blick ins vertraute Land mit allem, was dazwischenlag.

697

Achternbusch darf den Teil des schon erhaltenen Geldes vom Innenministerium behalten, den Rest kriegt er nicht. Wird ihn hart treffen, wenn er redlich abgerechnet. Am schlimmsten aber, der Innenminister will in Zukunft nur Geld geben für fertige Filme, kaum zu glauben. Wenn das so ist, wird die Gesellschafts-kultur- und Religionsfarce dieses Gespenstes zum Abgesang auf den freien deutschen Film. Dann ist es wirklich aus, und nicht Fassbinders Tod, wie sie nun legendenselig jammern, hat dies gebracht, sondern dieser Witzbold mit seinen Celluloid-Blödeleien, wie überhaupt die Blödeleien oft mehr Schaden anrichten, als alle gezielten Dunkelmänneraktionen. Es muß nur auf den richtigen Minister treffen.

698

Zeit und *Spiegel* werden mit großen Artikeln zum Problem der Filmförderung Stellung nehmen. Es wird ein harter Grabenkampf werden. Sie werden die Munition selber liefern für den Gegner. Man wird sich fragen müssen, ob sie noch an Filmen interessiert sein werden oder mehr an Selbstdarstellung anstelle von Film. Am Ende wird es einen demokratischen Kompromiß geben zwischen einem Minister Z. und dem linken Medienestablishment auf Kosten des Films und seiner internationalen Stellung aus Deutschland. Und die Ausländer werden wieder einmal mehr sagen: aber wir haben gar nix. Und wenn es in Zukunft einen PARSIFAL geben wird aus Deutschland, wird er von Karajan oder Ponelle sein oder von der Beta, und alle feuilletonistischen Musikprofessoren werden es ansehen, und der Operndirektor und Wolfgang Wagner sogar, und alle sind zufrieden.

Als der *Spiegel* darüber schreiben wollte, ließen sie sich alle Unterlagen schicken, zur Affäre PARSIFAL und Innenministerium, den 10 Seiten langen, offenen Brief, die Austrittserklärungen der Gremiumsmitglieder, den Entschuldigungsbrief dessen, der bereute, usw. Am Ende Schweigen und ein Achternbusch-Zimmermann-Clinch mehr. Als in Moskau der deutsche Bundeskanzler eine Tischrede hielt und von Polen und Afghanistan und Deutscher Einheit sprach, waren alle diese Passagen in Moskauer Zeitungen gestrichen, und die deutsche Presse zeigte sich fleißig empört über Zensur.

699

Romy gestern im Fernsehen, ein Jahr nach ihrem Tode. Das mußte schiefgehen. Ein Mensch dieser blindwütigen Intensität und immer die falschen Filme, die falschen Männer und das falsche Land.

Man muß sie lieben, arbeiten und leben gesehen haben. Mit dieser Lüge kann so jemand es nicht ein Leben lang aushalten. Es kehrt sich äußerer Ruhm, Glück und Reichtum in schicksalstriefende Rache von Unglücksfällen ältester Art. Sie habe Zettel geschrieben am Ende, immerfort, Zettel über alles, die Rollen, die Welt und das Leben, an Regisseure und andere, sie hat alles kommentiert.

700

Im Fernsehen ein Vergleich im Film über Hersburg bei Nürnberg vor 22 Jahren und heute. Die Häuser innen und außen reinlich geworden und scharfkantig, mit grellen Farben und lauten Fenstern. Wie tot die Gesichter. Vorher auf dem Markt, beim Schweinemarkt vor 22 Jahren lachten sie in der ländlichen Grobheit und wurden lebendig, heute in Anzügen von der Stange, im Einheitsmaß, so die Sprache, eng und computerisiert. Die Hirtentochter macht Promotion, der Marktplatz und Anger, wo sich die Menschen trafen, wird zum Parkplatz für Autos. Die Büttnerwerkstatt zur Autovermietung, die Wäscherinnen an der Pegnitz nun im rustikalen Waschsalon und die einstmals saloppen und legeren Falten in der Kleidung wurden zu steifleinenen Brettern vor ihren Körpern. Und alle sprechen von »vielleicht später und wieder«, wenn sie alt geworden, nach der Arbeit, und sie werden sich irren, es gibt kein später mehr. H. wurde zerstört ohne Krieg in meiner Zeit, ein Beispiel von allen, außen wie innen. Häuser, Land, Gesichter, Sprache, Essen, Kleider, Luft, Wasser, Erde, tot. Wer's nicht sieht, ist nur ein Betrüger, wer's nicht sagt, ein Mitmacher, und wer mitmacht, ein Verbrecher ohne Wahl. Freiheit, vor 22 Jahren nur, und die Bilder haben es selbst gezeigt. Es waren andere Menschen vor der Gier und Befreiung, vor der Fron der Kultur und nachher, in schon dämmernder Melancholie ums Verlorene. Da dämmern keine Götter mehr.

701

Anruf Rowohlt: Nein zu diesem Buch. Lissabon, PARSIFAL ausverkauft, 1200 Plätze, einen Monat vor der Aufführung. Bonn »großes Interesse« des Publikums am Gralszyklus.

702

Nach *Spiegel:* Maazel, Operndirektor in Wien, 770 000 DM Jahresgehalt bei sechsmonatiger Präsenz, über 120 000 DM pro Monat. Täglicher Staatszuschuß Wiener Oper: 17 000 DM. Konkret, die Kunst lebt.

703

Wer angebotene und seltene Freiheit nicht gebraucht, woher auch immer, ist ein Tor der üblichen Art unseres Alltags. Wer aber Freiheit mißbraucht, sollte bestraft werden ohne Nachsicht, er tötet Kunst. Denn dazwischen ist die messerscharfe Risikochance der Kunst, sie ist Bedingung ihrer merkwürdigen Erscheinung. Die Entscheidung, in Zukunft Gelder nur mehr nach Beendigung von Filmproduktionen zuzumessen, würde bedeuten für die Geschichte, daß kein HITLER-Film und kein PARSIFAL hier entstanden wären. Das dafür zuständige Staatsgremium des Bonner Innenministeriums, eingerichtet für die Zumessung von Produktionsgeldern für kulturell wichtige Filmproduktionen, bewirkte durch seine Zensur einmal nach HITLER, zweimal zum PARSIFAL das Nein, ebenso wie es die Produktion des Richard-Wagner-Films verhinderte. Diese Filme sind hier nicht gewollt, sofern sie die Macht haben, darüber zu entscheiden. Daß sie entstanden, gelang nur gegen sie und das, was heute als offiziell erwünscht gilt. Und um es klar und offen zu sagen, die Filme, die Deutschland weit über die Grenzen auf beste Weise bekanntgemacht haben und das mit zwei seiner wichtigsten Gegenstände, sind nur entstanden in mühsamer und aufdringlichster Arbeit gegen diese. Und was da entstand, davon werden noch Generationen leben, ich weiß es. Diese schmale und zarte Existenz von Freiheit, wie sie diese Kunst beschrieb, wie sie schon bisher aufs Höchste gefährdet war, ist verspielt, nicht von einem Böswilligen, sondern durch eine Trottelei, und alle anderen stehen sprachlos, stammeln und verstehen nichts. Es war diese zarte Pflanze eine große Freiheit und ist nun ausgerottet, vorbei, durch ein Nichts? Die filmpolitischen Sprecher der SPD-Fraktion, Anke Martiny und Freimut Duve, haben Zimmermanns Entwurf als »Film-Hinrichtungslinien« bezeichnet. Sie sprechen von »einem beispielhaften Verfahren zur Beseitigung der vielleicht gelungensten Form staatlicher Förderung von unabhängigem künstlerischen Schaffen in der Bundesrepublik«.

704

Als es zum erstenmal gelang, die Verwaltung der Bayerischen Schlösser und Seen zu überzeugen, daß ein *Parsifal* auch als Film in ihrem historischen Theater, dem markgräflichen, trotz vieler Bedenken, aufgeführt werden sollte, in Bayreuth, wenigstens zum 100jährigen Jubiläum des Todes von RW, lehnte der Oberbürgermeister B.s natürlich ab, so wie die Zeitung des Ortes den bösen Klingsor sich dem heiligen Ort nähern sah und jubilierte: »Abgewimmelt«. Es ging um ca. 5000 DM Zuschuß, 1 Million erhalten jährlich die Bayreuther Festspiele. Glauben die, jemand, wie der, der so einen PARSIFAL-Film gemacht hat, ließe sich durch eine Gnade von vier oder fünftausend Mark ja oder nein »abwimmeln«, wenn er nicht schon längst die Lust an diesem Bayreuth in diesem Zustand verloren und nicht nurmehr eigentlich die Bestätigung dieser Trauer gesucht hätte? Nie war anzunehmen, daß dies gelänge, es sei denn, ich zahlte nach Verzicht auf den Kartengewinn zur Abstattung der Unkosten auch noch den nötigen Aufpreis für die Bayreuther von ca. 10 DM, worum ich den vom Volk gewählten Bürgermeister bat. Was zu beweisen war. Bayreuth entspricht nicht mehr seinen eigenen Ansprüchen. Es ist Provinz geworden. Auch Bayreuth. Mit Hohn quittieren sie, wovor die Zeitungen von New York bis London warnen.

705

Englischer Garten. Plötzlich alle ohne Kleider, nackt hüpfen und liegen sie rum. In fünf Jahren einige tausend Jahre Kulturleistung schamlos weggeworfen, abgelegt. Sie haben sich frei gemacht. Die Deutschen haben sich besonders frei gemacht. An den Stränden der Welt erkennt man sie sofort, fett, rot, im Rudel und nackt. Sind wir nicht ein freies Land? Die Jungen wenden sich mit Grausen.

706

Aufklärung. Sie wissen nun alles. Wie man Kinder macht, schon bevor sie in den Kindergarten gehen. Und wie man sie verhindert, noch bevor sie welche kriegen können, und daß das jedermanns eigene Entscheidung ist. Aber Liebe? Über Liebe wissen sie weniger als je zuvor, weniger als in prüden Zeiten der Zwangsehen, vor Schiller und Lessing. Alles verspielt?

707

B., der Ort auf dem Berg, im letzten Buch beschrieben als jenseitig der heute so viel verfluchten Welt, ohne Auto, seit 50 Jahren nicht verändert, billig im Preis. Alle Befürchtungen wegen Überrennung durch Nachfrage und dadurch Zerstörung gerade der gelobten Ruhe waren umsonst. Es ist keiner gekommen. Keiner hat angefragt von 30 000 Alternativen der *TAZ*-Leser und allen 3 500 Buchlesern danach. Es ist keine Gefahr. Die Welt bleibt, wie sie ist, und bald auch das nicht mehr.

Aussee – Grundlsee

708

»Wir wohnen alle in verschiedenen kleinen Häusern an der Berglehne über dem dunklen, kleinen See, Essen und Nachtmahl bald in dem einem, bald in dem anderen, lesen zusammen englische Gedichte, der ältere Franckenstein komponiert kleine Lieder, die ich in Marienbad gemacht habe. Mittags fahren wir im Boot hinaus und baden ... Bis tief in die sternenhellen Nächte hinein gehen wir spazieren oder sitzen auf dem Geländer von einem Bauerngarten und reden miteinander. Die Leute, denen wir begegnen, kennen uns und sind alle in einer gewissen Weise hier zu Hause, einmal ist es der Reichskanzler Hohenlohe und einmal eine alte, ganz runzelige Bauernfrau mit einem Eimer Milch ...«

So schrieb Hugo von Hofmannsthal über Bad Aussee 1896. Als ich sechzig Jahre später, 11 Jahre nach dem letzten Krieg, an den gleichen Ort kam, in dies steirische Salzkammergut, sah ich noch etwas von dem, was ich seitdem nie wieder fand, dort und sonstwo in der Welt, trotz vieler Freunde und Suche weit und nah, eben diese Kultur der europäischen Sommer für die Ferien an einem Ort zu fassen, wie so oft beschrieben und Nährboden für so vieles von Thomas Mann bis Gustav Mahler und Schnitzler und Broch oder Sigmund Freud und Brecht auf ganz andere, aber doch vergleichbare Weise. Und damals, 1956, aus dem Norden des jetzigen Osten Deutschlands gekommen, nach bösen 3 Jahren, kam ich dorthin, wie in den letzten Zipfel eines verlorenen Paradieses. Aussee und Altaussee und Grundlsee, 25 Kilometer südlich von Bad Ischl und 75 Kilometer südlich von Salzburg. Und ich erlebte noch, wie man einmal in der Woche sich beim Gasthof Schramml traf zum Steirertanz. Drei machten Musik, die am Tag etwas anderes taten, einer spielte die Geige, einer die Ziehharmonika und einer den Kontrabaß. Die Einheimischen, so nannten sie sich selbst und die anderen, die Sommergäste aus Linz, Graz, Wien und dazwischen die Bergbauern und die Arbeiter aus den Salzbergwerken oder aus der Gipsgrube und die letzten aus der Zeit der Aristokratie und eben jene Städter, junge und alte, alle in Tracht. Und sie tanzten Ländler und Steirer und Polka und Marsch, mit anschließenden Figuren in der Mitte des Tanzes mit Gstanzl-Singen der Einheimischen oder langjähriger Gäste und Paschen, dem Klatschen in die Hände im kunstvollen Rhythmus nach alten Mustern. In der Mitte des Saales die Männer und die Frauen im Kreis außen herum. Das ging noch einige Jahre. Das Essen dort war einfach und der Wein ein üblicher. Später übernahm der Touristenverein die Organisation, und Touristen schauten zu, wie Trachtler aufspielten und dazu tanzten. Das Gasthaus wurde zur Touristenkantine, die Trachten wurden nurmehr auf Anfrage getragen, am liebsten als Fernsehfolklore, wie in einem Filmstudio in Filmen über alte Bräuche.

Mit den Touristen kam die Freizeitindustrie. Zuerst kamen sie mit Eisenbahnen, dann mit Bussen und in Privatautos, das bedeutete große Parkplätze auf jeder Wiese vor den kleinen Berghäusern, und sie kamen mit neuen Kleidern, die praktischen und bequemen und billigen aus dem Kaufhaus in den Vorstadtslums unserer Großstädte.

*

Und so liefen dann bald auch dort die Einheimischen herum, billig, glatt, hartkantig und faltenlos, die Kleider und die Wiesen, die Häuser und das Essen. Und es gab natürlich keinen Tanz mehr, kein Treffen. Die Straßen wurden breiter, und die Autos fuhren bis auf den Berg, auf sogenannten Forststraßen, die die Zentralregierung finanzierte. Die Befreiung hatte stattgefunden, sie verloren alles, was sie einmal hatten, was sie einmal reich machte, den Unterschied, die Kleidung, das Besondere ihrer Gesichter, den Stil ihrer Häuser.

*

Zuerst verschwanden die Alten auf dem Marktplatz in Aussee, wo sie standen und kommentierten, sich trafen, etwas mühsam herausgeputzt. Individuen, wie sie die Pfeifen hielten und die Bärte stutzten oder lachten und einfach schwiegen. Und die Jungen hörten, wie man ihnen sagte, sie hätten mit der Zeit zu gehen, oder man könne die Zeit nicht aufhalten, und keiner wollte zu den lächerlichen Relikten eines hinterwäldlerischen Reservats gehören, wie man es ihnen einredete. Aber meine Wünsche, man möge doch wenigstens dieses Eldorado einer europäischen Ferienkultur erhalten, das sich länger als anderswo stark und eigenständig erwiesen, und nicht auch noch diese Tradition gleichschalten in die Freizeitmärkte, alle diese Wünsche waren umsonst.

*

Die Freizeitorganisatoren und ihre Konsumenten fielen ein, Raubrittern, Vandalen und Hunnen gleich, und es blieb nichts von dem, was einmal war. Es wurde generalstabsmäßig organisiert, die Züge mit den uniformierten Begleitern, die ortsansässigen Reiseleiter mit den Animateuren, die Essensmarken und die Gruppenausflüge in kleinen Bussen überallhin und auf die Berge hinauf, wie in ganz Europa. KdF – Kraft durch Freude – bis FKK. Hitlers alte Alpen-Festung, wo die Gemälde des Reichs einmal lagen in den sicheren Salzbergwerken, wo das Geld und Gold des Dritten Reichs in den Toplitz-See versenkt und zu Legenden wurde, wo Eichmann seinen letzten Platz fand, bevor er nach Südamerika floh, und Kaltenbrunner sein Quartier hatte bis zum Ende des Krieges, des Kaisers Sommerresidenz, die Dépendance zu Ischl, nun zur Pest des konsequenten Landschaftskonsums geworden. Das hat eine Konsequenz.

*

Zuerst waren die Juden gegangen, dann starben nach und nach die Aristokraten, und die Leute aus den großen Häusern verließen das Land und zogen in die Bungalows des Südens. Es kam Touropa bis zum Furor Germanicus der heutigen Langweiler. Es gibt noch einzelne Häuser und Gärten, in die man sich zurückziehen kann, sonst ist es das Übliche im großen Ensemble. Das alte Europa hat aufgehört wie das Leben in den Städten, auf den Marktplätzen und in den Straßen.

*

Die Jungen wissen fast alle schon nicht mehr wohin, wenn sie frei sind von der Arbeit, die sie anstrengt auf neue Weise, und der Urlaub wird zur Katastrophe, und die Feriengebiete sind schlimmer als der Horror der Städte, in jeder Urlaubssaison werden die Utopien eines Lebensjahres zerstört. Wer das nicht kannte, was verloren wurde hier, hat Wichtiges nicht gelebt. Wir gingen nach Südtirol, weit auf den Berg hinauf, wo Autos nicht mehr hinkönnen und die Einfachheit uns schützt vor dem Konsumkomfort der Fließend-Wasser-Touristen und Plastik-Food-Anhänger. Verfall ist die einzige Chance, etwas, was ihnen zu billig erscheint und was sich der Veränderung widersetzt. Sie meiden in ihrer Pseudo-Freiheit der größten Entblößung von Leibern bis Sprache alles, was unbequem ist, nicht direkt in den Mund fließt. Nur wenn man sie fragt, wirklich packt, in einsamen Stunden, die, die ihre Häuser, das Land, die Kleider, das Leben und ihre Figuren so verunstalteten, sieht man sie unzufrieden, und allmählich, mit heimlicher Sehnsucht hinter der Lautheit ihrer rustikalen Maske, fangen sie an, von einer kostbaren Erinnerung zu sprechen und von alten Erzählungen, beginnend zum Beispiel von den alten Kleidern, und was aus den Dirndls wurde, die durch die Heimatfilme so lächerlich geworden sind und ehemals das Pendant des ländlichen Arbeits- und Festkleides des Volks nach der Gesellschaftstracht des Hofes waren. Die selbstverständliche Freude an den Farben, das Gleiche der verschiedenen Orte und die individuellen Veränderungen zu den Zeiten des Lebens und des Jahres. Das Spiel mit den Farben der Natur und den Formen, die dem menschlichen Körper nützlich und günstig sind. Und dann das Übergehen des reizvollen Spiels in das Grandiose der getragenen Form eines würdigen Alters, mit langen Röcken und der kunstvollen Stoffarrangements, in die billige Wegwerfware einer sinnlosen Fernsehfolklore. Wer hier eingriff, wer hier herschenkte, verging sich am Menschen mehr, als alle Kriege zuvor in diesem Land ihm angetan haben. Einmal im Jahr nun gibt es noch den Fetzenmarkt, wo man die alten Dinge zugunsten der Feuerwehr billig kaufen kann. So fand man von diesen Vorbesitzern für 5 Schilling teuerste Mäntel mit seidenem Futter aus englischem Tuch mit Samtkragen aus der Hofmannsthal-Zeit, groß und elegant die bunten Monogramme auf der Innenseite der Tasche. Oder eine Leinenjacke, seit 10 Jahren getragen und damals schon gute 30 Jahre alt, für 5 Schilling von der Firma Plankl in Wien. Wir kaufen auch Sachen nur wegen der Knöpfe, die es nicht mehr gibt. Wir Leichenfledderer von Zeiten, die uns alte Fotos hier und da noch beweisen, Reliquien eines letzten Leuchtens, wie es die Stücke und Texte von Schnitzler und Hofmannsthal zu erzählen wußten. Denn sie ahnten den Untergang und das, was kommen mußte.

Was an diesen Orten für einen Sommer sich zusammenfand, kannte sich bald, so wie sie gemeinsam auf die Berge gingen, im See badeten oder am Schießstand gemeinsam schossen, die königliche Hoheit und der Arbeiter, wenn er nur gut schießen konnte und die Gstanzln richtig sang und lustig zu erzählen wußte, sie waren vertraut auf selbstverständliche Weise in diesem großen Ensemble, das ein Sommerensemble war in jährlicher Wiederholung, eines sehr menschlichen Rhythmusses, von Geben und Nehmen.

*

Der Fortschritt zog ein, die Konsumzwänge und Befreiungsideologen hatten auch hier Erfolg. Eine Kulturlandschaft war zerstört, unwiederbringlich, und das ist das Verbrechen, die Anonymität. Wer hat sie ihnen eingeredet, diese sogenannte Befreiung zum Konsum? Die Befreiungsideologien, wofür? Es ist der größte Betrug zur Sklaverei durch sich selbst. Wer hat ihnen eingeredet, sie müßten mit der Zeit gehen, da könne man nichts machen, es sei billiger so, besser und schöner. Und sie werden nun nicht mehr frei von diesen Fenstern und Türen, Fußböden, Wänden, Plattenwegen, Forststraßen, Beton- und Asphaltdecken um die Häuser anstelle des Rasens, der Wiesen und des Grüns bis ans Haus.

*

Die von überall her bekannten Dinge der Weltzerstörung, hier wurden sie besonders anschaulich, der Wahnsinn des Untergangs einer Kultur. Wir haben's nun aufgegeben, dieses Haus dort, wo Hofmannsthal seine *Ariadne* schrieb, das noch bis heute mit seinen alten Glasveranden und Vorhängen und Öfen zu sehen ist, und mit dem Brunnen vor dem Haus und dem Plumpsklo, dem vom Erbauer signierten, und den Betten, in denen sie damals schliefen. Das Haus, das einmal so nahe war, fast von uns schon bezogen.

*

Und ich habe aufgegeben alle Seen und Berge, Blicke aufs Land mit der Ruhe der Wasser und der Wälder, wie wir sie noch kannten und wie wir es lesen in den Büchern und Geschichten und Briefen und Bildern. Und doch möchte ich nicht tauschen mit allen Chefs von Hollywood oder unseren großen Zeitungen für diesen Garten, zwanzig Schritte lang, hinauf und hinab. Nicht größer als mittelalterliche Klosterhöfe waren, die sie Paradies nannten, oder wie Gefängnisse sein können. Und ich möchte nicht tauschen mit den Tagen, die im Sommer beginnen mit dem Frühstück im Grünen des Halbschattens und dem hausgemachten Mittagessen zwischen Flieder und Rosen und Daturablüten von Handgröße und dem anschließenden Kaffee unter Akazien und darauffolgenden Lindenblüten und Holunder dazwischen. Tage, die enden abends mit dem Sprengen des

Rasens, ein grünes Zimmer, mit dem Gewächshaus im Sommer als Voliere.

709

Natürlich würden die Konsumenten vom Nuckel der täglichen Fernsehreklame sich entsetzen über die bemoosten Steine aus Ziegelschutt, das Gras zwischen den Ritzen und über die alten Zinnkannen und das ungehinderte Wachsen von Glyzinien und Margeriten so dicht am Haus, über die vom Regen grün gewordene Leiter, selbst zusammengebaut einmal, zuletzt gesehen im HITLER-Film. Hierher gezogen sind wir vor 15 Jahren in ein Allerweltshaus des Nachkriegsstils, geworden ist es ein Grattler-Asyl ohne Blau, das zu erleben ist ohne die blaue Blume des freien Blicks, und wenn es klingelt, ist es niemand anders als der Brief- oder Kopienträger von der Spedition Kroll & Co, oder ein Journalist oder Freund aus andern Ländern. Jedem ist das Maß angemessen, das er sich nimmt. Die Reichen des Ruhms oder des Geldes in den großen Häusern haben ihren Anteil Unglück wie die anderen auf kleinem Raum ihr Glück, für sie wie eine ganze Welt. Das Tragische hat seine Komik und jeder gute Witz seine Tragödien.

710

Halbschatten. Ich mag keine Sonne, hasse sie sogar und meide sie, wo ich kann, und ich fürchte den Schatten. Also nie zufrieden wieder einmal? Seit Jahren und überall. Wer mich kennt, weiß das, aber was heißt Halbschatten. Es hat die Stärke einer Philosophie. Immer versuche ich es einzurichten, in allen Wohnungen, Gärten, Hotels, Gesprächsarrangements, diese Leichtigkeit als Voraussetzung einer inneren Heiterkeit zu schaffen. Eine fürchterliche Abhängigkeit von wechselnden Plätzen mit wechselnden Jahreszeiten im selben Raum, im selben Garten, im selben Haus, im Laufe des Tages und welches Unglück an anderen Orten, aus diesem Rhythmus gebracht zu sein und sich zu sehnen. Sträucher und Baumwachstum sind zu beobachten oder in den Häusern und Räumen, in denen ich mich aufhalte, das Aufgehen und Sinken der Sonne. Das Licht als Voraussetzung. Ohne Sonne kein Schatten und deshalb auch kein Halbschatten. Und man bedenke das Abdunkeln, Durchlassen, den Wechsel der Jahre und Tagesabläufe in den verschiedenen Orten unter verschiedenen Formen der Blätter und Räume und Farben und Wände. Und man bedenke die verschiedenen Formen der Pavillons und Lauben, der Pergolas und der Pflanzen, die da ranken unter durchbrochenen Dächern und in Höfen. Und die Wissenschaft der Pflanzen und Gerüche und Wasser und Geräusche und Kleidung in diesem Zusammenhang. Und man studiere die Architektur der Völker und Zeiten, das Licht und die Plastik und Malerei, auf dem Theater und im Film und im Leben, um zu wissen, was ich meine. Der Häretiker. Ein Abweichler von den offiziellen Dogmen. Verräter aus der Sicht der Dogmatiker und Ketzer, die Häresie eine Sekte und Irrlehre. Für die Anhänger aber der wahre Glaube, die Auserwählten, Erleuchteten im Widerstand gegen den Mißbrauch der Macht.

711

Über Rosen. Die neuen Züchtungen vertrieben die alten in die Emigration, die berühmten, ehrwürdigen, die alten blühten nur einmal im Jahr, die neuen blühen immer wieder und halten lange, wenn der Regen kommt. Aber sie riechen nicht so stark. Und die alten Rosen des Malers Waldmüller überwinterten auf dem Müll, an den Mauerresten der verlassenen Gärten, oder bei einsamen Gärtnern und Liebhabern und haben geschlafen, bis man sie wieder geweckt hat.

712

Im Fernsehen über E. St. Eine katholische Nonne, die mit nach Auschwitz ging. Voller Ehrfurcht verbeugen wir uns gerade, da hören wir, daß sie es tat als Opfer für die Schuld der Juden an

Christus und gleichermaßen für die Verfolger dieser katholisch gewordenen Jüdin. So kompliziert ist das Leben, und meine Erschütterung wächst. Ehr-Furcht, was für ein Wort.

713

Anna Seghers ist gestorben. Wieder eine von der Liste der ersten zehn versäumten Video-Monographien von Deutschlands wichtigen Leuten, so wie sie seit Jahren beim Bundesinnenministerium liegt. In den Nachrufen der Zeitungen: »Eine Stimme der Ausgebeuteten, Geschundenen, Verfolgten, Unterdrückten«, und, so frage ich, ihre Unterschrift für die Biermann-Ausweisung aus der DDR und ihr Ja für den Einmarsch der Russen in Ungarn etc.? Eine Kommunistin, die eigentlich eine Mystikerin war. Das jüdische linke Tabu? Doch wohl nicht wegen ihrer Kunst, der Künstlerin zuliebe?

714

Immer wenn die Maschinen-Menschen von heute Festivals der Phantasie feiern, Kreativität preisen, die Feldzüge der Freiheit, von Innovation sprechen, Alternativen heroisieren, die Selbstverwirklichung der Neurosenkunst von Selbstgestricktem feiern, Aussteiger-Ideologien entwickeln, welch trauriges Bild und welch tragische Auflehnung der Tiere im Käfig, dieser Menschen, die einmal Alltagskünstler waren, jeder ganz selbstverständlich, Schuster, Bäcker, Fassbinder, Bauern, überall und alltäglich. Nun entfremdet, vereinsamt ohne Konzentrationsfähigkeit, »befreite« Opfer des Konsumzwangs und der Befreiungsideologen, jener teuflischen Mischung unserer Zeit, kastriert, entmachtet von ihrem eigenen Selbst und allen Alltagsmöglichkeiten, wie soll man von ihnen verlangen, ihre Leere aufzuladen auch noch durch Teilnahme an Größe von einer Hochkultur und Kunst der Mnouchkine. Zum Nachdenken gebracht, würden sie verzweifeln, und Ideologen sprechen von Abwehr in alternativer Kunst zum Selbermachen, die anbiedernde kleine Kunst zum Anfassen. Das Ende der Kunst ist ihr Zwang, es dient ihrem Überleben, und sie glauben, jeder sei ein Künstler, und sie sind es auch, nur, auch Teilnahme im Ensemble des Mitdenkens und der Vorstellung und des Anhörens und Anschauens ist Kunst. Aber diese Demut ist wohl nur möglich in der Konfrontation mit jenen Berufen der Sonn- und Feiertagskunst. Künstlerische Selbstverwirklichung als Ausgleichssport der Freizeitgestaltung zum Maschinentag ist der größte Feind dessen, was Kunst aber eigentlich ist und verlangt, nämlich Geduld und Arbeit. Wer wollte da mitmachen wollen, wo Streß und Freizeit die Devisen der Zeit sind.

715

»Kunst gehört der vorparlamentarischen Phase der Demokratie an« (Kluge). Der Verband der Filmarbeiterinnen e. V. in Berlin schickt mir einen Führer durch den deutschen Gremiendschungel, ein anschauliches Plakat, durch das, was Kunst heute garantieren soll. 30 Gremien mit ca. 200 Namen, und da diese Namen immer dieselben sind, wohl 80 verschiedene Namen, für 200 Positionen. Lächerlich wie immer die Komödien des Untergangs, denn nie war Kunst der Gesellschaft so nahe und Film das Abbild einer Zeit. Wer diese Demokratie verstehen will, muß sich hier orientieren. Und nie waren das Mißverständnis, die Selbstverachtung und Verzweiflung und Resistenz so nahe beieinander. 30 Gremien, 200 Namen, die immer dieselben sind, wenn das keine Demokratie ist, pluralistische Vielfalt garantiert. So wie die Stimme einer Putzfrau gleich der Stimme Einsteins die Weisheit der Demokratie verbürgt, was notwendig zu Hitler führen muß, wenn die Putzfrauen sich zusammentun und mal richtig was wollen, nämlich daß die Einsteins raus oder ihre Taten eliminiert oder verbannt werden sollen, denn die Putzfrauen sind immer in der Mehrzahl. Wer aber informiert die Putzfrauen, wer gibt die Regeln zur Information, wie und wozu? Was tun wir nun? Den Status der Putzfrauen demokratisch und gründlich organisieren, das heißt, daß die Putzfrauen gar keine Putzfrauen mehr sind, sondern Raumpflegerinnen und den Dialekt verloren haben, dafür gründlich saubermachen, wie die Chemie es ermöglicht. Aber Putzfrauen sind Türkinnen, und Türkinnen sind gut, aber die Türken haben gerade, so hören wir in den Nachrichten, 200 Kurden umgebracht im Irak, was sogar Bagdad begrüßt. Aber, so wissen wir, dies Bagdad ist gegen die Juden, aber die Juden, so sagen die anderen, seien imperialistisch, die Imperialisten und Faschisten des Nahen Ostens. Und der arme ängstliche Ideologiekonsument merkt, wie am Ende doch immer alles nur ums Geld geht und Hitler und den Medienmarkt. Nach einer Umfrage nach dem Lieblingsfilm hören wir, es sei DAS SCHWEIGEN IM WALDE, und DALLAS liegt vor DENVER CLAN.

716

Die kommunistische Partei in Moskau weiß sehr wohl, daß der Weltkommunismus, die alte Utopie, nicht mehr erreichbar ist. Trotzdem tut sie militärisch weiter, als ob sie gewinnen müßte. Die USA weiß, daß sie keinen Eroberungskrieg gegen Moskau gewinnen kann und sollte, und trotzdem tut sie alles, um mit den Russen gleichzuziehen. Diese Schraube des Unheils endet immer bei der alten Eitelkeit, es nicht wahrhaben zu wollen, damit es die anderen nicht merken, was man selber schon lange weiß. Und das mündet in die alten Krisen und die alten Spiele von Krieg und Untergang, die sich keiner mehr leisten kann, wie alle Beteiligten wissen. Sie sind für ihre Erfindungen zu menschlich geblieben, ohne Größe der einfachen Tat, nämlich aufzuhören als erster. Es wäre ihr Ende.

717

Kluge macht es möglich. In der *Zeit* H. C. B. zum Bundesfilmpreisskandal. Daß neben von Trotta, Fassbinder, Costard und Kluge sogar der Name Syberberg fällt, Kluge spricht von Mental-Reservation des Ausschusses während des PARSIFAL.

H. C. B., der einzige noch neben Schütte in der *Frankfurter Rundschau*, der unbefangen geblieben von den großen Zeitungen, unbefangen von den Versuchungen durch Machtanmaßung des Scheckbuch-Journalismus, neben Kritik auch mit dem Scheckbuch verantwortlich zu wirken für die Entscheidungen, wer hier produzieren darf und wer nicht, und verantwortlich für die augenblickliche Entwicklung des deutschen Films. Er darf sagen, was die andern nicht können, weil er nie dabeigewesen ist, – daß es gelang, Kluge selbst endlich zu bewegen, dieses System als Übel öffentlich zu erkennen und die ziemliche Frechheit offenzulegen, mit der einer seiner Kollegen und unter Pseudonym tut, als sei er nie dabeigewesen: Wolf Donner im *tip-Magazin*, Berlin.

718

Zu Halbschatten. Ganze Dramen und Einbildungslust, wenn die Schatten der Blätter und Spaliere fallen auf Tische und Mauern, auf Wege und Säulen und Gesichter. Es ist die Musik des Lichts und ohne Chance, wenn es fällt, flach, auf hartkantige glatte Flächen von Plastikputz ohne Leben, schwitzig und kalt, die Welt teilend in hell und dunkel, Licht und Schatten ohne Erbarmen, leblos und tot und von Nutzen allein vielleicht für die Nutznießer eines schreienden Untergangs und vielleicht nicht einmal das. Und es ist der Selbstmord der Materie durch uns, den Menschen und seine Schuld.

719

Im BR der Kulturfunktionär, daß seine Generation Beethoven, und er meint speziell die *Eroica*, und überhaupt Kultur nicht mehr hören und sehen konnte nach Hitler, dem Banausen, der doch wenigstens die *Eroica* gehört hat. Wir sind gewohnt zu lächeln, daß Diogenes' einzige Bitte an den Großen Alexander war, aus dem Licht zu gehen, der Sonne. Wie kann ich's verstehen, diese einzige Bitte, in der alles andere enthalten ist.

720

Die europäische Kultur zeigte am Anfang des Jahrhunderts Untergangsstimmung, Selbstzerstörungstendenzen, Zerrissenheit, Kaputtes, Ambivalenzen, von eigenen Beobachtern Dekadenz genannt, Freud, Kafka, Joyce, Picasso und viele andere waren die neuen Heiligen. Die Geschichte der Welt stand zum erstenmal zur Verfügung als Zitat, zur Montage und im Bewußtsein, und die Erotik bekam ein großes Übergewicht. Die Nazis reagierten mit neuer Naivitätsanstrengung, Blut-und-Boden-Vorstellungen von heiler Welt und militanter Wiederherstellung alter Normen, bei gleichzeitiger Verbannung und Vernichtung der Abgelehnten. Sie bewiesen dadurch nicht nur eine Beschleunigung, wie durch Feuerhitze ein Prozeß erst richtig angeheizt wird, sie stärkten durch Verdrängung des expressionistischen Untergangsalltags, insgesamt und gerade erst in ihrer Übernahme dieser Symptome in die offizielle politische Erscheinung ihrer Bewegung, Perversion und sexuelle Grundmuster, Zerstörung, historisches Zitieren z. B., und bestätigten damit gegen ihren eigenen Willen, was gerade sie ablehnten. Alles was Filme, Texte, Bilder vorausgesagt, wurde beängstigend Realität im Krieg und KZ und leitete direkt über in die Zeit danach, die von diesen Erfahrungen wieder lebte, rasant in Richtung Untergang. Wie die Atombombe gerade durch die Nazis erst ermöglicht, moralisch gerechtfertigt und Wirlichkeit wurde.

So ergibt sich aus großer Ferne betrachtet eine durchgehende Linie des 20. Jahrhunderts in den Abgrund Europas, der alle anderen mitzieht. Der angebliche Bruch der Nazizeit erweist sich nur als Verdrängungsmechanismus desselben Vorgangs mit erheblicher Beschleunigung, dasselbe nur in anderer Form, eng ineinander verschränkt, die Geschichte von Aktion und Reaktion in dieselbe Richtung, oft gerade durch ihr Gegenteil. Aus der Ferne betrachtet, mit einigem Lächeln der Trauer über soviel Gegnerschaft der eigentlich Gleichen, auf anderer Bühne mit anderem Niveau. Was nicht gesagt werden darf. Wir sind, was wir tun, aber nicht *tun* ist das Ziel, sondern *sein*, *sein* in unseren Werken.

721

Zur Identität des Neuen Deutschen Films. Was unterscheidet uns von den anderen, was einigt uns untereinander? Ist es ein eigener Stil? Erstens würde man wohl sagen, die Basis ist die Freiheit, Demokratie und der Rechtsstaat, nach deren Regeln die Produktion dieser Filme gewährleistet wurde. Freiheit, Demokratie etc. Zweitens: gibt es etwa eine Ästhetik, einen Stil im Vergleich zum deutschen Filmexpressionismus? Da ist zu beobachten, daß alles, was unter gemeinsamem Nenner sich einigt, die Ideologie ist, die pluralistische Ideologie, aggressiv und einschüchternd, anstelle einer cineastischen Vätergeneration und zur Kaschierung ehemaliger, vom Dokumentarfilm kommender Kurzfilmer mit erheblichem, traditionellem Haß gegen Theater, Kunst, Musik, die Geschichte nur als Müllgrube eben der ideologischen Waffe anerkennen: machen wir uns nichts vor, der gemeinsame Nenner ist 30% bis 80% Ideologie, die rettet vor mangelndem Handwerk, fehlenden Story-Erfindungen, eigenem Stil- und Formwillen. Es ist eine Ideologie im Modernismus wechselnder Moden von Sozialkritik, Linkskonformität, antifaschistischem Establishment, Emanzipation, das kleine Schmutzige, Hollywood-Utopie der Vorstadt Schwabing und nicht Widerstand, denn die öffentlichen Medien sind gleicher Meinung, alles in billiger Ausgabe. Gleiche Identität an Sprache und Einheit des Ortes, nämlich Deutschland, das Land, wo man sich auskennt, werden sofort aufgegeben für die Sprache Hollywoods und die Drehorte von Urwald bis Texas etc. (Wenders, Schloendorff, Herzog), und schließlich drittens: Wenn keine Ideologie vorliegt, folgt Eliminierung, Ausschaltung und mit großem Konsensus. Die Frage ist: Wenn man ihnen die Ideologie nimmt, sind sie dann am Ende, oder fähig, einen neuen gemeinsamen Nenner zu finden, eben auf der Basis eines gemeinsam zu findenden Stilwillens? Das werden sie entscheiden müssen oder sich verkaufen an Hollywood. Aber die heutigen Revolutionen, auch der Kunst, geschehen immer von unten. Das wäre unsere Chance aus geistiger und ästhetischer Barbarei. Nützen wir sie gut. Drei Thesen zur Neuordnung der Filmförderung: Repräsentation von Realität und Vision statt Kassenmehrheit. Geistige Echobreite statt cineastische Getto-Ideologien. Qualität im internationalen Maßstab statt provinzieller Pluralismus provokanter Minderlösungen. Irgendein Nobelpreis wäre mehr wert als alle Festivalsiege, Bundesfilmpreise und Oscars der Welt zusammen. Der universale Anspruch erst rechtfertigt die Größe der Tat.

722

Kämpfe. Ich möge doch aufhören. Was gut ist, setzt sich auch so durch. Ohne diese Kämpfe gegen das Nein der geldverteilenden Gremien in Bonn bis deutsche Medien und Gaumonts Toscan du Plantier und ihre Unterhaltungsnormen, oder die Hit-Gier und massive Gleichgültigkeit unserer Zeit, gäbe es nicht mehr diese Filme, diesen PARSIFAL, diesen HITLER, mich nicht. Es ist anders als bei anderen wichtigen Außenseitern oder repräsentativen Leuten dieser Zeit, weil ohne Solidarität (im Gegensatz dazu Achternbusch, Schroeter, J. M.-Straub-Kampagne). Natürlich wäre es besser anders, einmal Ruhe, und wer das ändern könnte, hätte es gelöst. Das ist alles sicher keine persönliche Charaktereigenschaft und nicht Notwendigkeit dieser Dinge oder gar provoziert. Oft sagt man mir, es müßten eben andere tun oder sagen für mich. Wenn sie es aber nicht sagen und tun? Aufgeben, einstellen? Es kann eigentlich ein Freund nicht sein, dieser Werke oder meiner Person, der das will, oder er versteht mich und diese Situation nicht. Daß daneben anderes entsteht, sich ergibt und gefunden wird und gewonnen, ist das paradoxe Wunder dieser Existenz, produktiv gewordenes Destillat des Kampfes. Wie kann ich dem vergeben, der das wünscht?

723

Aber er hat doch seine Filme machen dürfen. Auch Tarkowskij hat Filme in der UdSSR zu unseren Zeiten gemacht. Ist deshalb die UdSSR ein freier Staat? Nur das ist der Unterschied, und deshalb bin ich hier. Dieses Buch hätte er nicht schreiben dürfen. Wie viel Mühe ist ihm erspart geblieben und welche Rettung auch. Deshalb bin ich hier. Und ist Freiheit noch immer, solange solche Bücher möglich sind – solange sie zur Kenntnis genommen, diskutiert werden und leben?

724

Die Besitzerin des Hauses am Berg, wissend, wie der Alltag an den Fließbändern der Büros unserer Städte aussieht, zog also das Scheuern der Holzböden mit richtiger Seife und der eigenen Hand vor, stolz auf ihre Privilegien vor der Angestellten-Diktatur, die PVC- und Plastikanbeter, die Konsumanhänger der Wegwerf-Menschen, von sich selbst weggeworfen schon längst.

Als ich diese Freiheit zur Würde des eigenen Tuns beschrieb, diese Liebe zu den Hölzern und Seifen, das Gehen und Riechen noch möglich macht, schrien sie auf mit Vorwürfen von Lust an der sozialen Erniedrigung der Frau, sexueller Perversion, geheimen Unterdrückungswünschen, immer wieder.

Nie habe ich zugeschaut und mich daran erregen können, und es war immer die Besitzerin, die sich noch die Freiheit herausnahm zu tun, was andere ihr nicht mehr erlauben. In ihrem eigenen Haus, von deren zwei nun eines abgebrannt, wohl sehr zur Freude derer, die daran sich stießen, wie an eigenem verlorenen Leben.

Die Armen. Wenn sie nun sprechen von Seele und Mythos und Trauer und selbst ihrem Körper, vermögen sie es nur mehr in Verbindung mit dem Wort Arbeit. Seelen-Arbeit, Körper-Arbeit, und das in einem Land, das ihre Statistiker gerade als das arbeitsunlustigste Land der Welt erkannten, dieses Deutschland, das nach denselben Statistikern die wenigsten Kinder will und die Geborenen am meisten schlägt.

Wie arm geworden ist ihre Freiheit zwischen *Burda* und *Bild*, mit der Devise des »Nur net auffallen« und jenem *Spiegel*-Zynismus bitterster Provokationskonventionen.

725

Besucht Europa, solange es noch steht. Der Werbeslogan nun auch Hit der New-Wave-Band: Geier-Sturzflug. Solange es noch steht, dies Europa, Deutschland ist schon verloren. Seien wir gute Leichenträger.

726

Das erste Filmfest der Stadt München enthält eine Reihe, die sich Höhepunkte des Neuen Deutschen Films nennt. Da sind dann zu sehen VERONIKA VOSS, IM LAUF DER ZEIT, WASSER IM KOPF, AGUIRRE, CHRISTA KLAGES (Margarete von Trotta), LINA BRAAKE (Bernhard Sinkel), LETZTE JAHRE DER KINDHEIT (Kückelmann), HALBE HALBE (Uwe Brandner), GLÄSERNE ZELLE von Geißendörfer.

Zum 100. Todestag von Richard Wagner läuft der Stummfilm von Carl Froelich mit einer Orchesterbegleitung. Als Retrospektive laufen Filme von Chantal Akerman, genannt »der heimliche Star dieses Filmfests«. In der *Zeit* eine Seite van Ackeren, DIE FLAMBIERTE FRAU. Bilanz des PARSIFAL in Deutschland ein Jahr nach seiner Uraufführung, 200 000 DM Einnahmen, ohne telefonische Anrufe irgendwohin, ohne Vertreter, ohne Werbung. Welcher Energieaufwand, jetzt muß es allein gehen. (Das wird heißen, zuletzt in Bonn: 600 Plätze, 84 Zuschauer in 3 Vorstellungen; im 200-Platz-Kino einmal 40, einmal 32, einmal 12 Personen, trotz sorgfältigster Ankündigung und Presse nach Extra-Konferenz, 12 Personen in PARSIFAL.)

727

In Lissabon werden es 1200 Personen sein. Und da die Bonner nicht dümmer sein können als die Zuschauer in Lissabon, welches Brainwashing muß da stattgefunden haben. Die Bonner Oper ist jeden Abend mit vielen hundert teuren Plätzen voll.

728

Münchner Filmfest. Dort wird auch Sauras CARMEN laufen, die erste legitime Konkurrenz zu PARSIFAL, die man bewundern darf, die andere Möglichkeit. In der *Süddeutschen Zeitung* wird stehen, »für Flamenco-Freunde« und im Filmtip des Bayrischen Rundfunks, gleichgeschaltet, »für Ballett-Freunde«. Was für ein komplizierter Organismus von verschiedenen Ebenen. Und welche Freude, immer auf dem Niveau der Vorlage.

729

Und es wird auf dem Münchner Filmfest Tarkowskijs NOSTALGHIA laufen. Wer da rausgeht nach kurzer Zeit oder sich weigert zu sehen und zu hören, oder wer höhnt, ist dumm oder böswillig, oder zumindest ohne weiteres Interesse für jedes Gespräch, wie immer die Ignoranten der Kunst für das weitere Leben, um das es geht. Von wie vielen Filmen wäre das zu sagen in den letzten Jahren, so dümmlich und eitel wie geistig bankrott, im Vergleich. Wie einfach die Gesten und welch ein Drama, die flackernde Kerze heil ans Ziel zu bringen am Ende des Films, und wie lange es braucht und wie selbstverständlich sind alle Vermeidungen des soziologischen provokatorischen Kunstfilms. Beneidenswert die Kraft und Innigkeit, klug das Geheimnis, und was könnten die Funktionäre seines Landes arrogant dagegen sagen, in ihrer Mischung von Bosheit und Korruption der Karriere. Und wie frei es wäre, ließe sich über das Land sagen, wo er leben darf und sogar arbeiten.

730

Die deutschen Aushängeschilder von Kluge bis von Trotta, von Wenders bis Herzog, Hauff, Sinkel usw. protestieren »gegen die Henker der Phantasie« und meinen Achternbuschs GESPENST.

731

Noch nie habe eine Zeit so viele Freiheiten gehabt, waren die Menschen so reich, so wohlgenährt, sagt Popper. Reich, auf wessen Kosten? Frei aus Desinteresse? Bergman sagt, unbegrenzte Freiheit sei eine Neurose. Und Hrdlička, der Wiener Bildhauer, wünscht sich einen vorübergehenden Diktator nur einmal, ein Jahr lang, zur Rettung aus dieser Not. Noch nie waren die freien und reich gewordenen Menschen so einsam wie heute. Eine Einsamkeit der Kleidung, Häuser, Städte, Essensrituale, alles wie nie zuvor. Man nehme ihnen ihre Spiele, die Fernsehdroge zum Beispiel, sie würden sterben auf der Stelle, sich und andere umbringen, sofort. Alles ein großer Betrug? Zu wessen Gunsten?

732

Es heißt, kastrierte Kater lebten einige Jahre länger, aber wie. So locken sie uns: länger zu leben und sicherer und frei und wohlgenährt wie noch nie.

733

Die Provokation als eines der ersten Gebote von Kunst, die Grenzen überschreiten muß, wird verletzt, wenn sie leichtfertig aufs Spiel gesetzt wird, besonders in heikler Situation. Wer hier mutwillig Sympathien in Gefahr bringt, wird kein Mitleid vor der Rache, der unsinnigen, erwarten dürfen. Warum traf der Bannfluch der sittlich Empörten nicht den PARSIFAL, an dessen Kreuz Richard Wagner hängt im Vorspiel, und wo sie einen

Phallus am Kreuz sehen zu den Wagner-Worten: »furchtbare Not«, oder wo die berühmte Wunde zur Wunde der Welt gemacht wird, und sie hat die Gestalt des weiblichen Geschlechts. Wer den alltäglichen Protest des Lebens zur Kunst werden läßt, muß dafür sorgen, daß diese Kunst zur Fackel der Solidarität aller möglichen Teilhaber wird, und das heißt nicht aller Menschen, denn das wäre Konsumzwang, aber der Menschen verschiedenen Glaubens, verschiedener Interessen und verschiedenen Niveaus.

734

Hollywood der Intellektuellen. Das leichtfertige Kokettieren mit dem Konsum-mächtigen Kitsch der fast food, Unterhaltungsfließbänder, ist der Proletkult der Kultur.

735

Amoklauf, wie sie sagen, eines Studenten und Taxifahrers, aus der Tschechoslowakei, vor 10 Jahren geflohen, jetzt Frankfurt. Schießerei in einer Schule. Tote und viel Weinen im Fernsehen. Die glatten Gesichter, einige Bärte »Neurosen-Matten«, Eltern, kurz vom Schmerz aufgewühlt, vor den ausgestochenen Fensteraugen ihrer Neubauhäuser, in der Wüste ihres Lebens. Wie Agonie in der Totenstarre vor dem großen Blitz.

736

Die wahre Nationalität ist die Identität der Form, auf die Frage, wie national muß ein Film sein, um international erfolgreich zu sein. So können die JAGDSZENEN IN NIEDERBAYERN auch in Texas oder im Dschungel von Südamerika spielen, und fremde Sprachen können zur neuen Provinz unserer inneren Kämpfe werden. Inzwischen ist Freiheit nicht, daß Homosexuelle machen können, was ihnen beliebt, sondern wenn es dem Kritiker erlaubt ist, einen Film über dieses Thema spießig zu nennen und reaktionär, was dieser Kritiker bei allen anderen auch finden würde. Modische Banalität neben sensibelsten Freunden.

737

Wenn die Katze sich anschleicht, beobachtet sie den Vogel, bis sie ganz Vogel wird, in allen Bewegungen und Absichten, bis sie ihn, ihm zuvorkommend, im Flug fassen kann. Das Tier der Erde kann fliegen, wenn es tötet in der Intuition des Unmöglichen. Die Liebe.

738

Nach Tarkowskijs NOSTALGHIA. Seit langer Zeit wieder stolz, mit Film beschäftigt zu sein. Seit langem wieder Hoffnung und Wunsch, jemandem gleich zu sein. Qualität. Was für ein häßliches Wort, das böse Wort der Händlersprache und der Üblichkeit. Gelöst und fort all die Häßlichkeiten der Boulevardfilmroutine unserer Konsumideologen von guter Unterhaltung und anbiedernder Belehrung. Statt dessen der ganze Wahn-Sinn als Struktur klügster Verschränkungen, Ebenen und Bildgeheimnisse ohne billige Versuchungen. Ein Lichtrisiko der Kamera wie nie gesehen, und Glaubwürdigkeit der Personen. Dazu die Geschichten der Dinge, Wände, das Feuer, der Regen, das Wasser, Heim-Weh, Beethoven plus Bach. Ruinen der Kirchen und das Geburtshaus im Schnee und tief über die Pfütze unseres Lebens gebeugt. Gott so skandalös als Zentrum des heiligen Anstoßes in seinem Land, wie Bedingung der nationalen Identität dieser Kunst, wo auch immer.

Wer hier paßt, verpaßt, dem kann nicht geholfen werden, Pardon wird nicht gegeben. Aiuta mi, hilf mir. Wer trägt dem Verbrennenden die Kerze zur Rettung durch die Ruinen des Untergangs: So! Danke dem, der mir, dem so oft Enttäuschten, Mißtrauischen gegenüber unseren Kinos, riet, diesen Film zu sehen. Ein Film, den ich fast versäumt hätte, wie die bisherigen von T., weil von den Verdächtigen gelobt, wie so viel Falsches.

739

Mystisch und mythologisch nennen sie meistens dann das, was ihre mangelnde Bereitschaft und Unfähigkeit inzwischen bedeutet, die strenge Logik dieser Gegenwelten zu finden. Die Geheimnisse sind oft schon in der Struktur selbst zu entschlüsseln, soweit es erlaubt ist. Das Befremdende der Bilder und Töne des Anfangs ist oft nur ein Trick der besonderen Spannungs-Dramaturgie, das bei Aufmerksamkeit sich am Ende einfach erklärt.

740

Wie leichtfertig schon sprechen sie von der Befreiung von Liebesfesseln der Eifersucht und Besitzgier, sprechen von Befreiung zum Hurentum und Strichertypen der schicken Schwulenszene. Und sie sprechen von Fassbinder, dem großen Frauenregisseur, Frauen, die dürsten nach seinen Schlägen und Unterdrückungen in einer Welt, wo die Frauen bestenfalls Engelsfiguren sein dürften nach den avantgardistischen Corpsidealen reaktionärster Männerphantasie. Und wieder dieser Fassbinder und sein Pakt mit dem Teufel. Wenn es eine Schwarzmagie gibt, dann ist er der Schwarzmagier des Neuen Deutschen Films, und wer auf ihn setzt, kommt groß raus in dieser Zeit, die sich dieser Magie ergeben hat. Und es bleibt die erstaunliche Tatsache, daß immer wieder Leute dieses Hitlervolks auf Menschenverächter und Frauenschänder und -ausbeuter für eigene Interessen und nach Hitler setzen – sofern die Dokumente stimmen, die bisher nicht widerlegt wurden aus seinem Kreis. – Diese angeblichen Linken, Antinazis um ihrer Karriere willen, sind es, die diesen Pakt eingehen und mittun unter seinem Namen. Und wer wissen will, was ich mit dem Bösen, in uns Verfallensein meine, stelle sich das Bild eines anderen Menschen in unserer Zeit vor, in einem anderen Land, einfach, auch mit etwas aufgequollenem Gesicht und Bart, in der Mitte des Lebens, eher proletarisch, unintellektuell. Man sehe ihn, gar nicht so ungleich im Äußeren, mit Demut der Sache dienen, unerbittlich und dickhäutig, wenn nötig, menschlich und ohne alle Führer-Attitüden und Eigenschaften, ein Mensch für viele und für den deshalb jeder, der ihm anhängt, auch ein Mensch ist. Ich meine Lech Wałesa im Polen der Nach-Hitler-Generation, in einem anderen Land, das seinen Weg sucht unter ungleich schwierigeren Umständen.

741

Mental-Reservation. Kluge nennt das, was stattgefunden im Gremium des Bundesfilmpreisausschusses, Mental-Reservation. Im Duden lese ich: »Terminus technicus der Juristen: stiller Vorbehalt, still und vorher und behalten, geistige Reserve«. Ein typischer Kluge, es trifft genau. Das Schweigen und das Vorbehalten.

742

Von alten Kleidern, die unsere Kinder nun auf den Fetzenmärkten wieder suchen. Vom alten Denken, Fühlen, von Welten, die uns nun die Ausländer wiederbringen – und zu spät, denn die Flüsse sind begradigt, die Wälder industrialisiert und die Felder bereinigt, von den Gesichtern der Maschinenmenschen und ihren Haltungen ganz zu schweigen. Unter mir, zwischen Genf und Toulouse, in den Cevennen wohl, auf dem Flug nach Lissabon, in kleinen Feldern die Schläge, wie wir das nannten in Pommern, unregelmäßig, wie lange nicht gesehen, winkelig und ausgefranst, das ist sicher für die Maschinen nicht gut, und die Menschen? Darum also ist Frankreich in der EWG auf der Bittstellerbank? Sie haben es nicht geschafft, nicht saniert, keine Flurbereinigung, sich nicht befreit. Wir werden es ihnen schon zeigen.

Lissabon

743

Vom Frankfurter Flugplatz die Stimmen der Nachbarn noch im Ohr, von Haiti nach Rio und Florida, und wer nicht mitmacht, scheidet von selber aus, befreite Menschen.

744

Lese in der *SZ* vom Wochenende »Fortschrittsfatalismus«.

745

Und lese von Herzog in derselben Ausgabe der *SZ* den Text über Hercules Seghers und die Kunst, Landschaftsdarstellungen und über das Unerhörte und nie Gesehene in der Kunst, beim Lesen von Texten, Hören von Musik oder Ansehen von Filmen oder der Malerei. Vom Ungeheuerlichen, das einem die ganze Existenz erhelle, und wie Tröstliches erwachse. Und ich lese von Landschaften als Inszenierungen, Fieberträume des Urwalds, die verwandelt gehören, und Wälder, die in Trance geraten. Und vom Mut zum Wagnis bis an die letzte Grenze und radikale Verwegenheit der Seelenzustände, statt Landschaften, Einsamkeit, Schwermut, Traumvisionen, Angst, Gott- und Menschenverlassenheit. Und ich nehme es als Anspruch zumindestens des Wollens, Zustände unseres Inneren darzustellen, das Irreale, Unirdische, was über die Augen hinausgeht. Die Fenster nach innen, die innere Landschaft also. Und ich erinnere mich, wie er in Telluride, im Sommer vor einem Jahr, bei einer Diskussion über den Beruf des Filmregisseurs, sagte, nur ein Sportler, ein Akrobat sei auch ein guter Regisseur, und er bekam den ganzen Beifall von Alt-Hollywood. Akrobat? Und innere Landschaftskunst des Irrealen? Und alle Kollegen bemühten sich, ihre Sportarten zu beweisen.

746

Aber der Film ist keine Leinwand, er hat neben den Bildern auch die Töne. Und so wie die Bilder die Töne nicht zu illustrieren haben, so haben die Töne die Bilder nicht zu untermalen. Und erst wenn beides gleichrangig miteinander zur Kunst wird, zur Kunst der Fuge, der Bilder oder des Seelen-Liedes, oder einer Symphonie der verschiedenen Ebenen und in ein Gleichgewicht kommt des Gegeneinanders oder Miteinanders, wird das entstehen, was Film heißt und dieser Regisseur-Autor wird mehr schaffen, als die Augen je gesehen in den Bildern unserer Museen, oder die Ohren gehört haben in unseren Konzertsälen. Und wenn der Schnitt dazukommt, wird es mehr sein, als die Theater bisher imstande waren, uns zu liefern. Und das wird nicht geschehen von den Sportlern unter den Kamerafreaks in den Bäumen unserer Kräne und nicht von den Star-Regisseuren, sondern von denen, die denkend zu meditieren imstande sind und von allem anderen wissen und doch noch genug Unendlichkeit in sich tragen, die unserer Zeit würdig werden muß.

747

Selbst-Befreiung: Befreit endlich von lästiger Scham und Gehen und Steigen und der Schwere unseres Daseins, denn es gibt ja Lifte, Tabletten, FKK und Schulen und Universitäten für den aufrechten Gang. Und wir lernen das zu managen, dieses »just feel happy«, Bäuche raus, und wer schwitzt, nimmt Deodorant gegen die Angst, legt ab, macht endlich frei, und wer nicht will, geht aus dem Spiel. Befreit endlich von der Individualität, alles glatt, die Sprache und die maschinengerechten Gesichter. Alle machen mit, das billige Angebot dessen, was »in« ist, alle haben diese Angst, nicht dazuzugehören, nach links, nach rechts, Demokratie, Gott oder Diktatur und ganz konkret alternativ oder grün oder rot oder schwarz, Fahne rauf oder runter, Republik, Funktionär oder Professor Unrat, gut gedeihet überall und weg mit den alten Gesichtern, Haare ab oder lang, nur wer mitmacht, ist dabei, im Gleichmaß seiner Schuld.

748

In der *Allgemeinen Sonntagszeitung* zu Kafkas *Schloß*, nach handschriftlichen Texten. Der Anfang ursprünglich: »Der Wirt begrüßte den Gast. Es war spät abends, als ich ankam« (im Manuskript später durch K. ersetzt). Er wollte, daß seine Manuskripte nach dem Tode vernichtet würden und war doch sehr betroffen, als seine Geliebte, Felice Bauer, auf sein erstes Buch nicht einging, sondern über andere Schriftsteller sprach. Wie schade, daß Kafka die zwei Perspektiven, »der Wirt begrüßte den Gast« und das »es war spät abends, als ich ankam«, durch eine ersetzte.

749

Ihre Sprache ist wie ihre begradigten Flußbetten, da wächst nichts mehr. Und das Abgeschliffene wird künstlich wieder angelegt, aber nicht aus Kunstfertigkeit sondern nach ökonomischen Ausbeutungsprinzipien. Statt Dialekt und Jargon der Arbeitenden und Vorstadtprovinzen und des Untergrundgefälles nun akademisches Proletariat. Schickes »so ne« ist überhaupt wichtig. Es sind die Betonvasen der Sprache im Fußgängerbereich unseres Denkens, »mal 'n Auge zudrücken, so ne Art, n' Entscheidung getroffen«. Das meint Berlin und ist doch nur Piefke-Deutsch nach der Deutschlandenteignung 1945, eine Art Mittelland-Kanal zwischen Main und Donau, anstelle des Altmühltals der deutschen Sprache.

750

Vor allem die schwarzen Kleider weg von den alten Frauen, es macht sie faltig und alt, schwarz macht alt. Bunt sollen sie sein, wie geile Kuchenweiber, fett und runzelig, mit Wimperntusche und zotteligen Haaren, daß sich die Kinder schämen und die Enkel lachen und emanzipieren, und weg die Anzüge und weißen Hemden. Wer so auf dem Markt steht, wie in Italien, ist ein Gastarbeiter aus der Türkei vielleicht, auf Märkten zum Stehen und Reden, die beweisen, daß sie nur noch nicht von Autos besetzt sind, den Autos, die die Arbeitsplätze schaffen.

751

Eine Liste von Städten, in die immer wieder gern zu fahren wäre, wegen der Plätze, wo man sich trifft. Nach Paris sicher wegen Deux Magots und Café Flore und des Hotels Saint-Simon vor dem Umbau. Rom wegen Café Greco und Café Canova, und in Amsterdam das Café Americain. Und London wegen des Five o'clock-tea in Brown's Hotel und verschiedenen Pubs. In Jerusalem noch einige alte arabische Cafés. Nach Verona wegen des Café Dante. Und Venedig wegen Café Florian und Harry's Bar. In Salzburg Café Bazar, Tomaselli, und Wien wegen Demel und Hawelka oder Trzesniewsky. Nach Lissabon sicher wegen des Café Nicola und des Café-Restaurant Martinho da Arcada und des Café Brasiliera, selbst nach der Renovierung innerhalb der letzten drei Jahre. Gestrichen mit großer Trauer in Bad Ischl das Café Zauner wegen Innenausstattung und der Änderung der Erdbeerröllchen, gestrichen Berlin, Taormina und so viele andere. Nur mehr zur Arbeit oder sonstigen Zwecken wichtige Städte.

752

Lissabon. Juni 83. Der Boulevard und was dazu gehört. Cafés, Zeitungsstände, Schuhputzer, Leute, die stehen, reden, die Bäume, die Plätze, Musikpavillons vielleicht, die lockere Geschäftigkeit, Fremde wechselnd mit Einheimischen, die Standardisierung der Kleider und Züge zwischen Lockerheit und Strenge. Vor dem Café Nicola. Und während wir im Café Brasiliera sitzen, erfahre ich vom verschwiegenen Projekt des

Manuel de Oliveira, daß der alte Meister des portugiesischen Films nach Schwierigkeiten in den Gremien aus der Privatschatulle des Kultusministers einen Film garantiert bekam, einen Film nach seiner Wahl und eigener Verantwortung. Und daß der Film danach versiegelt wurde, bis nach seinem Tode. Zwei Stimmen, ein Haus, in dem er geboren und aufgewachsen und zeit seines Lebens gelebt und das er nun verloren durch Schwierigkeiten beim Filmemachen, seine Stimme, die seiner Frau, Fotos der Familie, ein Testament. Oliveiras erster Film wurde vor 40 Jahren gemacht, und oft waren Pausen bis zu 10 Jahren zwischen den einzelnen Filmen. Und doch ist er der berühmteste Filmregisseur seines Landes, er machte den Film über Lissabon im Rahmen einer Serie der europäischen Eurovision mit einem Film für jedes Land.

753

Oliveira machte den Film über Lissabon für Portugal, so Antonioni über Florenz, Bergman über Stockholm, Truffaut über Paris und Schroeter, so höre ich, für Deutschland. Und das ist, als ob ein Eunuch über Liebe spräche und das richtige Bild von Deutschland, heute.

754

Der portugiesische Kultusminister, der Oliveira den Film über sich als letztes Bekenntnis machen ließ und danach dieses Testament versiegelt in das Archiv nahm bis nach seinem Tode – er sah ihn allein an, bevor er verschlossen wurde, damit kein Betrug vorliege –, dieser Kultusminister, den ich gerade zu bewundern begann, verfiel in großes Entsetzen, als Oliveira einige Zeit darauf mit einem neuen Film kam, 75jährig, den er nun zu machen gedenke, und für den er öffentliche Mittel wollte, wie jeder andere. Wieso, er habe doch gerade alles bekommen und wieso denn nun schon wieder, in seinem Alter und nach alledem. Das nächste Projekt von Oliveira wird DER SEIDENE

SCHUH sein, mit Hilfe Frankreichs. Oh, diese alten Männer von 75, 10 Jahre über der Altersgrenze unserer Gewerkschaftsnorm, und ihnen fällt immer noch was ein. Er hat es gewagt, nach seinem Testament noch weiterzuleben.

755

Die Portugiesen fanden auf dem Seeweg Indien wirklich. Heinrich der Seefahrer hatte es in seiner Seefahrerschule gelehrt. Die Spanier gingen in Richtung Amerika und dachten, es wäre Indien und nannten es Vorderindien und die Eingeborenen Indianer. So wurde Amerika aus Irrtum gefunden und welche Folgen, ohne Schule der Seefahrt. Im Café Nicola sitzend. Natürlich wächst große Kunst mit den Möglichkeiten des Halbschattens. Aber auch, wie hier, im Licht und in den Räumen des Art Deco, das Licht und die Schatten-Kegel des de la Tours und eines Schachts der neuen Sachlichkeit, es braucht Kultur und die des Südens dazu, um dies zu verstehen.

756

Die Kunst der Demokraten, die Kunst im 20. Jahrhundert: Brecht, der wichtigste Theatermann der DDR, hatte trotz aller anderen Interessen meistens doch nur die Intellektuellen aus dem westlichen Ausland in seinem Zuschauerraum. Richard Wagner, der doch größte von Hitler okkupierte Künstler, hätte wie Brecht nicht einen Tag bleiben können, wenn die Partei oder Kollegen über ihn hätten abstimmen können. Zu exotisch für ihre Ideologie. Unsere Chancen heute bei Abstimmungen ist immer die Ecke des Pluralismus bestenfalls. Es darf auch einmal sein, nicht so oft, nicht zu viel. Aber repräsentieren tun nur wir, was später von ihnen bleiben wird. Und doch ist dieser Pluralismus, der einzig und allein uns am Leben erhält, unser stärkster Feind, wie alle Spinner und Extremisten, Terroristen gerade noch unter diesem Pluralismus geduldet werden. Unendlich ist die Mühe, ihnen gerecht zu werden, zur Gerechtigkeit der

Geschichte beizutragen, zu sagen wie es wirklich war. Nicht gegen sie zu sein. Frei vom Fluch der Rache. In unserem Werk.

757

Hotel Avenida Palace. Im Hotel drei verschiedene Marmeladen zum Frühstück, offen wie die Butter, drei verschiedene Brot- und Semmelarten, Kipferln. Die Bäckereien sind das erste, was sie schließen, wenn modernisiert wird. Alle Handwerker weg. Und ihre Geschäfte. Lange dramatische Geschichten höre ich von Häusern und Familien, die EG ruft, lockt, stellt Bedingungen, ganz Europa gegen den Rest der Dritten Welt. Und doch sollte und könnte alles anders sein. Ein Unterschied zu Amerika und Rußland, vielleicht unsere Chance, Erziehung zur Individualität oder Massenkultur.

758

Sehe im Schaufenster Nina Hagens neue Schallplatte. Nun Sex Monk Rock, blasphemisch als Madonna mit ihrem Kind. Schwere Wolken über Lissabon, heiß, schwül, Seeluft. In Berlin, höre ich, haben sie nun die S-Bahn gekauft. Wenn die an die DDR herankommen, ist der Rest Deutschlands auch kaputt. Ich sehe die S-Bahn bald modernisiert, identitätslos und radikal, da wächst nichts mehr aus der Erde, Beton, Bunkerkultur.

759

Was haben sie gesagt, in Cannes sei kein deutscher Film dieses Jahr im offiziellen Programm? Sie gaben dem Ganzen den Rahmen und Haus und Namen. Das Festspielhaus von Cannes wurde im Neubau zu Le Bunker, die Ästhetik nach dem Kriege, das Kino als Form, an der man es ablesen kann.

760

Oliveira, ohne daß ich je einen Film von ihm gesehen, hat doch Einfluß gehabt, so verwandt er mir auch war, unbewußt und ohne direkte Kenntnis also, ging er ein in den PARSIFAL. Ich erinnere mich, daß Edith Clever, nachdem sie seine Filme gesehen, von einer Fußwaschung sprach, so intensiv, daß dies überging in die Art unserer Fußwaschung im 3. Akt des PARSIFAL. Seltsam sind die Geschichten unserer Ideen und Motive. Ganze Listen sammle ich insgeheim von unbewußten Einflüssen und später entdeckten Übernahmen.

761

PARSIFAL-Film im Tivoli, volles Haus und Beifall wie noch nie, mehr muß nicht gesagt werden, triumphal, man kam zu alten Freunden. Sie haben nicht umsonst alle vorigen Filme gesehen.

762

Und doch. Dieses alte Kino, das inzwischen Theater und Konzertsaal gewesen und dann wieder Kino für die amerikanischen Großprodukte der Fließbandunterhaltung unserer Filmindustrie, dieses Tivoli ist die Hölle für einen, der den PARSIFAL gemacht. Die Leinwand zu klein und die Vorräume voll Reklame, die den Film benutzen, um für ihre Produkte zu werben. Schon beim ersten Interview die Frage, ob es richtig sei, daß ich 48 Stunden Ruhe verlangt in jedem Haus, bevor der PARSIFAL liefe, als Säuberung der Luft von dem davor Gewesenen. Aber ist es nicht ein gerechter Wunsch, einmal PARSIFAL angeschrieben zu sehen, wo er laufen wird mit über 1000 Leuten im vollen Haus. Selbst im Opernhaus, am Vormittag, stehen da die Personen des Abends an der Wand und wir, wie Gestorbene darin und wie verbotene Gäste, am Abend schon wie gar nicht dagewesen, hinterlassen das einzige, das bleiben wird in der Geschichte dieses Jahres. Nur einmal das Zeichen groß zu sehen, wie in den Theatern die Fahnen ihres Tuns an die Tür geschlagen oder über dem Dach, wie alle andern, ist das zuviel verlangt?

Dann die Diskussion über die Einflüsse des aristotelischen und epischen Theaters, Richard Wagner und Brecht. Richard Wagner in der Reihe LUDWIG – KARL MAY – HITLER, der eigentliche Held des PARSIFAL, PARSIFAL als hohes Lied der Liebe, ein Liebes-Mythos in der Nachfolge des *TRISTAN*, über die 3. Dimension des Films. Eine Diskussion in Lissabon, nicht in Hamburg oder Frankfurt oder Bonn.

763

Kurz zuvor war Lotte Eisner in Lissabon. Das Monument des expressionistischen deutschen Films und Emigrantin in Frankreich. Ich schreibe ins Hausbuch der Cinemathèque meinen Namen unter den ihren. In der Zeitung von Lissabon steht in ihrem Interview zu Syberberg: »Er ist ein Nazi.« Das tut sie mit den Begründungen, dieser hätte sie bewegen wollen und gezwungen, seine Filme anzuschauen, und sie habe nach vielen Bitten und Protesten zuletzt in Paris doch KARL MAY ansehen müssen, den sie verachte, danach nichts mehr. Einen Mann, der WINIFRED WAGNER und HITLER mache, lehne sie ab. Wenn er nun ein Nazi wäre, müßte er antworten, wohl aber wird ein Anwalt beauftragt mit einer Unterlassungsklage im Wiederholungsfalle; und mit der Aufforderung, endlich vor Gericht anzutreten und den Beweis zu liefern für derartigen Rufmord aus diesem Munde. Es ist auch eine dieser Figuren, die glauben Deutschland zu dienen, wenn sie denen nach dem Munde reden, von denen sie leben, die ihr jetzt den Unterhalt besorgen, in Frankreich, aus Deutschland. Voll Bedauerns, in dieser Geschichte zu sein, die nun auch diese mitzuverantworten haben. Und voll Bedauern, dererlei Worte aus diesem Munde der Historikerin des Films nicht einfach mit Senilität entschuldigen zu können und als Unzurechnungsfähigkeit einer lächerlichen Alten, und hineingeboren zu sein in eine Situation, die es mir nicht erlaubt, darüber anders zu denken, wie die ausländischen Freunde etwa, weil ich mich als einziger vielleicht so weit vorgewagt. Gehört sie zu jenen, die sich Nazis schaffen, um von deren Bekämpfung leben zu können? Ein böses Vorbild für die Nazi-Kinder, die sich auf diese Weise von den Eltern absetzen und sich schon ganze Pfründe geschaffen. Ein zwanghaftes Spiel, wo zum großen

Feind wird, der keine Nazi-Väter hat und Gerechtigkeit sucht in der Geschichte, selbst für diese in der Kunst. Und im Lotte-Eisner-Text weiter, daß sie Herzog gefragt nach dem PARSIFAL und daß dieser geantwortet, wie auch er gezwungen wurde und nichts zu sagen imstande sei, weil er geschlafen habe, während des ganzen Films. Herzog, ihr Liebling, den sie immer noch so zu schützen meint. Und er, ein Freund. Er wundere sich, sagte er sich solidarisierend in Telluride, daß dieser in Deutschland immer noch Filme zu machen imstande sei, aber so wohl nicht mehr lange.

Nachtrag. Lotte Eisner starb im November 1983. In den Nachrufen unserer Zeitungen steht, daß sie die bedeutendste deutsche Filmhistorikerin gewesen sei, das Gewissen des Neuen Deutschen Films, eine moralische Instanz. Schön wär's.

764

Café Nicola. Der runde Tisch mit Stühlen aus Eisenrohr und Holz aus den 30er Jahren. Das Wasserglas auf der blanken Tischplatte, Agua de lusso con gas, kleiner Kaffee mit zwei Scheiben Buttertoast in drei Streifen geschnitten. Die alten Herren in dunklen Anzügen und manche mit Hut im harten Gegenlicht, die wieder auferstandenen Männer aus Bad Aussee am Marktplatz vor 20 Jahren? Transposition nach Lissabon? Wie im Orden eines Café-Herrenklubs, und gelegentlich Frauen, höfliche Bedienung, man akzeptiert, daß hier einer schreibt und nicht wettet, oder daß er liest.

765

Lissabon vor der Invasion der EG, nach dem Verlust der Kolonien. Die Ausstellung des Europarats in vier verschiedenen Häusern nach dem Muster der internationalen Kongreßzentren und ihrer Symposien, didaktisch und tödlich. Die Geschichte, wenn sie in deren Hände gerät, ist tot. Lissabon auf den Straßen und Plätzen und in den Häusern und unter den Menschen, dort ist noch eines der letzten Relikte dieses Europa vor der amerikanischen Kolonialisierung in der EG.

766

Immer wieder höre ich über die Gewaltlosigkeit dieses Landes. Als Salazar tot war, traten eines Tages die revolutionären Offiziere ins Büro der Nachfolger, und am Abend war die Diktatur einer ganzen Generation nicht mehr im Amt, und alle Mächtigen verließen das Land. Kein Blut. Dann wäre das revolutionäre Volk nicht mehr gefolgt. Von beiden Seiten akzeptiert. Die Stierkämpfe enden in Portugal ohne Tod des Besiegten. In der Europa-Ausstellung zur Entdeckung und Eroberung der Welt durch Portugal läuft über Tonband durch alle Ausstellungssäle des Klosters und der Kirche Liszts *Les Préludes*, mit dem Hitler nach Stalingrad zog. Auf den historischen Karten des Mittelalters sieht man Portugals Küsten, ganz fein und deutlich, und alles ferne wie Amerika und Asien, und der Norden und der Süden verlaufen ins Weiße, wie nicht existierend, ins Weiße ohne Grenzen, übergehend ins Nichts. Heute ist Portugal in den Karten der EG-Eroberer ein weißer Fleck. Portugal vor der Eroberung der EG-Normierung. Alles Individuelle wird verschwinden. Es ist reif geworden. Europas neues Gesicht wird glatt, fett, normengleich und befreit von sich. Der Kolonialismus siegt in unseren Herzen.

767

Texas-Bar in Lissabon, Hafenviertel, Diskothek. Sie tanzen einzeln und nebeneinander, vor Spiegelwänden, einige kauen Kaugummi und haben ihre Gläser noch in der Hand. Es ist das, was nach der Langeweile kommt. Keiner schaut den andren an, nicht einmal sich selbst im Spiegel. No-Future-Generation würde man hier sagen, Null Bock, es ist der gelangweilte Ekel derer, die übrigblieben nach der Atombombe als Vision, in Erwartung des Endes. Der kastrierte Narziß, taub vom eigenen

Lärm, im blind gewordenen Spiegel seiner Todeserwartung. Es ist zu laut, um zu sprechen, zu stickig, um zu riechen und zu schmecken, Worte sind nicht zu hören und keine Musik, es ist dunkel und verzerrt, das Bild des Menschen. Die totale Freiheit des Desinteresses in ihrer dumpfen Lustlosigkeit als Opfer der Befreiungsideologen. Wer uns die Neugier der Lust nimmt, ist der größte aller Verbrecher.

768

Lissabon, Palácio de Marquês da Fronteira und Coimbra, der botanische Garten der Universität mit der Heiterkeit für Lernende und Paare im wechselnden Licht und Schatten neben den heißen Plätzen des Mittelalters bis Salazar.

769

Ich muß nicht erklären, wie sehr der Halbschatten des Parks mich anzieht, die Kultur verschiedenartiger Baumschatten, der Geruch der Sträucher, von Erde bis ins Grün des Laubs. Der Parco Hanbury bei Mentone an der französisch-italienischen Grenze nach vielen Besuchen zu Dias geworden, ging in die Filme ein, in LUDWIG und das Paradies von KARL MAY am Anfang seiner Träume, die im Gerichtssaal endeten. Im HITLER-Film war der Park und Garten zum Studio geworden unseres Inneren, und doch immer wieder durchbrochen von Bildern der alten Wälder für den Hitler-Diener im 3. Teil oder einige ironische und böse Hintergründe am Ende eines Hitler-Disneylands für die ganzen Alpenregionen. Im PARSIFAL aber, der eigens einen Zaubergarten vorsieht, auf dessen Suche ich von Monte Carlo wieder zum Parco Hanbury für neue Bilder zog und weiter nach Sizilien und an die Küsten Neapels bis Richard Wagners Ravello, der Wagnersche Zaubergarten von Kundrys Verführungsszene im 2. Akt, verwandelte sich bei mir in einen kahlen Innenhof, gebaut aus Teilen der geöffneten Totenmaske Richard Wagners zum asketischen Wahnsinn. Dieser Garten wurde zum Gesicht. Der

2. Akt im Zaubergarten ist Musik und das menschliche Gesicht geworden, von da war weiterzudenken für den nächsten Film.

770

Armin Jordan als Amfortas in sechsminütiger Großaufnahme hatte die Partitur der Worte entsprechend in seinen Kopfbewegungen aufgenommen mit Augen schließen und öffnen, langsamem Heben und Wenden des Gesichts. Ganz anders im 2. Akt ist PARSIFAL II mit dem Widerschein der Musik im ruhig zur Kamera hingehaltenen Lächeln oder in der Hoheit einer Christus analogen Haltung, die diese Musik der Selbstüberwindung spiegeln sollte. Die ganze Dramatik aber von Bewegung und Qual, alle Varianten von Worten und Gängen und Gestik in einem Gesicht als Spiegel dieser Musik in größter Leidenschaft der Not zur Leidenschaft in der Ruhe der Ekstase gesammelt, hatte die Kundry zu übersetzen, und zwar in dem Brennspiegel ihres Gesichts, dem die Hände dienten wie der Körper. Es ist nicht nur von Anfang an ihr Akt, der Akt der Kundry, sondern es ist, seitdem das Edith Clever spielte, der Akt eines Gesichts, in dem sich alles sammelt vom 1. bis 3. Akt, verschmolzen in der Absicht einer neuen Kunstmöglichkeit, der des Films in dieser Musik.

771

Lissabon, die letzte Stadt Europas vor seiner amerikanisch-sowjetischen Kolonialisierung. So klein und arm die Bar, so reich an Marmorwänden und Steinböden und Holztischen die Tradition des Selbstverständlichen noch.

772

Die alte Frau in schwarz mit blauer Strickjacke und Schürze, mit dunklem Kopftuch am Rande der Straße, so wie seit Jahrhunderten Mütter ausgesehen und ihre Treue und Arbeit und ihr

Alter. Schon sehe ich die Zukunftsvisionen von amerikanischen Frauenvereinen bis türkischen Gastarbeiterinnen aus unseren Kaufhäusern und bin traurig über die Schamlosigkeit unseres Selbstbetrugs. Auch hier wurde Europa verloren für die ganze Welt.

773

An der Ecke des großen Platzes die kleine Bar aus Stein oder Marmor, ein kleiner Raum mit einer offenen Wand zur Straße und die Regale voll Flaschen und der Mann, der Ginja, einen Kirschlikör, für 10 bis 20 Escudos, das sind 25 bis 50 Pfennig, verkauft. Man geht kurz hinein, redet ein wenig mit den Nachbarn auf dem Platz davor und geht zwischen zwei Kaffees zu den Schuhputzern davor oder einfach weiter.

774

Die Schuhputzer. Man muß ihr Handwerk gesehen haben, sie knien vor dem sitzenden Kunden. Die verschiedenen Pasten, Bürsten, Tücher, Vorgänge, das feine Einreiben mit dem Finger bei der letzten Politur, das Reden miteinander, die Gesichter, die bei uns durch Büroarbeit, oder was auch immer, verschwunden sind, verschwunden das Lachen derjenigen, die sich die Schuhe putzen lassen, und derjenigen, die das tun. Und die Gesichter derjenigen, die sich die Schuhe putzen lassen, sind nicht anders, als die der vor ihnen Knieenden, einfach Vorübergehende, ein Ritus der Straße. Solange er noch funktioniert, benutzt wird von Passanten und Bürgern, die reden und stehen, Kaffee trinken oder Likör und so die Zeitung lesen, werden die Schuhe geachtet sein und schön, wie die Alten, die alte Frau im Dienste ihres Lebens und die Männer in ihren Hüten und Anzügen im Café gegenüber am Platz. Und so lange die Finger mit der Wärme der Hand über die Schuhe gehen, werden sie schön sein wie die alten Frauen im einfachen Schwarz ihrer Jahre, und was bei uns dann ältlich ist und Wegwerfware, bekommt hier neuen Glanz getragener Würde.

775

Als Helena V. D. S. den PARSIFAL gesehen, hielt sie inne und erklärte, daß alle Filme, die sie bisher von mir gekannt und die in Lissabon gelaufen sind, zusammenhängen für sie, durch eine Linie, und sich entwickelten, einer aus dem andern. So erkenne sie nun im PARSIFAL als Neuerung das Interesse an den Figuren und Menschen und besonders an den Gesichtern, und daß aus dem 2. Akt wohl das hervorgehen könnte, das, was der nächste Film sein wird.

776

Lehre der Woche von Lissabon? Die letzte Reise mit PARSIFAL. Abstand halten, nicht so viel wollen, kommen lassen, warten? Selbst-Erkenntnisse, die positiven Teile der Welt-Analyse, die bitteren, schmerzhaften, blutigen Beobachtungen streichen und die Kunstüberlegungen allein lassen im nächsten Buch? Man soll ihnen eine Chance geben? Am großen Feuerwerksabend von A. Heller kommt P. H. (zur *Freudlosen Gesellschaft:* »Psychoanalytische Fallstudie«, »larmoyant und lächerlich«, »Angst vor der Einsicht in die eigene Erbärmlichkeit«) auf mich zu, gibt die Hand ohne Entschuldigung, ohne Erklärung, ohne Frage, als ob da nichts wäre. Okay. Warum die Stadt mit Zorn beladen, warum den Abend und die Nacht André Hellers zerstören, und ich nehme die Hand. Und zu Hause liegt die Entschuldigung schon von einem, der den PARISFAL abgelehnt als Basis für einen neuen Film im Gremium des Innenministeriums. Was Lissabon möglich macht. Das Buch soll hier enden als Reflexion und Antwort auf die Welt, des PARSIFAL würdig und analog. Es soll am Ende der Pflicht getreu informieren, traurige Fakten berichten und notwendige Reaktionen, offen sein für Änderungschancen. Aber das Wissen von der Geschichte kann mir nicht erspart bleiben und kann nicht vergessen werden und muß hinübergeführt werden in Produktivität der bewußtgewordenen Haltung? Ich glaube, mein Teil getan zu haben. Den Teil des Dialogs der Dialekte aller rhetorischen Figuren dieses Alltags.

777

Und auch was Sympathie vermag. Die Größe der Sympathie. Ein realistischer und liebevoller Bericht im *Stern*. So geht es auch. Hellers Feuerwerk war eigentlich eine Katastrophe, wie er am Abend selbst sagte. Sie liefen ihm in die Kabel, Triumph der Zuschauer und Horror für den Regisseur, der nun das Lob, das große, nehmen muß für den Erfolg und dafür seine Bilder in geplantem Umfang opferte für eine vernichtende Zuneigung. Das Werk wurde zur Geschichte dieser schmerzlichen Umarmung. Welch ein Anlaß für große Verrisse in den Zeitungen. Und das Wunder geschah, seine größte Leistung, er hat überzeugen können. Er hat die Sympathie nicht nur des Publikums gewonnen, das seine Arbeit zerstörte, sondern auch das Verständnis der Medienleute, wie von Freunden. Warum bin ich hier so ruhig, so neidlos anläßlich der Zuneigung jener zum andern gekommenen Presseleute? Wenn Dutzende von denen kamen, soviel Zuschauer, soviel Jubel und Gerechtigkeit. Und auch Heller sei doch ein Egomane, ein Wahnsinniger, Konkurrierender auf der Bühne des Risikos und sein Auftritt auch dort, und unter Freunden und die große Freude. Und das ist es, Freude unter Freunden. Es wäre so leicht zu leben unter sich gegenseitig Ernstnehmenden.

778

Unter den Feiernden des Feuerwerk-Empfangs sehe ich zum erstenmal den Fernsehproduzenten unseres PARSIFAL-Films, sehe ihn wenigstens aus fünf Metern Entfernung. Er hat diesen seinen Film, zu dem er 750 000 Mark zu verantworten hatte, nie gesehen, und auch nicht den, der ihn gemacht hat. Nicht, daß wir das brauchen oder daß das dem Film schaden könnte oder irgend jemand bedauerte. Ohne Gruß. Wie viele Kilometer von München?

779

Zurück. Hortus conclusus.

Es ist gut so. Drei Tische im wechselnden Halbschatten, je nach Sonnenstand zu benutzen. Die Luft ist schwer von Rosen, Jasmin, Holunder. Holunderzeit, Holunderdolden stehen nach altem Rezept überall in der Sonne in gläsernen Töpfen und ziehen. Ich habe mich eingerichtet, Frieden gemacht, Ordnung ins Chaos gebracht, Mauern gezogen. Ich weiß, warum ich Angst habe, fortzufahren, auch zu Freunden. Aber die Reisen müssen sein, Risiken, die nötig sind. Wie von ferne der Lärm der letzten Zeitungskampagne, soviel Unterschriften, Eitelkeiten, und es fällt schwer, Mitleid zu haben mit denen, die es vielleicht verdienen. Weit, weit. Manchmal als Autor auf die Marktplätze ihrer Industrien tretend, mitredend, kreuze ich die Wege der anderen. Einer der sich von Jahr zu Jahr weniger in ihre Studios drängt, sich zurückzieht. Das schwarze Studio und der geschlossene Garten, 20 Schritte hinauf und hinunter, Klausur, Askese, der begrenzte Raum und das geistige Risiko. Vom kleinen Modell die große Welt, Phantasiestrategien. Sinnlich machend das Gehörte und Gesehene, physisch erlebbar, in neuen Gesetzen, in größten Ansprüchen der Lust, die Ewigkeit will? Und der Vogel im Glashaus singt, wenn er im Käfig ist. Und am Mittag der Ginja aus Lissabon oder der 30jährige Portwein auf dem alten Tisch, der vom Regen und Schnee, von Moos und Pilzen steingrau geworden ist. Die Bücher des alten PARSIFAL von Richard Wagner müssen fort. Und es ziehen nun ein von Shakespeare *Der Sturm* und von Kleist die *Penthesilea* und von Heidegger die *Metaphysik* und von Goethe der *West-östliche Divan* und Plato und Richard Wagners Briefe und Matthias Claudius und *Faust II* und die großen Bücher über Goya und Runge. Die Bibliothek des neuen Films. Hortus conclusus. Die Eremitage der letzten Kunstutopien vom Gesamtkunstwerk, reduziert auf das filmische Kammerspiel nun, Zurücknahme oder vielmehr letzte Absolutheit gefordert von Kamera, Licht, Spiel, Figur und Gesicht, Musik und Gestus? Häretische Visionen, Reduktion auf die große Weite der Unendlichkeit im Anfang und Ende der Nacht. Es ist die Nacht, die uns alle umfängt.

780

DIE NACHT wird der Titel des nächsten Films sein. Vom Ende des Goldenen Zeitalters, der europäischen Epoche. Es mag etwas Neues kommen, aber es wird nicht mehr nach den alten Gesetzen, den bekannten Regeln, Stilen und Zielen des Denkens und Lebens gehen, die das charakterisieren, was wir fluchend oder stolz Abendland nannten.

781

Als 1945 die Russen nach N. kamen, dem Ort meiner Geburt, wurde das Haus, das bis dahin meine Welt war, zerstört durch Plünderer, besetzt mit Flüchtlingen, der Vater vogelfrei, seine Frau mit geschwärztem Gesicht in den nächtlichen Wäldern, wie alle Frauen, und das Königreich, denn das war es, der Kindheit war vorbei mit einem Tag, an demselben Tag wie das Ende des Deutschen Reichs, das zum Schluß der Krieg war, in den täglichen Nachrichten des Radios.

Es gab keine Familie, tiefgestaffelt, in den verschiedenen Varianten der Ablehnung bis zur selbstverständlichen Wärme der Nähe, die das auffing in ähnlicher Not. Statt dessen ein anderes Beziehungsgeflecht von Abhängigkeiten von diesem Haus in der Mitte des flachen Landes in Vorpommern, mit seinen Tagelöhnern, Dienstmädchen, Köchinnen, Kriegsgefangenen, als einzige Männer in mittleren Jahren. Funktionelle Beziehungen, statt eines biologischen Dialogs. Bis dahin und nun vorbei, an einem Tag, an dem die Welt aufhörte, Nachricht zu geben. Und das war Deutschland gewesen im Krieg.

Im selben Jahr begann in der Dorfschule des ehemaligen

Küsters, nun mit vielen Flüchtlingskindern aus Ostpreußen und Hinterpommern und Westpreußens Städten, eine junge Lehrerin eine neue Welt an die Stelle der alten zu setzen. Es war das Reich der vielstimmigen und -schichtigen Kanons von Bach bis Mozart statt der Volkslieder zuvor aus der Küche und auf den Feldern, und ich bekam für private Übungen, bevorzugt von ihr, den *Faust* in die Hand.

Man könnte nun sagen, daß diese neue Welt die alte ersetzte. Aber Musik war mein schlechtestes Fach, und zeichnen konnte ich nicht. Also mußte über einige Umwege der Film gefunden werden, und von Goethe zu Ludwig bis Hitler und Richard Wagner war noch ein langer Weg.

Doch der Auftrag war erteilt, anstelle von Familiengeschichten und deren Kriminalfällen mit üblichen Alltagsdialogen, die Struktur eines Beziehungsgeflechts von Funktionsträgern vielschichtiger und allegorischer Bedeutung. Ein Kunstkosmos entstand, geprägt aus verlorenen Welten und Reichen sehr persönlicher und höchst öffentlicher Identität, in Verbindung mit immer neu erkämpften Positionen vorgeschobenster Erkenntnis. Das heißt auch vom Deutschland als Mythos der Erinnerung zum Film als Mythos des 20. Jahrhunderts, und das ist die Seele des Menschen, in einer neuen Einheit von Musik, Bildern und Worten.

782

Mythos der Seele. Das kann der Film sein, mehr als alle anderen und bisherigen Künste dieses Jahrhunderts, mit Bildern, Worten und Musik. Der Film kann Mythos sein für den Punkt, wo alles zusammenkommt – und er ist sogar zuweilen auf unterster Ebene seines kommerziellen Gettos der 4% Minderheiten, in das er sich drängen ließ –, wenn er das Zentrum dessen berührt, das unser Innerstes ist.

Und da beginnt das Maskenspiel des Geheimnisses. Wenn wir gerade alles zu entdecken und zu wissen gedacht haben, beginnt die Dialektik der Kunsttranszendenz ins Ungreifbare, Irrationale, Heilige oder wie immer wir es nennen wollen.

Denn jenseits aller Fluchtbewegungen vor Zerstörung, Vorsicht und Provokationsaggression, liebt es die Wahrheit, sich zu verhüllen auf produktive Weise, es ist die Bedingung zu überleben als kostbarstes Geheimnis.

Und das kann sein in Ambivalenz der Menschen, Emblematik der Dinge, Doppeldeutigkeit der Zeichen und Töne und in der Vielschichtigkeit des Sinns, auf der Linie einer Erkenntnis, die weiterführt, wie es scheint, und die immer nach Eindeutigkeit und Einfachheit drängt.

Es braucht Mut und Selbstsicherheit, dies Wechselspiel von Verhüllung und Öffnung auf höchster Ebene der Anspannung unserer Sinne und des Geistes auszuhalten, um dieser Kunst gerecht zu werden und sich so zu ertragen in den höchsten Ansprüchen an uns selbst. Darum ist Kunst so schwer zu gewinnen, für den, der sie herstellt, wie für den, der sie verstehen will, in einer Zeit, in der es so bequem geworden ist, sich zu entfliehen. Nur die Kunst? Sie verspricht Ewigkeit. Aber die der Einsamen. Wer das durchbräche, hätte gewonnen, und sei es nur für einen Augenblick, der die Welt aus den Angeln hebt, die uns bedrückt. Das kann gar nicht hoch genug gedacht werden in der Forderung an uns selbst, wenn wir hier antworten wollen, auf die Zeit, Welt und uns selbst.

Auch das ist früh in uns gesenkt worden und will nun Befreiung in den Gestalten unseres Lebens, tiefumschleiert und teils enthüllt, bei einigen in ihren einsamen Werken dann, bei den meisten wohl im Alltag versteckt, selten, daß es zusammenkäme, für diesen kurzen Augenblick.

783

Es wäre das, was die Kunst transzendierte, ohne Einsamkeit als Bedingung, der Mythos der befreiten Seele als Zentrum unserer innersten Bewegungen wäre gefunden, aber eine Form, die bindet nach eigenem Willen. Und das wäre die Ruhe, die zu erreichen Ziel aller Dinge ist, am Ende höchster Ekstase. Eine Ruhe, von der die Toten des Alltags träumen, als ewiger Friede, produktive Ewigkeit für die, die noch Kunst meinen und fähig sind zu ihr. Und das heißt Widerstand bis zur Zerreißprobe der Sinne und des Herzens und aller Vernunft, und es heißt ewige Wiederkehr, Wiederholung, statt lineare Fortschrittsillusion, das bedeutet zyklische Figuren von Einsicht ins ewig Gleiche, hinauf oder hinab, dessen Richtung wir bestimmen. »Ewig bleibt sich treu der Ring des Seins.«

784

Als sie hörten, daß die Wälder starben, sagten sie, die seien sowieso nichts mehr wert und dieser Exotismus sage ihnen schon lange nichts mehr. Auch, so sagten sie, als die Eisenbahn zum erstenmal fuhr, glaubten einige, es ginge zu Ende und die Menschen würden verrückt. Groß war das Gelächter und ist es noch. Seitdem ist ein neues Tempo gefunden worden, und seitdem ist die Welt enger geworden, nicht mehr dem Laufen des aufrecht gehenden oder reitenden Menschen vergleichbar. Die Indianer wußten, warum sie vom Teufelsroß sprachen, das sie mieden. Wir sind alle immer überall zugleich, mit Flugzeugen, Telefon, Medien, Raketen und Funk. Sie sprechen von Kommunikation und Streß, und wir wissen, wie oberflächlich dies alles ist, so daß sie es nicht aushalten ohne Medikamente und immer neue Techniken des Überlebens, in der Ver-rücktheit vom ehemaligen Leben und ihres eigentlichen Wesens.

785

Immer dieser Vorwurf, ich könne da gar nicht mitreden. Keine Erfahrung in Drogen, Disco, Hollywoodfilmen, mit jungen Leuten, die Zeit, mit der man gehen müsse. Nur wer im KZ war, darf urteilen? Erst morden, um zu wissen, das tut man nicht, erst gestorben sein, um den Tod zu meiden? Es gibt Instinkte, Regeln, Naivitäten, die sie alle verloren, und nun müssen sie eben durch, um überhaupt noch zu wissen, was los ist, wie sie meinen.

786

Die Kino-Rassisten des 4%-Gettos sagen: Das ist kein Film. Raus! Ich aber sage, wenn es nicht gelingt, dies Medium Film, bankrott oder auch nicht, zu transzendieren, aus dieser tödlichen Inzucht des Banalen herauszuführen, wird es untergehen, und nur der wird überleben, der hier sucht. Und wenn einer käme und böte mir sogar stattliche Budgets für meine nächsten Filme – und das heißt hier aber nicht die Privatschatulle eines Königs, sondern profitgierige Abschreibungsgelder von Zahnärzten, und so weiter –, ich würde es nicht wollen ohne den öffentlichen Auftrag selbst der übelsten und pseudodemokratischsten Institutionen, mit wieviel Desinteresse und Ablehnung oder Indiskretion auch immer. Ebensowenig wie diese Dinge leben können ohne dies Land und seine vielfachen Qualen, die es zufügt. Trotzdem überlebt zu haben und wenigstens in den aus allem gewonnenen Werken nicht böse geworden zu sein, war und ist das Schwierigste, das zu erreichen war. Und es ist gelungen. Und so ist es wohl auch hier so, daß wir erst durch das Gegenbild hindurchgehend uns realisieren können. Wehe denen, die da mutwillig schänden und unterdrücken durch angemaßte Macht der mittelmäßigen Mehrheitsdiktatur. So wie kein Film ohne Auftrag der Öffentlichkeit, wie schwer auch immer errungen, abgerungen, entsteht, sollte keine öffentliche Vorführung der so entstandenen Filme stattfinden, ohne das wirkliche Interesse und eine Nachfrage derjenigen, für die sie gemacht wurden. Da helfen keine überredende Werbung und keine Geldkampagne oder modischer und ideologischer Druck. Es muß von innen kommen, woraus und wofür wir das tun. Mit dem Ernst und der Leichtigkeit am Ende, die das braucht. Alle Informationen inbegriffen und Offenheit, es ist ein sensibler Markt, auf dem das stattfindet. Ein Wort, eine Geste, und wir sind in der Hölle der Enttäuschungen, Unterdrückungen, Verfolgungen oder im Himmel unserer Sehn-Süchte, der, der herstellt, und die, die eingeladen sind teilzunehmen.

Südtirol

787

In B. im Sommer auf dem Berg gibt es drei Schwestern und eine etwas weiter unten im separaten Haus. Viel könnte man über sie sagen, ihre Bewegungen, die Einteilung ihrer verschiedenen Aufgaben und Wesen, die Symbiose ihrer gemeinsamen Existenz. Auch über das Verschiedene ihrer Geschichte und doch wieder die gewisse Ähnlichkeit. Die Arbeit im Haus für die Sommergäste aus dem Tal, als Dienst verstanden vielleicht, zuletzt, und nicht einmal zuletzt, an sich selbst. Und allein ihre Namen, Hermia, die älteste in der Küche am Feuerofen, dem Zentrum des Hauses, Lissi in Büro und Zimmern und Etti, die serviert. Einmal in der Woche noch Spinell, der von unten kommt, die Rosen bringt, alles tut, was das Haus braucht gegen Wetter und Zeit, in der Sonne sitzend und lacht, uns mit freundlicher Umarmung in jedem Jahr begrüßt, oder die Waldwieserin, die Hilfe überall. Eine Sommerfamilie, zusammen mit den Gästen aus den Städten, die kommen und gehen, in jedem Jahr wieder, ganze Generationen, bis in die Enkel, die nun großgeworden.

Eigentlich denkt man an Maler oder Schriftsteller, die die Welt beobachten, um sie zu übersetzen in ihre Sachen. Daß aber auch Schauspieler, die Darsteller der Welt mit Körper und Stimme, immer auf der Lauer sind, und wenn sie gut sind, das Beobachtete immerfort latent speichern und analog in ihre Aufträge übersetzen, vergessen wir leicht, wenn wir ihre Seltsamkeit, Abwesenheit oder Nervosität bestenfalls mit Großmut entschuldigen als Teil ihrer Person. Wer beobachtet sie denn und nimmt sie ernst, in dem, was sie da täglich tun, auch, wenn sie eigentlich nichts tun?

So ist es wohl auch eine automatische und aufregende Arbeit, freundlich und schön, wenn vielleicht eine, die im Herbst eine der *Drei Schwestern* spielen wird von Čechov, in den Sommerferien da wohnt, wo auch drei Schwestern von heute sich mühen.

Ganz anders, in anderer Zeit, an anderem Ort, aber doch. Und alles ganz nebenbei, was die Hauptsache ist unseres Lebens, die Basis der Motive, aus denen wir schöpfen. Es ist der Alltag, der sonst hinderliche und zu bekämpfende, zu fliehen und zu keltern, damit wir überleben.

Mit liebe-voller Strenge des Entschlusses, zu sich selbst. Was für ein Motto, auf das Grab zu wünschen, und daß es einer sagen könnte von uns.

Ein Entschluß, der die Fähigkeit voraussetzte, eine eigene Natur und den Auftrag des Lebens gefunden zu haben und die Treue zu ihnen. Endlich.

788

Metteur en scène de la vie – Regisseur des Lebens: Darum war er oft so traurig, wenn sie die falschen Wege gingen, Plätze von den falschen Seiten betraten, oder dafür die falschen Zeiten wählten, statt Sonnenuntergang Mittag oder statt Mittag Sonnenaufgang. Oder wenn sie in Kleidern kamen, die sie häßlich machten, und wenn das Essen lieblos wurde und die Musik zu laut und zu schlecht oder die Bilder unleidlich und die Sprache brutal und phantasielos. Und dabei war es doch eigentlich ganz unwichtig, wann die Sonne aufgeht und wo man geht und was man anhat und was man ißt, im einzelnen, wenn die Abfolge, die Linie der Dinge zueinander wieder paßt. Es soll das Leben gut machen, den Tag, das Jahr und die Jahre, den Ort. Wie könnte er sonst existieren und das gut machen, was er machte. Wenn nicht das Leben gut eingerichtet war.

789

Als sie in New York Fassbinder als neues Spiel der Stadt und speziell den langen BERLIN ALEXANDERPLATZ vor täglich ausverkauften Häusern schick fanden, tauchte auch dort (weil beide jung gestorben) der Vergleich auf, Fassbinder gleich Mozart. Auch dort? Wie kann das passieren unter Leuten, die sonst doch gar nicht unsensibel oder dumm oder nur ideologisch denken. Und da wird es wohl so sein, daß man denkt, so wie Mozart einst das Neue war, die Avantgarde der Zeit, so ist es heute Fassbinder, und also Fassbinder der Mozart unserer Zeit. Beide als Gegner des Establishments der Zeit. Aber die Demokratie ist nicht die Gesellschaft der Aristokratie am Ende des 18. Jahrhunderts in Wien, das Verhältnis zum Verfall bedingt eine andere Avantgarde. Damals bedeutete Mozarts Musik seinen Kampf gegen die Gesellschaftskunst des Establishments. Und so war der Kampf gegen das Establishment wirklich Avantgarde, für etwas Neues. Heute, wo die Avantgarde zum Establishment verkommen ist, zur Mode, zum Schick der neuen Welt, bedeutet Widerstand aussichtslosen Kampf gegen die Avantgarden des Zeitgeists. Und so konnte es passieren, daß der Untergang selbst und das Kaputte zur neuen Avantgarde wurde des bürokratisierten Pluralismus, zum Ersatz für die Freiheit des Schönen, in der Ordnung, Regel und Strenge und ethische Leistung als Rettung der eigentlichen Freiheit dienen kann, um die es immer geht.

790

Film heute heißt in Deutschland publikumswirksame Massenunterhaltung plus Kunstalibi, und das heißt DR. FAUSTUS als Film, irgendeine Literaturverfilmung zur Wiedergutmachung der Verschnulzung der Medien.

791

In der Filmförderung, die in Deutschland ganz im Gegensatz zu der Erkenntnis, daß Film wohl die einzige Rechtfertigung der Kunstproduktion unserer Zeit ist, hier hauptsächlich auf Wirtschaftlichkeit aufgebaut ist und als solche natürlich unverantwortliche Fehlinvestitionen in voraussehbare Bankrottunternehmungen (siehe Statistik) liefert, heißt der Anteil, der nicht vom Staat oder Fernsehen kommt, Eigenmittel. Und derjenige, der einen Film machen will, also die Kunst, die einmal diese Zeit rechtfertigen wird, und ihre Politiker, und die Wähler, wird also frech gefragt, was wir denn geben aus der Erbschaft der Oma, damit wir Regie machen dürfen?

Über Zufall. Die Strenge der systematischen Vorüberlegungen trifft auf die boykottierende Materie der Realisation in dem Maße, wie du bereit bist, ohne etwas vom Wesentlichen herzugeben, die Zufälle mit einzubauen, die Gunst der Widerstände auszubeuten und beides zu vereinen mit allen Folgen auf das Ganze aus dem so geänderten Augenblick. Das wird entscheiden über die Qualität des Ganzen, mehr wäre nicht zu sagen, und wo ist das schon der Fall. Entweder sie feiern Orgien des Inspirativen, des Zufalls, oder ersticken an starrer Ideologie.

Wenn das Miese, Kleine, Schmutzige, dies Chaos, das Abgestorbene, das Negative, Nihilistische und Anarchische zum Weltprinzip geworden, die verfaulenden Wasser und die toten Wälder, was soll dann noch als Widerstand möglich sein, woher soll das Gegenprinzip wachsen, von verlorener Ordnung und Liebesstrenge oder Lust zur Schönheit.

792

J. G. in seinem Notizbuch (*FAZ*-Magazin), daß der französische Kultusminister das Kostüm der Bardot aus BABETTE S'EN VA EN GUERRE für die Kunstgeschichte so wichtig erachtet wie die Malerei des 17. Jahrhunderts. Zum Kapitel: Besucht Europa, so lange es noch steht.

793

In der *Abendzeitung* die Notiz, täglich werden in der Bundesrepublik 11 Hektar Wald zubetoniert, 140 Hektar Äcker und Felder, 13 Hektar Gartenland.

794

Unsere Friedensbewegung ist gegen die Panzer und Raketen und sie ist es zuerst gegen die auf unserer Seite, in den kleinen

Schritten des Alltags. Also wird sie gegen die Panzer auf den Almwiesen sein, und in den Städten gegen die Bagger, die betonieren, das Leben vernichten, bevor die große Explosion auch die Bagger und betonierten Länder in die Luft fliegen läßt. Sie sind für eine Politik der kleinen Schritte des Alltags, gegen diese Panzer des täglichen Lebens, natürlich gegen das, was hier geschieht, was hier möglich ist zu tun, täglich von jedem von uns. In den Rathäusern, die wir gewählt haben, und wo man das tut, was wir wollen.

795

Wir sind immer unserer Meinung, nur haben wir keine.

796

Am Ende des Wagnerschen *RINGS* bleiben die Nibelungen übrig. Und es ist das Kleine, das, was unter der Erde liegt, das gierig nach Gold sucht auf Kosten der Liebe, rachedurstig, mordend in Vielzahl. Die Götter gehen zugrunde, und da lachten sie über Hitler, daß er, wenn er gewußt hätte, was hier für ein Untergangsmythos gefeiert wurde, diesen *NIBELUNGEN-RING* des Weltuntergangs niemals zu seinem National-Epos hätte machen dürfen und können. Aber wissen sie denn, daß sie gemeint sind, sie, das plebejische Untervolk, das sich selbst den Untergang bereitet, obsiegend noch gegen sich selbst. Ob sie das je begreifen und zeigen dürfen? In München, der Richard-Wagner-Stadt, wird der nächste *RING* gemacht werden von Dieter Dorn und Jürgen Rose (Intendant August Everding). In Athen habe ich die Diskussion mit ihm über Richard Wagner abgesagt, wegen Inkompetenz. Wie soll ich reden mit E. über PARSIFAL, den er nicht sah, oder seinen *TRISTAN,* wozu ich keine Karte bekam, selbst nicht mit Hilfe des Kultusministeriums. Bis heute nicht eine Karte zum sogenannten Jahrhundert-*PARSIFAL* in Bayreuth.

797

Der Almbauer erzählt, wie er mit bloßer Hand täglich Steine geschleppt und die Wiesen gereinigt und kultiviert habe, wie seit Jahrhunderten. Seine Vorfahren ohne Subventionen. Er wie seine Vorfahren. Der Nachbar planiert die Alm mit dem Bagger, der auf neuer Straße hingebracht worden ist, und erhält vom Staat Subventionen dafür. Warum? Durch ihn lebt der Baggerführer (Arbeitsplatz), und Bagger werden gekauft in den Baggerfabriken. Durch ihn wird die Mähmaschinenindustrie belebt (Wahlen). Und er kauft den Samen, aus den chemischen Industrien die Düngemittel, und er führt die Kühe hinauf und das Gras mit Autos hinunter auf den neuen Bergstraßen, also ist er für die Autoindustrie, die das garantiert. Alles lebt, arbeitet, macht, nur wer zahlt die Vernichtung der Milchüberproduktion und die Subvention? Und so wird alles nicht gemacht, damit die Menschen besser leben, denn der Almbauer ist kränker nun als seine Vorfahren zuvor. Und es wird nicht gemacht, damit die Menschen mehr zu essen haben – denn die produzierten Nahrungsmittel werden aus wirtschaftlichen Gründen vernichtet –; sondern die neue Leistung, die neue Arbeit, dient dem Absatz der Maschinen und der Anstellung der Leute in den Industrien unten im Tal. So arbeitet alles Hand in Hand, und die Welt wird kleiner und schmutziger und kaputter und die Menschen kränker, warum? Wenn es eigentlich keiner will?

798

Glücklich ist am Ende nur der, der das will, was er kann. Alle Anstrengungen und Analysen dienten immer nur dieser Erkenntnis und Handlung am Ende. Sie sagten dann, er kriegt alles, was er will – nein, umgekehrt, er wollte nur, was er kriegen konnte, das aber hat er hochgeschraubt, sehr hoch, höher, als er kriegen und sein konnte, nach dem, was sie ihm zubilligen wollten, bevor er es sich erstritt.

799

Er ist ein Modemensch geworden. Teerstraße vor dem Haus, Zement statt Garten, Bäume weg, denn sie machen Schatten oder Laub. Für den Abriß des alten Hauses bekommt er eine Prämie jetzt, das Neue wird aus Plastik sein, Plastikfarbe, Plastikzement, Plastik das Holz der bäuerlichen Stuben und die Gesichter und der Bauch voll Plastikessen. Und wenn er krank wird, wird er an Plastikschläuchen hängen, und wenn er stirbt, sehr alt, wird sein Hauch stinken wie die Abgase unserer Plastikfabriken. Die Überschrift auf dem Grabstein wird lauten: »Man muß mit der Zeit gehen«, und »Da kann man nichts machen«.

800

Wir leben in der ärmsten aller Zeiten. Die abgelegten Kleider und Fetzen der Dienerschaft und der reichen Bauern von früher, alles, was sie weggeworfen, wird ausgeschlachtet. Knöpfe gesammelt und die Borten. Wir fleddern das ehemals Handgemachte in langen Nächten, oft ein Leben lang, und fleddern das Innere, das da hineingelegt wurde, den Schweiß und die Freude, die Arbeit der Hände, wie sie es webten und wie sie es nähten und wie sie es ernteten und wie sie es trugen. Und wir leben in der reichsten aller Zeiten, angezogen mit billigen Schweißhemden und Jeans, die noch das Beste sind. Die sich paarende Jugend, wenn sie sich schmückt, wie die Natur, die sie verödeten. Und als sie die Schönheit aufgaben, verloren sie die Freiheit, Mensch zu sein.

801

Die Wanderwege bedrohen die Forststraßen, wie sie das nennen, die Straßen für die Mittelstandswagen zur Zersiedelung der Alm. Und wie die Wanderwege die Forststraßen bedrohen, so bedroht der Wanderer den Bagger und die Demonstranten die Atombombe.

802

Von den Bergen bis Athen und Paris und Rom, Unterhosentourismus. Besucht Europa, solange es noch steht.

803

Eigentlich hatte ich geplant, Hans Sedlmayr, den großen Alten der Kunstgeschichte, ähnlich der Winifred Wagner, in einem langen Monolog an einem von ihm gewählten Ort, in einer großen Kathedrale oder in einer romanischen Kirche, oder in einem Schloß von Fischer von Erlach oder vor einem seiner von ihm gewählten Bilder stehen oder sitzen zu lassen. Einen der letzten großen Humanisten und Lehrer der Systematik, der systematischen Geschichte der Kunst, sprechen zu lassen über Leben und Sinn der Kunst und den Untergang der europäischen Kultur, ein Dokument, dem der Winifred Wagner vergleichbar. Unmöglich nun, siehe oben.

804

Bericht eines Vogelfreien. Man erschlägt ihn nicht, er kann überall hinfliegen und -gehen, aber man muß ihn nicht gesehen haben, nicht darüber wissen, nicht berichten, und das ist heute und hier Tötung am Geist. Doch auch immer wieder bei gewissen Leuten Bewunderung. Es ist aber jenseits von Leben mit den anderen, jenseits von Provokation, Schickeria, Avantgardismus, Moden und Kunstszene und Zwang. Und das ist gut so. Aber es geht immer um Leben und Tod auch des nächsten Werks, das in ihren Händen ist, in der Selbstzensur ihrer Hirne oder dessen, was sie Demokratie nennen, also um Leben oder Untergang von ganzen Welten, die sie erlauben oder eben nicht. Vogelfreiheit am Ende des 20. Jahrhunderts in Deutschland.

805

Gottesverlust und Prinzipsehnsucht. Daß Gott starb, der Glaube an ihn als weltbewegendes Prinzip verlorenging, hatte Folgen. Mit dieser Leistung als Vorleistung war auch manches andere dahin. Kunst aus selben Quellen brauchte neue Orientierung, lange lebte sie vom Bewußtsein dieses Verlustes und der Trauer aus den Angriffen gegen ihre Verrottung und schuf sich so wie Nationen Ersatzandachten und Riten. Aber nun? Der Sehnsuchtstrieb blieb doch in uns. Und wer kümmert sich nun um den, wie, wann, wo? Die reichste Epoche in der Geschichte des Menschen, die glücklichste in der glücklichsten aller Welten, und da leben wir, schaut Euch um.

806

Achternbusch, heißt es, in unseren Zeitungen, versteigert nun Manuskripte und Malerei. Man verlangt Eintritt schon zur Teilnahme an der Versteigerung von 25 DM. Wer mitmacht, ist dabei. Erlös für A.: 40000 Mark gegen Zimmermann, den Innenminister.

807

Als sich nach der jüngsten Werner-Schroeter-Premiere (Shakespeare in Berlin), derselbe Schroeter, von dem die *Zeit* weiß, daß er Geschichte gemacht habe (durch seinen Ausspruch gegen Strauß), der Erfolg nicht so recht einstellen wollte, trat er vor den Vorhang und verlas eine Resolution gegen unseren Innenminister, und schon war ihm brausender Beifall des Publikums sicher.

808

Angenommen, man würde den Erbauern der sogenannten Forststraße, die mit den Geldern der Südtirolhilfe aus Deutschland gebaut und zur besseren Subventionierung der Südtiroler

Volkspartei wohl, denn es sind Wahlen demnächst, angenommen wurde, man würde den Erbauern dieser Forststraße in den Gemeinden auferlegen, daß diese Straßen nur befahren werden dürfen von den sogenannten Almbauern zum angeblichen wirtschaftlichen Nutzen, also nur mit Nutzfahrzeugen, wie bisher auf den alten Römerstraßen und Wegen, oder Lastwagen sogar oder Jeeps, anstelle von Mercedes, Mittelstandswagen und Touristenautos, die nun bis auf die Berggipfel fahren, dann könnte man sehen, daß die Straßen nicht mehr gebaut würden, außer von denen, die daran noch Interesse hätten, den Baggerfirmen des Ortes, und denen, die ihr karstiges Land verschleudern und versaufen, weil es eben sonst nichts mehr wert ist.

809

Und sie schufen sich die Atombombe selbst. Sie entsprach ihnen genau, dem Wahnsinn ihres Untergangs. Und sie wurde nicht erfunden von Außenseitern, sondern mit aller Technik unserer Zeit, von ihnen selbst gewollt und durch Generationen anwachsend, erforscht und geschaffen, aufrecht und mündig. Und man muß sie nicht bedauern oder bereuen, die Totalität der kleinen Rädchen und Knöpfe und Computer und ihrer künstlichen Hirne, alles entsprach sich genau. Jede Zeit schafft sich ihre Tötungswaffen selbst, zu ihrer Vernichtung.

810

Das Haus am Berg, so genau beschrieben in den Notizen vor drei Jahren, und dessen Tisch und Fenster nun zum Titel der Taschenbuchausgabe wurde, ist abgebrannt.

Der Berg, eine der letzten Inseln in Südtirol für die Ruhe und Askese der Sinne, durch eine ihn umschlängelnde Straße, die sie Forststraße nennen, bedrohlich eingekreist.

Aber der Ort, wo sie beginnt, lebt von Touristen, die auf die Berge gehen, zu Fuß, und da bauen sie eine Straße hinauf. Die Jahrhunderte alte Kultur der Wege in die Berge wird vernichtet.

Und sie sind nicht mehr in der Lage, mit ihren Mitteln der heutigen Technik und ihres Reichtums kleine Stufen in die Böschung zu schlagen, wo die Straße wie eine große Wunde alles zerstört. Es ist nicht für die Menschen, was sie tun. Die größte Ausbeutung in der Geschichte des Planeten geschieht durch diese Horden des Massenmenschen im Plastikzeitalter, emporgekommen aus dem meuternden Proletariat, zum Computerangestellten der amputierten Seelenneurotiker. Wenn man, einmal angenommen, die Straßen für Mittelstandswagen sperren würde und nur Nutzfahrzeuge und Jeeps erlaubte, würden sie nie gebaut, aus Mangel an Interesse. So entstehen die Siedlungen nun oben auf den Almen und schlimmer, sie planieren das alte Land, zerstören den Humus, der sich durch Jahrhunderte angesammelt hat für Pilze und Blumen, die abzupflücken vorher Tausende an Strafen gekostet. Nur Atombomben werden ihnen noch gerecht.

811

Der Weg zum Schwimmbad. Wie ein Auge in der Wiese, etwas oval und kühl wie der Berg, ohne Chlor. Jeden Morgen ins kalte Wasser, jetzt 12°C oder weniger. Aus dem Haus zu treten auf die einfachen Holzbretter und von da mit bloßem Fuß ins nasse Gras. Wie selbstverständlich. Die Abflußrinne des Regenwassers vom Dach durch den Boden geführt, zwei Bretter mit dem Moos nun an den Seiten, an den Steinen der Jahre. Das Auf und Ab der kleinen Grasbuckel. Wie gern hätten die von unten, wie sonst überall, eingeebnet, asphaltiert, betoniert, mit Platten verlegt, ebenso wie den nach oben führenden Weg durchs Gras, in großem rechten Bogen nach Art der Wege, wie der Mensch sie macht, wenn er durchs Land geht, aufrecht und einfach geführt durchs tägliche Gehen. Betonieren: wie aufwendig und wozu und für wen? Und unten im Keller haben sie dann die Trimmdich-Geräte und Plastikrasen, das ist ihre Kunst von heute, und wo Kunst wirklich geschieht, ist es für die Freizeitkultur der Unterhosentouristen als Hobby der Arbeitslosigkeit. Zurück ins

Haus nach dem Schock des ungechlorten Bergwassers, vom Gras aufs Holz und auf den hölzernen Dielen und Matten bis in die Zimmer, mit dem Blick auf die Berge durch einfaches Glas und Sprossentüren, nach der Art wie vor 50 Jahren. Die Neureichen des Massenkonsums haben diese Insel nur noch nicht erreicht und unten die täglichen Zeitungen, das Radio und Fernsehen wie Feuer des langsam nahenden und verblödenden Endes.

812

Früher, wenn sie sich unters Volk begaben, hinunter, wie man so sagt, zum mißachteten, waren sie unter denen, die gleich waren vor Gott und die die Schönheit als Freiheit verstanden und das Recht als eine immer wieder, wie schwer auch immer zu erringende Mühsal. Heute, unter den Emporgekommenen von damals, sind wir unter Ausbeutern in Massen, rechthaberisch, fett und bequem, schamlos und nackt, laut und grinsend, zerstörerisch. Wir sind unter den Verantwortlichen für alles, was ist und kommt, eingeklemmt in ihre eigenen Zwänge. Die Fatalität hat das letzte Stadium der tragischen Komödie schon erreicht, und das ist nicht mehr als ein stinkendes Rülpsen. Es herrscht die Gleichheit der qualitätsverachtenden Pluralität, das Recht auf Konsum der Bequemlichkeit und die Freiheit der Meinungsabhängigkeit. Was als Idee des Individuums begann, endete in der Realität des Massenmenschen, freiwillig unterworfen, unter selbstgewollte Zwänge der fatalen Entwicklung.

813

Sie sagen, daß Katzen gut seien als wärmende Hilfe für die heute so oft angegriffene Seele. Unsere beiden jungen Katzen aus diesem Jahr zeigen alle Anzeichen der Neurose deutlicher als alle Menschen rundum. Sie zeigen offen ihr Defizit an Mutter- und Nestwärme durch bohrendes Suchen nach bergenden Höhlen an uns armen Menschen, in Kleidern und Betten und durch noch bohrendere Saugbewegungen in alle Weichstellen hinein. Und die Tatzen und Krallen machen rhythmische Melkbewegungen in unseren Armen und Haaren, süchtig nach Liebe.

814

Vielleicht ist die Idee der Oper als höchste Vereinigung von Wort, Gesang, chorischen Orchesterstimmen der Instrumente und Abfolge der Leidenschaften in der Realität wirklich nur erträglich durch die Alltagspraxis mitgelieferter Ironisierung, mit den zu 80 Prozent unhörbaren Texten für den Nichteingeweihten, von Liebhabern mit dicken Waden und Bäuchen in den Gesten der alternden Spießer im J. R.-Stil und in der Gnade einer ferngerückten Standardtotalen, dessen, was bei größerer Nähe uns umbrächte, und wirklich ernstgenommen, zur instinktiven Verweigerung kommen müßte, wenn durch technische Mittel vielleicht das geschähe, was Oper will und kann, nämlich die Essenz unserer Gefühle erreichen, kontrolliert durch den Geist und erhoben mit unserem Willen zu endgültiger Hingabe und Erfüllung.

Ungefähr so, wie es RW wußte, als er vom TRISTAN schrieb: »Ich fürchte, die Oper wird verboten – falls durch schlechte Aufführungen nicht alles parodiert wird –: nur mittelmäßige Aufführungen können mich retten! vollständig gute müssen die Leute verrückt machen, – ich kann mir's nicht anders denken.« Ihm konnte geholfen werden. Nur einer wurde verrückt. Ludwig bezahlte mit seinem Leben, denn auch Hören und Sehen will gelernt sein. Wie das Gefühl Strenge braucht durch Erfahrung und Regeln und Kunst des Lebens in freigebauten Zeremonien unserer Werke, die das Leben werden und sind.

815

Und Bayreuth? Ende 1983, der neue RING zum hundertsten Todestag, der PARSIFAL im hundertsten Jahr seiner Entstehung? Wer Deutschland hat, hat Bayreuth. Zuerst spiegelte Bayreuth des König Ludwigs Tat, dann Wilhelm II. und seine Nachfahren bis Hitler, nach 1945 Aufbauwunder, Nierentisch-Stil und wütende Fortschrittsalpträume des 19. Jahrhunderts in Wielands Entrümpelungssucht, die sozial-liberale Phase gipfelte in Chéreau, und nun ist eben Bayreuth gleich Kohl.

816

Im Gefolge der Hilfspakete in die Dritte Welt, mit Altkleidern und so weiter, kommt die Industrie auf ihre Kosten. Die abgetragenen Kleider aus Europa, geschickt an die Ärmsten der Armen, öffnen den Markt und wecken Interessen an europäischen Industriewaren. Keiner will mehr ohne billige Freizeitkleidung sein. Und die Herstellung selbstgefertigter Stoffe und Färbungen mitsamt den alten Kleidungsritualen gelten den Fortschrittlichen des Landes als lächerlich. Arbeitslosigkeit ist der Preis und Abhängigkeit die Lösung.

817

Zuerst kaufen wir der hungernden Dritten Welt die billigen Nahrungsmittel ab und benutzen sie dann zu Fütterung der Tiere, zu deren Vernichtung Prämien ausgesetzt werden, damit der teure Preis des Fleischs garantiert werden kann, zu dem wir es dann der Dritten Welt anbieten können.

818

Reklame *Bayer*, Leverkusen, im *FAZ* Magazin, »die gute alte Zeit«, Doppelseite Breughel, Erntebild, einige schneiden Korn, bücken sich, tragen was herbei, andere essen unter dem Baum, einer schläft im Schatten, Kinder, Männer und Frauen. Dazu Nummern für die einzelnen Arbeiten mit Erklärungen über Mühsal, kurzes Leben damals und was die moderne Wissenschaft alles erreicht.

Wieviel Tausende wendet sie auf, um die Menschen zu überzeugen, daß ihre Produkte auch ihr Glück sind, in der besten aller Welten? Die Reklamebüros unserer Industrie haben gut gelernt von den Soziologen und Fortschrittlern der letzten Ideologieveteranen von 1968. Ob sie noch überzeugen? Oder nur den zwanghaft Abhängigen vom glücklichsten aller Leben das Leben etwas verschönern mit schönen Drucken und verdummendem Zynismus, absetzbar von zu hohem Gewinn aus dem Fortschrittselend ihres Glücks.

819

Nur Mißernten können uns noch retten. 6 Milliarden jährlich zahlt die Europäische Gemeinschaft den Bauern, damit das Zuviel an Getreide verschwindet, 11 Milliarden für das Verschwinden der Milch und Butter, dazu Fleischberge und Obstvernichtung zur Rettung der europäischen Landwirtschaft. Die Bauern sind gut organisiert und Wählerstimmen, die nicht ungestraft zu verachten sind. Mit Steuern subventionierte Wählerstimmen: Demokratie. Manche Kühe dürfen den Stall nicht mehr verlassen, damit sie die Wiesen nicht betreten. Überall, von Nord bis Süd in Europa, schießen die Kiechle-Häuser der fortgeschrittenen landwirtschaftlichen Fabriken aus der Erde. Eben noch entkommen dem Blut-und-Boden-Heimatfilm und dem Blutzoll der Reichsnährstandgesetze und -ideen. Das alte Europa starb zuerst auf dem Lande. Unter Asphalt-Wiesen, in Betonscheunen für die Tiere und durch die Plastik-Küchen ihrer Seelen, was einmal Heimat war und Kultur des Alltags. Dies Europa braucht nicht mehr besucht zu werden.

Manchmal noch gibt es Empfehlungen, Überlegungen für den kleinen Bauern, Prämien zur Vernichtung seiner Produktion. Der Bauer als Landschaftspfleger, zum Abräumen der Felder, zum Begrünen der abgestorbenen Wälder. Leichenwäscher der Landschaft. Und im ländlichen Wirtshaus die Milch aus dem kleinen Interpack und Wein mit Glühfix, frisch auf den Tisch.

Am Abend desselben FS-Tages spät im ›Club 2‹: die intimen Sexdiskussionen der freien Dame aus Amerika. Kichernd und »phantastisch« ausrufend geben sie alle zu, daß noch nie soviel

Unglück gewesen in den Betten, wie in unseren aufgeklärten Zeiten, da sie über alles sprechen können, diskutieren, wissen von allem, wie nie. »Was hülfe es, wenn du die ganze Welt gewönnest und hättest der Liebe nicht ...« – Alte Sprüche, alte Worte, der Körper, dieser Seismograph der Seele, läßt sich nicht betrügen.

820

N., das Dorf in Vorpommern, ist eine Wüste geworden, die Fotos des Hofs meiner Kindheit verglichen von damals und heute. Wie abgebrannt.

Als ich das Geburtshaus meines Vaters in Mühlheim suchte, anläßlich der Projektion des HITLER-Films in Köln, fand ich dort eine Nachkriegssiedlung, und man weiß, wie das aussieht. Die Fabrik eine Ruine.

In Kassel, auch anläßlich des HITLER-Films, versuchte ich das Haus zu finden, von dem der Vater immer sprach, wenn er die Schule meinte. Nichts mehr vom Beschriebenen in der ganzen Straße. Leergebombt. Eine Tankstelle statt dessen. In Berlin, wo die Mutter lebte, wenn ich sie einmal im Jahr besuchte, in der Regensburger Straße, stand nur noch ihr Haus.

Das Erzgebirge, wo ich meine ersten Filme sah, mit dem Vater, während der Ferien in den schönsten Wäldern, in der Nähe, wo Goethe Beethoven traf und Richard Wagner seinen *RING* entwarf, existiert nicht mehr, sagen die neuesten Meldungen. Alle Wälder tot. Soll ich weitermachen?

Da fliegt kein Maikäfer mehr. Da wird kein Kind mehr getröstet, und alle Bäume sind längst gestorben.

Die Rede der Nacht vom Weltgebäude herab, aus den verkohlten Kathedralen und den Scheunen unserer Kindheitserinnerungen, daß keine Welt mehr sei und keine Menschen, die einmal waren.

821

DIE NACHT. Als in Paris die Realisierungsgespräche zum neuen Projekt, DIE NACHT, gerade gut anliefen, kam aus Deutschland die Nachricht der Ablehnung dieses Films. Bayerische Filmförderung.

822

Kein Film. Sie sagen, Film sei ein Massenmedium, und versuchen die Nähe zum Fernsehspiel zu definieren und alles diesem Gleichkommende zu entfernen aus dem, was sie im Kino sehen wollen, und fördern am liebsten pluralistische Beliebigkeiten eines schnellen, modischen Konsums. Ihr Gegenbild ist die ideologische Zielgruppe mit provokatorischem Selbstzweck. Es geht aber um das Minderheitenrecht der Qualität und die Freiheit der Kulturrepräsentanz und die Gleichheit des Individuums und um sonst nichts. Was die heutige Filmzensur nicht will, nennt sie »kein Film«. Joyce kein Buch, weil kein Krimi, Beckett kein Theater, weil ohne »Spielhandlung«.

823

Der Zensurmechanismus der Demokratie. Der Film wird gerne als Kunst des 20. Jahrhunderts in Anspruch genommen und in den europäischen Ländern mehr und mehr subventioniert von Staaten, die sich Demokratien nennen, wie alte Kunst. Und er ist auch gleichzeitig ein Produkt dieses Industriezeitalters und wird als Massenmedium definiert, und so kommt der Film dann als Kunstgattung in große Schwierigkeiten, wenn die Demokratien mit ihrem Rechtfertigungsdrang Bilanz ziehen. Wie kann man das zusammenbringen: Kunst, Industrie, Massenvotum, demokratische Mehrheit und Qualität auf dem ökonomischen Markt und das Ganze als Demokratiebeweis. Wenn ein Wirtschaftsmann einmal Bilanz der letzten 10 Jahre zöge, was gar nicht schwierig wäre, eine Gewinn- und Verlustrechnung unserer

Filme aufstellte, müßte, nach ökonomischen Interessen verantwortet, der hoffnungslose Bankrott dieses Industriezweiges angekündigt und der Film liquidiert werden. Der Industriezweig Film wäre gescheitert, mehr als die notleidende Bahn oder die Stahlindustrie oder die Fabriken der notleidenden Werften. Auch die Arbeitsplätze in Stahl- und Werftindustrie wären billiger und sinnvoller zu erhalten. Also kann es nicht das Interesse an Gewinnmaximierung sein, an Produktionszuwachs auf ökonomischer Basis, was zur Subventionierung rät. So wird es wohl ein anderes Interesse sein, zum Beispiel das, was früher Propaganda genannt wurde und heute Reputation, oder was den Reklameeffekt einer Gesellschaft und eines Landes ausmacht, und so wie es von Anfang an Kunst im allgemeinen mit seinem Repräsentationswert und Film im ganz besonderen innewohnt. Die Komponente der Massenunterhaltung in der Demokratie und das auf effektvollste Weise mittels eines neuen Mediums ist gewollt, und um große Massenwirkung zu erreichen, wird eine besondere Nettigkeit verlangt. Glätte und Simplizität im Sinne herunterziehender Gleichmacherei der sinnlichen und geistigen Möglichkeiten. Es ist das, was man Volksverdummung nennt, systematisch, Opium fürs Volk, Brot und Spiele, und zwar gelenkt in diesem Falle, nicht durch kommerzielle Interessen einzelner Geschäftsunternehmer, sondern durch Kommissionen und Ausschüsse dieser Demokratien, die mit Mehrheitsentscheidungen und Anonymität nach den Karriereinteressen der einzelnen Mitglieder dieser Kommissionen entscheiden, ohne Chance für das Individuum. Es sei denn durch erkämpfte Zufälle gegen das gleichmachende System. Individualisten wie Kafka, Beckett, Joyce hätten da keine Chance. Die Zensur würde, streng angewandt, keinen HITLER-Film und keinen LUDWIG-Film und keinen KARL-MAY-Film und keinen PARSIFAL als Film dulden dürfen. Was als Krebsgeschwür aller Demokratien zu beobachten ist, mußte in Deutschland wohl, nach unserer Vergangenheit, auf den übelsten Weg führen, durch die Verantwortungslosigkeit der Anonymität mit den Alibis der Mehrheitsvermassung, der gelegentlichen Pluralismen von modischer Avantgarde und schicker Provokation. Und wie wir im Maßstab der fortschrittlichen Demokratie die Ersten zu sein bestrebt waren, sind es nun die Wälder in Deutschland, die als erste sterben.

824

Die geistige und ästhetische Bankrottsituation des Films, auf den internationalen Festivals präzise abzulesen, wo Ausnahmefälle nicht zum Alibi für eine gesunde Struktur benutzt werden dürfen und eher im Gegenteil durch ihre Einsamkeit bestätigen, was Untergang der Kunst im 20. Jahrhundert heißt, entspricht dem ökonomischen Desaster einer Industrie, wie sich der Film selbst gern definiert: als Massenmedium unserer Zeit. Nur als Nebenerwerbszweig großer amerikanischer Industrieprodukte, für Spielergewinne, eins unter Tausenden ein Treffer, ohne noch Reputationsgenüsse zu befriedigen, ist der Film eine der Erfindungen unserer Zeit und charakterisiert deren Untergang nun selbst als geeignetes Objekt zeitkritischer Beobachtungen, gerade weil er heute zugänglich ist jedem Gedichte schreibenden Schüler, mehr als je zuvor.

825

Diese internationale Marktsituation entspricht der Funktionärswirklichkeit des subventionierten, europäischen Films und speziell des Neuen Deutschen Films, zumal hier der Wille unserer Republiken direkt ablesbar wird in ihrer Beziehung zur Kunst. Das Abdrängen dieser Kunsterfindung des 20. Jahrhunderts in die Industrie ist nur ein Phänomen der allgemeinen Kunstflucht in die Konsumhaltungen einer Kunst, die nurmehr in musealer Erbauung oder als Protestverpflichtung der Gesellschaftskritik erlaubt wird. Die Kommissionen in diesen Demokratien, die sich bestenfalls Laiengerichten vergleichen ließen, sind in ihrer fachlichen Bedeutung und Absicht nicht einmal dem Range der reaktionärsten Museumsentscheidungen eines untergehenden deutschen oder französischen Kaiserreichs vergleichbar, gegen deren Historienmalerei die moderne Kunst einmal aufstand, von Cézanne und Van Gogh, Picasso bis Kandinsky und die deutschen und Wiener Sezessionisten. Die Putzfrau der Ilse Kubaschewsky, jener Profiteurin der deutschen Heimatschnulze nach dem Kriege, amtlich bestellt durch unsere Demokratie als Sachverständige der Kunstmehrheit, wäre noch wenigstens ohne Selbstgerechtigkeit der Funktionärsattitüde. Die Hausmeister der Demokratie wurden zu Funktionären ihres eigenen Untergangs.

826

Die heruntergekommenen Ufa- und DEFA-Normen eines übernommenen Hollywood-Stils bestimmen die Praxis unserer Kunstentscheidungen. Kino – und daher – filmgemäß ist, was der 90-Minuten-Action-Norm entspricht mit dem Alibi der Low-Budget-Innovation in der Pluralismus-Ecke der Konsumdemokratie mit Verpflichtung zum Avantgarde-Establishment, ohne Notwendigkeit, außer dem *Spiegel*-Zynismus der Zeit.

827

Dagegen scheint die Realisierung aller meiner Filme gerade innerhalb dieses Systems zu sprechen, da sie doch alle mit öffentlichen Mitteln dieses Staates, in dieser Zeit finanziert worden sind. Nun muß man unterscheiden zwischen zweierlei Formen, in denen sich der Auftrag zur Produktion aus diesen Kommissionen definieren läßt. Es gibt einmal Geld zur Produktion eines neuen Films nach Vorlage der Unterlagen zum neuen Projekt, und es gibt zweitens die Möglichkeit, nach Vorlage eines fertigen Films die Produktionsmittel aufgrund der Qualität des vorgelegten für einen neuen Film zu erhalten. Naturgemäß ist das Risiko der beauftragenden Kommissionen, nach Vorlage von Papieren, also Plänen für eine neue Produktion, größer, wie es scheint, als die Gewährung von neuen Produktionsmitteln aufgrund eines fertigen Films, das allerdings mit der Freiheit, bisher zumindest, einen neuen Film nach eigener Wahl bestimmen zu können. Man kann also aus den Entscheidungen dieser Kommissionen, ob nun nach Vorlage von Produktionsunterlagen oder aufgrund der Vorlage eines bisherigen Films, ablesen, was für Filme diese Gesellschaft will (nach Vorlage der Produktionsunterlagen) oder wem sie zutraut, aufgrund bisheriger Arbeit, sich ein neues Thema selbst zu wählen und eventuell gegen die Erwartungen seiner Zeit einen neuen Film zu produzieren. Wie lange man ihm das wohl noch erlaubt? So ist nun abzulesen aus der Produktionsgeschichte dessen, der hier schreibt, daß seine beiden ersten Spielfilme, WIEVIEL ERDE BRAUCHT DER MENSCH (»Scarabea«) und SAN DOMINGO, hauptsächlich aus dem Grund entstanden – und zwar nach Vorlage der Projektunterlagen (Drehbuch) –, weil die dem Kulturestablishment zugerechneten Stoffe von Tolstoj und Kleist risikolos und würdig erschienen. Schon LUDWIG und KARL MAY entstanden ohne Vorlage der Produktionsunterlagen, aber beide wurden im nachhinein ausgestattet mit den Geldern für den jeweils nächsten Film. Nach LUDWIG gab es Gelder für KARL MAY, und nach dem KARL MAY entstand der HITLER-Film, ohne neue Vorlage der Produktionsunterlagen – wie ein Coup. So muß man denn sagen, daß alle Filme von LUDWIG bis PARSIFAL, also die der letzten zwölf Jahre, nicht als Drehbücher oder Projekte den Filmkommissionen in Bonn vorgelegen haben und also auch nicht von ihnen gefördert wurden und daß speziell HITLER und PARSIFAL hauptsächlich mit ausländischen Geldern und dem Fernsehen oder der Hilfe Bayerns (PARSIFAL), wie ohne Auftrag, entstanden sind. Ich behaupte, es wäre keiner dieser Filme je entstanden, wenn deren Konzept vorher zur Begutachtung eingereicht worden wäre. Die Zensur dieser Demokratie hätte sie verhindert, so wie sie (Bonn) den PARSIFAL zur Produktion ablehnte und dieser ohne Frankreich und eben der Hilfe Bayerns gescheitert wäre. Die Zensurmechanismen unserer Demokratie sind weitaus wirksamer als die des Ancien Régime, wo immerhin meistens mit einem honorigen und gebildeten Herrn zu rechnen war, dessen persönliche Entscheidung mit

Augenzwinkern die Revolution selbst mit vorbereitete gegen seinen Auftraggeber, den König. Eine Revolution heute ist nicht mehr möglich, es sei denn, gegen uns selbst.

828

Als ich in Paris gerade von französischen Partnern des Festival d'Automne herumgeführt wurde, zu wählen zwischen den Plätzen der Fabriken und Kirchen und der Opéra Comique und dem Odéon und den Bouffes du Nord (dem Theater von Peter Brook) und Nanterre (Chéreau) für eine eventuelle Co-Produktion zwischen Theater und Film, vorsorglich zur Rettung des Unternehmens oder als Möglichkeit eines beobachtenden Vergleichs, dasselbe Projekt nämlich in Theater und Film einmal gleicherweise auszuprobieren, erreichte mich aus Deutschland das erste Nein aus der Sitzung einer deutschen Filmkommission, der das neue Projekt vorgelegt worden war. Alles, was in Paris erfreute und genügte, wurde hier als Überforderung oder zu wenig und Zumutung verstanden und wurde Anlaß zur Verweigerung auch der kleinsten Unterstützung des bisher Angedeuteten. Die geistige Zensur hatte wieder funktioniert.

Und man kann getrost davon ausgehen, daß dieses Nein verursacht wurde nicht nur durch deren Überforderung, sondern auch durch die Auffassung, daß dieses Projekt wohl kinoungeeignet sei, so wie das Kino und der Film sich heute darstellen und sich verstehen wollen, als verkommenes Symbol einer verkommenen Kultur, unfähig zur Kraft, sich selbst zu regenerieren, immer neu, auf der Basis eigener produktiver Unruhe. Und so kann man getrost sagen: »Das Kino ist tot«, wie der Film, der ihm dient. Das entspricht der Situation der Kunst unserer Zeit. Angewandt auf Theater und Literatur, wo noch Reservate des nostalgischen Kunst- und Kulturpluralismus erhalten sind, wäre es das Ende auch aller Selbsterneuerung außerhalb des Konsums dieser Plastikgesellschaft ohne Genußfähigkeit und geistiges Interesse, wo Kultur nurmehr als Freizeit-Marginalie des intellektuellen Mittelmaßes geduldet wird.

829

Die vierte Dimension. Der Zuschauer erlebt das traditionelle Theater mit Bühne plus Zuschauerraum wie einen dreidimensionalen Raum mit oben und unten, links und rechts und vorn und hinten, also wie einen Raum, der die dargestellte Welt im Ausschnitt oder als Modell vorführt, an der er teilnimmt im selben Raum, wie als Betrachter einer Plastik von immer einer Seite, ohne herumgehen zu können. Die Darsteller selbst sind ausgerichtet in diese eine Richtung des Zuschauers, wohin sie ihre Haupt-, Schau- und Sprechseite richten. Der Zuschauer, also der Teilnehmer am Spiel, ist fixiert, während der Schauspieler sich vormacht, in dem für ihn bestimmten Spielraum sich frei bewegen zu können, wobei auch er wie der Zuschauer in dreidimensionalem Raum gegen die vierte geöffnete Wand zum Zuschauerraum agiert, sowie der Zuschauer im geöffneten Zuschauerraum fixiert gegen die geöffnete Wand zur Bühne hin ausgerichtet ist. Es ist der bekannte dunkle Raum mit seiner Tiefe und dem Live-Charakter mit einer besonderen Aura. Wie verschieden war das griechische Modell in der offenen Landschaft, aus dem sich diese Theaterform entwickelte. Der Film wiederum noch mehr abgegrenzt, in dunklen Höhlen angeschaut, aus dem Dunkel der Vereinzelung in der Masse, liefert keinen Raum, sondern Bilder mit zwei Dimensionen. Die Dimension der Tiefe bedeutet einen Verlust, der zu einer Tugend werden kann. Der Zuschauer muß, nicht im selben Raum der Darstellung, wieder ein Verlust, per Imagination im Kopf vollenden, was das Bild durch Schnitt, Bildeinteilung, Rhythmus der Montage, sinnliches Denksystem des Autor-Regisseurs vorstellt. Aus der fehlenden dritten Dimension muß die Tugend einer vierten werden, denn die Kamera kann zum idealen Auge des Zuschauers werden, wenn der Autor-Regisseur ideal ist, d. h. in seiner subjektiven Sensibilität die Welt aus einem Geist betrachtet und darstellt, der unserer Zeit und dem Zuschauer gemäß ist und diese Zeit nicht nur spiegelt, sondern versucht, im idealen Sinne zu erhöhen, in Richtung einer für alle wünschbaren

Utopie. Am Ende braucht der Film die Bühne nicht mehr, kann überall und gleichzeitig sein. Aber es ist gut, wenn er die Idee des Modells Theater weiter mit sich trägt. Es muß eine geistige Raumtiefe in dem Kopf des Zuschauers sich vollenden, so wie er ein Buch liest und Musik plastisch hören kann als sinnliches Ereignis seiner Vorstellungen im Zentrum seiner Existenz, d. h. dort, wo man früher die Seele definierte. Aus der Bequemlichkeit der Filmtechnik, der allgegenwärtigen und schnell fertigen, wird ein Mittel geliefert zur Tugend totaler Weltdarstellungen aus dem Inneren des Geistes, wenn der Film das erkennt und daraus heraus handelt. Das ist möglich, wenn wir die große Tradition des Theaters beobachten, seinen Modellcharakter – Theater gleich Universum, wenn Stationen und aristotelische Prinzipien (Einheit des Ortes, der Zeit und der Handlung) bedacht werden, wobei die moderne Form der Stationenreihung von Szenen auf dem Theater seit Brecht und im Sinne seiner Vorgänger nur scheinbar eine dem Film angenäherte ist. Die Erweiterungen der Spielebene des Theaters durch scheinbar filmdramaturgische Errungenschaften, wie die Verlegung der Grenzen in den Zuschauerraum, also das Ausfransen der magischen Bühnenebene und Begrenzung oder der Wechsel des Ortes in die des täglichen Lebens außerhalb der Bühne, wie Fabrikhallen, Kirchen, Stadien und andere Plätze oder die Übernahme von Kinoformen auf architektonische Art, ergaben nach allen experimentellen Erkenntnissen eher einen Verlust alter Tugenden jener Bühne, die die Welt bedeutete. Denn diese so unbewußt nachgeahmten Filmmuster sind gerade nicht die avantgardistischen des Films, die aus der langen und beispielhaften Tradition des Theaters lernten.

830

So wie das Theater nun nicht mehr zurück kann vor die Zeit der Omnipräsenz des Films und nur durch Besinnung auf seine ihm eigenen Möglichkeiten eine innere Tiefe erreicht, die die Langeweile der Einheitstotale und gleichmachenden Einheitsperspektive von vorn ersetzt und erhöht durch Begrenzungen von oben und unten und deren Bedeutungen, der Gänge und Lichtwechsel und Konzentrationen und Vereinbarungen und Intensivierungen langer Bewegungen bis an die Rampe, die die Realität des Zuschauers und der Alltagswelt abgrenzt oder verbindet zur großen Verkündigung direkt oder als Spiel der Zurücknahme im Echo der aus der Mitte des Raums kommenden Ereignisse mit Hilfe der Töne und des Schweigens im voll ausgesetzten Licht, so kann der Film in der Transformierung dieses Modells in Montage von Bildern und Tönen etwas etablieren, direkt in uns, wie eine intravenöse Injektion des Geistes in die Seele, gefährlich und intensiv, wie es nur unsere Zeit in ihrer besten Möglichkeit als höchste Qualität eben doch bietet und Film als Theater plus Musik plus Architektur zu schaffen versteht. Metaformen, Rampenfilme mit direktem Zugang zu der Tiefe in uns, die den Raumverlust des Theaters, die Live-Präsenz der Darsteller und die alte Aura intensivierend bündelt und in großer konzentrierter Überhöhung jenes ideale Theater überliefert, das dem Zuschauer ermöglicht, auch von hinten und von oben und unten zu sehen und zu hören im Sinne der vierten Dimension, ganz real, was das Theater immer vorzutäuschen gezwungen war.

831

Die Vorteile des *Faust* oder *Tasso* oder *Hamlet* im traditionellen Theater sind wohl deutlich. Aber Oper und so etwas wie PARSIFAL? Wo zum erstenmal die Darsteller im idealen Sinne jung sein und die Stimmen die besten sein dürfen, wo die Worte verständlich werden und die Standardtotale aufgegeben werden kann durch ideale Positionen des Innenraums unseres Auges. Wir können buchstäblich in den Sinn des Kopfes tauchen, aus dem das Ganze gewachsen. Und was, wenn ein solches für den Film entwickeltes Projekt plötzlich auch auf dem Theater konzipiert und vorgeschlagen wird? Was für ein Stoff, was für eine Dramaturgie oder welche Prinzipien des Ablaufs, welche Änderungen im Film müßte es geben, welche Konsequenzen für den Film, für das Theater, den Zuschauer, also uns?

832

Raum und Zeit als Kriterium. In der Geschichte und der handelnden Story, auf der Bühne, müssen sich die Personen von einem Ort zum anderen bewegen. Das braucht Zeit und muß gezeigt werden. Auftritt und Abtritte, Bewegungen sichtbar in körperhafter Mühsal, es sei denn, daraus würde ein Ritual. Im Kino macht nur der Boulevardfilm, also fast jeder Film der sogenannten Massenunterhaltung, in seiner ungenierten Herkunft von den Primitivformen des Theaters, solche Dinge, was er versucht durch hektische Schnitte und Unruhe zu verbergen, weswegen er dann gerne besonders filmisch genannt wird. Damit die Abhängigkeit von den Bleigewichten der Phantasie in dieser Bewegungs- und Raumgebundenheit nicht bemerkt wird, trickst diese Art Film seine Zuschauer aus, indem er durch schnelle Schnitte Rasanz vorgibt.

Die wirklichen Avantgardisten des Films wie Eisenstein und die Regisseure des deutschen Filmexpressionismus oder Dreyer in JEANNE D'ARC, überwanden diese Lahmfüßigkeit der äußeren Bewegung und stellten Raum- und Zeiteinheiten durch Schnittrhythmus gegen die vom Theater gewohnte her. Jeder weiß, er ist hier und zugleich da, in Zeit und Raum. Das sind die Gesetze der neuen Zeiten. Alles andere ist Betrug.

Die Rückführung des Geschehens aber auf einen Ort und in überschaubare Zeit im klassischen Sinn, macht erst offen für eine Dramaturgie der inneren Welt, die Raum und Zeit auf neue Weise konzentriert und befreit ganz neu darüber verfügt.

Verschiedene Ebenen von Tönen, Bildkombinationen und Musikverwendungen, ineinander oder gegeneinander geführt, schaffen eine Realität, die der Montagesituation unseres täglichen Lebens viel eher entspricht. Der Widerstand des Publikums, der Öffentlichkeit, und zum Teil in der Kritik, wenn sie reaktionär ist, oder in den Medien, ist ein oft beobachteter

Verzögerungseffekt jeder neuen Gesetzmäßigkeit. Der Raum des Theaters ist die Tiefe des Raumes. Man kann hineingehen und hinaus, vor und zurück. Eine Person immer in sichtbarer Verbindung zu der anderen. Die Tiefe des Raumes im Film ist zwischen den Schnitten. Schnitten – zwischen Bildern und Tönen der Montage von Personen und Dingen, Ort und Zeit – im Kopf des Zuschauers. Das Theater wird dann groß und seiner Mittel gerecht, wenn es sich besinnt auf die konkurrenzlose Eigenmächtigkeit seines Modellcharakters auch in neuen Weltzusammenhängen.

833

Man sagt so leicht dieses Wort Postmoderne, wenn wir die Kunst unserer Zeit definieren, wir, die wir in dieser Moderne leben und so stolz auf sie sind. Die Kunst unserer Zeit aber, die sich selbst als nach dieser Zeit definiert, ist also die Avantgarde des Untergangs schon dieser Zeit, in der wir leben.

Der Schweizer Käse ist in der Krise. Die Käseproduzenten in der Schweiz sorgen sich um den Verlust der berühmten Löcher, die ihn unterscheidbar machten in der durch sie bedingten Qualität. Diese Löcher verschwanden mit den Bakterien im modernisierten Herstellungsprozeß, späterer Zusatz durch künstliche Anreicherung bedeute merklichen Schwund des Geschmacks.

Rom im Herbst 1983

834

Auf einem der großen europäischen Plätze, der Piazza di Spagna, am Abend bei untergehender Sonne, kurz vor der Dunkelheit. Die Leute, wie kurz vor dem Ende der Welt. Noch einmal Pferdegeruch, Touristen, Gemurmel wie Flüstern der Menschen von überall her, Wasserplätschern der Fontänen, Lichter, die angehen. Der Eindruck, daß alle da sind. Wie das Atemanhalten der Geschichte, der unaufhaltsamen. Nach einer Woche Paris, Deux Magots, das Sitzen dort, schauen, an marmornen Tischen, die gepflasterten Straßen, Lachen, Musik in der Luft. Nun Café Greco, einfach so gehen, abseits, Ruhe, Milde der Luft. Um die Ecke die Via Bocca di Leone, der kleine Markt, die alten Hausmauern, wie vor Jahrhunderten, die Weinschenke wie zu Goethes Zeiten, Marmorbecken, Metalltheke, die Rufe der Bäuerinnen, die hier Gemüse anbieten – noch.

835

Amsterdam, einige Straßen, Grachten, wie es einmal war. Europa noch. Darf man das sagen? Auch die Holländer haben diese Sehnsucht im Blick nach anderen Geschäften als den betrügerischen der Tomaten, schön, groß, aber geschmacklos, wovon man nicht spricht.

836

Die Nachtwache, 1983. Restauriert, bewacht, hellstes Fotografierlicht, wie Fernsehobszönität, geliftetes Alter, die gestohlene Aura. So war es nicht gedacht, ich bin ganz sicher. Eine Postkartenschönheit, laut, hell, hergezeigt in weißrandiger Plastikwand-Umgebung, wie ein ausrasiertes Gesicht geiler Eitelkeit. Wenn schon Wache davor, dann bitte zwei und mit Maschinenpistolen, damit einer den anderen bewachen kann und nicht nur die Schüler, die lachenden, davor.

837

Nieuwe Kerk: Neue Kirche in Amsterdam: restauriert, mit Kaffeeshop, Ausstellungen, Ankündigungen von Kulturaktivitäten, Orgelwoche, Bücherecke, Spezialabteilung für die Gläubigen. Ein Blick in die Zukunft.

838

Einsamkeit des Rembrandt-Hauses. Wo früher das lebendige jüdische Viertel Amsterdams war, heute abgerissen, stehen nun Neubauten. Europa nach Hitler in Holland. Das Rembrandt-Haus als Museum mit WC und Andenkenläden. Auch Hollands Käse wurden geschmacklos in der EG. Das Heimweh Europas als Erbschaft seines verlorenen Zentrums, ein Europa, das, sich an den Rand klammernd, alles verwüstete und verlor, mit sich hinabziehend in die Identitätslosigkeit seines Endes.

Was macht der alles riskierende Grenzgänger, wenn es keine Grenzen mehr gibt? Wir leben in einer Zeit, in der die Fußgängerzonen inzwischen so kommerzialisiert wurden, daß wieder mehr Leben in den Autostraßen ist, den verstunkenen und lauten, die wir flohen.

839

Wenn Rembrandt den Bürgern von Amsterdam gesagt hätte, bevor er die ›Nachtwache‹ begann, daß die Personen in Schwarz zu sehen sein würden und teilweise von hinten, im Sinne der Gesamtkonzeption, wäre dieses Bild nie zustande gekommen. Dasselbe Bild, das den Bürgern von Amsterdam nun bis heute ihr Leben sichert. Sein Unvermögen – durchaus ein Trick der arbeitenden Schöpferphantasie –, dieses Unvermögen, am Anfang zu sagen, was eigentlich am Ende sein wird, wenn es um Risiken geht, nämlich die der Kunst, die einzig sie ermöglichen, garantierte das Bild der ›Nachtwache‹ bis heute. Es veränderte das Leben von einem des Ruhms Geläufigen zum Weg des Rembrandt, der uns heute wert ist, Mensch genannt zu werden, entsprechend dem Entwurf strengster Größe. Als ich einem Mitglied der bayerischen Filmkommission, die den neuen Film ablehnte, dies vorhielt, erhielt ich die Antwort: »Und was hatten die auf dem Bilde R.s Dargestellten davon, daß ihr Bild so berühmt wurde?«

Halten wir Wache. Für sie. In der Nacht.

840

Daß Gründgens als Nazi-Heros, zu dem sie ihn machten, besser ist als ihr gefeierter Oscar-Preisträger von heute, diesen Gründgens darstellend, ihre billigsten Erwartungshaltungen erfüllend, enthält die ganze Tragik ihrer Zeit. Mag K. M. Brandauer in der Hand Kortners gut sein als Typus, für den er steht und unserer

Zeit, Gründgens war ein anderer. Ingrid Caven als deutsche Piaf, und kein Ende der Vergleiche unserer Verluste. Man muß die Piaf hören und sehen in alten Aufnahmen, um zu verstehen, um was es geht. Noch die billigsten Kriegsfilme der Ufa-Unterhaltung sind voll dieser Freude des ganzen Einsatzes, der oben gemeint ist.

841

Sie sprechen immer von Zärtlichkeit, die Lieblosen. Leute mit Glatze tragen gerne Bärte. Und Reibung ist die Voraussetzung für jede Lust.

842

Reagan, der von ihnen zum wichtigsten Mann der westlichen Welt gemacht wurde, sagt offen, daß die Apokalypse der Bibel unsere Zeit beschreibe. So weit ist Hitler nie gegangen, und er hatte nicht die Macht dazu. Reagan, sich als Künstler verstehend, Künstler wie Hitler, kann sich bestätigen, wie kein anderer, mit dem Ende der Welt.

843

Grenada. Es kommt mir vor wie auf dem Schulhof, auch da verhauen die Starken gerne die Kleinen, um die Gegner, die anderen Starken, einzuschüchtern, zu strafen oder um sich selber groß zu fühlen.

844

Berlin. Sein ehemaliger Kultursenator spricht nun von Berlin als Wissenschaftsstadt, als Standort für intelligente Produkte, als geistiges Zentrum der Auseinandersetzung zwischen Ost und West, als beispielhaft toleranter Platz für das Nebeneinander von unterschiedlichen Bevölkerungsgruppen und für die Eroberung alternativer Lebensformen, als Stadt, die sich die Darstellung der kulturellen Substanz der europäischen Geschichte und Gegenwart zur besonderen Aufgabe gemacht hat. Ich frage, wieviele Zeitungen erscheinen täglich in diesem Berlin, im Vergleich zu Rom, Paris, London, Amsterdam ...? Berlin ist Deutschland, noch immer.

845

Heiliges Römisches Reich Deutscher Nation, so nannten sich in Deutschland die ehemaligen Todfeinde Roms. Heilig und deutscher Nation. Es war klar, wenn das historisch einmal gewachsen war und akzeptiert wurde, daß dann mit seinem Verschwinden in der Mitte Europas, dies Europa und seine Kultur bis nach Amerika zu Ende sein mußte.

846

In einer Zeit, in der alles sagbar und machbar ist, wird nicht die Provokation des Noch-nie-Getanen das Kunstvolle, sondern das Zusammenstoßen der unerwarteten Dinge im nichtgewohnten Moment und das, was sich daraus ergibt: Brüche, das Zusammenstoßen verschiedener Ebenen und Schnitte wird zum Geflecht des Kunstsystems, auf das es ankommt.

847

So wurde Deutschland zur Bühne der Weltkonfrontation zwischen Ost und West, selbst verursacht, aber auch mit dem Angebot, in der Lösung unserer Aufgabe vielleicht auch die Welt wieder zur Ruhe kommen zu lassen. Das wissen im Augenblick die Politiker in Moskau vielleicht besser, als die Freunde im Westen es fürchten, weswegen uns wohl aufgegeben ist, dort Verständnis zu finden, wie auch immer, und wie schon seit Bismarcks Zeiten, mit mehr oder weniger Geschick und guter Absicht.

Und wenn dieses Deutschland seinen Frieden fände und zur Ruhe käme – denn man täusche sich nicht, vieles vom Argen in der augenblicklichen Weltsituation hat seine Ursache im latenten Unruhegefühl und der nur scheinbaren Friedlichkeit in der Mitte Europas, und das heißt nicht nur Deutschlands, sondern auch seiner Umgebung –, dann sähe die Welt plötzlich anders aus. Und nicht nur politisch. Gemeint ist ein Deutschland, das aussteigt vielleicht, in der Mitte Europas, das nicht mehr mitmacht, von Ost und West eifersüchtig neutral und unberührt gelassen, weil zu wichtig in der Mitte, um es dem andern zu lassen, zu einflußreich auch, um nicht ein Beispiel zu sein für viele der angrenzenden Staaten, und vielleicht außerdem noch als Modell, wo die alte Qualität des kleinen übersehbaren Bereichs, von westfälischem Schinken bis Leica, mehr ist als Massenprodukte und Kolonialunterwerfung eines zweifelhaften Erfolgs.

848

Und wenn alle Atombomben nie zum Einsatz kämen und von Zeit zu Zeit die Waffen vernichtet würden wegen Überalterung, und wenn durch ihre Produktion und Wartung die Arbeitsplätze gesichert würden, so daß die Regierungen gesichert sind und unser tägliches Leben, wer zahlt die 50 % aller unserer Ausgaben Tag für Tag, Jahr für Jahr, auf wessen Kosten wird ausgebeutet von diesen Demokratien, die von Menschen bewohnt werden, gewählt, gewollt in Ost und West zugleich, in der Mitte Europas am besten. Auf welche Kosten leben wir also, wenn wir so weiterleben, und wo sieht man es am besten in der Welt. Gehen wir in unsere Städte, Dörfer, auf die Straßen, hören wir die Sprüche täglich, schauen wir die Kunst an oder was wir so zu nennen gewohnt sind. Auch das ist Deutschland. Und vielleicht auch und gerade, daß einer hier es sagt, sagen kann und muß. Einer in Preußen geboren, dem nur im Westen das zu sagen möglich ist, trotz alledem. Und sie werden nun zustimmen, vielleicht, was aber ändert das oder hilft uns das.

849

Gegen den Krieg und für die Phantasie! Krieg als Gegensatz der Phantasie. Und Clausewitz? Gegen die dunkle Rede und für die helle an den Wasserquellen des Südens. Und die dunklen Visionen des Untergangs, die Reden der sehenden Kassandra? Gegen die deutschen Tugenden von Leistungsstreben, Fleiß und Gehorsam und für Protest und Frieden und den arbeitenden Menschen. Was aber, wenn der Fleiß der Protestmärsche sich in dumpfem Untertanengehorsam versteckt und demokratische Leistungen hervorbringt, die die Demokratie selbst in Frage stellt, und was, wenn der arbeitende Mensch zum Unterdrücker wird der untertänig gemachten Welt und Natur, wie selbst in der Apokalypse der Bibel kaum geahnt?

Was wäre, wenn die Deutschen wirklich wieder alte Identitäten hervorkramten, Qualität, ihre alte Erkennungsmarke, gegen die Quantität der Großmächte setzten? Was, wenn Kritik tapfer und tüchtig würde, wieder der Begeisterung fähig und Arbeit ein neuer Inhalt für Meinungsreichtum, anstatt sich feister Ideologieimporte zu bedienen, wenn sie eine neue Qualität schafften gegenüber ihren Geschmacksverpflichtungen in Ehrlichkeit und Treue der Arbeit und des Handwerks, in allem, was sie tun.

Wenn sie Verantwortung statt pluralistische Feigheit in der Anonymität der Gleichgültigkeit als Maßstab setzten in der EWG. Was, wenn sie die Freunde in Amerika bäten, zu verstehen, daß sie auch an sich zu denken hätten, nach heutigen Forderungen der Zeit, für den Nutzen der Freunde mit dem Osten verhandeln müßten, für das Leben der neu zu gewinnenden Identität, auch als Beispiel einer anderen Möglichkeit. Natürlich brauchte es einen Bismarck, einen Kissinger der Diplomatie, einen, am besten aus Amerika geborgt, von jüdisch-deutscher Herkunft vielleicht, der imstande wäre, in Deutschland eine Heimat zu finden, in der er nie gewesen, als Zentrum dessen, was Susan Sontag sich zu denken vermag, wenn sie an ein Berlin glaubt heute, ohne Hitler, wenn er nie gewesen, kulturell für alle Politik eine Herausforderung, wie immer wenn Kunst ihre Aufgabe wirklich erfüllt, wenn Kunst ist, was ihre Moral ist: Resistenz, Widerstand, die wahre Opposition und Utopie aller unserer in der Realität verlorenen Möglichkeiten.

850

Die Strategie von unten ist eine hilfreiche Taktik, für die schwere Erbschaft der verlorenen Generation nach einem gescheiterten Krieg. Das Denkmal von hinten ist eine wichtige Perspektive zur Ergänzung der neuen Kultfiguren: das Kleine, Schmutzige wird zur neuen Devise. Was hülfe dies aber bei der Erhaltung des Baums, den Goethe besang?

Was, wenn diese Goethe-Eiche von Buchenwald nun zu beschreiben wäre in ihrem Untergang des großen Drecks von oben und unten und hinten und vorn, durch uns?

Nach der Befreiung der Massenneurose. Als die Deutschen ihre Identität verloren in Ost und West, außer im Bekenntnis zu Auschwitz, begannen sie ihre Flucht nach Europa, das sie zerstörten nach dem verlorenen Krieg, mit freigewordenen Kräften im Wirtschaftskampf eines marktwirtschaftlichen Dogmas, demokratisch den anderen aufgedrängt. Die zum Dogmatismus gewordene Demokratie ruinierte sie im Innern und da am gründlichsten. Ihr Beitrag einer gut gelernten Lektion. So wird jeder Gedanke zum Nachtmahr des Gefühls.

851

Nach einer Fernsehwoche mit dem Kunstkrampf von H. A. Schult in Amerika und Russ Mayer als Kultfigur der Plastik-Avantgarde – von Cineasten und ihren Sex-Kinos und ihrer Silikon-Pornographie die Fernsehdiskussion mit Franz Josef Strauß in der *Zeit*-Redaktion, Hamburg. Gefragt nach bösen Zitaten gegen Schlöndorff, Achternbusch etc., seine Antwort, wieso nicht Fragen nach Raketen, Arbeitsplätzen und Weltmacht, warum so was, Minderheitenprobleme und gerade diese. In Frankreich weiß Mitterrand, daß er Stimmen verlieren würde ohne Kultursympathie. Hier konnte schon Helmut Schmidt des Beifalls sicher sein, wenn er Orgelspiel und Bücherliebe in Freizeit und Rentenalter verdrängte. Vielleicht liegt es auch an der Kultur und ihren Vertretern: hinter den Diskutanten waren zwei große Bäume mahnend an die Wand gezeichnet, gesprochen hat niemand darüber.

852

»Die Verschiebung der Hemmschwelle ist das Fürchterliche«, sagt G. Kunert. Auch früher gab es dies alles, nichts ist neu, aber es wird frei und pluralistisch Gleichheit genannt, was allenfalls liederlich ist, wo früher Brüderlichkeit stand. Wir erkennen das, distanzieren uns vielleicht sogar, machen nicht mit, sind gleichgültig oder empört, haben nichts damit zu tun. Und doch, um gehört zu werden, Zeitgenosse zu sein, muß man beobachten, analysieren, sich unter sie mischen, Sprache studieren, Worte, man nimmt schon teil, auch das sind Menschen, Elend geht einem nahe, Mitleid, Verständnis, Solidarität, Kinder gehen zur Schule; um sich verständlich zu machen, spielt man einfach mal mit, innerlich abwesend, und ist doch plötzlich einer von ihnen, muß sich rechtfertigen, wird gelobt. Man weiß alles: Seelenblindheit, Massenneurose, verlorene Schönheit bedingt verlorene Ethik, Nutzmenschenarchitektur des Lebens überall – man weiß alles und macht am Ende doch mit. Leben. Dem Ende zugewandt, und du bist einer von ihnen am Ende.

853

Das Erscheinen dieses Ministers Zimmermann und der Abtritt F.s, dieses selbstgeschaffenen Mythos der Kaputten, kamen wie gerufen. Es gab der deutschen Filmszene endlich die Möglichkeit, auf Schuldige und Ursachen ihres selbstverschuldeten Dilemmas zu verweisen, das sie von Anfang an nicht fähig war zu analysieren und schon gar nicht, etwas zu ändern.

Das Dilemma ist Unwirtschaftlichkeit trotz Anspruch auf

dem Markt, als Zirkus der Demokraten. Das Dilemma ist Ideologie statt geistvolle Selbsterneuerung (Emanzipation, Nachwuchssentiment, Schwulenkitsch, Gesellschaftlichkeit, Unterhaltung oder Kulturalibi usw). Und zum Dilemma wurde der internationale Ausverkauf von Sprache und ästhetischer Identität.

854

Zur Lage des Waldes. In Deutschland. Am 11. 10. 1982: »Das Waldsterben in Bayern ist viel dramatischer als bisher angenommen wurde. Nach der neuesten Schadenserhebung, die Landwirtschaftsminister Hans Eisenmann gestern bekannt gab, ist fast jeder zweite Baum im Freistaat krank. Am stärksten betroffen sind die Fichten, die häufigsten Bäume in Bayern: Ganz gesund sind sie fast nirgendwo mehr anzutreffen. Krank sind auch 44 Prozent der Buchen und 22 Prozent der Eichen.

Daß das Waldsterben so dramatisch zunehmen würde, haben selbst die Politiker nicht geglaubt. Vor einem Jahr rechneten sie noch damit, daß 6,5 Prozent der bayerischen Wälder krank seien, jetzt ist der Anteil der kranken Bäume auf 45 Prozent hochgeschnellt. Eisenmann: ›Selbst Pessimisten haben das nicht für möglich gehalten.‹

Die Zahl der sterbenden Bäume hat sich innerhalb eines Jahres verdoppelt, die Bestände mit mittleren Schäden haben sich verfünffacht. Und: Auch in bisher weniger gefährdeten Gebieten, in Mittelschwaben und im Gebirge, sterben neuerdings die Bäume.

Als Rezept gegen den schleichenden Tod der Natur fordert Eisenmann ein Umdenken der Konsumgesellschaft, die sich auf die Dauer eine einseitige, nur auf Wachstum gerichtete Industrialisierung nicht mehr leisten könne.

*

Mit den Bäumen in ihren Wäldern, in ihren Märchen und den schon lange verlorenen und verlachten Mythen starb alles, was sie waren, alles, was ihnen lieb war und alles, was sie hätten tun müssen. Es war die verlorene Ehre, die für sie handelte. Welch ein Gelächter unter den Wählern, dem Souverän des Landes. Und jeder wußte insgeheim, wie arm sie geworden waren. Ohnmacht in jedem, der es ändern wollte, diese glücklichsten, freiesten und reichsten aller Zeiten. Machtlos – vor wem?

855

Der deutsche Wald stirbt. Was für ein Wort. Eine Generation nach dem Slogan von der verbrannten Erde. Mitten in kriegslosen Zeiten des republikanischen Wohllebens. Wofür. In der Mitte Europas stirbt ein Land einfach aus. Und das wäre ohne Folgen für die Nachbarn?

Vor 40 Jahren in finsterer Zeit, wenn das einer vorauszusagen gewagt hätte. Der deutsche Wald stirbt. Er gibt uns die Ehre. Und keiner mehr, der imstande wäre, sie zu nehmen. Und nie mehr: »Der Wald steht schwarz und schweiget,
Und aus den Wiesen steiget
Der weiße Nebel wunderbar.«

Vorbei. Außen wie innen.

856

Was bleibt: »Erinnerungen an eine verlorene Gnade.« Und das ist viel. Gnade, die Schuld voraussetzt, Schuld dieses Europa, die Gnade seiner Kunst und seines Geistes, trotzdem gegeben und in großen Anstrengungen erworben: Erinnerungen daran. Produktive Erinnerungen.

857

Abgelehnte Anzeige im *Börsenblatt des Deutschen Buchhandels.* Damit später niemand sagen kann, er habe es nicht gewußt. Angebot zu gleichen Bedingungen wie Frankreich.

DER WALD STEHT SCHWARZ UND SCHWEIGET
450 Seiten Manuskript zu üblichen Bedingungen
(siehe Frankreich)
Notizen – Fortsetzung der *Freudlosen Gesellschaft*

abgelehnt ohne vollständige Kenntnis des Manuskripts von den Verlegern der bisherigen Bücher desselben Autors:

Hanser	(*Freudlose Gesellschaft* – verkauft: 3500 Exemplare + Taschenbuchausgabe);
Rowohlt	(*Hitler* – 12 000 Exemplare verkauft);
Heyne	(*Parsifal* – verkauft 15 000 Exemplare);
dazu Piper	
und Residenz	alle abgelehnt nach Kenntnis von einigen Seiten Auszügen oder nur von 1 Stunde Blättern.

Herausgabe in Frankreich Herbst 1984 Edition Christian Bourgeois.

Kritik Frankreich zur *Freudlosen Gesellschaft: Libération.* Denn dies ist nicht nur in seiner ganzen Logik eines der besten Bücher, die über Deutschland seit dem Krieg geschrieben wurden… sondern das ist auch das wirklich große Buch, das ein Künstler über die Kunst schreiben kann. Nicht über seine Kunst, sondern über die Kunst im allgemeinen und über seine Beziehung zur Kunst… Und diejenigen, die nicht verstehen werden, daß der Filmemacher Syberberg sofort ein Schriftsteller sein kann, sind dieselben, die einen Film sowieso nicht entziffern können und schon gar nicht einen Film von Syberberg.

Le Monde. Ich glaube wirklich, daß es uns schädlich wäre, das Werk Syberbergs aus Vorurteil oder aus dummer Selbstzufriedenheit zu ignorieren.

Les Nouvelles Littéraires. Ein niederschmetterndes, beunruhigendes und bewegendes Buch ... Man hört zu, man ballt die Fäuste, und man erhebt sich in die Lüfte ...

Télérama. Bei Lektüre der *Freudlosen Gesellschaft* versteht man, daß Syberberg Haß und Argwohn um sich herum erweckt. In diesem polemischen und eindrucksvollen Band von Notizen schiebt dieser Aristokrat und Höhlenforscher der deutschen Seele der Bundesrepublik Deutschland und dem intellektuellen Establishment die Schuld zu, das ihn verachtet und verhöhnt hat.

858

Im Fernsehen sitzen sie wieder unter der Dorflinde. Ein Bericht, wie sie unter der Erde sitzen, zwischen Tiefgarage und Supermarkt. Weil es so gemütlich ist: Rustikales aus Plastik. Bei Heidelberg.

Gleich daneben die Sendung über heutige Kriegstechnologie. Was, wenn es losginge. 30 Minuten nach Knopfdruck wäre auch die Kommandozentrale der USA ohne Chance, das Kommandoflugzeug des Präsidenten nach 18 Stunden zur Landung gezwungen, da Motoren Öl brauchen.

Dem Kriegsspiel der Männer entsprechen die Computerfilme aus Hollywood. Roboter ersetzen den Menschen? Nein, der aufgeblasene Schwundmensch der Plastikgeneration ist zum Roboter geworden.

859

Im Fernsehen H. W. Richter zum 75. Geburtstag. Der Organisator der Gruppe 47, also der deutschen Nachkriegsliteratur, spricht vom Verlust der Kriegstugenden und den Folgen: statt Mut, Tapferkeit, Siegesfreude: Vernichtung durch Knopfdruck. Am Ende seines Lebens fand er den alten, breiten, pommerschen Dialekt der Fischer von Usedom wieder.

860

Vor 50 Jahren fotografierte A. Sander arbeitende Menschen der verschiedenen Stände. Mit ihren Arbeitswerkzeugen, in der Kleidung des Standes, vor weißer Wand oder am Arbeitsplatz, und wo sie zu Hause waren. Man stelle sich solche Fotos heute vor in Deutschland. Stände? Arbeitsgerät? Kleidung zur Arbeit? Und dann die Gesichter. Man nehme Maß an den FS-Sendungen, den Familien, den wechselnden Figuren, und wir wissen, warum die Städte so aussehen, wie sie sind, warum die Dörfer starben, die Häuser und Fluren bereinigt wurden. Ein befriedetes Land. Der Mensch ist das Maß aller Dinge. Immer noch. Ob sie das wollten?

861

E. Duse aus Italien wurde in Petersburg entdeckt. Von Hermann Bahr aus Wien, der dort mit Kainz und Mitterwurzer war, beschrieben in der *Frankfurter Zeitung* in Deutschland. Das war Europa vor der Revolution des Fortschritts. Gestorben ist die Duse in Amerika während eines Gastspiels nach dem Ersten Weltkrieg.

Und eine italienische Herzogin aus dem Königshause kniete in Neapel an dem zurückgeführten Sarg. Als Mussolini gewählt worden war, hatte er sofort in ihrem römischen Hotel anfragen lassen, ob sie ihn empfange. Sie ihn.

Als der Bundeskanzler H. Sch. nach Kultur gefragt wurde, sprach er wie von Hobby, und FJS, der bayerische Ministerpräsident, erbat sich andere Fragen, als man etwas über kritische Äußerungen zu Kulturleuten wissen wollte, und er wollte Fragen zu Raketen und Arbeitsplätzen.

Wir leben im befriedeten Land des Fortschritts wie noch nie.

862

Zufall? P. Stein, die Symbolfigur einer Generation, die 1968 begann, und der sich mit seinen Leuten etablieren konnte durch systematische Leistungen, wird nun systematisch demontiert. Durch die, die ihn zum Symbol gemacht haben. In der *Zeit* lese ich, anläßlich einer Kritik zu Meredith Monk, daß das Publikum der Schaubühne ihr nicht gewachsen war, also das Publikum seines Theaters. Im *Spiegel* lesen wir vom Ästhetizismus Steins, und das ist das Todesurteil in Deutschland. Und in der *FAZ* fällt der Name Stein überhaupt nicht mehr, als die wichtigsten Inszenierungen von Genet in letzter Zeit genannt werden. Genannt werden: Neuenfels, Fassbinder, Chéreau. Obwohl Genet von Steins *Neger* am meisten hielt. Am Ende steht immer Informationsstop oder einfach Vergessen aus Gleichgültigkeit, die interessant wäre zu untersuchen.

863

Was ist nun eigentlich das Verbrechen. Das Verbrechen dieser Filme, dieser Bücher, dieser Person. Alles ist zu finden in der Form, als Zeichen geflohener oder verbannter Möglichkeiten; ihre Moral als geistiges Konzept ist das ideologische Tabu. Hier gehorsamer befolgt und Gegnerschaften bekämpft als anderswo.

Ästhetisierung wird vorgeworfen als das zu Schöne, Mythologisierung, als das nicht eindeutig, rational Erfaßbare, gefolgt von Vernebelung, meistens ohne Definition, benutzt, um Berührungsängste und bedrohliche Konkurrenz abzuwehren.

Das Verbrechen beginnt schon da, wo Üblichkeiten der Norm verletzt werden, Filme also ohne Story, ohne Dialoge, ohne linearen Aufbau und anarchistische Verwirrung im Kleinen, Schmutzigen einer ideologisierten Avantgarde.

Dagegen monologische Struktur in der dialektischen Form des maskierten Ich, Aneinandereihung von Texten statt Charakterfiguren, Musik, Gegenstände von allegorischer Bedeutung, archaisch wirkende Bilder im Sinne seelischer Vorgänge, sich überlagernd, gegeneinander geführt, Fragmentarisches, Skizzenhaftes, mit Totalitätsabsicht ohne Detailansprüche einer szenischen Story. Analytische Strenge und Assoziationsinteresse heben sich möglichst auf. Symbolträchtige Repräsentationslust wechselt mit scheinbar Zufälligem, zyklischem Denken statt linearem, Wiederholungen, die weitertreiben, die Dialektik des bekennenden Ich, der Gefühle und Gedanken, im Bewußtsein, daß Ambivalenz, Ströme, Grenzen wie unbegreifliche Sprünge unseres Tuns uns mehr bestimmen als lineare Ordnungen, und daß die Wahrheit im eidetischen Geheimnis der Natur-Realität liegt, das künstlich wieder herzustellen oder zu erhalten schwieriger ist, als die Blindheit rechtschaffener Pseudo-Sicherheiten es zulassen. Dahinter steht die Überlegung, daß wir Gefangene sind übergeordneter Gesetze, die zu lernen, zu befolgen, großen Gewinn bringen kann, oder denen zu widerstehen und zu unterliegen immer wieder geschehen muß, so daß in diesem Sinne Kunst und Kultur und geistige Haltung als Arbeit und heroische Leistung verstanden wird, Schönheit als Ethos und Form als Moral der täglichen Aufgabe in einem klassischen Sinn, den die Menschen außerhalb Deutschlands, jenseits der Mauern unserer Grenzen also, geeigneter sind, zu erkennen und zu wollen, als in einem Deutschland, das es nicht mehr gibt, oder das schläft, wie gegenüber der Utopie eines altgewordenen, ehrwürdigen, verlorenen Heimatgefühls, verloren nun auch für sie, wie verlorene Erinnerung bestenfalls an einmal Geliebtes. Auch hier »des Weltalls treuester Diener«. Kleiner geht es nicht. Das Erhabene selbst, die verlorene Gnade.

864

Auf dem alten Stuhl, in dem Lech Walesa in Warschau saß, während der Fernsehübertragung der Friedensnobelpreisverleihung an ihn, steht: Ohne Furcht, allzeit treu. In Deutsch. Darüber das Wappen von Danzig.

865

L. W., der friedliche Arbeiter des Widerstands aus Polen, sitzt bei Kardinal Wyszyński, seinem Freund und Beschützer gegen eine ganze Supermacht. »Wie viele Armeen hat der Papst«, höhnte Stalin. »Wasser ist stärker als Stein«, heißt es im Volksmund. Und Brecht wußte von den Chinesen, daß das Weiche siegt über das Harte. Mit der Zeit. Alte Weisheit, alte Hoffnung, alte Sprüche.

Und wenn die Welt morgen unterginge, so pflanze ich heute noch einen Baum. Haben wir noch Zeit? Und Wasser? Bäume? Worte? Furcht? Gottesfurcht und Treue zur Solidarität?

866

In Athen die EG gescheitert. Selbst wenn wieder gekittet, die Agonie hat begonnen. In Athen. Dem Ursprung Europas. Wegen Geld. Die Händler Europas haben es ruiniert, nicht die Kriege.

Höre von Mail-Art. Kunst: getrocknete Frösche werden unverpackt verschickt, Mützen mit Briefmarken und Adressen. Nach Beuys ist jeder ein Künstler. Früher gab es für solche Einfälle der Gesellschaftsspiele viele selbstverständliche Gelegenheiten, Wetten, Besäufnisse, Schneeabende der baltischen Aristokratie, unter englischen Käuzen. Heute stellen sie die im Wald gestorbenen Pflanzen in den Betonwänden der Fußgängerzonen auf. In Gußeisentöpfen aus Plastik, deren Herstellung die Bäume zerstörte.

867

Das Evangeliar Heinrichs des Löwen ist für den teuersten Preis, zu dem je ein Kunstwerk seinen Besitzer wechselte, an Deutschland zurückgefallen. 30 Millionen. Wieviel kostet eine Pershing? Die Pershing-Raketen wurden für nötig erklärt, um unsere Freiheit und dies Leben zu schützen. Ein Leben, das auch ich wählte, als ich von Ost nach West ging, vor 30 Jahren. Mein Leben aber ist diese Arbeit, und es wird mir nur so lange schützenswert sein, solange es mit seiner Arbeit garantiert ist, denn diese Arbeit ist viel mehr als nur Geldverdienst, sie repräsentiert geradezu den Freiheitswillen, den ich gewählt, denn, wenn der Film mehr als andere Künste die Gesellschaft des 20. Jahrhunderts repräsentiert, aus der er kommt, dann wird eine Gesellschaft, also unsere Demokratie und Republik, daran gemessen werden, wie sie mit dieser ihrer Kunst umgeht.

Vorausgesetzt wird allerdings, daß die zu schützende Freiheit auch die Kunst betrifft, auch und besonders, wenn sie eventuell nicht genehm sein sollte und, daß die Kunst sich definiert oder definieren läßt, warum, für wen und wie sie ist, wenn sie sich freiwillig außerhalb der Konsumeitelkeiten und des bloßen ideologischen Mißbrauchs der kurzsichtigen Avantgardemoden begibt.

Dieselben Leute, die unser Leben und die Freiheit mit diesen Raketen schützen, haben neue Richtlinien entworfen, die erkennen lassen, wie sie die Kunst ihrer Zeit verstanden wissen wollen. Das ist derart, daß jemand wie ich nur mehr die Möglichkeit hat, das Land zu verlassen, den Beruf zu wechseln, zu warten, bis auch diese Regierung wechselt, oder mich einer Zukunft unterwerfen, die bedeutet, daß die Hausmeister der Operettenhäuser reaktionärster Klasse fortan die Programme der Oper bestimmen, und ich frage mich, warum und wovor uns Raketen schützen, denn dann hätte ich vor 30 Jahren im Osten bleiben können. Dies alles heißt, daß in Zukunft der deutsche Film nicht mehr konkurrenzfähig sein kann mit den anderen und alten Künsten der Zeit, nicht mehr mit den neuen Produktionen der Schaubühne, Dingen von Beuys oder Grass. Hier spricht einer, der den Auswahlsystemen der Vergangenheit nicht nachweint, und gegen deren Mißbrauch seine bisherigen Filme entstanden, und das Buch zeigt wie, aber es waren noch Systeme, gegen die man sein konnte, wenn sie und ihr Versagen letztlich dieser neuen Lösung ihren Vorwand lieferten. So wie die Kollegen mit den Regeln paktierten, die uns jetzt abwürgen. Ohne in Details gehen zu wollen, heißt das, daß von der einzigen Stelle, an der in Deutschland Geld, wenn auch wenig, für kulturelle Zwecke gegeben wurde, in Zukunft nur der Filme machen dürfe im Auftrag des Staates, der Geld mitbringt, und daß den Entscheidungsgremien mit der Filmförderungsanstalt eine Institution vorgeschaltet wird, die den Bankrott des Films als Marktwert in Deutschland verwaltet, und daß der übliche Demokratiebeweis an der Kasse, wie bisher in den Förderungen der Länder, zum Prinzip erhoben wird. Ein Kulturalibi erscheint in einer Experimentierklausel. Damit wäre der Neue Deutsche Film nun endgültig erledigt. Nicht schuldlos, sondern durch sich selbst, da er versagte, Sinn und Ziel neu zu definieren, dem Auftrag der Zeit entsprechend und den neuen Techniken und einer sich wandelnden Ästhetik und Publikumssituation. Wer sich diesen Vulgärinterpretationen von Demokratie aussetzte, mußte, gemessen an reaktionären und untergehenden Konsummodellen wie der Kinoindustrie, scheitern.

868

Die FFA ist das Instrument der Kinowirtschaft, die sagt, es würde zuviel Geld an die Kunst gegeben, die kein Geld wiederbringt. Diese Kinowirtschaft aber gewinnt große Vorteile aus der Mehrwertsteuerermäßigung, die sie sich dadurch erkämpft, indem sie vorgibt, der Kunst zu dienen. So zahlt das Kino die Hälfte der sonst üblichen Mehrwertsteuer.

Wir sollten daher vorschlagen, die Kinos zahlen in Zukunft – wie jeder Strumpfhändler – ihre Steuer, ohne Kunstermäßigung. Und der dem Staat daraus zukommende vielfache Millionenzuwachs geht ohne demütigende Auflagen von seiten dieser Kinowirtschaft an die Kunstförderung des Films. Und selbst wenn dies nun zum kleinen Teil ausgezahlt würde, wäre es mehr, als man der Kunstform Film je zukommen ließ, und wir wären frei von dem Fluch, gut gehen zu müssen, d. h. Geld zu machen nach deren Gesetzen des 4%-Gettos, denn Kunst geht anders. 16000 DM für den Produzenten/Verleiher aus nur einer Vorstellung des PARSIFAL, in der nach den Kino-Normen schlechtesten Zeit, nämlich am Sonntag-Vormittag, mit vollem Haus der Hamburger Oper z. B., Karten zu je 20 DM, das sind auch ökonomische Vorgänge, die sich die Fließbandökonomen des Kinos nicht träumen lassen. Und der Einnahmen-Vergleich des Medien-Multis Gaumont an diesem PARSIFAL mit denen aus unserer eigenen Aktivität läßt erkennen, wie klein diese Riesen werden, wenn auch Ökonomie einmal anders geprüft wird, nämlich unter dem Aspekt der Ware Qualität. Und die Ware Qualität ist wahre Qualität.

Davon lebt die Verwaltung dieser Aktivität, und die Geldgeber, der Staat, das Land haben ein gutes Ansehen hier und in der Welt, selbst auf den ihnen wichtigen Märkten für Freiheit und Diskussion der Demokratie und Wirtschaft, nämlich ein Vorbild zu geben, selbst unter verschieden Denkenden.

Und das ist der Gewinn der Kunst und so auch des Films jenseits der Kasse. Er geht weit über das Kino hinaus und bedeutet: einen erweiterten Qualitätsbegriff mit Kunstvergleich, Musik- und Theaterdiskussion, Philosophie der Geschichte und Gegenwart, politische Aktivität, Provokation, Konfrontation, Herausforderung und ästhetische Revolution und Stille des Lebens, Nachdenklichkeit, Kultur, die lebt.

869

Diese FFA ist das Symbol des Bankrotts des deutschen Films als Industrie, in der allein die Rendite zählt, das größte Pleiteunternehmen, in das der Staat investieren würde, aus demselben Topf, aus dem schon bisher in vergleichbar schändlich kleinen Mengen sich dieser Staat mit Alibileistungen seines Kulturauftrags entledigte.

Der Neue Deutsche Film lebt bisher aus einem fast unausschöpfbaren Energiepotential fehlgeleiteter, wenn auch erstaunlicher Entwicklung, und wurde trotz eines dogmatisierten Pluralismusbegriffs seiner Förderungsmechanismen zum Repräsentanten der Realität, ungeliebt wie diese Realität in Deutschland selbst, kritisch und manchmal mit Möglichkeiten weit über die Fassungskraft dieser Realität hier hinaus.

870

Das Kino-Grab des Films. Das Kino wurde zum Grab des Films. Das Kino von heute ist das Grab für den Film von morgen und zur industrialisierten Peep-Show für Discofans geworden. Die Distribution verkauft Qualität wie gute Weine in Coca-Cola-Büchsen am Hamburger-Stand. Und die Produktionsförderung braucht keine neuen Ziele, aber neue Auswahlprinzipien der geförderten Produktionen und andere Zulassungsbestimmungen. Wenige Filme zu fördern wäre besser, aber diese gut und das vorhandene Geld mit mehr Sorgfalt und Verantwortung angewandt im Sinne eines erweiterten Qualitätsbegriffs für Produktion, Distribution und Publikum. Ein Zurückgehen in die Zeit vor Adenauer, dessen Leute diese Förderung erfanden und deren Erfolge erst Jahre später in der Zeit Brandt und Schmidt sichtbar wurden, bedeutete nicht eine Verschlechterung der Filmsituation im nächsten Jahr, sondern in 10 Jahren und danach. Die Erbschaft von Goebbels waren nicht Gründgens und Harlan, die noch aus der großen Zeit davor kamen, sondern der deutsche Heimatfilm im Deutschland ohne Juden, nach 1945.

871

Dreimal hat der Staat eingegriffen in die deutsche Filmentwicklung. Das erstemal Goebbels, und das führte zum deutschen Heimatfilm im Zeichen von Blut und Boden. Dann in der Adenauerzeit als Initiative zur Rettung aus dieser Misere mit dem Erfolg des Neuen Deutschen Films. Erfolge, die in die Zeit der SPD/FDP-Regierung fielen, die aber durch einen dogmatisierten Pluralismus vertan wurden bis in eine Krise jetzt, in der ein neuer Eingriff mit dem Regierungswechsel droht, wie ein letztes Racheunternehmen der ehemaligen Heimatfilmproduzenten und Kinonostalgiker, die den deutschen Kinofilm und sein Minderheitengetto als Prüfung uns auferlegen, die wir nur bestehen können, wenn wir die Reputation der Kunst zur Reputation des Staates machen. Das geistige Bild Deutschlands, wie in den letzten Jahren von uns repräsentiert und oft noch vor Grass und Böll und Beuys, ist gemeint. Und das wäre nun vorbei. Wer uns in das untergehende Schiff des Kinos und seiner Kasseninteressen als moralischen Maßstab von Menschenliebe und Demokratiebeweis zwingt, hat nichts Gutes im Sinn für den deutschen Film. Wer die Freiheit, unsere eigenen Wege zu finden, in Ausnahmeregeln preßt, erledigt damit auch die neuen Möglichkeiten des zukünftigen Kinos als Platz von Special Events für Premieren und Ort eines neuen Lebens jenseits des üblichen Marktlärms von Pornographie und Gewalt. Unsere verantwortlichen Politiker sprechen gerne anläßlich von Kunst und Film von intellektuellen Spielereien und setzen dem jenes fürchterliche Volksempfinden vergangener Zeiten gegenüber, mit denen andere schon einmal häßliches Mißverständnis geweckt, so wie die anderen sozialistischen Realismus meinen, wenn sie von Volksinteresse sprechen. Sie reden von Geschmack, und ich hätte lieber gehört, daß sie von einer Kunst im Ernst des Leidens sprächen. Und sie sprechen von Narzißmus der Selbstverwirklichung oder -befriedigung, und ich frage mich, ob nicht Kunst immer gemacht ist von einem, der Welt und Leben zuerst an sich selbst erfährt und der dann an seinem Einsatz gemessen werden muß, wie er es versteht, der Allgemeinheit verständlich zu werden und sie geistig zu erhöhen.

Und ich vermisse, daß sie sagen, wie ihnen die ganze Richtung nicht gefiele, ehrlich, und höre sie statt dessen sprechen vom Publikum und von Massen und Demokratie und Geschäft, als ob das ihr Interesse sei, und weiß, daß sie die Disco-Typen der augenblicklichen Filmrealität natürlich nie meinen können in dem ganzen Sumpf und Leiden von Pornogeschäften und Gewalt. Denn sie sprechen von Dingen, für die sie nicht sind, für die, die sowieso als Wähler vor dem Fernsehschirm sitzen, sicher, und sich empören über diese Kinorealität, für die sie plötzlich sind oder vorgeben zu sein. Und ich höre die anderen von den vielzitierten Arbeitern reden und weiß doch auch dort, wie groß der Abgrund ist zwischen dem Vorgegebenen und der Realität.

*

Der Film ist inzwischen erwachsen und Kunst geworden, und das bedeutet eine Trennung von üblichen Volkstümlichkeitserfordernissen, die die moderne Kunst zum letztenmal zur Zeit des Blut und Bodens gewaltsam zu dressieren versuchte. Und das haben wir nun vor allen anderen traurig und endgültig durchgespielt und hinter uns gelassen, bitter und blutig bezahlt. Der Film als Kunst ist ein sehr sensibles Teilgebiet geworden, von der Industrie abgespalten und nicht mehr gutwillig zu verwechseln, wo Demokratie verwundet reagiert und ihre Freiheit für den Grenzfall Kunst beweisen kann und muß und den Stolz, den sie sich erlaubt. Man stelle sich vor einen Film über die Ehre eines Menschen, das alte Thema am Beispiel eines Generals gegen einen Minister, und dieser Minister, aus der gleichen Partei wie dieser Filmminister mit seinen Kontrollfunktionen über Film. Man vergleiche die von demselben Innenminister der Filmförderung doch sicher gepriesenen anderen Fälle eines Hitchcock- (WRONG MAN) und Watergate-Films aus Hollywood oder *Kohlhaas* des alten preußischen Kleist. Es ergibt sich die Frage, und sie ist nicht neu, in diesem besonderen Falle wieder: Ist der Film in Deutschland frei? Da höre ich wieder das billige Argument, jeder könne machen, was er wolle, nur gäbe es keinen Anspruch auf staatliche Förderung. Wessen Staat? Im östlichen Teil Europas ist man listig geworden, und Unverständliches und Unbeliebtes wird nicht verboten, sondern die Papierzuteilung eingeschränkt für den Druck einer Christa Wolf oder eines Kafka. Es sind die anderen, die sich dieser Themen dann bemächtigen auf dem freien Markt, und es wundert sich die regierende Partei über soviel Gewalt und Pornographie oder Parteilichkeit in unseren Medien. Die Obszönität, die allein auf dem Markt noch gilt, ist die Freie Marktwirtschaft in der Kunst des Films.

*

Und ich wünschte mir, daß die Kunst heute und meine Kollegen weniger Anlaß gäben zu solcher Befremdung, und bin traurig über soviel Unfähigkeit. Wenn man es recht bedenkt, geht es doch eigentlich anstelle der Verhinderung von Kunst des Films durch wirtschaftliche Auflagen und anstelle moralischer Drohung um wirtschaftliche Freistellung darum, sein künstlerisches Risiko immer mit höchstem Anspruch zur geistigen Erneuerung individueller Überlegungen zu wagen, oder um Übernahme von neuen Wegen aus den Vorfeldern der Produktion und des Vertriebs und dem Organisieren der Plätze, wo das alles möglich wird vor dem Publikum. Es geht um dieses geistige Risiko anschaulich sinnlicher Kunst statt des volkstümlich Bequemen oder der ideologischen Absicherung des demokratischen Konsumdenkens. Das geschähe im Sinne einer notwendigen Neuordnung von Produktion, Distribution und Kino mit öffentlicher Stützung von Nachwuchs und einer Erneuerung, mit Ausschluß endlich des Mittelfelds, das die Kinos verstopft und das Publikum irritiert, von den Medien als Ideologisierung über die Jahre gehalten ohne Resonanz eines wahrhaften Interesses und mit den endlichen Folgen der Verkümmerung von Kino und Film.

*

Und wenn man immer wieder, und seit alters her, und von allen Seiten, von der Aufgabe der Unterhaltung spricht, schlage ich nach im etymologischen Wörterbuch und finde als Vorformen der Unterhaltung jene Worte und Werte vom Hüten, Weiden und Lenken, Heben und Sprechen und Ernähren. Wenn unsere christlichen oder sozialistischen Politiker wüßten, mit wem sie sich oft einlassen unter demokratischem Vorwand, sie täten es nicht. Und so sah man sich denn oft mit dem Teufel unserer Zeit und den größten Ausbeutern unseres Jahrhunderts, nämlich mit den Verführern und Seelentötern eines neuen Menschenhandels, in einem Boot des Untergangs.

*

Natürlich sieht man manchmal die Traurigkeit der Kinobesitzer, oft schlecht verborgen unter der Maske ihrer alltagsgeilen Geschäfte der Fließbandunterhaltung, und sie schämen sich insgeheim vielleicht vor ihren Vätern und Kindern der Dinge, zu denen sie gezwungen sind, auch sie, und sie wissen nicht wie anders.

Und wenn wir es nicht schaffen, auch im großen Stil, die letzten großen Häuser zu retten oder neue zu installieren, notfalls als Gastvorführungen in Theatern oder wo immer noch repräsentative Plätze zu finden sind, für Premieren, einzeln oder als Saisonprogramme, ziehend von Stadt zu Stadt und Land zu Land, gestützt von regelmäßigen Reihen und geduldiger Organisierung der Publikumsinteressen in Abonnements, Informationen und letztlich neuen und anderen Produktionen und einem Verleih, der nichts vortäuscht und betrügt, dann ist es aus mit dem Kino als Ort geistigen Lebens, und es wird immer beweisen, wie unzureichend unsere Filme sind für ihr Puff und ihren Untergang, indiskutabel für Leute jenseits voyeuristischer Sozialinteressen und Anhänger des Jugendkults. Das Kino muß wieder zum Flaggschiff des immer Neuen werden, schnell, lebendig und offen für alle mit langhin operierenden Programmen des Besten unserer Zeit, sonst ist Film verwaist und in tödlicher Gefahr.

872

An die Kinobesitzer: Aufforderung zur Aussperrung des Neuen Deutschen Films von ihren Fließbändern der Wegwerfunterhaltung. Ich hoffe, daß die Kinowirtschaft endlich sich weigert, weiter Neue Deutsche Filme zu spielen. Ich wünschte mir, daß sie diese Filme total boykottierten wegen ökonomischer und künstlerischer Unzumutbarkeit. Und sich beschränkten auf amerikanische oder sonstige Kommerzware, woher auch immer, mit gleichen Wettbewerbsbedingungen der Mehrwertsteuer wie jeder Strumpffabrikant und Fahrradhändler, also ohne Ermäßigung wegen Kunstalibis um 50 %.

Und ich wünschte mir, daß der Neue Deutsche Film endlich gezwungen wäre, selbst nachzudenken, warum und für wen er da ist. Und daß er sich eine eigene Kette aufbaut, Plätze, wo er seine Filme in sorgfältig zusammengestellten Saisonprogrammen kursieren läßt, anders strukturiert mit Freude und durchaus kommerziell orientiert, mit eigenen Häusern und auf einem ehrlichen Weg mit einem eigenen Netz der Information ihres besonderen Angebots. Mit veränderten Filmen, die nicht mehr buhlen müßten um die Gunst des bisherigen Aufführungsschemas. Aufzuführen an Orten, wo jedermann wieder hingehen könnte, der wissen will, warum wir heute leben und wo. Und daß nach einiger Zeit diese neuen Plätze, mit öffentlicher Hilfe gestützt zunächst, wie ihr Vertrieb, zur eigentlichen Kraft werden des neuen Film- und Kinolebens, der andere Weg, nun auch für andere Länder ein Modell, wirtschaftlich und als Orte des Lebens. Und mit einem Maßstab für einen Erfolg, der uns angibt, warum wir das alles tun. Und ein Kompromiß wäre denkbar, der hieße, daß selbstverständlicherweise sich die Kinobesitzer von heute der Teilnahme an Förderungsgremien für diesen Neuen Deutschen Film enthalten und nicht diesen für uns tödlichen Zustand ihres Systems uns aufdrängen. So wie es denkbar wäre, daß der so sich neu solidarisierende Neue Deutsche Film einige Filme, auf die wir keinen Wert legen, in unseren Programmen und Häusern, gerne an die Kinos abgeben würde, und das werden immer die kommerziell interessantesten und sonst farblosesten und unwichtigsten sein, so werden wir einige der wichtigen und für uns bedeutenden Kinobesitzer gerne akzeptieren als Richter über unsere Filme in den Gremien oder als Freunde sonstiger Art.

873

Der Bundesminister des Innern
Herrn Dr. F. Zimmermann
z. H. Herrn Schwegmann
Postfach 170 290
5300 Bonn 1

17. Januar 1984

Sehr geehrter Herr Minister,
anläßlich der Diskussion Ihres Erlasses zur Filmförderung hatte ich infolge der Kürze der Zeit nicht die Möglichkeit, zum produktiven Teil meiner Kritik zu kommen.

Wir sind uns einig, daß der deutsche Film und seine Förderungspraxis in einer Krise sind. Auch ich sage das seit Jahren. Sie wollen zur Kontrolle an größere Risikobereitschaft appellieren. Eine lobenswerte Forderung für Kunst und ihre Herausforderung. Und Sie bieten eigene Entscheidung und Urteil und Verantwortung an. Auch das ist sicher nicht mehr zum Nachteil für die Geförderten als die Anonymität der Gremien, zumal Verantwortung entsteht, die diskutierbar wird. Aber Sie suchen die Kontrolle in der Wirtschaftlichkeit der Projekte, und ihren Marktwert setzen Sie gleich mit demokratischen Mehrheitsentscheidungen an der Kasse. Da trennen sich notwendig unsere Wege zur Verbesserung der Leistungen.

Ihre Vorstellungen mögen aus dem Alltag eines aus der Jurisprudenz kommenden Politikers, ökonomisch in Richtung Marktwirtschaft tendierend, verständlich sein, unterstützt von der Tradition eines christlichen Hauses und daraus herrührenden Geschmacks- und Moralvorstellungen. Und wenn das alles für Sie ohnehin nur ein Nebengeschäft Ihrer täglichen Sorgen ist, wie Sie sagen, 5 Millionen von 4 Milliarden Ihres Jahresetats, und wenn Sie sich wundern, wieviel Bedeutung dem ganzen beigemessen wird, was Sie zu entscheiden haben, da doch die Mittel Ihres Hauses nur ein Zehntel sind von den Filmförderungsgeldern der Öffentlichkeit in Deutschland, und Sie sich wundern, wie von Ihrem Urteil und Ihrem Text zur Förderung des Films in

Deutschland für die Zukunft so viel abhängt, dann erlauben Sie mir bitte meine Gegenposition anzubieten, basierend auf gleicher Analyse des augenblicklichen Zustands, mit dem gleichen Wunsch nach Änderung von einem, der täglich damit umgeht, dessen Leben das ist, dies im Interesse der Öffentlichkeit und Ihrer Gelder, wenn ich im Ausland zum Beispiel oder vor dem Publikum meines Landes meine Filme vertreten muß.

Ich schlug größere Radikalität vor bei der Neufassung Ihres Rettungsversuchs aus der augenblicklichen Krise des deutschen Films, und das meine ich wirtschaftlich wie künstlerisch. Das heißt, fixieren Sie als oberstes Gesetz der Forderung den Erneuerungswert oder -willen als Bedingung. Fragen Sie in jedem Fall nach, persönlich, und initiieren Sie Ihre Auswahlgremien und jeden Einzelnen, so zu verfahren, sich und den vorgelegten Film zu fragen, was denn neu sei. Das kann im Erzählen oder Sonstigem des Inhalts oder an der Form liegen. Das kann nur Licht sein oder schauspielerische Leistung. Das kann sowohl in der Technik liegen wie in der Distribution, nämlich wie man an ein neues Publikum kam, oder welche neue Orte und Techniken benutzt wurden oder erfunden, um die hergestellten Filme zugänglich zu machen. Oder auch wie das Geld beschafft wurde, wozu zu ermuntern ist. Oder wenn mit wenig Aufwand viel geschafft wurde. Versuchen Sie die Fortgegangenen aus der Generation meiner Kollegen zurückzuholen mit Angeboten und halten Sie die fest, die inzwischen weg wollen, mit Regelungen, die sie locken, in Deutschland Filme zu machen in deutscher Sprache und mit deutschen Geldern und Bedingungen, die uns repräsentieren.

Filtern Sie radikal aus, was bequem ist, selbstsicher, eitel und modisch ist, ob es ökonomisch oder ideologisch oder als Avantgarde eher an den billigen Beifall der Medien denkt. Machen Sie Mut und stellen Sie vor allem ökonomisch sicher, daß das gelingt. Stellen Sie diejenigen mit dem Mut zum Risiko des Neuen frei von Geldbeschaffungsnöten. Aber, um Gottes willen, stören Sie nicht und töten Sie nicht durch ökonomische Forderungen die zarten Pflanzen der Phantasie und des Muts, indem Sie die Starken wegschicken und die Schwachen durch Opportunismus zu Lieferanten von Mittelwaren und Bequemem binden oder in Extremsituationen treiben. In der bisherigen Realität dominiert eine Mischung von Mediokrität, peinlicher Hollywood-Imitation oder ein Zurückziehen auf das provokative Ich. Die wenigen Gelder des Innenministers müssen die Initiative und Richtung angeben für die anderen Geldgeber und -empfänger. Das ist sein großer kultureller Auftrag mit moralischen und politischen und ästhetischen Folgen, und es erübrigen sich in diesem Zusammenhang alle Diskussionen um Qualität, die sich ändert von Generation zu Generation, um Experimente und Kunst, denn was neu ist, ist immer gut, und das Gute wird immer neu sein, wie auch das Bewährte, Klassische neu sein kann in Zeiten, wo das Neue billige Inflation ist. Und alles in Ihrem Hause ist Experiment im Sinne eines geistigen Risikos und bedarf keiner Ausnahmeregelungen. Nur die Ausnahme darf überhaupt passieren, angeregt werden, und jedermann müßte aufgerufen sein, darüber nachzudenken und sich dort nur so vorzustellen. So sehr, daß dies Risiko zur Kunst die Trägen abhalten wird und die nachfolgende Generation zu erziehen hat. Bei denen, die das herstellen, so viel und mit unermüdlicher Geduld, wie für die, die das anbieten und anschauen werden.

1) Im Detail heißt das: aus Anlaß des vorgelegten Papieres für die Richtlinien zur Filmförderung, daß die 30%-Regelung weg muß als wirtschaftliche Restriktion und Einengung und Mißtrauen gegenüber dem Autor eines Films, daß er nicht gewillt sei, so viel Geld zu finden, wie nur immer möglich (§ 9/3).

2) Und weg muß die Privilegierung des Kinos als ausschließlicher Vorführungsort des Films, wenn erwiesen werden kann, daß andere Orte geeigneter sind, unsere Filme aufzuführen, wann immer und wo immer, als ausgerechnet in dem untergehenden Schiff des bankrotten Kinos von heute (§ 12/6).

3) Weg muß der lästige Kontrollmechanismus der veralteten FSK, die nur zum Schutz von Pornoproduzenten und Gewaltanhängern noch existiert, als Hilfe und Alibi gegen die Staatsan-

wälte. Eine FSK, die aber Leuten mit Förderung aus Ihrem Hause viel Geld und Mühen und Demütigung kostet (§ 7/4).

4) Weg muß die FFA als erste Kontrollinstanz, ohne Diskussion. Es ist die schlimmste Diffamierung für jede Innovationsidee. Sie bedeutet wirklich das Ende der Souveränität Ihres Hauses in Sachen Filmpolitik (§ 10/3 + 6).

Statt dessen schlage ich Ihnen vor, mehr Geld für weniger Filme, damit wir nicht immer im unteren Experimentierfeld bleiben, nun eine erwachsene Filmgeneration, und endlich international vergleichbar werden, im Range eines Bergman und Bresson, auch wirtschaftlich, so wie wir bis jetzt allein elitär auf Festivals und in Goethe-Instituten und Retrospektiven international schon Deutschland repräsentieren, oft noch vor Böll und Grass oder Beuys.

Wenn die Intendanten-Idee noch zu früh kommt, um realisierbar zu sein, vielleicht aus Angst vor dem Ufa-Modell aus Goebbels Zeiten – Sie wissen, wieviel Beifall gerade hier während der Diskussion kam –, sollte man neue Produktions- und Distributions- und Vorführmöglichkeiten initiieren, auch durch andere Praxis als bisher und gerade mit öffentlicher Hilfe. Nur das wird uns aus dem Getto des untergehenden Kinos von heute in neue Möglichkeiten führen, darum machen Sie bitte nicht Kinobesitzer von heute zu Richtern in den Kommissionen Ihres Hauses, sie würden nur die augenblickliche Krise von Stagnation festschreiben. Sie müssen das Kino erneuern und dessen Besitzer überzeugen durch neue Modelle, durch Ihr Haus unterstützt und entwickelt. Das alles ist möglich, erprobt, die Technik ist da, die Generation herangewachsen, das zu organisieren, Deutschland an der Spitze der internationalen Erwartungen. Sie könnten das weiterführen, ebenso wie nach jetzigem Text des Erlasses es zurückführen würde. Übernehmen Sie bitte nicht nur die Verantwortung im Nein-, sondern vor allem auch im Ja-Sagen, um aus der augenblicklichen Stagnation und aus einer sterbenden Branche herauszukommen, sterbend, wenn wir uns an alten Normen und Regeln und Techniken orientierten, aber ebensosehr mit der Chance, den nächsten Schritt zu tun im Wege einer

Filmerneuerung im Anschluß an das, was vor 30 Jahren einmal begann.

Mit freundlichen Grüßen
Hans Jürgen Syberberg

*

Innenminister Z.: Wenn er schon im Parlament keine Mehrheit habe, »in der deutschen Bevölkerung habe ich eine Mehrheit hinter mir«. Was für ein Satz eines Parlamentariers, der damit das Parlament als die Nicht-Mehrheit der Wählermeinung definiert. Diese Publikumsnähe, wie der Heimatfilm zuletzt sie hatte, das Erbe der Hitler-Ufa, ist es wert untersucht zu werden. Daß Hitler und Goebbels keinen eigenen Stil entwickelten, heißt es zur Verwunderung der Analytiker oft, und doch ist der Spitzweg-Realismus der Hitler-Ufazeit, im Gegensatz zum deutschen Filmexpressionismus, eine deutliche Variante des Blut-und-Bodenstils und nichts anderes als die deutsche Sonderform internationaler Kunsttendenzen, wie sozialistischer Realismus und Hollywoods Boulevardfilm-Kommerz.

Das nun wieder zu wollen, nostalgisch und als Wende der Kultur-Politik negiert alle Entwicklungen, ob gewollt oder nicht. Auch in der Kunst gibt es kein zurück. Wie sehr man das auch bedauern mag. Sie ist der Seismograph und gibt Auskunft über Absichten der Zeit und ihre Regierenden, sowie ihre Überlebensdauer.

874

Das Buch eines Mönchs für einen Fürsten vor 800 Jahren ist der Stolz derjenigen, die es nun zurückholten. Mit Recht. In ihm finden wir die Identität unserer Geschichte wieder, und dieser Ankauf zeugt von einer Freiheit der Gesellschaft vor der Geschichte, die es zu schützen gilt.

Niemand würde den Wert dieses Buchs an seinem Masseninteresse messen, kostbar, verborgen in Safes für Spezialisten. So wie Kunst, welcher Zeit auch immer, wenn sie nicht aus bestimmten wechselnden Epocheninteressen der Geschichte gerade in Stille von Forschung und Spezialinteresse ruht, nicht an Massenzuspruch, dem aktuellen und launischen, und nicht an zufälligen Preisen gemessen wird, sondern an der öffentlichen Wirkung, die sie erregt. Das kann sein bei Film: Mediendiskussion, Dialog der Länder und Künste untereinander, Erregung, die die Diskussion auslöst, gleich, ob in vielen Köpfen und Herzen direkt oder mittelbar aus anderen Quellen, durch Erzählungen oder aus Berichten der Medien und Universitäten. So wird das Glück des Geldgebers, auch des Staates, der solche Kunst initiierte oder finanzierte, darin gesucht werden dürfen, wieviel Leben dieser Art geweckt wurde, geistig oder unterhaltend. Aber es kann sein, daß dies Leben auch existiert durch mittelbare Existenz. So haben viele Kunstwerke viel bewirkt durch vielfache und oft am Ende gar nicht mehr nachvollziehbare Wege der indirekten Übermittlung. Viele Länder, viele Preise, viele Diskussionen, viele Abhandlungen, viele Einflüsse auf anderes, was weiter daraus entsteht. Das ist Freude, mehr als zwei Stunden Volkstümlichkeit, Massenkonsum und Statistiker-Ruhm. Es geht um den Kulturauftrag der Demokratie.

Wer weiß etwas über Dante und Faust, Thomas Manns Romane, Bach oder R. Wagner von denen, die da täglich darüber sprechen, mehr als aus Genugtuung und manchmal auch so etwas wie Stolz, aus gleichem Lande oder Geschlecht zu kommen, aus dem heraus das existiert? Warum haben wir also diese Raketen, warum und was schützen wir? Die Regierung? Den täglichen Konsum? Wer wird in 800 Jahren von uns berichten und wie, und was wird da sein, erzählend, wer beauftragte zu berichten, daß auch da Menschen waren, jeder einzelne ein König, wenn er wollte, mit einem Gott begabt seiner Möglichkeiten und gereiften Kinderträume, einmal jenseits zu sein von Alltagszwängen, und wenn er's nur anderen überträgt, zu machen, zu erleben und vorzuleben und zu berichten davon, mit der unbewußten Gewißheit, daß es existiert. Darum kaufen wir alte Bücher von Mönchen für alte Könige, streng verwahrt und nur wenigen zugänglich, und schützen unsere Form des Lebens, so oder so, was zu diskutieren ist, und warum also sollten wir nicht wollen, daß auch heute sich einige mühen, zu berichten von uns, daß wir existieren, wie die anderen vor uns?

875

Fast 40 Jahre leben wir jetzt ohne Krieg in Europa. Eine ungekannte Erfahrung. Schwer zu ertragen. Man vergleiche die vorigen Generationen. Keine Bomben, kein Hunger, nicht die täglich fallenden Freunde, Geliebten, Kinder, ohne Auswandern, KZ, Prüfungen. Wir dürfen uns um das Alter kümmern schon in der Jugendzeit, der alte Traum, Versicherungen werden wichtig, Geschäfte, Konsum, Arbeit bekommen eine neue Dimension, andere Tugenden sind gefordert, neue Interessen wichtig an uns selbst, Reisen sind möglich in viele Länder, der Kampf der Geschlechter wird deutlicher, der Generationen, Midlife Crisis und Aggressionsprobleme tauchen auf im Alltag. Dies Leben ohne Krieg fordert eine eigene Leistung, der Frieden, wenn wir das so nennen wollen, braucht seine eigene Arbeit.

876

Auch unsere Freiheit wird danach bemessen werden, wieviel zweckfreie Schönheit wir uns leisten.

Die zwecklose Schönheit Schillers ist ein Freiheitsbegriff, aus schwerer Zeit erworben.

Haben sie gelebt? Und wie? Die Klassiker. Die gerühmten und belächelten. 600 Exemplare der Gesamtausgabe Goethes (1890) verkauft. 317 Exemplare der *Iphigenie*. 12 *Clavigo*.

Sie haben gelebt. Sie haben gelebt »und zwar vorbildlich« (Egon Friedell). Leben wir? Haben wir gelebt? Einmal...

877

Der Baum ist schön auch ohne Gebrauch und Anschaun der Wälder. Sind sie darum dem Untergang preisgegeben? Es hat alles seine Logik.

Und wenn Kunst nicht wird wie die Bäume, warum dann Kunst? Man kann vorbeigehen und danken und sich freuen, daß man lebt, alleine oder zu zweit oder unter mehreren, und die Zeiten wechseln, und jedes hat seine Gunst und Geheimnis, wenn wir nur wollen und noch können und Zeit haben.

878

F. existierte, lebte und arbeitete für ein Thema, hatte sein Thema gefunden, wie sie sagen, und das war sein Fluch. Was auch immer er tat, am Ende galt es dem Willen, geliebt zu werden, und zwar von seiner Mutter anerkannt zu werden, die ihn als dumm, häßlich und ohne Chancen gedemütigt hatte. Er wollte das Künstlergrab auf dem Bogenhausener Friedhof für sie. Der Preis aber war der Tod. Diese besondere und kindlich pubertäre Liebessucht trieb ihn am Anfang zu erstaunlichen Taten, aber ohne Ablösung, Entwicklung, war es ihm nicht möglich, den nächsten Schritt zu tun, die Liebe eines Menschen zu gewinnen, egal ob Mann oder Frau, aber nicht der Abhängigen, die er durchschaute, und nicht des launischen Publikums oder des selbstbetrügerischen Journalismus, der ihn gebrauchte, wie er ihn.

So schrumpfte er am Ende in grausamer Regression immer mehr zu einem Kind mit Drogenflucht, 50er-Jahre-Stoffen und -Stilen und starb eben nicht als Frühvollendeter und Ausgebrannter wegen zu großer Energieverschwendung der Phantasie, sondern als an sich selbst Gescheiterter. Das alles kommt vor und ist beachtlich. Erstaunlich aber ist, daß keiner, wenigstens hier nicht, so über ihn gesprochen hat, voll Achtung, Mitleid, ehrlich, traurig, kritisch. Daß er zum Helden eines neuen Mythos werden konnte, er, der sich selbst gerne als linke

Aufklärungsgeneration im Deutschland nach Hitler sah, ist fast tragisch zu nennen.

879

Die Früheren bekämpften die Oberen, und das waren die Fürsten und ihre Vasallen und die Karrieristen ihrer Zeit am Hofe. Die Qualität wurde von diesen bekämpft, und Kunst gelang oft nur gegen diese und war nur gegen die Regierenden möglich. So kann es gewesen sein, so war es auch manchmal, so wollen es die Heutigen. Nun gut. Müßte da nicht auch die Qualität der Heutigen daran bemessen werden, wie sehr sie sich in Opposition und Widerstand befinden gegen die Mächtigen der Zeit. Wer aber sind die Mächtigen, und wer dient ihnen heute? Wie sieht sie aus, ihre Qualität? Ist es nicht so, daß die Regierenden wechseln, die Mächtigen bleiben in unserer Zeit und die opportunistische Qualität ihnen dient?

880

Die heutige Verachtung, Zerstörung von Kunst hat Tradition seit der Französischen Revolution. Am Anfang unserer Republiken und Demokratien steht die Zerstörung der Kunstdenkmäler, die die Französische Revolution als Herrschaftssymbole von Glauben und alten Obrigkeiten zu erkennen und zu vernichten müssen glaubte, und damit sich selbst das Recht nahm, Menschen genannt zu werden, die mehr sind als fressende, zeugende und sterbende Leiber – und selbst das ohne Lust. Das haben sie gut gelernt, die Technik und der Fortschrittsglaube hat es ihnen einfach gemacht. Alles andere, was sie heute Kunstpflege nennen, ist Schutzbehauptung, böser Trieb der Langeweile. Man stelle sich vor, Botho Strauß müßte sein neues Stück der FFA (Filmförderungsanstalt der deutschen Filmwirtschaft) oder Peter Handke müßte das Neueste dem Minister vor der Premiere oder vor dem Druck zur Prüfung vorlegen und das zweimal: im Plan, im Entwurf und nach der Fertigstellung. Oder Dürrenmatt müßte mit seinen Stücken vor der Premiere vor die FSK (Freiwillige Selbstkontrolle), oder Joseph Beuys vor diese Kommissionen des Kinomittelstandes, um die Genehmigung einzuholen, ob sein neuestes Werk zur Ausstellung geeignet ist in staatlich subventionierten Museen. Wenn sie gezwungen wären, diese Zensurmechanismen freiwillig zu akzeptieren, wenn die großen Stücke der Theater-, Oper-, Musiktradition, *FIDELIO* zum Beispiel, wie die Verse von Villon oder Abraham a Santa Clara oder Luther noch einmal geprüft würden, es gäbe sie nicht mehr.

Auch vorher war der Film in Deutschland oft nicht mehr Spiegel der Zeit und schon gar nicht Kunst des Landes und Jahrhunderts. Auch vorher gab es gewisse mörderische Konditionen, aber man konnte sie umgehen. Die Freiheit bestand in der Schlamperei, im Wechsel der Personen, jetzt ist alles zementiert, da kommt nichts mehr durch. Wer einen Gedichtband schreiben will, nicht kassenträchtig, muß zwei Drittel der Druckkosten beibringen aus privater Schatulle? Wer den Mut hatte, konnte diese Zensur bisher umgehen, diese Lächerlichkeit der Institutionen sich ersparen, wenn man sich bereit fand zu arbeiten für einen Bruchteil des üblichen Geldes. Und die Sprache nicht opferte des eigenen Landes und unter Konditionen bereit war zu arbeiten, wie nicht einmal die Beleuchter, verteilt auf die Zeit, die es kostete, das alles zu organisieren. Aber man war geistig und praktisch frei und konnte mit dem wenigen Geld einen Film machen oft von fünf und sieben Stunden Länge. Wer jetzt mitmacht, darf nicht mehr die neuen Techniken von Videokassette benutzen, darf nicht die Orte wählen zur Aufführung, wo Menschen noch hinkommen, außerhalb des 4%-Gettos, das Kino bedeutet. Er muß untergehen auf dem Dampfer der Kinopleiten, das System bestätigend, das Untergang heißt, selbst noch erzwungenes Beispiel ihres Bankrotts im amtlich erzwungenen Freiheitsverlust und dem Zurückgehen in jenes Getto, dem dann keiner mehr entkommt.

881

In den neuen Richtlinien zur Filmförderung, also der Filmproduktion, gibt es Anweisungen zur sparsamen Wirtschaftsführung. Und das heißt nach den Regeln der Industrie unter anderem, daß der Regisseur höchstens 4 Prozent der Gesamtherstellungskosten verdienen darf. Das heißt, die Verdienstspanne wird nicht nach Leistung, sondern nach Höhe der Produktionskosten bemessen. Wenn also jemand alle fünf Jahre einen Film machen darf, wenn er es fertigbringt, trotz großer Hindernisse mit wenig Geld einen Film herzustellen, endlich zu realisieren, was eigentlich unmöglich ist, und nach langem Hin und Her und Irrwegen und gar nicht zu erkennenden Auswahlkämpfen und -prinzipien, nach vielen gar nicht mehr sichtbaren Entscheidungen endlich imstande ist, einen Film herzustellen, dann wird er bestraft mit Geldern, die keine Gewerkschaft erlauben würde.

Dagegen wird der sich Regisseur nennende Realisateur und Manager teurer Filme, von 7 Millionen etwa, mit 270 000 Mark nach Hause gehen, staatlich gefördert, erlaubt, gebilligt sogar und angehalten, die Produktion aufzublähen, teuer zu machen, als Kosten natürlich. Und es entstehen Filme ohne landeseigene Sprache, in englischer Internationalität ohne Identität, das subventionierte Industrieprodukt des Bankrotts, genannt Deutscher Film. Also könnte man sagen, das Gesetz der Wirtschaft, Industrie, des Umsatzes gilt. Auch Schauspieler wären also unbegrenzt zu honorieren, weil Kunst? Nein, nur ihre zweifelhaften Hurenqualitäten des Marktes sind gemeint. Als der Entwurf mit der alleinigen Darstellerin meines nächsten Films der Prüfungskommission in Bayern eingereicht wurde, stand hinter ihrem Namen und Honorar, das in der Höhe dem des Regisseurs entsprach, ein Fragezeichen, also hinter derjenigen, die es wagen muß, alle anderen zu ersetzen, und das im schwarzen Studio ohne optischen Aufwand sonstiger Ausstattung. Natürlich wären Regisseure für das übliche Management der Organisation, austauschbar und ersetzbar wie sie sind, noch mit 1 Prozent von 7 Millionen gut und angemessen bedient, so wie sie kommen und gehen zur Arbeit, wie gemietete Arrangeure, während gerade der kleine Film der Autoren nicht denkbar ist ohne diesen allein und mit seiner besonderen oder speziellen Handschrift. Wer Film als Kunst meint, wird sich weniger nehmen, um sein Werk zu realisieren. Alles was er bekommt, ginge dem Film verloren. Wer Film als Kunst meint und das im öffentlichen Auftrag, wird dies bedenken müssen, wenn er Geld gibt im öffentlichen Interesse. Wo und bei wem das Geld der Öffentlichkeit besser und gewinnbringender für ein öffentliches Interesse angelegt ist – ökonomisch und geistig, wenn das Wort noch erlaubt ist in Politik und Kunst, die zu ihr gehört. Oder nicht?

882

Wir vermissen in dem Entwurf zu den neuen Filmförderungsrichtlinien die Worte Kunst und Qualität. Aber vielleicht haben die Leute, die das machten, wirklich recht in jenem fürchterlichen Vollzug unseres Zeitgeistes. Wenn Kunst das Wechselspiel ist zwischen allgemeiner Erwartungshaltung und Darstellung der geschichtlichen Notwendigkeit in den augenblicklichen individuellen Möglichkeiten und wenn Kultur das Fördern und Ermuntern dieses individuellen Zieles und der Pflicht seiner Darstellung im allgemeinen und öffentlichen Interesse heißt, wenn Kunst aber dann zur industriellen Bemessungsnorm des Wortes Qualität wird und Kultur an Mehrheitsvorstellungen eines gefüllten Fußballfeldes gemessen wird, wo öffentliche Kritik sich vorwiegend auf Gesellschaftsrelevanz von Kunst und Kultur bezieht, da verliert sie jedes geistige Vertrauen, wenn diese Gesellschaft versagt, und der Staatsfunktionär wird in seinen Richtlinien zum Ausdruck dessen, was er ist: der Testamentsvollstrecker des Untergangs.

So sind wir ohne Auftrag, ohne Häuser und Publikum, also ohne geistige Heimat, Zufallserscheinungen zwischen Gleichgültigkeit und Lobbys aus persönlichen Interessen oder Gruppen mit ganz anderen Absichten, die alle auf ihre Weise nur bestätigen, daß Kunst tot ist in Demokratien, in denen Gewinne gemessen werden nach Zahl ohne Kopf. Und Not-Wendigkeit nur noch verhöhnt wird als Kunst der Museumsverwaltung, zu der die Herrschaft der marktwirtschaftlichen oder sozialistischen Völker sich bekennen.

Und diesem Regressionsbeschluß weit in die fünfziger Jahre zurück steht nun eine durch eigene Schuld beschädigte Opposition gegenüber, unfähig und borniert wie jene Mediensprecherin der SPD M.-G., die gerne über Filme spricht, die sie nicht zu kennen wünscht, oder ein heillos verstrickter Filmjournalismus, der durch Beteiligung an früheren Förderungsgremien verwirkt hat, unbefangen genannt zu werden, sieht es doch aus, als trauerten sie alten Fleischtöpfen der Macht nach, wenn sie jetzt – sanft genug, um neue Einflußverluste bangend – mahnen, wie Kapitulierende, wo eigentlich Aufstand für das Recht von Freiheit der Kunst und Zukunft des deutschen Films nötig wäre.

Und alles ausgelöst durch die Trottelei eines sich als bayrischen Freiheitshelden feiern lassenden Filmfritzen, der schon einmal, mediengünstig, einen Scheck zerriß, um ihn nachher heimlich wieder eintreiben zu wollen.

883

Ende des Neuen Deutschen Films? Die Auswirkungen sind noch immer nicht erkannt. Sie haben zu schnell kapituliert. Man stelle sich vor, die nun bekannt gegebenen Konditionen wären der Öffentlichkeit, den Theatern in Deutschland plötzlich vorgehalten worden, wie sie reagieren würden. Die Schauspieler, Regisseure, Intendanten und Gewerkschaften. Für meine Kollegen heißt das nur Flucht in den englisch-sprachigen Film der Identitätslosigkeit, d.h. die leise Emigration der Herzog, Wenders, Schroeter, Schlöndorff und Fassbinder, jeder auf seine Weise, Kraftlosigkeit zur Reflexion und zu Widerstand angesichts des Frontalangriffs dieser Kombination von 50er-Jahre-Nostalgie und Fließbandanonymität.

Ästhetische Regressionen hinter den Heimatfilmschnulzen

ohne deren zeitweiliges Wirtschaftswunder. Das entspricht durchaus der allgemeinen Situation der deutschen Wirtschaft und Industrie, ohne Innovationen und Identität auf dem Weltmarkt der Moderne. So zur Medien-Provinz einer Hollywood-Kolonisation geworden, daß sie ihre letzte Chance eigener, individueller Identität aufgab, selbst die des kaputten Spiegels dieser Zeit. Vor uns allenfalls Untergang im sentimentalen Kinomythos, in dem alle Neuerungen ausgeschlossen werden, da die Freiheit dazu selbst durch kleine Erfindungsopfer beschnitten wird. Deutschland hat als Filmland aufgehört zu existieren; das wurde teilweise in Kauf genommen, gewollt, nicht nur von seinen Feinden, oder es ist, wie immer, leider nicht ohne eigene Schuld geschehen.

884

Im Fernsehen vor einiger Zeit ein schönes Modell vom Untergang einer Kulturredaktion in der ersten Hälfte des Jahres 1933, also zur Zeit des Machtantritts Hitlers. Ein Moderator wurde gezeigt und sein Kollege – der Kollege, wie er langsam nachgab und mitmachte und wie er dann gerade noch oder nicht mehr verschwinden konnte. Das Modell eines imaginären Fernsehens zur Zeit des Hitlerschen Machtantritts. Ein Kulturredakteur, der nicht nachgab um der Karriere willen, der sprach über Kultur wie über Politik und über Politik wie über Kultur, und locker, mit großer, souveräner Autorität. Und sofort waren die Zeitungen voll Lob, wie hier schön und sichtbar der Verfall der Kultur beim Beginn der Nazi-Epoche demonstriert werden konnte. Sie vergaßen zu bemerken, daß ohne Hitler und nach ihm kein einziger solcher Redakteur eine Chance bekam in unseren Demokratien, so zu sprechen. Redakteure, die sie beklagten, als von Hitler beseitigt.

Er hat sie beseitigt. Bis heute.

885

In der *Münchner Abendzeitung* schreibt die Filmkritikerin P. über Richard Burton als Richard Wagner. Die versäumte Gelegenheit einer Kritik. Burton wird Richard Wagner gleichgesetzt. Das »Ekel« Richard Wagner, genannt »Kanaille«, der »arrogante Egomane, der nur groß war in seiner Musik, wobei das eine mit dem anderen durchaus eine Einheit bildet«. Schon einmal hatte ich geschrieben, wer wissen wolle, was »in« ist, was alle denken über Film und anderes, und was er denken soll, braucht nur die Filmkritiken dieser P. zu lesen, dann hatte ich es mitleidig gestrichen.

Nur angesichts dieser Volksvergiftung in Sachen Kunst darf das wohl doch nicht sein, ohne sich schuldig zu machen. Die dies lesen, werden nun wissen, was sie zu denken haben über Kunst und Richard Wagner, besonders die Freunde mit den Nazi-Eltern, eine verlorene Generation in Deutschland. Wieviel Leben sind nötig, um gegen sie standzuhalten und in diesem Sumpf aus Schuld, Angst, Erlösungssehnsucht gegen sie zu bestehen, aktive Dinge zu produzieren, neben allen üblichen Eitelkeiten und Neid. Am selben Tag lese ich, daß an Wolfgang Wagner in Frankreich ein Orden gegeben wird. Die Institution Frankreich schmückt sich mit der Institution Bayreuth.

886

Hatte R W recht, als er über seine Gegner schrieb, die er Juden nannte? Sie waren immer schneller, immer voraus und raffinierter im Vermarkten, ohne den Schweiß der Jahrhunderte und für das Kabarettistische, Feuilletonistische, wie von Karl Kraus beschrieben. Groß im Nachahmen, im Ambivalenten persiflierend und mit Ironie, der alles zerstörenden, ohne Liebe und Geduld des langsamen Werdens. Die Juden also als Vorboten des neuen Jahrhunderts unseres Deutschland ohne Juden. Sie waren immer schon schneller, sensibler und das notwendige und fruchtbare Ferment in unserem trägen Gemüt. Und heute sind sie diejenigen, die unsere Identität in der Tradition aufrechterhalten, außerhalb der Mauern unserer Grenzen, die Heimat suchend, die verlorene, die nie gewesene? Das Interpretieren des Bestehenden, Umfunktionalisieren in den Kitsch, die alten Bräuche und Mythen, das Provozieren von unten, von hinten, Umschichten ins Kleine, das Managen wurde zum Stil der Zeit. Und Geschichte, Kulturen, Menschen und ihre Seelen wurden zum Steinbruch, wie die Worte, Töne und Bilder der Alten, benutzbar und ohne Gnade, wie ich weiß, selbst einer dieser Zeit und dieses montierenden Zeitalters geworden. Wehe, wenn der Geist ausbleibt, der Geist der Kontrolle und Analyse und die Verantwortung aus dem Vergangenen für die Zukunft. Die Welt wird nicht mehr erobert, entdeckt, erfunden. Vielmehr wird das mühsam durch Jahrhunderte Errungene umgeschichtet in neue Varianten, das einmal Gefundene wird ironisiert in anderen Perspektiven des Inneren. Wenn nun die Geheimnisse weg sind, treten die Montagen der Wissensfakten, sich mißtrauisch überprüfend, an deren Stelle. Und an den Schnittstellen strömen die Assoziationsketten der Erinnerung über die Grenzen von Angst und Glücksgefühlen zu immer neuen Hysterien von Kunst oder ihrem Ersatz.

887

S., der österreichische Bundeskanzler, sprach zur Eröffnung der Ausstellung *Gesamtkunstwerk* in Berlin. Er sprach über Kultur und Politik, gegen das einfache Elitedenken im Interesse einer Kunst für alle. Das war in der Akademie der Schönen Künste. Als die Rede vorüber war, wurde er mit Polizeibegleitung im Mercedes zum Schloß Charlottenburg gebracht. Als die auserwählten Gäste aus der Akademie in Bussen nachkamen zur Besichtigung der ausgestellten Kunstwerke, war er schon weg – der einzige Kultusminister, der Regierungschef wurde –, von den politischen Stars aus Berlin ins Hauptgebäude desselben Schlosses zum Diner geführt worden. Die Polizisten vor dem Schloß froren mit ihren Sprechanlagen – wie eh und je die Bewacher vor den Schlössern der Herrschenden – und würden sich wundern über Joseph Beuys' Steine, die nun von der Bayerischen Staatssammlung angekauft wurden. Steine, auf seine Weise zubereitet und arrangiert mit Bohrlöchern und Fett und Ton, mit dem Titel: »Ende des 20. Jahrhunderts.« »Vulkanisches Gestein, halb behauen zu menschenähnlichen Formen, ein Steinbruch mit Werkstattcharakter. Noch ist unbestimmt, ob und wie es weitergeht. Zweifel liegen in der Luft, aber auch Zuversicht, denn es wird gearbeitet an den Steinbrocken und damit an der Zukunft.« (*Tagesspiegel* 23. 12. 83)

888

Murnau, der größte deutsche Regisseur. So ist es im Radio zu hören anläßlich der Wiederaufführung des Films SUNRISE, eine private Geschichte. Gemessen werden muß der Rang eines Genies, wenn es eines zu sein beansprucht, auch immer an seinen Sujets. Und da ist Sudermann weniger als die Höllen der Geschichte, an der die Kunst sich mißt, zum Beispiel eine Hitlerhölle, der ins Paradies ragende Absturz eines Kontinents und Jahrhunderts, wohl nicht nur schwieriger darzustellen, sondern unvergleichbar der üblichen Personendarstellung und ihrer Taten. Qualität ist auch immer die Geschichte der Sujets. Und *Faust?* Murnaus Stummfilm zum FAUST, ein großer Film. Aber ohne den zweiten Teil und ohne Ton. Nach der Tradition in Deutschland, weniger von Grund auf, konnte Murnau nicht siegen, es sei denn, er risse den Film hinab von vornherein in die weniger große Möglichkeit, dessen, was Kunst schon einmal war.

889

Frieden, Befriedung, Friedhofsruhe. *Lieber tot als rot.* Wer ja sagt zu der Welt dieser Gegner, weiß nicht, was das heißt, oder würde zu denen gehören, die sich arrangieren als Unterdrücker und Unterdrückte. Aber auch ohne den Feind ist unsere Welt nicht schon längst so, daß ein Hölderlin oder Kleist lieber tot wären, als diese Not zu ertragen. Nur, wer auf den Knopf drückt heute, zerstört nicht nur den Feind, sondern auch die Welt aller Käfer, Katzen, Vögel und Bäume dieser Welt. Die Zerstörung der Welt durch Knopfdruck entspricht der täglichen Entstehung der Töne und Bilder um uns durch Knopfdruck. Von Weihnachtsmusik bis Totenabgang in der Totenhalle, der Einäscherung. Wir leben in einer Knopfdruckwelt. Was früher ein Leben kostete, wird heute durch Knopfdruck erledigt; Annäherungen, Versuche, Erhabenes werden weggewischt, herbeigeholt, wie Zauber auf banalste Weise des Kitschtourismus überallhin.

890

Was sonst in Mühe entstand und durch Opfer und Annäherungen und Phantasieanstrengungen, was Arbeit und Freude gemacht, steht nun zur Verfügung mit schnellem Knopfdruck. Durch einen Schnitt sind wir am anderen Teil der Welt und zurück, sprechen wir mit entfernten Menschen, haben wir die Bilder und Töne der Jahrhunderte wechselnd vor Augen und Ohren.

891

Das bayerische Regionalprogramm des Fernsehens gab sich eine neue Programmstruktur. Die Kultur, sonst den Abend eines Wochentags einnehmend und darin 20 Minuten, ist nun zusammengestrichen worden auf ein Drittel und vorgezogen in Zeiten, in denen die Menschen noch arbeiten oder auf dem Wege sind von der Arbeit nach Hause, für ein Publikum ohne Interesse und abgeschoben ins Abseits des 3. Programmes. Vor 20 Jahren, nach dem Studium, hatte ich dort angefangen. Vorbei, da fängt niemand mehr an. Wieviel Millionen gibt der Staat, also die Verantwortlichen, für das öffentliche Interesse aus, für Kultur und Theater, Museen, Ankäufe, Diskussionen und das, was wir kulturelles Leben nennen? In Bayern, von der Stadt, von seiten des Landes ohne Berichte nun, ohne Kritik, ohne Experimente.

892

R.W. an die Mauer in Berlin. Das Ende der Reisen. R.W. und H. doch noch vereint? Die Totenmaske Richard Wagners, gebaut für den PARSIFAL-Film, worin der PARSIFAL dann stattfand, hat die Ausmaße von 15 Meter Länge und 4,50 Meter Höhe, 40 Tonnen Gewicht. Er wurde gebaut vom Architekten Werner Achmann, die Modelle dazu modelliert von dem Bildhauer V. R. Und der Abguß der Totenmaske kam aus der staatlichen Berliner Gipswerkstätte in Charlottenburg nach dem Urmodell von 1883, dem Abguß am Tage des Todes durch Augusto Benvenuti. Als der Film vor zwei Jahren gedreht war, ergab sich die Frage, wohin mit diesem Kopf? München, die Stadt Wagners, wie sie sich gerne nennt, hatte keinen Platz, die Kasseler *Documenta,* zunächst voll großer Pläne, sagte schließlich ab. Paris, nach langen und intensiven Überlegungen, war überfordert. Zürich, bei der Planung der *Gesamtkunstwerk*-Ausstellung, konnte finanziell beim Transport nicht mithalten. Schließlich wurde der Kopf nun in seinen 14 Teilen auf fünf Tiefladern durch die DDR für 50000 DM nach Berlin gebracht. Berlin, der Ort, der in Richard Wagners Biographie nicht wichtig war. Berlin aber als geistiger Anspruch dessen, was Richard Wagners Erbe für Deutschland bedeutet, ist am Ende vielleicht der geeignetste Ort neben Bayreuth, das ausfällt für alles, was Richard Wagners kämpferische Positionen in der Zukunft bedeuten. Nun steht der Kopf, wieder aufgebaut, nach zweijähriger Ruhe im Wald des Studios von Geiselgasteig, jetzt vor dem Schloß Charlottenburg, dem jetzigen Ort der Ausstellung *Der Hang zum Gesamtkunstwerk.* Und dort steht dieser Kopf unübersehbar, den Filmautor doch noch in die Ausstellung zurückbringend, nachdem die Textautoren des Berliner Katalogs im Kapitel »Film« und »Gesamtkunstwerk« von Eisenstein und Griffith bis Godard und Andy Warhol sprechen und die Filme dieses S. vergaßen, wie sie, die Organisatoren, auch seinen Raum abtrennten, aus dem Schloß in ein Nebengebäude verbannten und damit aus der Ausstellung entfernten. Die Modelle, wie sie noch in Zürich und Wien zu sehen waren, aus HITLER-Film und PARSIFAL und dem LUDWIG-Film in voller Länge, jeden Tag als einziger Film und in Video gezeigt. Dieser Filmautor, und nicht nur in Deutschland vielleicht der einzige, der im Sinne einer künstlerischen Totalität einen Gesamtanspruch vertritt, von der Aufklärergeneration nach der zwangsweisen Austreibung aus ihrer Rationalität eliminiert, nun auch aus seinem eigenen Anspruch verdrängt?

*

Im gleichen Katalog die Ankündigung des Gralszyklus: der Filme LUDWIG, KARL MAY, HITLER und PARSIFAL im begleitenden Programm.

Gestrichen aus der Geschichte des Films von seinen deutschen Historikern und doch unentbehrlich und maßgebend im Rahmen seiner Möglichkeiten, wenn die Bilder gebraucht werden, das Layout der Zeit und die Praxis dessen, was der Geist braucht?

*

Damit die Spanne angebend, mit der wir wohl leben müssen in Zukunft. Die einen, die mit unermüdlicher Treue zu ihrer Idee den Transport eines solchen Ungetüms nach Berlin organisieren und das Layout bis in den Katalog durchsetzen, und die anderen, die selbst noch im Kapitel Film dafür sorgen, nach altem Dogmatismus der letzten 30 Jahre auszumerzen, was ihnen nicht paßt, selbst aus der Information der Geschichte.

Dieser Richard-Wagner-Kopf, wie eine Kathedrale, die Erfüllung eines alten Anspruchs der Kardinal-Sinne, dessen, was *Gesamtkunstwerk* bedeuten soll. Kardinal-Sinne der Kultur und Kunst, das Sehen und das Hören, die Töne, die Musik und die Bilder, das Sich-Bewegen und die Ruhe. Und der Kopf auf der Titelseite der Berliner Ausstellung, ein Zitat aus dem Film, zeigt, wozu diese Kardinal-Sinne taugen, wenn sie richtig angewandt werden. Der Kopf als Kathedrale, als Gebäude unserer Ideen, geöffnet, und im Licht die Umarmung der zwei Menschen, ein Mann und eine Frau, dem Symbol dessen, was *Parsifal* hier heißt, endlich am Ende das Paradies, die mögliche Utopie in dieser Musik, wie nie gewesen, was die Idee *Gesamtkunstwerk* letztlich will: die Vereinigung der entgegengesetzten Teile zu einem Ganzen in der Wahrheit der Kunst, soweit sie noch möglich ist. Das äußere Symbol dieses Kopfes nun also in Berlin, beschädigt, verwundet durch zwei Jahre Wetter, verpackt zum Teil, wie Christo die zerbrochenen Teile des Reichstags einhüllen wollte, woran er scheiterte. Und es ergibt sich die Frage, wohin mit diesem Monstrum danach. Viele meiner Berliner Freunde sagen, nicht nur an die Mauer, natürlich, sondern in die Nähe des Gropius-Baus, dem Kunstgewerbemuseum, auf den freien Platz, wo aber das Prinz-Albrecht-Palais gewesen, der Folterkeller der Gestapo. Und schon beginnen die Fragen und Ängste. Gerade dahin und dieser Richard Wagner, ein später Triumph Hitlers? Aber gerade das eben wäre es. Kunst, die das schreiende Blut der Geschichte tilgt nach dem Prinzip des *PARSIFAL* von Richard Wagner, nach der die Wunde nur die Waffe heilt, die sie schlug. Richard Wagner muß es sein und nur Richard Wagner kann hier heilen. Wenn er, wenn seine Kunst das nicht schafft, wäre sie nicht wert, aufgeführt zu werden. Vergessen kann man ihn nicht, und man kann ihn nicht aus unserer Geschichte und die Geschichte nicht aus ihm streichen. Und wenn Kunst zu etwas taugen soll, anders als schmückendes und glanzvolles Beiwerk zu sein, dann so. Und man muß ihn verpflichten, um zu überleben, seine Ruhe zu finden, die schöpferische, jede Nacht zu kämpfen mit dem Guten gegen das Böse in ihm, zur Geisterstunde an der Mauer und gerade dort, die durch diese Geschichte mit verursacht wurde, in der Richard Wagner ein Teil ist, wie wir alle. Und was hülfe uns ein Denkmal für die Opfer, traurig und einsam und überflüssig wie alle Denkmäler, ohne diese täglich zu tuende Arbeit, wozu wären sie gut? Ein Bild ist erledigt, wenn es gekauft ist und an die Wand gehängt, sagt

Picasso. Kunst aber lebt nur, wenn sie kämpft für uns. Nachts dort an diesem Platz, um den es geht, ein Schild in vier Sprachen: Deutsch, Englisch, Französisch und Russisch, hier seien die Keller der Nazis gewesen. Trostlosigkeit, schwarze Schatten, Hotel Esplanade, Tiergartenruinen, Würstchenbuden für Busse aus unserer Touristenzeit. Der Hochstand der kommerzialisierten Empörung, drüben eisige Lichtleere, Panzersperren des Elends mitten in Deutschland. Und dann dieser Bunker vor dem Charlottenburger Schloß. Ein Kopf aus Zement, handgefertigt von Maurern, Schreinern, Gärtnern und Kranführern der Speditionssensibilität. Der PARSIFAL-Film wird nun zum Jahreswechsel in Berlin aufgeführt, bis 24 Uhr in einem alten Kinopalast im Rahmen der Ausstellung vom *Gesamtkunstwerk* – in einem Kino, das Delphi heißt.

Und was nicht gelang bis jetzt, Richard Wagners Rückführung nach Griechenland in das Delphi des Beginns unserer Traditionen von Theater und Musik, geschieht nun also in der Mitte Deutschlands, mit einer Mauer mitten hindurch, an den Platz gebracht, wo er hingehört, zwischen Ost und West, an die Nahtstelle zwischen Krieg und Frieden, an den Platz, den Deutschland einmal behauptete, als politisches Reich gescheitert, aber als Schatten der Kunst noch möglich, reflektiert auf eine Leinwand und aus Lautsprechern das, was vor 100 Jahren einer Gesamtkunstwerk nannte. Das Ergebnis produktiver Kunstutopie in Bildern und Tönen, nun Film geworden am Ende und schon wieder vorbei?

Schwankend und gebrechlich sind wir, und alles was wir tun, täglich, und doch, was wären wir ohne dies, jetzt und früher und in alle Zukunft. Immer wieder.

893

Nachruf. Zur Mitte des Lebens. Immer dabei, auch und gerade der würdigste Repräsentant der 68er Revolution, das deutsche Aufklärungssymbol unserer Zeit? Wie immer, wer Macht will und braucht, um seine Ideen zu realisieren, muß im rechten

Moment den Mächtigen dienen. Das kann heißen für Vietnam sammeln, für Stammheim, Kuba besuchen. Marx und Che Guevara nennen im rechten Moment und Unterschriften geben, wenn es opportun ist. Opposition? Gegen *Bild* und Kiesinger oder Franz Joseph Strauß? Bringt nicht jeder Fußtritt gegen die Politiker der Zeit Pluspunkte bei den eigentlich Mächtigen der Medien, deren Beifall man braucht, und ist selbst nicht eine gewisse Keuschheit dann gegenüber diesen Mächtigen möglich und angenehm und förderlich?

Widerstand wäre: sehen, eher und weiter als die anderen und unbestechlich, beizeiten die Hunderttausenden von Flüchtlingen nach dem Sieg der Freiheit in Vietnam durch den Norden, die Toten durch Haie und Banditen und Opposition hieße, gegen die Meinung zu sein dieser Mächtigen unserer Zeit von *Spiegel* bis in die Feuilletons der *Zeit*.

Irrtum? Eigene Geschichte, Protest des Bürgersohns, Rebellion der Bürgersöhne, nach '45 in Deutschland insbesondere?

Aber Kunst, wenn sie nicht mit letzter Sorgfalt und unter Aufbietung aller Kräfte um Wahrheit kämpft gegen diese Moden der Zeit, was ist sie wert, wann beginnt auch sie zu irren, Lüge zu werden, wie alle billige Kritik an der Wahrheit Mord ist, und wann beginnt das Irren der Kunst Erkenntnis zu werden, als Teil auch der Wahrheit in ihrem irrenden Ernst.

Wie anstrengend, aus diesem das zu tun, was er tat, wie lange aber und wann kommt die Stunde der Wahrheit, wie für jeden? Muß sich nicht jeder fragen, der gelobt wird von diesen Mächtigen der Zeit, den Medien, was er falsch gemacht und auf wessen Kosten, und wie er wohl und wann er einmal bezahlt, mit sich selbst und vor der Geschichte, auch mit seiner Kunst eventuell, als Irrtum bis zur Unwahrheit, wenn es nur mehr *Spiegel-Bild* wird der Zeit, die dann so spät als schlimm erkannte, der man gedient mit von ihr genommener Macht. Fragen eines im pluralistischen Exil dieser Zeit lebenden Kollegen. Er hat's leicht, höre ich sie sagen, aber wie schwer dahin zu gelangen. Gottlob, und Dank denen, die halfen.

Nacht-Gedanken

Nach Durchsicht der Texte

894

Diese Notizen begannen vor der Realisierung des PARSIFAL-Films mit der Überlegung, ob es nicht besser sei, sich zurückzuziehen, und sie endeten vor dem Beginn eines neuen Projekts, Die Nacht genannt, wenn nicht das Desaster vom absehbaren und durch die Betroffenen nicht unverschuldeten Ende des Neuen Deutschen Films dazugekommen wäre.

Wenn der Hauptteil dieser Notizen Reisen betrifft mit dem PARSIFAL als Film, an dem die Welt nun gemessen wird, wie vorher die Welt an jenem HITLER-Film in der *Freudlosen Gesellschaft,* die Notizen der Jahre davor, so zeigen diese neuen Notizen doch eine Entwicklung zu der allmählichen Erkenntnis, sich einzurichten in dieser Situation, die nun mal das Leben geworden ist, mit neuem Kampf am Ende für das Überleben der Dinge, wie bisher getan.

Nach der Durchsicht der Zwei-Jahre-Notizen. Laß, vergib, geh, Kopfschütteln, was solls, Durchdreher, Bequemlichkeiten, muß es sein, es muß, niemehr, wie weit, ein Leben weit. Trotzdem alles sehend, schweigen.

Aber noch immer einen vornehmen und prominenten Platz einnehmend in der Tradition der Entartungsvorwürfe dieses Landes, heute von Vorwürfen der Vernunftfeindlichkeit bis faschistoid. Verfolgt von den Kindern der Hitler-Väter, einer Medienindustrie und ihrer Anhänger, die hier ihre Karriere machen wollen. Bei aller Anerkennung des Ranges dieses Autors, ob seiner Filme oder Bücher, noch immer ist dieser Fall eine Prüfung der Zeitgenossen dieses Landes, wo auf dem Prüfstand ist Mut und Individualität gegen Konformismus, Provinzialität, modische Avantgarde, NS-Phobie, ein nervöser

Fall der deutschen Medienindustrie und ihrer Sklaven. Kläglich und feige.

Und noch immer kann hier Freiheit bewiesen werden, intellektuelle Redlichkeit hinter vorgegebener Rechtschaffenheit. Und noch immer kann man hier traurig werden über so viel Feigheit, die berühmte. Denn nicht an Böll bis Achternbusch, oder Fassbinder bis Kluge kann bewiesen werden, was für ein Kerl man ist.

Und immer noch kann gesagt werden, daß ohne die anderen Länder rundum dieser Autor, als Theaterregisseur in die Grenzen seines Landes verbannt, längst tot wäre, gäbe es seine Filme nicht, grenzüberschreitend, und nicht die Bücher, nun eben gedruckt auch in anderen Ländern, und aus anderen Ländern kommend die Rechtfertigungen ihrer geistigen Existenz. So wie die Ausstellungen in der *Documenta* organisiert wurden vom Holländer Rudi Fuchs, oder die Teilnahme garantiert wurde im Rahmen der Ausstellung *Gesamtkunstwerk* vom Schweizer Harald Szeemann, und die Theatereinladungen kamen aus Paris und Brüssel und Wien bisher.

Und natürlich ist es ein Wunder, daß es dies alles noch gibt, diese Filme neben den andern, den Vielgenannten und daher mit Geld leicht Versehenen. Wenn die Kasse nicht entscheidet über die Existenz der Zukunft, müssen es die Medien tun, das öffentliche Leben, die Kritik, die hier versagende (nichts über PARSIFAL in der deutschen Filmkritik).

Und so gibt es dann viele, die weiterleben rundherum, nur aus den Medien. Und es ist wirklich fast ein Wunder, ohne den Erfolg der Kasse und gegen die Medien weiterzuleben und arbeiten zu dürfen, von einem Anlaß zum anderen.

Und so sehe ich denn weiter mit Angst die nächsten 10 Jahre oder 20 oder 25, denn wer zahlt die Altersrente, welche Zumutung, dieses Betteln und Abgewehrt-werden, diese Erfindungen, für wen, ohne Ort, und Leute immer wieder zu finden an neuen Plätzen, die zu organisieren sind, immer Verteidigung und die eigene Schuld beweisen vor diesem Land, das eigentlich beauftragen sollte und so ohne Interesse ist. Ein Land, entsetzt jedesmal, daß er schon wieder da ist, etwas zu wissen vorgibt, zu wollen oder zu arbeiten gar, mit so viel schwerem Mut dazustehen und zu sprechen und zu schreiben und auch nicht zu wissen, warum.

Und es ist nicht leicht, gegen sein Land zu sein, wo man lebt, gegen die eigene Zeit, alles zu setzen auf andere Länder und spätere Zeiten, da so vieles doch lebt von der Tatsache, heute zu gelten und in dieser Zeit zu sein, und eben dagegen, Tagesmode zu werden aus Protest und Provokation, und nicht in die Falle dieser Tagesmode zu gehen, die schon im nächsten Jahr ohne Interesse sein wird, denn was in München Sensation ist, ist schon in Paris schwer verständlich und in New York lächerlich, was in Paris vielleicht noch interessiert.

Und ich sehe sie nun auf langen Umwegen loben und die Ästhetik entdecken in einem Robert Wilson, das Irrationale in Tarkowskij, und daß das Kino tot sei als Erkenntnis von N. Sch.... Und das geschieht nach der Devise, erst hauen und dann klauen, erst wird gehauen, wer dann beklaut wird und den anderen zugeschoben, den Freunden und Heroen der Zeit, was die Verteufelten erfanden, oder zum erstenmal gesagt.

Und seltsam, abseits des mangelnden Anerkennens und der Erkenntnisse, des schweigenden Gewissens in ihnen, das Diskussionen und Nachfolge nicht möglich machte, diese Stille rundum, keine Schule, keine Weiterentwicklung, keine Zitate und Übernahmen, wie es scheint. Man bedenke so das Theater von Chéreau oder Stein, die nun belastet sind von ihrer eigenen Gefolgschaft. Oder die Filme von Godard vereinsamt im eigenen Lande und von eigenen Leuten und daher tot und verdrängt in die Provinzialität ihres Unterbewußtseins. Aber man sehe sie nun wie Neugeborene, die entdecken müssen im Ausland das Eigene, weitergeführt und wie neu. Was Projektionen vermögen und Collagen von Zitaten, Musik und Geräuschen, Modelle und Puppen, das Schöne des Grauens und AUF WIEDERSEHEN HOLLYWOOD. Das jetzt auf dem Theater eines Robert Wilson, da der Film inzwischen, einen PARSIFAL hinter sich habend, weiter ist um 7 Jahre und schon wieder in neuen Risiken. Und so sehe ich sie ihre Scheunen füllen, mühsam mit gesichertem Futter für die Nachsitzenden im Lande, dieser späte und schale Jubel an das Vergangene. Und doch: schon vor Jahren Fassbinders 13. Kapitel zu BERLIN ALEXANDERPLATZ von niemandem bemerkt, die Nachfolge, bis zum Italienisch-Kurs, jede Woche einmal im Fernsehen die gemalten Projektionen, unbemerkt auch dort. Und eine Marlene-Puppe als Ersatz der in Wirklichkeit Entgangenen, unbemerkt?

Schon lese ich wütende Aufschreie über Denunziantentum im Journalismus, wie eine späte Nachfolge des vergangenen Buches, wo diesem Denunzianten-Journalismus ganze Kapitel gewidmet waren, von eben diesen sich empörenden Journalisten denunziert. Wehe, wenn ich ihr Kritiker würde, täglich, mit der Macht ihrer Sender und Zeitungen.

Und natürlich bedaure ich die erzwungene und zufällige Regelmäßigkeit der Arbeit, daß ich nicht imstande bin, ein Team zu erziehen zu einem Stil, zu kurz die Spanne des Einflusses während eines Films.

Und es ist schwer zu verstehen die Verschwendung des Landes, da es doch möglich gewesen wäre für wenige Millionen Etat, viel weniger als die der großen Theater, ein Filmprogramm zu machen für sich und andere jährlich in der Gemeinschaft der Kollegen, das diesem Lande gedient hätte, wahrlich zum Erstaunen rundum. Und damit Filme zu produzieren in Konkurrenz mit anderen Gruppen, wie Theater von Land zu Land, von Stadt zu Stadt.

Ein Land ohne Interesse. Wie leicht wäre es denkbar, an Filmakademien zu lehren, wie im Ausland in Lectures, in

Zeitungskolumnen zu schreiben, wie in Italien für den dort verhaßten Freibeuter ihrer Medien, oder Einladungen zu folgen für die Führung ihrer Theater. Nun längst eingerichtet im hortus conclusus, wie ein Hieronymus im Gehäuse, zu spät.

Welche Verschwendung. Denn wir wissen, daß Film, so organisiert und verstanden, das billigste Kulturprodukt dieses Jahrhunderts ist, wie schwer auch immer erworben, für seine so arbeitenden Organisatoren und Autoren, mit angeschlossener Produktion und eigenen Verleihen, der Retrospektiven, und so verstandenen Special Events, die wahren Ausgebeuteten dieser Zeit. Denn nicht nur ist es billiger, eine Kopie zu exportieren als Gruppen von Schauspielensembles oder Symphonieorchestern, und von großer Wirkung, sondern die in der Statistik ausgewiesenen Kosten der Verwaltung unserer Theater machen 85 % ihrer Jahreskosten aus. Der Aufwand zur Verwaltung unserer Kopien aber im eigenen Haus, organisiert von einem Einmann-Büro und einer assistierenden Sekretärin für immer wechselnde Häuser und Orte und Länder, steht beschämend dagegen.

Es muß sein. Immer wieder können wir lesen, daß nach der *Freudlosen Gesellschaft*, dem Vorgängerbuch dieser Notizen, aus diesem Land stand: wenn es einen Karl Kraus gäbe, wäre »der Schriftsteller S. nicht mehr existent«. Mit Anweisung an den Verleger, in Zukunft entsprechend zu handeln, woran sich inzwischen der Wunsch offen anschließt nach einem Karl Kraus der Filmkritik, denn »dann wäre auch der Filmemacher S. nicht mehr existent«. Immer noch dieselbe Ausrottungstendenz mit Totalität. Selbst Susan Sontag wird als die eigentliche Hausfeindin vorgestellt, Informationen im Land der Nach-Goebbels-Generation. Die deutschen Verlage zeigten Flagge und zogen die Konsequenz. Das neue Buch kommt nun in der Schweiz heraus. Und ihre demokratischen Jurys, die sie dem sozial-liberalen Innenminister in langen Listen zugeschoben, übten seit Jahren Boykott, daß der letzte Film nurmehr mit den »reaktionären« Bayern, FFA, Bayerischen Fernsehen und dem Multi Gaumont möglich werden müßte.

Dohnanyi, der Dirigent, freut sich, nach Cleveland zu gehen, und spricht von Ekel und von »den Schwierigkeiten mit den Nachkriegsdeutschen in diesem Land, das so verwundet und verwundbar ist«. Aber es ist nicht still, es ist wieder aggressiv und immer vorneweg in der Überdimensionierung zum Beispiel des Grauens, in dem sie sich und andere hineinziehend leidend baden, leider ohne Genie. Ekel vor dem wachsenden »Spießertum in der Kunst« (Dohnanyi). Da gibt es dann jene Überrepräsentierung der Freaks, jener schwulen Emanzenszene und Happenings als Kulturträger-Maske und die Einschüchterung der anderen und das große Elend danach wegen Beschädigungen ihres eigentlichen und eigenen Menschenbildes ohne Menschlichkeit und Interesse für Homosexuelle, Frauenprobleme, wirklichen Widerstand und wahres Leben. So kommt es dann zu der Zerfleischung der sich verfeindenden Gruppen dieser Generation, die sich links und aufklärerisch nennen in einem von ihnen selbst definierten Denunziationsjournalismus jüngster Art.

Letzten Endes geht es um Beschädigung des Menschheitsbildes, jener Zubetonierung der Natur entsprechend, die ihre Industrie so mittelmäßig betreibt.

»Uns habens draufgeschissen und zubetoniert.«

Und der Wald, dieses Barometer des deutschen Zustandes, steht schwarz und schweiget.

Wie beschämend diese Mitläuferschaft, das Denunziantentum, der Opportunismus, ein ganzes Land und Volk, mein Land, da, wo ich lebe unter diesen Freunden, in alter Tradition, nur mit anderen Vorzeichen, wofür, warum so unfrei und freiwillig. Und sie nennen es dann gerne Aufklärung, Emanzipation, Erotik, Freiheit, Demokratie, Regietheater, die Sau rauslassen, Eier polieren, in den Gral spucken und meinen ins Gesicht der Naivität. Letzten Endes ist es die Verkrüppelung ihrer Seele, das Amputieren einer ganzen Generation durch sich selbst. Die Beschädigung eines Menschenbildes, tief verletzt, aggressiv oder sentimental, bequem geworden, weil es Devise war, von außen her, bequem zu sein und gerade das zu tun, was sie nie gelernt hatten, einfach zu leben.

So kam es, daß wir aus tiefer Verwundung manchmal Schreie provozierten, erbarmungswürdig und überraschend für alle Welt, aber immer auf Kosten der Existenz, die die anderen nicht sahen oder nicht sehen wollten und nicht sehen konnten. Alte Langeweile, das stickige Monstrum des Spießertums. Nur der Verlust des ruhig und gut Gemachten, des Alten, wodurch sie berühmt geworden, jenen höchsten Rang der großen Qual der zur Form gewordenen Wahrheit ihres Leidens in der Mitte Europas, das sie so spiegeln. Die zu klein gewordene Maske jener blonden Bestie der Utopie des Übermenschen, Freaks, an denen die Welt genesen soll in der bekannten Gebärde der larmoyanten Überheblichkeit, wie schon immer.

Wie hatte der deutsche Besucher des PARSIFAL-Films im New Yorker Art forum zum Erstaunen der amerikanischen Anhänger dieses Films geschrieben, lässig, gern sei er in Kassel vor dem Kino, zur Eröffnung der *Documenta,* an der Hamburger-Bude gestanden und hätte seine Ablehnung gegen diesen Richard Wagner und PARSIFAL und Filmautor bewiesen, indem er kräftig gebissen in dies Plastik-Erzeugnis aus Amerika mit dem ideologischen Slogan des neuen Schicks »Nein danke« auf den Lippen. Alte Bilder hervorrufend, der lässige Mörder mit der Zigarette im Mund, existenzauslöschend, und Städte mit Leichtigkeit ausradierend, wie Kunstwerke, wenn sie sie nicht mögen.

Anmerkung: Nicht mehr existieren. Existieren gleich wirklich vorhanden sein, da sein, wesenhaft, unmittelbar, als Mensch, nicht mehr...? Auslöschen, das Leben. Ausradieren ganze Städte. »Coventry existiert nicht mehr.« Und in der Replik: »Aachen hat aufgehört zu existieren!«

Er kannte die Adresse des Feindes sehr gut. Er hat in seinem Werk eine Sammlung all des Unzureichenden, Gräßlichen und Schrecklichen in der Welt gegeben, nicht etwa, um fahnenfluchtartig, feige und in einer rein kontemplativen Haltung verharrend aus der Welt zu fliehen, sondern um diesem Satanischen in der Welt einen Stoß zu versetzen. Das ist eine durchaus lohnende Aufgabe. (Ernst Bloch über Schopenhauer)

Einer dieser Leute schrieb anläßlich *PARSIFAL* im Richard-Wagner-Jahr und im Jubiläumsjahr des *PARSIFAL*, nach seiner Erklärung, daß er nun nicht schreiben werde über diesen Film, mit einem Stöhnen, höhnisch, aber der S. sei doch so empfindlich. Von Arthur Schnitzler wissen wir, wie Sudermann fast starb vor Angst, noch vor der Aufführung, angesichts der zu erwartenden Kritik von Kerr, und wie Schnitzler selbst nicht mehr in gewisse Kaffeehäuser ging aus Angst, dort hätten alle gelesen, was irgendein Idiot, von dem sie alle wußten, daß er ein Idiot war, geschrieben. Italo Svevo hörte auf zu schreiben, und Schopenhauer hielt durch. Kafka bat, alles zu verbrennen, und Böll schloß sich ein, viele Wochen, wegen einer Kritik in irgendeiner Provinzzeitung. Er, der Heros der Zeit und spätere Nobelpreisträger. Immer im Clinch mit einer Bildzeitung und das Nationaldenkmal aller Zeitungen, die seine Freunde lasen.

Und niemand fiel auf, daß der, den so viele den Irrationalisten nannten, der einzige war, der zum Beispiel eine in nahezu jedem Wort verständliche Oper von Richard Wagner garantierte gegen den Rausch und auf Kosten der Massenwirkung. Vielleicht, konnte man geradezu sagen, was auch immer sonst gesagt wurde gegen ihn, daß dieser Richard Wagner hier und Oper überhaupt noch nie so gesehen und gehört wurde in der immer von Richard Wagner geforderten Deutlichkeit und dies als Voraussetzung aller anderen Dinge, die hier wichtig waren, und das war viel, denn wie konnten sie dahin kommen die anderen, ohne diese Voraussetzung überhaupt zu sehen.

Der beste gelaufene Film am Anfang aller meiner Filme war der erste und mit Verleih und sogar Prämien der Filmförderungsanstalt zugunsten eines neuen, und er war zugleich der unerheblichste von allen und brachte weniger Geld an den Produzenten als der letzte, PARSIFAL, mit zehnmal weniger Zuschauern. Alle Gewinne von damals gingen in die Werbung und an andere. Und von da an der Versuch, auch das zu ändern mit Argwohn und Bestrafung, jetzt durch Rache derjenigen, die das Geld einsteckten.

Und warum immer wieder diese wiederkehrende Betrachtung des Falles Fassbinder, des Medienhelden unseres Landes, weil ich meine, daß in der Analyse dieses Mythos meiner Aufklärungsgeneration einer ranzig gewordenen Aufklärung, ein eigentlich Gemiedenes heroisiert wurde, in meinem Fall das eigentlich Gesuchte verdrängt wurde, und warum hier kämpferisch denunziatiorisch, dort opportunistisch. Und wie im einen Fall der Spießeralptraum von der Kunstfreiheit im proletarischen Untergrund durch Provokation behauptet wurde, so kommt das andere aus einer bourgeoisen Künstlersehnsucht von der Aristokratie der Kunst im trauernden Wahnsinn der provozierenden Regelstrenge, was gemieden wurde. Und so wurde dieser Fassbinder zum Spiegelbild derer, die nichts Besseres verdienten? Um die sentimentalen Bosheiten und den Fluch eines Fassbinder, unter dem er litt, zu verstehen und zu verzeihen und nicht zu fragen nach den Opfern dieser Leiden und des Selbstmitleids, jenseits aller Kunst, bedarf es anderer Qualitäten als dieser oft verkündeten Programme sozial-ideologischer Rationalitätsansprüche oder avantgardistischer Opportunitätssentimentalität, so daß alle eifrig gezeigte Neugier und Preisung von seinen eilfertigen Anhängern hier als verdächtigste Lüge erscheint und sehr zeit-symptomatisch, wenn sie von denen kommt, wie auf Verabredung und nur mühsam verborgen, was natürlich den Fall interessant machen mußte, immer im Gegensatz zu dem hier Geforderten.

Wenn alles, was wir tun, Politik wie Kunst, als Kultur verstanden wird, das Höchste unserer Hervorbringungen, wenn aber das Höchste immer klein gemacht wird nach unserer letzten grausamsten Epoche in unserer Geschichte, ist es klar, wie lächerlich einer sein muß, dem es wirklich um Kultur geht, mit ihrem höchsten Anspruch in allem, für ein Land, in dem es mit Stolz keinen Minister für Kultur gibt und damit keine Zuständigkeit und kein Ansehen für das, was unser Wichtigstes und Höchstes sein sollte und einmal sein würde.

*

Natürlich verstehe ich am Ende und schon am Anfang Film anders als alle anderen. Als Anlaß für Ausstellungen, Bücher, Theatervergleiche, Musikerfüllung, Kunst-Konkurrenz, Wettstreit, politische Philosophie, Geschichtserbe und Vergleich in Dialektik und Diskussion, Freude des Lebens und öffentlich, als Wert. Und so dachte ich dann an Filmvorführungen in weißen Nächten am Meer, an große Abende in den Ruinen der alten Städte Europas, Projektionen in die Nacht und in den großen Theaterhäusern der Städte und wünschte mir, in den großen Museen zu diskutieren, lebendig zwischen der Kunst der Jahrhunderte, noch einmal und geprüft durch diese Geschichte.

Natürlich muß der, der schon diese Filme mißachtete, verachtete und den sie gleichgültig gelassen mit welch angepaßtem Lob nun auch immer, sich am Ende anpassend, auch diese Notizen als Zumutung empfinden, und er ist für dieses Buch nicht frei, und er wird zurückschrecken bei den Worten wie vor den Filmen.

Als ich die Welt abwog von heute, ihre Vorteile und Nachteile, die Verluste und Gewinne, mit denen der Vergangenheit vergleichend, konnte ich nicht umhin, immer wieder zu erkennen den Verlust und die Nachteile an Intensität und Innigkeit, Glauben und Liebe und letztlich, was sie Qualität nennen, was zu bemerken ist, in allem, was sie die beste aller Welten nennen, heute, gegenüber der verfluchten von früher, als ein Weniger zu beschreiben.

Und so sehen wir das Kino sterben, eine tote Landschaft, die

Anzeigen nicht zu unterscheiden von denen der täglichen Peepshows in den Zeitungen. Das Publikum reduziert auf Disco-Norm, technisch veraltet und verkommen die Räume und Installationen, ökonomisch eine Pleite. Die Kritik schon lange lächerlich und die Architektur ohne Erneuerung seit Jahren. Und der Ablauf eines Films wie Anlaß zu Werbeveranstaltungen, für die die Zuschauer eigentlich bezahlt werden müßten, damit sie das über sich ergehen ließen, was sie aus dem Fernsehen ohnedies alles bekommen werden, in Zukunft, auf großen Schirmen und ohne aus dem Haus zu gehen. Die Räume wie verkleinerte Fernsehboxen und ein Skandal. Und die Besitzer dieser Etablissements entscheiden nun über die neuen Produktionen, reaktionär verhindernd jede Erneuerung, von Ästhetik nicht zu sprechen, oder Geist. So wurde denn das Kino immer mehr zum Grab des Films. Und selbst wenn ein gewünschter Film zu sehen ist, sind wir umgeben vom Sumpf der sonst dort stattfindenden Veranstaltungen.

Seit einer gewissen Zeit wissen wir, daß es Filme gibt und ein Publikum, wichtige auf beiden Seiten, die aber nicht mehr im Kino zusammenkommen. Weshalb also neue Orte, Situationen, Abläufe, Organisationsformen entwickelt werden müßten mit neuen Techniken, Erfindungen und Freude für beide Teile. Und natürlich wissen wir, daß die Qualität einen neuen Begriff bekommen müßte, einen Öffentlichkeitswert jenseits der Isolierungen, ästhetisch, von Norm und Kasse, oder der alltäglichen Kritik, auch im Interesse für das Land und die öffentlichen Geldgeber.

Natürlich wissen wir das alles, und doch reden sie über Kultur des Weinbaus mit Besitzern von Buden, wo man Hot dogs und Hamburger verkauft mit ganz anderen Interessen. Diese Budenbesitzer des Schnell-Imbiß, der Instant-Fütterung eines Laufpublikums der Massen, nun zu den alleinigen Wächtern des Trinkens zu machen von Qualitätsweinen, ist das Dilemma dieser Demokratie und davon, was sie unter Kultur verstehen.

Es ist die größte Schande, die sie dieser Demokratie antun konnten, es wird einst ihre Existenz in Frage stellen, in der Geschichte ohne Kunst. Kultur entstand nur gegen sie, diese Demokratie, die eigentlich wir sind. So bin ich einer, der Filme macht, in einer Zeit, in der die Kinos wieder Theater werden, und der seine Filme in die Theater brachte, verhöhnt von denen, die die Kinos verkommen ließen.

Doch gehört alles zusammen. Es hat zu tun mit den falschen und betrügerischen Tönen, den verführerischen Bildern, ganz einfach dem Rassismus des qualitätstötenden Massenkonsums, durch den das Bessere, Redliche nicht nur verhindert wird im Verein mit einer Medienindustrie, die die vielen Individuen, aus denen sich die Masse zusammensetzt, uniformiert läßt in der größten Gleichförmigkeit, die die Menschheit je gesehen, und das in Friedenszeiten, indem auch sie falsches Leben vorgaukelt und nicht nur das, sondern indem hier einfach etwas weggenommen wird, gestohlen dem Menschen, und ein Betrug stattfindet und Unterdrückung der eigentlichen Wünsche jedes einzelnen, der so gezwungen wird in die Massenriten eines Untergangs ohnegleichen.

Eigentlich wäre alles sehr einfach gewesen. Wenn die Leute nicht an die Plätze gehen, wo der Film ist und das sie Kino von heute nennen, dann müßte der Film zu den Leuten gehen. Und das kann sein auf Videokassetten, im Fernsehen oder aber an anderen Plätzen. Wenn im Kino, am gleichen Ort, zum gleichen Film, zur gleichen Zeit und zu gleichen Preisen und zu gleicher Bekanntgabe und sogar weniger Werbung 20 Personen sich versammeln und am anderen öffentlichen Platz aber Hunderte oder Tausende, dann ist der Fall gegeben, den keiner ernst nimmt, der Fall nämlich, daß Kino sterben muß, sich nicht selbst regenerierend mangels Selbstanalyse, ein Tod, der alle mitreißt, die sich an ihn klammern oder diesen Ort des Untergangs, ob gewinnsüchtig oder sentimental. Die Leute aber, die Verwalter dieser Särge zu den Wächtern der neuen Produktionen zu machen, ist wie Rache herauszufordern der Sterbenden am künftigen Leben.

Und niemand fragte von den Leuten des Kinos und denjenigen, die Filme machen, niemand will wissen, was sie denn wohl falsch gemacht haben. Sie machen einfach weiter. Und niemand kümmert sich oder unterstützt das als richtig Erkannte in langen Analysen und Erfahrungen. So sehen sie den als Störenden ihrer allgemeinen Verkümmerung und dessen, was sie Kino nennen oder Film, den, der schon lange woanders ist.

Natürlich gibt es einen Moment des plötzlichen Innehaltens, im Nachdenken, im Widerstand, beim Erkennen des gemeinsamen Gegners, der den Neuen Deutschen Film abschaffen will, das heißt, die künstlerische Freiheit unterdrücken, die schon so vertan war in der Praxis der letzten Jahre zum Nachteil meiner Filme, wie auch immer selber Opfer der öffentlichen Meinungsindustrie. Im Moment des alles oder nichts, natürlich solidarisch in der ersten Reihe jener, die für den Film kämpfen, wie und mit wem auch immer, in der Hoffnung auf Analyse und Erwachen und kräftige Erinnerungen an das, was uns einmal geboren hatte und unser Auftrag ist.

Denn meine Devise muß immer sein zu appellieren an die Vernunft, vor dem Kampf, und ihn zu unterbrechen, wann und gegen wen auch immer. Ein Kampf so ungleich jetzt und so siegreich vor der Zukunft; denn es geht darum, eine Gemeinsamkeit zu finden für menschliche Ziele, um die es immer geht in dieser Kunst, die ich meine, wie verdeckt auch immer und trickreich umspielt. Aber wie weit muß es gekommen sein, daß ich daran nicht mehr appellieren kann, manchmal, verheddert in Alltagsfronten, im Maskenspiel der Verdrängung.

Und so war es ein schmerzlicher Abschied vom Kino, ähnlich dem Abschied Heideggers von der Stadt und ebenso böse die Reaktion der Zurückgebliebenen seines Landes in aggressiver

Gleichgültigkeit und mangelnder Urteilskraft des Provinziellen ohne Provinz. Es war ein Abschied wie vom sinkenden Schiff, ökonomisch, geistig und in der öffentlichen Diskussion, verkommen in dem Lärm der Bilder und in den Blutorgien des Konsums, und nur ein Abschied wie aus einer Falle, in der jedes Mitmachen zum statistisch-ökonomischen Mißerfolg und zu ästhetischen Nachteilen und geistiger Niederlage führen müßte, da es zu Resignation oder billigem Opportunismus verleitet. Das Kino, das gute alte, wird nun also verlassen, die heilige Kuh unserer sentimentalsten Nostalgien geschlachtet, da neue Techniken es möglich machen. Das Kino wird zur industriellen Peepshow von Disco-Fans, zur Zeit, da die Theater umgewandelt werden in Supermärkte und Probenhäuser, zur Zeit der Krise der Kinowirtschaft und des Tagesjournalismus in Sachen Film. Und man könnte sagen: So verließ er diese untergehenden Welten und organisierte wirklich seltsame Träume von »Nuits blanches« am Meer zum Anlaß seiner Filme und von großen Vorführungen unter Tausenden auf den Märkten der alten Städte und in Aufführungen der Filme in großen Musikhäusern und Bühnen. Auf Bühnen, wo sonst Theater war, um mich zu vergleichen an den Orten, wo die Filmfreunde der Welt sich treffen, in Cannes, oder die der Musik, in Bayreuth, und die der Kunst, in Kassel, aus der Welt, anläßlich der *Documenta*, und organisierte die neue Technik in diesen alten Häusern und auf den Plätzen, die Technik des Kinos dahin bringend, wo die Menschen noch hinkommen, als er sehen mußte, daß sie die Kinos nicht mehr betreten und das meiden, was sie angeht im Film, nur weil es im Kino läuft.

Und so wünsch ich mir, einmal soviel Geld zu haben wie meine 90-Minuten-Kollegen, nicht einmal soviel Geld pro Minute, sondern so viel, wie sie für die üblichen 90 Minuten erhalten, dasselbe für die vielstündigen Universen, um die es hier geht. Daß die geistige Wahrheitssuche auch eine sinnliche würde und etwas mehr Sorgfalt möglich wäre, Präzision allen Mitarbeitern erlaubt. So sehe ich mich abseits gedrängt im Kampf der

Vergänglichkeit für das Unsterbliche auch der andern, in das schändliche Abseits der Selbstmißachtung rundum immer wieder zurückgeworfen. Für sie kämpfend, ihre Welt zu heilen, wie die meine, diese königliche Anmaßung und Gnade des Glaubens, in die Demokratie verkommend vom pluralistischen Mittelmaß als Waffe der Gegner, einer Demokratie, die etwas Besseres verdiente. Und ich wünschte mir Produktionsmittel am Anfang jedes Jahres wie die Theater auch, ganz selbstverständlich, um auch dieses Jahrhundert zu retten vor dem Vergessen, hier wie in anderen Ländern, mit Verantwortung Entscheidungen suchend, wie immer, wenn Kunst im Spiele ist.

Und letzten Endes bin ich doch voller Genugtuung, zu denen zu gehören, die um das tägliche Brot kämpfen müssen und in demütigenden Rechtfertigungen der Existenz und des Vergleichs, aber mit Zuwachs an bösen Erfahrungen, ohne die Leben zum Museum wird. Heute solche Erfahrungen. Und ich bin froh, in diesen Momenten nicht zu den Privilegierten zu gehören, die, wie im Theater, am Jahresanfang die Millionen, wie Versorgungsempfänger, automatisch auf der Bank vorfinden, und es sich leisten können, die Vertreter des Staates elitär zu verachten, ohne je ihnen die Hand schütteln zu wollen, die ihnen die Millionen zuschieben, weil sie sonst nicht gewählt würden.

Ein Zuwachs an Erfahrung ohnegleichen und hart gewachsen aus dieser Zeit, die die meine nicht ist, gewachsen wie dieses Buch aus zwei Jahren, und hoffend, daß diese Kunst zum Leben wird, wie dieses Leben zur Kunst.

Wofür brauchen wir diese Leute mit dem verfinsterten Geist? Um die Dinge zu bauen, organisieren zu dürfen, verglichen mit Unvergleichbarem, welch grausames Spiel der Macht. Angetreten nun durch Pflicht und Trieb, um das zu finden, was woanders genannt wurde »like nothing on earth«.

Umgeben von den Arrangeuren, welche ihre Biertischideen managen, wie Erfinder von Kunst, Bild- und Tonmanager und Spekulanten der Gefühle, psychologischer Besserwisserei und von üblichem Sozialkitsch und Anpassungsmechanismen oder Flucht in die Abseitigkeiten modischer Provokation. Es ist klar, daß Themen und ihre Formen auf Unverständnis stoßen müssen, die aus lächerlich gewordenen und verachteten Traditionen stammen wie Glaube und Gottesfurcht eines Tarkowskij oder Bergman und Bresson, und dort gerade noch, sie nicht selbst berührend und überall gepriesen, übernommen, gedrängt, hier gerade noch geduldet, da es nicht trifft aus zu weiter Ferne, nicht sie selbst.

*

Die Kunst ahmt nicht nach, Historie oder Gegenwart, sondern bohrt nach den Ursachen ihrer Entstehungsgeschichte und der Menschen, die sie hervorgebracht und angereichert mit der Geschichte ihrer Leiden, seit ihrer Entstehung und alle Zukunftsvisionen gleich mit, will sie das Glück ihrer transzendierenden Existenz.

Wie die Gnade der Gerechtigkeit, dieser Gerechtigkeit, erst menschliche Würde verschafft, gegen die Regeln des üblichen, so stellt erst die Kunst Gerechtigkeit her über das Leben. Die Gnade der Kunst spiegelt nicht, provoziert nicht, verstärkt nicht das verlorene Leben der zum Tode verurteilten Welt. Sie gibt ihr die letzte Würde im Untergang. Und sei es denn schön, grausam schön, es ist die tödliche Wahrheit, die wir Tragik nennen.

Diese Welt und ihre Menschen erscheinen einem manchmal wie Comics ohne komisch zu sein, und ihre Zeichner unglücklich, da sie eigentlich und insgeheim gerne Maler geworden wären, jeder an seinem Platz und in eben seiner ihm eigenen Art, harte Konturen ohne Inhalt, karikaturistische Anekdoten voll mechanischer Animationen industrialisierter Infantil-Konfektion ihres Endes.

Und wir wissen alle, daß die beklagten Katastrophen ihre Ursachen haben in den überall propagierten Gelüsten aller nach allem. Überall hin, alles haben zu müssen, billig, bequem, schnell und für jedermann, der seine Rechte geradezu darin erkannte, alles haben zu wollen und zu dürfen, wie nur ein Märchen erfüllt sonst und durch Jahrhunderte als Phantasie gelernt. Geradezu als Freiheit hatte man angepriesen alle diese betrügerischen Gleichheiten, zum endgültigen Ruin sich zu erfüllen. Die vielen kleinen Wünsche durch große technische Erfüllungen bedeutete am Ende aber Rache der unterdrückten Natur. Und die kleinen, ehemals Unterdrückten wurden nun die Verfolgten der Natur, und sie wußten es plötzlich, daß er kommen würde, dieser Tag X, viel gewaltiger als das Jahr 84 und der große Bruder unter den Menschen je uns drücken könnte. Und alle wußten nicht, wie die Geister, die sie gerufen, wieder loswerden, was jeder wollte, aber wie gebannt auf den Nachbarn schauend, befriedigt, daß auch er nicht anfängt. Und jeder wußte, daß er allein nichts ändern könnte, wenn nicht alle mitmachten, Gefangene der großen Zahl und in der Ohnmacht des einzelnen. Niemand gab den einmal geworfenen Bissen freiwillig wieder her, vorgeworfene Bissen in einem System, in dem sie sich Freiheit und Befreiung der Menschen vorgaukelten und gefangen waren nun in der größten Sklaverei durch sich selbst, und wir die schuldigen Verführer.

Und natürlich wissen wir, Einsamkeit gibt es auch in Paris und in Rom und in New York. Aber es ist ein Unterschied, mit wem man allein ist. Und zwischen den andern im Deux Magots oder im Café Nicola in Lissabon oder im Algonquin in New York ist es anders, selbst wenn man nur weiß, daß sie da sind, es ist etwas anderes, als zwischen den Stadtpisten der autogerechten Städte von Kassel bis Stuttgart eingezwängt zu sein. Heideggers Haus im Schwarzwald hat drei Räume, einen zum Schlafen, einen mit Arbeitstisch und die Küche. Groß ist das Bild der einfachen Holzschuhe aus altem dicken Oberleder für die Gänge in den Wald und über die hügeligen Wiesen, er hat es noch geschafft.

Wer ins Büro geht, ist oft verlassen von unserer Welt. Und selbst wer privilegiert seine Arbeit als Menschen- und Weltdarstellung bezeichnen darf, im Theater vielleicht, fühlt sich oft traurig und allein und fragt sich wozu. Aber nach dem Abschied vom Kino, ohne Haus nun, müssen wir ein Publikum suchen, wie Menschen nach der Zerstörung eines Landes, und nach dem Auftraggeber nun entscheiden über das Nächstzutuende ohne Namen, anonym aus der sich verbergenden Anonymität, zurückweisend, viermal in sechs Jahren und wie festgeschrieben, immer in protziger Rechtschaffenheit pseudo-demokratischer Geste, warum und für wen dann alles? Und alte Worte werden hilflos ohne Gruppe des arbeitenden und stützenden Teams, wovon jeder einzeln dem grenzenlosen Opportunismus des täglichen Essens und Schlafens folgen muß, rundum, kritiklos und auch allein sich fühlend, ganz gewiß. Was helfen da die Freunde von Zeit zu Zeit in New York oder London und Paris bis Lissabon mit ihren eigenen Sorgen. Es ist wie ein ungewolltes Ei ohne Nest, herausgepreßt vom Trieb der Natur in eine Welt, die dafür keine Verwendung hat und trotzdem alles mitnimmt, wenn es gelingt zu überleben, wie zur Wiederholung des immer gleichen Vorgangs mit sich verschlechternder Tendenz. Und es scheint wie eine Stärke, zu wissen, daß man Schritt tut um Schritt, ohne Illusion des Betrugs in der angenehmen Freude dieses Wissens.

Und von allen Plätzen der Arbeit, in Büros und in Bühnen, die ich kenne, war dann doch mir am liebsten dieser. Alle diese Plätze, ob in Hollywood und in den Verlagen und den gutdotierten Arbeitsplätzen ohne Sorgen. Sitzend auf dem Hochstand des auferlegten Gutes, in Ruhe zu beobachten den Wechsel der Jahreszeiten und die Lebensalter der Tageszeiten und die Moden kommen und gehen sehen und sein Holz zu hacken für den alten Ofen und zu sehen, was auf dem Markt der Meinungen geschieht, und ab und zu auf Reisen, wie sich unter sie zu mischen von Zeit zu Zeit mit heftiger Gebärde des Kampfes. Und er schrieb und schrieb einkreisend, widerlegend sich selbst, wie verrückt, zu informieren, haltend, hervorholend, erklärend, provozierend immer mehr in der Suche nach dem Zentrum, lächelnd manchmal, aber das Wichtigste sagte er doch nicht. Und er bedauert, in dieser Zeit geboren zu sein, der einzigen, die ihn gebären konnte in seiner Existenz, die er nun war. Er besaß eine Kraft, vielleicht mehr als andere, vielleicht war das auch die beneidete Existenz seiner Dinge, die er tat, unabhängig, und immer das, was ihn freute und oft ohne Freuden geschehen mußte. Wohin mit dieser Stärke, wenn sie nicht gefragt war? Und woher kam sie, fragte er sich manchmal, und warum tat er, was er tat, wenn er das nur gewußt hätte? Vielleicht machte er nur, was er tat, um das zu erfahren, jedenfalls wäre er ohne sie nicht da, was half es ihm, daß gegen den Strom zu schwimmen stärkt, wenn das Wasser schmutzig ist, so unendlich schmutzig geworden. Wozu, ohne Haus und Hof, für wen?

Als die Heimat verlorenging, fand er die Kunst. Und als sie in seinem Land versagten, gewann er die Freunde in der Welt. Und als es hieß, vom alten Kino Abschied zu nehmen, erfand er sich ein imaginäres Dach über wechselnden Projektionen auf seinen Reisen unter nächtlichen Himmeln und in den Katakomben unserer Erinnerungen flüchtige Feiern eines alten Dienstes an der Kunst, heilender Musik und letzte Worte verlorener Geschichte voll Erinnerungen der Wenigen, die des Lebens sind. Und es entsprach das Projizierte dieser Kunstwelten auf den Reisen in den verschiedenen Ländern, dem Herstellen dieser Welten als Projektion aus verschiedenen Zeiten und Orten, im schwarzen Studio seiner Phantasie, des Weltalls treuer Diener in neuen Ansprüchen aus altem Willen, auch er, wie gebrechlich auch immer.

*

Und da sehen sie nun, wer der neue Mann wurde, der Erste der östlichen Welt, und denken an eine Märchensituation äußerster Perversität. Mit den Fragen, willst du Kaiser sein in der Welt, eine Welt verfügbar zu Tod oder Leben, mit einem Knopfdruck zu erledigen, für den ehemaligen kleinen Bauernsohn aus der Weite Sibiriens, den Mann, der nie eine Provinz regiert hatte, nie einen Industriebetrieb geleitet, nie eine Kompanie von Soldaten befehligt, keine Erfahrung hatte in der Welt, ein Mann in dem Alter, in dem andere in Altersheime abgeschoben werden. Ein Mann lebend von der Gunst der Parteien und dem früheren Regenten ein Sekretär. Und auf der anderen Seite, der westlichen Welt, jener Chargenschauspieler aus Hollywood, der Blut-und-Boden-Kommerzialität unserer Träume dritter Garnitur, als sein Gegner. Und wenn wir lesen, daß die neueste Ausgabe des deutschen Sprachlexikons, Duden genannt, schon das Wort »Filmförderung« aus ihrem Buch gestrichen hatte, die Kunst des 20. Jahrhunderts, wissen wir, was das alles heißt.

Wie schwer zu wissen, daß die Definition der Demokratie als etwas Schlimmes oder Dummes sogar, aber es gäbe nichts Besseres, eine zynische und sträfliche Verniedlichung unserer Situation ist. Angesichts der Tatsache, daß die Menschen, wie alle Lebewesen, gerne den bequemsten Weg suchen, werden sie immer den wählen, der ihnen Bequemlichkeit garantiert, sofern sie in die Lage kommen, so zu handeln, wie es die ihnen gemäße Technik und Struktur der Fortschrittsdemokratie eigener Erfindung aufzwingt. Unkämpferische Bequemlichkeit aber, am Ende notwendig auf Kosten der sie umgebenden und hervorbringenden Natur, ist unser sicherer Untergang, selbstgewählt und zwanghaft aus der Logik unseres Wesens. Also sind alle anderen Lebensformen auf verschiedene Weisen fürchterlich und schlimm vielleicht, die Demokratie aber ist der unaufhaltsame Tod des Menschen und seiner Welt.

Hans Mayer zu Brecht und Thomas Mann. Brecht sei immer außergewöhnlich gewesen, das Genie, wo immer er auch auftrat. Thomas Mann, der Großbürger, verbindlich, ein Herr, der Tee einschenkte und gut zu reden wußte. Das Genie, das wir kennen aus seinen Büchern, lebte zwischen 9 und 12 täglich in seinem Zimmer, wo er schrieb. Ob Golo, sein Sohn, diesen Vater gekannt? Nein. Gut für die Kinder, sollte man meinen, eines solchen Familienvaters, und doch nicht ganz, wie wir wissen.

Aber für die Brechtsche Familie wohl noch schlimmer.

Wir wissen, daß Thomas Mann in seinem *Doktor Faustus* die Zurücknahme von Beethovens 9. Symphonie quasi als Opfer der Deutschen an die Geschichte vorschlug. Welche Frivolität und Zumutung, welche Anmaßung und welcher Anspruch mußte es sein, einen Film, HITLER genannt und aus Deutschland kommend, enden zu lassen mit jener 9. Symphonie Beethovens, wie zurückgegeben an dieses Land. Das konnte nicht gutgehen, nicht angenommen werden bei denen, die nicht einmal die Zurücknahme akzeptiert hatten angesichts ihrer Geschichte, die die ihrer Väter war.

Aber daß sie es nicht einmal wußten, was hier vorging, die Zurücknahme durch Thomas Mann und das Geschenk nun, angeboten nach soviel Anstrengungen und Risiko, oder darum stritten, war das Fatale, nicht die Schuld, sondern nur mehr erbarmungslose Dummheit ihrer Geistesprovinz. Von dem Angebot des danach folgenden PARSIFAL ganz zu schweigen.

Und wenn ich die Namen durchsehe der Wichtigen und Großen dieses Landes, um sie zu sammeln für ein Archiv auf Video, wie eine Akademie des europäischen Geistes, jedes Jahr 10, mußte ich erkennen, es war wie das Sterben des Waldes. Noch die ersten Zehn mit Mühe gefunden, denn wo waren die großen Dirigenten nun, die Geiger, die alten Klaviervirtuosen, wo die Blochs und Brechts und Anna Seghers', die Gestorbenen der letzten Liste, vor fünf Jahren noch möglich, Kahnweiler und Karl Böhm, und mit Mühe wäre sie zusammenzukratzen, diese Liste der ersten zehn Namen für das erste Jahr, aber schon im zweiten und dritten gähnende Leere. Es gibt sie nicht mehr, das was sie Spitzenleistung nennen wie in ihrem Wortschatz der Miederfabrikanten, es gibt sie nicht mehr, die großen Alten, wie die Forschung und ihre Wirtschaft mittelmäßig wurde als Massenprodukt, nun auch der Geist.

Wir leben also in einem Land, in dem jeder 4. oder seine Familie ohne Heimat ist, das heißt nicht dort lebt und nicht mehr dorthin zurück kann, wo er geboren wurde, abgeschnitten von aller Tradition, vertrieben, mit der Konsequenz, daß neue Häuser gebaut wurden, und was das heißt im neuen Stil der Nachkriegszeit, und was das bedeutet.

Wir leben in einem Land, in dem die anderen glaubten, ihre alten Traditionen und Häuser modernisieren zu müssen, um mitzuhalten und endlich die Geschichte loszuwerden, die ihnen soviel Unglück gebracht. Ein Land voller Neubauten der Heimatvertriebenen und ihrer sich angleichenden Anhänger.

Und wir leben in einem Land, einem Musikland, indem es keine Firma mehr gibt, wo die Musik dieses Landes auf Platten im eigenen Land herauskommt. Wer heute Lizenzen und über Rechte verhandeln will, muß nach London schreiben oder New York oder Paris. Rechte und Lizenzen für Musik von Beethoven, Mozart, Haydn, Richard Wagner, Bruckner usw.

Nach der Statistik, und das werden sie verstehen, wurde festgestellt, vor einigen Jahren, über einen Zeitraum von zehn geprüft, daß unter 1500 internationalen wissenschaftlichen Arbeiten nur 29 deutsche waren, nämlich zitiert, in denen der anderen, 29 in 1500.

Und nach den Statistiken und allgemeinen Definitionen ein Desaster und Ende eines Landes, das Wert legte und Wert legen muß auf seine Erfindungen. Wer nicht zitiert wird, ist tot.

Er kannte eine, die niemandem sagte, daß sie vielleicht jüdischen Ursprungs sei, heute und hier, in der Konjunktur, was ihr vieles einfacher gemacht hätte, ihre alltäglichen Kämpfe und die Realisierung mancher Pläne. Und so stritt sie lieber weiter, von den Kindern der Naziväter als Hitler-Anhängerin sogar verdächtigt, weil sie ihnen es nicht leicht machte, um unter ihnen zu leben, wie eine der ihren, um zu überzeugen, am Ende doch noch aus ihnen selbst, wie aus ihnen selbst.

Mediengeilheit und Meinungsmanagement. Meinungsmacher, veröffentlichte Meinung. Die Meute, die darauf wartet, daß einer vom fahrenden Schlitten gestoßen wird, oder daß die nächste Sau durchs Dorf getrieben wird. Die Auffetter der Realität, die kläffenden Hunde oder Hyänen oder Schakale, wenn die Karawanen vorbeiziehen, von denen sie leben heute, Andiener, die etwas machen wollen, existieren müssen, und die gesucht werden, wenn die Geschichte in die Krise kommt vor den Türen, auf den Gängen, auf den Straßen, und die Tore, an die geklopft wird aus Versehen. Eingesperrt und vor einen Richter gezerrt und entlassen und Schuld und Opfer und nicht wieder gutzumachen, die Meinungen, die Verurteilungen, ziehend von einem Kadaver zum andern, den Irrtümern der Geschichte.

Der Filmemacher. Eines Tages beschloß er, nicht mehr in die Banken einzubrechen, und als er die Schule beendete und nicht mehr wußte was nun, denn Filmen war schon immer seine Primanerpoesie der Jeans- und Lederjacken-Zeit, und als ihm auch das Aussteigen langweilig wurde als einer unter vielen, schon wieder, beschloß er, sich selbst zu verwirklichen und einzuklagen beim Staat und der Öffentlichkeit, die Träume seiner Leere wie von seinen Lehrern gelernt, durchaus Spiegel auch der anderen, und sich frech einzuordnen unter denen, die sich provokativ Nachwuchs nannten, in die Lotterie der staatlichen Filmförderung, pochend auf sein Recht der Pluralität von Jugend oder Frauenthema oder Gesellschaftskritik oder dieser oder jener Mode zur Zeit. Mehr Chancen als je die Alten mit ihrer verlachten Lotto- oder Totochance einmal die Woche.

Und schon lebten ganze Kollegenscharen davon, ihn zu propagieren oder zu fördern oder Lärm zu machen, indem sie schrieben oder Gelder organisierten. Arbeitsplätze wurden geschaffen, und Öffentlichkeit entstand, und plötzlich war

Leben da, und es mußte etwas geschehen. Und die Demokratie stand in Frage, und Filme wurden gemacht und sich empört, daß es keiner sehen wollte, warum auch.

Mahnte er sie nicht alle, die anderen, die zuschauen sollten, daß sie zu denen gehörten, die in dieser Lotterie keinen Gewinn machten. In dieser Lotterie, die sie Kunst nennen des 20. Jahrhunderts.

Und das nahmen sie ihm besonders übel, nannten es Fatalismus oder Eskapismus wie Flucht vor dem Schicksal, ein Aufgeben vor dem Unvermeidlichen. Er, ausgerechnet er, der einzige, der nicht mitmachte, und sie, über denen die Moden des täglichen Mitmachens zusammenschlugen, daß man sie selbst oft gar nicht mehr sah.

Und trotzdem wußte er, das Sichauflehnen war wie der wiedergefundene Strohhalm gegen die Sichel des Todes.

Und indem er es wußte, widerstand er auch ihnen in diesem Untergang des 20. Jahrhunderts ohne Gnade.

Und plötzlich wußte er, woran das alles lag, wenn er hörte aus alten Büchern, wie, im Gegensatz zu den im *Satz vom Grunde* unterworfenen Vorstellungen, die durch die Sinne und rationales Denken erkennbar seien, die Ideen nur durch kontemplative Versenkung zum Objekt werden könnten. Die Ideen seien aber insbesondere Gegenstand sämtlicher Künste und in der Wiedergabe der kontemplativ erfaßten Ideen hebe der Künstler allein das Moment des Ewigen innerhalb der Erscheinungen der Welt hervor. Und wenn er weiter las, daß die Musik deshalb mit der Philosophie die klarste intuitive Manifestation des Willensbegriffs gemeinsam habe, da wäre nun das Gegenprinzip definiert aus alten Büchern und von ihnen selbst – und das war das Schlimme – weder gefunden oder definiert und nicht mal erkannt, von denen der ranzig gewordenen Rationalität. Darum also der Streit, die Vernichtung, das was sie Kritik nennen und Arbeit – und Geldverweigerung? Hätten sie also gesiegt, die da immer herumlaufen, die Macher und Knöpfedrücker, Organisatoren und Medientypen und -abhängigen der Freiheit als Entblößung ihrer Sklavennatur, die glauben sicher zu leben, wenn sie atmen? Das ist also daraus geworden, aus diesem Erkennen vom Grunde durch Sinne und rationales Denken, Erkenntnis durch rationales Denken?

Nur schade, daß sie so schlecht sind. Kontemplative Versenkung? Wer sich da einließe, wie ein Fluch, ist verloren für anderes, oder müßte sein Leben ändern zugunsten der Ideen: Kunst als Objektivierung von Ideen, die durch Versenkung kontemplativ sinnlich erkennbar werden? Und daß nur hier Annäherung an das Ewige der Erscheinungen der Natur und Welt erreicht werde, Gesetze für die Musik als höchste Stufe dieser Erkenntnis und des Lebens am besten erfüllt würden?

Und er wußte nun, wie lächerlich sein Leben und die Dinge, die er tat, sein mußten in der Welt derer, denen er das zumutete, was er tat und erkannte. Auf seine Weise.

Der Große Mann der Geschichte wird bei Hegel charakterisiert als kurzer Augenblick der Inkarnation des Weltgeistes. Hitler, ein großer Mann? Er inkarnierte den Augenblick des beginnenden Untergangs. Nun glauben sie, den Untergang aufzuhalten, wenn sie ihn klein machen und nur mehr Kleines zulassen, damit den Untergang beschleunigend, den nur ein Großer aufhalten könnte, wenn es um das Risiko des Lebens geht.

Zur Größe Hitlers. Die Attribute der Größe verleiht die Zeit, die durch diese Größe bestimmt wird, die sie rief und duldete. Diese trug die Insignien des Untergangs unserer Art.

Und am Fall Hitler kann man sie alle prüfen, wie sie sich da herumtreiben. Ob sie ihn benutzen, um sich reinzuwaschen, zu Karriere und Heuchelei und für ideologische Vorteile oder als Flucht vor der Zeit, Arbeit, Trauer, Kunst und sich, zum Geschäft bestens geeignet, ganz dicht neben Einsicht und stiller Neugier in Richtung Wahrheitsnähe. Es ist hier, wo die Zeit zu sich gekommen ist, aber auch wodurch man danach frei wird, zu verzeihen, vergessen und erinnern ganz neu.

DIE NACHT. Und wieder die Forderung derjenigen, die das Geld verteilen hier, daß der, der dieses Projekt herstellen will, mit dem Risiko seiner bisherigen Existenz, was die geistige Projektion betrifft, 20 % der Herstellungskosten mitzubringen hat. Herstellungskosten, die durch ihre Studios entstehen und die gewerkschaftlichen Tarife, hochgetrieben, und doch ihre Bedingungen, Geld mitzubringen, mehr als das Verdiente, um den Film machen zu dürfen.

DIE NACHT. Es wäre ein großer Kosmos denkbar mit vielen Personen, Musikern, Geräuschen, eine Collage ähnlich dem HITLER-Film, ein großes Gebäude mit gleichbleibendem Thema: Nach innen geht der Weg ins weite Land der Seele, in das wir fliehen. Nun aber ganz anders, noch weiter. Ohne Raum, wie schwarz. Ohne Zeit, wie jenseits. Askese, wie schon das LUDWIG-Requiem gegen die 12 Millionen des anderen. Ein Monolog, wie der HITLER-Film, noch nicht geschafft. Mit Edith Clever, wie im PARSIFAL entdeckt. Ohne Story, wie die bisherigen Filme, einen Schritt weiter. Ein Oratorium für eine Stimme. Reduzierung aufs Wesentliche jeder Kunst. Ein neuer Versuch. Und es ist, als ob sie nicht ertrügen, auch nur ein Gesicht und die Erscheinung eines Menschen. Und es ist, als ob es eine Prüfung würde für sie, für die, die das machen.

Und sie verstehen nicht, daß Bach in seinen Kompositionen für ein Instrument Gott näher war, vielleicht, als in den großen Messen. Und wollen immer noch besser sein als Bach. Wer? Die ihn umbringen täglich in jedem Baum.

Nach dem Tode des Präfekten, des hohen Beamten und Trägers üblicher Orden, kam heraus, wie er im letzten Kriege nicht nur inhaftiert war, sondern daß in Jad Vaschem allein 15 Bäume stehen für 15 gerettete Menschen. Jedesmal hatte er einmal sein Leben eingesetzt. Was, wenn jeder einmal im Leben so einen Baum pflanzte, stillschweigend, und ohne Krieg, soviel Menschen gäbe es nicht und Land, sie zu pflanzen, und Bäume, wie lächerlich, da es uns schon an Mut und Kraft ermangelt, die Bäume selbst zu erhalten, wie unser eigenes Leben. Eine Generation nach dem letzten Kriege. Wie lächerlich alle Gründe, warum er noch geführt wurde, wenn das stimmt.

Bäume, die nun in Europas Mitte sterben, werden fortgepflanzt woanders. Wie schön, wenn man sagen kann, durch gute Taten. Jeder Baum für ein gerettetes Leben, aus den Schlachthäusern der europäischen Geschichte. Was früher ihre Kunst war und wollte.

Mit jedem Tod eines Menschen stirbt einmal die Welt. Welch Ansinnen, durch Darstellung der Welt in der Kunst, durch diese sterbliche, gottähnlich eingreifen zu wollen in die notwendige Vergänglichkeit des Ewigen und die Welt wenigstens vorübergehend in die Unendlichkeit zu halten des persönlichen Universums. Das unterscheidet die Kunst von der Wissenschaft, und macht sie heute verdächtig bis verhaßt oder entbehrlich. Darum auch die Abbildungsverbote der Religionen früher.

Alle unsere Tätigkeit ist auf den Tod hin orientiert und ist ohnmächtiges Anrennen gegen dieses unvermeidliche Scheitern. Aber in jedem wühlt die Lebensangst nach Unsterblichkeit, wie auch immer verdrängt, verkümmert. Daran gilt es zu appellieren, immer wieder, ohne Aussicht auf Hoffnung selbst.

Was im Privaten die Erfüllung ist, die Einlösung der geheimen Wünsche, ist die Erlösung in der Kunst durch die Rettung der Seele vor dem Tod unserer Endlichkeit. Was für ein Hohn im Angesicht dieser Zukunft. Und wie sinnloses Denken nach der Abschaffung der Seele. Und doch wie triebhaft weiter der tägliche Versuch am täglich gepflanzten Baum.

Und wie schwer, aus dem Mangel das Mehr zu machen, wie die alte Tugend aus der neuen Not. Wie verletzbar alles und bedürftig in böser Zeit. Hasten. Selbst die aufgezwungenen Flüchtigkeiten noch benutzend zu einer schnellen Erkenntnis. Von einer zur anderen. Und waren nicht alle die Filme bisher Fragmente, Entwürfe für die eigentlichen Filme, die nie gemachten, die sie nicht zuließen, Notlösungen zum Auswandern,

Fragmente zum großen Entwurf des Eigentlichen, wie das ganze Leben.

Die Filmförderung vorher Entwurf, nun verabschiedet. Die Vorlage neuer Projekte bei der FFA (Filmförderungsanstalt) ist offiziell erlassen. Die Exklusivität der Vorführung von Filmen ausschließlich in Kinos gestrichen. Aber die 30%-Klausel bleibt.

Alle mit dem Innenministerium geförderten Filme von kulturellem Rang dürfen nur 30 % ihres Budgets aus dem Innenministerium beziehen.

Es ist nicht erstaunlich, daß die staatlichen Förderungen des Films in diesem Land ohne Kultusministerium oft von den Wirtschaftsabteilungen der Regierenden kommen, also von den Wirtschaftsministerien (in Bayern Wirtschaft und Verkehr) und in Bonn vom Minister, der für Polizei und Sport eigentlich zuständig ist. Und der nun zwar wieder von künstlerischem Rang und »Spitzenqualität« spricht, der aber über eine 30%-Klausel, d. h. 30 % öffentliche Gelder, die anderen 70 % eines neuen Films finanziert wissen will mit Geldern, die von anderen als kulturellen Interessen bestimmt sind. Eigentlich wäre es egal, woher die Gelder kämen, wenn sie nur kämen für den rechten Zweck. Die Kulturförderung aber in Ministerien anzusiedeln, die dafür nicht zuständig sind, das sind die Tore für die Lobbys, die die Ohnmacht der dort Kenntnislosen in Sachen Kultur ausnützen mit Einschüchterungen und Medienterror. Die Pseudo-Demokratie etabliert sich mit Listen der Funktionäre zu einer Gremienkultur, und keine Kontrolle ist mehr möglich, wenn die Medien, selbst verstrickt über Jahre, mitverteilend aus den Taschen des Staates, ohnmächtig zusehen müssen als Selbstbefleckte, wie nun der neue Befreier zynisch spricht, daß er eigentlich gar nicht sprechen müßte, um zu bestimmen, wie die neue Ordnung aussieht, als Friedhofsruhe, im Verein mit den gealterten Totengräbern des alten Films, deren Fassbinder-Alibi diese Medien ihnen noch als Ehrenbutton wie Parteiabzeichen als Mitglied der gerechten Sache freiwillig angeheftet.

Eine larmoyante Generation: immer sind die anderen schuld. Wenn es Probleme gibt, waren es die Eltern und suchen sie in der Kindheit. Und wenn die Umwelt mordähnlich in Dimensionen eines ganzen globalen Systems zusammenbricht, waren sicher die Umwelteinflüsse schuld. So zeigen sie auf die Kapitalisten und wählen andere Regierungen und denken, das sei Demokratie, Selbstbestimmung des Glücks.

Noch nie hat sich eine Generation der Menschheit und speziell dieses Landes so selbstgerecht und ohne Tapferkeit und jenseits aller Pflicht an immer andere gehalten, wenn sie versagten, »sich selbst zu realisieren«, wie sie so schön sagen.

Immer sind sie und schnell bereit, andere schuldiger zu finden, als sich selbst. Die gelernte Bequemlichkeit hat's gelehrt, sich selbst zu analysieren wie zur Entschuldigung, wo es not täte, sich zu beweisen an anderen.

Und wenn es dann um die Geschichte geht, deren Beurteilung in dieser Realität und ihr Leben heute selbst zu analysieren wäre, als Folge der Ursache in der Geschichte ihrer Herkunft, stehen sie wie vor einem Tabu von alter Dimension und verweisen auf eine Vernunft, die sie hinter den Moden der Rationalität verstekken, weil sie deren Lasten und Verantwortung zu tragen längst verlernten. Verdrängte Schuld aber äußert sich in Sentimentalität und Aggression und mangelnder Hochachtung vor sich selbst, aus unterbewußten Kenntnissen.

Wie werden sie den nennen, der daraufkommt und es ihnen vorhält, voll Bedauern wie anders als: larmoyant. So, wie die Kinder der blonden Helden, ertappt bei den Fluchten in die Schmuddelszene des dunklen Untergrunds, den, der sie erwischt, Nazi schimpfen werden und Reaktionär, sich selbst versteckend in immer neuen Masken alter Schuld.

Nachtrag zu ›Sunrise‹ von Murnau. Endlich selbst gesehen. Hollywood träumt von Deutschland und Europa. Ein großer Film, wenn man ihn sieht, und wie klein, wenn sie darüber schreiben, beschämend zu reagieren auf sie, die selbst das Große verkleinern durch ihre Worte des Lobes. Noch in der Welt. Zu korrigieren, was aber entgeht, weil sie es in die Hand nehmen, wieviel Gesehenes und Gehörtes, und noch viel mehr, was man gar nicht erst hören und sehen will, da sie es beschrieben in ihren Worten. Verzeihung. Das ist vielleicht das Schlimmste dieser Situation.

Noch immer. Deutsche Selbstdarstellung, Japan 1984. 75 Jahre Geschichte des deutschen Films. Nach einem geschichtlichen Überblick: eine Woche Kluge, eine Woche Schlöndorff, eine Woche Herzog, eine Woche Fassbinder, eine Woche Wenders, Sonderveranstaltungen: Frauenfilme, eine Woche schmutzige kleine Filme, eine Woche Exzentriker und Außenseiter. Ob da wohl...? Zusammengestellt von Enno Patalas (Münchner Filmmuseum) und Hans Christoph Blumenberg *(Zeit).* Ob die Japaner das wissen? In Japan glaubt man immer noch an gute deutsche Wertarbeit. Wie sagte der vorige Leiter des deutschen Goethe-Instituts von Tokyo, ob ich denn wüßte, was passiert wäre, als man den LUDWIG zeigte, und dann immer wieder die Schlangen, und als die letzte Retrospektive lief, wohin man die deutschen Künstler unserer Zeit gebracht hatte. Waren diese wohl beschämt, als sie sahen, daß die Japaner selbst ihren Weg fanden, wie allmählich hier die unseren, gegen den Markt und die Meinung der Mächtigen.

So geschickt aus Japan von Tom Luddy: »I have seen a lot of publicity in Tokyo about the huge history of German Cinema. 172 films just starting at the Goethe-Institut. On this clipping it appears that you are getting the usual wonderful support from your country's cultural ambassadors.«

Tom Luddy, 5. März 1984, früher Pacific Film Archive, San Francisco, jetzt Mitarbeiter und Berater der Filmfestspiele New York, San Francisco und Telluride; Freund von Herzog und Wenders, Mitarbeiter von Coppola, dessen Mishima-Film er in

Tokyo im Augenblick vorbereitet. Bei »dirty small films« unterstreicht er mit dem Zusatz in deutsch: »wunderbar« – zitiert Marlon Brando vor ein paar Jahren im Hause Coppola, um zu zeigen, was er von Deutschland weiß: »Wunderbar – ist die Katz mit Hundehaar« –. Tom Luddy hatte vor 10 Jahren die Syberberg-Filme entdeckt gegen die offizielle Darstellung Deutschlands und Amerikas in New York und anderswo.

»Ein anderer Blick – Exzentriker und Außenseiter. Die Stärke des deutschen Films der letzten 20 Jahre besteht nicht zuletzt in der Vielfalt seiner Talente. Durch die liberale, künstlerische Experimente ermutigende Filmförderungspolitik konnten eine Reihe von talentierten Außenseitern ihre sehr persönlichen Visionen vom Leben in der Bundesrepublik realisieren.

1 LUDWIG – REQUIEM FÜR EINEN JUNGFRÄULICHEN KÖNIG
2 BIERKAMPF 3 DER WILLI-BUSCH-REPORT
4 LAGADO 5 FLAMMENDE HERZEN
. . .«

Und da sie nun selbst das Gleiche wie den Andern versagen, sich abgedrängt fühlen in das, was sie Experiment nennen. Die ungeheuerlichsten Versuche, das Größte im Kleinsten zu finden, im kleinsten Budget, den kleinsten Möglichkeiten, zurückgezogen in die künstlichen Welten des Ateliers und ihrer teuersten Studios. Und in kürzester Zeit das zu realisieren auf längstes Maß, was sonst nicht möglich wäre zu sagen.

Die neue Kunst der Fotografie sei das Sinnbild für Flüchtigkeit des Oberflächlichen dieser Zeit. So ungefähr hat Kafka gesagt. Wieviel mehr gilt das für den Film, der nun meine Aufgabe ist. Diesen Film, trotz oder gerade wegen dieser Wesensbestimmung, mit dem alten Geist zu versöhnen, der uns aufgegeben ist, was für ein Anspruch, und damit nicht genug, diesen Film auch noch zum Träger des alten Geistes zu machen, als Erbe gewissermaßen, rettend das Verlorene der Musik und des Theaters und der Städte- und Landschaftskünste und eines ganzen Reiches utopischer Heiligkeit, was für ein Wahnsinn, gegen alle Mächtigen der Welt und ihre bequem sich andienenden Helfershelfer und Nutznießer. Ohne Wagnersche Königsstützung und Brechtsche List, welche Zumutung eigentlich, wenn sie wüßten, was das wirklich heißt.

Aufklärung. Die ranzig gewordene.

Das bequeme Denken des sich Bereicherns an der Natur. Die Eindeutigkeit ist ein Geschenk des Himmels an die ihn tödlich verachtende Aufklärung unserer real existierenden Demokratie. Damit rasten Computer ein, werden die mathematisch und nach ihrer Logik begründeten Feldzüge zur Vernichtung der Welt vorbereitet, sind ihre Ideologien lehrbar und abfragbar, funktionieren die Märkte ihrer Meinungsindustrien. Das ist die Bequemlichkeit des Geistes, wenn er sich ausruht ohne Ruhe und Arbeit.

Geschäftigkeit, vielleicht. Aber Leben? Rationalität bis zur Rationalisierung. Aber Weisheit? Welch ein Wort. Emsig stekken sie ihre geistig-politischen Visitenkarten der provokativen Angleichung in die Stechuhr der Zeit.

Umweltschmutz. Nach dem Krieg, und besonders in den 50er Jahren baute man auf, Fortschritt war die Devise von rechts, auf der Seite der Geldmacher, wie von links der Utopisten. In deren Namen wurde auf Kosten der Umwelt ein Land und eine Kultur verbraucht, Grund und Boden, Häuser, Gesetzesgläubigkeit, Nachbarländer, Europa verplant, zubetoniert, Deutschland flurbereinigt und okkupiert und nicht zuletzt die Heimat durch den Film. Der größte Umweltverschmutzer der Gefühle und der Seele in Deutschland wurde der deutsche Heimatfilm.

Das alles war Erbe und geschah im Gefolge des letzten Krieges und dessen Verantwortlichen, erklärbar, wenn auch nicht verzeihlich, eben dadurch.

Verantwortung muß getragen werden, und so entstand denn der Neue Deutsche Film vor 20 Jahren gerade aus dieser Verantwortung, wenn auch nicht immer ästhetisch legitim.

Wenn aber nun die erwachsen gewordenen Kinder und Revolutionäre gegen diesen Mißbrauch der Gefühle sich opportunistisch oder nostalgisch vermengen mit diesen Schändern der deutschen Möglichkeit, wenn die Blut-und-Boden-Nostalgie unserer Politiker bis in den Ministerrang des Innern und der Verteidigung und ihrer Chefs auf öffentlichen Geburtstagsfeiern in einem Land ohne Kontrolle der Kultur nach dem Auszug der Leichtigkeit, die mit den Emigranten ging, nach Orden ruft, wie jenem, der heißt »München leuchtet« im Namen Thomas Manns, dann muß erinnert werden an jene Umweltverpestung, die diese einmal begannen und für die gar keine Nachsicht möglich ist. Gott sei ihnen gnädig, der von ihnen längst verlachte Popanz ihrer billigen Gefühle.

Die größte Ausbeutung geschieht unter demokratischer Maske von Mitbestimmung und in freiwilliger Unterwerfung der mündig gewordenen Kaputtheit. Und zwar von seiten der Kaputten, die zum Zwecke der Selbstverwirklichungsriten nach dem Abfall der Medienerfolge schnappen als Notwendigkeit ihrer Freiheitsillusion im Zeichen größter Abhängigkeit. Der Chef der Gruppe dient sich den Medien an, und die von ihm Abhängigen sind ihm gefügig und lassen sich unterdrücken bis zur Selbstzerstörung, indem er ihnen diese Erfolge zur Selbstverwirklichung ihrer Zerstörungszeremonien garantiert. Und manchmal sogar entsteht nicht nur eine Spiegelung der Zeit, sondern Kunst aus den Leiden an ihren Wunden, sich selber zugefügt aus den Riten dieser Lüge. Aber, wieviel Leichen sind erlaubt bei der Herstellung der Kunst?

Zwänge. Da sein Vater Technokrat war, mußte er Künstler werden. Und weil dieser Vater Nazi war, gab er sich als linker Rationalist. Und weil sein Elternhaus bürgerlich war, liebte er proletarische Provokation. Wehe aber, wenn diese Aufträge in Deutschland erteilt werden. Welch einengende Mechanik der Aufklärung.

Emanzipation. Wieviel einfacher wäre es, wenn man die Stellung der Frau als Unterprivilegierte nicht definierte aus ihrer Stellung rechthaberisch als Frau, sondern in Anerkennung ihrer Schwäche durch die Natur und dadurch oft benutzt. Dadurch begeben sie sich der Chance der Schwächeren, nämlich stärker zu sein, als Unvernünftige der Erde näher und als der Jagd nicht zugeteilt, die Friedfertigeren der Geschichte zu sein. Jede Konkurrenz mit dem Mann macht sie schwächer, unvernünftig und aggressiv.

Vom letzten Gärtner bis zum Chef. Die Gärtnerarbeiten machen jetzt bei uns die Türken. In Kalifornien die Mexikaner und in Israel die Araber bei den Juden, all die underdogs, was früher die Sklaven machten, in unseren Demokratien. Wenn der Chef aber im Garten arbeitet, ist es sein Hobby, und als Geste der Freiheit genießt er das Ansehen des höchsten Luxus, von dessen Glanz unsere Arbeiter und Angestellten sich etwas nehmen, wenn sie garteln gehen. Im Zwang das Letzte vom Letzten, als der Freiheit höchste Lust. Was wir also Zwang oder Lust nennen, wird nur durch die Umstände bestimmt, unter denen wir es betrachten. Wie reif und unseres Kultur-Alters würdig, wenn wir unser Leben so sehen können, die Arbeit, die Geschichte unseres Europas.

In unseren Parks, im Englischen Garten zum Beispiel in München, regulieren und betonieren sie jetzt auch die Bäche. Was früher die Wasser besorgten, das leichte Ausfransen der Ufer, wo die Enten nisteten und die Füchse sich anschlichen, fiel auch in den Parks der Flurbereinigung demokratischer Strukturreformen zum Opfer. Was über 200 Jahre die Fürsten und Könige angelegt und Goethe besang in Gedichten vom Nebel, ordnen nun die demokratischen Verwalter für die schamlosen Nacktbader im Sommer unserer Freizeit. Und wie in den Parks unserer Städte, so in der EG, was sie Europäische Gemeinschaft nennen. Und nachts ziehen sie heimlich aus, die Bäume zu fällen, daß am Morgen, wenn die Bürger zur Arbeit gehen, vollbracht ist, in

Heimlichkeit, wovor sie sich schämen vor unseren Augen und unserem Widerstand.

EG. Eine Liste im Fernsehen. Es zahlen die drei Größten: Frankreich 0,6 Milliarden, England 2,6, Deutschland 5,6. Die anderen nehmen. England protestiert bis zum Bruch. Bezahlt wird Überproduktion, damit die Bauern ruhig sind und wählen, die Regierenden, die Europa zerstören. Und immer mehr wollen teilnehmen von den Kleinen. Bei Deutschland um Liebe buhlend. Und sie hatten vergessen, daß schon einmal Europa den Verlierer des Krieges zahlen ließ bis zum eigenen Ruin. Wer sich auf Zahlen einläßt, nehmend oder gebend, lebt vom vorgezogenen Ende seiner eigenen Enkel.

Als zu ihm kam die Meldung vom Tod des berühmten Landsmanns aus England, weil dieser sich selbst vernichtet hatte angesichts dieser Welt, fühlte er sich wie ein kümmerlicher Verräter, daß er noch lebte in dieser selben Welt.

Nachtrag. Zum Richard-Wagner-Kopf in Berlin. Drei Monate später war er in großen Teilen zerstört. So das Kinn und die Augen, in deren Höhlen die Kundry sang: müde, schlafen, schlafen. Bilanz am Ende der Ausstellung des *Gesamtkunstwerk*, in den Anlagen des Schlosses Charlottenburg, in dem nun eine Ausstellung über Deutschlands Landschaft heute folgte, eine Folge von Bildern mit verbundenen Bäumen, verschmutzten Wassern, und der ganzen Katastrophe unserer Zeit, so auch dies ein treffendes Monument, nun auch wieder für diese Welt der Kopf Richard Wagners, die Totenmaske als Filmkulisse und Rudiment der Ausstellung vom *Gesamtkunstwerk* nun selbst eine Ruine und von der Berliner Presse als Schandfleck zum Verschrotten freigegeben.

DIE NACHT. Musik Johann Sebastian Bach. Das wohltemperierte Klavier. Vom selben Komponisten der schönen Titel, Kunst der Fuge, und das musikalische Opfer. Gespielt von Svjatoslav

Richter, aber dargestellt wird Glenn Gould von einer Frau, Edith Clever. Gemeint ist die Einsamkeit der Cellosuiten, zum Beispiel Nummer 6 mit Pablo Casals.

Produktionssituation: DIE NACHT (Anfang Mai) Kalkulierte Summe DM 1300000,–.

Berlin DM 300000,– statt DM 400000,– beantragt und möglich (Low-Budget-Förderung für Anfänger), verlangt wird 20% Eigenmittel. ZDF DM 500000,–, verlangt wird 20% Eigenmittel. (Film-Fernseh-Abkommen.) ORF DM 50000,–, gilt als Eigenmittel.

London, Channel Four, DM 100000,– (?), gelten als Eigenmittel. DM 200000,– Antrag läuft bei FFA (Low-Budget-Förderung, Experiment und Anfänger).

Falls London doch noch abspringt wegen zuviel Untertitel, würde alles andere scheitern, selbst bei größter Einschränkung bei der Produktion, da keine Eigenmittel.

Studio in Berlin besetzt, da kein Vertrag möglich vor Budget-Sicherung. Zu spät, aber nur in Berlin möglich zu drehen.

Edith Clever, seit April am Text arbeitend, beurlaubt vom Theater, da sonst der Text für mehrere Stunden bis November Drehbeginn nicht steht. Arbeit ohne Geld, ohne Vertrag, Unterbrechungen der Arbeit durch Gastspiel: zwei Wochen in Rom, *Orestie*, eine Woche, kurz vor Drehbeginn, *Drei Schwestern* in Paris.

Absagen für das Theaterprojekt *Die Nacht* vom Hamburger Schauspielhaus, ohne Antwort auf Briefe nach anfänglichem Interesse; Absagen aus Berlin, Schaubühne, ohne Antwort auf Briefe nach anfänglichem Interesse. Es bleibt Einladung aus Paris mit reduziertem Plan, Text nur gesprochen, ohne Bau, kleinste Lösung. Projekt gerettet für 2 Vorstellungen in jedem Fall, gerettet wie der LUDWIG vor 12 Jahren, ein halbes Jahr im Pariser Kino, wie der HITLER und PARSIFAL ohne Geld aus Frankreich nicht existieren würden.

Ablehnung FFA. Zuviel Gage, Regie/Buch (nach Aufstellung des Steuerberaters 5 Jahre Verdienst mit pro Monat DM 3000).

Präambel für einen eventuellen Antrag zur Förderung der NACHT bei der Projektkommission des Innenminsteriums. Ich bitte um Förderung, wie Nachwuchs und unabhängig von gestriger Tagesaktualität im Sinne der Förderung einer künstlerischen Idealentwicklung des reifer und älter Werdenden in der Linie seines Werks.

Ohne Wiederholungen anzustreben, ohne vermarktenden Protest, an der Spitze der Zeit und eventuell dagegen.

Und ich bitte nicht, den LUDWIG oder HITLER oder PARSIFAL zu vergleichen, oder irgendeinen anderen, sondern das Projekt zu messen an dem, woran der Autor und seine Mitarbeiter seit 3 Jahren gewachsen sind mit anderen Aufgaben, mit hoffentlich der gleichen Intensität des Neuen, den anderen voraus zu sein und abseits vom Establishment der nachfolgenden Medienmeinung und Publikumsbequemlichkeit, oder jener Künstlerbosse der avantgardistischen Theater mit Millionenetats.

*

G. erzählt von seiner Arbeit an der UNENDLICHEN GESCHICHTE. Wo er die mechanischen Puppen geführt mit 12 Puppenspielern über Monitore und an Hebeln, wie Flugzeuge geführt werden, in einem 60-Millionen-Film, worauf die deutsche Filmindustrie stolz ist. Er erzählt auch, wie die mechanisch geführten Puppen lächeln, wenn sie die Augenbrauen heben, im Gegensatz zu den ferngesteuerten der Elektronik. Es ist derselbe Mann, der am PARSIFAL beschäftigt war und schon im HITLER-Film, in der Abteilung der Puppen, Stichwort: Wozu Filme wie diese nötig sind in einer Industrie, die sich als Filmindustrie mit entsprechendem Forschungsinteresse versteht.

G. erzählt auch, wie er sich erinnert an Zeiten vor über 15 Jahren, als wir uns trafen auf den Gängen und Plätzen und in der Kantine des Bayerischen Rundfunks und im Vorbeigehen immer einer dem anderen einen Witz erzählend. Und heute? Als ich antwortete, was ich mache, einen Monolog, eine Person, im Dunkeln, schwarzes Studio, viele Stunden, Titel: DIE NACHT, lacht er laut und sagt, das ist er ja, der Witz, der Witz von heute. Nur heute wird er realisiert. So komisch sind wir.

*

Freund Bernard S. aus Paris gestern am Telefon. Er habe CÉLESTE gesehen. Wenn er CÉLESTE sehe, wüßte er, wer Syberberg sei, und er meint den Unterschied. Daß er ausgerechnet die Geschichte dieser Hausangestellten von einem Proust vergleicht mit dem Autor der Könige und Tyrannen und eines PARSIFAL, ehrt B. S., beweist die Genialität, in Paris zu wohnen.

Anfrage aus Chicago, dem Zentrum der amerikanischen Architektur, ich möge Details für meine Vorstellungen für ein »Cinema for the Future« liefern, wonach an amerikanischen Universitäten ein Wettbewerb organisiert würde zu diesem Thema mit anschließender Ausstellung, Tagung, Vorträgen usw. Korrektur.

DIE NACHT wäre doch möglich: bei Verzicht, oder wie man euphemistisch, d.h. schönrednerisch sagt, bei Zurückstellung der Gage von Regisseur-Autor und Darstellerin. Alle Gelder dann, die hereinkämen, mühsam errungen, aus einzelnen Tikkets und Überlegungen, wie man der Routine des Geldverdienens von Zeitungsannoncen und Kinos entgeht, käme den staatlichen Geldgebern zugute, wie das so angehäufte Produktionsgeld von einer Million den Studios von Berlin für DM 300000 Gegengabe.

Vorschlag an die Gewerkschaften, die gerade für die 35-Stunden-Woche zu streiken beginnen... Wieviel Jahre Arbeit mit Rückstellung oder Verzicht... also streiken wir...

Trost. Wenn ich die Gremien anschaue, die da ablehnen, ohne auch nur den Gegenstand ihres Urteils zur Kenntnis zu nehmen, und überlege, sie hätten zu entscheiden. Es gäbe keine Kunst Europas. Wovon ganze Länder leben und Städte und Gemeinden. Keinen Goya, kein Delphi, keinen Liebermann, kein Florenz, keinen Beethoven, keinen Heine, keinen Wagner. Demokratiekunst oder Kunst der Demokratie. Wir sind zu uns selbst gekommen. Die Arbeiter sind für die Demokratie, weil..., ich bin für die Monarchie, die..., und ich höre, wie sie alle schreien, die es gut mit mir meinen, verrückt, das zu sagen, schweigen? Wann haben wir zuletzt geschwiegen, Verfolgung? Und gleich dagegen, wenn ich höre wie der Erbe der Habsburger eine Margaret Thatcher adoriert, also gegen die Könige wie immer. Wer wird nach uns sprechen von ihnen in 100 Jahren ohne diese List und ohne die Gaunereien und ohne die Schiebung, das Abgetrotzte, wenn wir es denn doch noch zustande bringen unter ihrem Hohn? Wissen das die Arbeiter, haben sie, wir das gewollt? Die Demokratie, die wir gewählt, Schicksal? Die aufgeklärten Intellektuellen mit dem aufrechten mündigen Gang, lachen beim Wort Schicksal kämpferisch und senken die Daumen für das zukünftige Leben. In der Kunst.

Das Schmutzige und das Freche. Es ist das, was Schiller das Gemeine nannte und was Hölderlin sah und beschrieb als Vision des Untergangs, das, was heute und überall greifbar eingetroffen ist. Das schmutzige und freche Denken hat gesiegt. Was einmal als Provokation für ein eigentliches Ziel begann, wird ständiger Aufenthalt. Das Ziel ist vergessen. Es bleibt, was kommt nach der Provokationsleere, was dem Konsumismus dient, aus dem die Plastikästhetik folgt, das, was die Medienmeute erfrecht und aus dem die Karrieren gemacht werden. Und aus dem die Schuldabweisung sich nährt durch Gesellschaftsanschuldigung und Flucht in die Kindheit. Öde nazistischer Elternabstoßung.

Und selbst und gerade dann, wenn sie Gefühle zeigen und sich der Traditionen plötzlich erinnern, sei man besonders vorsichtig. Man kann ihnen nicht trauen. Alles ist Versatzstück, und in diesem Fall besonders, einer gemeinen Provokation. Wer sich darauf einläßt, wird ausgelacht. Man sehe sich vor ihrem Gelächter danach vor, wenn sie das, was sie vorher getan und vorgegeben, als neue Entdeckung alter Erinnerungen erklären, als seelenlos und böse Tat. Das ist keine Änderung, und Reinheit lernt man schätzen, die Reinheit der verlorenen Naivität, wie nie zuvor. Und der Wahnsinn wird geil und Schmutz, aus dem dieses Denken kommt. Alles was sie angreifen, machen sie dreckig, alles dient dem Gelderwerb und ist Gier und keine Rettung mehr. So sind ihre Bilder und Töne und Gesichter und die Gefühle wie das Denken und die Liebe wie der Tod. Und wenn sie die Literatur nun illustrieren, auf ihre Norm herunterbringen, was einmal Provokation war durch Größe und nie groß war durch Provokation, dann sehen die Analphabeten nur Langeweile und fliehen zurück zur Alltäglichkeit der heutigen, mit Recht, zur Authentizität der Melodramen ihres Computersystems. Denn weil das Große provoziert, meinen sie, sie seien groß, wenn sie provozieren. Und sie glauben, es entstehe Kraft aus dieser Provokation, wenn sie nur einschüchtern und zerstören, als letztes Mittel ihrer zynischen Macht im Gewand der ironischen Entmythologisierung. Die Kultur aber wird im Lande ohne Kultusminister der Bürokraten von der Medienmeute gemacht und so sieht sie dann auch aus. Die Aufklärung, ihre heilige Kuh, ist der aufrechte Gang mit gebrochenem Rückgrat, der Protest- und Progressivspießer in der Plastikzeit. Im Jahre des Fortschritts. 1984.

Aber weh! es wandelt in Nacht, es wohnt, wie im Orkus,
Ohne Göttliches unser Geschlecht. Ans eigene Treiben
Sind sie geschmiedet allein, und sich in der tosenden Werkstatt
Höret jeglicher nur, und viel arbeiten die Wilden
Mit gewaltigem Arm, rastlos, doch immer und immer
Unfruchtbar, wie die Furien, bleibt die Mühe der Armen.

Und ich lese, wie in Frankreich jetzt unter den Linken sogar diskutiert wird, im Moment, da es den Bäumen egal ist, ob Sozialisten oder Kapitalisten sie morden, und dem Boden, wer ihn zerstört, oder dem Wasser, wer es verseucht, lese, wie Unternehmertum kreativ sein könne, nicht nur Arbeitsplätze schaffen, sondern Geld als Basis für andere Erfindungen, technische, soziale, finanzielle, Grenzen überschreitende, gegen Automatisierung und antihumanen Effekt verstanden werden könne, lese, wie die Antriebe zur Phantasie überall zu finden seien, ob nun in den Worten, in den Tönen, in den Bildern oder im täglichen Tun, welcher Art auch immer, und wie das zu nutzen und zu stärken sei, wie auch immer organisiert. Und ich erinnere mich, was letztenendes in den Ostländern des sogenannten Sozialismus jede Initiative, jede Individualität, jeden Willen, das Künstlerische in jedem Bereich des Lebens abtötete. Auch das Geldverdienen ist organisiert, Denken, Hände, Kopf, Bewegung, die Arbeit und das Pausemachen, von Feiern und Weitermachen, und ist dem Menschen eine Kunst, abgesehen von Dingen der Reklame und Konsumismus, wie man statt Kapitalismus sagen sollte. Und wieder liegt Deutschland weit zurück. Immer noch im Wiedergutmachungsgestus der Protestgeneration, ranzig geworden und befangen, sehen wir nun selbst die Söhne der ehemaligen Nazi-Unternehmer große Stiftungen machen mit Sozialnostalgie und Poesie-Alibi. Was früher einmal der Fröhlichkeit der Wissenschaft diente in provokativem Gestus, gegen die Sturheit des Zeitgeistes, wird nun Sentimentalität eines Medienopfers von *Frankfurter Rundschau* bis *Zeit*-Feuilleton und den Kulturjournalen der Radio-Schickeria in München.

Hölderlin, der wahnsinnig wurde an seiner Zeit und sich in dieser Zeit, und an den Menschen, konnte immerhin sagen, noch flössen die Wasser vom Berge ins Meer, er meinte Wasser und keine Kloake, und er konnte sprechen, noch rauschten die Wälder, wenn auch die Götter verloren gingen, er konnte sprechen von Mutter Erde und dem Äther, in dem »zufrieden und frei die Helden der Nacht, die Gestirne den Garten durchwandeln.« Aber, was machen denn wir, selbst wenn der Wald und sein Sterben uns nun zur Prüfung auferlegt werden, wie schlecht hätten wir sie bestanden, ohne Wahnsinn und als ob nichts wäre.

Oscar-Kunst des 20. Jahrhunderts. Auch als ob es nichts wäre, sehen wir Hans Castrop bei Madame Chauchat in der Verfilmung des *Zauberberg* kürzlich nächstens im Bett. Eine Szene, die bei Thomas Mann vorher endete mit einem Punkt, und dem Wunsch der Madame Chauchat nach dem großen Liebesantrag, er möge ihr den Bleistift nicht zurückzugeben vergessen, um den er sie gebeten. Nun ist diese Szene als Titelbild Zeichen für das ganze Programm unserer Fernsehwoche. Die nicht vorhandene Szene von Thomas Mann im elektronischen Wohnzimmer ist Symbol für dessen Verfilmung. Auch als ob es nichts wäre, sehen wir Monsieur Swann, in der Verfilmung Prousts, im Bordell nach Art unserer Medien. Dort, wo Proust mit Noblesse ihn sitzen läßt und schauen und fragen und gehen, nun einen Schauspieler in sodomitischer Stellung mit heruntergezogenen Hosen und Zigarette im Mund, als ob es nichts wäre. Ich höre den Regisseur bei seiner Arbeit, der Kunst, Filme zu machen, Anweisungen geben, ›etwas mehr links, etwas mehr rechts‹ und ›dann machst du‹, und vielleicht macht er vor, Regie: Schl. bumst Proust. Tote Hose. Schl. und der Regisseur des ZAUBERBERG sind keine Dummköpfe. Was treibt sie, sich so zu erniedrigen, mitzumachen?

»Die Änderungen der Richtlinien zur Filmförderung sind des Innenministers größter Erfolg.« Die Geschichte wird ihn als Nero der Kulturverbrennung beurteilen. Das Ausland, schon jetzt, als treuester Anhänger und Beobachter des deutschen Films als Äußerung unseres öffentlichen Lebens, wird nach seinem Stand die deutsche Demokratie einordnen. Gewünscht sind die neuen Computer-Schnulzen amerikanischer Kolonialsprache von UNENDLICHER GESCHICHTE bis Proust-Illustration und Supernasen-Klamotten. Der Autorenfilm, der die Kultur dieses Staates authentisch im Ausland repräsentierte, ist nun zuende gebracht, nachdem Autor und Regisseur und Produzent eines Films, sobald er in Personalunionen auftritt, wie es das Gesetz des Autorenfilms verlangte, behindert werden durch finanzielle Reglementierung. Kultur dieses Landes, in der Verfassung des Kulturstaates im höchsten Rang gesetzt neben Rechtsstaatlichkeit und Sozialstaat, ist in Bayern gleichgesetzt mit dem neuen Verfassungsrecht des Umweltschutzes. Aus der Behandlung der Kultur kann man entnehmen, was sie mit dem Schutz der Umwelt vorhaben. Es gibt kein Erbarmen mehr mit uns. Der für kulturelle Dinge zuständige Minister in Bonn kommt aus Bayern.

Was sind das für Kulturpreise, bei denen man dem Staat das Zweifache der zu erhaltenden Ehre in Form von Geld mitzubringen hat, um einen neuen Film machen zu dürfen mit dieser Auszeichnung. Preise, ausgestopft mit Laudatio und Preisinsignien und Festakt, am Ende nach preußischem Klassenwahlrecht geordnet, bei dem die Reichen mehr wert sind als die Armen, mehr Stimmen haben, ihre Meinung zu sagen und die Welt zu bestimmen, als die mit weniger Geld.

Der finanzielle Zuschuß aus Berlin für den neuen Film DIE NACHT liegt im Rahmen der Low-Budget-Förderung, und das ist die Größenordnung, wie sie für Anfänger vorgesehen ist.

Und so ordnen sich die Dinge. Was kommt nach der Kunst. Die Kategorie des Schmutzigen, der Sieg des Authentischen, des sich spiegelnden Hohns der Zeit. Dies ist »keine Zeit für Könige«, und »wozu Dichter in dürftiger Zeit«. Dichter nur in Zeiten der Könige? Die Dichter sind nur so gut wie ihre Könige, und ihr Reich ist nicht von dieser Welt. War es nie – und nun ohne Reich und ohne Welt?

Zurück vom Ausflug, wissen wir, wo früher gewachsene Städte waren mit lebenden Toren und Wasseradern für Gärten von jedem von uns, und was später geöffnet wurde in die grünen Gürtel, wurde nun zu eisernen Betonringen, was sie Stadtring, Autobahnen nennen, die Hölle aus Gestank und Lärm. Um uns ein Ring, der uns zuschnürt, in Schläuchen von Ausfahrthöhlen und hohen Wänden und Überführungen, zwischen ihnen die Menschen, wie Pferde auf Asphalt, sterbend oder nicht mehr Pferde zu nennen. Und vom Innern eingezwängt durch den

Schmutz der illustrierten Wegwerf-Vergangenheit für Analphabeten, in der Kolonialisierung unserer Freunde okkupiert. Dazwischen: wie verlorene Türme des Überlebens, wie Inseln unseres Wahnsinns im Ansturm ihrer Vernunft, aus den Wahnsinnstürmen, wie letzte Botschaften, daß wir noch leben im Meer der Erinnerungen unserer Wälder, zwischen den Flüssen und Weingärten alter Bilder und Töne, manchmal nah, Fragmente mühsam zusammengebracht und oft erst entdeckt nach Jahrhunderten, für die Freunde und für manche schon jetzt.

Schuldlose Schuld, ohne diese Schuldlosigkeit keine Tragik, und ohne diese Schuld keine Katharsis, die für alles Nötige Reinigung. Ohne dies keine Erfahrung und ohne Erfahrung kein Leben, und der Hund biß die Hand, die ihn füttern wollte und streicheln.

Man mag sie wässern und die Sonne sie bescheinen lassen, es muß eine Rose sein, damit die Rose blüht. Ist auch umkehrbar: Die Rose ohne Sonne und ohne Regen, welche Frechheit des Gärtners, es dem Genie der Rose zu überlassen, daß sie blühe.

Nach dem neuen Erlaß, der dem Innenminister erlaubt, Filme noch einmal zur Prüfung für den Bundesfilmpreis vorzuschlagen, wurde der PARSIFAL wegen Unregelmäßigkeiten des letzten Jahres also noch einmal ins Rennen geschickt, höre ich aus Bonn. Sie entschieden dagegen. Dieselben Leute vom letzten Jahr, daß er kein Film sei? Daß keine Unregelmäßigkeiten, von denselben Leuten nun bescheinigt, als Richter in eigener Sache. Andere? Vorsorglich haben sie den Film nicht erst angefordert, um ihn nicht ansehen zu müssen. Dieselben? In der Berufung? Demokratie im Rechts- und Kulturstaat, Deutschland. Rechts wie links oder liberal, es bleibt das gleiche.

Wenn ich den Film auf Video zur Premiere brächte, bekäme ich kein Kino. Es ist wie die Drohung der Emanzen mit dem Entzug von Sexualität oder Liebe, die keiner von ihnen will, in ihrer

Unmenschlichkeit. Wer die Liebe will der Frauen, sucht sich nicht Männer, die keine sind.

Er schaute immer auf einen Punkt. Aber dieser eine Punkt war alles. Mehr, eine ganze Welt, doch nicht mehr, als er schauen konnte. Und er mußte viel schauen und viel sein.

Was die sogenannten Linken und Liberalen, die dogmatisch und ranzig gewordenen Aufklärer vorgegeben, nehmen schnell und frech die Altherrenriegen der Rechten, sich andienend, wo sie niemandem schaden außer sich selbst, wie schon die anderen, ihr Bestes, und sie wissen das, ob links und rechts verratend. So wie es Wäldern gleich ist, ob der Schmutz von links oder rechts sie zerfrißt.

In grauen Betonschläuchen windet sich das Labyrinth ihrer Ausfahrten, Umgehungsringe, Über- und Unterführungen um den Leib ihrer Zentren, in denen sie leben, an den tickenden Maschinen, die den Exitus anzeigen ohne Erbarmen.

»Action«, sagte der Regisseur zum Darsteller des Monsieur Swann, ohne Hosen nun, und er zündete seine Zigarette an, hinter und über der tiefgebeugten, nackten Hure, die es bei Proust nicht gab. Überschrift »Regie«.

Für nicht förderungswürdig befanden die fachkundigen Persönlichkeiten des Innenministers der Bundesrepublik Deutschland in ihrem Filmgremium und sahen sich den Film lieber gar nicht erst an. Oder waren in der Berufungsverhandlung diese Persönlichkeiten dieselben wie vor einem Jahr, die bekannt hatten, der Film sei gar kein Film und Regie habe nicht stattgefunden (verantwortlich: Betteken, Kutter, Luft, Rohde, St. Wolf, Borgelt, Opitz, Röpke, Röthemeyer, H. R. Müller, Goldermann, Brüne, Bauer).

Frieden – wofür? Stand unter dem Bild, das nun ein Allerweltsbild geworden ist: vom untergehenden Wald. Auf einem Plakat von Staeck, ein Plakat, das es nicht gibt.

In einer unserer großen Zeitungen, und wir sprechen nur von den Meinungsbildern dieser Dimension, die Meldung einer Retrospektive Kluges in Paris. Dazu die Mitteilung an die deutsche Provinz über Paris, wo auch sonst die Filme Premiere haben von Schlöndorff, Herzog, Wenders, vor Deutschland! Der Pariser Korrespondent dieser Zeitung war einer der drei einzigen aus Deutschland informierten und teilnehmenden an der PARSIFAL-Premiere in Paris vor zwei Jahren, vor Deutschland aus gutem Grund. Auch müßte er wissen, daß und warum der HITLER-Film dort und nicht hier lange lief vor Deutschland, und wo die WINIFRED WAGNER zu sehen war auf der ersten großen Retrospektive, in der dortigen Cinemathèque, vor Deutschland, und immer wieder, warum wohl? Und wer das alles erfand und seit wann, und wo denn die Namen der anderen waren 1973, als dort der LUDWIG ein halbes Jahr lief und nur dort und warum. Gegen Visconti, den Großen. Und ohne Unterstützung sonst üblicher Distributionsapparate. Wie leicht sich das sagt, ohne Agenten, Multi-Interessen und ideologische Einschüchterung. Warum die Informationssperre? Vergessen? Warum, in der Redaktion redigiert? Warum, wer soll es nicht wissen und warum? Warum, frage nur ich.

Und es wurde immer mehr zum Spiel um eine S.-Legende mit gar nicht so uninteressanten Ursachen und üblen Folgen im Lande der Hitler-Nachfolger.

Wenn der *Spiegel* schreibt vom »Hitler-Ikonographen« S., also im Sinne der Heiligendarstellung, und die *Zeit* von seiner »Hitler-Minne« schreibt mit »sagenhaften Anschlußbemühungen«, dann ist da wer freigegeben, mit der Anweisung, wer den anfaßt, macht sich schmutzig, und wer ihn verhindert, darf sich schmücken, öffentlich, und ist selber frei und ohne Makel, ein Aufklärer und endlich bewiesenermaßen ein Antifaschist.

In den Ländern der Sieger über die Väter dieser Hitler-Kinder stehen sie sprachlos vor dem aufgegangenen Erbe, und die Kinder der Opfer haben lange erkannt, wer hier die eigentliche Arbeit tat, redend und schreibend, und verhöhnt nun auch sie?

Und als sie dachten und meinten, nur weil Hitler die Mütter geehrt und die Künste, die Mythen und Feste und Felder und Kleider und Gesichter und Heimat und Vaterland und Ehre und Treue und Würde angerührt hätte, dürfe man es nun freigeben, verlachen, verachten, wurde über Nacht das Miese in ihnen zum Geschäft, und wie immer weltweit waren sie plötzlich wieder dieselben vorneweg.

Die Frauen sprachen vom Recht am eigenen Körper, wenn sie das ihnen anvertraute Leben wie Heldinnen des Mords veruntreuten, und die Politiker schafften ihren Kulturminister ab, und die Intellektuellen höhnten über alles, was ihnen einmal heilig war. Ein seltsamer Sieg über sich selbst. Von wem?

Medien-Demokratie. Die Mehrheit gewinnt, und man gewinnt sie auf dem Markt der Medien durch Verteilung der Meinung, die gewählt werden soll, verkauft wird, und gekauft werden sollen Personen, Bücher, Theater, Filme. Es muß bezahlt werden. Bezahlt werden kann mit Geld, wie es die Reklame für die Produkte tut, oder mit Ansichten, wie die Medien verlangen, d. h. wovon sie leben, und das ist die Ideologie, der von ihnen bequem aufgebaute und verkaufte Konsensus allgemeinen Denkens oder geschäftiger Povokation dagegen. Das kann geschehen mit Skandalen, oft gegen den Willen der Betroffenen oder sogar mit deren Nutzen und Lust daran. Medienkarrieren können auch gemacht werden durch Rückzug aus ihnen, wenn man die von den Medien aufgebaute Macht nach Erreichung eines Kultzustands zu meiden vorgibt. Denn die Medien, die eigentlich Herrschenden der Zeit, schwankend zwischen den Ideologien und Moden des Verkaufbaren, abhängig von dem, das sie selber aufbauen, das sind immer die niedrigsten Instinkte in jedem von uns. Und man schaue ihre Bilder an und Überschriften und vergleiche die Realität, die sich allmählich und immer mehr der von dieser Welt, dieser Pseudowelt, angerührten angleicht.

Plato, Nietzsche, Richard Wagner, die Bibel, Hölderlin, alles brachten die Nazis zur Erfüllung. Das ist die Diktatur der

Vernunft des Massenzeitalters vor seiner Befreiung zum Untergang. Denn alles hat seinen Preis, die alten Analphabeten gibt es nicht mehr, aber auch keinen Hölderlin, der sich der Welt entzöge aus Verzweiflung über seine Erkenntnis. Alle sind wohl gekleidet und gewärmt, niemand friert, alle haben ein Dach über dem Kopf, und Heimatlose ohne Gesang ziehen durch die Stätten der Freizeitkultur unserer Befreiung. Jede Zeit hat ihre Versuchungen und Formen, wie man sich ihr andient, korrumpiert, geprüft wird, Widerstand leistet, mit ihr spielt, seinen Preis bezahlt und was sie dafür gibt. Wenn das, was sie gibt, zuwenig wird, wozu? Wie traurig, wenn sie davon leben, wenn ihre Helden und Symbolfiguren auf die Versäumnisse der Väter zeigen müssen, um von ihren eigenen Sünden abzulenken. Wie fatal, wenn die Verbrechen der Väter weniger waren als der Ausverkauf der Welt im Nichts der alltäglichen Dinge, das kann geschehen, auch im Weltall der Seele. Zur Peepshow des Kinos, dem man sich andient.

Worte der »fachkundigen Persönlichkeit« H. B., des Innenministers in Sachen Film: (auch FFA Berliner Filmförderung wie BMI-Ausschuß)

»... der filmische *Endverbraucher:* das Publikum... das *Produkt* der Berliner Filmemacherin H. R... Wenders wie Lilienthal sind *künstlerische Potenzen...«*

Bundesfilmpreis-Kommissionsmitglied Hans Borgelt in seiner Laudatio, 1983
Zitat nach *Medium*, Juli 1983

An den Herrn Vorsitzenden und die Mitglieder der Kommission Deutscher Filmpreis in einem eigenen Rundschreiben nach einer Diskussion, die nicht stattfand.

Ich habe in unserer Diskussion überspitzt gesagt, für mich sei dieser PARSIFAL kein Film, sondern die »Verfilmung einer Bühnen-Inszenierung, die nicht stattgefunden hat«. ... Ohne damit der Oper zu dienen, geschweige denn dem Film ...*nicht vergleichbar mit den Produkten von Filmemachern, die hundert-*

prozentig originäre Schöpfungen vorlegen. Es wäre ungerecht, diese in einer Prüfung, wie sie unsere Kommission vollziehen mußte, gleichberechtigt nebeneinander zu werten.

Goethe: Höchstes Glück der Erdenkinder sei nur die Persönlichkeit.

1984. Deutschland ein Rechts-, Sozial- und Kulturstaat.

Die Amortisations-Chancen. Bis Ende 1982 hatten von den bisher rund 150 (auf Verdacht der Wirtschaftlichkeit hin) FFA-geförderten Filmen gerade sieben ihre Darlehen abgestottert. Von dem, was die Zuschauer an der Kinokasse bezahlen, gelangen bei deutschen Filmen nur drei bis acht Prozent an den Hersteller zurück.

Ins Kino gehen nur noch 4,3 Prozent der Bevölkerung, jedoch beinah 90 Prozent der Jugendlichen. Die 14–19jährigen stellen 11,3 Prozent der Gesamtbevölkerung, aber 43 Prozent der Kinogänger. Die Zahl der 14–17jährigen schrumpft in den nächsten Jahren um beinahe die Hälfte, die der 18–24jährigen geht langsam, aber in den 90er Jahren ebenfalls drastisch zurück. Diese Jahrgänge stellen den Löwenanteil des für das heutige Kino noch mobilisierbaren Laufpublikums.
Zitat nach *Medium*, Juli 83

Der Verlust des vorgeschichtlichen Mythos in unserer äußeren Geschichte durch die wissenschaftlichen Forschungen wurde ersetzt durch die Entstehung der Mythologie unserer Individualgeschichte, der inneren Entwicklung in jedem von uns. Marx und Freud bedingten einander. Der Klassenkampf der Triebe bis zur Utopie der erlösten Seele durch Selbstverwirklichung?

Seit Sigmund Freud die Erkundung der Seele aus ihrem naiven Stand der Kunstbeobachtungen und ihrer eigenen Logik und Wahrheit ins Stadium der Wissenschaftlichkeit gebracht hat, wurde die Seele des Menschen zum Steinbruch der Gefühle. Erforschungen neuer Kontinente, Entdeckungsreisen in die unbekannte Natur der Psyche des Menschen, wurden zum neuen Land, nachdem die Realität schon verteilt war, und das Urgestein der Genies und der Kunstproduktion selbst wurde zum Gegenstand der neuen Untersuchung und phantastischer Gebäude einer neuen Kunst. Die Kunst nach Freud benutzte nun wissenschaftliche Entschlüsselungen zu neuen Verschlüsselungen, wie Goethes Dramen bis Richard Wagners Musik die Geschichte benutzte, nach deren Entdeckung in der europäischen Rationalität.

Die Mythologisierung der Seele begann. Im Kopf angesiedelt mit den Elementen der Stoffe und Farben der Analyse unserer Triebe zur Musik in neuen Schichten und Collagen, zitiert aus Geschichte und unserer Existenz der neu gewonnenen Seelenwelt und Erkenntnisse zu einem neuen Kosmos.

Man kann sich die Produktion eines Films zum Thema Nacht nicht besser vorstellen als in einem Glashaus. Jedes Kapitel mit aufgehender Nacht und ihrem Untergang am Morgen. Die Kapitel nicht nach Textkapiteln? Kein Gebäude repräsentiert die Nacht so einsichtig und diaphan, wie das durchsichtige, eigentlich für die Sonne gemachte Gebäude der Glasarchitektur. Man müßte abdecken, schwarz, so daß man am Tage drehen kann und das Gerippe der Architektur, seine Struktur würde Wände, Dach und verschiedene Formen der Phantasien erlauben. Dahinter das Auf- und Abziehen von Mond und Sternen, Gewitter und Blitze, Sturm und die Geräusche der Nacht, von den Tieren bis zu den Sirenen, und alles wieder nicht möglich, weil kein Geld, und nur in Berlin, was die Auswahl verkleinert, da Berlin das Geld gegeben, einen kleinen Teil; dessen man auch dann verlustig ginge. So ist das nicht möglich, wie die Baupläne zur schwarzen Phantasie wohl auch an Geldmangel scheitern werden. Das große Buch, das nachgebaute Theater von Delphi, die Scheune als Weltengebäude und das Studio in Berlin besetzt durch Harald Juhnke-Produktionen und ähnliches. Drehen in der Nacht selbst, das heißt ohne Gebäude, ist wie die Unendlichkeit ohne Struktur als Maßstab jeder Kunst, also nicht möglich als künstliches Gebilde. Das Glashaus auch als Modell der Geburt des Films von den ersten Studien Méliès' usw.

Neues Filmprojekt, Titel: TURMFRAGMENTE (Hortus conclusus). Kapitel:
1. Beethoven (späte Quartette)
2. Friedrich der Große in Sanssouci mit Voltaire (Johann Sebastian Bach)
3. Brünhilde (Ende GÖTTERDÄMMERUNG und ihr Liebestod, das Ende der Welt)
4. Der arme Hölderlin, über 30 Jahre im Turm des Schreiners Z. von Tübingen (Bericht seiner Tochter über den alten H.)
5. Montaigne an seine Freunde (im Turm von M. in Aquitanien)

Eine alte Mauer, die einmal weg ist, die abgelagerten Teile von Staub und Moosen darauf und die Fugen der Generationen, kann nie mehr wieder sein. Kein Geld, keine Erfindungen oder selbst beste Einsichten und Absichten helfen. Was so einmal vertan wurde, ist vertan für immer.

Günter Grass freut sich über jede wieder aufgeblühte Knospe. Wird er alt, nun auch, oder ist unsere Kultur am Ende und er jünger als je zuvor? »Aus der Natur gefallen«, das sind wir.

Fotobuch von A. Stieglitz. Über seine Frau. Erst die Serie, der Zusammenhang der einzelnen Bilder des Zufalls, der Augenblicke, wie sorgsam auch arrangiert, vielleicht, machen einen Sinn fürs Ganze und geben jedem einzelnen etwas mehr als die Momenterscheinung des durch Knopfdruck entstandenen Bildes. Lartigue, Atget, Nadar, A. Sander, sie alle leben davon.

Was Zufall sein kann, jedem Kind möglich, wird durch die Aura des geistigen Zusammenhalts der Folge, Anordnung, des Themas der Serie seiner technischen Einsamkeit entledigt, und aus dem Schnapp-Schuß wird ein meditativ erfaßter Sinn einer nur so authentisch wiederzugebenden und eventuell geheiligten Situation. Das Nackte, das Affektierte von Handdetails,

Gesichtsschönheiten, Lichtspielen, alles ohne Belang, mehr oder weniger gelungen bis reizvoll, wie oft zu sehen oder mit dem Kitzel des Besonderen versehen, erhält erst durch die Persönlichkeit der Ordnung und Zuordnung seine ikonographische Würde.

Selbst Fotos von verschiedenen Fotografen, unterschiedlichster Herkunft und Professionalität, können in der Konzentration eines gemeinsamen Studios untrennbar zu einem werden, eventuell dem ähnlich, der sie leitet, ihn zu fotografieren oder festzuhalten, was ihm wichtig ist, wie seine Arbeit, und der so Dargestellte wird zum geheimen Autor der verschiedenen Fotos.

Alles, was wir tun, ist ordnen, am Ende, zuordnen, Systeme schaffen, Gebäude des Denkens, der Bilder und Töne und Gefühle.

Alles andere ist nur Zufall und ohne Genie. Ein altes Wort der Strenge, dem wir uns beugen, wenn Leben einen Sinn erhalten soll.

Wenn faschistische Ästhetik das Schöne und Große, die Begeisterungsfähigkeit und Mutterliebe behauptet und Mythos zugeschoben bekommt bis zum Umkippen in die Sinnlosigkeit der Geschichte, die so nun endlich zu sich selbst gekommen sei, und wenn den nachfolgenden Generationen, den sogenannten antifaschistischen Kindern, aus Trotz nur mehr das Häßliche, Kleine, Miese und böswillige Betrachtung der Lehr- und Lernprozessisten übrigbliebe, was ist dann Leben noch und Sinn?

Medien-Wahrheit. Ein neues Sissybuch. »Keine andere Sissy erscheint da, aber eine, deren Schwermut ...« Überschrift der Redaktion: »Die andere Sissy«. Selbst, wenn der Autor widerstand, wenn die Kritikerin nicht reinfällt in die billige Protestroutine, am Ende kommt die Zensur der schicken Feuilletonisten. Sie wissen, was geht. Sie haben es selbst so vorbereitet, sie wissen was gewollt, gedacht, gekauft wird.

Das Glück des Kleingärtners. Im Schrebergarten. Früher und in Berlin »Laubenpieper« genannt. Für die kleinen Leute, die den Slums entkamen. Viele sind aus diesen Randzonen der Städte vertrieben, sie erhielten, wenn sie bevorzugte Verträge hatten, Ersatz in normierten Plastikparzellen und Häuschen. Am Rande der Autobahnen manchmal zu sehen, die Entindividualisierung der Armen.

Das Haus, in dem ich wohne, steht auf der Hälfte eines solchen Schrebergartens. Von der Größe eines größeren Saales früherer Häuser. Vor 15 Jahren erwerbbar zum Preise, mit dem mein Vater 40 Jahre zuvor ein ganzes Gut in Pommern kaufte, mit 50 Kühen, 150 Schweinen, 14 Pferden, einer Schreinerwerkstatt und Stellmacherei. Und Sattler für Pferde, Wägen. Heute schätzen sie das Kleinhäuslerglück hier aufs Vierfache des Preises von vor 15 Jahren.

Eine Katze, ein Amselpaar, und im Mai über Nacht alles grün. Im Sommer leben, arbeiten und sind wir nur draußen. Es wächst, ich rieche die Erde nach dem Regen und die Sonne ist ein Privileg, wie Lebensbalsam für die dürstende Blume nach dem spärlichen Tau. Kratler-Glück in einer Umgebung, in der jeder vierte sein Land, die Herkunft, sagen wir ruhig Heimat, und den Grund verlor von Sprache, Dialekt, Familienensemble und Geschichte im Kleinen, aus dem das Große wächst. Häuser auf der Hälfte des Grundes, wo früher ein ganzer Schrebergärtner sein Holzhausparadies hatte. In der Mitte der Ausgebombten, wieviel Prozent in München, 70, 80, ich wage nicht zu denken 90 und mehr oft der alten Bausubstanz zerstört, und was alles noch. Warum so aggressiv, meine Nachbarn, Kollegen, die doch auch meine Freunde, Alliierten sein könnten. Mit etwas mehr Nachdenken, Reflektieren der Gründe, womit bezahlt wird, wenn nach den Sternen gegriffen wird, Paradiese der Geschichte realisiert werden sollten, Träume auf Kosten der hypnotisierten Gegner, die ja falsch und endlich weg sein mußten, wenn sie denn schon recht hatten, endlich zu sich selbst gekommen. Nach den Sternen gegriffen. Nur vor 50 Jahren?

Und ich sehe, wie die Katze die tote Amsel bringt, stolz, vor die Tür gelegt, in die Küche. Dies Nest hat nun verwaiste Eier in diesem Jahr. Und das Männchen lockt ein anderes verwaistes Weibchen. Der Gesang ist anders als der Triumph des nestbesitzenden Pärchens. Hoffend auf gleiches Unglück woanders und auf ein noch freies Anderes.

Und ich erinnere mich an die Störche vor dem Kinderzimmer, jeden Sommer. Die Schwalben in den Pferdeställen, so blau wie nur Blumen manchmal und braun das sorgfältig geordnete Gefieder, die Bachstelzen noch, alle gefährdet, höre ich, aussterbend jetzt, und dann die vielen Zaunkönige und Stare, Rotschwänzchen und Rotkehlchen, Elstern über den Kücken von Hühnern, Enten und Gänsen und Puten, die Tauben im flattrigen Schlag. Ein ganzes Zimmer mit Regalen von Nestern auf dem kotigen Dachboden über Waschküche und Sattlerei, wo auch der Koffer gemacht wurde, mit dem wir fliehen wollten, eventuell 1945, was dann nicht geschah, aus gutem Grund, und meinem Vater sei Dank für die Sichtbarkeit und Teilnahme mit voller Aufmerksamkeit an diesem Ende, ein Koffer, wie er heute noch dient, mit einfachem dicken Leder, ohne Futter und einem simplen Holzrahmen zur Verstärkung, auf den Reisen nach Paris zum Beispiel oder New York oder San Francisco manchmal, wo mein Vater nie hinkam. Wozu auch.

Der Kampf ums Heilige, für das wir leben, wie lächerlich in gottloser Zeit. Aber immer geht es um das Heilige in allem, darum wehe, wer es vergißt, ausläßt, verspottet. Verloren sind wir alle.

Wie nah dem Heiligen ist Ironie und der Witz und alle Geschäfte mit dem Gott, was die Kunst aushält bis zum Zerspringen noch und braucht vielleicht. Aber wehe, wenn sie schwach wird diese Kunst und wenn das die Miesen und die Macher in die Hand bekommen, diese listige Kontrolle des Heiligen, und übernehmen für ihre Lügen-Geschäfte.

Im Verrat des Heiligen immer schon Meister, ist es jetzt offiziell erlaubt und belohnt und erwünscht, zu verkleinern, zu spucken, zu lachen, sich zu bereichern am alten Gott unserer Phantasien und Utopien.

Darum das Leiden und um so mehr, je weiter entfernt wir sind von diesem Atem der Götter, die sie verloren.

Delphi zerstörten die Barbaren, Rom wurde von den Germanen geplündert und ruiniert. Die Christen vernichteten die Urbewohner Amerikas, und Dresden radierten die Amerikaner aus wie Berlin die Russen im letzten Krieg, den wir begannen. Europa aber haben wir auf dem Gewissen und heute und täglich. Die weinenden Statuen unserer Kathedralen und Paläste, die letzten Tempel der Geschichte, schmelzen von Tag zu Tag unter unseren Augen dahin, gnädig umhüllt vom Erbarmen unserer Abgase des täglichen Schmutzes, den unser Fortschritt hinterläßt. Aber wohnte nicht das Gesetz ihres Untergangs längst in ihnen, das Ende?

Und so schlug der strafende Lichtgott der Vernunft sie dann mit dem Verlust der Phantasie und des Eros, nach denen sie schrien an jeder Ecke.

Denn der Spruch der Wahrheit ist zweideutig wie ihre Stimme. Es war Nero, der blutige Tyrann, der den Mund der Wahrheit zuschüttete mit Leichen, bevor die Eifersucht auch der Christen sich anschloß bis heute, die Befreiungslockungen der Aufklärungsideologen. Und so ist die Wahrheit der Kunst bis heute zweideutig, wie die der Ideologen eindeutig ist und der Lüge näher, wie ferner dem Leben und der Weisheit der Kunst.

Als das neue Vernunftprinzip Apollo kam, das reinigende des Lichts und der Kunst, und er die blinden Rachegötter der Erde verdrängte in der Gestalt dieses Apollo, der die Schlange Python besiegte, bauten er und sie, die Menschen, die ihn erfanden, in seinem Tempel ihr, der alten besiegten Erdgöttin Gaia auch ihren Altar. Was, wenn unsere Revolutionen die besiegten Prinzipien so eingebaut hätten im Leben unserer Geschichte und Religionen, wir hätten die Wälder noch, und alle Tiere wären ohne Todesangst vor dem Ende ihrer Art.

361 nach Christus kam der letzte Spruch von den Göttern aus Delphi an die Regierenden in Rom:

Sage dem König, das schöngefügte Haus ist gefallen.
Die Zuflucht Apollos dahin,
Der heilige Lorbeer verwelkt,
Die Quellen schweigen für immer,
Die Stimme verstummt.

Es gibt eine Wahrheit der Nacht und eine Wahrheit des Tages, wie das Gegenteil jeder Wahrheit auch die Wahrheit sein kann. Wichtig ist nur, wer das sagt, wann und warum, und was wir hineintun.

Das Heilige. Nach dem Abzug der alten Götter verdrängt, schlafend und wieder erweckt seit Jahrhunderten in der Kunst des Christengottes und entlassen schon wieder nach dessen absehbarem Ende nun, verloren und jenseits der alten Götter und Kunst, seit die Wissenschaft alles übergeben an die Massenindustrie der Freizeit.

Seitdem zerstört, zertrampelt, erstickt, verstummt, schweigend, verwelkt und gefallen, zugestopft die Quellen und Geheimnisse, die Steine und Haine, der Atem, die Bauten, die Höhlen und die Ruhe der alten Wahrheiten, unter dem niederbröckelnden Schutt des Lärms und Gestanks der Plastikmenschen, alles angreifend mit Grinsen und besitzgierigen Augen in langen Kolonnen und in Bussen voll Lautsprecher ihres Knopfdruckglücks, in langen Staus auf schnellen und breiten Straßen bis ins Herz der Dinge. Panzer auf Panzer ihrer Ruhelosigkeit, die Friedlosen, irrend, atomisierend alte Formen, Leben und

Geschichte und Kunst aus dem Inneren. Verlöscht der göttliche Atem seit dem Ende der Vereinigung von Licht und Erde in der Musik, die einmal alles übernahm. Ab und zu wie Echo, Ungewolltes in ihrer Technik, aber wie lange?

So endeten die Legenden der Geschichte, Mythen und Ursinn ihrer Existenz. Keine Adler steigen mehr auf, den Mittelpunkt der Erde zu suchen, keine Geheimnisse mehr aus dem Urschoß Erde, der alten Wahrheit und ihrem dunklen Schattenmund, und darüber keine Pythia mehr im Spiel ihrer Sprüche, bewachend den besiegten Drachen, besiegt einst durch den Gott des Lichts und der Vernunft. Das ist der Verlust des Heiligen.

Und als dieser sie alle strafte mit der Wegnahme der Phantasie, jener unermeßlichen Freiheit, und als er ihnen die Sehnsucht nahm nach der Schönheit und dem Unendlichen, sehen wir sie immer mehr schreien nach Liebe und alte Zärtlichkeit beschwören, seit dem Untergang des Eros. Und die Hüterin der heiligen Quelle entließ ihre Kinder und nahm sie zurück in ihre Arme, die unermeßlichen, der unendlichen Nacht.

Im Frühjahr 1984.

Personenregister

● F. Scott Fitzgerald

Pat Hobby's Hollywood-Stories. Übersetzt und mit Anmerkungen von Harry Rowohlt detebe 20510

● Paul Flora

Vivat Vamp! Ein Fotobuch zum Lob des Vamps von Mae West bis Marilyn Monroe. Mit gezeichneten Kommentaren von Paul Flora und einer Einleitung von Gregor von Rezzori. detebe 20120

● Otto Jägersberg

Land. Lehrstück über die Lage der Bauern detebe 20551
Seniorenschweiz. Das Geschäft mit den Alten detebe 20553
Der industrialisierte Romantiker. Dialoge über Harmonie und Ökonomie detebe 20554

● Loriot

Dramatische Werke. Texte und Bilder aus sämtlichen Fernsehsendungen. Leinen

● Rolf Lyssy & Emil Steinberger

Kassettenliebe. Drehbuch mit Fotos detebe 20519

● Frank MacShane

Raymond Chandler. Sein Leben und Werk Biographie. Aus dem Amerikanischen von Wulf Teichmann. detebe 20960

● Jean Renoir

La règle du jeu (›Die Spielregel‹). Drehbuch mit 58 Fotos. Aus dem Französischen von Angela von Hagen. detebe 20434
La grande illusion (›Die große Illusion‹) Drehbuch mit 58 Fotos. Deutsch von Angela von Hagen. detebe 20435

● Hans Jürgen Syberberg

Der Wald steht schwarz und schweiget. Neue Notizen aus Deutschland. Broschur

● Nathanael West

Tag der Heuschrecke. Ein klassischer Hollywood-Roman. Aus dem Amerikanischen von Fritz Güttinger. detebe 20059

● Cesare Zavattini

Liebenswerte Geister. Kleine Reise ins Jenseits. Erzählung. Aus dem Italienischen von Lisa Rüdiger. Mit einer Vorrede von Vittorio de Sica und Illustrationen von Corina Steinrisser. detebe 21058

● Reiner Zimnik

Sebastian Gsangl. Die Erlebnisse und Meinungen eines gutmütig-grantligen Bayern mit Bürger-Mut. detebe 20694
Geschichten vom Lektro. detebe 20671
Neue Geschichten vom Lektro. detebe 20672

Deutsche Anthologien im Diogenes Verlag

Das Diogenes Lesebuch klassischer deutscher Erzähler
in drei Bänden:
I. von Wieland bis Kleist, II. von Grimm bis Hauff, III. von Mörike bis Busch. Herausgegeben von Christian Strich und Gerd Haffmans. detebe 20727, 20728, 20669

Das Diogenes Lesebuch moderner deutscher Erzähler
in zwei Bänden: I. von Schnitzler bis Kästner, II. von Andersch bis Hermann Kinder. Herausgegeben von Christian Strich und Gerd Haffmans. detebe 20782, 20776

Dorn im Ohr
Das lästige Liedermacherbuch. Mit Texten von Wolf Biermann bis Konstantin Wecker. Herausgegeben von Bernhard Lassahn
detebe 20617

Geh aus, mein Herz und suche Freud
Die Jahreszeiten in Gedichten, gepriesen von Matthias Claudius bis Gottfried Keller, gezeichnet von Ludwig Richter. Kleine Diogenes Evergreens

Deutsche Liebesgedichte
von Walther von der Vogelweide bis Gottfried Keller. Herausgegeben von Christian Strich. mini-detebe 79031. Auch als Evergreen mit Illustrationen von Ludwig Richter

Moderne deutsche Liebesgedichte
von Stefan George bis zur Gegenwart. Herausgegeben von Rainer Brambach
detebe 20777

Liebesgeschichten aus Deutschland
von Johann Wolfgang von Goethe bis Alfred Andersch. Herausgegeben von Christian Strich und Fritz Eicken. detebe 21122

Liebesgeschichten aus Österreich
von Adalbert Stifter bis Heimito von Doderer. Herausgegeben von Maria und Herbert Eisenreich. detebe 21123

Liebesgeschichten aus der Schweiz
von Jeremias Gotthelf bis Max Frisch. Herausgegeben von Christian Strich und Tobias Inderbitzin. detebe 21124

O du fröhliche, o du selige Weihnachtszeit
Die schönsten deutschen Weihnachtsgedichte, herausgegeben von Anne Schmucke. Mit Illustrationen von Richter, Pocci u.a. Kleine Diogenes Evergreens

Neues deutsches Theater
Stücke von Handke bis Wondratschek. Herausgegeben von Karlheinz Braun und Peter Iden. detebe 20018